"精业树人"教师发展与能力提升

北京林业大学教育教学改革研究论文集

张 鑫 / 主编

中国林业出版社
China Forestry Publishing House

图书在版编目（CIP）数据

"精业树人"教师发展与能力提升：北京林业大学教育教学改革研究论文集/张鑫主编. —北京：中国林业出版社，2023.11

ISBN 978-7-5219-2439-8

Ⅰ.①精…　Ⅱ.①张…　Ⅲ.①师资培养-研究　Ⅳ.①G451.2

中国国家版本馆 CIP 数据核字（2023）第 224247 号

策划编辑：杜　娟
责任编辑：杜　娟　李　鹏
封面设计：朱麒霖

出版发行：中国林业出版社
　　　　　（100009，北京市西城区刘海胡同 7 号，电话 83223120）
电子邮箱：cfphzbs@163.com
网　　址：https：//www.cfph.net
印　　刷：北京中科印刷有限公司
版　　次：2023 年 11 月第 1 版
印　　次：2023 年 11 月第 1 次
开　　本：787mm×1092mm　1/16
印　　张：34
字　　数：912 千字
定　　价：98.00 元

前　言

2023 年是全面贯彻落实党的二十大精神开局之年，是实施"十四五"规划承上启下的关键之年。习近平总书记在主持中共中央政治局第五次集体学习时强调，建设教育强国，龙头是高等教育。2023 年教师节前夕，习近平总书记致信全国优秀教师代表，从理想信念、道德情操、育人智慧、躬耕态度、仁爱之心、弘道追求 6 个方面完整深刻地阐述了中国特有的教育家精神的丰富内涵和实践要求，为加快推进教育现代化、建设教育强国赓续精神动能，为新时代教师职业发展树立了精神航标。

教师是教育发展的第一资源，建设政治素质过硬、业务能力精湛、育人水平高超的高素质教师队伍，是推进教育现代化、建设教育强国、办好人民满意的教育的重要保障。北京林业大学始终深入学习贯彻习近平总书记关于教师队伍建设的重要论述和重要指示批示精神，全面深化新时代教师队伍建设改革，牢牢把握高质量发展这个首要任务，统筹谋划教育、科技、人才一体化布局，系列"组合拳"为推进高等农林教育现代化、提升高校创新型人才培养能力筑牢教师育人之基。一是实施师德师风建设工程，坚持师德师风第一标准。构建起师德考核评价与监督长效机制、思想政治和师德教育培训体系，举办青年教师思想政治素养培训学校，选派骨干教师到定点帮扶单位支教锻炼等，教师思想政治素质普遍提高，"四有"好老师队伍持续壮大。二是牢筑高校教师发展支持服务体系。统筹教师研修、职业发展咨询、教育教学指导、学术发展、学习资源服务等职责，建实建强教师发展中心等平台，健全教师发展组织体系，打造高素质教师队伍。遵循教师成长规律，注重综合素质培养，着重培养一批发展潜力大、育人水平高、学术能力强的中青年人才，层次清晰的、可持续发展的人才梯队初步形成。三是实施"精业树人"教师育人能力提升工程，构建"立体化"教师发展研修体系。健全教师发展长效机制，一体化、精准化、品牌化的"三阶递进"教学研修体系逐步完善。创新教师发展工作新模式，打造"青教赛""教学技能工作坊（ISW）""青椒沙龙""参天木"教师卓越发展社群等一批特色品牌，全方位赋能教师成长；发挥"青教赛"品牌示范和引领作用，全素养提升教学能力；强化资源共享和成果应用，全过程助力教育创新。

为进一步总结学校近年来在教师发展与能力提升的教育观察与教学探索方面取得的成果，学校于 2022 年底启动《"精业树人"教师发展与能力提升——教育教学改革研究论文集》征稿工作，经过多轮专家匿名评审，最终 94 篇论文脱颖而出，围绕"高等教育现代化""教师专业发展""教师育人能力""人才培养能力"等主题凝练研究成果、分享创新经验、引领教师发展，充分展现了北京林业大学广大教师在教师发展和育人能力提升方面的深入思考与实践探索。

　　2023 年是北京林业大学全面贯彻落实党的二十大精神、"一校两区"高质量发展背景下的"战略谋划年",是擘画蓝图之年、启智增慧之年。北京林业大学将始终心怀"国之大者",坚持为党育人、为国育才,努力走出一条建设中国特色、世界一流大学的新路,以"精业树人"的卓著成效夯实教师队伍高质量发展,为生态文明建设提供高等教育的新动能。

编写组

2023 年 12 月

目 录

高等教育现代化

教师育人能力

教师专业发展

人才培养能力

高等教育现代化

中国式高等教育课程思政模式的探索与思考

——以"森林培育学"内生式课程思政为例

尹　群　马履一　贾黎明　李海英　贾忠奎

（北京林业大学林学院，北京　100083）

摘要： 在高等教育中全面推行思政建设的大背景下，各高校加大了对思政教育的重视程度，积极在专业教学中添加思政元素，然而传统的"课程加思政"的授课模式并不能达到润物细无声的育人目标，探索"内生式课程思政"势在必行。"森林培育学"是北京林业大学林学专业的核心课程，该课程扎根于"生态文明建设"与"两山"理论，具备"课程即思政"的融合优势。本文对"森林培育学"内生式课程思政进行了探索和思考，梳理了思政元素融入点、课程设计方法与途径，以期拓展"五分钟林思考"的品牌影响力，形成具有专业特色的思政课程教学模式。

关键词： 教师能力提升；内生式课程思政；教学改革；课程建设

2016年12月，习近平总书记在全国高校思想政治工作会议上强调："高校思想政治工作关系高校培养什么样的人、如何培养人以及为谁培养人这个根本问题，"同时提出了"要坚持把立德树人作为中心环节，把思想政治工作贯穿教育教学全过程"这一教育指导方针[1]。2017年2月，中共中央、国务院印发的《关于加强和改进新形势下高校思想政治工作的意见》指出，加强和改进高校思想政治工作，事关办什么样的大学、怎样办大学的根本问题，事关党对高校的领导，事关中国特色社会主义事业后继有人，是一项重大的政治任务和战略工程[2]。

在"立德树人、育人育心"的新型教育格局下，高等教育课程思政是实现"三全育人"的重要途径，是"显性教育"与"隐性教育"结合的重要手段。课程思政主要是指将专业知识教授与思想政治教育相结合，引导学生建立正确的世界观、人生观、价值观，培育可堪当民族复兴大任的时代新人，践行"四有"好老师标准的教育理念[3]。多年来，随着课程思政的广泛开展，思政内容与课程内容无法"配型"，"植入"和"嫁接"的问题逐步显现，因此"内生式课程思政"应运而生。

"森林培育学"是农林院校普遍设置的林学本科专业核心课程，其教学目标和教学内容紧扣"生态文明建设"时代主题，对接国家绿色发展、乡村振兴、生态安全、木材安全等重大战略布局，蕴含丰富的思想教育元素，是"内生式课程思政"的优质生发土壤和研究样本。

作者简介：尹　群，北京市海淀区清华东路35号北京林业大学林学院，讲师，yinqun1002@bjfu.edu.cn；

马履一，北京市海淀区清华东路35号北京林业大学林学院，教授，maluyi@bjfu.edu.cn；

贾黎明，北京市海淀区清华东路35号北京林业大学林学院，教授，jlm@bjfu.edu.cn；

李海英，北京市海淀区清华东路35号北京林业大学林学院，助理研究员，lhybfu@126.com；

贾忠奎，北京市海淀区清华东路35号北京林业大学林学院，教授，jiazk@bjfu.edu.cn。

资助项目：北京林业大学中央高校基本科研业务费专项资金项目"红花玉兰花被片呈色物质基础及其调控网络研究"（BLX202203）。

一、"森林培育学"课程特点与课程思政困境

（一）课程特点

"森林培育学"是研究森林培育的理论和技术的科学，是农林院校林学本科生的专业核心课程之一。课程主要由"森林培育的基本原理""森林培育技术——人工造林""森林抚育管理""森林收获作业法与森林更新"以及"国家林业重点工程与森林培育"五大块知识体系构成，在介绍森林生长及生产力调控、适地适树、森林结构等理论基础上，主要讲授林木种子生产、苗木培育、森林营造、森林抚育、森林主伐、森林更新等培育技术全过程。该课程主要面向已经具备"植物学""土壤学""测树学""气象学"等基础知识的林学类、梁希（林业）专业高年级学生，设置理论课程、课程研讨、课程实习三大教学板块。作为林学专业基础课，该课程具有受众广泛、综合性强、贴近生产一线、理论与实践结合度高等特点。

在"森林培育学"专业课程教授中融入思想政治教育，一方面能够提升学生专业素养，为建设"美丽中国"作出贡献；另一方面，还可以帮助学生了解我国林业波澜壮阔的发展历程，引导学生体会"塞罕坝精神"，了解马永顺、张子良、孙海军、姚清明、张成都等林业英雄的先进事迹，让学生建立吃苦耐劳、脚踏实地的林人精神，为祖国的绿色事业培养德才兼备的接班人。

（二）"森林培育学"课程思政困境

1. 重"教"不重"育"

由于"森林培育学"专业知识丰富，课程安排紧凑，一些教师未意识到课程思政的重要性，导致许多农林院校的"森林培育学"课堂上仍然存在重"教"不重"育"的问题。长期以来，不少教师将教育工作片面地理解为"传授知识"，重视"教"的部分，只顾埋头讲课、灌输知识，认为思政教育只是辅导员、班主任的事，形成了"唯分是举、考试最大"的思维，而忽略了"育"的部分。此外，立德树人是一个持续发力，久久为功的事业，部分教师为了快速晋升，往往将更多的精力放在更容易被量化、考核、评价的考试成绩上，从而忽略了引领学生健康成长、成才的使命。

2. 教学、思政难"配型"

现阶段在全国众多的农林院校的"森林培育学"课堂上普遍存在"课程加思政"的教学模式，教师将大部分时间用来讲授专业知识，在课前或课后专门开辟 5~10 分钟的思政时间，生硬地"植入"思政内容，或者采取说教的形式强行灌输思政内容，而非潜移默化地引导学生发自内心的感悟，达不到"课程即思政"的教学效果。

3. 亟须自然生发的思政课程设计

习近平总书记指出，好的思想政治工作应该像盐，但不能光吃盐，最好的方式是将盐溶解到各种食物中自然而然吸收[4]。在"森林培育学"教学实践中，如何针对不同章节的学习内容，在课堂教学中有机融入思政元素，让价值引导的成分在课程设计和课堂教学中如盐在水，达到春风化雨、润物无声的育人效果呢？因此我们亟须挖掘、探索、研究、开发一套自然生发的思政课程设计理论与方法。

二、"森林培育学"内生式课程思政的实施方式

（一）内生式课程思政的实施原则

1. 把握育人导向，体现国家意志

"森林培育学"内生式课程思政应在充分考虑林学专业教学内容、理论知识、实践能力

培养的基础上，兼顾为中华民族的伟大复兴传递文化基因，为国家的利益和重大战略布局提供正当性论证，为社会凝聚提供价值共识的使命[5]。"森林培育学"作为农林院校林学专业树德育人的重要课堂，课程应充分体现国家意志，把握培养什么人，如何培养人，为谁培养人的重要导向。

2. 立足自身禀赋，发挥比较优势

"森林培育学"内生式课程思政的建设，不是将"森林培育学"思政化，变成另一门政治课，而是要"因课制宜"地找到本课程的自身禀赋，挖掘本课程特有的思政资源，选择其中与立德树人方向一致的价值观，通过发挥课程自身的比较优势，顺势而为，在"森林培育学"的"一亩三分地"中守好一段渠、种好责任田。

3. 自然生发，有机融合

"森林培育学"专业知识已经具备"生态文明建设""'两山'理论""绿色发展"等得天独厚的思政资源，课程实施中，要灵活应用上述资源，使其与营林造林生产环节有机融合，并适度地进行价值的延伸和升华，实现"课程及思政"的教育目的。摒弃思政内容的生拉硬拽，以及广告式"硬植人"，避免产生"排异"反应。

（二）"森林培育学"与内生式课程思政的连接点

1. 向榜样学习

"森林培育学"是一门密切结合林业生产的课程，在专业知识的讲授过程中，挖掘我国各个地区的造林、营林榜样人物，一边讲解造林知识，一边介绍榜样人物的事迹，从而潜移默化地影响学生，引发学生内心的震撼与感动，从而引导学生建立正确的价值观。笔者在此梳理了"森林培育学"课程各章节的思政切入点及典型案例，见表1。

表1　各章节内生式课程思政的典型教学案例

课程章节	专业知识点	思政案例	思政融入点
森林培育学概论	人工林与天然林概念	半个世纪来，河北塞罕坝机械林场的建设者们在"黄沙遮天日，飞鸟无栖树"的荒漠沙地上艰苦奋斗，创造了荒原变林海的人间奇迹	绿水青山就是金山银山、塞罕坝精神
森林的生态功能及其调控	森林生态系统的调控机制	习近平总书记在党的二十大报告中指出，我们要推进美丽中国建设，坚持山水林田湖草沙一体化保护和系统治理	党的二十大报告
苗木培育	良种壮苗的培育技术	塞罕坝机械林场创业初期，造林成活率不足8%，场长王尚海带领职工打响马蹄坑大会战，应用"大胡子""矮胖子"优质壮苗，一举突破了造林成活率低的难题	艰苦创业、尊重科学、勇于探索
林分结构—混交林类型	小兴安岭红松阔叶林	马永顺创造了手工伐木年产量1200m³的全国最高纪录，威震兴安岭林区，被授予全国五一劳动奖章	吃苦耐劳、工匠精神
森林抚育间伐	森林抚育的历史回顾	张成都守护甘肃阿夏保护区13年，几乎每个春节都亲自守在林区内，为顺利开展工作，他用架子车拉着发电机和灯诱工具诱捕昆虫，工作到凌晨	吃苦耐劳

2. 向自然学习

结合"森林培育学"的课程内容，通过讲述树木与林木的差别，启发学生理解群体的力量大于个体，教育学生要维护集体利益、注意搞好团结；通过讲授立地概念和立地对林木的影响，启发环境对学生注意环境对人的影响作用；通过传授道法自然、生命平等的林分生长特点，培养学生尊重客观规律、实事求是的研究习惯。

3. 激发学习使命

以"你家乡的森林类型"为引子，介绍不同区域造林树种选择、混交林配置、林业产业的发展历程及经营指导意见，同时充分结合"两山"理论，初步激发学生建设家乡的学习使命，进一步地引出乡村振兴、生态建设等国家战略，进而激励林学人扛起美丽中国建设的大旗，培养学生的家国情怀，激发学生的学习热情。

（三）"森林培育学"内生式课程思政的评价模式

"森林培育学"内生式课程思政的整体评价模式如图1所示。

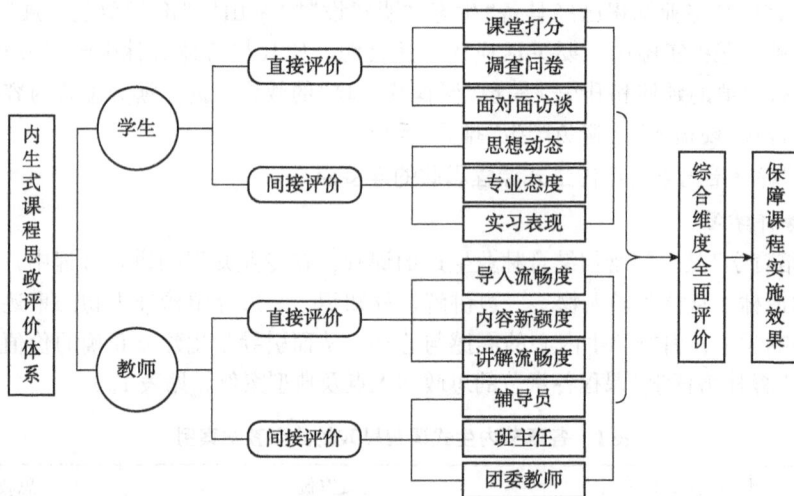

图1　"森林培育学"内生式课程思政评价体系

1. 注重学生感受与评价

课程的培养对象是学生，受众也是学生，因此学生的感受与评价在"森林培育学"内生式课程思政的评价体系中占据重要地位。课后可以通过学生课堂感受打分、发放调查问卷、面对面访谈等形式，收集学生的感受与评价。此外，还可以通过对学生思想动态的长期关注，对学生专业态度转变的观察，对学生学习状态的长期观察，以及对学生在实习中面对整地、割灌、修枝等苦活、累活的反应的观察，来评价"森林培育学"内生式课程思政的教学效果。

2. 回访教师评价

课程主讲教师是落实课程思政内容的主体力量，是推动课程思政建设的一线战士，因此教师对课程的评价与反馈尤为重要。"森林培育学"内生式课程思政内容是否可以流畅地导入，能否吸引学生的注意力，内容设置是否有故事性、便于讲解，是否容易产生歧义或扰乱课堂秩序，是需要回访的重点内容。此外，还要对辅导员、班主任、团委教师进行回访，多维度了解学生在课程思政实施前后的思想转变情况。

三、结　语

专业课程教育结合思政教育改革是落实习近平总书记关于全员育人、全过程育人、全方位育人的重要举措[6]，"森林培育学"课堂是广大农林院校针对林学专业学生构建"立德树人"教育体系的主战场。本论文立足于"森林培育学"课程，扎根于"生态文明建设"与"两山"理论，密切联系乡村振兴、美丽中国建设、可持续发展等国家大政方针的天然禀赋，引入了"内生式课程思政"的新型教育理念，打破了传统的"课程加思政"的模式，设计了以贯彻落实社会主义核心价值观为根本，以充分发挥学生的主观能动性为任务，以落实立德树人为目标，以讲授"森林培育学"专业知识为重点的"课程即思政"的新模式。并且提出了学生评价和教师回访两位一体的课程评价模式，以期实现"德融课程、润物无声"的教学效果，为祖国的现代化建设和中华民族的伟大复兴培养有知识、有深度、有情怀、有担当的林业工作者。

参考文献

[1]怀进鹏. 不断推动高校思想政治工作高质量发展[N]. 人民日报，2021-12-10(11).

[2]中共中央国务院印发《关于加强和改进新形势下高校思想政治工作的意见》[EB/OL]. http：//www.gov.cn/xinwen/2017-02/27/content_5182502. htm.

[3]韩宪洲. 课程思政的发展历程，基本现状与实践反思[J]. 中国高等教育，2021(23)：20-22.

[4]赵海滢."无痕"思政如盐在食[J]. 教育实践与研究(C)，2021(10)：1.

[5]刘清田. 略谈课程思政的内生性[J]. 中国大学教学，2020(11)：90-92.

[6]赵春晖."学思用贯通 知信行统一"在高校课程思政中的实践[J]. 高教学刊，2023，9(9)：39-42，47.

"金课"建设背景下高校"森林学基础"课程的"3A"教学模式探索

张　谡　　王晨璐　　付玉杰

（北京林业大学林学院，北京　100083）

摘要：建设具有高阶性、创新性、挑战度的"金课"，既是实现"双一流"建设目标的重要举措，也是深入落实立德树人根本任务的有力抓手。鉴于打造"金课"这一时代需求，对"森林学基础"课程教学进行改革和探索。课程团队对教学内容进行更新，引入最前沿的森林学理念和技术，一方面开拓了学生的视野，另一方面激发了学生的求知欲。从森林植物资源多样性特征等教学内容中挖掘思政元素，既有效地传授了专业知识，又充分发挥了育人作用。同时，培养了学生的林业情怀和对祖国生态文明建设的责任和担当。此外，协调运用多种教学方法，变革考核方式，理性评定成绩，不仅能调动学生学习森林学知识的主动性与积极性，更能够激发学生的学习兴趣，使教学效果得到显著提升，实现"精业树人"目标。

关键词："金课"建设；森林学；思政教育；立德树人；教学改革

　　"金课"是指有深度、有难度、有挑战度的课程。"金课"建设要求以求真为方法、以务实为基本、以创造为目标、以自识为目的，突破了原有课程体系中知识在主客体间单向流动的局限，强调以学生为中心，致力于重构学生"深度学习"的体验，是我国高等教育领域一次深刻的课程变革[1]。"森林学基础"是北京林业大学林学专业和梁希班的专业核心课程，该课程于2021年获得北京林业大学教育教学研究重点项目，具有非常好的改革基础和授课效果。然而，森林资源的利用是动态变化的，因而基础原理和科研技术也需要随之发展和更新。因此，本课程在授课内容、讲授方式、与现代信息技术高度整合等方面均与以往有本质的不同，在国家新时代"双碳"政策引领下，在林学的国家一流本科专业建设背景下，需对本课程教学进行改革，以满足林学和森林学的专业发展和人才培养需求。同时，鉴于打造"金课"这一时代要求，也亟须对"森林学基础"课程进行教学改革和进一步探索。团队在近几年的教学中，积极修改教学文件，更新教学内容，融入哲学思想，协同运用多元化的教学方式，改革课程考核方式，综合评定成绩，切实履行好立德树人的根本任务。

一、　明确教学目标，　更新教学内容

（一）教学内容整体定位

　　课程是人才培养的核心要素，课程质量直接决定人才培养质量。为贯彻落实国家关于教育的重要论述和全国教育大会精神，落实新时代全国高等学校本科教育工作会议要求，必须深化教育教学改革，必须把教学改革成果落实到课程建设上[2]。森林学在国内是一门

作者简介：张　谡，北京市海淀区清华东路35号北京林业大学林学院，讲师，suzhang@ bjfu. edu. cn；
　　　　　王晨璐，北京市海淀区清华东路35号北京林业大学林学院，博士后，wangchenlu1027@ bjfu. edu. cn；
　　　　　付玉杰，北京市海淀区清华东路35号北京林业大学林学院，教授，yujie_fu@163. com。
资助项目：北京林业大学教育教学改革项目"金课"建设背景下森林学基础课程的"五维3A"教学方法与实践
　　　　　（BJFU2023JY001）。

新兴学科，但作为本科基础教学课程在国外林学相关院校已有70年的历史。森林学是一门艺术与科学相结合的学科，用于控制森林和林地的建立、生长、组成、健康和质量在可持续的基础上，满足土地所有者与社会的多种需求和价值，如野生动物栖息地、木材、水资源、生态恢复和康养，其理论内容随着现代林学理论的发展逐步完善，已成为现代林业科学体系中最重要的基础内容之一，在众多研究方向和工程实践中有着广泛的应用，是一个非常活跃的研究领域。

随着教育部教学改革的推进，传统林学教育教学方法逐渐落后于新时代的发展速度。因此，我们开创性地建立了森林学这一适应当前教学理念的新兴学科。森林学瞄准国际林学学科发展前沿，以森林植物资源为研究对象，以先进的多学科融合技术体系为手段，系统地研究森林植物资源调查评估理论、森林资源地上和地下生态耦合扰动机制以及森林植物资源功能成分代谢调控与开发利用，为我国森林植物资源的可持续健康发展、森林生态服务功能提升和绿色开发利用提供科学基础。森林学的定位是以"新农科"理念为指引，为我国林业产业发展培养高素质、高水平的专业技术人才。主要研究方向包括森林植物资源调查与分析、森林资源多样性与生态功能以及森林植物资源功能成分代谢调控与开发利用[3]。

"森林学基础"课程将作为森林学学科的核心课程之一，是林学专业及农林院校相关专业学生必须了解和掌握的知识体系，也是植物学、生物学等专业的重要课程。国外高校在其林学学科专业的教学及人才培养过程中，都将"森林学基础"课程设置为经典必修课或重要选修课，其重要程度被广泛认可。"森林学基础"课程内容主要包含：认识森林、培育森林、经营森林、保护森林和合理利用森林资源为基本内容，要求学习者了解森林概念、森林植物、森林生态、森林与环境作用、森林计测与效益评价的基本知识；熟悉和掌握林木遗传改良、良种生产与经营、苗木培育的基本理论与技术；熟悉和掌握人工林栽培、农林复合经营、封山育林与低效林改造、城市森林营造的理论与技术；了解和熟悉森林抚育与主伐更新、森林健康经营与保护的基本方法；了解和熟悉森林资源管理、森林资源综合利用的基本知识。学生通过本课程的学习，能够初步学会运用基础理论分析和解决林业生产中，尤其是森林培育和管理中的实际问题的方法。

（二）教学内容适应时代要求

"森林学基础"是"双一流"学科建设中林学方向学生的必修课程，将是北京林业大学林学院以及全校教学教育中最具有鲜明特色的课程之一。但是随着林学理论的发展和教学方法的进步，传统的教学手段逐渐体现出一些不足，不能适应新时代前沿科学技术以及现代开创性教学模式的发展，故推动该课程的教育教学研究对于学校整体教育教学研究具有典型的代表性且势在必行。本课程将以国家全面开展一流本科课程建设为契机，以立德树人标准作为学科建设的根本目标，积极发现课程和教学方法中所包含的创新性思想政治元素，提出基于"新农科"理念的"森林学基础"课程的"3A"教学方法与实践的教学模式，发挥"双一流"学科特色，以新时代科学发展为导向强化课程建设。

现阶段，随着科学的发展和社会的进步，对于基础林学课程教学的要求不单是要传输知识，而是要让学生掌握独立学习和思考的能力、让学生从学习中不断认识自我，这在本科专业创新、人才培养和素质教育中十分重要。然而，"灌输"教学模式在一些高校基础林学教学中仍然很流行，教学方法和考核体系仍然存在很多问题：①教学过程的组织与实施主要进行课堂、教师和教科书"三个中心"，教学方法主要是灌输式和填鸭式；②师生的交流基本上局限于课堂见面、知识传输以单向为主，缺乏教师与学生之间充分的学术探讨与情感交流的空间；③课程评估的形式主要是考试，用来评判学生对知识的接受程度，这对培养学生的人格发展和创新能力极为不利。

随着各高校对于教学改革的逐步深入。高校在人才培养的方方面面都做了不同程度的更改，而大多数林学基础课却没有同步进行。这对于学生的理论素养、实践能力、全面素质的发展都有很大的影响，因此构建新的林学基础课程教学模式和课程内容体系已迫在眉睫。全面、新颖、多学科交叉的综合性林学基础课程建设的开展，有利于学生学习兴趣和综合素质的培养，将提高毕业生的创新能力和实际应用能力，满足社会需要；与此同时，"森林学基础"所融入的先进理念对我校本科教学水平和学科建设的提高具有重要意义，也为其他高校的基础林学课程体系的教学改革起到示范作用。

二、 基于"新农科"理念的创新性课程元素

吴岩[4]在"中国大学教学论坛"上强调，课程是培养人才的核心要素，是教育的微观问题，解决的却是战略大问题。2018年底，教育部提出了"建设金课、消除水课"的一流本科建设口号，决定实施一流课程"双万计划"，或称"金课"建设计划，这是提升高等教育质量的一大重要举措[5]。

"森林学基础"是与林学、生物学、材料学、环境科学及微生物学等学科相关的一门专业基础课程。其主体内容是基于森林植物资源调查评估理论、森林资源地上和地下生态耦合扰动机制以及森林植物资源功能成分代谢调控与开发利用，为我国森林植物资源的可持续健康发展、森林生态服务功能提升和绿色开发利用提供科学基础。学习森林学不仅能够激发学生参与林学前沿问题研究的兴趣，也能够培养学生严谨的科学研究态度。近两年，本教学团队已经对森林学相关课程开展了一系列现代化改革创新，以森林学为基础完成了校级重点课程建设并准备实施在线精品课程的建设，开展了一套独特的课程模式，我们将其归纳为"3A"，即"advanced technology""active Practice""ability training"，是先进科技、积极实践、能力培训3个维度教学法的有机结合。教学团队在部分专业教学模式实践中发现"3A"教学方法在提升教学效果和学生综合能力方面均有显著作用。结合当下精品课程的建设，在以下方面需要提高与改进：

第一，一流课程的教学目标是育人性与综合性的统一。因此，在制订森林学的课程目标时，要从知识、能力、情意3个方面出发，将知识传授、能力培养和学生德行培育综合考虑。以全新的时代背景为指引，重新整合课程内容，形成知识点目标，开展课程活动。第二，一流课程的教学内容是前沿性与融合性的统一。森林学课程教学中的一大难题在于经典的理论分析内容难以激发学生的学习兴趣，因此，要思考如何将经典的理论知识与前沿的研究成果和最新的问题分析方法结合起来。思考森林学与培养学生辩证思维有机结合，与绿色化学、碳中和及生态文明理念有机结合。第三，一流课程的教学方式是混合性与针对性的统一。所以我们要针对不同教学内容设计不同的教学方式，将"互联网+"教育、课外创新活动参与继续发扬，在制订教学方式时要以学生为中心展开，注重培养学生的自主性。

综上，以建设一流课程为契机，继续深化对森林学课程的综合研究，并完善和推广"3A"教学模式是十分必要的。要按照一流课程"两性一度"的标准进行课程研究，在制订一流教学目标的基础上，合理规划教学内容，并设计更有效的教学方式，真正实现课程的"去水增金"。森林学课程综合研究的有效实施也将为其他林学类基础课程提供经验和借鉴。本课程将采用基于"新农科"理念的"森林学基础"课程的"3A"教学方法与实践模式，从多方面调研与课程相关的科学发展历史，将抽象的内容以深入浅出的方式讲出，在课堂上将传统的"主导—被动"的师生关系转变为"指引—协作"的合作关系，注重对学生先进科研知识及主观能动性的培养，激发学生的学习热情，具体内容如下：

（1）"advanced technology"：突出创新性、先进性，融入最新国际科学前沿知识，提高

课程质量。通过教学改革，结合课程的特点并采用世界前沿的新颖教学科研体系，使学生从乏味的理论概念、复杂的数据分析中体会到课程的趣味、先进性和内在含义，从方法到模型、从理论到应用、从模型到开发、从数据分析到成果表现都体现出其先进、创新的特性。

（2）"Active Practice"：积极实践，增加体验感和真实性。在课堂上更加注重学生主体精神的培育，通过一种生动的形式将森林学历史上相关的名人趣事讲述出来，让学生能够更加形象地理解到课程的相关知识，使得学生能够从相关的科学故事中习得必要的人文和科学精神。同时，加强学生实际参与的投入，有效"增负"，让学生体会"跑一跑才能追得上"的学习模式。加强评价要求，努力提高学生通过奋斗学习获得能力以及在克服困难挫折所获得的自信心。

（3）"Ability Training"：能力训练，提升主动学习高阶性。在部分教学课时中采用谈判式教学，以更平等的对话为基础，更能体现出一种团队学习、合作研究的教育理念，教师可以从学生中获得学术灵感，学生可以形成强烈的对知识的探求欲望。在小组学习的过程中，能够激发学生自己发现科学问题并找到解决办法的能力，提高其团队协作精神。更为重要的是让学生在课堂学习新知识的过程中，不知不觉巩固基础知识，坚持思想、创新、能力有机结合，培养学生创新思维和解决复杂问题的综合能力。课程内容打破习惯性思维模式，强调广泛性和聚焦性，培养学生大胆质疑、充分分析、勇于开拓的科研精神和能力。课程设计思路如图1所示。

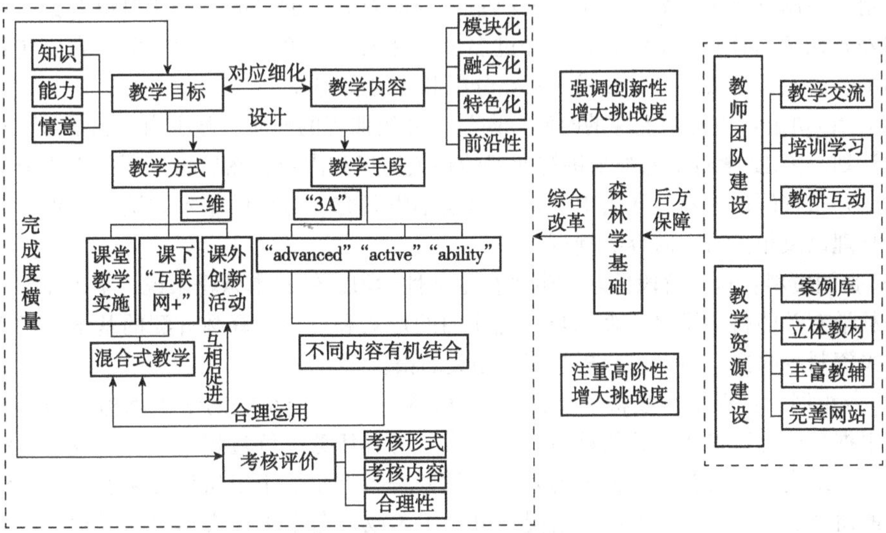

图1 "森林学基础"创新性课程元素思路图

三、 协调运用多种教学方式

（一）混合开放式教学模式探索

随着教育部教学改革的推进，各高校中的林学相关课程教学改革也在如火如荼地进行，对森林学的教学研究主要包括4个方面：①教学内容的设计，例如重视森林学与其他专业课程之间的联系，减少重复性的内容；增加科学发展前沿内容，引入新的理论、方法和技术等方面内容；根据不同专业学生的特点，有针对性的设计不同的教学内容和实验内容。②教学手段的革新，例如翻转课堂、智慧课堂、微课、启发式、问题式、案例式、小组讨论式等教学手段的设计和应用。③教学模式的创新，主要体现在近年来以"互联网+"为基础的网络课程的普及，很多高校的课程也将网络课程与实体课程结合，开发线上教学、

"MOOC+SPOC"的混合式教学等新的教学模式。④考核方式的改革，例如注重过程评价，增加阶段性考核；增加线上考核模式，如在线演示、在线提问、在线测试等[6]。

同时，从国外一流大学课程体系的建设中团队也能借鉴到一些经验。首先，国外的一流大学通常都具有自己独特的教育理念，但其课程变革无论如何实施，都立足于学生主体和社会要求，这也正是团队在课程改革中力求做到的，也就是以学生为中心，以成果为导向。此外，国外一流的大学课程经历了由知识向度向思维向度、由规定性话语体系向开放性话语体系、由单一性向综合性的变革，这也为团队建设森林学精品课程提供了向导，也就是要以提升学生的应用和思维能力为标准，为学生设定开放性的阶段目标，强化课程知识的纵横联系，实现课程理论知识与实验知识的精练化、逻辑化和交互性融合[7]。

基于以上思路和方案，结合学校林学特点，团队提出了依据森林学课程特点设计的将先进科技、积极实践、能力培训3个维度结合起来的教学模式：课堂教学实施是根本，一流的教学应具有优秀的课堂，但同时也是不局限于课堂的；依据课程建设完成的网站教学，课堂教学实施的同时开展线上学习；同时，课外创新活动是团队在进行森林学课程研究时的特色，森林学基础知识的学习离不开实践，课下真实的体验不仅可以激发学生的学习兴趣，扩展和深化课堂教授理论与实验知识，而且可以极大地增强学生的探索创新能力和解决实际问题的信心。具体实施方案如下：

（1）制订方案：为了保证开放式教学活动的顺利开展，本课程会制订一个完整、细致的教学计划。在制订教学方案前，学科教研室老师应对教学的目的、授课对象背景、相关领域国内外研究基础有一个整体认识。经过多位授课教师讨论后的教学方案内容应包括课程探讨的主题、授课方式、参考教材、重点分配和课时安排等。

（2）示范讲解：在开始上课的时候，向学生介绍课程的性质、基本内容和学习要求并公布教学计划。前12学时由老师来讲解课程的相关知识和内容，然后将上课的学生分成3~5个大组，并布置研讨内容，开始由老师来示范小组研究、讨论的基本方法，特别是资料的收集、整理以及相关研究内容的撰写。

（3）查阅资料：这一阶段要求学生进行主动性学习。针对本课程来说，学生需要对课程中与森林学有关的科学概念、森林与环境作用的形式和规律、森林计测的基本技术等问题进行相关资料的收集、整理、分析并撰写相关的报告。

（4）分组展示：根据人数将学生分组，设置组长，每个小组的学生承担一部分工作任务，可根据自己感兴趣或擅长的领域开展工作，所有任务进行过程中以及完成之后都进行全体讨论，组内同学对各项任务内容发出提问并进行评价。小组研讨结束后，组长汇总小组整体的研究成果，安排小组汇报情况，可派1名或多名学生代表本组在课堂上进行相关内容的展示汇报。

（5）全班研讨：在各个小组代表对本小组研究情况在全班学生面前进行汇报展示的基础上，其他小组学生及老师认真听取汇报，并可以针对汇报情况进行提问和评价，对于产生不同意见的问题可以开展适当辩论。在所有小组结束汇报后，老师可以进行打分或根据各组讲解的情况进行总结，客观分析各组研究中的优点和不足，提出学生们的研究中存在的问题，耐心讲解并有针对性地提出具体的改进办法。

（二）理论结合实践互动式教学

1. 理论课程体系改革

基础林学理论课程体系的改革本着以农林相关专业应用为目的，以优化课程体系整合教学内容。将基础林学课程中的森林培育、森林保护、植物学和森林生态学有机地结合起来，把知识传授与能力培养相结合，强化教学过程中学生的能力培养。加强理论课程教学内容的针对性，注意教学内容与授课专业的适配性和紧密联系，以植物学和生态学基本理论为指导，将分子生物学与森林资源学有机结合，对课程的教学内容进行优化与整合。按照循序渐进的原则，以知识结构的连接为线索，合理调节知识板块。从结构—性质—应用、从宏观和微观上认识森林和植物的本质。结合学生实际的需要，摒弃脱离专业要求的陈旧教学内容，引入新的学科发展知识。

2. 实验课程体系改革

基础林学实验教学在林学教学过程中占有很重要的地位，不仅是课程教学的一个重要实践环节，而且在整个林学学科教学体系中，对于增强学生的研究兴趣、克服困难的能力以及探索创新的水平都具有不可替代的作用。以创新性能力训练为目标、以实际应用训练为基础、以发散性思维为引领，并根据先进性、应用性、创新性的原则，对基础林学实验教学环节进行全面优化，将实践教学体系与理论研究相结合，实现理论引领教学、实践激发兴趣、科研带动应用的能力培养体系的科学创建。争取依据"夯实基础、稳步提高、创新引领、科学应用"的原则重新构建实验教学课程体系，充分设置基础实验、综合实验、设计实验等整体教学内容，使其具有优秀的应用培养功能和创新实践价值。

3. 改进教学导向和教学期望

在学习知识过程中，兴趣是保持积极性的最大动力，有兴趣的学习将使知识不再枯燥。学生以往的被动听课将会变成主动探索，学习效果显而易见。教师在教学过程中也应该充分促进学生自身的主体作用，利用教学方法和手段，引导学生养成主动思维的能力，勇于面对困难，实现"我要学"的教学期望。除了传授知识外，本科教育更主要的目的是培养学生自我解决问题的能力。随着新世纪的社会和科技水平的不断发展，学生只有具备自主学习的能力，才能适应社会的要求。一方面，作为教师，培养学生的学习能力尤为重要，培养自主学习能力比传输教学知识要困难得多，对教师要求也更高，不仅要提高教学水平，而且要不断改进教学内容和过程，激发学生通过利用已有知识解决实际应用问题的欲望，达到自主学习的目的。另一方面，建立学生创新实验室，加强对学生课外科研技术活动的指导，为有浓厚科研兴趣的学生提供硬件支持，开展科研技术创新活动，活跃实验教学，鼓励学生积极参与。

4. 推动绿色"双碳"教育

当今世界，生态环保意识已逐渐形成共识，然而如何有效地将这种意识落实到日常具体行动中，仍然是今后一段时间内不同社会、不同领域所面临的重要挑战。绿色"双碳"战略的兴起，为环境保护、生态发展、森林资源可持续利用教育提供了一个契机。在教学改革过程中应尊重传统林学课的实际情况，将现代、绿色、交叉林学素质教育融入其中，例如，团队在《碳水化合物》一章中讨论淀粉和纤维素的结构和性质时，团队可以解释当前绿色化学的战略任务：用生物质(淀粉和木质纤维)做化学原料，探索如何使用可再生能源作为廉价的化学原料代替煤和石油，实现绿色能源和可持续能源发展[8]。通过这样的实例教育，引导学生弄清楚自然环境与人类活动是协同调控、相互依存的。科技水平的提高逐渐加剧了人类对自然的破坏，但人们也可以利用现代化的认知能力和科学技术改善人与自然的矛盾。虽然目前的林学教育还不能系统和全面地向学生讲解绿色林学理论，但教师可以将绿色"双碳"的教育理念整合到林学教学中，加深学生对林学的深入理解，使学生建立起环保意识，为将来具体实施可持续发展战略奠定基础。目前的首要目标是突破传统的知识教育水平，全面实现素质教育。

5. 多元化考核

课程的评价是一项综合考核体系，不仅要严格检查学生对所授内容的掌握程度，也要根据学生的实践能力、创新水平等进行综合素质评价。在课程考查过程中，教师应尽最大努力使学生摆脱应试教育死记硬背、做题战术的学习习惯，引领学生锻炼创新思维和科学总结的能力，培养学生在知识运用上的综合能力。为学生创造独立学习机会，改进教学方式并获得教与学的积极反馈。不断改进同一门课程使用期末考试卷作为唯一评判教学成果的情况。团队应根据不同专业、不同教学内容的特点等进行分类考核，不同的专业使用不同的试卷，或者用相同的试卷，学生必须全部完成基本知识的必答题，可以选做与专业紧密结合的一些考试试题，以此达到多元化考核的目标。实施教学应步步为营，逐步完成教学内容，避免出现学生学习前松后紧和一张期末考试卷定成败的情况。为加强平时的评估环节，教师在课堂教学中进行课堂测试，主要是安排每次利用5~10分钟的时间让学生及时反馈每章内容所学到的知识，鼓励学生及时进行消化和理解每日所学，帮助学生形成平日努力学习的习惯。整体教学思路如图2所示。

教学目标	教学体系	教学内容	教学方法	考核方法	教学效果
研读人才培养方案，以各专业人才培养需求作为基础林学教学导向	将知识传授能力培养和素质提高融为一体，形成完整的教学体系	整合四大林学教学内容，构建多层次、立体化的课程体系，突出教学内容的实用性	充分利用网络资源，并选择不同的教学方法调动学生的积极性，启发学生的思路	采用多元化的考核方式，促进学生学习的主动性，全面评价学生的学习效果	激发学生学习兴趣，帮助其掌握基本知识，提高解决问题的能力，促进学生未来发展

图2　"森林学基础"课程教学模式整体方案

四、利用专业优势特色，创造团队工作品牌

随着生态文明建设重大规划逐步实施，以统筹山水林田湖草沙系统治理的《"十四五"林业草原保护发展规划纲要》，明确了"十四五"期间我国林业草原保护发展的总体思路、目标要求、重点任务和支撑体系[9]，并提出了林草产业、林下经济等一系列绿色发展规划。在生态文明建设和林草业发展对人才数量、质量和需求结构发生重大变化的背景下，必须正视现有人才队伍总量不足，技术骨干紧缺，技术人员任务繁重，而林草业人才培养与就业状况堪忧的客观现实。习近平生态文明思想内涵丰富、体系完善，深刻阐明了为什么建设生态文明、建设什么样的生态文明和怎样建设生态文明的重大理论和实践问题，提出了一系列新理念、新思想、新战略[7]，是生态文明建设的重要行动指南。如何深刻理解和把握习近平生态文明思想，了解林业行业发展定位，以及落实生态文明建设思想重大行动，分析林业教育面临的主要问题，把握林业教育目标导向，落实林业教育改革目标与任务，从而实现生态文明建设、林业高质量发展和林业人才培养有机统一，使得林业教育更好地为生态文明建设培养具有爱国情怀、适用专业知识、吃苦耐劳和开拓进取精神的新时代林业建设者，具有重要理论与现实意义[10]。涉林院校应当围绕《"十四五"林业草原保护发展规划纲要》确定的林草行业功能定位向服务生态文明重大转变，把服务于国家生态文明建设作为涉林高校核心发展定位，全面落实国家战略规划和行业需求，林业专业人才培养必须坚持为生态文明建设服务的方向。新林科建设任重道远，教学是主体。如何调动起广大教师的积极性，以服务于国家生态文明建设的学科建设、人才培养的发展定位是涉林高校必须正视的问题[11]。

因此，"森林学基础"课程教学团队将以国家生态文明建设政策为契机，搭建行业主管部门、林草业企事业单位、科研院所和高校共建共享的合作平台，努力汇聚形成优势领域的创新团队。承担符合国家行业重大战略需求的研究项目，在做好教育教学、人才培养的基础上，与示范基地、监测基地建立长期研究的合作关系，解决森林、草原、湿地和沙地等自然生态系统保护与修复，以及林草行业产业绿色发展的重大技术需求，构建符合生态文明建设思想的管理体制与管理机制，持续取得林草行业科技创新和人才培养成果，支撑林草业持续健康发展。

五、结　语

通过"森林学基础"课程（金课）的培育和建设，初步实现课程内容的重塑，思政元素的有机融入，多种教学方式的协调运用，综合评定成绩的考核方式。通过引入前沿教学理念及先进实践方式，一方面开阔了学生的视野，另一方面激发了学生的求知欲。"森林学基础"是一门对林学基础有着较高要求的课程，通过实施基于"新农科"理念的"森林学基础"课程的"3A"教学方法与实践模式教学，力争让每一位学生参与到课程的建设与学习中，充分发挥学生的学习能力，在课程分组讨论与提问中不断提高学生的学习能力。同时，在开放式教学的过程中，教学内容适当融入林学发展大事和代表性历史人物，保证教学内容的趣味性与前沿性；积极了解国内外最新研究成果，定期将本领域前沿科技进展引入教学内容中，提高课程的先进性与互动性；不断推行现代信息技术教学模式，增加学生探索性与个性化等多样教学体验。通过这种具有针对性的新颖的授课方式，确立以学生能力提升为中心、兴趣创新为导向，坚持改革的理念，提升课程的质量标准，突出课程的先进性，使教育教学更能适应现代教学和学生的需求，达到良好的效果。同时培养了学生"知林、爱林、为林"的林业情怀和建设祖国生态文明事业的责任担当。这一系列教学改革措施不仅能调动学生学习的主动性与积极性，还激发了学生的学习兴趣，教学效果得到显著提升。

参考文献

[1] 陈宝生. 伟大时代需要弘扬黄大年精神[J]. 人民教育, 2017(17)：11-13.

[2] 教育部. 关于一流本科课程建设的实施意见[EB/OL]. (2019-10-24)[2023-10-24]. http：//www.moe. gov.cn/srcsite/A08/s7056/201910/t20191031_ 406269. html? eqid=dbc4be900019b90600000003644e74c2.

[3] 杨怀彦. 黄大年精神融入高校大学生思想政治教育的路径探析[J]. 开封教育学院报, 2018(10)：178-180.

[4] 吴岩. 中国式现代化与高等教育改革创新发展[J]. 中国高教研究, 2022, 38(11)：21-29.

[5] 习近平. 做党和人民满意的好老师：同北京师范大学师生代表座谈时的讲话[M]. 北京：人民出版社, 2014.

[6] 新华社. 习近平出席全国教育大会并发表重要讲话[EB/OL]. (2018-09-10)[2023-10-24]. https：//www.gov.cn/xinwen/2018-09/10/content_5320835. htm.

[7] 廖茂林, 占妍泓, 周灵, 等. 习近平生态文明思想对公园城市建设的指导价值[J]. 中国人口·资源与环境, 2021, 31(12)：140-148.

[8] 张淑婷, 陈实. 农科有机化学教学中的绿色化学教育[J]. 高等农业教育, 2002(7)：3.

[9] 房保俊. 完善人才评价机制破除"五唯"顽瘴痼疾[J]. 山东教育(高教), 2020(6)：1.

[10] 杨帆, 韩晔华, 蓝关英. 发挥党建引领创新新时代高校样板党支部建设：以中国石油大学(北京)化工工艺系党支部为例[J]. 党史博采(理论版), 2021(12)：37-39.

[11] 韩喜平, 李艳梅. 思想政治理论课教师承担的神圣使命[J]. 思想教育研究, 2017(8)：87-90.

生态文明建设背景下林业教育现代化

牛健植

（北京林业大学水土保持学院，北京　100083）

摘要： 党的二十大明确指出，推进教育高质量发展，为中国式现代化提供人才支撑。实现高质量发展是中国式现代化的一个本质要求，其中必然包含着教育高质量发展[1]。因此，要推进教育高质量发展，就离不开教育现代化。教师承担着教书育人的重大使命，不仅是学生的朋友和知心人，还是知识的传授者以及智慧和道德的代言人。教师们只有通过不断地学习、实践、创新，才能跟得上社会前进的步伐，才能适应教育改革的形式，适应学生的内在需求，从而实现教师队伍的高质量发展。本文将从宏观层面上阐述中国式教育现代化的深刻含义和具体特征，进一步围绕教师研修论述心得体会和综合提升教师的林业教育教学水平，谈谈在生态文明建设背景下，林业教育该如何在高质量发展中助力中国式现代化建设。

关键词： 中国式教育现代化；教师研修；生态文明；林业教育

　　中国式现代化是中国共产党领导的社会主义现代化，既有各国现代化的共同特征，更有基于自己国情的中国特色[2]。2022年10月，党的二十大报告中将教育、科技、人才三大战略进行统筹部署，对这一新的部署既坚持了教育、科技、人才是全面建设社会主义现代化国家的基础性、战略性支撑，又强调了三者之间的有机联系，实现创新型国家的建设就必须做好这三大战略[3]。牢固树立"人才资源是第一资源"的观念，立足生态环境建设和保护的战略要求，努力建设一支数量充足、素质优良、结构优化、布局合理的生态保护人才队伍。然而，我国高校现有的人才培养规模和质量还不能满足国家和社会的发展需求，特别是由于缺乏具有国际竞争力的生态、环境、林业、水保的管理复合交叉型拔尖创新人才。因此，在生态文明建设背景下，科学素养和专业技能过硬、具有卓越管理能力以及生态环境治理的拔尖创新人才，日益成为我国生态环境治理领域的急需资源[4]。

　　学习是不断前进的动力，本次寒假教师研修中笔者真正感受到"逆水行舟，不进则退"的道理，领悟到"学海无涯苦作舟"的含义。研修中，学习了关于"教师直播教学安全、学习宣传贯彻党的二十大精神、师德典型引领、教师关爱讲堂、黄大年团队建设引领教师发展"五大部分的内容。通过系统的学习，既有教学理论上的提高，也有教学实践上的共鸣。

一、中国式教育现代化及特征

（一）概　述

　　中国式教育现代化是中国式现代化的重要组成部分，是实现中国式现代化的基础性、战略性支撑。中国式教育现代化是中国共产党领导、造福于全体人民的中国特色社会主义教育现代化，是打造具有中国特色、符合本土国情、顺应时代发展、公平的教育现代化。在此基础上要强调"科技、人才、创新"对于建设中国式教育现代化的战略意义[5]。到2035

作者简介：牛健植，北京市海淀区清华东路35号北京林业大学水土保持学院，教授，nexk@bjfu.edu.cn。

资助项目：北京林业大学2023年教育教学改革与研究项目"生态文明背景下的流域管理学课程体系建设"（BJFU2023JY029）。

年，高等教育普及程度达到发达国家水平，人民群众有更多机会接受高质量教育，在世界大舞台贡献中国智慧、中国方案。

（二）中国式教育现代化的基本特征

实现中国教育现代化，加快推进教育高质量发展，建设高质量教育体系，需要牢牢把握以下4个特征：

1. 中国教育现代化的本土性特征

正如中国式现代化既有各国现代化的共同特征，更有基于自己国情的中国特色一样，中国式教育现代化同样不能脱离中国特色。在党的坚强领导下，建设出系统、科学、完善的符合社会主义发展的中国特色教育现代化，可以吸收、融合国外教育教学文明精髓，促进国内教育高质量发展，但是依旧不能脱离中国特色，教育发展本土性体现出文化自信、道路自信、理论自信、制度自信[6]。

2. 教育优先发展的时代性特征

主要体现在"教育是国之大计、党之大计"与"为党育人、为国育才"的时代使命上。面对世界百年未有之大变局，党的二十大论述"实施科教兴国战略，强化现代化建设人才支撑"，把教育、科技、人才进行"三位一体"统筹安排、一体部署。这意味着教育不仅要作为"最大的民生"落实优先发展，而且是全面建设社会主义现代化国家的基础性、战略性支撑[2]。

3. 中国式教育现代化的公平性

在实现教育现代化的过程中，始终把促进教育公平放在重要位置。在高等教育体系中，为了让每个学生都成为社会的有用之才，建立高校分类分学科发展体系，并对每个层类给予应有的制度支持，让人人都可接受适合自己的高等教育，进而培养出专业特色的顶尖人才。具体体现在研究型人才培养的"双一流"建设，注重本科人才培养的"双万计划"，注重应用技能型人才培养的高职院校"双高"计划等，为个性化人才培养注入新动能。习近平总书记强调，良好的生态环境是最公平的公共产品，是最普惠的民生福祉。现代化教育的公平性将会促进教育体系在生态领域培养出更多优秀的接班人，最终实现人民拥有公平、良好的生态环境的愿望。

4. 教育、科技、人才、创新的一致性

教育现代化通过培养创新型人才，推动科技的发展与创新。对于高等教育而言，发展科技是其重要的职责，特别是"双一流"建设高校更承担着科技创新、突破"卡脖子"技术难题的重要职能。同时，科技发展与创新也将带来教育的发展与创新，即科技赋能教育，两者在发展中相辅相成、相互促进。由此可见，教育在四者的一致性中处于基础性地位。党的二十大报告指出："科技是第一生产力、人才是第一资源、创新是第一动力。"对于科技、人才、创新的目标能否真正实现，归根结底取决于教育，没有教育的优先发展，就很难产生真正的科技、人才、创新。

二、 提升林业教育教学综合水平

喜悦伴着汗水，成功伴着艰辛。在寒假教师研修中，充分学习关于"教师直播教学安全、学习宣传贯彻党的二十大精神、师德典型引领、教师关爱讲堂、黄大年团队建设引领教师发展"等五大教师研修内容。研修中分析的教育教学方式也同样适用于林业教育工作，掌握这些教育方法与向教育楷模学习，对今后培养更多优秀的林业、水保、生态等领域的人才至关重要。其中，对于"教师直播教学安全、学习宣传贯彻党的二十大精神与师德典型引领"感受颇深，在提升林业教育教学综合水平的实践中有以下几点心得：

（一）教师直播教学安全与林业教育现代化

近三年受新冠肺炎疫情影响，依据教育部"停课不停学"的要求，提出教学改革。直播教学是特别时期的一种有效教学途径，既能让教师正常开展教学工作，学生安心、安全地在线上上课，也可以随时完成在线师生互动。另外，可以录制课堂视频方便学生反复学习。在现代教学、学术讲座中该方式显得尤为便利，特别是林业教育，经常会在户外直播教学。但是，互联网在教学中的应用是一把双刃剑，在提供便利的同时仍存在着网络安全隐患问题。"教师直播教学安全"聚焦在线教学可能面临的网络安全问题，从技术方法、司法应对和心理调适3个角度指导教师如何防范和应对，以提高教师网络防范能力，保证网课安全。网络是开放的空间，广大教师在线上教学的过程中既要保护好自身，也要维护好学生的权益，保证线上教学能够顺利进行。

经过这次研修，深刻领会到有效保障直播教学安全有三点必不可少：第一，要注意搭建安全防火墙，设置网络课堂权限，预防"网课爆破"的发生，保证教学过程的网络环境安全；第二，强化线上教学制度建设，提升网课平台安全性、标准性，坚持标准化治理，以定期的监控和统计分析为抓手，及时有效地传导，营造健康的网络教学秩序；第三，强化安全教育，系统地组织开展网课技能培训，研讨网络授课安全模式，提高政治站位，增强责任感和使命感，提高师生信息安全责任意识，减少网络教学中的隐患和危害。

林业线上教学任重道远，是未来高效、便捷的教学手段。作为互联网背景下的教学工作者，应聚焦在线教学可能面临的网络安全问题，提高防范意识，学习相关解决措施。这样线上教学才能更加高效安全地进行，网络教育也能得到良性、健康的可持续发展。

（二）党的二十大精神与林业教育现代化

本节分了两个部分，第一是孙来斌专家对党的二十大精神的解读——坚定不移推进中国式现代化；第二是二十大教师代表结合实际教育工作解读党的二十大汇报的感想、体会，引导广大教师深刻领会中国式教育现代化的内涵。

骆清铭校长分享的"为个性化人才培养注入新动能"，带我们探寻一条跨越式教育改革创新新路径。"教育、科技、人才是全面建设社会主义现代化国家的根本性、战略性支撑。"党的二十大报告中，"教育、科技、人才"被提至更加重要的位置[7]。完全学分制、书院制和协同创新中心三大改革举措，是海南大学遵循高等教育办学规律，正确认识和精确把握新发展阶段，贯彻新发展理念，构建新发展格局的重要途径，目的就是构建学院—书院—协同创新中心"三位一体"人才培养新格局，落实"立德树人"根本任务。

周荣方老师以"行走的思政课"为主题，给思政教育指引了新方向。"只要我们用心教，把真正的新时代炽热的奋斗、炽热的实践告诉学生，学生就能够让青春在全面建设社会主义现代化国家进程中绽放绚丽之花。"周老师表示，"身为思政课教师，今后将继续沉下心，用心用情讲好'行走的思政课'。"新时代教师要立德树人：首先，要让学生"心中有根"，要为学生埋下信仰的种子；其次，要让学生"根有所生"，要让学生了解往哪儿扎根；第三，要让学生"心有所盼"，让他们拥有持久扎根的动力。真正做到"知其言，更要知其意"。

以学习宣传贯彻落实党的二十大精神为主线，弘扬主旋律、凝聚正能量，坚持信念，披荆斩棘，在生态文明建设的背景下，以先进的林业教育教学工作推动教育事业高质量发展，为实现"碳达峰、碳中和"的目标努力奋斗。

（三）师德典型引领之林业教育现代化

通过研究2023年全国教书育人楷模、特岗教师先进事迹等视频深有体会，意识到优秀教师的平凡和伟大，学习到优秀教师爱岗敬业、无私奉献、事业为重的高尚品质，对工作一丝不苟的负责、敬业精神，乐于助人的高尚职业道德。他们虽来自不同民族和区域，分布在高教、职教、幼教、特教等不同的岗位，但是他们都有一个共同点，那就是始终牢记为党育人、为国育才的使命，坚持立德树人，坚守"四个相统一"，当好"四个引路人"，奉献突出，事迹感人，平凡亦是伟大——做好平凡的事就是伟大。

山西机电职业技术学院教授李粉霞，她潜心教学，重构课程体系，实施"工程化+思政化+信息化"教学改革，打造有趣、易懂、接地气的课堂。她注重团队建设，构建"帮、练、赛、聘"教师培养模式，打造了一支优秀的职业教育创新团队，开发实训工程服务企业。这种创新的教学模式，应该尝试在现代林业教育中实践。首先，在思想上教育学生的研究方向要与国家的需求同步，在"双碳"目标的背景下，林业学科是重点研究的领域；其次，在恢复、保护生态环境的课程中，以实际工作的案例培养学生实践的能力；最后，用信息化的人工智能手段进行数字化转型，为林草教育的高质量发展赋予能量。

他们高攀理想的火炬，在自己深爱的三尺讲台绽放青春，培养了一代又一代时代新人，成功诠释了教师的职业内涵，是广大人民教师的优秀代表和杰出典范，充分展示了新时代教师队伍有理想信念、有道德情操、有扎实学识、有仁爱之心的良好精神风貌，他们无愧于全国教书育人楷模的荣耀称号[8]。

三、 生态文明背景下教育的路径

党的十八大以来，以习近平同志为核心的党中央以前所未有的力度抓生态文明建设，将生态文明建设纳入中国特色社会主义事业"五位一体"总体布局，推动我国生态环境保护发生历史性、转折性、全局性变化。生态文明教育没有完成时，只有进行时。生态环境保护需要法律法规、制度保障，也离不开生态文明教育，让生态文明观念内化于心、外化于行，推动形成绿色发展方式和生活方式。党的二十大报告特别指出："我们要推进美丽中国建设，坚持山水林田湖草沙一体化保护和系统治理，统筹产业结构调整、污染治理、生态保护、应对气候变化，协同推进降碳、减污、扩绿、增长，推进生态优先、节约集约、绿色低碳发展。"

（一）明确生态文明教育的对象

要让生态文明理念深入人心，根本之道在于形成全民的生态文明教育体系，各个学段的学生、各行各业人士均要进行生态文明教育，根据不同层次对象，采取不同的教育方式，做到因材施教。

针对学生群体，主要可采用正规教育方式，不同教育阶段的学生学习相关的生态知识，最终在全社会形成完整的生态知识链条。例如，在幼儿园阶段，孩子要学习"爱护自然""节约用水""保护环境"等知识，进行生态启蒙教育；在小学阶段，教师应主要讲授自然常识，让孩子明白自然对人类的意义，形成责任意识；在中学阶段，任课教师应根据各学科的特点与要求，讲解一些生态环境保护的基本原理；在大学阶段，开展相关的生态环境保护专业课程，培养学生生态文明方面的专业素养。

在社会层面，针对从业者可采取灵活的教育方式，把生态文明教育有机融入各行业。鼓励各行业探索符合自身行业特色的生态文明方式方法，帮助从业者提高生态认知能力，掌握保护生态环境的基本知识。

（二）正确认识人与自然的关系

强化生态道德教育，就是要让人民理解我国之所以如此高度重视绿色发展，是因为从道德上讲就需要调整人的行为，从一味地利用自然、征服自然、改造自然向尊重自然、顺应自然、保护自然转变，最终实现人与自然和谐共生的目标。让人们清醒地认识到加强生态文明建设的重要性和必要性，以对人民群众、对子孙后代高度负责的态度和责任，真正下决心把环境治理好、把生态环境建设好，努力走向社会主义生态文明新时代，为人民创造良好的生产生活环境。

（三）生态文明教育的重点领域

习近平总书记指出："每个人都是生态环境的保护者、建设者、受益者，没有哪个人是旁观者、局外人、批评家，谁也不能只说不做、置身事外。"生态文明教育要促进每个人从意识到行为的深刻转变，要让人民在日常生活中牢固树立生态文明理念，增强全民环保意识和生态意识。

首先是在日常出行方面，由于交通运输会消耗大量能源并产生废气，致使温室气体排量过高，鼓励居民乘坐公共交通出行，以减少燃油消耗且改善空气质量。其次是日常饮食方面，采取切实措施推广绿色健康低碳的饮食模式。倡导使用可重复利用的食品购物袋，减少使用一次性塑料餐具和一次性筷子。减少食物浪费，开创"厉行节约、反对浪费"的社会风尚。最后是建材方面，在建材方面制定严格标准，鼓励房企和居民在设计、建造、装修建筑空间时注重生态环保，鼓励采用绿色建材，营造简单和环保的居住环境，严格监管垃圾分类处理等。

四、 生态文明建设背景下对林业教育的思考

随着生态文明建设的不断推进，林业教学也需要转型与改革才能适应时代的潮流。以下是一些教育培养的建议。

生态文明建设的核心是生态保护和修复，因此林业教学应该注重培养学生的生态意识和环保意识，让他们认识到生态环境对人类的重要性。同时林业教学应该注重实践教学，让学生亲身参与林业生产和生态保护工作，提高他们的实践能力。

随着科技的不断发展，林业生产也在不断更新换代，林业教育教学应该引入新技术和新理念，让学生了解最新的林业生产技术和管理理念。创新是第一动力，林业教学应该注重培养学生的创新能力，鼓励他们在林业生产和生态保护方面提出新颖的想法和方法，推动林业事业的高质量发展[9]。

林业是一个全球性的产业，林业教学应该加强国际交流，让学生了解国际上的最新林业技术和管理经验，提高他们的国际视野和竞争力；林业教学应与其他学科进行跨学科教学，如环境科学、生态学、地理学等，让学生了解林业可以与其他哪些学科有交叉点，提高学生们的综合素质和能力[10]。并且林业教学应该推进数字化转型，利用现代化的教学手段和技术，如虚拟实验室、在线课程、远程教育等，提高教学效果和效率；另外，积极引导学生将人工智能应用到林业及生态修复领域，提高系统化治理的效率和精确度[11]。

生态环境修复与改善是个长期坚持的过程，不可能一蹴而就。因此，作为林业教育工作者要坚持系统性的观念，善于从生态系统的整体性出发，引导学生研究推进山水林田湖草沙一体化保护和修复，更为重视综合治理、系统治理、源头治理[12]。

总之，林业教学需要不断转型与改革，适应时代的潮流，培养具有创新精神和实践能力的优秀人才，为生态文明建设和林业事业的发展做出贡献，使林业教育在高质量发展中助力中国式现代化建设。

五、 结 语

社会在发展，时代在前进，教师研修工作也是与时俱进、不断发展进步的，学生的特点和问题也随着时代的进步发生着变化。实现教师队伍的高质量发展，为全面建成社会主义现代化强国助力。作为一名平凡的教育工作者，要坚持不断完善自身的专业素质，以高

度的自觉性和视角，及时发现、研究和解决学生教育和管理工作中的新情况、新问题，掌握其特点、发现其规律。顺应国家发展大局，发挥自身的专业优势，尽职尽责地做好教育工作，为生态文明建设培养优秀的创新型青年人才，完成教师肩负的神圣历史使命。

　　为了实现生态文明的建设，我们必须拥有足够的林业专业人才。而这就需要对林业教育进行现代化改革，以适应新的环境变化和社会需求。这包括更新教学内容，改善教学方法，提高教学质量，培养具有创新能力和实践能力的林业专业人才。我们已经在一些地方看到了林业教育现代化的初步实践，并取得了一些积极的成果。然而，这个过程还远未完成，我们还需要进一步努力，继续推动林业教育现代化的进程。同时，也期待在更多地方看到林业教育现代化的成功实践，为生态文明的建设做出更大的贡献。

参考文献

[1]余森杰，王廷惠，任保平，等．深入学习贯彻党的二十大精神笔谈[J]．经济学动态，2022(12)：3-22.

[2]卢晓中，李望梅，黄福涛，等．中国式高等教育现代化研究（笔谈）[J]．教育科学，2023，39(1)：1-10.

[3]陈涛，刘鉴潇．中国式现代化强国战略：政策特征、逻辑关系及支撑路径——基于教育、科技、人才三合一体系的政策分析[J]．重庆高教研究，2023，11(2)：23-35.

[4]牟蕾，王瑞武，杨益新，等．生态环境治理拔尖创新人才培养策略的思考[J]．中国大学教学，2020(5)：42-45.

[5]高书国．以中国式教育现代化助推中华民族伟大复兴：深入学习领会《中共中央关于党的百年奋斗重大成就和历史经验的决议》[J]．人民教育，2021(23)：12-15.

[6]方世南．以中国式现代化全面推进中华民族伟大复兴的政治宣言和行动指南[J]．学术探索，2023(1)：18-24.

[7]李欣洁，侯若英．广西电网系统运行领域人才队伍建设存在问题及对策[J]．广西电业，2022(12)：30-33.

[8]李攀，易静．"全国教书育人楷模"职业教育教师群像研究：基于2010—2021年度的先进事迹材料的文本分析[J]．当代职业教育，2022(4)：84-91.

[9]刘飞海．基于智慧林业巡检管理服务平台的林业信息化管理变革与创新[J]．智慧农业导刊，2022，2(24)：14-16.

[10]佃袁勇，周靖靖，王鹏程，等．多学科交叉融合的智慧林业人才培养模式初探：以华中农业大学为例[J]．农业科技与信息，2023(2)：172-176.

[11]何永彪．人工智能技术在精准林业中的发展研究[J]．花卉，2020(6)：225-226.

[12]刘志民，余海滨，汪海洋．科尔沁沙地"山水林田湖草沙"一体化治理原理及实施重点[J]．应用生态学报，2022，33(12)：3441-3447.

"两山"理论视角下高等林业教育内涵式发展路径探析

崔亚宁　　马玉超

（北京林业大学生物科学与技术学院，北京　100083）

摘要： 高等林业教育是服务生态文明建设和林业改革发展的基础阵地。"两山"理论的提出对高等林业教育内涵式发展具有重要的指导意义。因此，本研究首先概述了高等林业教育内涵式发展的基础理论，其次重点阐述了"两山"理论分别与生态文明、林业发展、高等林业教育之间的内在逻辑关系，并在此基础上，从师德师风、教材建设、"双一流"建设3个方面提出了高等林业教育内涵式发展路径。本研究旨在为高等林业教育内涵式发展和林业高校办学水平的提升提供参考。

关键词： "两山"理论；生态文明；高等林业教育；内涵式发展

2005年8月，时任浙江省委书记的习近平同志在安吉县考察时提出："我们过去讲，既要绿水青山，也要金山银山，其实绿水青山就是金山银山。"这是"绿水青山就是金山银山"理论的最早表述，这一重要思想被称为"两山"理论[1-2]。随后，在生态文明建设的实践中，"两山"理论的内涵也在不断地发展和完善，党的二十大报告也提出："必须树立和践行绿水青山就是金山银山的理念。""两山"理论的提出很好地解决了经济发展和生态资源保护之间长期以来存在的矛盾，实现了自然资源保护和利用的辩证统一，也为改变我国部分地区过去以破坏自然环境为代价的发展方式提供了理论前提和实践指导，指明了发展方向和思路[3]。

高等林业教育是服务生态文明建设和林业改革发展的基础阵地。在中国特色社会主义进入新时代的伟大征程中，基于"两山"理论视角，培养适应国家需求的德才兼备的林业高层次人才，从而推动高等林业教育的内涵式发展具有重要的现实意义。因此，本研究首先概述了高等林业教育内涵式发展的基础理论，其次重点阐述"两山"理论与高等林业教育之间的内在逻辑关系，在此基础上，提出新时代高等林业教育改革的发展路径，旨在为高等林业教育内涵式发展和林业高校办学水平的提升提供参考。

一、高等林业教育内涵式发展理论概述

高等教育是我国教育体系中非常重要的组成部分[4]，承担着向国家输送人才的重要任务。回顾我国的教育发展历程，高等教育随着社会经济水平的发展，呈现出一个从外延式发展向内涵式发展逐渐转变的过程[5]。

（一）高等教育的外延式发展历程

自中华人民共和国成立以来，尤其是自1977年恢复高考以来，我国的高等教育取得了长足的进步，办学质量和办学规模不断提升，培养了大批优秀的人才，为我国社会经济的

作者简介：崔亚宁，北京市海淀区清华东路35号北京林业大学生物科学与技术学院，副教授，cuiyaning@bjfu.edu.cn；

马玉超，北京市海淀区清华东路35号北京林业大学生物科学与技术学院，副教授，mayuchao@bjfu.edu.cn。

资助项目：北京林业大学教育教学研究项目"文献检索与科技写作"（2021KCSZZC022）；

"食品微生物学"实践教学研究与改革（BJFU2022JY050）。

发展提供了坚实的支撑。随着办学实力的进一步增强，以及培养能力的进一步提高，全国高校从 1999 年开始了加大教育投入、增加招生人数、扩大办学规模等，形成了一种外延式的发展模式[6]。在一段历史时期内，这种外延式发展模式为增加我国的人才储备、服务社会经济建设起到了显著的积极作用，助力我国向世界教育大国和教育强国不断迈进[7]。但是，随着我国高等教育的进一步发展，外延式发展模式也逐渐呈现出一些问题，例如浪费教育资源，教育层次、类别、专业结构不平衡，教育投资大等。

（二）高等教育内涵式发展的提出

随着社会经济水平的发展及外延式发展模式弊端的呈现，推动内涵式发展成为我国建设教育强国的必然选择和必由之路。2012 年 3 月 16 日，教育部发布了《教育部关于全面提高高等教育质量的若干意见》，提出"树立科学的高等教育发展观，坚持稳定规模、优化结构、强化特色、注重创新，走以质量提升为核心的内涵式发展道路"。2020 年 11 月，教育部发布的《第五轮学科评估工作方案》中，指出"加快建立中国特色、世界水平的教育评价体系，提升我国学科建设水平和人才培养质量，推动实现高等教育内涵式发展"。高等教育内涵式发展的提出和推动实施是党中央、国务院、教育部站在新的历史高度做出的重要举措，对于丰富新时代高等教育理论，提高我国高等教育的办学质量和办学水平，培养高素质多样化人才具有重要的指导意义。

（三）高等林业教育内涵式发展的战略意义

伴随着中华人民共和国高等教育事业的发展，我国高等林业教育的总体规模在不断扩大，为林业建设和国家发展培养了大批优秀的人才，有力地支撑了我国林业事业的发展。在新的时代背景下，高等林业教育将继续承担林业高层次人才培养的使命。但因其本身的学科特征，目前也面临着一些发展难题。内涵式发展模式以教育和办学水平提升、内部构成要素优化、结构调整和改善为主要特征[8]。相较于外延式发展，内涵式发展着眼于教育所承载的核心要义，注重发掘高校自身的发展潜力，以全面培养人才为重心，坚持教育和教学模式的创新。随着内涵式发展的不断深入，必然带来教育理念的革新，并由此激发教育高质量发展的内源性动力，激励教师和学生提升自主创新能力和自我价值追求。因此，内涵式发展模式的提出为高等林业教育的发展提供了契机，破解自身发展难题，是适应新时代林业发展的内在需求。随着内涵式发展的不断深入，必将有力提升教学质量，更好地服务于现代林业建设。

二、"两山"理论与高等林业教育的内在逻辑关系

我国的高等林业教育的根本任务是为国家林业的发展培养高层次专业人才。作为生态文明建设的重要阵地，林业肩负着新的历史使命。因此，"两山"理论对高等林业教育的改革和发展具有重要的理论指导意义。

（一）"两山"理论与生态文明

党的十九大报告指出，建设生态文明是中华民族永续发展的千年大计，必须树立和践行绿水青山就是金山银山的理念。党的二十大报告进一步指出，坚持绿水青山就是金山银山的理念，坚持山水林田湖草沙一体化保护和系统治理，全方位、全地域、全过程加强生态环境保护，生态文明制度体系更加健全。这均是对"两山"理论和生态文明之间关系根本的诠释。作为生态文明建设的指导思想，"两山"理论的提出是对树立尊重自然、顺应自然、保护自然的生态文明理念的集中体现，为新时代生态文明建设提供了基本遵循和实践范式。"两山"理论也很好地回答了如何正确处理生态环境保护和经济发展之间的关系[9]，绿水青山和金山银山不是对立的，而是内在统一的，从建设好绿水青山出发，充分发挥绿水青山

的经济效益、社会效益和生态效益，必定可以获得金山银山[10]。

（二）"两山"理论与林业发展

林业是社会经济可持续发展的基础，具有重要的经济价值，同时林业又在应对气候变化、改善环境、增加民众健康福祉等方面具备重要的生态价值。尽管随着几十年的国家重大生态修复工程的开展，我国的森林总量在不断增加，到2022年底，全国的森林覆盖率突破了24%，达到了24.02%。但是，我国森林的总体质量及利用质量仍不高，林业面临着资源快速消耗、供给能力不足、生态服务价值不高等问题。"两山"理论的提出为解决我国林业发展的困境提供了指导思想。林业是践行"两山"理论的主阵地[11]，须切实把握森林作为绿水青山的核心物质基础，切记盲目追求短期的经济价值。森林作为一类重要的自然资源，也是确保优良生态环境的根本物质基础。需要以培育健康森林，保护自然环境为出发点，力求充分发挥森林的生态价值，从而获得经济价值。

（三）"两山"理论与高等林业教育

作为习近平生态文明思想的重要成果，"两山"理论的科学内涵既回答了什么是生态文明，如何建设生态文明等科学问题，同时也为林业改革发展指明了需要充分发挥森林生态价值的发展方向。高等林业教育作为服务生态文明建设和林业改革发展的基础阵地，在高等教育内涵式发展改革的背景下，高等林业教育被赋予新的时代使命和战略地位。在"两山"理论等生态文明思想的指导下，高等林业教育以服务乡村振兴、美丽中国、健康中国等国家战略需求为导向，深化内涵式发展之路，以高质量实现中国式高等林业教育现代化。

三、 高等林业教育内涵式发展路径

高等林业教育由外延式发展模式向内涵式发展模式转变是林业教育发展的必然选择。按照"两山"理论和高等教育内涵式发展的基本要求，注重教育质量，推动高等林业教育高质量发展。

（一）重视师德师风建设， 培养高素质林业教师队伍

教师是教学工作开展的核心，教师道德修养水平的高低是教书育人的关键[12]。只有拥有良好的师德师风，并以此组建起高素质的教师队伍，才能高效地推动高等林业教育的顺利推进，提升林业相关专业学生的学习效果。首先，需要林业相关专业的教师主动加强自身修养，深刻领悟"两山"理论在生态文明建设中的关键作用，树立正确的人生观和价值观，用正确健康的生态文明思想去引导学生，影响学生。其次，要健全师德师风考评与监督机制，严格规范教师的言行，对师德师风优秀要大力表扬和奖励，给予职称等方面的倾斜，对于违犯师德师风的人员，采取一票否决制度，使教师真正做到为人师表。

（二）加强基础教材建设， 完善管理和教学评价体系

教材建设是教育内涵式发展的又一关键环节。教材的质量决定着教学的成败，教材建设已成为教学改革最迫切的要求[13]。高等林业教育内涵式发展需要按照"两山"理论的要求，以"绿水青山的高质量培育和保护，绿水青山向金山银山的转化效率提升"为导向，以高质量教材建设和管理为基础，同时完善相应的管理和评价体系，以此培养符合新时代需求的高等林业专业人才。首先，加强基础教材建设，全面贯彻落实党的教育方针。实施林业精品教材战略，严把教材质量关，助力高质量林业人才培养。其次，完善教材管理和评价机制，依托优势学科，开展教材多元化和实用性建设。注重教材的使用反馈和教学成果评价，通过完善的管理和教学评价体系，提升高等林业教育的办学水平和助推教学改革目标的实现。

（三）深化"双一流"建设， 培育林业优势学科和交叉学科

"双一流"建设是近年来国家为提升我国的综合教育实力，提升高等教育质量做出的重

大战略部署[14]。"双一流"建设的核心目标是培养优秀人才，服务国家发展[15]。高等林业教育内涵式发展需要在深化"双一流"建设的基础上，融入"两山"理论对林业产业的发展要求，加强交叉学科建设，加快建设中国特色、世界一流的大学和优势学科。首先，依托"双一流"建设，持续做大做强涉林类优势特色学科。以学科建设为基础，创新高水平人才培养体系，以服务国家战略为导向，不断推进科技成果转化。其次，大力促进学科交叉，加强林业交叉学科建设。通过建立统一的协调管理部门，从"两山"理论的系统性高度，认识绿水青山与金山银山之间的辩证关系，整体融合林业优势特色学科，优化布局，面向林业服务生态文明建设的发展需求，不断推动新型林业交叉学科健康发展。

四、结　语

"两山"理论为生态文明建设提供了基本遵循和实践范式。高等林业教育作为服务生态文明建设和林业改革发展的基础阵地，在新时代中，如何将"两山"理论等生态文明思想融入高等林业教育内涵式发展的实践中是目前林业院校所面临的一大课题。本研究从基础理论解析的角度，探讨了"两山"理论对高等林业教育内涵式发展的指导价值，并提出了相应的发展路径，为高等林业教育内涵式发展提供了一种新的实践思路。相信随着"两山"理论的思想引领不断融入高等林业教育的发展中，必将有力地推动中国式高等林业教育现代化进程，为国家培育符合新时代林业发展需求的高水平人才。

参考文献

[1]石春娜，姚顺波．生态马克思主义视角下的"绿水青山就是金山银山"理论内涵浅析[J]．林业经济，2018，40(3)：7-10.

[2]何仁伟．"两山"理论视角下的乡村振兴战略研究[J]．环境与可持续发展，2020，45(6)：98-99.

[3]向建红．"两山理论"视域下的自然资源核算体系研究[J]．科技创新与生产力，2022，337(2)：79-85.

[4]游旭群．新时代高等教育内涵发展路径探析[J]．中国高等教育，2020(5)：18-20.

[5]查玉喜．地方高校内涵发展研究[D]．济南：山东师范大学，2021.

[6]朱顺钗．高教内涵式发展背景下研究生课程建设研究[D]．福州：福建师范大学，2019.

[7]孙树彪．高等教育内涵式发展的"立德树人"研究[D]．长春：吉林大学，2019.

[8]陈晓梅．行业特色高校内涵式发展动能培育研究[D]．北京：中国矿业大学，2021.

[9]杨琼．生态哲学视阈下的"两山"理论及其实践内涵[J]．内蒙古大学学报：哲学社会科学版，2018，50(5)：65-70.

[10]张修玉．科学揭示"两山理论"内涵　全面推进生态文明建设[J]．生态文明新时代，2018(1)：47-52.

[11]彭有冬．林业是践行"两山"理念的主阵地[J]．党建，2017(12)：41.

[12]赵培举．加强师德师风建设，培养高素质教师队伍[J]．中国高等教育，2013(13)：66-68.

[13]张丽芳．健全和完善教材建设管理体制，加强地方高校教材建设[J]．大学教育，2013(24)：12-13，82.

[14]张国财，赵博，张杰．在"双一流"学科建设背景下林业专业学位研究生人才培养模式改革与探索[J]．黑龙江教育：高教研究与评估，2022(2)：38-40.

[15]魏萱，介邓飞，叶大鹏．"双一流"与"新工科"建设背景下的地方农林高校农业工程类研究生培养模式的探索与思考[J]．高等农业教育，2020(1)：95-99.

浅谈现代高等教育下完善青年教师发展支持体系的策略

李 赟 杨 珺 龙 萃 胡冬梅 康向阳

（北京林业大学生物科学与技术学院，北京 100083）

摘要： 青年教师发展支持体系在中国高等教育现代化中扮演着重要角色，对于提高青年教师职业发展水平和工作满意度具有重要作用。然而，如何进一步完善青年教师发展支持体系则需要深入思考。本文通过对青年教师发展支持体系的概念、发展历程以及在高等教育现代化过程中的作用进行研究，在加强青年教师职业道德教育、开展专业培训并提供专家辅导、搭建跨专业的青年教师交流分享平台及建立成长档案和评价体系4个方面提出一些个人见解，以期进一步推动我校青年教师的职业发展水平和整体素质不断提升。

关键词： 青年教师；发展支持体系；高等教育；现代化

一、引 言

2018年1月发布的《中共中央 国务院关于全面深化新时代教师队伍建设改革的意见》中提出了"全国教育现代化2035"的目标。该文件明确了中国教育改革发展的总体方向和具体目标，提出了一系列政策措施和实施路径。其中，"建设高素质专业化创新型教师队伍"是现阶段教育现代化的重要任务之一[1]。青年教师作为高等教育体系中的重要组成部分，其素质的提升与职业发展对高等教育现代化水平的提升有着非常重要的作用。太原理工大学45岁以下青年教师占比63.3%，北京林业大学45岁以下青年教师对应比例为68.4%，这也再次说明了青年教师是教师队伍中不可或缺的组成部分[2]。因此，建立完善的青年教师发展支持体系，促进其职业发展，优化高等教育质量，是当前高等教育现代化过程中必须重视的问题。

二、青年教师发展支持体系的概念和发展历程

青年教师发展支持体系旨在为促进青年教师职业发展而建立一系列的指导和支持措施。其核心内容包括：为青年教师提供论文发表、科研项目申报、教学评估、职务晋升等方面的支持和指导，同时也包括为青年教师提供个人发展规划、管理培训等方面的咨询和辅导。

青年教师发展支持体系经历了从单项支持管理到双向支持管理的发展演变。在单项支持管理阶段，支持体系的建设主要依靠政府和学校的单项管理和资源配置。其中，政府出台各种有利于教育事业发展的政策和法规，学校依靠财政投入和教师管理手段来促进青年教师成长发展。然而，在这个阶段中，青年教师缺乏自主性和主动性，只能被动地接受各

作者简介：李 赟，北京市海淀区清华东路35号北京林业大学生物科学与技术学院，讲师，liyun_365@bjfu.edu.cn；
　　　　　杨 珺，北京市海淀区清华东路35号北京林业大学生物科学与技术学院，副教授，yang_jun@bjfu.edu.cn；
　　　　　龙 萃，北京市海淀区清华东路35号北京林业大学生物科学与技术学院，实验师，longcui@bjfu.edu.cn；
　　　　　胡冬梅，北京市海淀区清华东路35号北京林业大学生物科学与技术学院，高级实验师，dmhu@bjfu.edu.cn；
　　　　　康向阳，北京市海淀区清华东路35号北京林业大学生物科学与技术学院，教授，kangxy@bjfu.edu.cn。

种支持措施，有时甚至缺乏有效的自我管理和参与。随着教育事业发展的深入，政府和学校逐渐认识到单项支持管理的缺陷，开始引导青年教师实现自我管理和自我发展。支持体系的建设也从单向管理转变为互动协作和共生共赢的双向支持模式。政府和学校不仅提供各种培训和资源支持，同时也引导青年教师积极参与各种教育教学研究、实践创新和成果分享，培养他们的自主性和创造性，提高青年教师的职业素养和综合能力。

总的来说，青年教师发展支持体系经过漫长的发展，从简单的传承到复杂的系统性支持，随着社会的变化和教育的发展，它必然会继续不断地完善和发展，以适应社会和教育的发展需要。

三、 青年教师发展支持体系在高等教育现代化过程中的作用

（一）促进青年教师职业发展

青年教师发展支持体系致力于为教师提供全方位的职业指导和支持，旨在帮助青年教师更快地进入角色并更好地履行自己的教学和科研职责。例如北京林业大学的"新绿萌芽"项目为新任教师打造了一系列岗前培训方案，采用了多种形式的教学手段让新任教师快速熟悉教学理论、策略、方法和技能，不断提升其教学能力和水平。通过专题讲座，让新教师系统地了解学科知识和教育规律，从而有效地提升教学技能和素质；通过教学反思，帮助教师审视自己的教学实践，挖掘自我潜能，从而获得更快的成长和发展。通过这些研修活动，新任教师得到了有效的支持与指导，更快地适应教学岗位，实现了良好的职业发展。同时，青年教师发展支持体系也能够提供针对性的评估和评价，帮助教师认清自己的定位和目标，制定更为有效的职业发展规划。

（二）优化高等教育管理

青年教师作为高等教育体系中的新生力量，具有巨大的潜力和远大的未来。为了优化和提升教育质量，国家和各高校积极建立青年教师发展支持体系，为他们提供更多的职业发展机会和多元化的培训方式，帮助他们全面提高自身素质和能力，提升教学水平和教育质量。北京林业大学已经建立较为完善的教师教学管理保障体系，其中包括机制保障、队伍保障、组织保障和条件保障 4 个方面。机制保障方面，学校主要面向教师职业发展和专业能力提升，将教师教学发展纳入教师考评体系，并设立"教师教学发展足迹"记录教学发展历程，同时对于教学效果不理想的教师进行针对性的指导和座谈，帮助他们找到改进教学的方法。队伍保障方面，学校采用引进和培养相结合的方式，聘请优秀教师担任"两师"，同时做好两师队伍建设工作，让教师得到更多的指导和支持。组织保障方面，学校建立校院两级管理责任制，教师教学发展中心负责教师教学能力培养及提升工作，并为教师提供必要的经费和条件。条件保障方面，学校不断加强基础条件建设，加大经费投入，保障教师教学发展工作持续有效开展。这为教师提供了优良的教学环境，让他们更好地施展教学才能和创新能力。

（三）提高高等教育教学质量

高等教育教学质量作为高校的核心竞争力之一，是高等教育现代化进程中的重点。各高校通过建立健全青年教师发展支持体系，积极引导教师创新思维和教学方法，持续优化教学过程和教学内容，提高学生的学习效果和成绩表现。尤其在课程改革、在线教育、国际化教育等领域，青年教师发挥着不可或缺的积极作用。北京林业大学的"青椒成长"项目构建成典型的青年教师发展支持体系，对青年教师的快速成长起到了重要的推动作用。该项目涵盖面广、针对性强、实操性高，包括 ISW 教学技能工作坊、青年教师教学基本功比赛、好评课堂研讨会和"名师下午茶"等研修活动。通过专业引导、培训和指导等方式，帮

助青年教师提升教学能力和素养，推动整体教学能力的提升。

四、 青年教师发展支持体系的完善

青年教师是教育事业的未来，他们在学科建设、教育教学改革和创新等方面具有重要作用。目前，针对青年教师的发展支持体系建设已经较为全面，包括培训、指导、评价、激励等方面，然而，在现代化的教育体系中，教育教学模式、教育科技等方面的不断更新也对青年教师提出了更高的要求和挑战，因此还需要进一步完善青年教师的发展支持体系。具体来说，完善青年教师的发展支持体系可以从以下几个方面入手。

（一）加强青年教师的职业道德教育

高校青年教师职业道德是指高校青年教师在从事教育教学活动的过程中，应当遵循的相关行为准则，是高校教师在长期的教育教学工作实践中逐渐总结而形成的职业道德，体现着高校教育教学工作中良好的社会公共道德，对于高校教师行业是否能够良性健康发展起着极其重要的作用[3]。因此，学校应该加强对青年教师的职业道德教育，帮助他们树立正确的职业观，明确自己的职业使命和责任，提升自身的教育素养和职业形象。

1. 理论教育的必要性

职业道德教育的基础是理论教育。正确的职业道德理解和认知需要系统的职业道德教育和理论指导。学校可以通过多种形式，如讲座、读书会、座谈等，向青年教师传授职业道德知识和基本原理，促进他们树立正确的职业理念，引领规范的行事方式。此外，通过更多"立德树人能力体系"模块的研修活动，青年教师能够充分学习相关理论知识，进一步提高思想认识和职业素养。

通过这些举措，可以更好地加强职业道德教育和理论教育，让青年教师养成高尚的教育情操和规范的职业行为，从而更好地承担起育人的重大使命。

2. 开展职业道德教育课程

职业道德教育课程是培养青年教师道德素质的重要途径。通过实施职业道德教育课程，不仅可以帮助青年教师更好地认识和理解职业道德的内涵，还能指导他们如何在教育教学工作中遵循职业道德准则，将职业道德的理念融入教学实践中。将职业道德课程融入岗前培训中，可以邀请专家和成功的教育者举行职业道德讲座，展开道德欣赏和道德研究等活动，这能增强青年教师对职业道德原则的理解，并促使他们在教育工作中秉持良好的职业道德标准。比如，青年教师可以参加教育部在 2023 年寒假举行的研修活动，了解黄大年教授在学术上勇攀高峰，为国家的安全和发展做出的卓越贡献。同时，在教育事业中，黄大年致力于培养一代又一代有理想、有情怀、有道德、有能力的优秀青年，为中国教育事业的发展做出了杰出的贡献。这些都是青年教师学习的优秀案例和榜样。因此，实施职业道德教育课程能够为青年教师提供更多职业道德知识，提高他们的职业道德素养，为未来的成长和职业发展奠定坚实的基础。

（二）开展专业培训并提供专家辅导

青年教师专业培训应在满足教师专业发展需求的同时，紧密贴合学校教育教学工作的实际需求。学校实施较为系统的前期、中期和后期的培训计划，要加强青年教师的岗前培训，更要重视青年教师的在职培训[4]。首先，针对不同阶段的青年教师，培训课程的内容应具有针对性和实用性，根据学科和课程特点，帮助教师解决教学中所遇到的难点和疑惑。其次，培训方式和时间也应更灵活多样，如在课余时间组织线下讨论研习、在线学习培训等，以此实现教师精细化、个性化的发展。同时提供专家辅导，帮助青年教师强化专业知识、发现教学特点并解决教学中遇到的问题。青年教师通过与专家的交流和学习，可以加强自身的学科理论与实践应用的结合，提升自身的教学能力。专家辅导方案同样应当因教师个体差异、学科特征等而定制，同时，专家应在教师承担教学任务和实践中，及时反馈、帮助解决，引导教师更好地掌握教学要素。

开展青年教师专业培训和提供专家辅导，不仅培养青年教师，对完善学校各项人才工作也有积极的促进作用。一是可鼓励教师持续更新知识体系、提升自我素质，不断创新、交流和分享新的教学成果，为学校教育教学工作贡献力量，同时也可加强教师之间的协作与交流；二是学校将通过专业培训和专家辅导，提高教师在学科建设、课程设计、教学理念等方面的水平，为学校未来的发展奠定良好的基础。

（三）搭建跨专业的青年教师交流分享平台

建立跨专业青年教师交流分享平台可以为教师提供一个互相交流、相互学习的机会，促进教师的专业成长和发展，也能提高教学水平，为学校的发展做出贡献。以下是对建立跨专业青年教师交流分享平台的建议。

（1）明确平台的目标和内涵。平台应该定位于为所有青年教师提供一个能够互相交流经验、分享教学成果的平台，分析目标人群的需求，并将其定位为一个教师专业发展和成长的平台。它应该是一个灵活性高、内容丰富的交流平台，可以讨论各种与教学相关的话题，包括课程设计、教学方法和技巧、学生辅导和作业批改等方面。

（2）选择适合的交流平台。现在有很多线上以及"线上+线下"结合的交流平台，如 QQ 群、微信小程序和微信群等，以扩大交流的范围。要根据目标人群的需求来定制交流平台的内涵和功能，保证教师在平台上得到广泛合理的交流和分享机会。

（3）开展宣传。在学校内部对建立的平台进行广泛的宣传，鼓励青年教师积极参与和活跃讨论。同时，可以设立积分制度和学分制度，激发教师的积极性，增加平台的互动性。

（4）建立反馈机制。建立一个良好的反馈机制，收集教师的反馈意见和建议，并对教师的反馈进行处理和回应，以改进平台的功能和服务，让平台可持续地良性发展。

（四）建立成长档案和评价体系

建立成长档案和评价体系有助于青年教师在个人成长历程中记录自己的成绩与问题，总结教育成果，促进自我价值的提升和个性化教学模式的形成。成长档案和评价体系通过自我反思和评价，让教师能够表达个人思想、价值观和信仰，增强主体性和自主性，更好地指引自己的职业方向和发展轨迹[5]。同时，学校也能够借助成长档案这一载体，全面了解教师的发展状况，特别是青年教师的教育教学水平和专业能力，为提高教师的教育教学水平、促进青年教师的健康成长和发展提供重要参考。为了更好地建立成长档案和评价体系，可以采取以下步骤。

（1）明确成长档案和评价体系的目标及意义。通过突出强调教育教学的特点、要求和优势，说明成长档案和评价体系在提高教师教育教学质量、创新教育教学模式、增强教育教学实效性等方面的作用和意义。并且要注重青年教师的教育教学特殊需求和发展阶段，更好地推动青年教师专业成长与学校发展的协同发展。

（2）建立成长档案和评价体系的框架和内容。应当为每个教师建立个人档案，包括展示个人介绍、教学设计、教育教学实践、专业发展、个人成长等维度。同时，让教师自我评估，并邀请其他教师或相关专业人士进行评价，以建立客观多角度的评价体系。

（3）培训教师如何建立成长档案和评价体系。可以提供标准化的操作指南和示范样例，让教师能够清晰地理解如何做到适度的过程记录、清楚的数据分析和批判性的自我评价。同时，要鼓励教师与学校管理者、其他教师、行业专家等进行经验和想法的交流，构建有效的社会学习机制，推动成长档案和评价体系的创新和完善。

（4）建立监管和追溯机制。应当建立定期检查和反馈机制，对成长档案和评价体系的建立和运行情况进行监控和评估，以持续改进和完善。

五、结　语

高等教育现代化过程是我国教育事业的全面提升和发展的关键时期，而青年教师发展支持体系，则是优化高等教育质量和提升教育教学水平的重要举措。本文从多个角度探讨了青年教师发展支持体系的概念、历程和作用，并提出了完善青年教师发展支持体系的一些措施和建议。这些研究表明，完善青年教师发展支持体系具有多重作用。在高等教育现代化进程中，不仅要改善教学和管理模式，还需积极探索新的方式以适应时代需求。因此，完善的青年教师发展支持体系可以为高等教育现代化进程的优化与更新提供理论基础和实践支撑，有效促进我国高等教育的持续发展和创新。为了实现这一目标，应进一步加强研究，并形成全方位和多维度的青年教师发展支持生态，以满足青年教师的成长需求并提供多类培训和学习机会。相信在各方共同努力下，未来将建立全新青年教师发展支持体系，为高等教育现代化发展注入新的活力和动力，为优秀人才的培养和教师职业成长提供广阔的发展空间和优良的发展环境，从而推动高等教育事业再上新台阶。

参考文献

[1]王定华.新时代我国教师队伍建设的形势与任务[J].教育研究，2018，39（3）：4-11.

[2]陈彬.高校教师年龄结构面临"交接期"挑战[J].中国科学报，2022，5（4）：1-4.

[3]胡静娴.高校青年教师职业道德建设探索.产业与科技论坛，2022，21（2）：258.

[4]崔晓语.我国高校青年教师专业发展的SWOT分析及实现路径[J].就业与保障，2002（5）：178-180.

[5]张永强.大数据视域下教师成长档案建设探索[J].黑龙江档案，2022（6）：164-166.

培养国际视野的中国式高等教育课程设计探索

——以"城市历史景观"为例

刘祎绯

（北京林业大学园林学院，北京 100083）

摘要：中国式高等教育的现代化与国际化是符合国家需求和学生需要的重要发展方向。以城乡规划研究生专业课程"城市历史景观"为例，从教学目标、教学内容、教学方法等方面进行了深入研究。主要采取了突出国际比较视野，调整扩充课程内容，引导产学研结合实践，提供跨学科交流平台，以及提高师资国际化素质等措施。研究总结出培养国际视野的高等教育专业课程设计的几点启示，为推动中国高等教育的国际化进程提供借鉴和参考。

关键词：中国式高等教育；课程设计；国际视野；人才培养；城乡规划

中共中央、国务院《关于全面深化新时代教师队伍建设改革的意见》中提道："教师承担着传播知识、传播思想、传播真理的历史使命，肩负着塑造灵魂、塑造生命、塑造人的时代重任，是教育发展的第一资源，是国家富强、民族振兴、人民幸福的重要基石。"作为新时代的高校教师，更应"坚定中国特色社会主义道路自信、理论自信、制度自信、文化自信"，坚持以"扎根中国大地，办好中国教育"为己任[1]。随着全球化的不断深入，培养学生的全球意识和国际视野已经成为高等教育中的一个重要任务，教学改革可以帮助教师更好地实现这一目标。在城乡规划领域，跨学科和跨文化的课程设计已成为提高学生全球意识和国际视野的重要手段。

一、 中国式高等教育的现代化目标与国际化趋势

中国式高等教育现代化具有中国式现代化的基本特质，是中国式现代化的重要组成部分，是实现教育现代化的重要保证[2]。可以理解为在中国文化背景下，通过引入现代化理念和技术手段，推进高等教育的改革与发展，从而适应当今社会和经济的需求。具体来说，中国式高等教育现代化的目标是培养具有创新精神、实践能力和国际视野的高素质人才，同时推进高等教育的国际化和信息化发展，提高高等教育的质量和水平[3,4]。与此同时，当前全球化发展趋势已经深入到教育领域，与国际接轨，对于提高中国高等教育的质量和水平具有重要意义[5]。高等教育国际化也可以增强不同文化之间的交流与融合，促进"人类命运共同体"的打造。

在城乡规划教学实践中，有许多成功案例也证明了教学改革对于提高学生全球意识和

作者简介：刘祎绯，北京市海淀区清华东路 35 号北京林业大学园林学院，副教授，liuyifeibjfu@qq.com。

资助项目：国家自然科学基金面上项目"北京老城文化景观眺望遗产的系统识别、特征评价与保护方法研究"（52078040）；

北京林业大学研究生课程思政建设项目"城市历史景观"（KCSZ23049）；

北京林业大学研究生课程建设项目"'历史街区保护与更新'高水平全英文课程建设"（YWKC2001）。

培养国际视野的作用。例如，南京大学的城乡规划学学科，针对"双一流"建设背景下培养人才的目标，从多个方面探索构建全方位的国际合作体系，着力培养具备国际视野的拔尖人才[6]。同济大学的建筑学学科，强调打造无缝连接国际建筑学潮流的优势，在持续的国际交流与竞争中寻求中国建筑学学科现代化的路径[7]。此外，清华大学等多个学校的城乡规划专业都在推动多校国际联合教育的新模式[8]。类似的教学实践还有香港中文大学的"城市复杂性"课程，哈尔滨工业大学的"国际城市规划设计"课程等[9]。

为推进中国式高等教育的现代化目标与国际化趋势，北京林业大学组织开展了多种形式的师生国际学术交流、国外专家引进合作、教师培训、教学改革项目立项、新时代林科高等教育示范点建设等多项相关工作[10,11]。笔者近年来也参与了国家留学基金管理委员会国家公派博士后项目、教育部全国高校教师网络培训中心普通本科教育课程思政示范课程相应任课教师培训、国家高等教育智慧教育平台"2023年寒假教师研修""师德集中学习教育""2023年暑假教师研修"专题培训等，主持了北京林业大学研究生课程建设项目"'历史街区保护与更新'高水平全英文课程建设"、北京林业大学课程思政教研教改专项课题"城市规划设计"、北京林业大学研究生课程思政建设项目"城市历史景观"等，受益颇丰。接下来就以笔者主讲的研究生课程"城市历史景观"为例，探讨培养国际视野的中国式高等教育课程设计的可能路径。

二、 研究生课程"城市历史景观"相应的课程设计

"城市历史景观"是为园林学院城乡规划学、风景园林学、建筑学研究生设置的学位课，同时接受其他学科研究生选修。教学目的是通过讲解城市历史景观的理论根源与前沿、优秀国际案例，及我国的实务操作、北京的实地考察等，综合培养学生对解决历史城市与历史街区的保护与更新问题的观念、方法和能力。采用的教学方式包括讲授法、案例教学法、实景教学法以及互动讨论法等，也倡导学生自主性学习，要求学生课后充分利用学校便利的网络资源和北京的地缘优势，进行网络化与研究性学习及在地的现场调查研究。课程中的思政要素主要有大局担当、家国情怀、文化自信、中华民族伟大复兴、实事求是等。为了更契合中国式高等教育培养具有国际视野的人才的需求，主要在以下几个方面做出了相应的课程设计和改革。

（一）突出国际比较视野

"城市历史景观"是由联合国教科文组织率先提出并广为推行，可以用于理解历史地段全生命周期历程，并指导其在未来面临保护与发展的矛盾时采用一种整体性的新方法[12-13]。它既继承和发展了文化遗产保护理论体系若干公约、建议、宪章、宣言中的思想，又融合了城市规划学学科中关于城市景观、历史风貌、历史城市管理等多领域的研究成果[14]，亦是笔者多年来深耕的重要专业学术领域。在教学内容中，着力增加了一些国际城市历史景观的案例，既有在这方面与我国比较相似的日本、韩国、东南亚等地区的案例，也有相差较大的欧美等地区的案例，引导学生对不同国家、不同文化的城市历史景观的发展、演变和保护进行比较与研究，以开拓国际视野，从而更好地了解和应对全球城市化进程中出现的多种现状问题。本课程还特别重视思政教育，以中国遗产保护语境和北京老城的保护与更新为核心切入对象，注重培养学生的家国情怀和文化自信，强调城市历史景观对于维护国家文化传承和城市可持续发展的重要性，同时引导学生理性思考历史遗产的保护与利用问题。

（二）调整扩充课程内容

课程内容紧跟学科前沿理论和技术，充分体现城乡规划国际化研究和实践的最新进展。

目前的课程设计经调整扩充后，主要包括空间发展和城市化的挑战、社会经济变化和社会挑战、环境变化和韧性的挑战、关于空间规划的观点、空间规划的理念和工具、城市更新与空间治理等多个方面的专业英语表达基础词汇和行业背景知识[15,16]，并通过对世界各国发展特点和对应的规划行业制度现状的介绍与讨论，注重培养学生的视野与能力。另外，课程设计与改革还特别关注要使学生认识到中国在参与全球治理中所面临的机遇和挑战。全球治理需要各国共同努力，加强合作和协商，推动全球治理体系的改革和完善，以应对全球性问题的难点[17]。中国已成为世界第二大经济体，对于全球治理发挥着越来越重要的作用，作为发展中国家的代表，需要为发展中国家发声。但是同时也还需要面对一些挑战，例如与发达国家的合作、国际贸易的不平衡等[18]。作为我国高等教育的教师，应将其融入教学内容和教育培养中，培养学生的责任感和使命感，为构建更加公正、和谐、稳定的全球治理体系做出积极的贡献[19]。

（三）引导产学研结合实践

教学方法方面，更加注重加强实践教学环节，是提高教学效果的重要途径。高校与企业、地方政府合作开展实践性项目，可以为学生提供更多接触实际在地工作的机会，使他们在未来更适应社会和市场的需求，并有助于做出更有应用价值的科研成果，推动科技创新和产业发展[20]。将国际化的城乡规划案例和实践经验引入课堂，同时在多重对比语境中，可以加强学生对我国国情的深刻认知和理解。同时，产学研结合实践也是与国际高等教育，尤其是研究生教育接轨的关键方向之一[21]。本课程特意设置了实践环节，通过到北京老城西城区笔者担任责任规划师的广安门内街道进行实地考察、案例分析和设计或研究项目等方式，让学生更深入地了解城市历史景观的实际情况和发展趋势，掌握相应的研究和应用方法。城市历史景观是一个实践性很强的学科方向，学生需要通过产学研结合的实践来加深对抽象理论知识的理解和运用，课程也依托于此，在街道、社区、企业等的项目支持下产出过三庙社区花园等一些优秀的科研与设计成果[22]，并获得了国际风景园林师联合会(IFLA)亚太地区风景园林专业奖等国内外奖项的肯定。这样不仅可以提高学生的规划实践能力，还能够提升学生的学习兴趣和动力，提高学习效果，培养学生的学术思维和独立思考能力。

（四）提供跨学科交流平台

城乡规划涉及多个学科领域，例如建筑学、风景园林学、地理学、历史学、社会学、人类学、艺术学、环境科学等，加之本门课程的选课学生通常来自不同的专业，可以通过跨学科的教学方式，让学生了解城乡规划的多个方面，并培养他们的跨学科思维和解决问题的能力[23,24]。因此在课程教学中，主动引导学生进行跨学科学习，拓展知识面，加深对城市历史景观的理解，鼓励学生提出自己的观点和研究思路，开展独立研究项目，提高创新意识和能力。此外，跨文化的课程设计也可以培养学生的国际沟通和合作能力。课程邀请国内外知名专家学者来授课、开展学术研讨活动，同时增补了学术英语的教学环节，并鼓励学生参与讨论和交流，提高课堂效率和参与度，对学生综合素质的提升也有很大益处。

（五）提高师资国际化素质

中国的高等教育现代化需要注重提高教师自身的素质和能力，培养并拥有高质量的、具有国际化素质的教师队伍，更能有效提高有关课程的教学水平[25]。除了引进国际化的高级或青年人才，派遣具有工作经验的专业教师赴海外进行长期或短期的工作学习，鼓励他们参加国际会议和研究项目，不断更新教学内容和方法，对于提高课程的国际化水平和教学质量，逐步建立国际化的师资队伍，也是非常有效的途径。笔者在学院和学校的大力支持下，前往美国进行为期两年的博士后派出工作，并多次参与国际会议等短期交流，积累了较好的国际经验。目前也在努力与海外知名城乡规划机构或研究机构建立长期的合作关系，开展教师和学生的交流与合作，例如邀请海外专家承担部分讲课任务。并配合学院组织学生参加国际性的规划项目、竞赛和交流活动，以提高学生的国际视野和交流能力，扩展学生的职业发展渠道。

综上所述，通过突出国际比较视野，调整扩充课程内容，引导产学研结合实践，提供跨学科交流平台，以及提高师资国际化素质等措施，可以有效地提高"城市历史景观"课程的质量和实效，充分调动学生的积极性，有助于培养出具有国际视野和实践能力的城乡规划高级专业人才。该课程选课人数连年增长，2022年秋季学期已至89人，并获得了98.99分的学生评教分数(图1)。

研究生信息管理系统　北京林业大学

您现在查看的是课程名称为城市历史景观2022-2 学期的评价情况

评价内容	选项A	选项B	选项C	选项D	参评人数	得分
1.对本课程教学效果的总体满意度?	非常满意(83)	满意(3)	不满意(0)	差(0)	86	427
总体效果方面得分(比重:0)	此类得分与A的总分值比例:97.19%					415
2.是否为人师表，态度端正?	完全做到(84)	能做到(2)	基本能做到(0)	做不到(0)	86	428
教学态度方面得分(比重:30)	此类得分与A的总分值比例:98.13%					420
3.是否按照课表上安排的时间、地点上课?	完全按照课表要求上课(83)	偶尔调课，但调课之前均已及时通知(3)	调课比较频繁，调课前已及时通知(0)	调课比较随意，而且时常没有及时通知(0)	86	427
教学态度方面得分(比重:30)	此类得分与A的总分值比例:97.19%					415
4.每次上课任课教师是否迟到早退?	没有迟到早退(81)	偶有迟到早退(5)	时有迟到早退(0)	迟到早退频繁(0)	86	425
教学态度方面得分(比重:30)	此类得分与A的总分值比例:95.29%					405
5.是否上满课程要求的学时，能否充分有效地利用课堂时间?	上满学时，能有效利用(80)	缺个别学时，能有效利用(6)	缺少量学时，基本能有效利用(0)	缺学时比较多，不能有效利用(0)	86	424
教学态度方面得分(比重:30)	此类得分与A的总分值比例:94.34%					400
6.教学内容能否反映学术前沿，涵盖的信息量大否?	反映前沿，信息量很大(80)	基本反映，信息量较大(6)	反映少，信息量较小(0)	不能反映，信息量小(0)	86	424
教学内容方面得分(比重:30)	此类得分与A的总分值比例:94.34%					400
7.教学内容是否重点突出，条理清晰?	重点突出，条理清晰(82)	重点较突出，条理较清晰(4)	重点不突出，条理不清晰(0)	讲课没想法，没重点(0)	86	426
教学内容方面得分(比重:30)	此类得分与A的总分值比例:96.24%					410
8.是否重视启发学生思维，课堂气氛是否活跃?	非常重视，气氛很活跃(84)	比较重视，气氛活跃(2)	不太重视，气氛不够活跃(0)	授课死板，课堂沉闷(0)	86	428
教学方法方面得分(比重:20)	此类得分与A的总分值比例:98.13%					420
9.教学方法是否先进，效果是否理想?	方法先进，效果理想(80)	较好(6)	一般(0)	较差(0)	86	424
教学方法方面得分(比重:20)	此类得分与A的总分值比例:94.34%					400
10.考核标准和方式是否合理，评分是否客观?	完全合理、客观(80)	比较合理、客观(6)	基本合理、客观(0)	不合理、也不客观(0)	86	424
考核办法方面得分(比重:10)	此类得分与A的总分值比例:94.34%					400
11.是否进行课堂考勤，课堂纪律是否良好?	经常进行考勤，课纪律良好(81)	经常进行考勤，课堂纪律较好(5)	偶尔进行课堂考勤，课堂纪律较差(0)	不进行课堂考勤，课堂纪律差(0)	86	425
课堂管理方面得分(比重:10)	此类得分与A的总分值比例:95.29%					405
	综合评分:98.99				总得分:4682	

图1 "城市历史景观"课程获得的教学评价明细

三、结　语

我国多年以来持续加强高等教育改革，鼓励学校创新教育方式，引导学生多元化学习。在评价体系上也日益注重综合素质评价，培养学生的国际视野自然也是极为重要的一环。笔者深信，语境化(contextualization)是提升人类面对跨文化问题的理解和同情能力的唯一途径。大到高校乃至国家层面的教育改革，小到每门专业课程的悉心设计，全面考虑各方面的因素，制定合理的方案和政策，以确保学生能够获得更好的全球意识和国际视野，是十分必要而紧迫的。对于城乡规划学科而言，可以通过建立更加紧密的国际合作关系，增加国际化的教育资源和渠道，培养更多具备国际视野和跨文化能力的人才，同时也需要加强教师的跨学科和跨文化培训，提高其教育水平和教育质量，更好地服务于学生的全球化教育需求。提高自身素质，立足中国语境，参与全球治理，也是高校师生的崇高使命和真挚愿景。

参考文献

[1] 中共中央 国务院. 关于全面深化新时代教师队伍建设改革的意见[Z/OL]. (2018-01-20)[2023-10-14]. https：//www. gov. cn/zhengce/2018-01/31/content_5262659. htm? eqid=87abc8670000e0e100000006645dabbc.

[2] 王洪才，靳玉乐，罗生全，等. 中国式高等教育现代化的多维思考与协同推进[J]. 高校教育管理，2023，17(1)：1-21+68.

[3] 顾冠华. 中国高等教育现代化的目标分析[J]. 辽宁高等教育研究，1999(5)：52-57.

[4] 孟亚，万书辉. 中国高等教育现代化：量化指标下的五年目标展望[J]. 重庆高教研究，2022，10(1)：46-59.

[5] 张伟，刘宝存. 在地国际化：中国高等教育发展的新走向[J]. 大学教育科学，2017(3)：10-17，120.

[6] 刘虹，罗小龙，于涛，等. "双一流"建设背景下的城乡规划学人才培养探索——南京大学的实践[J]. 科学咨询(科技·管理)，2022(10)：147-150.

[7] 王一，谭峥，钱锋. 历史与情境 同济大学建筑学科发展的五个时刻[J]. 时代建筑，2022(3)：56-61.

[8] 吴唯佳，冷红，任云英，等. 联合教学共促规划学科发展[J]. 城市规划，2020，44(3)：43-56.

[9] 游佳欣. 哈尔滨工业大学城市设计学科方向发展历程研究[D]. 哈尔滨：哈尔滨工业大学，2020.

[10] 安黎哲. 新时代林科高等教育创新发展的探索与实践[J]. 中国林业教育，2020，38(3)：1-5.

[11] 谈振辉. 行业特色高校学科建设的规划与思考[J]. 北京教育(高教版)，2008(2)：19-21.

[12] UNESCO. Recommendation on the Historic Urban Landscape[EB/OL]. [2011]. http：//portal. unesco. org/en/ev. php-URL_ID=48857&URL_DO=DO_TOPIC&URL_SECTION=201. html.

[13] BANDARIN F, RON VAN OERS. Reconnecting the City：The Historic Urban Landscape Approach and the Future of Urban Heritage[M]. Wiley-Blackwell, 2014.

[14] 刘祎绯. 城市历史景观[J]. 风景园林，2017(6)：4-5.

[15] 张沛，张中华，孙海军. 城乡一体化研究的国际进展及典型国家发展经验[J]. 国际城市规划，2014，29(1)：42-49.

[16] 陈杰. "三全育人"视域下英语专业实践教学课程思政体系研究[J]. 高教学刊，2022，8(23)：177-180.

[17] 吴志成. 积极参与全球治理的中国视角[J]. 国外社会科学，2021(5)：25-30，156-157.

[18] 张骥. 百年未有之大变局下全球治理体系的变革与中国参与[J]. 社会主义研究，2022(6)：156-163.

[19] 谢剑南，范跃进. 全球教育治理的内涵、效度及中国参与路径[J]. 大学教育科学，2022(3)：58-69.

[20] 张连英. 基于"产学研"政策的高校教育管理思考与展望[J]. 科教导刊，2022(34)：23-25.

[21] 刘志敏，胡雪丹，王佳敏. 以创新链重塑教育链——构筑产学研用国际合作大格局的实践探索[J]. 中国高等教育，2020(20)：6-8.

[22] 刘祎绯，梁静宜，陈瑞丹. 北京老城失落空间里的社区花园实践——以三庙社区花园为例[J]. 中国园林，2019，35(12)：17-22.

[23] 吴志强，干靓. 我国城乡规划学硕士研究生课程设置及优化[J]. 学位与研究生教育，2019(1)：41-45.

[24] 高悦尔，李豪. 信息化融合下城乡规划学科研究生培养研究[J]. 高等建筑教育，2022，31(1)：74-83.

[25] 高玉蓉，邓逢光. 高等教育国际化背景下的高校教师素质研究[J]. 教育与职业，2011(5)：42-44.

教育元宇宙："风景园林设计"课程教学实践探索

王思元[1] **徐芯蕾**[1] **陈 政**[1] **汤光曦**[1] **黄磊晶**[2]

（1. 北京林业大学园林学院，北京 100083；
2. 福建华南女子职业学院，福建福州 350108）

摘要："风景园林设计"是我国高校风景园林专业教学中的核心课程，互动型较强，以培养学生的空间感知能力为教学重难点。在教育全球化的背景下，本文引入"元宇宙+教育"的理念，构建与实际教学高度结合的高仿真、沉浸式、可交互的一体化"风景园林设计"课程教学平台，并介绍该平台的架构体系、软硬件系统、应用方式与应用效果，实现平台内的同步异地线上授课、教学实时互动与设计成果展示。通过创造寓教于乐的线上教学场景，提升学生在风景园林设计方面的学习兴趣，探索未来风景园林学科教育的发展趋势和变革方向。

关键词：风景园林设计；虚拟现实技术；操作平台；北京林业大学；教学改革

一、 研发背景

（一）元宇宙的发展前景

当前，世界百年未有之大变局正加速演进，表现为产业科技、经济格局、制度道路和文化思潮大变局，给中国教育带来了机遇和挑战，同时后疫情时代下对公共安全健康问题的关注，使得我国跨地域、跨时间的教育需求日益增加，促进了新产业、新技术的兴起[1-2]。新一轮科技革命和产业变革深入发展，比较有代表性的技术包括云计算、大数据、虚拟现实技术、人工智能、5G 等手段[3]，亟须运用它们在教育环境赋能，实现数字化转型，满足教育发展需求[4]。

随着信息化的不断发展，虚拟现实技术自 20 世纪 80 年代起，开始应用于军事、航空、医疗、工业制造、娱乐、教育等领域，成为数字经济发展新引擎[5]，能实现定制化、场景化的虚拟现实技术正发展成为主流[6]。其中，元宇宙（metaverse）旨在构建一个持久的虚拟共享空间，并保持对现实世界的感知和体验[7]。将虚拟现实（VR）、增强现实（AR）等结合的延展现实技术（XR）的使用推动了元宇宙从概念走向现实，最大限度地为参与者提供具有真实感的沉浸式交互体验的入口，打造虚实高度结合的多维世界，加速催化了虚拟感知在现实世界的渗透[8-9]。场景应用是元宇宙的重要体现，其优势在于通过"XR+"模式实现万物互联，利用多维

作者简介：王思元，北京市海淀区清华东路35号北京林业大学园林学院，副教授，bjfu_wangsy@163.com；
　　　　　徐芯蕾，北京市海淀区清华东路35号北京林业大学园林学院，研究生，xuxinlei0806@126.com；
　　　　　陈 政，北京市海淀区清华东路35号北京林业大学园林学院，研究生，513611056@qq.com；
　　　　　汤光曦，北京市海淀区清华东路35号北京林业大学园林学院，研究生，406225992@qq.com；
　　　　　黄磊晶，福建省福州市闽侯上街大学城学府南路66号福建华南女子职业学院，副教授，25122@qq.com。
资助项目：教育部产学合作协同育人项目"基于 Rhino Workrooms 虚拟现实平台的小尺度'风景园林设计'课程教育教学实践探索"（220604497060827）。

空间与无限资源，克服时空的局限性，实现更便捷的协同交流[10]。将元宇宙引入教学过程中，使之成为一种新的教学媒介，可以拓展传统教育教学方式，促进传统教学改革。

（二）"风景园林设计"课程教学现状

"风景园林设计"课是我国风景园林专业本科和硕士阶段的核心课程，教学培养目标是让学生掌握园林景观设计的基本理念、设计思维和流程，并有能够独自进行方案设计和汇报的能力，是一门互动性极强的课程[11]。目前各高校通过互相学习交流已形成较为完善的教学体系，授课内容包括风景园林设计原理、各种类型的园林绿地及城市公共空间规划与设计，普遍以"设计任务解读—优秀案例研究—学生设计—教师指导"的模式进行，每个学期安排1~2个设计作业，每个设计作业在8~10周内由学生独立或组队完成。在教学过程中，教师会进行专题讲授与课程训练，如功能布局、地形设计、植物设计、图纸表达等。空间设计教学是贯穿"风景园林设计"课程的重要部分，设计过程中需要着重培养学生的空间尺度感，增强学生的三维空间设计能力[12]。对于缺乏设计经验的低年级学生，常以小尺度场地（1hm² 以下）为设计对象，由浅入深地教授风景园林设计要点。不同于传统的自上而下进行讲授的模式，"风景园林设计"的教学过程中需要借助一定的媒介，在形成空间设计观念、开展师生交流互动等方面发挥积极作用，如手工绘图、制作的手工模型、绘图软件等[13]。

在教育全球化背景下，异地教学的需求大大增加，国外许多课程开始进行"同时异地"课堂教学模式的探索，使教育参与者有机会通过教学时空重整、学习资源汇聚与学习群体重组等方式，促进"互联网+"模式下课堂教学形态的创新[14]。新冠肺炎疫情虽然导致教师和学生之间、学生和学生之间难以实现面对面的沟通交流，但也使国内跨地域教学成为常态，促进了各类线上授课平台和公开课的出现，给师生提供了资源共享的学习机会，如超星、慕课、雨课堂等，对促进教育公平具有重要价值。但传统的在线授课平台多以理论性课程教授为主，无法满足"风景园林设计"这类强烈需要师生实时互动的课程的教学需求，缺少教师有效的学习指导和作业质量监控，教学质量难以保证，所以研发一个虚拟互动型的教学平台，推进风景园林"同时异地"教学模式的发展是风景园林教育的当务之急。

综上，元宇宙时代的到来为上述问题的解决与发展提供了机遇，北京林业大学园林学院于2022年开始研发与实际教学高度结合的高仿真、沉浸式、可交互的小尺度风景园林虚拟授课平台，将风景园林设计教育与元宇宙等科学技术结合，构建面向未来数字化互动设计的前沿教学体系，在教育场景方面克服地域空间的局限性，让师生在多维虚拟空间中学习、互动，将学与玩深度结合，培育数字时代风景园林行业所需的新人才，建立现代风景园林教育的新范式。

二、"元宇宙+风景园林设计课程"教学平台的构架

（一）技术方法

平台采用主流ECS（实体—组件—系统）架构，依托北京犀牛数码科技有限公司研发的Rhino Workrooms系统进行操作系统和各组件的搭建。运用计算机辅助绘图、物理引擎开发、内存映射、元数据管理等技术实现线上授课、编辑、实时交互等功能。其中，计算机辅助绘图技术主要用于三维模型的搭建，是通过计算机程序将手工绘制的设计方案进行计算机语言转移，常用软件包括Auto CAD、SketchUp和Rhino等，平台兼容多种文件类型的导入，从而进行设计方案的修改。平台内置NVIDIA的Physx物理引擎，Physx是目前使用广泛的物理引擎，被很多大型游戏所采用，可以模拟材质、重力等现实效果，使虚拟场景更加真实生动，所以将其与3D MAX、Photoshop、Tree Professional等软件结合进行教学环境的搭建。内存映射技术通过线程池管理多线程，进行数据优化、逻辑处理等，可以快速加载大

批量数据，如调取资源库、导出教学评价数据等[15]。

（二）软件系统

平台软件系统包括数据服务层、数据存储层、数据处理层、数据应用层和用户访问层（图1）。数据服务层可以实现注册录入的师生信息、各类资源库、课堂信息、个性化交互过程等数据采集。数据存储层将数据服务层收集到的基本信息通过拷贝、网络传输或是基站传输的方式传输到计算机中[16]。数据处理层通过内置引擎、内存映射、计算机辅助绘图等相关技术将获取的数据进行分析重构，转化为可以浏览使用的虚拟场景。数据应用层为师生提供操作界面，包括授课界面、编辑界面、交互界面、成果展厅等界面，支持学生、教师等用户主体通过终端设备进行访问。

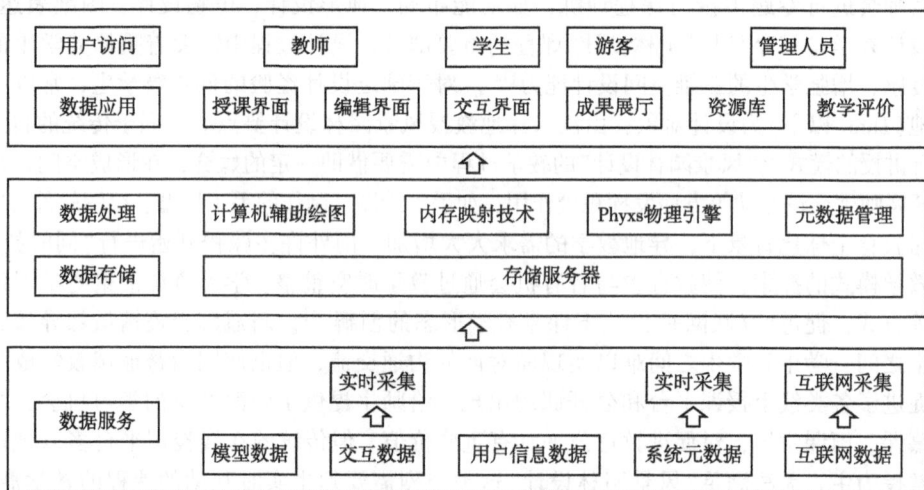

图1　平台架构

（三）硬件系统

目前可实现各学科虚拟仿真教学平台运行的终端设备类型多样，如LED大屏幕立体显示系统、个人计算机、桌面立体交互系统、头戴式VR、AR等，适配不同的教学需求。"风景园林设计"在授课与课后作业中需要使用专业绘图软件，在进行平台授课时也需要实时场景的计算和显示，因此对计算机的依赖性较强。所以本平台直接选用配置高性能独立显卡、图形工作能力强的个人计算机做为运行终端，其优势在于使用便捷、成本较低，既能够支持单人PC端自主观看和操作，也能满足异地小组教学、师生实时互动完善方案模型等教学需求，是使用广泛的虚拟仿真教学终端设备。

三、 元宇宙在"风景园林设计"课程教学中的具体应用

（一）基础研发：教学场景搭建

用户端进入平台后需要自己创建角色、交互等内容，依托Rhino Workrooms进行"风景园林设计"课程教学场景的搭建。平台初始页面会出现3种模式的选择，分别为授课模式、编辑模式和交互模式（图2）。教师端需要"因课制宜"开展每堂课的教学设计，在虚拟教学环境实现传统教学模式中主要环境及相关要素的设计，如创建班级、课件导入、教学板书功能设计、视频播放功能设计、作业发布等。平台采用了3D MAX建模软件的高精度3D模型和高分辨率材质，配合Physx物理引擎所营造的空间特效，进行虚拟教学环境的构建。学生端登录进入平台后，实名制加入相应班级，可提前查阅课件进行预习或复盘总结以往课程。平台内还设有成果展厅、模型库、教学评价等功能，其中，成果展厅和模型库的设

置可以实现线上资源共享，教学评价模块可以实现学生自评、师生互评，一键收集课堂反馈，导出课堂记录等。

图 2　平台初始界面

（二）课堂应用：校园绿地景观方案设计与模型推敲

在授课模式下，教师可以在构建好的授课场景中利用课件讲授校园绿地景观设计的要点以及相关专业知识，并进行相关案例展示，学生可与教师产生即时互动。该模式不仅支持课堂发言、分组讨论等传统课堂中常见的行为，还支持电子板书书写、随堂测验、一键上台下台、弹幕、投稿等交互方式（图 3）。虽然师生的现实空间距离可能较远，但线上授课模式拉近了虚拟空间距离，高强度的互动往往更能提升学生的课堂专注度，这是传统线下授课模式难以实现的。

图 3　平台授课模式界面

编辑模式主要为使用者营造小尺度空间设计方案推敲的场景，使用者将设计方案录入平台，同时能够使用平台部分虚拟现实技术进一步深化方案，而且可以在此基础上按照相应比例进行建模推敲，进行风景园林设计元素实时编辑，并记录方案的生成过程，或直接导入外部模型后进行修改。本平台支持 skp、3ds、dae、obj、glb 等格式的模型导入。平台资源库内可选取材质、人物、植物等自然元素还原园林空间设计,并提供多种环境场景以供快速选择(图4)。平台的渲染引擎目前可以实现全场景720°漫游交互体验,实时创建动态路径进行动画展示,使用者可以判断自己设计的空间是否合理并及时修改。教师通过该平台鼓励学生在虚拟运动中自由探索,感受风景园林空间,塑造学生的空间感知能力。

图4 平台编辑模式界面

交互模式可通过两种形式实现,一种是和传统线上授课模式类似,直接进行屏幕共享,向教师和其他学生展示方案,教师可进行实时批注。教师在授课时也可切换进入该界面进行模型的简单推拉或直观的空间设计教学演示。另一种是置入多人协同模块,可以实现多人同时出现在同一虚拟现实环境中,使教师端和学生端共享相同的视角进行实时交流。如修改方案时学生可能无法准确理解老师的指导意见,老师可以直接对模型进行编辑、赋予材质等操作(图5)。在进行小尺度的校园景观设计时,方案的细节设计格外重要。初学者往往对景观材料的选用、周围植物配置等工程知识不太了解。教师利用交互模式对学生方案进行实时操作演示,并配以讲解,可以减少学生试错次数,提高学习效率。学生之间也可进行交流,互相讨论借鉴,共同进步。

图5 平台交互模式界面

（三）教学总结：　优秀学生作业成果展示与交流

平台在展示层面也能发挥巨大作用。"风景园林设计"课程教学结束后，利用平台的成果展厅功能进行学生作业成果展示。以往的线下评图多采用 PPT 与图纸展示结合的形式，受学生汇报经验不足等因素影响，学生可能无法将自己的设计核心和特色表达出来[11]，并且长时间的评图过程也会让听众审美疲劳，逐渐丧失兴趣。成果展厅模块以 3D MAX 软件进行室内展厅环境建模，建设种类多样、数量丰富的展厅风格方案、辅助展品模型等虚拟资源库。学生将设计图纸、模型动画、汇报 PPT 等导入成果展厅模块，教师端进行收集整理，并进行线上展厅布置（图 6）。观众视角与观展体验能够达到高仿真状态，可自由转换展厅三维视角，可自由设计动态观展路线，观众可点击感兴趣的展板，查看详细的图纸细节、模型、方案讲解，并进行留言（图 7）。通过该模式，能够将传统的线下模式化评图过程转变为线上展览，增强参与性和互动性。这些都是元宇宙背景下的线上教学模式的初步创新，未来将考虑将线上评图过程进行互联网直播，促进高校之间的联动与相互学习。

图 6　平台云展厅界面

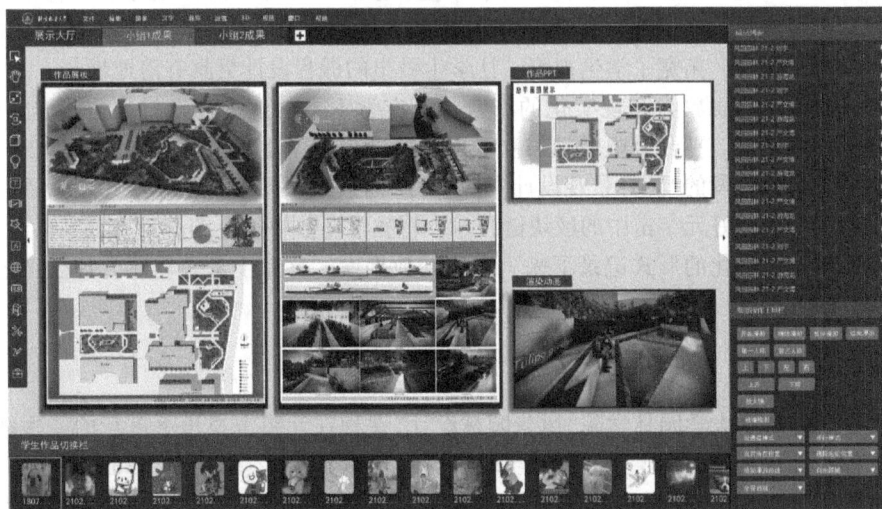

图 7　平台成果展示界面

四、 应用成效与前景展望

（一）辅助空间设计教学， 提升课程教学质量

元宇宙语境下的"风景园林设计"课程教学模式是对传统教学的有效补充和延伸[17]。以"元宇宙+教育"的模式进行国内首个虚拟互动型"风景园林设计"课程的平台搭建，突破了地域时空限制，实现沉浸式教学与教学成果创新。在 2022 年秋季教学中，平台现已完成小班授课 10 次，参与授课人数 30 余人，指导学生以小组形式完成方案设计 5 个，并将导入的模型制作建立模型库以供资源共享。在教学环节中寓教于乐，让学生可以直观地在平台场景中推敲方案与模型，判断自己设计的空间尺度是否合理，增强师生互动，及时调整设计方案，提高学习效率，弥补了传统课堂中空间设计教学力度不足的缺陷。未来将完善平台编辑模式与交互模式中的资源库数量，丰富植物、人物、材质等园林设计的相关素材，使操作方法和建模逻辑更接近于常用的专业软件，并逐步更新渲染引擎，提升出图速度与质量，方便学生短时间内快速出图，利用元宇宙的无限性突破传统教学的有限性。

（二）满足时代发展需求， 促进学科人才培养

在多维融合的智媒时代，一些相对成熟的数字化平台已运用于风景园林商业工作中，如 BIM、Mars 等，行业的创新对传统设计的线性工作模式带来了冲击[18]。设计师需要花费大量时间学习新技术、新平台的使用，所以高校在进行风景园林人才培养时应注重提升他们的技术、算法、交互等方面的能力，着重培养"互联网+风景园林"的高水平复合人才。平台中交互模块的使用深化了学生对元宇宙、人工智能技术的体验和认知，高仿真的环境让学生有身临其境的感觉，且平台的一些操作选项与游戏使用方法类似，提升了学生的设计兴趣；旁听、模型库等功能鼓励了公众参与。对于教学成本来说，该平台沉浸式设计体验的实现不需要依赖于特殊的 VR 设备，PC 端即可完成操作，大大降低了硬件设备的成本投入，也便于师生上手操作。教学成本的减少使得建立更大范围的教与学的共同体成为可能，如发展中外大学合作等方向开拓了探索空间。

（三）探索产学深度融合， 孵化高质教学成果

教育元宇宙的场域并不局限于课堂。本教学平台与科技企业的虚拟现实技术结合，拓展了现有"风景园林设计"课程的教学路径，是社会生产与教育教学的深度融合成果。平台中允许多元的用户进行信息录入，让教师、学生、景观设计师等潜在教育参与者在平台的广场模块中开放交流。经授课教师允许或邀请后，相关专家可实名制进入课堂指导，促进了多学科的交叉融合，拓宽了学生视野，让学生做出的课程设计更具有落地性。

风景园林设计是想象力和现实化的结合，只有学生不断地进行素材积累，丰富内核，才能由量变引发质变。平台希望借助与互联网的联动促进学生的设计素养进阶，下一步打算将园林学院已经研发的"园林景观设计资源平台"内嵌进平台中，让学生边学边看，及时调整思路。同时利用好元宇宙中的区块链技术，将教学环节中师生的日常表现、学生评价、用户体验等通过数据化的形式记录下来，形成云数据库，有助于未来构建合理公正的教学评价体系。

五、 结 语

本文是北京林业大学园林学院"风景园林设计"课程在元宇宙视角下进行的一次教育改革尝试，探讨如何利用科技媒介的创新与教学场域的互动延展，打造一个高仿真、沉浸式、可交互的一体化"风景园林设计"课程教育教学平台，重点培养学生的空间尺度感以及从视觉图示思维到数字化思维的转变。平台的建设思路是风景园林行业数字化发展的一次探索，

以实现虚拟与现实、线上与线下、课内与课外、教与学、师与生、学科壁垒六大边界的消融为目标[19]，为教育元宇宙领域的开拓提供一定的实证。

参考文献

[1]张家铭. 全球疫情下的世界百年未有之大变局：表现、挑战与应对[J]. 山东省社会主义学院学报，2021(6)：4-12.

[2]赵磊. 新冠肺炎疫情下的百年未有之大变局：特点与影响[J]. 当代世界，2021(2)：44-49.

[3]杨蕾，丁建锋. 元宇宙视域下新闻专业教学模式探索[J]. 全媒体探索，2023(1)：32-34.

[4]郑永和，王一岩. 科技赋能教育高质量发展：价值内涵、表征样态与推进策略[J]. 中国电化教育，2023(1)：118-126.

[5]崔会娇，程慕华. 基于虚拟现实技术的数字媒体艺术教学策略[J]. 山西财经大学学报，2022，44(S2)：125-127.

[6]黄冬霞. 场景化传播驱动思想政治教育创新的时代价值和实践策略[J]. 思想理论教育，2022(11)：93-100.

[7]张茂元，黄芷璇. 元宇宙：数字时代技术与社会的融合共生[J]. 中国青年研究，2023(2)：23-30.

[8]王周秀，吴小敏，钱小龙. 在元宇宙中重塑教育的理论分析与实践探索[J]. 教育评论，2022(9)：3-12.

[9]方巍，伏宇翔. 元宇宙：概念、技术及应用研究综述[J/OL]. 南京信息工程大学学报(自然科学版)，2024，16(1)：30-45. http://kns.cnki.net/kcms/detail/32.1801.N.20221207.1946.001.html.

[10]钟正，王俊，吴砥，等. 教育元宇宙的应用潜力与典型场景探析[J]. 开放教育研究，2022，28(1)：17-23.

[11]王思元，吴丹子. 虚拟现实技术在"风景园林设计"课程教学中的应用[J]. 中国林业教育，2019，37(3)：51-55.

[12]李倞. 工作模型在风景园林空间设计教学中的应用研究[J]. 中国林业教育，2013，31(3)：55-58.

[13]王思元，门吉. 基于VR技术的园林景观资源平台搭建与应用[J]. 园林，2020(4)：10-15.

[14]李曼丽，乔伟峰. "同步异地"课堂教学模式新探：以清华克隆班为例[J]. 中国大学教学，2020，362(10)：79-83.

[15]段小芳，刘丹. 内存映射技术在大数据存储应用中的研究[J]. 通信技术，2020，53(5)：1174-1178.

[16]赵玺，冯耕中，李轩涯，等. 基于大数据管理与应用课程的虚拟仿真教学实验平台建设与应用[J]. 计算机教育，2022(12)：194-197.

[17]曹韦璇. 教育元宇宙：基于地域文化传播的教学探索[J]. 中国信息技术教育，2022(18)：79-82.

[18]李卓. 风景园林规划设计的数字化方法初探[J]. 科技资讯，2022，20(4)：19-21.

[19]鲁力立，许鑫. 从"混合"到"混沌"：元宇宙视角下的未来教学模式探讨：以华东师范大学云展厅策展课程为例[J]. 图书馆论坛，2022，42(1)：53-61.

教育数字化背景下财会课程教学改革探索

——基于北京林业大学经管学院"会计学基础"课程的教学改革思考

白 霄 张 岩 王富炜 刘 芳

（北京林业大学经济管理学院，北京 100083）

摘要：党的二十大报告中进一步明确提出：推进教育数字化。然而，教育数字化离不开教学思想的转变和教学方法的变革。基于此，本文以北京林业大学经济管理学院"会计学基础"课程为突破口，首先对"会计学基础"课程的教学现状进行梳理，并总结目前的教学过程中存在的问题；其次分析教育数字化对"会计学基础"课程提出的新要求；最后提出在教育数字化背景下"会计学基础"课程的改革建议，推动符合时代特色的数字化会计人才培养教育体系的建设。

关键词：教育数字化；财会课程；会计学基础；教学改革

习近平总书记在党的十九大报告中提出："推动互联网、大数据、人工智能和实体经济深度融合"，并在党的二十大报告中进一步明确提出：推进教育数字化。在 2023 年寒假研修期间，二十大代表吴蓉瑾关于"推进以情感教育为魂的数字教育"的讲座有了进一步启发：教育数字化不仅仅是数字设备更先进、网络速度更快，更重要的是推动教育理念、治理模式、教学手段与思维方式等多方面的变革。"会计学基础"作为北京林业大学经济管理学院面向本学院所有专业学生开设的学科基础教育平台课程，对于学生未来的专业选择和职业引导具有重要作用。因此，在教育数字化背景下，如何优化教学内容、改革教学手段与方法、提高教学质量，成为"会计学基础"课程面临的重要课题。

一、"会计学基础"课程开展教育数字化的必要性

（一）教育数字化是落实"数字中国战略"的必然要求

为了把握数字化发展新机遇、拓展经济发展新空间，《中华人民共和国国民经济和社会发展第十四个五年规划和 2035 年远景目标纲要》将"加快数字化发展、建设数字中国"作为独立篇章予以阐释，并将其上升为国家战略。为了适应数字经济的快速发展，党的二十大报告首次将教育、科技、人才进行"三位一体"统筹部署，并提出要"推进教育数字化"。在此背景下，深入贯彻国家关于教育强国、数字中国的战略部署，聚焦"更新教育理念，变革教育范式"，推进教育数字化转型势在必行。教育数字化将数字技术整合到教育领域的多个层面，推动教育组织架构、课程内容、教学过程等全方位的创新与变革，形成具有开放性、适应性、柔韧性的教育新生态[1]。高等教育作为数字化转型的基础性、战略性支撑要素之一，如何培养出具备专业素质的人才、为"数字中国战略"贡献力量，既是高等教育必须回

作者简介：白　霄，北京市海淀区清华东路 35 号北京林业大学经济管理学院，讲师，yuqing19910209@126.com；
　　　　　张　岩，北京市海淀区清华东路 35 号北京林业大学经济管理学院，副教授；
　　　　　王富炜，北京市海淀区清华东路 35 号北京林业大学经济管理学院，副教授；
　　　　　刘　芳，北京市海淀区清华东路 35 号北京林业大学经济管理学院，讲师。
资助项目：北京林业大学教育教学改革与研究项目"新文科背景下智能会计教育的探索与实践"（BJFU2022JY042）。

答的时代命题，也是"数字中国战略"的应有之义。

（二）会计在数字经济发展中具有重要作用

数字经济以数据资源为关键要素，以现代信息网络为主要载体，成为充实全球要素资源、重塑全球经济结构、改变全球竞争格局的关键力量。会计作为一种提供财务数据的信息系统和一项经济管理工作，对数字经济的赋能分别体现在宏观经济、中观市场和微观企业3个方面。

在宏观经济方面，会计可以嵌入国家治理结构，基于自身的可靠性、相关性、可比性、谨慎性等质量特征，报告数字经济活动的流量和存量，监测数字经济的运行情况，为数字经济政策的制定和完善提供数据支持。在中观市场方面，会计所产生的财务信息和非财务信息能够更好地反映数据资产的价值，有利于充分发挥市场在数据要素配置中的作用[2]。在微观企业方面，会计能将海量数据转化成可识别、可利用的"商业语言"，为企业数字化转型提供信息支持，从而实现"数据—信息—价值创造"的转化，形成生产经营的新动能。

（三）开展"会计学基础"课程教育数字化

数字经济的发展打破了原有世界经济的秩序，也改变着各类知识技能的结构，推动教育的数字化转型、培养学生的数字素养成为我国教育改革的重要趋势。会计作为赋能数字经济发展的重要力量，同时也在数字技术的影响下实现转型升级。因此在教育数字化背景下，将数字素养融入"会计学基础"课程中、重构会计人才能力发展框架，是"会计学基础"课程发展的必然趋势。此外，"会计学基础"作为一门面向北京林业大学经济管理学院所有专业学生开设的课程，是提升学生数字素养的重要途径，为学生数字素养的培养奠定了平台基础。

二、"会计学基础"课程教学现状及问题

对于国内大多数高校而言，"会计学基础"课程是会计学科的入门课程，同时也是学习经济学、管理学相关学科的必修课程。课程以会计核算为主线，核心内容包括：①会计基础理论，包括会计基本职能、会计基本假设、会计信息质量要求和会计核算基础等；②会计核算理论，包括会计要素、会计科目、会计恒等式和复式记账等；③主要经济业务核算，包括基于"筹资、供应、生产、销售、财务成果形成与分配"的资金运动流程，完成以上业务的会计核算；④会计实务操作，包括会计凭证、会计账簿、财产清查和财务报表编制等内容（表1）。

表1　"会计学基础"的核心内容

章节	内容
会计基础理论	会计基本职能、会计基本假设、会计信息质量要求、会计核算基础
会计核算理论	会计要素、会计科目、会计恒等式、复式记账
主要经济业务核算	筹资业务、供应业务
主要经济业务核算	生产业务、销售业务、财务成果形成与分配
会计实务操作	会计凭证、会计账簿、财产清查、财务报表编制

从"会计学基础"课程的核心内容来看，课程具有较强的理论性和实践性。然而，传统教育中"会计学基础"课程在激发学生主观能动性、提升财务分析能力、适应数字经济发展方面仍存在较多问题，其根本原因在于教学目标模糊、教学内容过窄、教学方法单一。

（一）教学目标模糊

"会计学基础"课程的定位比较模糊，特别是对于尚未选择专业的工商大类学生，在教学过程中对未来会计专业的学生和非会计专业的学生采用相同的教学模式、教学内容和教学方式，教学目标缺乏针对性。对于会计专业的学生而言，通过"会计学基础"课程的学习，应当熟悉会计的基本理论和基本假设，掌握主要经济业务的会计核算，并能熟练应用设置账户、复式记账、填制凭证、登记账簿、成本计算、财产清查、编制财务报表等会计核算方法。而非会计专业的学生学习"会计学基础"课程旨在了解会计工作的流程、学习会计信息形成的步骤、理解会计科目背后的含义、掌握分析财务信息的能力。但是目前，由于学习"会计学基础"课程时，工商大类学生尚未分流，课程大纲无法凸显出针对不同群体学生的差异。

（二）教学内容过窄

当前，"会计学基础"课程的内容主要包括了设置账户、复式记账、填制凭证、登记账簿、成本计算、财产清查、编制财务报表等多种会计核算方法，虽然与"中级财务会计""高级财务会计""财务管理""成本会计""管理会计"等会计专业课程形成有效的纵向衔接，但尚未与经济管理类非会计专业的课程形成横向衔接[3]，这会导致学生在学习"会计学基础"课程时过于专注会计核算，无法促进不同学科之间的交叉融合和复合型人才的培养。同时，也使得学生在利用财务信息进行分析时视角过窄，无法结合企业具体的业务、所处市场的情况以及国家宏观战略展开。此外，现有的"会计学基础"课程仍以传统的会计基础理论、会计核算方法和会计实物操作为主要讲授内容，未将数字经济对会计的重塑融入课程里面，这使得学生难以适应不断变化的社会行业需求。例如："会计学基础"课程中错账更正仍沿用手工记账时代的划线更正法，但在人工智能转型的当下，会计借助智能化工具后，这种错账更正方法已不复存在。

（三）教学方法单一

目前"会计学基础"课程的教学方法单一，主要采用课堂讲授的方式。然而，"会计学基础"中账户设置、复式记账、会计账户、会计账簿等知识点比较抽象，部分概念较晦涩，采用课堂讲授单一的授课方式缺乏必要的师生互动和实际操作，枯燥的理论教学无法激发学生的积极性。"会计学基础"是工商大类学生接触的第一门会计类专业课程，对课程失去兴趣、对基础理论掌握不足会影响后期学生其他专业课程的学习，甚至影响专业的选择和未来职业发展。此外，被动接受知识的讲授式教学无法给学生独立思考的机会，影响了学生创新性解决复杂问题的能力[4]。

三、 教育数字化对"会计学基础"课程的新要求

数字化转型是现代会计工作和会计教育领域的重要发展引擎，同时也对财会人才的培养模式提出了新的挑战。作为经济管理类学生的学科基础教育平台课程，"会计学基础"课程不仅是会计专业课程体系的基石，同时也是非会计专业学生获取财务分析能力的重要途径。因此，在会计教育改革向数字化会计转型的浪潮中，"会计学基础"课程的改革尤为重要。

一方面，快速发展的数字经济对会计人才的核心能力、财务思维和知识结构都提出了新的挑战，单一核算型会计人才已无法满足数字经济的新要求。未来财会人员的定位将转向业财融合的管控型、财务运营型，这要求会计知识与其他学科、产业发展趋势、企业自身业务进行深度融合[5]，为企业经营管理决策提供帮助。然而，当前"会计学基础"课程"窄专业、单科型"的模式限制了数字经济时代复合应用型会计人才的培养，重新构建"会计学基

础"课程的教学体系迫在眉睫。

另一方面，新技术的发展只能替代基础性的会计工作，面对复杂业务和新业务时，对财务和非财务信息的分析、预测、决策和管理仍需要专业会计人员的判断，因此在"会计学基础"课程中应让学生深入掌握会计核算的基本原理和底层逻辑，着重培养会计战略思维和独立思考能力，使其具备解决复杂财务问题的能力(图1)。

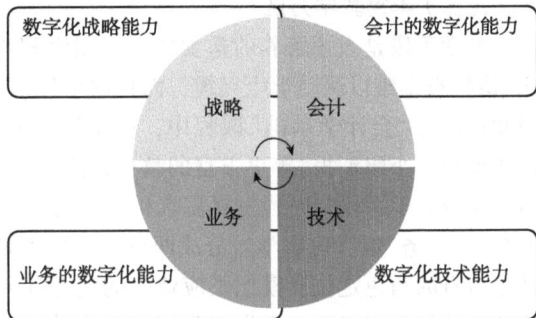

图1　数字化会计师职业能力框架①

四、"会计学基础"课程教学模式改革探索

（一）明确教学目标

对于初学会计的学生来说，"会计学基础"课程是一颗启明星，是培养他们会计兴趣的钥匙，因此必须重新定位数字经济时代"会计学基础"课程的教学目标。数字经济不仅对运用各类技术工具开展会计业务核算、进行数据分析提出要求，更强调业务和财务会计数据的一体化。这要求财务人员要深度理解企业的业务，向业财融合发展，因此"会计学基础"课程的教学目标应当从熟悉业务核算转变为整合业务场景，从单一的会计核算转变为掌握客户管理、进销存管理、投融资管理等业财融合场景的基本流程、管理知识与方法，使学生具备实现组织基本业务与财务融合的能力。此外，应当进一步细分会计专业和非会计专业的教学目标，会计专业学生通常是会计信息的"提供者"，教学目标应当结合数字经济特征，强调会计核算的规范性。而非会计专业的学生通常是会计信息的"使用者"，教学目标应当强调利用会计信息进行分析的能力，并帮助其树立"既见树木，又见森林"的会计观。

（二）拓展教学内容

当前，"会计学基础"课程与其他非财会专业课程相对独立，尚未形成跨学科、宽视野的横向衔接。数字技术广泛应用于财务领域，会计人员将从烦琐的记账、算账等低附加值的会计核算中解放出来，更注重应对复杂财务问题的能力。因此角色定位从核算型转向业务战略型，这要求财务人员不仅要掌握会计的基础知识，也要具备相关交叉学科的知识，如战略管理、企业运营管理、宏微观经济等非财会知识。然而，调研问卷显示，有82%的学生反映无法将财会知识和其他商科知识进行综合运用(图2)。"会计学基础"作为学生的第一门会计基础课程，要帮助学生形成跨学科横向衔接的思维方式，让学生学习其他商科

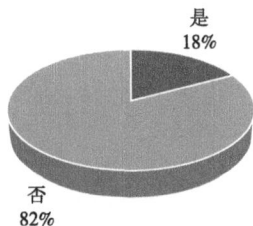

图2　财会知识和其他专业知识综合运用情况

课程时，能更有目的性和方向性。例如，在学习"会计学基础"课程中"会计计量属性"的知识点时，提出企业可以使用历史成本、公允价值、可变现净值、现值和重置成本5种计量属性，当前证券行业涉及公允价值的运用，银行、保险等行业普遍使用现值计量，这部分可以结合"财务管理""证券投资""货币银行学""保险学"等课程的相关知识，帮助学生更好地掌握计量方法。此外，在开展教学时应着重强调数字经济对会计的重塑，并将其融入教学内容里面，尽可能地满足数字经济时代的企业对会计人员数字化能力的要求。

① 根据中国商业会计数字化分会发布的《数字化会计职业能力框架》和《数字化会计教育规范》整理而成。

（三）丰富教学方法

教学手段是人才培养的重要方式，很大程度上决定着教学效果。然而，单一的"填鸭式"讲授教学难以调动学生兴趣，而且数字经济时代更强调业务融合财务场景的财会能力，因此在进行"会计学基础"课程中，可采用"视频导课、案例分析、专题讨论、智慧课堂、情景模拟、小组汇报"等更丰富的教学方法，引导学生进行思考，提高学生的创造性思维能力，实现教学手段与时代发展需求相适应的目标。比如：在讲授"主要经济业务核算"章节的"供应业务"时，可将学生分成两组，一组为采购单位，另一组为供应商，要求学生分别基于自身的角色定位，模拟供应业务的商务谈判，并展开会计核算。同时，经济管理类专业的会计教学应当要求学生在掌握基础会计理论知识的基础上，针对不同专业的特点，在授课过程中有所侧重，因专业施教，更能调动学生的积极性，取得更好的教学效果。此外，作为数字经济时代市场主体的主要参与者，会计人员在新技术高速发展的背景下面临着会计环境重塑、智能转型与能力提升的要求，"会计学基础"作为经济管理类学生的必修课，要将数字时代的新特征融入会计人才的培养过程中，让技术赋能会计教育，以培养适应数字经济发展的"懂会计、懂业务、懂技术"的"三懂"会计人才为目标，形成产教研学协同发展的生态圈，为数字经济高质量发展贡献力量。

参考文献

[1]李锋等．教育数字化转型的政策逻辑、内驱动力与推进路径[J]．开放教育研究，2022，28(4)：93-101.

[2]綦好东，苏琪琪．会计如何更好赋能数字经济发展[J]．财务与会计，2021(15)：11-14.

[3]吕乐，钱莉．人工智能时代财会专业"会计学基础"课程教学改革探索[J]．现代商贸工业，2021(2)：134-135.

[4]蔡显军，陈清蓉，温素彬，等．新文科背景下智能会计人才培养改革与实践：以南京审计大学为例[J]．会计之友，2022(3)：135-140.

[5]周毅，李卓卓．新文科建设的理路与设计[J]．中国大学教育，2019(6)：52-59.

我国高等林业教育国际化 SWOT 分析

陈晓倩　　陈文汇　　刘圆执

（北京林业大学经济管理学院，北京　100083）

摘要：21世纪以来，高校教育国际化成为我国高校发展中的重要课题。2015年，习近平总书记指出，推动一批高水平大学和学科进入世界一流行列或前列，提升我国高等教育综合实力和国际竞争力。同年《统筹推进世界一流大学和一流学科建设总体方案》通过，成为我国高等教育国际化的纲领性文件。林业在解决气候变化问题及实现可持续发展目标中发挥重要作用，高等林业教育的国际化亟待提高，以实现高质量国际化林业人才培育的目标。本文首先总结了我国高等林业教育国际化发展的历程及现状，运用SWOT方法对我国高等林业教育国际化中的内部优势、劣势，外部的机会和威胁进行系统分析，并提出进一步推动我国高等林业教育国际化的建议。

关键词：高等林业教育；国际化；SWOT分析

21世纪以来，高校教育国际化已成为高等教育教学改革的重要发展趋势。2010年发布的《国家中长期教育改革和发展规划纲要(2010—2020年)》明确将加强国际交流与合作列为10项重大项目之一[1]。2015年出台的《统筹推进世界一流大学和一流学科建设总体方案》进一步明确了我国高等教育国际化的战略。2020年教育部等八部门《关于加快和扩大新时代教育对外开放的意见》出台，再次强调了对外开放是我国教育现代化的重要特征，应坚持不懈地推动教育对外开放，主动加强同世界各国在教育领域的合作。上述政策出台有力推动了我国高等教育国际化进入了快车道。高等林业教育作为我国高等教育体系中不可或缺的构成部分，而且林业在解决全球气候变暖与实现联合国可持续发展目标中的作用不断提升，对具有国际视野的林业高端人才的需求也不断提高，推动高等林业教育国际化成为高等教育领域热议的话题。

一、 我国高等林业教育国际化发展的历程与现状

我国高等林业教育国际化发展伴随着我国高等林业教育的发展。1914年，北京大学将其农业学科改为北京农业专门学校，并增设了林业科学专业，开创了我国林业高等教育的先河。1952年，独立的林科院校开始设立，包括1952年设立的北京林学院，东北林学院和1955年设立的南京林学院。进入21世纪，我国高等林业教育已经形成了以北京林业大学、东北林业大学、南京林业大学、福建农林大学、西北农林科技大学、中南林业科技大学、西南林业大学在内的7所林业高校为主体的较为系统的高等林业教育体系。目前上述7所林业高校拥有包括林学、林业工程等在内的多个国家一级重点学科点，国家二级重点学科点超过25个，另有植物学、生态学等国家二级重点学科点10余个，在校本科生达到了122738人，研究生15110人。伴随我国高等林业教育的发展，高等林业教育国际化的发展也经历了从无到有，从起步到快速发展的历程。根据高等林业教育国际合作办学项目数量、师资国际化程度、国际学院建立发展、国际化政策，本文将我国高等林业教育国际化发展

作者简介：陈晓倩，北京市海淀区清华东路35号北京林业大学经济管理学院，副教授，chenxiaoqian@ bjfu. edu. cn；
　　　　　陈文汇，北京市海淀区清华东路35号北京林业大学经济管理学院，教授，wenhui@ bjfu. edu. cn；
　　　　　刘圆执，北京市海淀区清华东路35号北京林业大学经济管理学院，讲师，liuyuanzhi@ bjfu. edu. cn。

的历程分为起步和快速发展两个阶段。

1. 起步阶段(1978—2010 年)

1978 年,党的十一届三中全会明确了改革开放的国策,我国中外合作办学步入了起步阶段[2]。1985 年,天津财经学院与美国俄克拉荷马大学合作举办中国 MBA 培训班,成为改革开放后我国高校与国外高校之间第一个合作办学项目,拉开了我国高校国际化的序幕。高等林业教育的国际化之路伴随我国高等教育国际化的启动也开始起步。首先,上述 7 所林业高校师资国际化得到了一定发展。从最初的零外教到引进外籍教师数量呈现稳定上涨,7 所林业高校拥有海外学历或海外交流培训 1 年以上的师资比例也逐年稳步提升。其次,7 所林业高校的国际学院建设开始萌芽发展。2004 年南京林业大学成立了国际教育学院,2009 年东北林业大学成立了国际交流学院,2010 年西北农林科技大学成立了国际学院,推动了高等林业教育国际化系统管理机制的发展。但在该阶段,林业高校中外合作办学项目发展较为缓慢。尽管 2004 年 11 月黑龙江省中外合作办学业务培训班在东北林业大学召开,拉开了我国高等林业教育国际化的序幕,但截至 2010 年,7 所林业高校正式的中外合作办学项目未有显著突破。在起步阶段,7 所高等林业教育国际化的系统政策也较为欠缺,没有专门推动学校国际化或人才国际化的战略和方案。

2. 快速发展阶段(2010 年至今)

进入 21 世纪以来,我国高等教育国际化进入了快车道[3]。与之相伴随,高等林业教育国际化也迈入了蓬勃发展时期。

从中外合作办学看,上述 7 所我国主要林业高校,全部设立了国际合作办学项目。其中北京林业大学及东北林业大学的中外合作办学项目特色鲜明,发展迅速。北京林业大学在 70 年发展历程中,积极践行开放办学、深化国际交流与合作的战略。截至 2022 年底已与国外 30 多个国家和地区的 190 余所高水平院校和科研机构开展实质性科教合作。其中北京林业大学与加拿大不列颠哥伦比亚大学合作办学项目自 2012 年经教育部正式批准以来得到了长足发展。特别是在生物技术(森林科学)及材料科学与工程(木材加工)两个专业上的合作办学项目取得了丰硕成果。截至 2022 年,两个项目累计招生 519 人,200 余人获得校、院级各类奖项,60%以上的优秀学子继续在国内外知名院校求学深造,为中国林业国际化高端人才培育奠定了坚实的基础。东北林业大学也积极推动国际合作办学,2018 年获批了教育部东北林业大学与英国阿斯顿大学工程管理专业本科教育合作项目,年招生计划 120 人。此外 2019 年在教育部批准下,东北林业大学和新西兰奥克兰大学合作成立了东北林业大学奥林学院,作为非独立法人中外合作办学机构,在计算机科学与技术、生物技术、化学和工程管理 4 个专业方向上针对本科生与硕士研究生开展合作办学,本科生每年计划招收 405 人,硕士研究生每年计划招收 20 人。据不完全统计,截至 2022 年底,全国 7 所林业高校已有超过 14 个国际合作办学项目。

从师资国际化角度看,该阶段 7 所林业高校都积极采取措施推动师资赴海外交换学习,提高国际视野。截至 2021 年底,7 所高校师资拥有海外学历或在海外培训交流 1 年以上的比例超过了 60%。从标志着国际化系统管理能力的国际学院发展看,相比起步阶段的 3 所林业高校,在快速发展阶段的 4 所林业高校建立了国际学院,分别是西南林业大学 2011 年成立的国际学院,福建农林大学 2019 年成立的国际学院,北京林业大学和中南林业科技大学 2020 年分别成立的国际学院。7 所高等林业教育国际化的政策保障在快速发展阶段也取得了长足进展。从国际化发展战略政策保障看,目前 7 所林业高校都发布了学校层面国际化的战略规划或人才国际化的方案规划,确立了国家化的政策保障。有代表性的包括:2016 年东北林业大学制定的《东北林业大学关于推进本科教育国际化的实施意见》,2019 年西南林业大学印发的《西南林业大学国际化办学实施方案（2019—2022 年）》，2019 年中南林业科技大学印发的《中南林业科技大学国际教育管理办法（试行）》，2021 年北京林业大学印发的《北京林业大学"5·5 工程"人才队伍建设实施方案》中明确包括人才国际化要求，2022 年西北农林科技大学印发了《关于深化实施国际化战略 加快建设中国特色世界一流农业大学的意见》。我国高等林业教育国际化进入了快速发展阶段。

二、 我国高等林业教育国际化 SWOT 分析

尽管 2010 年以来我国高等林业教育国际化进入了快速发展阶段，一方面取得了令人瞩目的成果，另一方面面临的问题与挑战也日益凸显。特别是从内外部两方面都面临着机遇与挑战。为更好厘清我国高等林业教育国际化过程中内在的优劣势以及外部面临的机遇与挑战，本文采用 SWOT［S（strengths）优势、W（weaknesses）劣势、O（opportunities）机会、T（threats）威胁］方法进行分析。SWOT 分析法被广泛应用于对研究对象内部优势、劣势外部的机会和威胁的分析。通过列举分析，依照矩阵形式排列，然后运用系统分析的思想，将各种因素进行全面、系统、准确的匹配分析，并根据研究结果制定相应的改进计划以及对策。这里我们应用 SWOT 方法对我国高等林业教育国际化的内部优势、劣势以及外部的机会和威胁进行系统分析（图 1）。

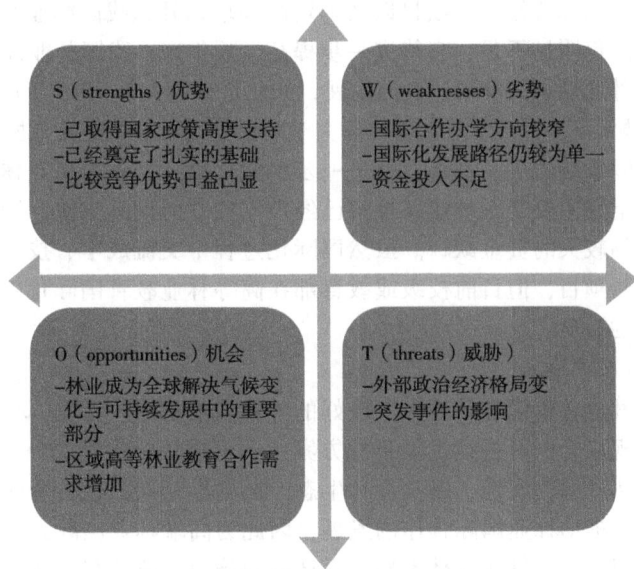

图 1　我国高等林业教育国际化 SWOT 分析图

S（strengths）优势
- 已取得国家政策高度支持
- 已经奠定了扎实的基础
- 比较竞争优势日益凸显

W（weaknesses）劣势
- 国际合作办学方向较窄
- 国际化发展路径仍较为单一
- 资金投入不足

O（opportunities）机会
- 林业成为全球解决气候变化与可持续发展中的重要部分
- 区域高等林业教育合作需求增加

T（threats）威胁
- 外部政治经济格局变
- 突发事件的影响

1. S（strengths）优势

第一，我国高等林业教育国际化的内部优势首先表现在高校国际化已取得国家政策的高度支持[4]。如前所述，高校国际化已经被纳入我国重要的发展战略。2020 年教育部等八部门《关于加快和扩大新时代教育对外开放的意见》再次明确高校要加强对外开放，推动国际化发展。习近平总书记在 2022 年与中国人民大学师生座谈中强调，鼓励高校建设有中国特色的世界一流大学。第二，我国高等林业教育国际化已经奠定了扎实的基础。从 1978 年开始的起步阶段，到 2010 年开始的快速发展阶段，以北京林业大学、东北林业大学、南京林业大学、福建农林大学、西北农林科技大学、中南林业科技大学、西南林业大学 7 所林业高校为主体的我国高等林业教育国际化已经基本形成了"合作办学+国际学院"的较为成熟的发展模式。加之不断提高的师资国际化水平的助力，进一步夯实了我国高等林业教育

国际化的基础。第三，我国高等林业教育国际化的比较竞争优势日益凸显。我国高等林业教育无论是从数量还是质量上都居于亚太区域的首位[5]。专家指出，我国高等林业教育的国际学生交流数量和规模已经连续 5 年位居亚太地区首位，区域辐射的比较竞争优势不断提高，国际办学项目数量、毕业学生数量都呈现稳定增长的态势。不少林业高校也推出了在生物工程、生物多样保护、林业碳汇等前沿领域的国际合作方向。我国涉林高校的部分特色优势学科的国际影响力也在不断提升，共有植物学、动物学、环境科学、生态学等 6 个学科领域进入基本科学指标数据库（essential science indicators，ESI）的学科排名前 1%，提升了我国林业高校国际化的专业比较竞争优势。

2. W（weaknesses）劣势

我国高等林业教育国际化自身还存在一定的劣势。第一，国际合作办学方向较窄，主要以传统的林学、林业工程等为主，而经济管理类的项目较少。习近平总书记多次提出，我国应积极参与全球治理体系改革与建设。森林治理作为全球治理体系中的重要组成部分，得到了国际社会的广泛关注。中国作为林业大国，将在全球森林治理结构改革中发挥重要作用，因此在高等林业教育国际化过程中，也应当拓展项目合作领域，将森林治理、林业经济政策、森林生态产品价值实现等战略纳入国际合作办学项目领域，增强我国参与全球森林治理改革的高端人才培养[6]。第二，我国高等林业教育国际化的发展路径仍较为单一。目前除了不断发展的国际合作办学项目以及师资海外培训外，我国林业高校在国际林业教育界、学术界的发声仍明显不足，有待进一步提高。近年来，我国林业高校推动了与国外大学研究机构举办林业领域国际研讨会的发展，如北京林业大学 2019 年以来连续 3 年举办了"国际林业经济政策高峰论坛"，北京林业大学承办了"亚太林业教育协调机制"秘书处，但无论从数量及国际影响力上，都还有待进一步加强。第三，我国高等林业教育国际化资金投入不足。尽管上述主要 7 所林业高校都已经设立独立的国际学院，管理多项国际合作办学项目，但仍面临较大的资金缺口。虽然国际化过程中交流成本、技术支持成本高于国内一般学科教育发展项目，但目前校级或教育部在高等林业教育国际化中的投入水平仍较低，不能满足发展的需要。

3. O（opportunities）机会

目前我国高等林业教育国际化迎来了较好的外部发展机遇。首先，林业已经成为全球解决气候变化及实现联合国可持续发展目标方案中不可或缺的构成部分[7]。由于森林独特的生态、可再生自然资源的属性，以及森林生态产品的准公共品性，全球在森林问题上需要加强沟通，进一步推动林业国际合作的发展，因此为高端林业国际人才的培育交流提供了机遇。特别是中国，无论是在森林治理，森林资源培育，还是在林业生物质、林业新材料发展等诸多领域都取得了显著成绩，有必要在高等林业教育国际化中，对外讲好中国林业故事，为全球的森林可持续发展和治理改善提供中国方案。其次，中国主要经济合作区域的国家对加强与中国高等林业教育合作表现出浓厚兴趣与需求。无论是在亚太经合组织APEC 框架下建立的"亚太林业教育协调机制"，还是在中国—中东欧"16+1 合作"机制下的林业教育科研合作项目，都反映出中国的经济合作伙伴希望推动与中国高等林业教育合作的强烈意愿，为我国高等林业教育国际化提供了难得的外部机遇。

4. T（threats）威胁

我国高等林业教育国际化在面对良好的外部发展机遇的同时，也面临着挑战。首先是外部政治经济格局演变的影响。在中国践行负责任大国，积极参与全球治理的过程中，也伴随着有些国家不合理的指责声音。特别是在林业领域，对我国林产品贸易的快速发展附加许多指责，而刻意忽略我国在推动林产品可持续贸易以及帮助木材出口国改善其森林治理方面所做的大量工作和取得的成绩。在我国高等林业教育国际化的道路上，仍将需要面对外部政治经济格局演变过程中带来的不利影响。其次是突发事件的影响。2019 年以来的新冠肺炎疫情，为我国高等林业教育国际化也带来了巨大的挑战[8]。有一些国际合作办学项目出现了停滞甚至停办的情况。

三、 进一步推动我国高等林业教育国际化的建议

结合上述我国高等林业教育国际化的 SWOT 分析，对进一步推动我国高等林业教育国际化提出以下建议。

1. 进一步加强我国高等林业教育国际化政策的顶层设计

尽管目前我国已经出台加强高等教育对外合作，推动高等教育国际合作的相关政策，但从林业领域看，推动高等林业教育国际化的政策仍较为割裂、分散，尚未形成较为完整的高等林业教育国际化政策的顶层设计。这就导致了在实践中，高等林业教育国际化推动容易受阻，并出现为其他工作让路的情况，无法系统地推进。建议教育部会同国家林业和草原局，基于目前已有的高等林业教育国际化政策和实践，开展调研，出台加强我国高等林业教育国际化的专项政策，建立有利于高等林业教育国际化发展的顶层政策。

2. 加大对高等林业教育国际化的资金支持

高等林业教育国际化对未来我国高端林业人才培养以及加强林业国际合作都具有重要意义。目前我国高等林业教育国际化中的资金缺口阻碍了其健康发展。建议教育部会同 7 所我国林业核心高等院校开展调研，设立用于高等林业教育国际化的部级以及校级专项资金，确保高等林业教育国际化中长期发展有坚实的资金支持。

3. 继续拓展高等林业教育国际化的路径提升影响力

在目前推动国际合作办学项目+师资海外培训外路径的基础上，继续拓展我国高等林业教育国际化的路径，包括加大国际留学生培养力度，与国际机构如国际林业研究组织联盟（IUFRO）、联合国粮食与农业组织（FAO）定期合作举办具有国际影响力的学术研讨，以及青年林业国际人才培训项目。

4. 提高我国高等林业教育国际化应对外部突发事件的韧性

在当今国际政治经济格局波动加大，突发事件加剧的外部环境下，有必要逐步提升我国高等林业教育国际化应对外部变动的韧性，建议教育部联合 7 所林业核心院校的国际学院，开展我国高等林业教育国际化外部风险控制机制研究，为我国高等林业教育国际化应对外部突发事件的韧性提供智力支持。并在研究基础上，由教育部牵头选择 2～3 所林业核心高校开展相应的风险控制体系建立试点工作，为相应政策出台奠定基础。

参考文献

[1]裴然."四位一体"的高校教育国际化策略研究与实践[J].黑龙江高教研究，2014(11)：65-68.

[2]周密，丁仕潮.高校国际化战略：框架和路径研究[J].中国高教研究，2011(9)：35-38.

[3]我国高等教育国际化战略研究：历程、热点[J].温州医科大学学报，2022(1)：77-79.

[4]林宇.新时期我国高等林业教育国际化发展的展望[J].中国林业教育，2021(5)：31-34.

[5]田阳."一带一路"背景下的高等林业教育国际合作[J].高等农业教育，2017(4)：7.

[6]国务院办公厅.关于深化种业体制改革提高创新能力的意见[EB/OL].(2013-12-20)[2023-6-10].https://www.hlj.gov.cn/hlj/c108107/201403/c00_30644283.shtml.

[7]铁铮."一带一路"中的林业教育创新[J].绿色中国，2017(13)：25-27.

[8]孔祥彬，鲁楠.后疫情时代高等林业院校中外合作办学的发展[J].中国林业教育，2021(3)：45-48.

传统文化美育与创新创业教学的融合研究

——以"创业管理四季歌"课程为例

李华晶　钟可茗　谭伊亭

（北京林业大学经济管理学院，北京　100083）

摘要： 本文立足美育与创新创业教育的融合，以探索性案例研究为分析方法，选取具有代表性和典型性的"创业管理四季歌"课程作为案例对象，探索传统文化美育与创新创业教育融合的课程路径。研究发现，时间智慧可以作为美育与创新创业教育融合的课程出发点，在此基础上，循环图式是美育与创新创业教育融合的重要课程设计点，进而聚焦四季节气的时间智慧，挖掘并构建美育与创新创业教育融合的课程创新点。本文提炼的传统文化与创新创业融合的时间观、美育融入创新创业课程的教学体系、基于二十四节气的美创融合知识点框架，有助于为高校加强传统文化美育与创新创业教育融合提供课程建设思路，对培养具有高水平审美和人文素养的高质量创新创业人才也具有指导和借鉴意义。

关键词： 传统文化美育；创新创业教育；教育融合；课程建设；案例分析

一、 问题的提出

习近平总书记在党的二十大报告中指出，中华优秀传统文化要创造性转化、创新性发展，这为高校更好发挥美育独特价值、提升美育实践功能指明了新方向。当前，随着创新驱动发展战略的深入实施，高校创新创业教育实现了从局部到整体、从现象到机制的跨越，已经成为提升大学生就业水平的重要支撑。因此，如何在塑造大学生创新创业能力的同时强化文化主体意识和文化创新意识，亟待在理论和实践领域给予充分关注和深入探索，以期让学校美育与新时代创新创业教育有机融合，让大学生在敢闯敢创中提升审美和人文素养。

但是，当前中国高校部分创新创业课程的话语体系具有一定程度的西方文化叙事特征，如果忽视这种情况或者任其发展下去，容易出现诸多教育问题。例如，造成课程内容体系不完备，难以契合中国特色创新创业情境；导致育人定位和目标偏差，无法满足中国式现代化对创新型人才新诉求；带来教学质量和效果问题，未能唤起当代中国大学生共鸣和认同等。因此，高等教育有必要联动学校美育与创新创业教育，打通这两项公共通识教育中的连接点。尤其是要抓住课程建设的载体，促进优秀传统文化与创新创业管理的学科交叉，立足中国高质量发展的新时代情境，设计和开发出融入中国特色文化的创新创业教学内容和实践方向，让大学生掌握文化艺术思维与管理技术行动，实现学习者知行合一的创造力

作者简介：李华晶，北京市海淀区清华东路35号北京林业大学经济管理学院，教授，lhjbjfu@126.com；

　　　　　钟可茗，北京市海淀区清华东路35号北京林业大学经济管理学院，研究生，1805053721@qq.com；

　　　　　谭伊亭，北京市海淀区清华东路35号北京林业大学经济管理学院，本科生，1805053721@qq.com。

资助项目：北京市高等教育学会立项面上课题"高校创新创业师资与课程建设协同研究"（MS2022318）；

　　　　　北京林业大学教育教学改革项目"创业基础"（2021KCSZXY009）。

和执行力。

二、 相关研究现状

中华优秀传统美育文化中孕育的美育精神是中华美学精神在民族实践活动中的呈现，也是中华民族审美与艺术传统在育人及应用层面的独特建树。美育的目的在于通过艺术教育促进被教育者心理完整，在个体感官上建立和外界事物的联系，最终形成一个富有创新精神、完整人格的个体。中华优秀传统美育文化注重以美育人、以美化人、以美培元，在落实立德树人根本任务、促进人的全面发展中具有重要作用。优秀传统美育文化不仅能够提升学生的想象能力、拓宽视野范围，还可以直接或间接地触动个体的感知，激发潜在的审美知觉和创意冲动，充分将对学业的热情和情感表达得更加细腻丰富和直抵人心。立足于中华优秀传统文化的传统文化美育是在知识传授的过程中着重培养学生人文思维与技术行动能够融为一体的能力[1]。因此，当代教育工作者在立德树人、传授知识的育人过程中融入传统文化美学，以美启智，会在一定程度培养学生内心深处对中华文化的认同，更好地激发学习的动力。

高校授课教师应当引领学生将所学与中华优秀传统文化相融合并应用于实践。这种形式的美育课堂实践将艺术、文化、历史、经济各方面知识可以进行密切融合，通过将教育和实践两者相结合的方式促进学生创造力的提升，使得通识教育既具有一定社会意义也具有一定的文化传承意义，通过全面多立维综合性的教学使学生浸润在传统美学理念之中[2]。

创新创业是推动经济社会转型升级的重要动力、高质量发展新动能的重要源泉。当前中国的创新创业教育已经成为促进科技创新和产业发展的重要一环，发挥着独有的教育优势和人才势能。中国政府和社会主体积极参与创新创业教育，营造更加高效便捷的教育生态，培养掌握创新创业知识技能的市场主体和创业者，青年人在创新创业管理实践和经济高质量发展进程中成为新兴力量。

尤其是在数字经济背景下，出现了人工智能、大数据、云技术等信息技术新工具，这些工具的出现一方面推动着经济社会和公共服务的数字化转型，另一方面也带来了"技治主义"等文化冲击。这就意味着科技创新背景下创新创业教育要避免忽视优秀文化的传承和人文素养的夯实，在立足中国发展实际的基础上，及时更新和优化创新创业课程内容，在培养学生创新创业思维和能力的同时以美育人、以美创人，让火热的创新创业实践也能成为亮丽的文化传承风景。

美育教育与创新创业课程的融合点通常体现在以下方面：在课堂文化导论模块，将传统美学与创新创业文化融合，构建课程美育的理论基础与文化内涵体系。在技术创新模块，以相应的传统美学文化为导向，将数字经济时代技术与文化融合，利用技术创新丰富学生创新创业课程的学术素养。在创新文化模块，找准课堂模式创新设计中的文化定位，挖掘模式创新中的文化价值，拓展课程美育的应用领域。在团队文化模块，让学生理解学科知识教育与传统团队文化共生关系，培养学生树立正确的团队建设价值观、提升审美修养、培养领导力和创新能力。在创业管理文化模块，基于创业企业的文化建设培养学生树立科学就业观、提升职业人文素养、事业愿景与创新力。

虽然美育与创新创业教育已经成为不少高校的通识教育，但是在"美创教育"的课程体系建设、教学内容融合、教学方法创新等方面还比较欠缺[3]。例如，如何在教学内容上将习近平生态文明思想和中国传统文化融入创新创业课程部分知识点当中，如何突出美育与创新创业教育融合的内容特色，如何突破传统课堂教学开展创新教学方法和组织方式等。课程融合体系构建不仅是开发大脑、传授知识和答疑解惑，更重要的是通过美育改变人的思想观念、艺术审美，建立健全人的精神品格，最终达成提升学生思想境界和生活幸福感的使命任务。为此，本文通过探索性案例分析，梳理具有体系性的教学内容，突出传统文化美育的教学特色定位，并结合混合式教学手段创新育人渠道，加强过程性的组织方式，关注大学生创新创业的文化素养综合提升，为中国式现代化创新型人才培养提供参考。

三、 教学案例解析

为了提炼传统文化美育与创新创业教育融合的课程路径，本文选取探索性案例研究作为分析方法，将研究团队开展多年的"创业管理四季歌"课程作为案例对象，主要原因在于：一是课程具有代表性，该课程有机融入了中国传统文化的二十四节气时间智慧，同时也包含了创新创业基础知识体系，有效支撑了开展本文的教育融合主题。二是课程具有典型性，该课程作为较早开展传统文化美育与创新创业教育融合的课程探索，通过教学改革取得了精品教材建设、混合式教学模式等创新成果，获得北京市、教育部和国家林业和草原局的多个重要奖项以及社会认可。

为此，本文以此为案例，以期通过探索性研究提炼以二十四节气为代表的中国传统文化美育，如何通过课程路径实现与创新创业教育的有机融合，通过可遵循的理论基础挖掘案例课程的创新做法和参考价值，从新的研究视角探究美育与创新创业教育的融合规律，形成基于课程内容的融合路径，为更多更广泛的美创融合提供具有针对性和可操作性的教学借鉴。

（一）时间智慧： 美育与创新创业教育融合的课程出发点

当前技术和社会系统的迅速变革，使得创新创业者的思维和行动不能囿于空间维度，更需要保持对时间维度的高度敏感和观念重塑。而时间智慧也正是美学教育领域的重要议题，这也是本课程开展美创融合的教育理论依据和科学支撑。20 世纪 40 年代产生并先后发展起来的系统论、控制论、信息论，20 世纪 70 年代陆续确立的耗散论、协同论、突变论，从"老三论"到"新三论"的发展演进，反映出当代经济社会体系的时间维度日益凸显、时间价值不断升级，情境的动态变化及其复杂性愈发鲜明。

在此背景下，一些研究提出两种时间观：一种是钟表时间观，将时间视为有始有终的线性过程，时间具有绝对的、集中的、恒定的、线性的、机械的属性特征；另一种是过程时间观，将时间视为无始无终的循环过程，时间具有主观的、开放的、相对的、有机的、循环的属性特征。相较于第一种反映牛顿经典物理学的时间理念，第二种时间观更能代表东方主义的时间智慧。如今，越来越多的学者和管理者提出，创新创业需要重新审视传统的线性时间观念，不只是将时间视为提升效率的稀缺要素，而有必要重视具有东方主义的非线性时间观念，因为时间其实是承载不确定性情境的柔性资源。

（二）循环图式： 美育与创新创业教育融合的课程设计点

中国传统文化的循环时间智慧，对创新创业的动态过程极具启发。循环图式是早期中国的说理思维之一，被视为中国古人缔造世界观的基本策略，反映出中国传统文化解释时间的认知图式[4]。本课程将这种循环范式与创业过程时间观有机融合，为学习者提供了将世界整体化的策略，启发学生如何审视万物为一体。同时，课程还强化创新创业行动，提供将世界规律化的策略，让学习者视变化为重演、将危机转为新机。而且，循环范式从认知到行动的转化，能够引发出兼具一体化与周期化的行动路线，成为课程融合美育和创新创业教育基础上激发学习者探索未知世界的优势策略。

进入 21 世纪以来，创新创业教育研究和实践的关注视角也日益从主体特质转向管理过程，特别是具有循环往复属性的过程视角。本课程设计过程中，强调创新创业并非个人英雄式的独自战斗活动，而是分布在经济社会广泛领域的复杂动态过程。这个过程是包括创意生成、新企业生存、企业成长甚至失败重塑等各阶段在内的非线性循环过程，而且这种循环并不是简单闭合，而是超循环过程。因此，创新创业课程也需要让学生领会中国"天人合一"思想背后的科学规律，创新创业各要素在不同层次形成并不断演化成整体，从而实现如同生物进化般呈现超循环形式的自组织过程。

（三）四季节气：美育与创新创业教育融合的课程创新点

本课程立足中国创新创业发展情境，吸收国内外创新创业教育先进成果，力求通过构建创业管理金字塔体系来解构系统性的知识脉络，通过借鉴 4 个季节和二十四节气的智慧以解析动态性的发展规律[5]，使得美育与创新创业教育融合的呈现如下创新点：

一是"强基"，关注时间这一美创教育共通基因。不确定性情境需要创业者反思和审视创业的时空维度，社会由固态变液态、经济从未知变不可知、管理不是线性而是循环迭代，创业因时间而跌宕起伏。因此，有必要以时间为核心线索，体现重要时机和关键时点，始于快、精于好，创造多、成长久。

二是"重特"，突出艺术思维与技术行动联动。科学性和艺术性是创业管理的一体两面，科技创新时代的创业管理也需要硬技术与软艺术的结合。为此，本课程联动创业艺术思维和技术行动，吸纳丰富多样的艺术和人文作品，将传统文化精华融入创业者如何实现技与艺的知行合一之中。

三是"谋新"，打造创业管理春夏秋冬进程板块。从精益启动、模式创新、价值创造到永续成长，创业管理的循环进程也有 4 个季节：春种抢时机，夏耕精细做，秋收创回报，冬蕴深蛰伏。为此，课程分为春夏秋冬 4 个板块，逐一展示创业进程的规律和案例，最后从三伏天三九天的 3 项修炼和创新方向进行展望，奏响创业之路上的四季歌。

四是"务实"，构建指导实践的创业管理金字塔。不确定性情境下的创业行动不只具有因果逻辑导向，更具有效果逻辑导向。美育也能落在实处、激发行动。本课程在创业者和团队、创业机会、创业资源 3 类基础知识模块匹配传统文化元素，引导学生在动态的 4 段创业进程中创造，勾勒了课程融合路线，提出了"一套情境—二元导向—三类要素—四段进程—节点问题与节气智慧"的金字塔体系脉络（图 1）。

图 1　四季循环与创业过程融合的金字塔课程体系

五是"妙趣"，运用二十四节气智慧打通创业节点。二十四节气作为人类非物质文化遗产，不仅是中国传统文化代表，更为解决创业管理诸多难点提供了时间智慧。为此，课程针对创业 4 段进程的 24 个关键环节，以期通过有意义和有意思的知识点解析，提升对创业管理的认识和实践水平，运用节气智慧打通创业节点问题（图 2）。

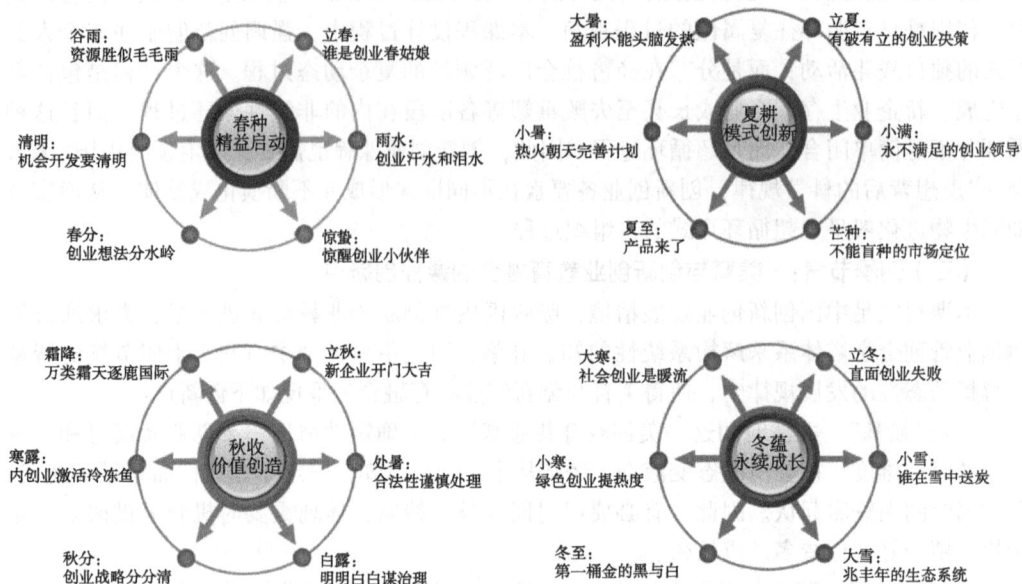

图2 融入节气智慧的课程内容模块和知识点

六是"共融",倡导"智圆行方"学习体验和过程。本课程还通过打造精品在线开放课程和精品教材等多种方式,让美创融合具有更丰富的载体、产生更广泛的社会价值。在课堂学习中,通过美创教育融合的学习目标、小节层级设计、结束语总评和思考练习,串起并明确核心知识点,并穿插"创业万花筒"栏目展示代表性新近案例,既有中国传统文化支撑,也注意响应人工智能科技创新前沿,以期在理论和实践结合的知识传授过程中,使创业学习者和实践者感受到传统文化美育的浸润作用和反思启发[6]。

四、结　语

党的二十大报告指出,中国式现代化是物质文明和精神文明相协调的现代化,高校承担为党育人、为国育才的重要使命,为此,有必要将美育积极广泛地融入各项教育中,通过课程这一重要载体,在教学方式、内容体系、方法设计等不同方面进行探索创新,让创新创业教育不仅能锻炼学生物质文明的创造能力,还能提升青年人精神文明的人文素养。本研究将进一步延揽国内外前沿动态,不断挖掘中国优秀传统文化的时间智慧,不断细化文化美育与创新创业教育的融合路径,培育学生创造美的创新思维、实现美的创业能力,让艺术思维与技术行动在创新创业教育中融为一体,培养美创融合的高质量创新型人才。

通过对本探索性案例的了解,全国各类高校可以从中体会到美育对课堂教学和人才培养所具有的特殊教育意义和借鉴价值。高校需要对自身创新创业课程体系进行反思,不断完善改进自身课程体系,创新教学方法,找到学科间的融合点,将美育融入课堂教学内容,进行创新创业课程特色化改革。通过将教学内容中的知识点与传统文化内涵相融合的方法,增强交叉学科知识。可以以本案例中二十四节气作为参考范例,从中华优秀传统文化中寻找合适的学科切入点,多方位、多领域推动创新创业与美学、伦理学、哲学等领域的交汇深化学科交叉,嵌入创新课程的前沿知识,培养各专业学生的专业素养,促进创新探索能力,强化美育研究的学科特色和赋能作用,开创兼具美育研究和创新创业学科特色的课程。

参考文献

[1]梅萍，孟恒艳．中华优秀传统美育文化的价值意蕴及弘扬[J]．社会主义核心价值观究，2022，8(1)：45-53.

[2]沙家强．新文科背景下学科美育交叉融合的内在理路与实践探索[J]．教育理论与实践，2022，42(3)：16-19.

[3]刘兴云．公共美育课课程思政教学实践探析[J]．思想教育研究，2022(1)：121-124.

[4]李巍．一体论与周期论：早期中国的循环思维[J]．哲学研究，2020，66(3)：52-61，128.

[5]刘宗迪．二十四节气制度的历史及其现代传承[J]．文化遗产，2017，11(2)：12-14，157-158.

[6]李华晶．创业管理[M]．北京：机械工业出版社，2021.

OMO 融合课堂环境构建及管理技巧探索

——以经贸类专业英语课程为例

万　璐　　付亦重

（北京林业大学经济管理学院，北京　100083）

摘要：联合国教科文组织在《共同重新构想我们的未来：一种新的教育社会契约》中强调，数字技术将赋予教育变革以更大的潜能。随着课堂新形态的兴起，知识学习途径和教学管理模式有了更多选择。经贸类专业英语课程的性质十分适合运用 OMO 教学管理模式来实现主动式学习和技能训练，具备与融合课堂适配的先天优势。基于 OMO 融合课堂管理的现实痛点，探索并实践了融合课堂环境构建下多平台—多工具配合的教学管理技巧，提高了经贸类专业英语课堂的互动性、吸引力、便捷性和可达性，促进学生破除专业英语学习障碍，激发创新学习动力，推进落实有效学习行为。

关键词：OMO 融合课堂；经贸类专业英语课程；课堂环境构建；管理技巧

　　教育数字化加速发展给高等教育课堂环境构建和深化创新带来重大机遇，信息和通信技术(ICT)的飞速进步促进学习便利性、可达性、参与性快速提升。联合国教科文组织在《共同重新构想我们的未来：一种新的教育社会契约》中强调，数字技术将赋予教育变革以更大的潜能[1]。党的二十大报告指出，我国已建成世界上规模最大的教育体系，教育普及水平实现历史性跨越。伴随着慕课、在线开放课、直播课、混合式教学等课堂新形态的兴起，知识学习途径和教学管理模式有了更多选择。2022 年，高校以在线教学的持续开展化解和应对了多种突发挑战，数字化教学组织方式未来将在新的教学场景下与线下教学更好地融合并发展。基于特色各异、各具优势的在线教学平台和课堂组织方式实践，经贸类专业英语课程大大受益，并探索了线上线下融合课堂环境建设和管理的实施技巧，促进了在线教与学的水平以及能力的快速提升。

一、　数字化背景下 OMO 教学模式的创新发展

　　数字技术已经被广泛应用于诸多行业，大大提升了社会各类服务的可获性，特别体现在教育服务的创新、高效提供上。新冠肺炎疫情凸显并加速了教育领域的数字化转型，高等教育传统教与学模式受到巨大冲击。从线上和线下教学融合的深度及阶段来看，经历了线下到线上(O2O, offline to online)、线上和线下(OAO, online and offline)以及线上线下融合(OMO, offline merge online)3 种方式[2]。OMO 教学模式体现了线上线下教学融合的发展方向和最新趋势，它可以利用并深度结合线上教学与线下教学各自的优势，不局限于单一

作者简介：万　璐，北京市海淀区清华东路 35 号北京林业大学经济管理学院，教授，wanlu@ bjfu. edu. cn；
　　　　　付亦重，北京市海淀区清华东路 35 号北京林业大学经济管理学院，教授，fuyizhong@ bjfu. edu. cn。
资助项目：教育部产学合作协同育人项目"双碳双循环经营及贸易虚拟仿真教学实践基地建设"(220905844193641)；
　　　　　北京林业大学教育教学改革与研究项目"面向数字化的经贸教学活动创新与师生数字素养提升"(BJFU2023JY030)；
　　　　　北京林业大学研究生教学改革研究项目"融入'双碳双循环'的经贸类实践课程改革探索"(JXGG23067)。

方式下的优点或简单组合方式下的基本功能，是适应未来教育和数字化转型背景下人才培养要求的前沿方式。其有助于构建无缝学习的全场景教学环境，促进实现正式学习与非正式学习、个体学习与合作学习、实体环境学习与虚拟环境学习[3]等多元学习体验。

二、 经贸类专业英语课堂环境构建与 OMO 教学模式高度适配

经贸类专业英语课程（例如"外贸英语与函电"）重在知识及其运用能力的培养，即走上工作岗位后能够迅速适应涉外经贸业务活动需要，在国际贸易磋商及交易活动中熟练使用专业英语的能力以及对外进行各项业务联系和沟通活动的能力。由于经贸类业务场景多样，在各个正式环节和非正式环节渗透使用率较高，具有很强的体验式学习、互动式学习、合作式学习的特点，需要构建很强的模拟学习环境，特别是在知识沉淀、技能训练等活动中，需要形成知识的双向流动并满足差异化个性化的学习需求。OMO 融合课堂高度适配知识自主建构、多学习任务自如切换、可实时取用学习资源、可兼容多种设备的经贸专业英语学习环境要求，有助于实现无障碍、无边界的教学形态以及灵活优质的学习体验，促进学生显性知识能力和隐性知识能力的同步提升[4]。

三、 OMO 融合课堂环境下经贸类专业英语课程管理技巧及其实践

基于特色各异、各具优势的在线教学平台使用和课堂组织方式实践，教学团队从 OMO 融合课堂管理的现实痛点出发，探索并实践了无缝融合课堂环境下经贸类专业英语课程的管理技巧。

（一）如何帮助学生更直观获取重要信息

随着教学内容和教学组织需求的深入，尤其在过程考核、期末考核的关键节点，课程通知的重要性愈发凸显，如何保证关键通知送达每一位学生是教师们共同关注的问题。

可采用长江雨课堂的课程班级中发布公告（图1）。居家学习和教学期间，手机即时信息工具的使用频率大大增加，与众多微信群信息需要多方翻看的情形不同，长江雨课堂的公告通知将以标题内容更直接地推送给课内每一名学生的微信端（图2），正式性、触达性和易读性都明显提升，即使不用雨课堂授课也可以高效利用该功能。例如北京林业大学已经购买长江雨课堂专版服务，当前学期开设的各课程信息已经精准与教务系统对接，在长江雨课堂网页版发布公告，操作更加便捷，不受限于各类终端操作系统的差异。

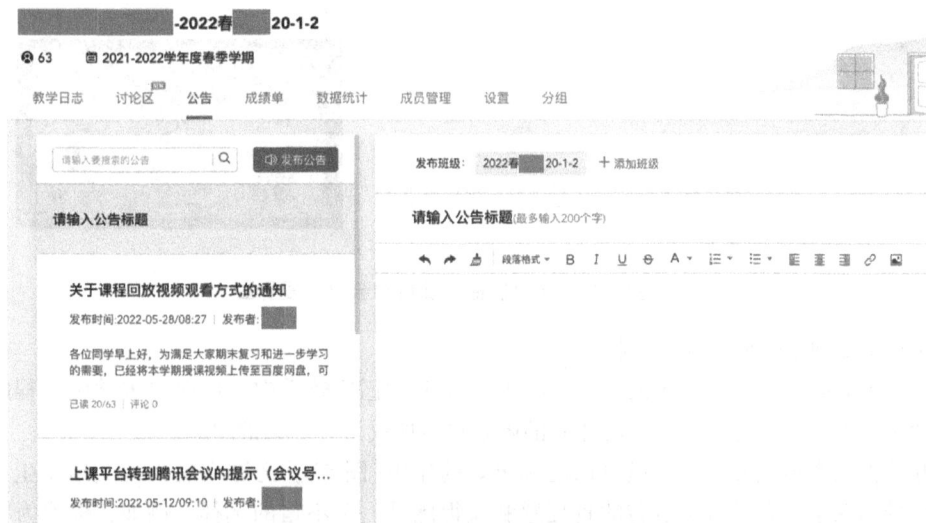

图 1　长江雨课堂网页版操作界面

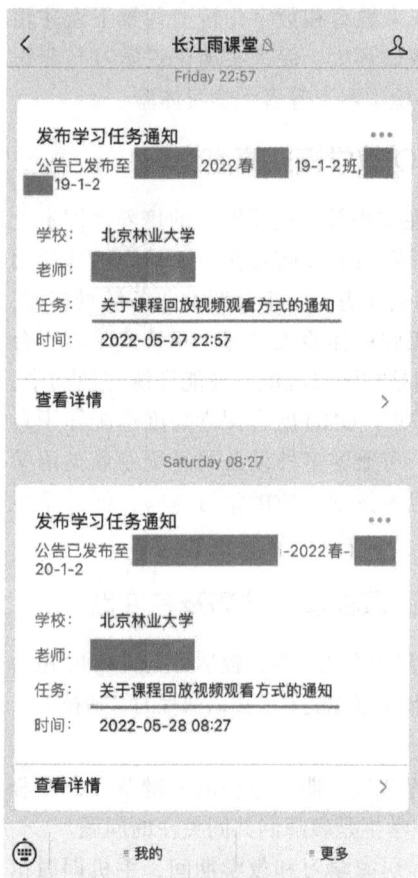

图2 手机端推送显示界面

（二）如何更好地满足学生的回看学习需要

在之前年度的线上教学中，师生依托腾讯课堂实现了线上授课、回放、签到、发言等虚拟课堂功能。由于企业运营重点的调整，2022年5月，这一将课程视频存储在云端的回放功能退出了腾讯课堂舞台，如何在教学中应对回看需求变得棘手起来。

首先是可以考虑迅速转移到适应或调试成本较低的授课平台，以便节省学生的转换适应精力。如果原在用平台仍提供录播功能的课是不需要受此困扰的，有转移平台需求的课程，可以考虑线上交流和沟通使用较广泛的腾讯会议。其自带的云录制功能还能提供自动会议纪要，并且点击其中的文字记录还可实现录像自动跳转至该处，比较适合复习或者自主学习（图3）。不过云录制的免费容量有限，需要注意及时下载和整理。其次是教师可以将以往下载积累的课程授课视频及时上传至便于共享的网络平台，如百度网盘等，供有观看需求的学生随时调取（图4）。与此同时可为各年度的在线课程视频建立存档，以备教师的教研需要，以及完成线下教学中个别学生因不可抗力无法到课的学习用途（以往曾有骨折受伤学生凭积累的2020年在线教学视频得以较少耽误学习进度）。

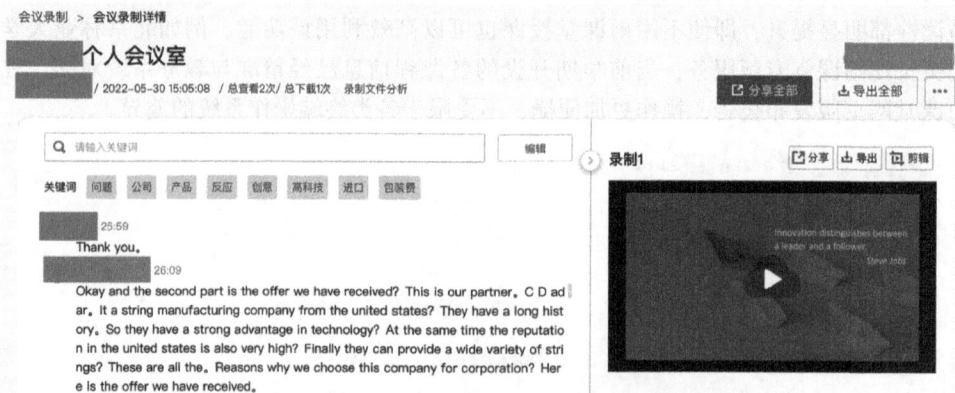

图3 腾讯会议云录制播放及自动会议纪要界面

（三）如何更多地调动参与和互动

在一名教师教授众多学生的"一对多"的"本地+隔空"教学中，如何促进学生全程的关注度和参与度，如何克服单一学习体验的困难自然地成为一个关键问题。

互动性课堂组织方式在这里可以起到更好的作用（图5）。把课堂适当地交给学生，赋予学生带动课堂、促进课堂运转的责任感和获得感是一个不错的选择。例如，提前为学生设置好与知识点衔接紧密的参与主题、达成自主分组、确定团队任务的时间，帮助学生运

图 4　授课视频上传网盘存档并供学生即时取用

用现实行业模拟问题解决(图 6),鼓励线上成员打开摄像头展示并增加有代入感的背景设置,让学生进行标准科学的互评打分,开放现场问答并配以加分机制,分享学生激励人心的评语和友善的组间建议等(图 7)。这些方式可以让"一对多"课堂向"多对多"学习体验转化,也能激发学生的无限想象力和潜能。

Chapter	Topic
Ch2, 3 teams 2022.05.09	Introduce your company 孙笑骞, 杨昕怡, 刘梦涵
ch3-1, 3teams 2022.05.16	Present your purchase plan, make an enquiry 姚思怡, 张璐, 夏尔蔓
ch3-2, 3 teams 2022.05.23	Reply the enquiry, and make an offer 张嘉慧, 陈一菲, 胡馨月
ch3-2, 3 teams 2022.05.30	Make a counter-offer 谢依林, 池鸣涵, 路中秀
Ch6, 2 teams 2022.06.02	Present your payment requirement 黄博良, 洪瑜露
Ch7, 2 teams 2022.06.06	Present your packing requirement (including shipping mark) 李莹, 苏峻哲
Presentations start from week 12.	

图 5　学生小组活动主题及时间预先安排

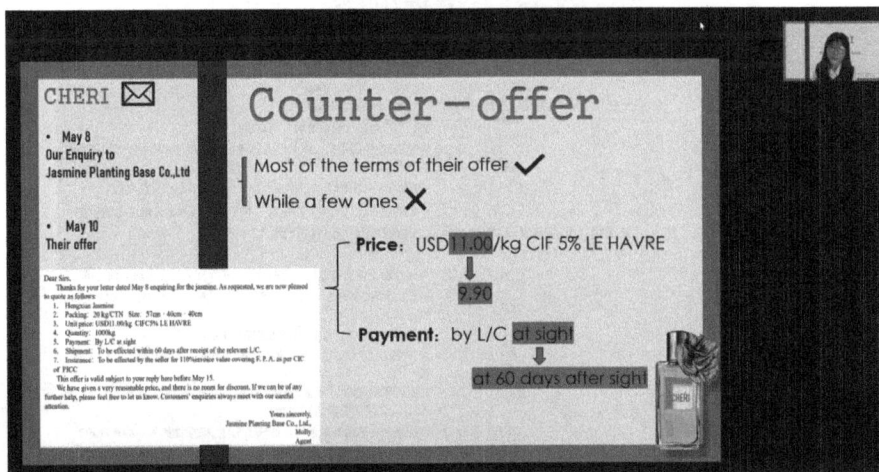

图 6　小组设定交易背景并展示还盘依据(开摄像头的虚拟背景使用自设计公司标识)

Group Cooperation	Enthusiasm	Questions answering	Use of visual aid	Total	comments	MVP
3	3	4	4	37	能感受到小组准备的用心，整体节奏感很好。	陈一菲
4	3	4	4	38	讲解流畅，回答问题反应迅速！	陈雅琪
3	4	4	4	38	PPT制作精美，符合产品形象，对视频的运用很富有心意，贴合主题	陈一菲
4	3	3	3	34	对应前面小组的询盘，非常好，对于运输等的细节也讲的生动情楚，希望可以在公司特点上再多介绍	陈一菲
3	4	4	4	37	PPT的制作非常精美，视频制作生动有趣。（自己配音很有心意！）。	陈一菲
3	4	4	3	33	运用了实际案例，展示了买家秀，让听众更好的了解了公司产品。回答内容丰富，细致，成员成员问题的反应能力也很强，公司的创意很新颖	陈一菲
3	4	4	4	34	汇报观感、涉及到的专业知识！汇报成员开了摄像头，全程汇报进行有序！最后播放的视频很棒！回答问题简略、灵活	陈一菲
3	4	4	4	34	内容很棒，视频有创意，汇报流程把控好	陈一菲
3	4	4	4	34	准备充实，ppt制作精美，拥有多种形式呈现，很好	陈一菲
4	4	4	3	36	首先ppt就非常能吸引我的眼球，整体的流程也非常完善，不足的部分同学的演讲感不是很强，有点读稿的感觉。	陈一菲
4	3	4	4	35	PPT唯美，宣传片也很加分，组员表现都蛮好的，问题回答方面也比较清晰	陈一菲
4	4	4	4	39	宣传片好出彩 后期太强了 大家准备的非常充分	陈一菲
4	4	4	4	37	汇报结构完善，内容翔实，结尾的视频展示也很生动，但部分同学的口语熟练度还需要加强	陈一菲
4	3	4	4	36	整个pre都能抓住人的眼球 语言要加强 分工明确	陈一菲
3	4	4	3	38	视频展示很有特色，PPT美观简洁	陈一菲
4	4	4	3	38	结尾有视频展示，很吸引人	陈一菲
4	4	4	4	39	在运输过程等方面考虑的很细致，最后还有视频展示，时间把控的再好一点点就好了	陈一菲
4	4	4	4	32	对May 's March进行回盘，ppt制作与主题相契合，但是感觉一些细节讲的太多，最后具体的回盘体现的有点少，时间也稍没有控制好，但是最后的视频制作非常好！	陈一菲
3	3	4	4	30	和之前的主题有一定连续性，视频让人身临其境，但成员演讲少了一些激情，最后的回复询盘和报盘的信件可以更精炼一些，同时更详细地列出能够满足的售后	陈一菲

图7　学生对小组表现根据十维度进行打分及评语截取(含选出最有价值组员)

（四）如何利用协同工具更好地明确重要事项

随着教与学环节的推进，OMO融合课堂需要面对考核学生过程表现、最终考核组织等重要内容，为了将信息化方式深化运用到过程考核和期末考核，给学生更好、更放心的体验，需要更多准备和协同。

对于课程表现考核比重的适当配置是提升公平性体验的首要措施，比如将过程考核比重增至50%或更高，同时注重过程考核的多元化考量，不仅包括学生的出勤、作业，还可

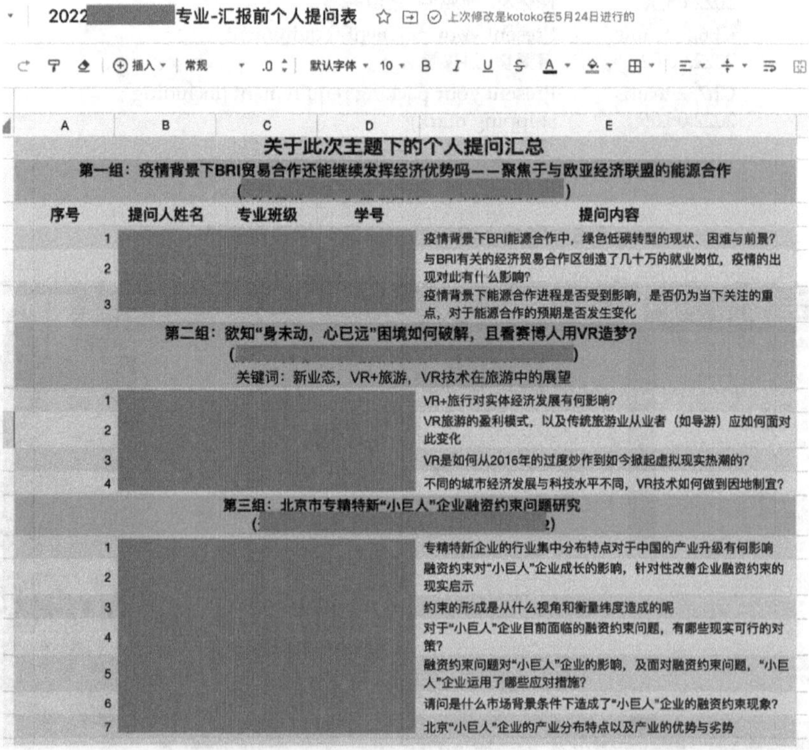

图8　利用在线协同表格填写提升"多对多"学习的互动性和延伸性

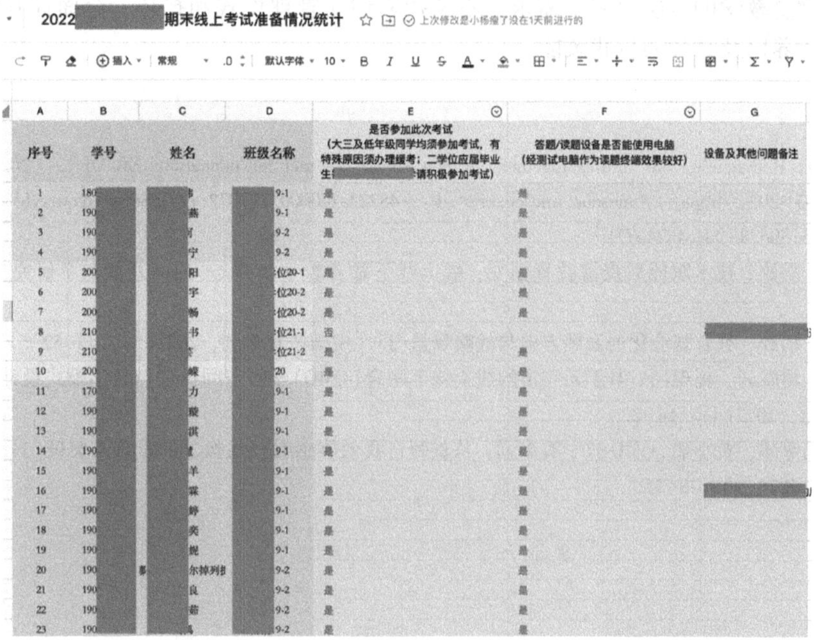

图 9　利用在线协同表格确认在线考试设备条件及可参加情况

以包括在课堂活动中的延伸参与情况。例如为了提升学生的现实问题思考，可以帮助汇报小组选定具有现实吸引力的主题，并设置其他"听众"学生，以汇报前提问的方式了解和关注这个现实主题(图8)。考虑到增加"多对多"学习的机会，可以利用在线协同表格，让学生在限定日期内填写。这种设置还可提升汇报小组与"听众"的互动机会与体验。这样的协同填写也适用于在线考试的设备准备统计，可以清晰地把握参加考试的学生情况(图9)，以及根据设备已有情况，选择电脑端或手机端作为最终考试平台，完成考试的顺畅布置。

四、　OMO 融合课堂的效果及反馈

OMO 融合课堂依托新型数字化应用及工具，有效融通线上和线下、课上和课后、个体和群体，更好地实现了无边界的、学习和交流探索一体化的、开放共享互融的教育空间。有利于学习活动的多任务自如切换，创建多元化学习场景，达成自然交互、多方面参与的学习体验。课程团队自 2019—2020 第 2 学期以来，连续 4 年，依托线上、线下教学完成了 OMO 融合课堂建设，并不断探索多平台—多工具配合的教学管理技巧的使用及完善，累计授课学生 240 人，大大提升了经贸类专业英语课堂的互动性、吸引力、便捷性和可达性。学生在 2021—2022 第 2 学期各次课出勤率均超 98%，并且在课堂活动及课后交流中呈现出级高的活跃度，学生进行专业英语表达和沟通更加积极自如，展现出了很强的学习热情和学习动力。

五、　结　语

党的二十大报告强调，要加快建设教育强国、科技强国、人才强国；加快建设数字中国。《数字中国建设整体布局规划》指出，建设数字中国是数字时代推进中国式现代化的重要引擎；要大力实施国家教育数字化战略行动。新一代信息技术与现实课堂加速融合，促进大学课程突破校园边界，为课堂新形态发展注入了强劲活力，也对课堂的组织形式、环境建设、管理技巧提出更高要求。OMO 融合教学是教育智能化的发展方向[5]，广大教师应

积极适应课堂教学的深层次变革需求，不断探索创新管理模式和技巧，全面提升和深化数字化教学素养以及教师的自我效能。

参考文献

[1] UNESCO, Reimagining our futures together：A new social contract for education [EB/OL]. (2021－11－10) [2023－03－20]. https：//unesdoc. unesco. org/ark：/48223/pf0000379707？posInSet＝1&queryId＝049da998－e814－4a5a－bd78－9dcc4824e771.

[2] 祝智庭，胡姣. 技术赋能后疫情教育创变：线上线下融合教学新样态[J]. 开放教育研究，2021(1)：13-23.

[3] 祝智庭，胡姣. 教育智能化的发展方向与战略场景[J]. 中国教育学刊，2021(5)：45-52.

[4] 余越凡，周晓云，杨现民. 基于元宇宙的线上线下融合(OMO)学习空间构建与教学模式设计[J]. 远程教育杂志，2022(4)：14-22.

[5] 王巍，闫寒冰，黄小瑞. OMO教学有多远：从教师自我效能感看在线教学的重难点突破[J]. 现代远距离教育，2021(1)：48-55.

高等院校中青年教师精神健康状况及提升策略研究

王卫东　李　强　侯一蕾　姜雪梅　王　会

（北京林业大学经济管理学院，北京　100083）

摘要：中青年教师是高校教学与科研的核心力量，其精神健康状况对高校育人成效以及科研产出水平具有重要的影响。本研究基于2021年开展的经济管理类中青年教师职业发展调查数据，描述中青年教师精神健康现状以及影响因素。研究发现高等院校中青年教师心理健康状况并不理想，超过10%的中青年教师存在严重的精神健康问题。本研究进一步发现，个体年龄越大、婚姻稳定性越低、孩子数量越多以及所在的平台竞争越激烈，则其患严重精神健康疾病的概率会更高，而如果个体有稳定的研究方向以及对自身研究方向感兴趣，则会降低患严重精神健康疾病发生的概率。本研究能够加强相关管理部门对该问题的重视以及促进相关制度体系的构建与完善。

关键词：高等院校；心理健康；中青年教师

一、引　言

近年来，高校教师精神健康问题凸显，社会各界也对这一社会问题越来越关注。我国高等教育阶段的教师规模庞大，教育部发布的《2021年全国教育事业发展统计公报》显示，高等院校教师数量达到188.52万人。高校教师作为高等教育的人才培养主体，其心理健康状况不仅仅是影响到自身及其家庭的幸福状况，更为重要的是其会影响到高校的育人效果，进而影响到我国高等教育的人才培养质量。同时，高校教师也是贡献我国科研产出的核心力量，其创新水平在很大程度上会影响到我国的科学技术的发展程度，进而会影响到我国社会经济的高质量发展进程。

有研究对全国145所高校的教师开展调研，发现近年来高校教师心理健康问题突出，情绪焦虑、抑郁、强迫症等状况尤为严重[1]。也有研究发现高校教师心理健康呈现逐年严重的趋势，很多教师处于亚健康状况[2]。尤其中青年教师是高校教学科研的主力军，多数面临上有老下有小以及职称晋升等压力，可能更大概率地面临心理状态不佳的困境。然而，这些研究采用的数据也相对较早，不能够反映近期我国中青年高校教师的心理状况。同时，也鲜有研究专门针对经济管理类高校教师开展专门的分析。基于此，本研究将基于团队开展的中国经济管理类教学科研人员职业发展线上调查数据，描述经济管理类中青年教师心理健康状况，并分析影响中青年教师精神健康的关键因素，以期能够为北京林业大学进一步改善中青年教师精神健康状况，提升育人水平以及科研产出水平提供一定的决策参考。

作者简介：王卫东，北京市海淀区清华东路35号北京林业大学经济管理学院，副教授，wangwd2019@ bjfu. edu. cn；

李　强，北京市海淀区清华东路35号北京林业大学经济管理学院，副教授，Qiangli_em@ sina. com；

侯一蕾，北京市海淀区清华东路35号北京林业大学经济管理学院，副教授，houyilei@ bjfu. edu. cn；

姜雪梅，北京市海淀区清华东路35号北京林业大学经济管理学院，副教授，joyxuemei@ hotmail. com；

王　会，北京市海淀区清华东路35号北京林业大学经济管理学院，副教授，huiwang@ bjfu. edu. cn。

二、 数据介绍、 模型设定与变量描述

（一）数据介绍

本研究采用的数据来自研究团队于 2021 年 9 月份开展的经济管理类教学科研人员职业发展线上调查数据，该数据共收集了 411 份有效问卷。考虑到本研究关注的重点群体为中青年教师，本研究将样本年龄限定为不超过 45 岁，最终保留的用于分析的样本量为 356。本调查数据涉及的教师所在的一级学科包括农林经济管理、公共管理、管理科学与工程、工商管理、应用经济学、理论经济学，这些学科对经济管理类专业具有较好的代表性。

（二）模型设定

为了更好地探究影响高校中青年教师精神健康的因素，本研究采用最小二乘法的实证分析框架，具体实证模型设定如下：

$$Y = \beta_0 + \sum_{i=1}^{k} \beta_i X_i + \varepsilon$$

式中，Y 为本研究的被解释变量，表示个体是否有严重的精神健康问题。本研究所采用的是 K6 抑郁量表进行度量。具体地，该量表是由 6 个问题组成，分别为最近 1 个月，①您感到沮丧郁闷，做什么事情都无法振奋的频率；②感到精神紧张的频率；③感到坐卧不安，难以保持平静的频率；④感到未来没有希望的频率；⑤做任何事情都感到困难的频率；⑥认为生活没有意义的频率。这些量表的答案选项及对应得分是：几乎每天（4 分）、经常（3 分）、一半时间（2 分）、有一些时候（1 分）、从不（0 分）。将 6 个问题的得分进行加总，得分范围为 0~24 分，参照之前的研究，将得分大于或等于 13 分归为有严重的精神健康疾病，取值为 1；而小于 13 分则为无严重的精神健康疾病，取值为 0[3-4]。β_0 为截距项，β_i 为各解释变量的估计系数，ε 为随机扰动项。本研究的解释变量包括个体所属的年龄组、性别、婚姻状况、6 岁以下孩子的数目、职称情况、所在学科是否属于一流学科、学校实施非升即走制度情况、学校是否为 211/985/"双一流"高校、是本科高校还是研究院所、个体研究方向的稳定性、个体对研究方向的研究兴趣。

（三）变量描述

表 1 呈现了各个变量的描述性统计分析的结果。具体地，在样本中，中青年教师有严重精神健康问题的占比为 10.7%，而之前有研究基于全国样本分析得出的比例仅为 4.38%[5]。这也说明中青年高校教师的精神健康已经是一个亟须关注的问题。此外，在样本中 36 岁以上的个体占 63.8%，男性占 59.6%，已婚个体占 69.9%，没有 6 岁以下孩子的个体占 52.5%，而有高级职称的占 10%，一流学科教师占 28.1%，已实施非升即走制度的院校工作的个体占 21.1%，在普通高校工作的个体占 45.2%，研究方向稳定的个体占 66.6%，对自己研究方向感兴趣的个体占 81.2%。

表 1　变量描述性统计表

变量	变量解释	样本量	均值	标准差	最小值	最大值
被解释变量						
有严重精神健康问题	1＝是；0＝否	356	0.107	0.309	0	1
解释变量						
36 岁以上	1＝是；0＝否	356	0.638	0.481	0	1

（续）

变量	变量解释	样本量	均值	标准差	最小值	最大值
男性	1=是；0=否	356	0.596	0.491	0	1
丧偶或离异	1=是；0=否	356	0.017	0.129	0	1
未婚	1=是；0=否	356	0.284	0.451	0	1
已婚	1=是；0=否	356	0.699	0.459	0	1
无6岁以下孩子	1=是；0=否	356	0.525	0.500	0	1
1个6岁以下孩子	1=是；0=否	356	0.393	0.489	0	1
2个6岁以下孩子	1=是；0=否	356	0.081	0.274	0	1
中级职称	1=是；0=否	356	0.601	0.490	0	1
副高职称	1=是；0=否	356	0.309	0.463	0	1
高级职称	1=是；0=否	356	0.090	0.286	0	1
一流学科	1=是；0=否	356	0.281	0.450	0	1
不清楚是否非升即走	1=是；0=否	356	0.121	0.326	0	1
未实施非升即走	1=是；0=否	356	0.669	0.471	0	1
已实施非升即走	1=是；0=否	356	0.211	0.408	0	1
普通高校 （非211/985/"双一流"高校）	1=是；0=否	356	0.452	0.498	0	1
大学还是研究所	1=大学；0=研究所	356	0.798	0.402	0	1
研究方向稳定	1=是；0=否	356	0.666	0.472	0	1
对研究方向感兴趣	1=是；0=否	356	0.812	0.391	0	1

三、 高等院校中青年教师精神健康状况

　　为了更加清晰地呈现高等院校中青年教师精神健康状况，本研究进一步更加细致地呈现不同群体中有严重的精神健康问题的比例（表2）。本研究发现，36~45岁的中青年教师有精神健康问题的比例为11.89%，这高于35岁及以下具有同样问题的样本比例为8.53%。男性样本中有精神健康问题的比例也明显高于女性。家庭中有2个6岁及以下孩子的高校教师，其存在严重的精神健康问题的比例要明显高于那些没有6岁及以下儿童以及仅有1个6岁以下儿童的教师。进一步分析不同职称级别的教师精神健康状况发现，各类型职称有严重的精神健康问题的比例较为接近，并没有呈现出明显的差异性。

　　进一步聚焦所在不同学科以及不同学校类型的教师精神健康状况发现，所在的学科为国家一流学科的教师有严重精神健康问题的比例为15%，这明显高于那些在非一流学科的教师。而那些所在院校实施了非升即走制度的教师，其存在精神健康问题的比例也要明显更高。此外，数据也显示，211/985/"双一流"高校的教师有严重精神健康的比例要明显高于那些普通高校的教师。

　　本研究也发现，个体研究方向的稳定性和中青年教师的精神健康存在明显的相关性。具体地，那些研究方向稳定的教师中存在严重精神健康的比例仅为7.59%，而那些研究方向不稳定的教师中存在严重精神健康的比例为16.81%，两者相差巨大。更进一步分析个体

对自身研究方向感兴趣情况与中青年教师精神健康之间的关联，发现那些对研究方向感兴趣的教师中，存在严重精神健康问题的比例为 7.96%，而对研究方向不感兴趣的教师中，这一比例高达 22.39%。

表 2　中青年教师精神健康状况描述表

分类依据	分组情况	样本量	有严重的精神健康问题的比例(%)
年龄组	35 岁及以下	129	8.53
	36~45 岁	227	11.89
性别	男	212	12.26
	女	144	8.33
6 岁及以下小孩数目	0	187	10.16
	1	140	9.29
	2	29	20.69
婚姻状况	丧偶及离异	6	33.33
	未婚	101	11.88
	已婚	249	9.64
职称情况	中级	214	10.75
	副高	110	10.00
	高级	32	12.50
一流学科	否	256	8.98
	是	100	15.00
实施非升即走	不清楚	43	6.98
	否	238	10.08
	是	75	14.67
普通院校(非 211/985/双一流)	否	195	12.31
	是	161	8.70
单位类型	科研院所	72	9.72
	高校	284	10.92
研究方向稳定	否	119	16.81
	是	237	7.59
对研究方向感兴趣	否	67	22.39
	是	289	7.96

四、 影响高校中青年教师精神健康状况的因素分析

尽管前述内容描述了不同群体的精神健康状况，但是在上述分析过程中并未控制其他变量，所以对上述结果的解读需要尤为谨慎。因此，本研究进一步采用计量经济模型，实证估计影响个体精神健康的因素。结果表明（表 3）：

第一，较之于 35 岁及以下的个体而言，36~45 岁的个体更可能具有严重的精神健康问

题。具体而言，大龄组比年轻组患严重的精神健康疾病的比例高出 6.71%。

　　第二，婚姻状态不稳定会显著提升个体患有严重精神健康的概率。具体而言，较之于丧偶或离异的个体，未婚和已婚个体有严重精神健康问题的比例都显著更低。

　　第三，需要照料的孩子数量多会显著提升个体患精神健康疾病的概率。具体地，相较于家庭中无 6 岁以下孩子的教师而言，有 2 个 6 岁以下孩子的个体患严重精神健康疾病的概率提升 12.5%。

　　第四，个体处于具有竞争性的学科会显著提升个体患精神疾病的概率。具体而言，如果个体在国家一流学科下工作，面临的竞争压力巨大，其患精神健康疾病的概率要比不在一流学科工作的教师高 6.82%。这也说明个体在更高平台工作，有更大个人发展空间的同时，也会对心理健康有一定的损害。

　　第五，个体研究方向稳定以及对研究方向感兴趣会显著改善个体的精神健康状况。具体地，较之于研究方向不稳定的个体而言，研究方向稳定的教师患严重精神健康疾病的概率将下降 6.23%，这也说明了保持研究方向稳定对教学科研型教师心理健康的重要性。较之于对研究方向不感兴趣的个体而言，对研究方向感兴趣的教师患精神健康疾病的概率将显著下降 13.4%。这样说明，保持对自身研究方向持续的兴趣，能够有效降低个体患精神疾病的概率。

表 3　影响中青年教师精神健康的因素分析

解释变量	被解释变量
	个体是否有严重的精神健康问题
36~45 岁（1=是）	0.0671* （0.0403）
男性（1=是）	0.0339 （0.0334）
参照组：丧偶或离异	
未婚	−0.250* （0.133）
已婚	−0.270** （0.128）
参照组：无 6 岁以下的孩子	
1 个 6 岁以下的孩子	0.0135 （0.0415）
2 个 6 岁以下的孩子	0.125* （0.0659）
参照组：中级职称	
副高职称	0.0278 （0.0420）
高级职称	0.0783 （0.0645）

（续）

解释变量	被解释变量
	个体是否有严重的精神健康问题
一流学科	0.0682 * (0.0410)
参照组：不清楚是否实施非升即走	
不实施非升即走	0.0587 (0.0514)
实施非升即走	0.0816 (0.0606)
普通高校（非211/985/双一流高校）	−0.00912 (0.0405)
高校（1=高校；0=科研院所）	−0.0273 (0.0443)
研究方向稳定	−0.0623 * (0.0370)
对研究方向感兴趣	−0.134 ** * (0.0448)
截距项	0.357 ** (0.143)
观测值	356
R 平方	0.090

注：①*、**和***分别代表系数在10%、5%及1%的水平下显著。②括号内为标准误。

五、结语

本研究基于研究团队开展的经济管理类教学科研人员职业发展线上调查数据，刻画高等院校经济管理类中青年教师精神健康状况。同时，分析影响教师精神健康的因素后发现，样本中高校教师具有严重精神健康问题的比例高达10.7%，需要引起上级部门以及各高校的警觉。同时也发现，年龄越大、孩子数目越多、婚姻状态越不稳定、所在的学科竞争越激烈的个体患精神健康疾病的概率越高。而提升个体研究方向的稳定性以及保持对研究方向的兴趣则能够明显改善其精神健康状况。

基于上述结论，本研究提出如下政策建议：第一，各单位需要对中青年教师心理或精神健康状况进行定期筛查，并采用多渠道对存在严重精神健康问题的中青年教师进行心理疏解，引导其进行健康治疗。第二，在此过程中尤其要关注那些家庭状况不稳定、家庭压力大以及在重点学科的教师群体，构建校—院—系的关爱互助体系，积极发挥教师党支部在关心关爱教师方面的积极作用。第三，高等院校应该鼓励并引导教师找准研究方向，并保持研究方向的稳定性，使教学科研型教师能够在稳定的研究方向内持续产出高质量研究成果。通过对职称评审体系、年度考核以及聘期考核制度体系等的调整与完善，尽可能避免短平快的低质量研究。同时，开展多样化的研究交流活动，提升教师的研究兴趣。通过短期培训以及访问交流等多种方式，提升科研能力相对较弱教师的学术水平，促进教师间的人文交流，改善教师精神健康状况。

需要说明的是，本研究开展的微观调研样本规模仍旧不够大，未来研究中需要进一步扩大调研样本，进一步提升样本的代表性。

参考文献

[1]张凤琼，齐希睿.高校教师心理亚健康的表征、成因及其对策[J].南京理工大学学报(社会科学版)，2020，33(3)：88-92.

[2]古冰，邓勇.高校教师心理健康问题研究[J].高教学刊，2023，9(4)：134-137.

[3]KESSLER，R.C.，ANDREWS，et al. Short screening scales to monitor population prevalences and trends in non-specific psychological distress. *Psychological medicine*，2002，32(6)，959-976.

[4]PROCHASKA，J.J.，SUNG，et al. Validity study of the K6 scale as a measure of moderate mental distress based on mental health treatment need and utilization. *International* journal of methods in psychiatric research，2012，21(2)，88-97.

[5]SHUAI CHEN，PAULINA OLIVA，PENG ZHANG. Air pollution and mental health：evidence from China[J]. National Bureau of Economic Research，2018(6).

案例教学法在研究生课程教改的融入探索

——以"材料与化工现代研究方法"课程为例

郝 翔 文甲龙 宁 晓 彭 锋

（北京林业大学材料科学与技术学院，北京 100083）

摘要："材料与化工现代研究方法"是林业院校林产化工研究生专业的一门重要的基础课，在明确课程现阶段问题后，引入案例教学法并分析了其实施的必要性和可行性，建设完成包含12个案例的研究生课程案例库，设置了多元化考核体系，探索了如何在教学实践中将课程教学与科研有力结合。实践表明，案例教学法能够充分提高研究生的课堂参与性，强化对课程内容的掌握，提升了科研实践能力，取得了良好的教学效果。

关键词：案例教学法；研究生教改；案例库；材料与化工

"材料与化工现代研究方法"是北京林业大学材料科学与技术学院面向化学与化工专业研究生开设的一门重要的专业基础课，是一门理论与实践并重的课程。开设该课程目的是希望通过系统理论的学习，使研究生充分掌握当前材料化学表征与研究的基础理论和国内外研究动态，从而利于科研工作的开展。课程主要涉及材料研究和表征的基本原理，是材料创新研究的重要基石[1]。但该课程内容陈旧，同时教师在前期的教学过程中过于注重课本知识教学，忽略研究生对知识应用的渴望以及对前沿科技了解的热情，上课内容与大部分研究生科研课题脱节，导致教学效果差，学生满意度不高，因此亟须对课程进行深度改革。

案例教学法是指教师根据教学大纲和目标，通过大量具体案例来组织讨论，将学生引入特定的情境中启发学生进行思考，鼓励学生参与教学设计，培养学生创新性思维和解决具体问题的能力[2-3]。为了更好地实现"材料与化工现代研究方法"的课程定位，实现专业理论知识与科研实践水乳交融，我们将案例教学法引入教学设计活动中，通过建设多元化案例库、实施多样化的授课形式以及设置全方位的考评体系，对案例教学法在"材料与化工现代研究方法"的课程中进行教学实践和探索，以期将知识传授和价值观引领有机结合，达到全面育人的目的[4]。

作者简介：郝 翔，北京市海淀区清华东路35号北京林业大学材料科学与技术学院，副教授，xianghao@bjfu.edu.cn；
文甲龙，北京市海淀区清华东路35号北京林业大学材料科学与技术学院，教授，wenjialong@bjfu.edu.cn；
宁 晓，北京市海淀区清华东路35号北京林业大学材料科学与技术学院，研究生秘书，nx7860@bjfu.edu.cn；
彭 锋，北京市海淀区清华东路35号北京林业大学材料科学与技术学院，教授，fengpeng@bjfu.edu.cn。
资助项目：北京林业大学研究生教学改革研究项目"'材料与化工现代研究方法'案例式教学模式探索"（JXGG22033）；
北京林业大学研究生课程思政建设项目"研究生专业课融入课程思政的对策与实践路径——以'生物质炼制及能源转化技术'为例"（KCSZ22002）。

一、"材料与化工现代研究方法"课程传统教学存在的困境

（一）内容亟须更新，缺少应用实践

目前，课程所采用的参考书为 2010 年出版的《现代仪器分析》，其中大部分教学内容都与本科生所学的《分析化学》内容重叠，导致研究生普遍反映上课内容索然无趣，与研究课题及前沿文献所用的现代表征方法无法有效联合。此外，由于先前缺失相关仪器，导致研究生不能在课后及时进行实际演练，因此学生对设备结构及操作理解较困难，教师也无法实时掌握学生学习状态。

（二）结构框架不合理，概念晦涩难懂

原有教学设计中，教学内容分为两部分：一部分为仪器表征方法的理论基础，另一部分为仪器表征方法在材料领域的应用，两部分按填鸭式教学方式进行讲解，内容彼此分割。同时，课程内容自身包含大量艰深晦涩的概念和名词，学生理解十分困难，对教师在上课过程中语言表达及课前准备要求较高。

（三）师生互动性差，学生参与度低

自"材料与化工现代研究方法"课程开课以来，其考评方式一直以闭卷期末考试为主，试卷成绩占比达到 70%。由于平时成绩只占 30%，大部分学生都存在平时不努力，临考时拼命背重点的问题。这种考评方式导致教学效果差，课堂气氛沉重，同时教师缺乏调动学生参与教学设计的手段，打击了学生主动参与课堂教学活动的积极性。

二、案例教学法在"材料与化工现代研究方法"课程教改中实施的必要性和可行性

一方面，如果仅仅让学生对表征理论知识点死记硬背，不能将分析方法带入具体实验或课题中应用，只会导致学生课堂所学与其未来深造或工作产生脱节。另一方面，在"材料与化工现代研究方法"课程实施案例教学法，激发学生科研兴趣，是课程体系全方位升级、培养高级一流研究型人才的需要。

此外，在国家大力发展生物质资源战略的背景下，北京林业大学材料科学与技术学院公共测试分析平台在学校和国家的支持下新购买了一批如扫描电子显微镜（SEM）、透射电子显微镜（TEM）、热重分析仪（TGA）、旋转流变仪等一系列大型仪器（图 1）。这一批重要的大型科研仪器资源为案例教学法在"材料与化工现代研究方法"中的实施提供了可行性。

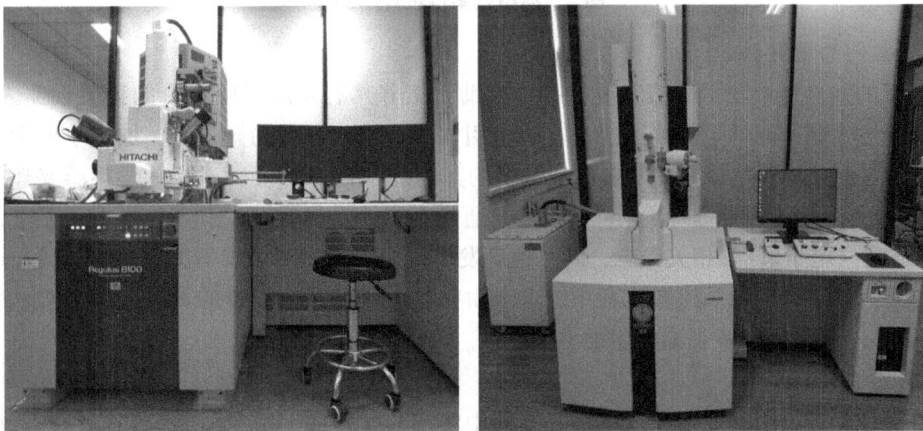

图 1　材料学院近年来新购置的电子显微镜类大型表征仪器

三、 案例教学法在"材料与化工现代研究方法"课程中的教学实践

（一）案例的选择与设计

"材料与化工现代研究方法"的案例，需要在体现表征测试分析相关知识点的基础上，进一步反映出当前材料研究中仪器方法学的发展趋势，帮助学生在实践和科研实例中对概念进行理解。为此，教师主要从典型性、新颖性和启发性3个方面对案例进行了选择，具体如下。

1. 案例的典型性

引入材料化工专业研究生日常科研活动中碰到的典型案例，能把学生带入具体的情境中启发引导他们，同时能够极大程度吸引学生的注意力。例如，在介绍"盲人摸象启发的诺贝尔奖"案例时，通过耳熟能详的通俗性故事逐步揭示原子力显微镜的发明缘由[图2(a)]，并借此阐明原子力显微镜与电子显微镜的区别，同时引导学生讨论为何这一简单发明能够获得诺贝尔奖。通过深入浅出地解析典型的案例，让学生更加深入掌握仪器原理的同时，也能进一步帮助他们跳出仪器仅仅用于实验表征的认识误区。此外，事先搜集大量研究生在实际测量过程中遇到的常见问题[图2(b)]，分析原因并针对解决方案进行小组讨论，极大提升了研究生的参与度和兴趣。

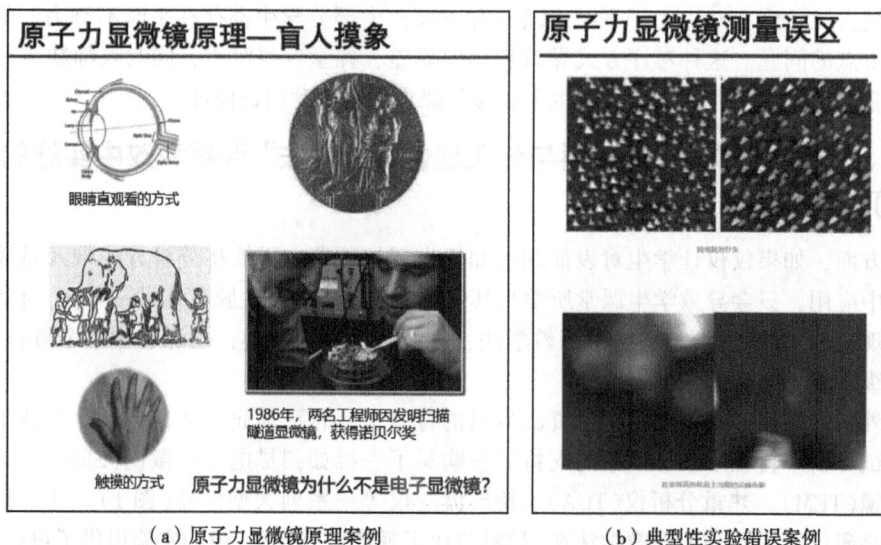

（a）原子力显微镜原理案例　　　　　（b）典型性实验错误案例

图2　典型性案例设计示例

2. 案例的新颖性

新颖的案例可激发学生的专业兴趣，有助于培养具有宽广国际视野的拔尖创新人才，同时应充分考虑不同学生的接受能力，避免引入太前沿或深奥的知识点，加重学生学习负担。在有关扫描电子显微镜在材料表征分析的案例设计上[图3(a)]，引入学生感兴趣的哔哩哔哩网站上有关"超微加工技术"的报道，通过直观的视频讲解，引入扫描电子显微镜的"电磁透镜""电子束"等相关概念，同时也启发学生如何正确利用仪器助力科研。另外还从北京林业大学举办的微观摄影比赛中，选取由扫描电子显微镜拍摄的具有美感和艺术感的照片[图3(b)]，进一步提高学生的专业自信。

3. 案例的启发性

在案例的设计中，教师有意在部分案例中将科学问题和表征分析结论环环相扣，在学生进行"头脑风暴"的同时，促使他们挖掘出自己的想法。以"如何实现轻功水上漂"为例，

（a）卡脖子：超细微加工技术　　　　　　（b）美丽的微观世界

图3　新颖性案例设计示例

确定了该案例可帮助学生理解"非牛顿流体""剪切增稠""触变性"等基本概念的前提下，进一步设置以下问题启发他们思考：水是液体，但为什么普通人高台跳水会摔伤？流变仪如何表征测试液体非牛顿性？企业为什么用旋转黏度计测流体而不是用流变仪？触变环实际意义是什么？流变仪的剪切测试结果如何指导设计剪切增稠流体材料？国产流变仪的优势和发展空间在哪？通过这种举一反三的方式，充分挖掘案例背后的科学原理和仪器表征方法，并潜移默化地适当引入思政元素，实现"价值塑造、知识传授、能力培养"三位一体的育人理念。

（二）教学案例库的建立

在确立了案例选择标准后，教师共建设完成12项原创研究生教学案例，表1为北京林业大学"材料与化工现代研究方法"案例库建设项目中最受学生欢迎的8项。从表1中可以看出，越接近生活或者具有前沿性的课程案例越受学生欢迎。另外，在教学过程中，总结编写了一套完整的课程讲义，并制作了配套的多媒体课件和动画素材。

表1　北京林业大学"材料与化工现代研究方法"案例库中最受学生欢迎的案例

序号	案例名称	对应仪器表征	授课学时
1	剪纸过程中是化学键断裂还是氢键断裂？	电子顺磁共振 ESR	2
2	有液态金属，为什么没有液态木头？	热重分析/DSC 差示扫描量热	2
3	荷叶为什么超疏水？	接触角试验/扫描电子显微镜	2
4	如何实现"轻功水上漂"	旋转流变仪	2
5	超微加工技术	扫描电子显微镜	2
6	盲人摸象启发的诺贝尔奖	原子力显微镜	2
7	会健身的水凝胶材料	万能力学拉伸仪	2
8	沥青是液体还是固体？	旋转流变仪	2

（三）案例教学法的课堂实施

在案例教学法实施阶段，通过对案例法教学的具体实践摸索，根据案例的特点和难易程度，教师总结了案例开场法、问题案例法以及案例实践法等3种方法，具体如下。

1. 案例开场法

课堂直接放上案例相关的图片或视频，调动起学生的疑惑和好奇心，随后展开相关知识点，让学生带着解密的态度去阅读书本。由于"超微精细加工技术""荷叶为什么超疏水"

及"如何实现轻功水上漂"等相关案例涉及大量的影像和动画,在学生注意力明显下降时,运用该法可直接调动学生积极性,提高教学质量。

2. 问题案例法

这种方法是在课前准备阶段提出相关引导问题的基础上,在课堂进一步提出更深层次和复杂的问题,再通过抛出案例对问题和知识点进行剖析,以此启发并提升学生的认识。以"有液态金属,为什么没有液态木头"为例子,在课前微信群提出问题:"什么是液态金属?"当大部分学生都能在课堂回答出熔点在室温以下的金属时,进一步进行提问:"熔点是通过什么仪器测定出来? 怎样通过典型 DSC 曲线分析熔点?"随后引导学生分析对比木头与金属在 DSC 曲线上的差别,再详细解释差示扫描量热法测量高分子材料熔化温度的原理,最后通过播放仪器演示视频让学生充分理解样品在坩埚中经历的过程。通过设置层次分明的问题,将知识点循序渐进地推进,让学生不断进行头脑风暴,有助于学生理解和完全掌握"玻璃化温度""熔点"以及"比热容"这些晦涩难懂的概念和理论基础。

3. 案例实践法

原有课程内容仅有理论讲解部分,在进行本课程改革过程中,针对学院近年来已购买的测试仪器设备,新增设备讲解实际演示以及研究生上机实践测试内容。例如在讲解"会健身的水凝胶"这一案例时,首先带领学生课堂上快速了解力学拉伸测试基本原理,随后带领学生参观并演示力学万能力学拉伸仪器,最后分组针对凝胶材料进行力学拉伸测试(图4)。在测试过程中向学生解释每一个物理量的测试意义,并针对学生自己在实际操作中遇到的典型问题进行详细解答。事后学生反馈表明,该方式获得了事半功倍的教学效果,不但能帮助学生很好掌握"模量""屈服"等相关知识点,同时大大降低了学生对昂贵仪器先入为主的距离感。

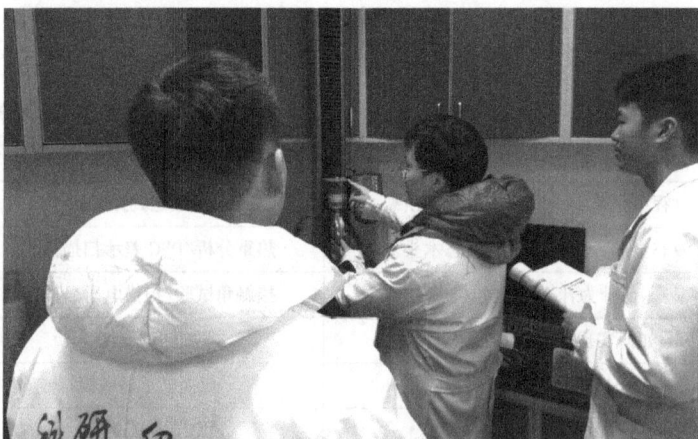

图4　研究生结合课堂所学进行仪器实践操作

(四)案例教学法的课后考评

为了进一步提升案例教学法的教学效果,促进学生参与到教学设计活动中,采用"以评为主,以考为辅,考评结合"的评价模式对学生进行最终成绩评定。在新的评价体系中,"考"的权重只占40%,剩下的60%以"评"为主导。

针对"考"的这一部分,将传统的闭卷考试改为开卷考试,考试内容不是简单的填空题和选择题,而是设置了多道场景案例题,典型的试题如下。

题1:研究生张某采用碱溶液提取获得了一个半纤维素样品,目前拟通过核磁共振技术解析其结构特点和定量信息,包括单糖组成和单糖比例等定量信息,假如你亲自操作核磁设备，请从待测试样品制备(如何称量、如何溶解和装进核磁管)，测试过程注意事项，核磁实验选择，谱图解析，单糖定量等各个方面详细说明如何实现这一目的。

题2：研究生李某将从杨木粉以及树皮中提取的纤维素和杜仲胶，制备成可食用塑料膜材料，如果将两种膜塑料进行力学拉伸测试，除了温度、湿度及拉伸速度这些外界因素，还需要考虑哪些内部结构因素？影响规律是什么？该研究生在实验过程中发现，如果提高杜仲胶基膜材料的强度，往往会导致材料韧性或延展性降低，那么如果你是他师兄，请论述你如何帮助他实现膜材料兼具高强度和高韧性？

通过设置多个均与课堂授课内容紧密联系的问题案例，需要学生在深入了解相关知识点的基础上进行概括和总结，并要求他们就具体案例进行分析和思考，以实现案例教学法培养独立思考的创新性人才目的。

针对"评"的这一部分，更强调评价多元化。评的成绩由于比例较高，因此通过课堂分组讨论、PPT分享及课堂参与度等多种方式进行参考。其中，分组案例讨论部分占比20%，以此鼓励学生对案例进行思考，并给出自己看法；PPT分享占比20%，这部分主要是在几个主题案例结束后，让学生自己独立搜索涉及前沿分析表征方法在材料化工领域中应用的案例，以此引导学生弘扬工匠精神，将基础理论学习和前沿热点相结合；课堂参与度占比20%，主要是保护积极参与案例教学设计学生的积极性，有助于教师在教学过程中调动课堂气氛。

四、 案例教学法在"材料与化工现代研究方法"课程中的教学效果

（一）师生互动性提高， 提升学生的专业兴趣

通过案例教学法，师生的互动性大幅度增加，对35名材料与化工专业研究生进行的调研结果显示，90%以上的学生觉得自己能够参与到全部案例讨论过程。同时，有85%以上的学生觉得大部分案例能够快速地帮助他们掌握晦涩的知识点，改变了他们原本觉得研究生课程无用的错误想法，认识到仪器分析表征对材料化工专业课题研究的重要性，并愿意进一步探索新型表征手段在生活中案例中的应用。课后学生评教分数也从原来的91.2分提高到98.26分，表明案例教学法能够更好地提升学生对该课程的满意程度。

（二）实现了科研与教学资源融合， 助推学生科研创新能力

案例教学法引入了大量的最新科研成果及国内前沿知识，学生通过了解优秀科研成果，开阔了视野，感悟到知识的力量和魅力，教师也通过对学院仪器科研资源更大限度地利用，实现了"科教协同育人"的目的。课后追踪调研显示，有60%的研究生一年级新生在课后会对课堂列举的表征案例进行延伸调研，并主动提前联系导师进行科研实践活动；90%以上的学生表明所学表征仪器方法和案例，对其攻读研究生期间的课题有重要帮助。此外，教师也在与学生案例教学中的沟通和互动中，反哺自身的科研实践并提升培养研究生的能力，有两名教师成功入选北京林业大学首届优秀研究生导师团队。

五、 结 语

利用案例教学法对"材料与化工现代研究方法"研究生课程进行了改革和探索，能更大限度地提高研究生吸收知识和思维创新能力，对专业的整体教学质量和水平的提升起到积极作用。同时该授课方式通过新颖的案例调动学生上课热情，并巧妙地通过多种方式融合在专业理论知识教学中，推动了研究生教改落实落地，潜移默化地实现三全育人目标。未来课程建设中，将继续坚持专业知识与前沿科研融合，理论与实践贯通，最终实现培养创新型研究性人才的目的。

参考文献

[1]吴青芸，韩东梅，顾林．研究生专业课程"材料与化工现代研究方法"课程思政教学设计与实践[J]．化工时刊，2022，36(11)：53-56.

[2]李若瀚，高娜．论当前高校思政课案例教学面临的困境与对策[J]．高教学刊，2021，7(22)：174-177.

[3]刘森，李智炜，王玺．微纳电子器件课程思政案例教学的探索和实践[J]．教育教学论坛，2020(47)：236-238.

[4]彭锋，苏洁，郝翔，等．坚持"以人为本，德育为先"加强一流林业工程高级人才的培养[J]．中国林业教育，2020，38(S1)：28-30.

建构主义框架下的大学英语教学信息化探索与实践

郭　陶　　卢晓敏

（北京林业大学外语学院，北京　100083）

摘要：随着现代网络信息技术的发展和高校英语教学改革的深化，仅仅局限于传统课堂的英语教学模式已无法满足时代的要求，具有开放性和大数据特性的互联网络技术为扩大交流提供了一个契机。在此背景下，以建构主义理论为指导的信息化英语教学既符合我国经济发展和国际交流的需要，也符合《大学英语课程教学要求》的精神。信息化技术与传统的大学英语教学模式相结合能够有效培养学生的英语交际能力，提高大学英语教学质量。

关键词：建构主义理论；信息化教学；大学英语

教育部在新的《大学英语课程教学要求》中提出："各高等学校应充分利用现代信息技术，采用基于计算机和课堂的英语教学模式，改进以教师讲授为主的单一教学模式。新的教学模式应以现代信息技术，特别是网络技术为支撑，使英语的教与学可以在一定程度上不受时间和地点的限制，朝着个性化和自主学习的方向发展。"[1]这种新的教学模式能够激发学生的学习兴趣，培养创新精神，提高自主学习能力，促进学生素质的全面发展。飞速发展的信息网络技术使建构主义理论显示出强大的生命力和广泛的影响力。建构主义理论所要求的学习环境得到了当代最新信息技术成果的强有力支持，这就使建构主义理论在信息化背景下能够更好地指导教学实践，促进信息技术与课堂教学有效结合，深化大学英语教学改革，进一步提高教学质量。

一、建构主义学习理论

建构主义（constructivism）也译作结构主义，是认知心理学派的一个分支。建构主义理论是瑞士认知心理学家让·皮亚杰（J. Piaget）最早提出，他提出了认知是一种以认知主体已有的知识和经验为基础的主动建构的理论。在皮亚杰的"认知结构说"基础上，许多专家、学者，如科恩伯格（O. Kernberg）、斯腾伯格（R. J. Sternberg）和卡茨（D. Katz）、维果斯基（Vogotsgy）等，从不同角度发展了建构主义理论。他们的研究使建构主义理论得到进一步丰富和完善，为实际应用于教学过程创造了条件。

建构主义理论的核心可以概括为：知识不是通过教师传授得到，而是学习者在一定的情境即社会文化背景下，借助他人（包括教师和学习伙伴）的帮助，利用必要的学习资料，通过意义建构的方式而获得。教学要创建有利于学生建构意义的情境，教师要成为学生建构知识的积极帮助者和引导者，激发学生的学习兴趣和学习动机。学生是认知主体，是知识意义的主动建构者，而不是知识灌输的对象；教师应该成为学生建构知识的帮助者和引导者，而不是传统上的权威和知识传递者；学习不是认知主体被动接受信息刺激，而是学

作者简介：郭　陶，北京市海淀区清华东路35号北京林业大学外语学院，副教授，herongguo@ 126. com；
　　　　　卢晓敏，北京市海淀区清华东路35号北京林业大学外语学院，副教授，lucretialu@ 126. com。

生对知识的主动探索、主动发现和对所学知识意义的主动建构。

这一理论一方面强调学习过程的真实性和社会性，学习者在整个学习过程中处于与他人密切联系的真实社会情景中，通过自己的学习行动参与学习过程，发挥自身的学习主动性；学习者在自身设定的学习目标指引下，将新旧学习内容融会贯通，将相关信息进行拓展，全面掌握学习内容，积累知识[2]。另一方面，它强调学习者的主体作用，他们不仅是信息加工的主体，也是知识意义的主动构建者，而教师应该由知识的传授者、灌输者转变为学习者主动建构意义的帮助者和引导者[3]。因此，实施信息化大学英语教学正是建构主义教学理论的实践。

二、 信息化大学英语教学

伴随我国教育信息技术产业的发展，信息化手段与大学英语教学的结合逐渐受到越来越多的关注。2010年6月21日，中共中央政治局审议并通过的《国家中长期教育改革和发展规划纲要(2010—2020年)》[4]强调要加快教育信息化进程，保障教育信息化进入快车道。由此可见，将现代化信息技术融入大学英语课程教学势在必行。

大学英语的信息化教学要求教师以现代教育理念为指导，把信息技术、信息资源、信息方法等融入大学英语教学的各个层面，充分发挥信息技术的数字化、网络化、智能化和自主化的优势。它以网络为资源，以计算机和多媒体为工具，以语言材料为载体，以交际活动为手段，以语言运用能力为主线，收集、储藏、加工和传输相关信息，从而优化大学英语教学过程，提高大学英语教学质量。

三、 建构主义理论指导下的信息化大学英语教学实践探索

信息化教学模式是建立在建构主义理论基础之上的。建构主义认为"情境""协作""会话"和"意义建构"是学习环境的四大要素。信息化的教学模式可以描述为：以学生为中心，学习者在教师创设的情境、协作与会话等学习环境中，充分发挥自身的主动性和积极性，对当前所学的知识进行意义建构并用所学解决实际问题。在教学中，教师由知识的传授者、灌输者转变为学生主动获取信息的帮助者、引导者；学生由外部刺激的被动接受者和知识的灌输对象转变为信息加工的主体、知识意义的主动建构者，信息所携带的知识不再是教师传授的内容，而是学生主动建构意义的对象(客体)；教学过程由讲解说明的进程转变为通过情景创设、问题探究、协商学习、意义建构等以学生为主体的过程；媒体也由作为教师讲解的演示工具转变为学生主动学习、协作式探索、意义建构、解决实际问题的认知工具，学生用此来查询资料、搜索信息、进行协作学习和会话交流。

建构主义理论为大学英语教学改革提供了理论依据，现代信息技术为实现英语教学模式的转变提供了前提和可能。

(一)课前准备

教师利用网络资源，根据具体的授课内容及目标设计并发布预习任务，包括词汇预习、背景知识、课文朗读及课文结构等。通过网络搜索相应的图片、音频、视频及文字材料，经过筛选、删减、编辑后在微信或QQ等平台下达预习任务、上传音频视频，使学生了解授课内容及重点，为课堂学习做好词汇及背景知识的储备。

建构主义认为，学习者并不是大脑空空进入学习情境中的，在日常生活和以往各种形式的学习中，他们已经形成了有关的知识经验。因此，教学不能无视学习者已有的知识经验，简单强硬地从外部对学习者实施知识的"填灌"，而是应当引导学习者从原有的知识经验中获取新的知识经验。

　　根据这一理论，教师在布置预习任务时可以通过设计一些相关的练习题，引导学生调动原有的知识来构建新的知识经验。例如对于词汇预习，教师不能仅仅要求学生课前机械地记忆词汇表中的生词，而应该引导学生通过联想等方法将新词汇与大脑中已有的词汇进行联系、归类和总结，从而使自己的词汇认知结构得以发展，建立起新词汇与已有的词汇知识的联系。具体操作：在布置预习任务时，可以针对词汇表中的某些生词设计相应的问题并要求学生完成。例如词汇表中的生词"sophomore"意思是"大学二年级学生"，预习任务可要求学生联想"freshman（新生）""junior（大三学生）""senior（大四学生）"这3个词；对于生词"colonialism"，要求学生写出其他的同根词，如"colonize, colony, colonist"；再如生词"anticlockwise"是英式英语，意思是"逆时针方向的"，要求学生在预习时联想美式英语"counterclockwise"这个词，同时根据构词法联想其反义词"clockwise"。经过这样的联系，学生词汇的学习就不再是孤立的死记硬背，而是一种有联系、有意义的系统建构过程。

　　教师可以把这样的练习通过课堂派、雨课堂或外研社的 itest 等平台发布出去，并要求学生在规定的期限内完成。通过平台提供的各种数据，教师能够了解学生个体及整体的完成情况以及存在的问题，为后续的课堂教学提供参考。

　　在此阶段，学生通过移动终端接收并完成预习任务，不仅做好了课堂学习的储备，而且能够培养自主学习能力。

（二）课堂教学

　　课堂教学不再沿袭传统的"教师讲，学生听"的填鸭式教学方法，而应遵循"以学生为中心"的原则。此原则强调学生的认知主体作用，学生不再是教学内容的被动接受者，而是信息加工的主体，是知识的主动获取与意义的主动建构者，教师不再是知识的传授者与灌输者，而是转变为帮助者和引导者。建构主义强调的"情境""协作"为"以学生为中心"的教学模式提供了思路。

　　建构主义认为知识不是通过教师传授得到，而是学习者在一定的情境即社会文化背景下，借助他人（包括教师和学习伙伴）的帮助，利用必要的学习资料，通过意义建构的方式而获得。课堂教学可以充分利用信息技术创建符合教学内容要求的、有利于学生建构意义的情境。例如《新标准大学英语综合教程2》第5单元词汇表中的生词"beanbag"给出的英、中文解释为"a large cloth bag that you sit on, filled with small soft plastic balls（以柔软的小塑料球为填充物的）豆袋椅，豆袋坐垫"。对于不知道豆袋椅为何物的学生来说，仅根据上述中英文解释依然无法获知其具体式样。因此在教学中，教师利用多媒体首先展示几张豆袋椅的图片并要求学生用英语对其进行描述，然后教师播放英文解释的音频，学生根据听到的内容来猜中文意思，最后教师通过幻灯片给出词汇表提供的中文意思。在这种词汇教学中，学生作为认知主体参与到教学活动中，教师通过音视频等形式把词汇表中的单词进行转化，通过视觉刺激来激发学生兴趣，加强学生对词汇的理解和记忆，帮助学生摆脱了孤立机械地记拼写和中文意思的困境。

　　建构主义强调教师与学生、学生与学生之间的协作，认为学习者与周围环境的交互作用对意义建构起着关键作用。通过协作学习，个体的思维与智慧可以被整个群体所共享。最终，整个学习群体共同完成对所学知识的意义建构。信息化课堂教学实践中，多媒体课件的使用仍然是重要的环节。在课文讲解阶段，教师利用多媒体课件，结合课堂派或雨课堂等平台进行语篇教学。语篇教学以学生为认知主体，教师引导学生参与分析、推理、归纳、总结等认知过程，帮助学生掌握文章的整体结构。教师可以根据具体的课文内容设计一些问题，组织学生讨论。例如对于议论文，教师可以设计以下问题："How does the author introduce the topic？""What is the author's opinion？""How does the author support his/her opinion?""What evidence does the author provide?""How do paragraphs connect with each other?" "What is the conclusion of the passage?";记叙文的问题可以包括："When and where did the story happen?""Who are the main characters of the story?""How does the story develop?""Where is the climax of the story?""How does the story end?"教师可以把这些问题以选择题或填空题的形式发布到雨课堂或课堂派等平台，讨论结束后，学生在手机端进行答题。这种方式不仅能使教师实时获知学生对课文的理解和掌握情况，而且大大提高学生的参与度和课堂效率。教师还可以根据课文内容组织学生进行相关话题的演讲、讨论、辩论、角色扮演。例如《新标准大学英语综合教程3》第6单元的文章与圣诞节有关，教师组织学生进行"我们是否应该过圣诞节"的辩论。教师课前把辩论的具体要求、应该掌握的英语表达、辩论双方可采取的视角等通过微信发布给学生，使学生提前做好语言和辩论思路的准备，提高课堂辩论的效率和质量。由于时间关系没能参加课堂辩论的学生，则可以课后录制一个视频上传到微信群或公邮，教师可以通过观看视频进行点评和总结。

教学中创建这样的真实语言情境既能提高教学的直观性和趣味性，拓展教学内容，开阔学生视野，又能锻炼学生的语言运用能力，培养学生逻辑思维和综合概括能力。

（三）课后扩展

语言能力的培养是一个长期累积、潜移默化的过程，仅靠有限的课堂教学很难保证所有学生都充分地参与教学活动，亦无法为学生提供充足的语言实践训练。因此大量的听、说、读、写等技能需要学生在课后进行训练。建构主义理论认为学生是自我控制的知识建构者。外研社开发的Unipus高校外语教学平台能够实现学生自主学习的要求。教师引导学生利用此平台进行听说技能的训练。学生不仅可以根据自身情况制定学习计划，安排学习时间，还可以根据学习效果选择重复或跳过某些环节，从而控制学习进度。每一阶段学习结束，学生可以进行自主测评，根据评价结果及时调整学习计划和进度，从而提高学习效率，顺利完成学习目标。教师可以通过平台了解学生学习时长、作业完成情况、学习进度等；学习结束后，教师可根据学生的上网时间统计、课程参与度、教材学习详情、在线作业完成情况以及测试成绩等多方面对学生进行学习成果评价，使考核相对全面客观。

教师还可以指导学生课后进行读、写、译训练。例如要求学生课后朗读单词及课文并用手机录制，然后把音频发送到指定邮箱或微信群。教师可以通过音频发现学生发音、朗读中的问题并针对不同问题的学生提出个性化建议，帮助并督促学生改进发音、语音语调、抑扬顿挫和语意停顿。另外，根据课文内容、课堂讨论、辩论、演示内容布置相关话题的写作或翻译作业，教师把具体内容及要求发布到itest或批改网等平台并要求学生在规定期限内完成。学生通过手机或其他客户端登录平台可以看到系统对自己提交作业的评分及修改；教师也能掌握学生的完成情况，及时发现问题，以便对自己的教学进行必要的调整，从而达到更好的教学效果。《新标准大学英语综合教程3》第5单元的第1篇文章是与美国的种族歧视相关的记叙文，由于学生在此方面的知识储备较少，课堂上只要求学生列举一些美国现存的主要社会问题，如racial discrimination, drug abuse, shooting incidences, polarization of wealth等，但要求学生课后分组做研究，每一组从诸多的美国社会问题中选一个，通过互联网查找资料，然后在规定期限内通过itest平台提交一份研究报告。通过完成此项任务，学生对美国的社会问题，包括其原因、现状以及对社会的影响等有了深刻的了解，对美国鼓吹的"民主、自由、人权"有了清醒客观的认识。通过这种方式，不仅锻炼学生英语写作技能、团队合作精神、查阅文献能力，更能引导学生树立正确的世界观，避免盲目崇拜西方社会。

四、结　语

　　建构主义学习理论为大学英语教学提供了理论指导，现代信息技术为高校英语教学提供了广阔的平台。以计算机和网络为主体的信息技术与大学英语教学的结合是建构主义学习理论得以顺利实施的前提。在建构主义教学模式下，大学英语教学应该遵循"学生为中心"的原则，充分利用现代信息技术开阔教师的教学思路，丰富教学资源，拓展学生的学习途径，激发学生的学习兴趣，有效地提高学生自主学习能力，从而在整体上提高学生的英语综合运用能力，最终达到顺利进行跨文化交际的目的。

参考文献

［1］教育部高等教育司．大学英语课程教学要求［M］．北京：外语教学与研究出版社，2007．

［2］贾国栋．现代网络技术与大学英语教学模式改革：基于校园网的教学模式设计与实验研究［J］．外语界，2003（6）：22．

［3］何克抗．建构主义：革新传统教学的理论基础［J］．教育技术研究，1997（1）：35-43．

［4］中华人民共和国教育部．国家中长期教育改革和发展规划纲要（2010—2020年）［EB/OL］（2010-07-29）［2023-11-10］．http：//www.moe.edu.cn/srcsite/A01/s7048/201007/t20100729_171904.html.

［5］莱斯·P·斯特弗杰里·盖尔．教育中的建构主义［M］．高文，徐斌艳，程可拉，等，译．上海：华东师范大学出版社，2002．

［6］陈坚林．计算机网络与外语课程的整合：一项基于大学英语教学改革的研究［M］．上海：上海外语教育出版社，2010．

"英语演讲"课程思政教学中"多模块—双循环"策略的应用与效果

武立红

（北京林业大学外语学院，北京 100083）

摘要： 外语教学曾出现过"中国文化失语症"，结果是学生不能有效地用外语向世界介绍中华优秀文化。"讲好中国故事"是新时代中国高等外语教育的新使命。外语教学与研究出版社于2022年推出了系列教材《理解当代中国》，将"习近平新时代中国特色社会主义思想"系统地融入了核心课程，目的是提高学生向国际社会"讲好中国故事"的能力。在北京林业大学外语学院英语系的"英语演讲"课程中，教师创新地采用了"多模块—双循环"的教学策略，研究探索将这套教材融入已有的课程体系中及其效果，希望助力学生学习、理解和建构"习近平新时代中国特色社会主义思想"的知识体系，实现认知、情感和理性认同，最后达到言行认同，能够用英语讲述中国故事。

关键词： 英语演讲；课程思政；多模块；双循环

中国文化教育过去在外语教学中没有得到充分重视，导致学生不能很好地用外语向世界介绍中国文化，即"中国文化失语症"。究其原因，是外语教学中母语文化与目标语文化输入不对等而导致的。"讲好中国故事"是新时代中国高等外语教育的新使命[1]。2022年8月，外语教学与研究出版社推出了系列教材《理解当代中国》，将"习近平新时代中国特色社会主义思想"系统地融入了听说读写译等核心课程，探索外语类课程思政的有效途径，希望帮助学生了解中国特色话语体系，用中国理论解读中国实践，提高向国际社会"讲好中国故事"的能力。

教育的根本任务是"立德树人"，课程思政也是服务于这一任务。思政教育融入"英语演讲"课程，"直击该课程过于偏重策略训练，忽略价值塑造、思维培养的痛点"[2]。《理解当代中国：英语演讲教程》（下文简称为《英语演讲教程》）的教学理念是指导语言技能教学与内容融合发展，通过主题内容的学习和演讲技能的训练，引导学生深入阅读"习近平新时代中国特色社会主义思想"的重要篇章，了解及掌握中国理论与中国实践，加深学生对中国理论和中国实践的理解与认识，培养学生跨文化思辨的意识，提高学生用英语"讲好中国故事"的能力。在能力方面，要注重培养和锻炼学生的自学能力、探究能力、合作能力和跨文化思辨能力，帮助学生从跨文化的视角探究中国理论、分析中国实践，培养和锻炼学生用英语述说中国故事的能力[1]。

目前关于外语专业课程思政的宏观论述较多，但相关实证研究还非常有限，如何在课堂教学实践中开展思政教学，实现知识建构、能力培养与价值引导的融合培养很有探索研究的意义[3]。本研究主要针对北京林业大学外语学院英语系的"英语演讲"部分的课程思政具体实施策略及其效果进行详细论述。

一、《英语演讲教程》与英语系"英语演讲与辩论"课程的融入策略

新时代背景下，针对英语专业学生"中国文化失语症"问题，以"讲好中国故事"为时代

作者简介：武立红，北京市海淀区清华东路35号北京林业大学经济管理学院，副教授，wlh2012@bjfu.edu.cn。
资助项目：外语学院课程思政项目"理解当代中国：英语演讲与辩论"。

语境和主要抓手，教师可以充分利用本土优秀文化，指导学生充实演讲内容、拓展演说过程中的跨文化意识、共情互动与反思能力[4]。

"英语演讲"课程思政与思政理论课程一样，蕴含着"价值导向"，应该参考"认知认同—情感认同—理性认同—行为认同"的路径递进式建设[5]。"英语演讲"的技能学习和能力发展具有建构性。建构主义学习观指出，学生的学习具有"主动建构性、社会互动性和情境性"，即学生"不是被动接受知识，而是综合、转换、重组、改造头脑中已有的知识经验，来理解和解释新信息、新现象，或者解决新问题，最终生成个体化的意义"[6]。教师应有意识地引导和帮助学生主动建构自己的知识体系，运用小组合作学习等方式帮助学生成长，同时要注意理论知识与实际运用相结合，使学生在实践中运用并深入领会理论知识，锻炼技能。

根据外语学院英语系教学大纲的计划安排，"英语演讲与辩论"课程是英语专业一年级第1学期的一门必修课，课程内容安排是前8周学习英语演讲相关内容，后8周学习英语辩论相关内容。教材《英语演讲教程》的设计是为英语专业学生4~7学期设计的完整学期的教材。针对英语系一年级学生的特点，学生刚进入大学，英语水平有限，相关知识了解和储备不足，语言能力也极为有限。任课教师积极创新"英语演讲"课程的教学模式，突破教学内容的难度和课时有限的屏障，助力学生学习"习近平新时代中国特色社会主义思想"，逐渐建构起自己的知识体系，实现认知、情感和理性认同，最后达到言行认同，将这些理论内化于心、外化于言，"讲好中国故事"。

（一）精选教学内容：六大核心主题

任课教师综合考量《英语演讲教程》的内容、英语系课程大纲的计划与安排、教学课时与授课学生等情况，最后决定选择如下六大核心主题融合于"英语演讲"课程教学中。

(1)中国梦和青年一代的责任；
(2)社会主义的核心价值观；
(3)文化自信——中国文化的变革与创新；
(4)中国扶贫攻坚；
(5)中国的改革与发展；
(6)绿水青山就是金山银山。

（二）教学设计思路：化整为零，分解教材内容

教师经过分析与研究，将每一主题内容分解为3个部分(图1)：晨读、翻转课堂、演讲课堂案例(一些内容以案例方式融入演讲课堂教学中)。前两部分为学生课外学习，包含线上和线下两种方式，第三部分为教师课堂教学。

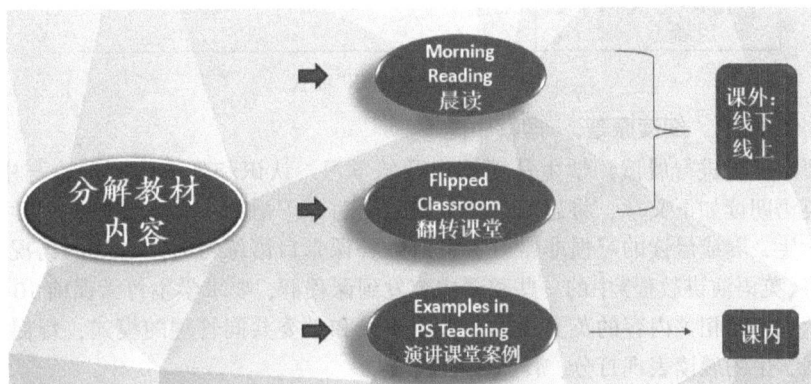

图1 化整为零，分解教材内容

（三）教学方法的创新设计： 课内—课外、 线上—线下混合式"多模块—双循环"策略

如图 2 展示，"英语演讲"课程教学包含课内—课外、线上—线下混合式、双循环五模块的学习。具体而言，五模块为晨读—翻转课堂—课堂展示—演讲稿撰写—英语演讲。混合式"多模块—双循环"教学目的是强化输入，助力学生对"习近平新时代中国特色社会主义思想"的学习理解和内化建构，到言行认同和言语产出，即用英语讲述中国故事。此外，教师希望通过混合式"多模块—双循环"的教学方法，提升学生的自主学习能力、研究能力、合作能力和跨文化思辨能力。

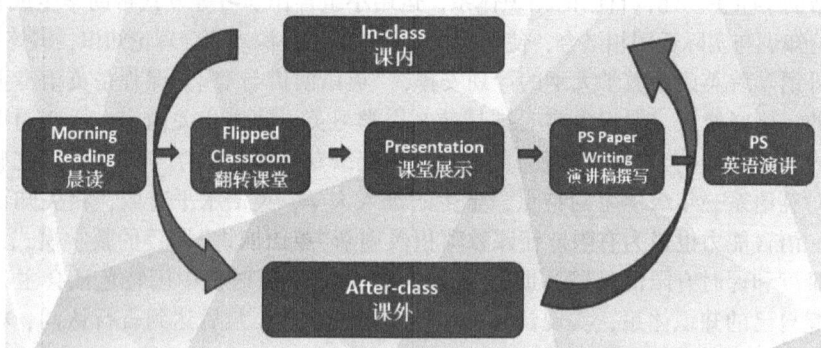

图 2　课内—课外、线上—线下混合式"多模块—双循环"教学策略设计

二、"英语演讲"课程"多模块—双循环"的教学实施应用及其效果

外语教学中的课程思政要注意方式方法，切忌"两张皮"[7]。课程思政要注意知行统一、课内课外相联系。课程思政"不是在课程教学中简单插播思想政治教育的内容，把立德树人变成与教学内容无关的生硬说教，而是要在知识传授和能力培养的过程中有机融入思政教育元素，达到润物无声、盐溶于水的效果"[8]。"英语演讲"课程的教学经验与创新点是指导学生课内—课外、线上—线下以"多模块—双循环"的模式，系统的融合方式进行学习。"多模块循环"模式如图 3。

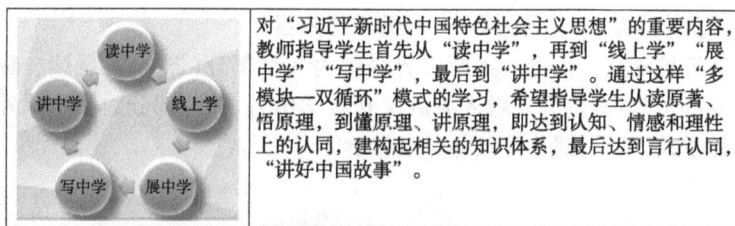

对"习近平新时代中国特色社会主义思想"的重要内容，教师指导学生首先从"读中学"，再到"线上学""展中学""写中学"，最后到"讲中学"。通过这样"多模块—双循环"模式的学习，希望指导学生从读原著、悟原理，到懂原理、讲原理，即达到认知、情感和理性上的认同，建构起相关的知识体系，最后达到言行认同，"讲好中国故事"。

图 3　"多模块循环"模式

（一）读中学： 细读原著， 理解中国

教师要求学生进行晨读，学生从朗读中开始学习、认识和理解中国理论与中国实践；学生通过英语朗读如下文章，将思政内容与英语语言学习融为一体。此外，大学一年级的英语专业学生，养成晨读的习惯非常好，可以弥补课堂口语练习时间有限的情况。具体而言，教师将《英语演讲教程》中的一些重要内容发到课程群，要求学生每天提前 10 分钟到教室，进行六大主题相关内容的英文晨读。采用班长和学委共同管理的模式，督促学生进行晨读，根据学生的晨读表现打分，计入平时成绩。

晨读部分内容如下：

（1）The Chinese Dream is the People's Dream

（2）Foster and Practice Core Socialist Values from Childhood

（3）President Xi Jinping's Speech at the College of Europe in Bruges，Belgium

（4）President Xi Jinping's remarks when meeting with the representatives of advanced sports units and advanced individuals throughout the country

（5）President Xi Jinping's keynote speech at the opening ceremony of the Belt and Road Forum for International Cooperation in Beijing

（6）President Xi Jinping's 2022 New Year Address

（7）Excerpt from the book *Understanding China：70 Years of Progress and Development 40 Years of Reform and Poverty Reduction*

（8）Further Reform and Opening Up Creates a Brighter Future

（9）President Xi Jinping's keynote speech at the leaders' summit of the 15th meeting of the Conference of the Parties to the Convention on Biological Diversity

（二）线上学：细读原著，理解中国

线上—线下教学环节可以分别发挥课程思政与专业学习的功能，实现思政教育与"英语演讲"课程教学协同发展、融合促进的协同效应。线上学是以翻转课堂在线学习的形式进行的，具体内容详如图4。这是一种潜移默化、润物无声的学习过程，引导和培养学生以正确的观点及立场思考问题、分析问题。这样的方法也可以弥补教师课堂时间紧张的局限性，教师在线下课堂中可以有更多的时间指导学生进行高阶层的思维活动，例如分析评估案例、创造文稿、语言交际等，激发学生的语言创造力，提高学生的思辨能力。

图4　线上学习的六大主题内容

（三）展中学：合作探究，融合发展

学生要进行相关主题的线下课堂展示。小组展示的主题如图5，每个小组展示必须包括如下规定内容：相关主题内容重点介绍和拓展；核心词语双语学习；就相关主题进行5分钟的演讲。为了课堂展示，学生需要检索文献，查找实例，理解阐述相关主题，合作探讨英文表达。在这个过程中，学生锻炼和提升了研究能力、合作能力、用英语展示和表达的能力。

每个小组的同学为课堂展示，花费了大量的时间，准备充分，展示主题内容配有丰富及形象生动的图片、小视频等。通过小组展示，全班学生再一次循环学习了晨读和翻转课堂中学习过的部分内容，其中包括相关主题内容的词语表达，更为丰富的人物故事等，加深了对当代中国的认知理解和情感认同。

（四）写中学：产出导向，讲述中国

这部分是英语演讲稿的撰写技巧学习与实践。演讲稿的撰写是将前期当代中国理论知识与实践的学习和英语演讲实践有机融合的阶段。教师引导学生对中国文化与中国社会实践展开深度思考，学生的爱国意识、文化宣传能力、分析问题能力、阐述问题能力、跨文

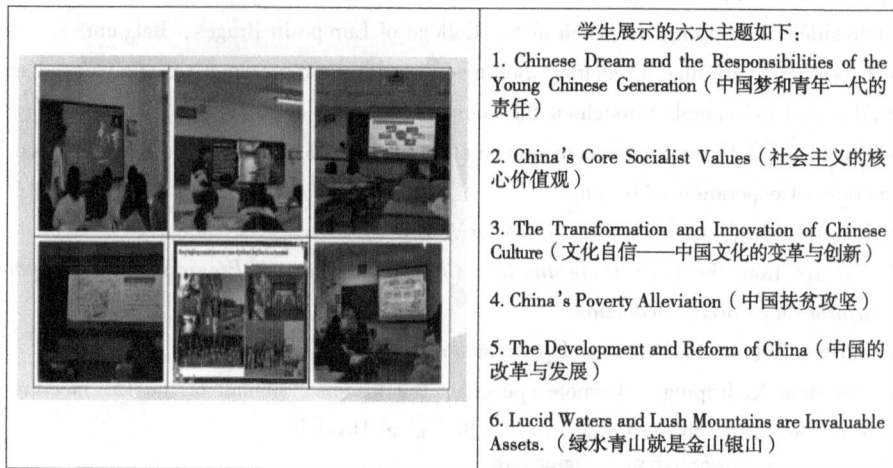

学生展示的六大主题如下：

1. Chinese Dream and the Responsibilities of the Young Chinese Generation（中国梦和青年一代的责任）

2. China's Core Socialist Values（社会主义的核心价值观）

3. The Transformation and Innovation of Chinese Culture（文化自信——中国文化的变革与创新）

4. China's Poverty Alleviation（中国扶贫攻坚）

5. The Development and Reform of China（中国的改革与发展）

6. Lucid Waters and Lush Mountains are Invaluable Assets.（绿水青山就是金山银山）

图 5   学生就六大主题内容进行课堂展示

化交际能力在这个过程中得到了锻炼和发展。

在"英语演讲"课堂教学过程中，为了帮助学生理解、掌握演讲技能，同时提高思辨能力，教师对演讲相关内容的讲解中，以丰富的案例，详细地讲解了如何撰写演讲稿，包括选题、大纲、开头、主体、结论、成稿润色修辞等。同时，教师也将《英语演讲教程》教材中的相关内容以案例的方式融入了课堂教学中，引导学生积极进行思考、分析与评价。在整个教学过程中，教师使用了大量"需要高阶思维的活动"，如分析案例、评估证据、归纳总结等，有效地帮助学生理解并掌握演讲技巧，同时锻炼了学生的思辨能力[6]。

学生通过线上—线下、课内—课外的方式，对当代中国理论和中国实践的学习，经历了认知、情感和理性认同 3 个阶段。当学生实现认知、情感和理性认同后，行为认同也将水到渠成。[9]教师讲解完演讲稿的撰写后，指导学生结合自身的经历，以青春与奋斗为主题，表达新时代中国大学生的心声。学生撰写的演讲稿展示出了对中国理论和中国实践的关注、理解和思考，初步具备了用英语讲述中国故事的能力（图 6~图 8）。

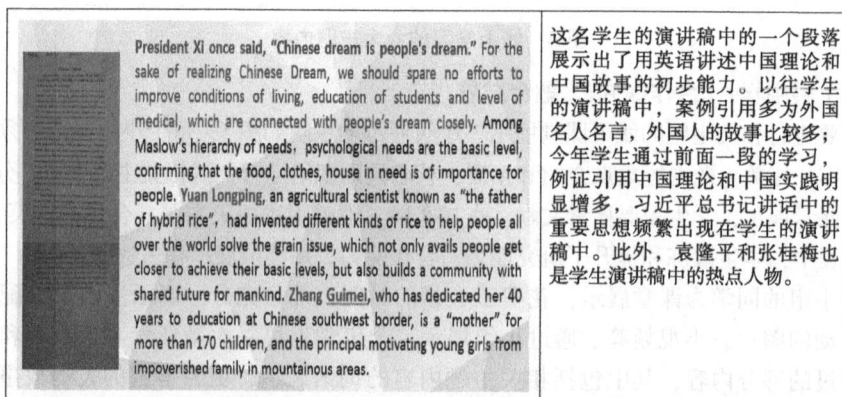

President Xi once said, "Chinese dream is people's dream." For the sake of realizing Chinese Dream, we should spare no efforts to improve conditions of living, education of students and level of medical, which are connected with people's dream closely. Among Maslow's hierarchy of needs, psychological needs are the basic level, confirming that the food, clothes, house in need is of importance for people. Yuan Longping, an agricultural scientist known as "the father of hybrid rice", had invented different kinds of rice to help people all over the world solve the grain issue, which not only avails people get closer to achieve their basic levels, but also builds a community with shared future for mankind. Zhang Guimei, who has dedicated her 40 years to education at Chinese southwest border, is a "mother" for more than 170 children, and the principal motivating young girls from impoverished family in mountainous areas.

这名学生的演讲稿中的一个段落展示出了用英语讲述中国理论和中国故事的初步能力。以往学生的演讲稿中，案例引用多为外国名人名言，外国人的故事比较多；今年学生通过前面一段的学习，例证引用中国理论和中国实践明显增多，习近平总书记讲话中的重要思想频繁出现在学生的演讲稿中。此外，袁隆平和张桂梅也是学生演讲稿中的热点人物。

图 6   学生 1 的演讲稿的一个段落展示

尽管学生写的演讲稿有些小问题，还不能说是完美，但是很明显地展示出了这一阶段学习的效果：学生初步具备了用英语讲述中国故事的能力，他们的责任感意识和跨文化思辨意识得到明显提高和增强。

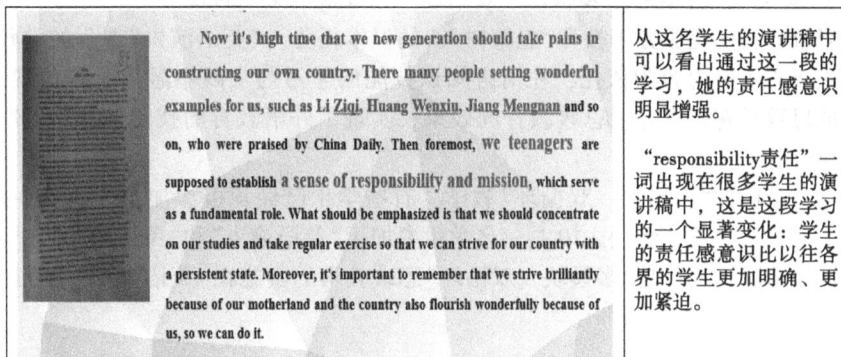

Now it's high time that we new generation should take pains in constructing our own country. There many people setting wonderful examples for us, such as Li Ziqi, Huang Wenxiu, Jiang Mengnan and so on, who were praised by China Daily. Then foremost, we teenagers are supposed to establish a sense of responsibility and mission, which serve as a fundamental role. What should be emphasized is that we should concentrate on our studies and take regular exercise so that we can strive for our country with a persistent state. Moreover, it's important to remember that we strive brilliantly because of our motherland and the country also flourish wonderfully because of us, so we can do it.

从这名学生的演讲稿中可以看出通过这一段的学习，她的责任感意识明显增强。

"responsibility责任"一词出现在很多学生的演讲稿中，这是这段学习的一个显著变化：学生的责任感意识比以往各界的学生更加明确、更加紧迫。

图7　学生2的演讲稿的一个段落展示

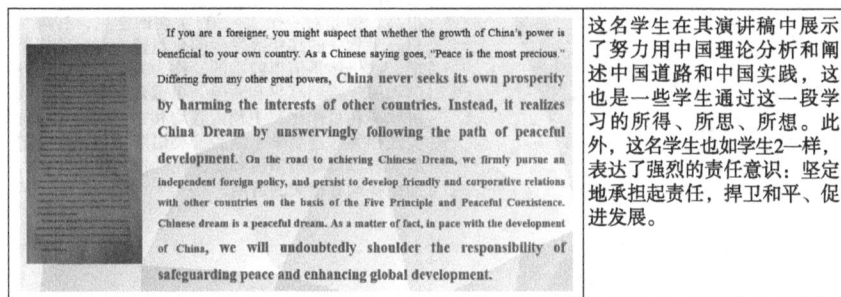

If you are a foreigner, you might suspect that whether the growth of China's power is beneficial to your own country. As a Chinese saying goes, "Peace is the most precious". Differing from any other great powers, China never seeks its own prosperity by harming the interests of other countries. Instead, it realizes China Dream by unswervingly following the path of peaceful development. On the road to achieving Chinese Dream, we firmly pursue an independent foreign policy, and persist to develop friendly and corporative relations with other countries on the basis of the Five Principle and Peaceful Coexistence. Chinese dream is a peaceful dream. As a matter of fact, in pace with the development of China, we will undoubtedly shoulder the responsibility of safeguarding peace and enhancing global development.

这名学生在其演讲稿中展示了努力用中国理论分析和阐述中国道路和中国实践，这也是一些学生通过这一段学习的所得、所思、所想。此外，这名学生也如学生2一样，表达了强烈的责任意识：坚定地承担起责任，捍卫和平、促进发展。

图8　学生3的演讲稿的一个段落展示

（五）讲中学：产出导向，讲述中国

学生写好讲稿后，教师选择了多个优秀演讲者的视频，和学生一同观摩和讨论，总结出优秀演讲者的技巧，逐条写在黑板上，指导学生参考并自己练习演讲。之后，学生以小组为单位，进行英语演讲实战汇报，小组成员作为评委，为每个演讲者打分，并记录其优缺点，在演讲结束后，对演讲者的优缺点进行点评与反馈。最后，教师进行总评与反馈。图9是学生在进行英语演讲实战汇报，这是他们又一次以沉浸方式进行学习和互动，这个过程再一次加强了学生对当代中国理论与中国实践的认知和情感认同，深化了理性和言行认同。

图9　学生以小组为单位进行演讲实战汇报

（六）"英语演讲"课程"多模块—双循环"思政教学实施的效果

课程思政的目的是服务于教育"立德树人"的根本任务。"英语演讲"课程的教师以当代中国的六大核心主题内容为依托，在语言知识技能的学习与实践中融入了价值观的培养，引领学生的思政教育，提升了思政教育的效果，实现了外语教育的技能性、知识性与价值性的良好融合。

经过这一阶段的"多模块—双循环"教学，有些学生已经积极参加了外研社举办的"英语演讲"和"英语写作"比赛。图 10 是一名学生参加了"英语演讲"和"英语写作"比赛后激动地向老师汇报情况，这也是"多模块—双循环"思政教学的实施在"英语演讲"课程阶段学习的一个成果反馈。

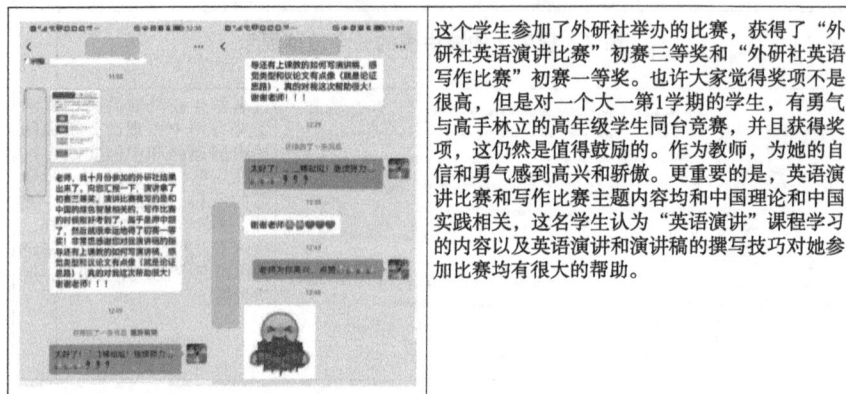

这个学生参加了外研社举办的比赛，获得了"外研社英语演讲比赛"初赛三等奖和"外研社英语写作比赛"初赛一等奖。也许大家觉得奖项不是很高，但是对一个大一第1学期的学生，有勇气与高手林立的高年级学生同台竞赛，并且获得奖项，这仍然是值得鼓励的。作为教师，为她的自信和勇气感到高兴和骄傲。更重要的是，英语演讲比赛和写作比赛主题内容均和中国理论和中国实践相关，这名学生认为"英语演讲"课程学习的内容以及英语演讲和演讲稿的撰写技巧对她参加比赛均有很大的帮助。

图 10　学生参加外研社"英语演讲"和"英语写作"比赛后的反馈

三、结　语

《理解当代中国》系列教材是中国高等外语教育积极应变的成果。创新知识体系、课程体系与教材体系，其目的是引导学生系统地学习"习近平新时代中国特色社会主义思想"的核心要义，指导学生学会用中国理论分析当代中国的发展与成就，从跨文化视角阐释中国道路和中国智慧。教师以此为契机，积极服务国家重大战略需求，为培养具有家国情怀、国际视野的新时代外语人才，加快构建中国话语体系贡献智慧和力量。

"英语演讲"课程教学，以"讲好中国故事"为有力抓手，通过混合式"双循环—多模块"的教学设计与实施，指导学生在"读中学、线上学、展中学、写中学、讲中学"，学习中国理论和中国实践，目的是让学生能够通过反复再现理论与知识的方式进行知识建构，对相关主题内容从不熟悉到比较熟悉，将中国理论与中国实践逐层加深理解，最终希望通过理解、共情、互动、实践与反思，内化为学生的跨文化交际能力，能够最终落实到语言行为交际中，良好地改善外语学生的"中国文化失语症"现象，让学生能够用英语向世界讲述中国故事。

参考文献

[1]孙有中，金利民. 理解当代中国：英语演讲教程[M]. 北京：外语教学研究出版社，2022.
[2]幸小梅，王丽."传道"与"授业"：思政教育融入英语演讲与辩论课路径初探. 教育观察，2022（7）：88-90.
[3]崔琳琳. 大学生"用英语讲中国故事"演讲模块的思政课程探究[J]. 外语教育研究前沿，2021（4）：18-25.
[4]潘轶君，李鑫."讲好中国故事"视角下英语演讲课程培养跨文化能力的教学路径研究[J]. 华北理工大

学学报(社会科学版)，2021(3)：102-108.

[5]张蓓蓓．大学生社会主义核心价值观认同与培育探究[J]．学校党建与思想教育，2020(12)：59-61.

[6]林岩．英语演讲教学中的思辨能力培养："说服策略"单元课例研究[J]．中国外语，2020(3)：63-69.

[7]文秋芳．大学外语课程思政的内涵和实施框架[J]．中国外语，2021(2)：47-52.

[8]孙有中．课程思政视角下的高校外语教材设计[J]．外语电化教学，2020(6)：46-51.

[9]何佳，胡碧媛．大学英语实施"课程思政"教学改革的实践研究：以拓展课程"演讲的艺术"为例[J]．江苏外语教学研究，2021(3)：8-10.

浅谈以建设世界一流高校为视角的计算机实验室管理综合服务改革探究

——以北京林业大学信息学院计算机实验教学中心为例

于 洋 张哲峰 刘士营 姚建成

（北京林业大学信息学院，北京 100083）

摘要： 随着物联网、区块链和人工智能等信息技术的不断创新，高校实验室管理工作也受到了深远影响。建立一个数字化、自动化和信息化模式的实验室将成为未来高校实验室建设的重大战略任务。本文采用文献分析、在线平台调研和问卷调查等研究方法，分析了计算机实验室管理服务改革的主要指标，结合模糊综合评价法拟构建了计算机实验室管理评价体系，力求为推动北京林业大学计算机实验教学中心实验室管理综合服务改革工作谋划新举措。

关键词： 一流高校；实验室管理；综合服务改革

　　高教发展水平是一个国家发展阶段和发展潜质的重要象征[1]。习近平总书记指出："办好中国的世界一流大学，必须有中国特色。"建设世界一流高校是一项主动选择，同时体现了一所高校的使命和担当[2]。纵观世界历史，高校已走过近千年的发展历程，世界一流高校总是在努力寻求更高的发展目标中不断提升[3]。中国处于实现"两个一百年"奋斗目标历史交汇点，高质发展成为长期社会发展的核心。教育部发布的《高等学校实验室工作规程》指出，实验室建设要从实际着手，统筹谋划，合理安排[5]。随着学校构建"一校两区"新发展远景，北京林业大学信息学院计算机实验教学中心（后文简称"计算中心"）的管理工作将面临更大的挑战。因此，为保障计算中心的实验教学、资源共享、服务管理等工作，以建设世界一流高校为视角的计算中心实验室管理综合服务改革有着重大研究意义，本文通过对"中国知网"64篇文献的调研，"世界一流高校实验室"共现可视化图谱如图1所示。

　　阅读国内外有关文献可知，相关领域研究学者均进行了不同程度的改革探索，并取得了相应成效。本文通过调研中国知网、官方网站和官方微信公众号等，力求探究到适用于计算中心的管理综合服务改革途径。同时，构建了综合管理服务改革评价体系，探索计算机实验室综合服务改革工作的主要指标，初步提出计算中心实验室管理改革方向及路径。

一、 计算中心实验室管理服务结构存在的问题与建议

（一）强化实验室管理服务制度体系， 管理服务指标亟待完善

　　目前，计算中心是北京市实验教学示范中心，也是国家林业和草原局林业智能信息处理工程中心。在非计算机专业的计算机实验教学、学生课外实践、信息学院计算机类专业实验教学、研究生教学、学院学科建设和科研等方面，起到重要支撑作用。计算中心严格落实实

作者简介： 于 洋，北京市海淀区清华东路35号北京林业大学信息学院，助理实验师，2573493004@qq.com；

　　　　　张哲峰，北京市海淀区清华东路35号北京林业大学信息学院，实验师，zzf@bjfu.edu.cn；

　　　　　刘士营，北京市海淀区清华东路35号北京林业大学信息学院，高级实验师，lsy@bjfu.edu.cn；

　　　　　姚建成，北京市海淀区清华东路35号北京林业大学信息学院，高级实验师，6511332@qq.com。

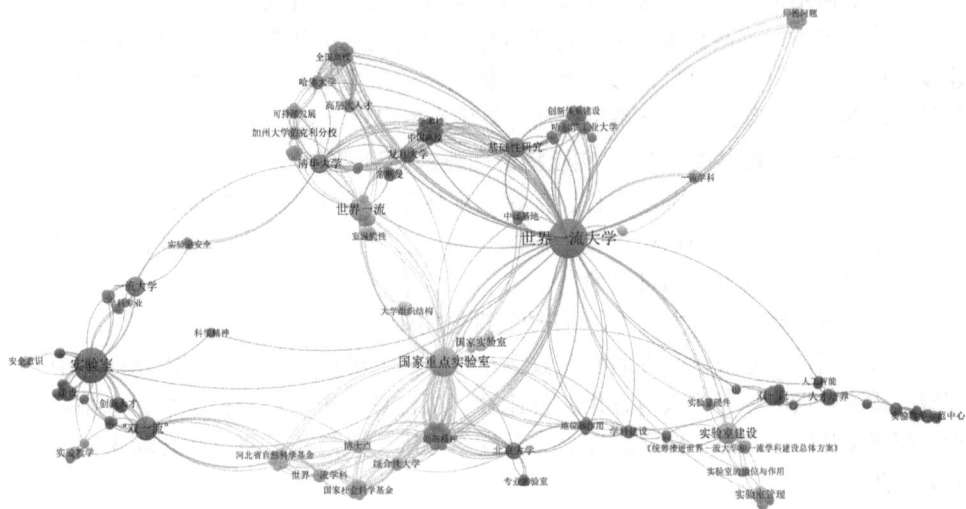

图1　以"世界一流高校实验室"为关键词的共现可视化图谱

验室安全机制，逐步起草了《实验室守则》《机房责任制度》《开放实验室上机守则》《计算中心防火、防盗安全措施》和《安全责任人职责》等管理制度，全方位保障实验室平安运行。在多方位的角色部署下，如何实现角色转换，亟待探究。建议可从服务人员队伍建设、面向服务师生的"接诉即办"管理服务及学校整体实验室发展远景等方面全面梳理完善制度体系。

（二）加强技术人才队伍活力，优化教学、科研和创新服务素养

作为教学和科研的支撑角色，应投入技术管理服务人员建设。计算中心具有自主知识产权的实验室管理系统，为日常实验室机房运维带来方便，但人员服务结构有待优化。建议应加强服务教学科研与创新实验室团队建设，提高技术管理人员的积极性。一方面是加大对计算中心自身技术服务人员的投入，优化对广大师生的数字化服务能力；另一方面是站在产学研一体化的角度，考虑到学生群体里的个性化特点与优势特色，可以培养"计算中心助研团"，在协助服务师生的同时也可为实验室的科研发展群策群力。多栖发展保障实验室整体管理服务团队，形成有效合力。

（三）全面梳理构建硬件服务保障体系，做好空间、设备配置及安全保障

计算中心在维护实验室机房和保障安全教学"零事故"方面倾注大量心血，2022年历经多月完成资产清查，每星期固定时间全员进行计算机巡查维护，为教学实验工作提供有效支持。随着学院计算机类专业数量和招生规模的不断发展，现存在因计算机类专业实验室布局数量和面积有限、实验台放置外设空间紧张、超常班和机器故障造成的实验室机房数量不足等现象。结合"一校两区"的发展规划，建议全方位梳理科研型和教学型实验室的构建，以服务师生高效完成教学科研出发，结合北京林业大学的发展远景和实际需求，做好规划预案和实施方案，提升实验室安全教育和培训学习频率和质量。

二、计算中心实验室管理综合服务改革的意义和目标

高校实验室是从事科研和教学的重要平台，在世界一流高校的建设中，教学层次和实验室环境是提高人才培养质量的资源保障，可以直接映射学校教学和科研能力[4-6]。

（一）强化责任担当和构建远景， 实验室管理工作多元化

以建设世界一流高校实验室为发展目标，申请北京市和教育部重点实验室为学科平台建设目标，结合"一校两区"新发展远景，提高实验室发展站位，完善自身实验室管理服务条件，以新理念、新思路、新举措推动计算中心发展再上新台阶。

（二）全面梳理制度体系， 实验室管理服务机制完整化

梳理实验室已制定的各项文件，优化制度体系。将各类文件制度标准化、模块化且可视化。纸质存储与电子归档相结合，根据文件功能分类归档管理，明确标签，管理人员做好查阅清单，实现文件查阅可追溯。

（三）注入高层次技术人才， 推动管理结构转向信息化

投入科研队伍建设。一方面实现数字化服务广大师生；另一方面优化计算中心自身管理服务质量。同时，可注入信息化办公途径，从自身工作流程到教学数据上报等，汲取经验，积累工作特色亮点，树立新理念、激发新思维、谋划新思路，结合新媒体等信息技术向数字化模式转型。

三、 计算中心实验室管理综合服务改革路径探究

（一）管理综合服务改革主要指标的选择

为构建实验室管理服务改革指标体系，通过"中国知网"调研 98 篇以"实验室机房管理"为关键词的文献。由调研可知，实验室管理、机房管理、实验室机房和计算机实验室等是目前该研究领域的重点关键词。在实验室管理方面，技术层面、硬盘保护等是其关联度较高的领域；在实验室机房方面，教学效益、"互联网+"等与其有着密切的联系；在计算机实验室方面，实验技术人员、网络化管理等占据主要研究地位，其中，各相关领域又有着相辅相成的关系。"实验室管理"的共现可视化图谱如图 2 所示。

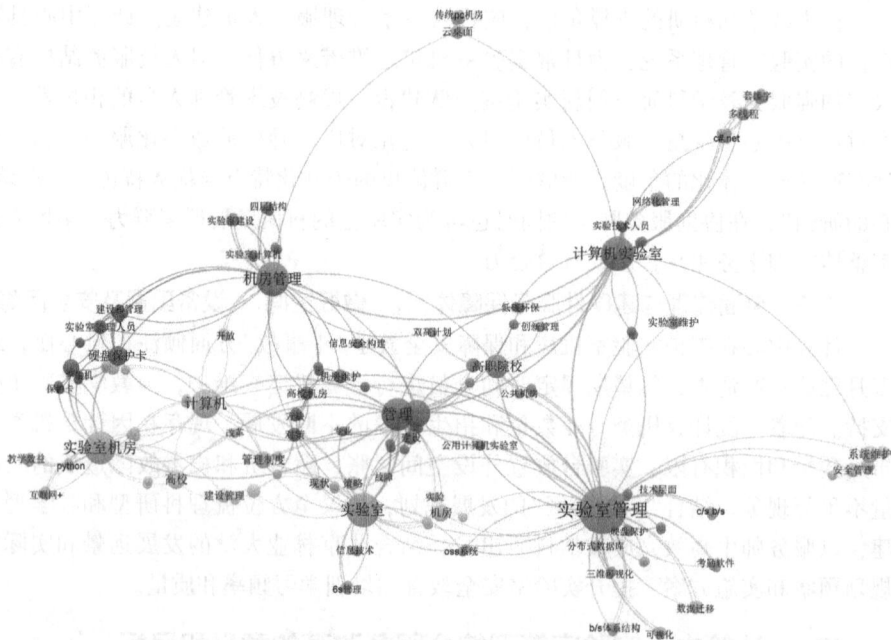

图2　以"实验室机房管理"为关键词的共现可视化图谱

（二）调研情况整体分析

随着信息化、数字化新媒体的不断发展，高效互动宣传、优质信息查阅、工作流程环节便捷等工作模式已愈发受到青睐，官方网站、官方微信公众号等逐渐成为当前时兴的在线查阅平台。本文以部分 2023 年 QS 世界高校排名前 100 名和国内"双一流"高校为数据源，针对其官方网站和官方微信公众号推送发布功能进行调研分析，部分高校实验室管理平台建设调研分析见表 1。由此可知，高校在官方网站平台维护方面主要倾向如支部建设、规章制度、办事指南、安全教育等模块，并做了详细的服务内容；同时，在官方微信公众号推送运营方面，围绕部门职能，设置如新闻、管理服务、办事大厅等特色板块。高校实验室管理在线平台在面向使用群体查阅有关制度，获取一手信息等方面扮演着重要角色。

表 1　部分高校实验室管理在线平台建设情况调研分析表

序号	学校名称	实验室管理机构	官方网站主要服务功能	官方微信公众号主要推送内容
1	高校 1	实验室管理处	部门概况，机构设置，服务入口，联系方式	实验室管理处相关动态及业务通知
2	高校 2	实验室与设备管理部	机构设置，规章制度，服务指南，实验室管理，设备查询与共享	暂未开通（以官方网站为主）
3	高校 3	实验室与设备管理处	新闻动态，通知公告，仪器共享，有偿服务，安全管理，安全考试，设备管理，公示信息，工作动态	实验指南，业务大厅，服务查询
4	高校 4	资产管理与实验室处	部门概况，党建风采，规章制度，服务指南，文件下载，常见问题	新闻公告，业务办理，联系我们
5	高校 5	资产与实验室管理处	机构设置，制度法规，流程规范，下载专区，支部建设	实验室管理处相关动态及业务通知
6	高校 6	资产与实验室安全管理处	部门简介，规章制度，办事流程，问题释疑，常用下载	联系我们，制度流程，办事大厅
7	高校 7	资产与实验室管理处	新闻公告，部门概况，公共平台，办事流程，规章制度，党建工作，管理系统，联系我们	了解资实，工作平台，往期内容
8	高校 8	实验室管理与条件保障处	机构设置，规章制度，业务流程，检查通报，资源下载，党员之家	办事大厅，实验室安全，大仪共享
9	高校 9	实验室建设与设备管理处	机构设置，规章制度，办事指南，安全教育，下载中心	信息资讯，业务大厅，安全在线
10	高校 10	国有资产与实验室管理处	机构设置，规章制度，办事指南，相关下载，支部生活，实验中心，实验室安全	通知公告，在线服务，联系我们

为有效保障学校广大师生的计算机实验室学习工作需求，特设计"北京林业大学信息学院计算中心实验室管理服务调研"问卷，师生反馈积极热情，回收的问卷群体涉及计算机、法学、应用心理、材料等10余门专业，累计249人次，满意度高达97%。在实验室使用频率及用途方面，经常使用和有课程需要的比例为58%，其他群体也会有每星期1~2次的使用频率；在改善实验室管理工作方面，希望硬件配备得到改善的群体居多(占比50%)，其次是服务流程(占比27%)，改善计算机实验室管理工作的期望如图3所示；在实验室预期方面，收到如设施配备完善、空间足够充裕，安全、现代化，优质管理、干净整洁，除上课、竞赛外可以有更多机会进入等方面的预想，这为后期计算中心管理服务改革探索提供了新思路。

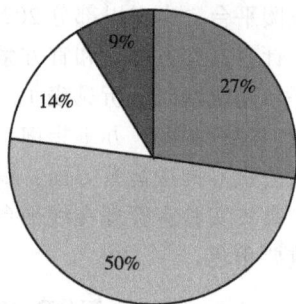

■服务流程 ■硬件配备 □安全教育宣传 ■其他

图3　改善计算机实验室管理工作的期望

（三）拟建立实验室管理综合服务改革评价指标体系

基于当前实验室管理新发展愿景，分类梳理调研所获取的主要改革指标及服务群体的征求意见，结合"模糊综合评价方法"初步构建了计算中心实验室管理综合服务改革评价体系。模糊综合评价法是基于模糊关系合成原理，将一些边界模糊、定量困难的因素量化而进行的综合评价[7-8]。

1. 评价指标体系设计原则

(1)科学性原则。客观体现实验室管理建设的各层面，选取具有代表性的指标因素。

(2)可行性原则。评价指标间存在逻辑关系，评价体系构建可操作，评价体系简洁明确。

(3)指导性原则。通过评价体系构建，进而推进实验室建设，优化服务质量。

2. 评价指标体系的基本框架

结合在线调研的主要改革指标及征求服务群体的问卷意见，分类梳理并考虑构建评价指标体系的可行性。本文拟从5个层面构建计算中心实验室管理服务改革评价体系，具体见表2。

表2　计算中心实验室管理服务改革评价体系基本框架

准则层	方案层
实验室制度建设	实验室安全事故应急预案；防火、防盗安全措施；实验室上机守则；学生科研训练工作室管理制度；实验室档案管理制度；实验室值班制度；基本信息收集整理制度；仪器设备管理办法；损坏(丢失)仪器设备赔偿办法
实验室仪器设备管理	仪器设备完好率；仪器设备维护、更新、报损(报废)情况；仪器设备入库、领用、归还情况；重大仪器使用维护情况
实验室低值易耗品管理	学期、年度易耗品使用计划；易耗品申购、入库、领用情况；易耗品总账、分类统计情况
实验室环境与安全管理	实验硬件设施环境；实验室物理环境；实验室教学环境；实验室安全措施
实验室综合建设	实验室综合建设规划；仪器设备、易耗品购置计划；实验室建设经验交流；实验室管理人员队伍；实验室管理人员培训学习

3. 评价指标体系过程分析

首先，建立评价指标。确定评价体系的目标层、准则层和方案层。其次，拟采用 AHP（层次分析法）确定权重[9]。通过总结经验或请教专家，判别低层元素对高层元素的重要程度，依据主要程度得出权重顺序。经过各元素相互对比，确定各准则层对目标层的权重，通常采用 Santy 1—9 标度方法，具体见表 3。再次，构建从属矩阵。建立适合的因变量，实现矩阵建立。最后，采用合成因子对其进行合成操作，并解释结果向量。评价指标体系建设对于实验室综合评价具有一定的现实意义，实验室管理人员可参考评价结果分析对比，优化服务质量。

表 3　Santy 1—9 标度方法

标度	含义
1	具有相同的重要性
3	前者比后者稍重要
5	前者比后者明显重要
7	前者比后者极其重要
9	前者比后者强烈重要
2、4、6、8	上述相邻判断的中间值
1—9 的倒数	相应两因素交换次序比较的重要性

四、 计算中心实验室管理综合服务改革预期实践效果

（一）全面统筹规划， 优化管理服务制度体系

采用先进实验室管理体系，运行指导实验室建设与管理工作，推进教学与科研的深度融合，形成共建、共享和共治的生态理念。一是在假期以及非实验教学时间内对学生区域性灵活开放，逐渐形成学生的实践训练基地；二是定点设置摄像头，监控画面可以实现远程云管理，及时服务广大师生；三是采用媒介形式进行宣传教育。优化实验室管理者以及广大师生的观念，定期组织实验室例会，制定有效的开放管理办法，推动实验室开放共享。

（二）利用数字化新技术， 推动管理流程再造

在北京林业大学信息学院等上级部门的指导管理下，计算中心的实验室是面向学校服务范围最大、设备共享程度最高、设备利用率较大的实验教学机构。基于顶点机房管理等软件在兄弟高校的应用，加以推广宣传，形成高校业务联动，对于机房管理和软件部署等工作实现信息化转型。

（三）强化实验室管理队伍建设， 注入技术型服务力量

采取有效的实验技术队伍建设措施，发挥不同专业层次人员功效，强化实验室技术人员的管理效能与研究活力；投入特色"计算中心助研团"的培养，发挥其在实验室安全、技术服务方面的应有作用；创建实验室"评星"体系，定期召开管理工作会议，预期效果结构图如图 4 所示。

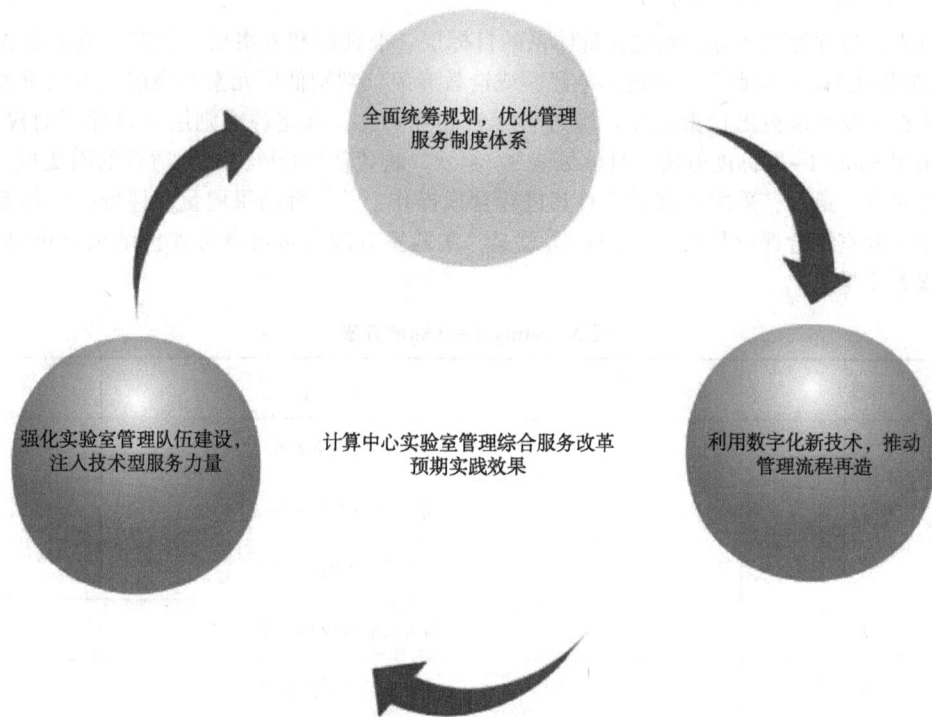

图4　计算中心实验室管理综合服务改革预期实践效果结构图

图中文字：
全面统筹规划，优化管理服务制度体系
强化实验室管理队伍建设，注入技术型服务力量
计算中心实验室管理综合服务改革预期实践效果
利用数字化新技术，推动管理流程再造

参考文献

[1]黄榕，丁晓昌．中国高等教育高质量发展水平的测度研究[J]．华东师范高校学报(教育科学版)，2022，40(7)：100-113.

[2]张宗益．推进"三位一体"教育评价改革与时俱进建设世界一流高校[J]．中国高教研究，2022，349(9)：7-10.

[3]张荣．为推进和拓展中国式现代化贡献高等教育力量与时俱进建设世界一流高校[J]．人民论坛，2022，750(23)：12-15.

[4]刘昌乾．深刻认识和把握建设中国特色世界一流高校这条新路[J]．中国人民高校教育学刊，2022，47(3)：40-43.

[5]冯倬琳，郭鑫，刘莉，等．对我国世界一流高校建设新阶段的思考[J]．清华高校教育研究，2022，43(3)：7-14.

[6]王士国．世界一流高校高地建设视角下高校实验室管理综合改革研究[J]．实验技术与管理，2021，38(12)：249-254.

[7]吴立荣，屈亚龙，程卫民．高校实验室模糊综合风险评价与分析[J]．实验室研究与探索，2020，39(2)：300-303.

[8]宗军君，叶结松，侯智斌，等．模糊可拓层次分析法在实验室评估中的应用[J]．实验室研究与探索，2012，31(3)：196-200.

[9]齐钰，明新国，商易安，等．基于AHP的ABC分类模型的实验室耗材库存分类管理[J]．实验室研究与探索，2022，41(9)：269-272.

"模块互融"高校中国画教学创新模式研究

——基于"中国传统绘画创新与表现"课程

孙石磊

（北京林业大学艺术设计学院，北京　100083）

摘要：中国画是中国传统文化凝聚的艺术精华。当下在众多高校艺术课堂均有开设中国画相关课程，立足于传统文化复兴的契机，将传统文化元素植入高校艺术教学课程体系中，可借助传统文化为艺术教学提供更为雄厚的文化素材，同时更能为学生树立正确的价值观。借助多学科、跨领域的模块互融，打破学科间的壁垒，构建高校中国传统绘画教学的创新模式，持续提升学生的创造思维和艺术审美，提高高校艺术教学的质量，打造北京林业大学艺术设计学院特色课程。

关键词：模块互融；中国画；创新模式；人才培养

中国画作为中国重要的视觉图像，其中蕴含着本土艺术的历史文脉、地域特征和高雅的审美意蕴。以往"中国传统绘画创新与表现"的教学模式要求学生从临摹入手，以临摹古人的绘画手法为主，当下在高校艺术专业教学的过程中，这种模式似乎过于单一，过于保守。高校教师往往以传授中国画表现的手法技巧为主，忽略了传统中国画中饱含的精神内涵和审美意蕴等最为重要内容，中国画中独特的审美神韵、艺术思想，以及笔墨、材料等都没有相应的发展，那么当下中国传统绘画应该传承什么、如何传承、如何教授学生是当下亟须解决的问题。当下在高校艺术专业教学过程中，西方艺术观念过于强势，造成当代中国画教学模式趋于西化，导致传统中国画教学体系存有混乱之势，中国传统艺术中精髓难能更为有效地传播。当下对于中国传统绘画教学的改革迫在眉睫，作为高校艺术教学重要组成部分的"中国传统绘画创新与表现"课程，教学改革应该遵从中国画自身的审美观念和在教学中弘扬传统艺术的需求，力争在教学过程中融入中国传统文化的特征，构建适合于高校艺术教育特色的课程体系，打造传统文化艺术思想与多学科间的互融模式的全新中国画教学方式，树立民族文化创新与传承的典范。

一、 基于高校培养计划确立高校中国画教学特色

"绿色可持续发展"作为北京林业大学艺术设计学院的一个重要的办学理念，通过立足中国传统艺术的传承与传播，在艺术课程教学体系中以塑造"应用型""研究型"相结合的课程体系为主，结合习近平总书记提出的"绿水青山就是金山银山，改善生态环境就是发展生产力"，以绿色生态观念构建北京林业大学艺术设计学院特色的中国画教学体系，培养学生创新的艺术思维，打造适合北京林业大学的艺术课程体系。在中国传统绘画的系列课程中试图还原绘画图像艺术作为"图"的视觉功能，"史"的文化脉络，"文"的深层内涵以及"绿色"的生态美学观，层层递进式地解析中国传统绘画艺术的深层次内在意蕴和本体价值，塑造北京林业大学艺术专业的学科特色。

"一时代之学术，必有其新材料与新问题。取用此材料，以研求问题，则为此时代学术

作者简介：孙石磊，北京市海淀区清华东路35号北京林业大学艺术设计学院，讲师，sunshilei1986@126.com。

之新潮流。[1]"构建特色的中国画教学体系,需要重新理解教学、重新设计教学、运用新方式、深化学习传统艺术的文化底蕴,建立适合专业化课程的教学模式。中国画在历史长河的演变中,形成了风格独具的艺术表现形式与思想表达方式,纵观历史上每个时期的艺术形式都结合时代特色演变发展,因此当代中国画亦应以鲜明的时代艺术审美观和创新思维方式呈现,正如石涛所言:"借古以开今""笔墨当随时代"[2]。在中国传统绘画的创新课程中应结合传统绘画自身的审美意蕴,发展符合时代特色的艺术课程体系,通过对传统绘画的认识与实践并遵循其内在发展的特点,探索、思考中国传统绘画对当下艺术教学的启迪。从艺术创新的角度加强人文素养的培养,增强学生对于文化历史和艺术精神的了解与热爱,推进实现其服务于不同领域专业人才的培养目标。

二、 高校中国画教学创新的重要性

中国画作为中华优秀传统文化的艺术精华和必不可少的组成部分,其"教"与"化"的教育功能,是中国文化中最为重要的视觉文本,所蕴含的风格、品格与超凡脱俗的精神境界,无不体现出它的教育功能对塑造人格、道德、修养之功用。艺术贵在创新,纵观历史上的诸多大家,一生都在艺海中努力探索发现,如齐白石的"衰年变法",他活一生、画一生、变一生,自成面目。庞薰琹在艺术领域中追求的"探索、探索、再探索"的革新观念,对中国现代艺术教育做出巨大的贡献,以及"徐蒋体系"在中国画教学中推行的中西融合等观念。多位艺术家大师都在不同的方向积极开拓艺术的新大陆,因此创新精神是艺术中最为重要的探索方向,而当下的艺术教育模式如还故步自封,"刻舟求剑",那么显然也是不合时宜的。所以,中国画教学改革首先应该是思想领域的革新,是艺术审美的重新调整。总之,艺术需要赋予时代特征,中国传统绘画的当代发展同样需要创新,艺术的发展与创新离不开艺术内在本质和规律的探索与实践。高校艺术教育的最终目的是通过艺术理论和实践的探索,引导学生在艺术的长河中思考艺术的重要性,塑造创新性思维,进行实践探索。高校艺术教育的本质是关于高校学生文化修养、精神情操、综合素养和人生价值的教育,这离不开中国优秀传统文化的熏陶。因此,只有不断探索有关于中国传统绘画艺术在课程教学以及课外活动中的多维教育教学模式,才有可能在艺术世界中澄怀观道,以模块互融、多维视角充分发挥中国传统绘画艺术对于高校学生艺术教育的重要作用,真正弘扬中华优秀传统文化之精魂,从而为培养既有坚实掌握传统文化基础知识,又有正确的审美价值观、思维开阔、创新能力强的综合性人才,贡献自己的应有之力。

三、"模块互融"——中国画创新教育的可行性探索

艺术教育的美育功能是高校人才培养的核心要义。当下,高校人才培养缺少的并不是具有专业技能以及实现较高就业率的人才,而是缺少能够通过综合艺术教育培养具有道德情怀、审美意识、创新思维,善于在生活中发现美、创造美的创新型复合型人才。中国传统绘画从"课徒"的师父带徒弟的方式,转化为高校的系统教学体系,教学体系沿用"借助西方的科学思想来改造中国画和中国画教育"的模式,虽然对中国近现代教育中起到重要的作用,但当下中国综合实力的日益壮大,在高校艺术教育体系中需要注入新的教学模式。传统与西方的教育模式无法满足时代的需求,因此需通过创新教学方式打破时空限制,突破课堂局限,构建北京林业大学艺术设计学院培养艺术服务社会的可持续性专业人才的理念。对此,可以通过以下方式,在教学过程中进行可行性的探索。

(一)构建北京林业大学绿色可持续发展的办学理念

单一的教学模式已然不能适应当下艺术教育的初衷,需结合跨学科的理论和方法,分

析多元文化相互融合的教育模式。艺术专业可以借鉴生态学与生态美学的观念解读传统艺术中的审美意蕴，尝试从根本上梳理、剖析中国传统绘画艺术中动态发展、多元融合与生态观的表征，归纳、总结隐于其下的生态文明的共性特质与规律，解析中国传统绘画的新视野，培养高校学生在课程中感受美、鉴赏美、表现美、创造美的能力，树立健康的"绿色"审美观念，激发创造能力，建立高尚的道德情操，增强深厚的民族情感，从而促进高校大学生的全面发展。

（二）打造新型教育服务体系，重点培养储能领域人才

文化和旅游部、教育部等多部门出台的《关于推动文化产业赋能乡村振兴的意见》特别强调赋能乡村振兴，其中就包括美术产业赋能。针对国家的人才需要，北京林业大学的专业特色课直接对口乡村，符合乡村振兴的人才培养需求，将国家需要的应用型人才培养放于首位，实施乡村振兴人才支持计划，通过艺术与生态相关专业间的互融，打造乡村振兴的人才计划，助力建设艺术赋能美丽乡村文化的需要，加强学科融合发展，开创新型课程。通过艺术专业学生到乡村一线去实习创作，进一步提升高校办学与乡村振兴间互动。发挥艺术设计学院在人才培养、文创产业、文旅融合、乡村振兴建设等方面的人才与学科互融优势，建立兼具互融性、实效性和实用性的艺术类课程体系，设置乡土采风实习基地，打造新型教育服务综合体系，培育一批建设美丽乡村的艺术类专业人才队伍，加大开展社会实践力度。在学校帮扶的乡村设立艺术实习基地与社会实践基地，常态化、长效化开展艺术师生支教、帮扶，培训乡村美术人才，定期组织文艺志愿者深入乡村学校开展艺术辅导，提升乡村艺术素养，为乡村振兴助力。

（三）基于新媒体技术的深度融合，创建艺术与科技相辅相成的课堂教学体系

在以往的教学模式中融合新技术、新方法，有助于实现教学资源的整合和创新。新媒体技术特有的共享性，可以将以往单纯的教师示范的教学方式，通过新媒体技术手段提高信息多元化、传播时效化以及资源共享化，利于学生更为直观地了解传统绘画全新的学习方式。在新媒体技术的加持之下便于学生更为清晰地理解传统绘画的文化内涵，在有效的课时接触到更多的中国画资源，打破以往沉闷的中国画课堂氛围，使整个中国画课堂变得生动有趣。学生在多重感官的刺激下，更能加深对中国画的认识与理解，且生动形象的视频、音频使原本枯燥的教学内容和晦涩难懂的创作画理论变得简单有趣，更好地激发学生对中国画学习的兴趣，为提高中国画教学质量和教学效果奠定了良好的基础。当下教师的任务已非"传道授业"而是"促进学生学习"，教学过程中已非"以教师为中心"而是"以学生为中心"[3]。这一过程的转变，必然导致教师与学生相互反馈信息迟缓，对此可利用数字化统计学的调查方式进行及时的反馈，便于教师在授课的过程中及时调整授课方式、内容。

（四）秉持历史底蕴，弘扬时代精神

在中国画教学过程中融入传统文化元素，让学生在创作实践的过程中参考学习丰富的传统文化资源，并逐渐将其运用到作品中。这种方式有利于学生提高文化自信，增强对传统文化的认同，亦能更好地应对多元文化的冲击，以借助传统文化元素的方式，来加强中华传统文化魅力的展现，在实践中继承与发扬我国的优秀文化。岳黔山教授认为："中国画的创作，无论怎样创新和寻找突破口，都不能离开中国文化和中国画的艺术规律和审美核心。[4]"在高校艺术教学的过程中，对传统文化的应用仅仅是其中一个模块，搭建传统文化与中国画创新的契合点，增加学生对传统文化的理解与运用。深入挖掘民族民间文化艺术内涵，引导学生关注民间特色文化，如剪纸、皮影、玉雕、陶瓷等，将民间风俗的造型、色彩、艺术观念等文化涵养与中国传统绘画结合，辅以传统文化元素的运用，转变艺术专业学生单纯接受西方思想的冲击，强化对传统审美观点认识与领悟，在学习过程中开创"借

古开今、古今互融"的中国画教学的新模式,借此在中国画学习与文化传承中相互融合与构建,让传统文化更具时代特色。

(五)全面培养跨学科思维能力,引领学生走向创新之路

在"中国传统绘画创新与表现"的教学过程中,通常采取理论植入的方式,学生被动灌入信息,这种方式往往达不到预期的效果,难以带动学生的积极性。将有关中国绘画艺术的概论、发展历史、主要流派、经典作品作为铺垫性的知识输入,要求学生通过创作实践认真体会,结合艺术实践与理论学习的方式,相互促进、提升。除此之外,多学科间模块互融的方式更能触发学生理解难懂的理论,通过跨学科、跨领域的多元方式进行多种角度的呈现,并通过"翻转课堂"的模式,教师与学生身份互换,能够带动学生对于课程知识的掌握,同时改变传统的课堂教学模式。除此之外,可将有关中国绘画艺术的某一教学内容,如绘画思想、绘画技法、作品鉴赏等以专题的形式,实现模块系统的深化讲解,引导学生学会自我深入分析,帮助学生学习知识深化的方法。通过多元化的教学方式方法多维展现中国传统绘画艺术的巨大魅力和丰富的精神内涵,以实现高校中国传统绘画教学创新的目的。

(六)增强个人和团队的核心竞争力

通过校内外实践项目与企业相互搭建平台,结合中国传统绘画元素,创建校园文创课题,让学生在专业领域内多参与,在校企的磨合过程中发现新方向,指导学生参与"互联网+"等大学生创新项目,充分发挥"双师双能"教师示范带头作用,借助中国传统绘画的专业师资力量,推进实现专业艺术教育与学生艺术素养教育的相辅相成。对中国传统绘画相关课程进行创造性转化,积极进行审美探索与审美实践。通过学校互助对口支援项目挖掘具有地方文化特色的非遗文化,带动学生在联合教学过程中了解民间文化,打造文化艺术工作室,邀请民间艺人或企业举办相关讲座,借此更好地使学生了解自身的不足与社会的人才需求,缓解学生就业压力。

四、结 语

"中国传统绘画创新与表现"课程需要在实际的教学工作中不断探索,结合多元模块互融的手段,使学生在艺术教育过程中,能够真正地领悟到传统文化的艺术精髓,培养学生的创新思维、学养内涵,构建专属于北京林业大学的艺术课程可持续发展思想体系。从教学模式的角度来讲,高校艺术教学不应该局限在课堂学习,可以通过模块互融的形式来开展教学,提升学生对传统文化继承与发扬的责任意识。教师也可以通过信息技术的方式来教学,借助多样化的教学设备,为学生了解传统文化提供更多路径。同时,教师也应该将传统文化多样化的新形式运用到实际教学之中,丰富高校艺术教学体系。我国传统文化历经千年的演变,其中蕴含丰富的文化元素,将其运用到高校艺术教学之中,不仅可以丰富高校艺术教学的内容,也可以在不断的学习中,让学生对传统文化产生认同感,提升文化自信,并培养学生的文化、艺术素养,推动学生的全面发展。

参考文献

[1]陈寅恪. 中西学术名篇精读·陈寅恪卷[M]. 中西书局,2014.

[2]王宏印.《画语录》注译与石涛画论研究[M]. 北京图书馆出版社,2007.

[3]何兴泉. 中国画专业学生"工作室"培养模式研究[J]. 艺术研究,2012(1):143.

[4]岳黔山. 我的创作思考与创作方法[J]. 美术,2018(11):68.

基于 TST 混合模式的艺术设计教学智能化研究

薛 磊[1]　李扬帆[2]

(1. 北京林业大学艺术设计学院，北京　100083
2. 四川美术学院实验艺术学院，重庆　401331)

摘要：随着教育现代化的跨越式发展，艺术设计教学融合了丰富的智能化科技和多元化场景。本文提出基于教学—场景—技术三位一体的 TST(teaching-scenario-technology) 混合模式，通过深入分析虚拟现实教学、线上线下融合教学、智慧教室融合教学、元宇宙融合未来教学，构建了基于 TST 混合模式的艺术设计教学智能化创新模型，有利于促进未来艺术设计教学的颠覆性变革，优化传统教育体系升级，全面提升教育产业的智能化创新能力。

关键词：TST 混合模式；艺术设计；教学智能化；创新模型

一、 艺术设计教学的智能化前景

随着教育现代化的智能化前景日趋广阔，日益增多的高新科技融入艺术设计教学之中，例如人工智能(artificial intelligence，AI)、物联网(internet of things，IoT)、虚拟现实(virtual reality，VR)、元宇宙(metaverse)等智能化科技的教学应用，融合真实场景、虚拟场景以及教学参与者的教学新场景，使得艺术设计教学具有更加丰富多彩的教学方式与教学场景[1]。

本文从艺术设计教学的智能化前景入手，研究基于教学—场景—技术三位一体的 TST 混合模式的教学互动，有利于教师"教"与学生"学"之间的互动教学体验，整合教学资源，打破教学壁垒，丰富教学情景，增强教学效果。

二、 基于教学—场景—技术的 TST 混合模式

随着教育信息化的多元发展，跨场景、跨媒介融合教学将成为未来教学的基本形态[2]。基于数字资源、元宇宙平台的不断创新，人工智能技术、物联网技术、区块链技术等硬件支持，消融"现实"与"虚拟"的壁垒，消解"线上"与"线下"的概念，形成融媒体混合教学模式，最终形成基于教学—场景—技术的 TST 混合模型，作为未来的艺术设计融媒体教学模式。

首先，构建 TST 混合模式，如图 1 所示。以融媒体混合教学模式为中心，融合跨场景、智能化技术的特色，从教学目标入手分析，以学习者为主体，结合具有多感体验的高新科技，通过智能辅导、个性化服务等教学方式，应用于共享学习、具有沉浸体验的学习场景中。TST

作者简介：薛　磊，北京市海淀区清华东路 35 号北京林业大学艺术设计学院，讲师，xuel0222@ bjfu. edu. cn；
李扬帆，重庆市沙坪坝区大学城南路 56 号四川美术学院实验艺术学院，讲师，yf-li20@ mails. tsinghua. edu. cn。

资助项目：北京市高等教育学会立项课题"数智化背景下 AIGC 辅助艺术设计教学创新研究"(MS2023116)。

混合模式是以教学、场景、技术作为三大元素，元素间互相融合、相互促进。教学与场景结合，驱动丰富的教学情境和学习活动；教学与技术结合，联通智能化的沉浸式教学技术；场景与技术结合，多样化地支持学生自主参与学习的虚实场景。下文将围绕 TST 混合模式进行智能化跨场景融合教学的深入研究。

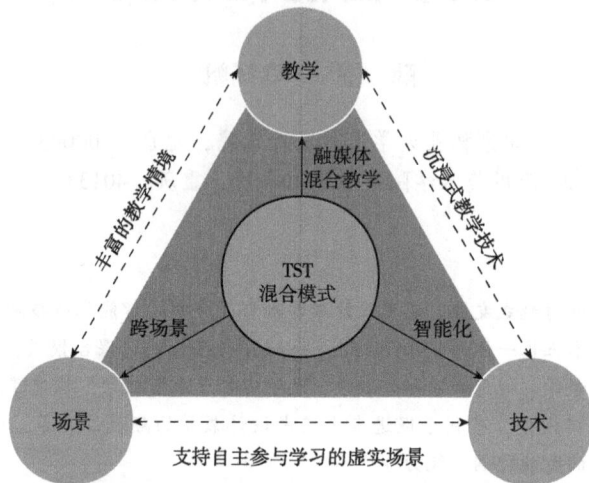

图1　教学—场景—技术三位一体的 TST 混合模式

三、 基于 TST 混合模式的艺术设计教学智能化分析

基于 TST 混合模式，本文针对艺术设计教学智能化的教学场景与现代高新技术进行深入分析，分别从如下 4 个层面深入研究，包括虚拟现实教学、线上线下融合教学、智慧教室融合教学、元宇宙融合未来教学。未来的艺术设计教学方式将更加智能化、系统化、人性化。

（一）虚拟现实融合教学

针对虚拟现实融合艺术设计教学，主要从学生作品虚拟展览作为案例进行深入分析。教学过程中，不同学生的艺术设计作品根据展示需求、信息数据构建、技术应用效果等，形成艺术设计作品虚拟空间展示的不同路径，由此获得差异化的虚拟空间体验情景[3]。

目前艺术设计作品虚拟展示的基本形态主要分为两种，第一种是集中呈现设计作品的图文信息，如图2(a)所示，属于云端数据图录展陈的结构逻辑，是最基本、稳固、易于操作的搭建模式。第二种是全景漫游式虚拟展厅，以图2(b)为例，通常采用 Unity 3D 等三维引擎营造虚拟场景，高度还原虚拟展厅现场。由此深入拓展虚拟交互方式，通过简洁的交互方式触发丰富的交互效果，例如由虚拟角色的位置与运动触发，模拟交互展览路线，拓宽层次、深化场景体验。

（二）线上线下融合教学

后疫情时代，线上线下"双线"教学获得了广泛的关注，成为教学领域发展的主要趋势。教学活动的最佳支撑环境不是单纯的线上或线下教学，而是两者的深度融合，线上与线下教学呈现的知识载体不同，但具有交融性的教学原则[4]。线上线下融合艺术设计教学具有 3 类优势，首先相较于教室等传统单一的学习空间，"双线"教学具有更丰富的沉浸式体验，通过共享或模拟真实情境，使学习方方便高效地获取知识；其次，基于线上线下融合教学，支持不同组织结构的学习者开展实时、深度的小组互动，融合规模化实体学习空间和虚拟学习空间；最后，线上线下融合提供了开放共建的无边界教学活动场所、动态更新的教学资源、多元智能的教学评估工具。

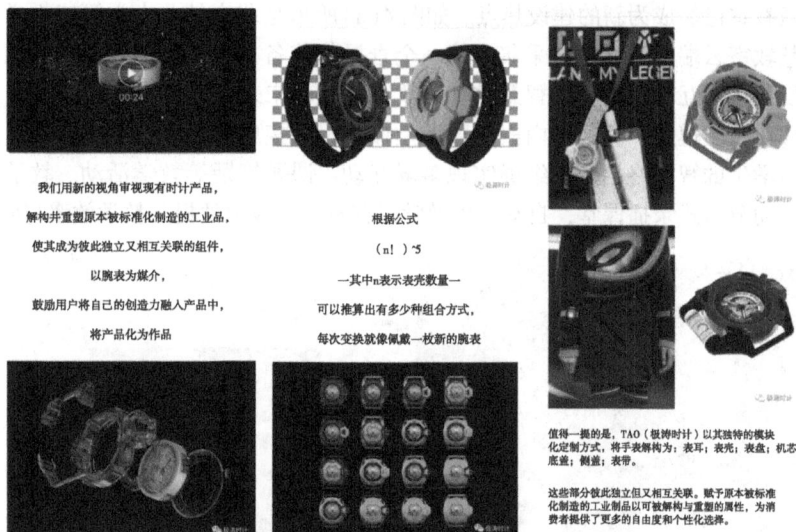

我们用新的视角审视现有时计产品，
解构并重塑原本被标准化制造的工业品，
使其成为彼此独立又相互关联的组件，
以腕表为媒介，
鼓励用户将自己的创造力融入产品中，
将产品化为作品

根据公式

（n！）^5

—其中n表示表壳数量—

可以推算出有多少种组合方式，
每次变换就像佩戴一枚新的腕表

值得一提的是，TAO（极涛时计）以其独特的模块
化定制方式，将手表解构为：表耳；表壳；表盘；机芯
底座；侧盖；表带。

这些部分彼此独立但又相互关联，赋予原本被标准
化制造的工业制品以可被解构与重塑的属性，为消
费者提供了更多的自由度和个性化选择。

（a）产品设计TAO《极涛时计》作品线上虚拟展示

（b）北京林业大学3D虚拟博物馆哺乳动物展厅

图 2　虚拟现实融合之艺术设计作品虚拟展示形态

　　例如，2022 年的任教课程"计算机辅助设计"前期采用线上线下融合式教学，后期转为线上教学。前期以学生在教室线下上课为主，融合部分国际学生线上教学，如图 3 所示。后期转化为全线上教学，以笔记本电脑 1 作为主屏幕，登陆线上教学软件与计算机辅助设计 Photoshop 软件成为线上教学主界面，台式电脑 2 作为辅助屏幕，是教师浏览学生设计作品与设计说明的界面，用于教学辅导与作品点评，平板电脑 3 作为备用设备，预防主要设备网络故障或其他问题出现影响线上教学效果。通过结合课程特色与教学流程设计的线上线下融合教学成果显著，学生反馈的教学评价优秀。

图 3　"计算机辅助设计"课程线上线下融合教学

（三）智慧教室融合教学

　　艺术设计教学正进行着以信息技术为支撑的全面变革，具有智慧课堂、智慧管理、智慧

物联等的智慧教室已经成为新的建设热点。如图4(a)所示是北京林业大学第二教学楼智慧教室，包括智慧教室云端、教学信息采集系统、全景摄像装备、师生线上线下融合系统、智慧多模式桌椅以及多屏互动讨论等。智慧教室是数字教室和未来教室的一种形式，是新型的教学形式和现代化教学模式[5]。云端内嵌智慧课堂体系，对接虚拟教学平台等资源，交互式授课屏幕可以与学生的智能终端、小组屏实现多屏互动、课题答疑等教学活动。教学信息采集系统通过全自动分布式录播课堂，自动采集教学课程资源，极大地提升教学效率与质量。

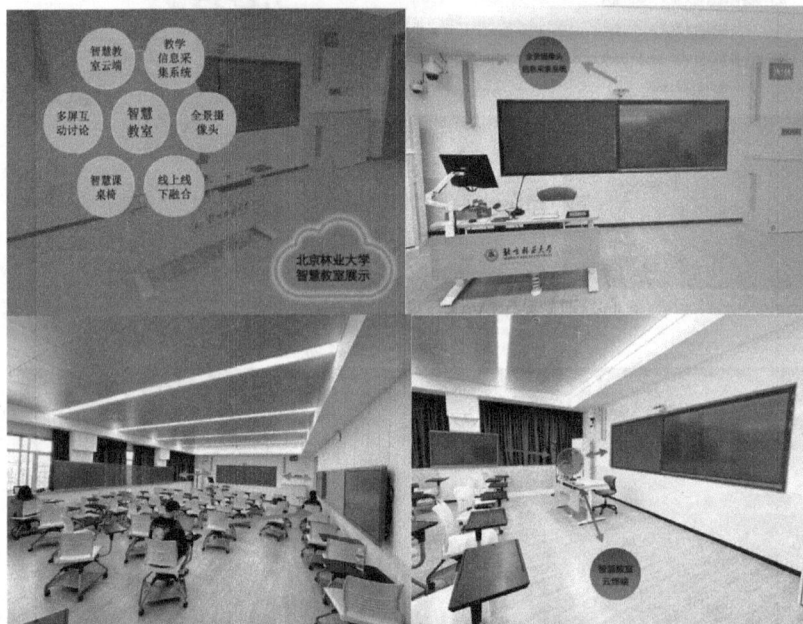

（a）北京林业大学第二教学楼智慧教室

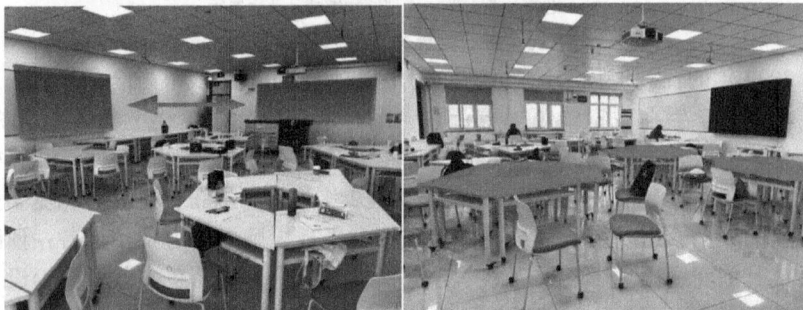

（b）北京林业大学艺术设计学院《设计表达》课程智慧教室

（c）北京林业大学多媒体设备升级改造

图4　智慧教室分析与应用

智慧教室是基于物联网技术，运用高清互动触控产品、高清录播系统，通过优质数字教育资源和信息化手段，有效地提高教学质量，突破传统多媒体教学，增强教学互动应用。通过建设智慧教室，最大限度实现软硬件资源的集约共享，降低学习信息化成本和建设难度。2022 年任教课程"设计表达"在学校的智慧教室进行讲授，如图 4(b)所示，双屏幕联动授课，小组讨论屏使学生全方位观看教学内容，例如关于产品手绘表达的马克笔工具介绍及使用方法等，学生全方位参与教学互动，智慧课桌椅可以依靠教师教学特色进行多项多形态组合，构建多模式小组讨论形式。如图 4(c)所示，学校进行了教室多媒体设备改造升级，引进了手写触摸屏、高拍仪等智能化设备，升级了更高性能的台式电脑、多媒体机柜等设备，进一步促进新型智能教学设备在教学中的应用。

（四）元宇宙融合未来教学

元宇宙立足教学对象多维度全周期的映射表征，有效将真实世界与虚拟世界融合，重塑教学场所、教学参与者的结构关系，使其处于一种无缝融合的全联通结构，将学校、家庭、虚拟教室等不同学习空间相互联通，形成更广阔、更全能的教学支持空间，如图 5 所示，展示了元宇宙融合未来教学新形态，包括定制化用户虚拟形象等。

元宇宙融合未来教学得益于人工智能、物联网、网络运算等技术的构建，不仅能够支持群体共同参与内容的开发与迭代，还能够精准地进行教学数据分析与多模式教学资源推送，更利于全场景、全流程的个性化教学[6]。能够跨时空组织多元场所中的人与物，实现教学者、学习者及其虚拟分身等主体的跨界互动，使关系主体多元化、互动关系社群化。

图 5　元宇宙融合未来教学形态

未来，元宇宙融合艺术设计教学，例如在虚拟智慧场景下，教学参与者可以定制个性化、多样化的教学场景。在不同时空场景下完成教与学的多感体验，根据不同学习者的特征匹配最佳的虚实融合、时空穿梭、全息互动、超感体验的教与学的创新模式。未来，得益于艺术设计学科先天的创新和创造属性，艺术设计教育将会成为整个教育领域大变革的先行"试验场"。

四、基于 TST 混合模式的艺术设计教学智能化创新模型

基于 TST 混合模式的艺术设计教学将以教学—场景—技术三位一体，结合艺术设计教学系统要素，从教学策略、教学特色、教学方式三大要素深入研究，构建基于 TST 混合模式的艺术设计教学智能化创新模型。通过深度结合国内外具有代表性的艺术设计院校案例，归纳、提炼、总结、构建获得艺术设计教学智能化创新模型，如图 6 所示。

艺术设计教学智能化创新特色包含：①学科交叉智能融通；②智慧教学模式贯通；③教学内容智慧前沿；④综合智能全面拓展。其中，智慧教学模式贯通包含：本硕贯通、产学相通、国际互通、智能化沉浸式教学。

艺术设计教学的智能化创新研究，是现代艺术教育需要完成的一项重要使命。基于

TST 混合模式的艺术设计教学智能化创新模型是不断动态迭代的系统，通过艺术设计教学的三大要素有机组合，共同构建形成完整的艺术设计教学智能化创新模型。艺术设计创造力的来源不仅局限于本专业理论知识的传授，更取决于跨领域的广阔天地，因此，基于 TST 混合模式的艺术设计教学智能化创新模型研究仍然需要不断地探索、更迭、优化与变革。

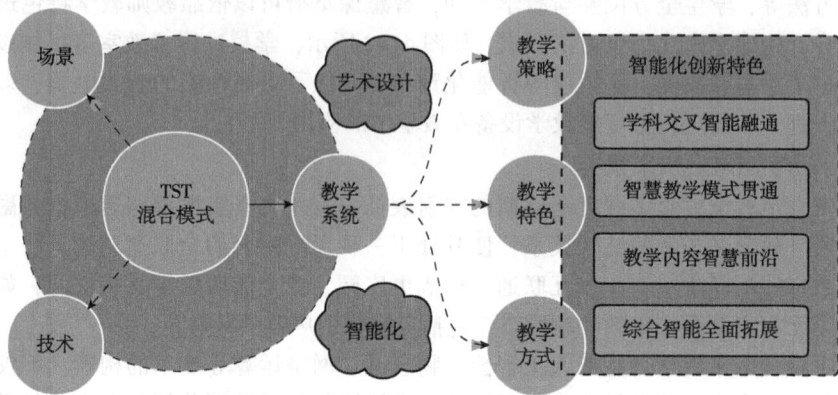

图6 基于 TST 混合模式的艺术设计教学智能化创新模型

五、结　语

本文通过艺术设计教学的智能化分析，提出教学—场景—技术三位一体的 TST 混合模式，深入艺术设计教学，融合不同的虚实场景，运用智能化的高新技术，深入分析虚拟现实融合教学、线上线下融合教学、智慧教室融合教学、元宇宙融合未来教学的优势特色与应用案例。结合艺术设计教学系统要素，即从教学策略、教学特色、教学方式三大要素深入研究，构建基于 TST 混合模式的艺术设计教学智能化创新模型，为基于顶层设计的艺术设计教学模式研究提供理论依据。

面向未来的艺术设计教育高等院校将更注重跨学科教育，关注学生创新创造、责任感、多元化、合作交流等综合能力的提升，艺术设计教学的目标是培养多维发展的创新型复合人才。未来将进一步加强艺术设计教育创新体系的智能化发展建设，持续深入艺术设计教学智能化研究。

参考文献

[1]张靖，郑新. 技术驱动的大学教学现代化：历程，特点及趋势[J]. 中国教育信息化，2021(10)：6-10.

[2]MUNIANDY T, ABDULLAH N. A Comprehensive Review：An Innovative Pedagogy for Future Education[J]. International Journal of Online Pedagogy and Course Design (IJOPCD)，2023, 13(1)：1-15.

[3]XUE LEI, LU XIAOBO. Intelligent Research and Application of Product Image Design Decision Optimization System[C]//2021 International Conference on Culture-oriented Science & Technology (ICCST). Beijing, China：IEEE Computer Society, 2021：234-238.

[4]祝智庭，胡姣. 技术赋能后疫情教育创变：线上线下融合教学新样态[J]. 开放教育研究，2021, 27(1)：13-23.

[5]陈永杰. 智慧教室未来已来[J]. 中国教育网络，2022(1)：28-29.

[6]刘革平，高楠，胡翰林，等. 教育元宇宙：特征，机理及应用场景[J]. 开放教育研究，2022, 28(1)：24-33.

教育的数字化战略在"环境设计"方面发展的趋势研究

赵 雁 马毓言 卢 平

（北京林业大学艺术设计学院，北京 100083）

摘要：随着社会的快速发展，数字化战略正逐步融入社会的各个方面，同时也引发了高等教育方面的改革。在过去的一段时间，疫情虽然促进了数字化在教学领域的快速发展，但同时也要根据国内设计教育的大趋势并结合国情来评估目前是否所有课程都适合线上教学。通过对"环境设计"课程数字化教学探索新的教学方式，以数字化承接原有教育的传统方式，尝试面向未来用数字化教育方式推进环境设计教学体系的创新和发展。

关键词：教改；数字化战略；设计教育；环境设计

一、 教育数字化战略的发展现状

在新一代数字化技术如人工智能、5G技术、元宇宙等的高速发展下，人们的生活方式逐步发生着巨大的变化，这些巨大的变化将促进高等教育方式的转型，形成线上与线下相融合以及未来无边界教育模式的发展。在2020年新冠肺炎疫情暴发以来，全球数字化发展呈现出了加速发展的趋势。在另一方面，新冠肺炎疫情的暴发也冲击了原有的教育发展模式，促进了高等教育模式数字化教学的需求。数字化产业的加速发展，以往的知识与技能、人际交往方式以及虚拟空间中的知识传播方式都在发生着变化，这些变化使高等教育教学方式也发生系统性的变革。2020年4月10日，习近平总书记在中央财经委员会第七次会议上指出："我国线上经济全球领先，在这次疫情防控中发挥了积极作用，线上办公、线上购物、线上教育、线上医疗蓬勃发展并同线下经济深度交融。我们要乘势而上，加快数字经济、数字社会、数字政府建设，推动各领域数字化优化升级，积极参与数字货币、数字税等国际规则指定，塑造新的竞争优势。"2022年在政府发布的工作报告中，也正式提出了实施教育数字化战略，以教育数字化创新促进高质量教育体系的转型成为新时代的重点要求。在我国现阶段的发展中，教育数字化也存在着一些问题，诸如数字化基础教育设施不足、部分的学校数字化设备短缺、学习资源有限共享等，所以我们要发挥教育数字化的优势和引领作用，补充以往教育教学模式的短板，为我国培养一系列高素质专业的人才，促进我国教育事业未来的创新发展。在后疫情时代，要注重提高数字化的发展，在线教育的高速发展对学生的意识和能力以及教师的信息化教学手段提出了新的要求[1]。"布扎"和包豪斯教育体系并不完全容纳数字化设计教学，而国内环境设计教育却大多借鉴于此，很多高校对数字化的理解也较为片面，使得国内环境设计专业在目前的数字化设计教学体系中处于一种较为单一的状态[2]。因此环境设计专业的教师需继续努力探讨与构建数字化、全面化

作者简介：赵 雁，北京市海淀区清华东路35号北京林业大学艺术设计学院，副教授，100083zy@163.com；
　　　　　马毓言，北京市海淀区清华东路35号北京林业大学艺术设计学院，研究生，18611626199@163.com；
　　　　　卢 平，北京市海淀区清华东路35号北京林业大学艺术设计学院，研究生，luping202205@163.com。

的教育发展模式，适应新时代的数字化教育发展形态。

二、 环境设计专业数字化的发展与教学现状

2021年10月18日，习近平总书记在中共中央政治局第三十四次集体学习时指出："要把握数字化、网络化、智能化方向，推动制造业、服务业、农业等产业数字化，利用互联网新技术对传统产业进行全方位、全链条的改造，提高全要素生产率，发挥数字技术对经济发展的放大、叠加、倍增作用。"目前，数字化在我国成为了人们日常生活中必不可少的一部分，现代的各个行业包括环境设计领域中比如博物馆、展陈空间、医院等，对数字化的应用也给人们带来了多样化的体验。环境设计的目标在数字化的影响下更加具有绿色导向性。传统教学模式在此背景下正渐渐被多媒体技术、在线学习、混合教学等多以技术为主导的学习方式所取代[3]。目前国内绘图软件课程中讲授的内容都是数字化技术的应用，例如Photoshop、Computer Aided Design、Sketchup和3D Studio Max等。但在接下来的发展中仍需继续关注社会的发展与科技的进步，更新软件教学课程，比如Virtual Reality与Augmented Reality相关的技术软件。除此之外，还应使学生在精通设计工具的同时，融入自己的情感和想法，激发学生的兴趣与创新点，从而使其更具备数字化市场的竞争力，促进行业更好的发展。

北京林业大学作为一个综合性院校已经具有较为完善的教育体系和教改经验，在此基础上很有利于数字化教育的发展深化及提高。学校艺术设计学院环境设计专业教学偏向传统类型，在传统教学模式中，环境设计专业教学内容可大致分为理论、史论、绘图和设计实践4类课程。在疫情前，绘图类课程数字化程度比较高，一是因为在科技发展下课程作业逐渐由手绘转为手绘与软件作图相结合，二是因为作业中考虑落地类设计偏少，多为根据实际情况所做的设计方案。在疫情期间，4类课程的教学方式皆向数字类型转化，但程度各不相同。在实践类的课程中，教学内容从实地调研转换成线上考察，学生可根据课程主题对设计项目所处背景和相关信息进行线上信息收集。其优点包括：一方面是可选择的范围扩大了，使学生的视野更加开阔；另一方面是完成时间较短、效率较高。但在此过程中也存在两个问题：一是学生仍需考察真实场地的空间感受、使用人群的功能需求以及周边人文环境等；二是学生需要掌握更加专业化的线上调研能力，教师应带领学生解读网络大数据，使学生对设计项目的各项信息了解得更加准确和全面，培养其抓重点及解决问题的能力。因此，疫情过后的实践类课程可采纳线上课程所探索的信息数字化优点，采用线上课程与线下课程相结合的方式。理论、史论与绘图类课程线上教学的内容所受影响相对较少，其数字化的体现主要在教师教学平台和学生学习途径的转变。但在数字化教育发展下，应提高对数字化的认知，探索教学方式的数字转型。除此之外，在线上教学中，如何调动学生的主观能动性是有待解决的一项问题。目前课程交流中教师与学生的互动性偏低，解决方法之一是可以改变学生作业计分中关于时效与主动展示的分值比例；二是可以借助腾讯会议、钉钉、zoom等线上教学平台的多项功能特点来促进学生的积极性。在疫情特殊阶段，所有课程线上教授的时间都较长，慢慢体现出了各类课程目前数字化教学的优劣点，经过了实践考察和汇总分析，有利于指导疫情过后环境设计各类课程的数字化程度和方式的进一步探索。

在改革现有课程基础上，考虑社会中的数字化需求，建议增设跨领域设计类课程。增强学生的综合性设计能力，满足信息化时代中对新型数字化人才的需求，促进行业的良性发展并开拓新的发展方向。

三、 环境设计教学的数字化探索

（一）以美育人， 推动环境设计课程数字化改革
面向学生、教师和学校尝试推广数据平台并建立数字分析模式，推动5G、大数据、云

计算、人工智能等在新一代信息技术在环境设计课程教学中的应用。比如建立北京林业大学数字博物馆、环境设计标准数据库和环境设计行业数据库等。

1. 建立北京林业大学数字博物馆，与各平台合作

在设计课程方面，建立数字博物馆促使学生作品展陈形式的多样化，减少材料的浪费。这样更有利于各个设计领域课题作品的积累与研究程度的推进，减少设计资源的浪费。教师可带领学生利用全景 VR、无人机航摄、三维建模、三维场景实时渲染技术，建立北京林业大学数字博物馆数据库，搭建基于 Web 端、移动端、触屏端的线上、线下集合式的数字博物馆平台。该平台由"北京林业大学"数字博物馆网站、手机端、数字孪生系统、全景数据发布系统、平台运维运营管理系统 5 个子系统组成，以实现空间数据资源的虚拟现实实景、三维虚拟场景展示与管理，并促进与其他数字博物馆各类空间数据资源的共享共用，比如国家博物馆、故宫博物院、莫高窟、三星堆等。以故宫博物院为例，其数字化平台包括数字多宝阁网站、数字文物库网站、历年展览与陈列网站和全景故宫网站。尤其是全景故宫平台的建立值得我们借鉴，如图 1 所示。在实践课程方面，教师可带领学生建立北京林业大学数字博物馆中的环境全景库，从 5 个类别分别录入学生线下考察各个地点所得出的尺寸数据、生态数据和历史人文，包括空间基础数据、全景影像数据、三维精细模型、文化元素数据、系统业务数据，形成数据库体系。以此开始尝试完成疫情时期线上考察的不备之需，也有利于促进环境设计理念的良性发展，而且用环境设计的数字化手段记录，可以多维度地宣传各地历史、人文、建筑及景观等。在史论课程方面，可以使用 Virtual Reality、Augmented Reality 等数字化工具，借助与多个数字平台的合作，使学生在虚拟空间中更加深刻地建立史论体系。分析对比外国美术史中文艺复兴时期各个画派理念、特征和风格，让学生沉浸式地了解现代设计史中"工艺美术运动""新艺术运动""装饰主义运动"的时代背景等。

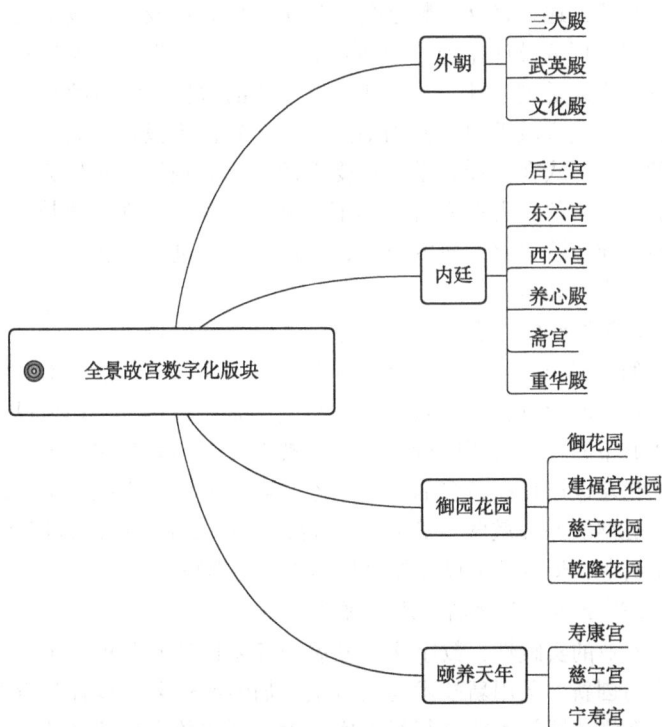

图 1　全景故宫数字平台

2. 建立环境设计专业数据库，紧随行业发展

在理论课程方面，教师可带领学生建立环境设计标准数据库。根据学习需要整理录入各项国家建筑标准、室内规范标准和人体工程学数据等，促使学生的设计作品与实际相结合，贯穿"以人为本"的概念。目前，在大多数建筑设计和施工等项目的过程中，都有Building Information Modeling 软件应用在其中。在环境设计实践课程方面，教师可借鉴Building Information Modeling 软件的材料数据库与学生共同建立环境设计数据库，并在库中设置材料应用管理层、数据库交换层、模型层和基础数据层。在使用时可借助材料应用管理层促进学生通过自身在设计方面的考察和市场分析，发现在传统二维的设计模式当中存在的许多问题，建立信息的云共享平台，并通过数据交换层对环境设计空间进行协调管理与控制，以此为标准来提升数据的管理水平。在模型层中可录入现有市场建材，加强学生对设计方案中材料适用性的研究，使其谨慎或创新地对待材料的选择和使用，利于环境设计的绿色发展。此外，教师可带领学生在考察市场时建立基础数据层，录入市场建材详情和客户需求，紧跟行业发展动态，使学生面对真实的社会发展情况。打造智慧教育公共服务平台，统筹推进数字化与美育的融合，可实现数实融合的生态共建，并使学生成为新兴领域所需的数字型人才。同时，北京林业大学的园林专业、环境设计专业和家具专业居于领先地位，其中园林专业与环境设计专业的研究内容和方向有很多重合点，因此环境设计专业在融合园林学院及材料学院相关专业后建立的模型库数据更加完整。

（二）跨领域融合，促进数字化课程可持续发展

1. 进行数字化调研问卷的教学

通过大数据平台进行需求调研，正确解读数字化资源信息，创造各类具有教育价值或特定教育信息的教育资源，这些教育资源可以在经过数字化信息的处理之后，激发学生采用自主创造的方式，促进他们的数字化学习[4]。这些数字化资源有许多的形态特性，包括仿真虚拟和远程共享等，通过将这些数字化资源进行整合以及对于现有资源的调整，为学生提供全方位的学习。环境设计作为一门涉及面广的专业，发展的速度相对滞后，而就现在的发展趋势来看，未来是创造性、数字化、综合化的时代。疫情的影响在一定程度上会导致需求的整合，传统教育教学中多使用幻灯片等多媒体手段进行教学，而疫情加速了数字化的发展，这种授课形式在传授和学生接受上的模式表现得相对较为单一，在专业知识学习上的作用是非常有限的，现在来看尤其不能满足学生创意性与科技、科学的结合，因此需要大量的实践，通过数字化调研的方式，可以将需求进行科学的整合，促进科学与艺术的结合以及数据的平台共享。

2. 观察城市数字化动态，进行环境设计教学侧重点的调整

环境设计教学的过程中，不仅要培养学科专业的人才，也要帮助学生打牢专业的实践能力和创新思维。现代的学科教育必须与社会和生活紧密对接，使环境设计的实践性大大提高。现代数字化城市的发展对环境设计专业从教学观念到教学实践上都产生了很大的影响，我国目前信息化建设还存在诸多的不足之处与巨大的发展空间，考虑群体的特定性和差异性，满足不同类型的课程教学方式，通过微课、慕课等方式进行深化，构建多角度、多主体的教育教学资源，促进环境设计教育教学质量的提高[5]。

3. 与数字化企业合作，共建新型人才培养结构

基于环境设计专业的实践性，数字化的发展为环境设计专业提供了宽广的平台。与数字化企业进行合作与创新，运用新技术与新方法，加强改进环境设计教育的发展，重视实践性教育的发展。在疫情期间不能进行线下实习时，利用数字化信息的平台，与数字化企业进行合作，给予学生线上实习内容。在认识数字化信息传播的基础上，充分结合新时代

教育观念与行为特点，促进教育主体的发展，提高环境设计专业课程教育的实效性与创新性，推动环境设计专业产生新的生机与活力。

四、结　语

教育的数字化战略的推进需要教育技术的创新发展，需要不断地融入经济、文化和社会的各个方面，更需要社会各界对其进行持续的关注，从而引发高等教育方式的变化与探索。环境设计作为艺术设计的专业大类，需要从多个角度融合数字化创新的教育发展模式，面向未来，促进学科模式创新，关注课程改革与教学创新之间的联系在数字化教育战略下的转型和发展。

参考文献

[1]兰国帅，魏家财，黄春雨，等．国际高等教育数字化转型和中国实施路径[J]．开放教育研究，2022，28(3)：25-38.

[2]罗斌．环境设计专业数字化设计教学体系研究[J]．设计，2021，34(19)：94-97.

[3]杨扬，周仿颐．信息技术背景下高校环境设计专业课程改革探索[J]．绿色包装，2022(7)：45-49.

[4]李铭，韩锡斌，李梦，等．高等教育教学数字化转型的愿景、挑战与对策[J]．中国电化教育，2022(7)：23-30.

[5]郑庆华．以教育数字化转型带动教育高质量发展[J]．陕西教育(综合版)，2022(Z2)：23-24.

[6]PHILIP M. SADLER, EDDIE GOOD. The impact of self-and peer-grading on student learning[J]. educational assessment, 2006, 11(1): 1-31.

新时代背景下高校青年教师师德师风建设探究

沈　豪　董世魁

（北京林业大学草业与草原学院，北京　100083）

摘要： 高校青年教师是高校教师队伍的重要组成部分，也是高校教育事业保持高速和可持续发展的中坚力量。新时代背景下加强青年教师师德师风建设，对于培养德、智、体、美、劳全面发展的中国特色社会主义建设者和接班人具有重要意义。党的二十大强调了立德树人理念在高校师德师风建设中的关键作用，青年教师师德师风建设既是高校落实立德树人根本任务的必然要求，也是实现高校教育事业长远发展的内在要求。新时代背景下高校要贯彻落实习近平关于加强新时代高校教师队伍建设的重要讲话精神，采取有效措施加强青年教师师德师风建设，推动新时代高校教育教学改革。

关键词： 新时代；师德师风建设；高校青年教师；立德树人

教育部为了加强高校教师师德师风建设，发布了《新时代高校教师职业行为十项准则》，推进高校师德师风建设。随着时代的发展，更多的青年教师作为中坚力量涌入高校参与教育教学活动，越来越多的青年教师都具有海外教育的背景，这种背景有利有弊。海外的教育理念也导致了部分青年教师的思想比较激进活跃，在日常教学中也出现了部分青年教师师德师风失范的行为，因此非常有必要加强青年教师的思想建设，重视师德师风在青年教师培养中的重要性。新时代高校青年教师要在师德师风建设中发挥榜样示范作用，为党育人、为国育才，积极履行教育教学职责，切实提高教育教学质量。在全面贯彻党的教育方针、全面提高教育质量的新背景下，高校青年教师作为高等教育事业的主力军，其师德师风建设关乎着教育事业的健康发展和高等教育改革发展目标的实现。随着我国高等教育事业的飞速发展，国内对于高校教师师德师风的关注度也迅速增加（图1），特别是对高校青年教师师德师风的关注（图2）。因此，研究和探讨新时代高校青年教师师德师风建设问题具有重要的理论和现实意义。

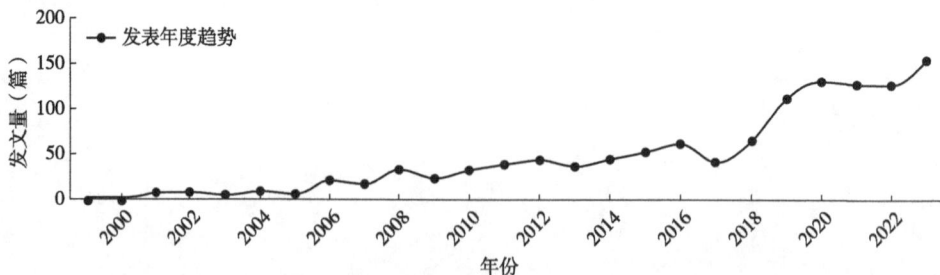

图1　国内关于高校师德师风建设研究的论文发表量及趋势

作者简介：沈　豪，北京市海淀区清华东路35号北京林业大学草业与草原学院，讲师，shenhao@ bjfu. edu. cn；
　　　　　董世魁，北京市海淀区清华东路35号北京林业大学草业与草原学院，教授，dongshikui@ bjfu. edu. cn。
资助项目：北京林业大学课程思政教研教改专项"大学生劳动教育"（BJFU2022KCSZ31）。

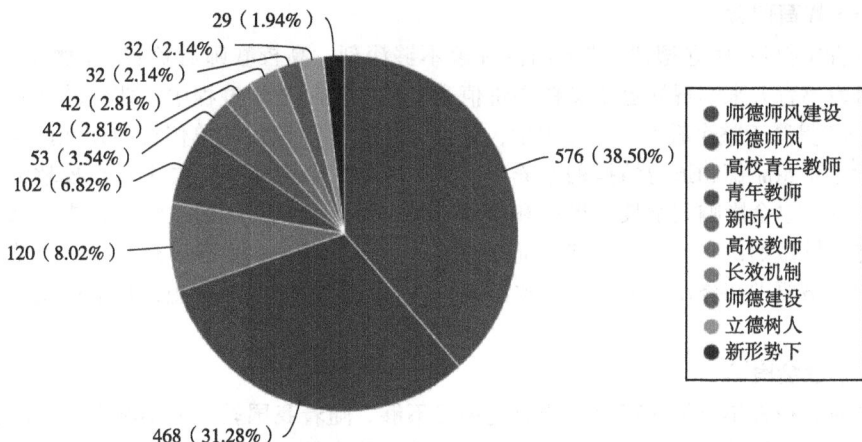

图 2　国内关于高校师德师风建设研究所侧重的研究主题的分布情况

一、　新时代背景下高校青年教师师德师风建设面临的形势

当前，我国正处于中国特色社会主义快速建设的关键时期，国家对高等教育的需求、教育体系对青年教师的要求以及青年教师自身的发展都发生了深刻变化。随着我国人才培养体系的逐步完善，高校青年教师队伍规模也越来越壮大，与此同时也出现了一些问题，比如高校中部分青年教师对职业职责的履行不到位，甚至出现了一些师德师风失范的问题。这也可能跟高校青年教师教学科研压力大、支撑经费不足等有关[1]。近年来，高校为提升教学质量和科研水平在引进人才等方面投入了大量人力、物力和财力，但是并不是每一位青年教师的自身发展都能得到足够的支持和保障。青年教师面临着来自教学、科研等方面的压力，很容易因为职业前景不明朗产生焦虑、抑郁等精神健康问题，进而诱发师德师风失范问题的产生。随着党的二十大的召开，习近平总书记对高校青年教师师德师风建设提出了新要求。现阶段，青年教师的思想政治素养亟待提高，思想政治理论水平也需要加强。部分青年教师忽视了高校对师德师风建设的要求，只重视个人利益追求，忽略了作为高校青年教师肩负的历史职责和为党育人为国育才最终实现中华民族伟大复兴的历史重任。在新时代，各个高校对青年教师师德师风的建设也越来越重视，北京林业大学等一些重点院校对师德师风失范坚决贯彻执行一票否决制度，为高校管理体制改革作出了表率，加强了高校青年教师师德师风建设力度和效果。

二、　高校青年教师师德师风建设过程中存在的问题

青年教师刚刚步入工作岗位，面对来自社会的各种诱惑和复杂的人际关系，往往会产生一些负面情绪，而这些负面情绪又会影响到青年教师对职业的认同感。部分青年教师认为教书育人是一项简单的工作，因此对于教书育人不能全身心投入，没有激情。在这种情况下，青年教师很难感受到自身存在的价值，往往会产生职业倦怠心理[2]。由于我国高等教育规模日益扩大，高校对青年教师的培养力度也在不断加大。但是仍然有一些高校对青年教师的师德师风建设重视不够，认为师德师风建设仅仅是教育部门的事。即使学校专门制定了相关制度要求青年教师加强师德师风建设，但由于相关制度不够健全和完善，往往难以落到实处。同时部分高校对青年教师师德师风建设没有真正落实到具体行动上来，对于出现的师德师风失范问题往往只是局限在批评教育、责令整改、通报批评等，没有采取具体强有力的措施进行整改，因此没有起到真正有效的作用。

（一）教育理念

高校青年教师对"立德树人"的内涵理解不够深刻。高校教师肩负着"立德树人"的重任，通过教书育人来实现社会主义核心价值观。但在实际教学过程中，部分教师并没有将"立德树人"贯穿于整个教育教学过程中，仅仅关注学生知识的简单传授和技能的培养，忽视了对学生思想品德和道德情操的培养[3]。长此以往，会使得学生失去对高校教师职业的认同感，并且也会影响到学校的校风和学风建设。另外，在实际的教学过程中，部分青年教师虽然能够做到认真备课、上课、批改作业等工作，但对学生的思想品德、道德情操却很难做到严格要求和督促。因此会导致出现一些学生学习成绩不理想，甚至产生厌学情绪等情况。

（二）社会舆论

社会对高校青年教师的正面宣传力度仍然不够。随着我国教育的不断发展，高校青年教师也获得了很好的发展机会，但由于社会舆论引导不够，造成青年教师往往将自身职业简单定位在"园丁"和"蜡烛"上，往往忽视自身职业的重要社会价值。随着互联网的迅速发展，网络信息传播速度很快，由于网络信息具有虚拟性，许多不实信息会在网络上传播，社会对青年教师的负面舆论影响较大。一些媒体为了吸引眼球，往往对青年教师的一些不当行为进行随意的扩大和恶意散播。这种负面舆论往往会严重影响到高校青年教师的形象，影响到青年教师对自身职业前景和价值的认同感。

三、 高校师德师风建设与教育教学改革的关系

（一）师德师风建设为教学改革提供支撑和保障

师德师风建设是教师职业道德的建设和培养，重点关注教师的道德品质和行为准则。在教学改革中，教师需要以身作则，成为学生的榜样，注重诚信、责任、平等、尊重等方面的教育理念与行为。只有具备高尚的师德师风的教师，才能够提供高质量的教育服务，推动教学改革的顺利进行[4]。教育教学改革是一个系统性的改革工程，需要教师积极主动地参与和推动。在这一过程中，教师的师德师风对于落实改革目标、推动改革措施的实施至关重要。只有通过师德师风建设，教师才能真正做到以学生为本，关注学生发展，积极参与教育教学改革并取得良好的成效。

（二）师德师风建设促进教师的专业成长与反思

教育教学改革作为一种教育创新的实践，要求教师进行教育理念、教学方式和评价方法的创新。在这个过程中，教师需要对自己的教学实践进行反思，调整与改进。师德师风建设为教育教学改革提供了动力，可以促使青年教师不断提升自身的教学能力，拓宽教育思维，培养创新精神和实践能力[5]。良好的师德师风建设能够激发教师的责任感和教育情怀。教师的专业成长离不开对教育事业的热爱和追求，以及教学工作的责任心。师德师风建设通过传承和弘扬优秀的教育家精神，鼓励教师关注学生的学习和发展，从而推动教师在专业领域不断发展与反思。

（三）加强师德师风建设有助于提升教师的教育教学质量

良好的师德师风是教师专业能力的重要体现，它具有多方面的积极作用。首先，良好的师德师风体现了教师对教育事业的敬业精神和态度，使教师以正确的道德价值观和行为规范指导自己的教育教学活动。其次，师德师风的建设促使教师更加关注学生的全面发展，注重培养学生的创新能力和实践能力，帮助学生全面发展个性和潜能。同时，良好的师德师风建设也有助于营造良好的教育环境和学术氛围，为教师的专业发展提供有利条件，促进教师之间的合作与交流，提升教师的教学质量和学术声誉。因此，师德师风的建设是教

师教育教学质量不可或缺的重要因素。

四、 加强高校青年教师师德师风建设的基本内容和主要途径

（一）积极加强青年教师思想政治教育理论的学习

首先，高校要重点关注青年教师思想政治理论的教育工作，把青年教师思想政治理论教育作为一项长期的基础性工作常抓不懈。要定期组织青年教师学习党的二十大精神、了解习近平新时代中国特色社会主义思想，以及《中华人民共和国宪法》《中国共产党廉洁自律准则》等法律法规和党内先进理论与政策，集中力量开展爱国主义、集体主义、社会主义教育，引导青年教师不断提高自身的政治素养和法律素养。其次，高校要积极关注青年教师的心理健康教育，通过开展一系列心理健康讲座、心理咨询等活动，帮助青年教师排解压力，学会自我调节，培养积极乐观的心态和勇于担当的精神[4]。最后，高校要重点加强对青年教师的社会实践教育，积极倡导和引导青年教师深入国家社会基层开展相应的社会实践活动，不断提高自身的社会责任感和历史使命感。积极引导青年教师将思想政治理论教育与实践教育相结合并融入教育教学过程，帮助青年教师了解国情、党情，提升自身的思想理论素养和社会责任感并树立正确的世界观、人生观和价值观。高校要重点树立师德师风建设榜样，加大榜样力量对青年教师有重要的引领作用，在教学过程中善于发现、培养、树立和宣传青年教师先进典型，发挥好榜样的示范感染力。

（二）完善高校关于青年教师师德师风的制度建设

高校要加强制度建设和制度保障，从源头上根治师德师风失范行为，增强青年教师的职业荣誉感、使命感和责任感[5]。建立完善师德师风建设长效机制，制定并改进青年教师师德师风考核评价办法，把青年教师思想政治表现、学术水平、育人能力、教学业绩、社会服务等作为多位一体的考评依据，并建立长期的青年教师师德师风档案，定期对青年教师开展师德师风情况的专项考评，并将考评结果与职称评审、岗位聘用和绩效等挂钩。在教师聘用制度中明确师德师风考核内容和标准，建立健全青年教师师德师风考核评价体系，将职业道德、职业操守、课堂教学、学术诚信等作为考核内容，并明确将教师职业道德考核情况作为教师资格定期注册、职称评聘、年度考核和岗位聘用的重要依据。另一方面，要不断完善师德师风监督机制。通过设立举报投诉电话和信箱等途径，建立师德师风监督渠道。除此之外，还可以通过加强高校行政权力制约和监督等措施来进一步推动高校青年教师师德师风建设。师德师风建设所涉及的内容较多，在制度建立的同时，还要强化监督机制建设并使之落到实处。

五、 党的二十大精神在引领高校青年教师师德师风建设、 推动高校教育教学改革中的启示

党的二十大精神是新时代的重要成果，对当下高校青年教师具有很好的引领作用。党的二十大报告指出："高校立身之本在于立德树人。"强调了全面贯彻立德树人根本任务。作为教师，要自觉践行社会主义核心价值观，树立正确的人生观、价值观，追求高尚的师德师风。师德师风的引领作用是教学改革的重要保障，可以促使教师以师德师风为准绳，推动教学模式、教学方法的创新和改进。高校青年教师作为培养人才的重要力量，应当坚守党的教育方针，注重培养学生的思想道德素质和创新能力，实现教育教学的全面发展。党的二十大报告强调，"坚持教育优先发展，建设教育强国""办好人民满意的教育"，这体现了党中央对教师群体的高度重视。高校青年教师师德师风建设是落实高校立德树人任务的重要基础，同时也是高校人才培养工作中重要环节。在新时代，高校青年教师要牢记立德

树人的根本任务，始终以"四有"好老师为目标，做好思想政治建设工作，树立良好的师德师风。只有这样才能在教书育人工作中发挥更大的作用，才能使自身的师德师风得到广大学生和家长的认可，更好地做到教书育人、服务学生。高校青年教师应当以党的改革方针为指导，在良好的师德师风建设的基础之上，积极参与教育教学改革，创新教育教学模式和方法，提高教学质量和效果，推动高校教育教学的转型升级。青年教师是高校意识形态工作的主力军，要强化政治意识，提高政治站位，时刻关注国内外形势变化，与党的路线方针政策和党中央决策部署保持高度一致。在重大原则问题上时刻保持头脑清醒，做到立场坚定、旗帜鲜明。要不断增强政治定力，坚定理想信念，用理想信念统一思想、统一行动，坚持正确的政治方向和价值取向，要有为国奋斗的理想信念[6]。党的二十大对师德师风引领教学改革提供了重要的启示，强调教师以师德师风为基础，注重教学创新、服务社会和培养优秀人才，为教育事业的发展和社会进步作出积极贡献。高校要将师德师风建设贯穿于青年教师教育教学全过程，通过课程思政建设和优秀教师队伍建设，让青年教师树立为党育人、为国育才的使命意识和责任意识，不断加强师德师风建设，推动青年教师的思想政治素质和教育教学能力的提升[7-9]。

六、结　语

加强高校青年教师师德师风建设，是新时代全面贯彻党的教育方针，落实立德树人根本任务，培养德智体美劳全面发展的社会主义建设者和接班人的内在要求。高校青年教师要在坚守立德树人根本任务的同时，充分认识加强青年教师师德师风建设的重要性，要严格按照《新时代高校教师职业行为十项准则》和《普通高等学校教师职业道德规范》的要求，不断完善自身的道德修养，自觉加强师德师风修养，坚守教书育人第一线，自觉践行"四有"好老师标准，认真领悟和学习党的二十大精神，不断提高业务能力和教育教学水平。整体而言，师德师风建设在教育教学改革中具有重要的引领作用。高校青年教师应以师德师风为准绳，推动教学创新、服务社会和人民群众，加强教师队伍建设，为教育事业的发展作出积极贡献。这样才能实现教育教学的深化改革，培养出更多具有创新精神和综合素质的优秀人才。

参考文献

[1]范施懿.立德树人视域下高校青年教师师德培养困境及对策分析[J].当代教育实践与教学研究，2019（18）：147-148.

[2]汤文庭，曲文娜，张刚.浅谈新时代高校青年教师师德师风建设的内涵与措施[J].当代教育实践与教学研究，2019(11)：100-101.

[3]曾雅静，李黛君.新时代加强高校青年教师师德师风建设：意义、问题和路径[J].当代教育实践与教学研究，2019(9)：143-144.

[4]刘佳.高校青年教师师德师风建设的有效途径研究[J].湖北开放职业学院学报，2022，35(22)：52-54.

[5]王小荣，马国艳.新时代背景下加强高校青年教师师德师风建设的策略[J].科技资讯，2021，19(9)：203-205.

[6]董春阳.用党的二十大精神指导新时代高校教师思想政治工作和师德师风建设[J].北京教育(德育)，2022(11)：68-71.

[7]李丹.浅析新时代高校青年教师师德师风建设路径[J].现代职业教育，2022(33)：161-164.

[8]杨珏.高校青年教师师德师风建设的路径探析[J].江西教育，2020(Z2)：14-15.

[9]白冰.理工科高校青年教师师德师风建设探究[J].大学，2021(10)：125-126.

高校教师思想政治工作的方法、难点及实效性提升路径研究

何佳佳

（北京林业大学党委教师工作部，北京 100083）

摘要： 党的十八大以来，以习近平同志为核心的党中央高度重视高校教师思想政治工作，全国高校都成立了党委教师工作部，统筹教师思想政治和师德师风建设工作。本文立足高校教师思想政治工作的具体工作实践，阐述高校教师思想政治工作的意义，梳理目前开展高校教师思想政治工作的主要方法，从日常工作实践中分析总结高校教师思想政治工作的难点，结合已有工作经验提出提升高校教师思想政治工作实效性的对策。

关键词： 教师思想政治；师德师风；工作方法；实效性

党的十八大以来，以习近平同志为核心的党中央高度重视高校教师思想政治工作。围绕教师队伍建设这项基础工作，习近平总书记先后发表了一系列重要讲话，作出一系列重要指示批示，对广大教师提出"四有"好老师、"四个引路人""四个相统一"的殷切希望，对广大思想政治理论课教师提出"六要"要求，为坚持和加强高校教师思想政治工作指明了道路方向，提供了根本遵循。

近年来，中共中央、国务院《关于加强和改进新形势下高校思想政治工作的意见》《关于全面深化新时代教师队伍建设改革的意见》，教育部等七部门《关于加强和改进新时代师德师风建设的意见》，教育部等六部门《关于加强新时代高校教师队伍建设改革的指导意见》，中共教育部党组《关于完善高校教师思想政治和师德师风建设工作体制机制的指导意见》相继出台，特别是党的二十大报告提出要深入实施科教兴国战略，加快建设教育强国，对高校加强和改进教师队伍的思想政治工作和师德师风建设作出进一步指导和要求。各地区各高校认真贯彻习近平总书记关于高校思想政治工作系列重要讲话精神和党中央决策部署，加强高校思想政治工作的顶层设计，使高校思想政治工作由过去主要关注学生向现在学生教师"两手抓"转变，进一步完善了高校思想政治工作体系，为更好落实立德树人根本任务夯实基础。

一、 高校教师思想政治工作的意义

强国必先强教，强教必先强师。教师队伍整体素质关乎教育这一党之大计、国家大计，关乎培养什么人、怎样培养人、为谁培养人的根本性问题，关乎落实立德树人的根本任务，关乎培养建设者和接班人的根本职责使命。做好高校教师思想政治工作具有多重重大意义。

（一）为教师履行好"为党育人、 为国育才"职责使命奠定思想基础

百年大计，教育为本，教育大计，教师为本。教师承担着传播知识、传播思想、传播

作者简介：何佳佳，北京市海淀区清华东路35号北京林业大学党委教师工作部，助理研究员，hjj921022@163.com。

资助项目：北京林业大学思想政治工作研究课题"高校教师思想政治工作的难点与对策研究"（SZKT2023ZD02）；

北京高校思想政治工作研究课题"北京高校大先生培养与教师思想政治工作的协同创新研究"（BJSZ2023YB22）；

北京市科学技术协会高校科协建设项目"弘扬科学家精神，加快强国建设"。

真理的历史使命，肩负着塑造灵魂、塑造生命、塑造新人的时代重任，是教育发展的第一资源，是国家富强、民族振兴、人民幸福的重要基石[1]。教师思想政治状况具有很强的示范性，要求高校教师以高度的社会责任感坚持爱岗敬业、为人师表，以良好的思想道德品质给学生以潜移默化的影响。因此，要坚持受教育者先受教育，做好教师的思想政治工作，将广大教师的思想和行动统一到党中央的各项决策部署上来，统一到教育事业发展的各项工作上来，落实好立德树人根本任务。

（二）为培育学生为学、为事、为人的"大先生"提供良好生态

教师是学生在接受学校教育时最直接的学习对象，不仅塑造学生的知识体系，更塑造学生的世界观、人生观、价值观。在学生眼里，老师是"吐辞为经、举足为法"，一言一行都给学生以极大影响[2]。教师的言行举止对学生有很强的示范和引导作用，对教师来说，想把学生培养成什么样的人，自己首先就应该成为什么样的人[3]。实现培养社会主义建设者和接班人的目标，需要教师有"言为士则、行为世范"的自觉，不断提高自身思想政治素质和道德修养，厚植家国情怀，做学生为学、为事、为人的"大先生"。

（三）为打造高素质专业化创新型教师队伍把牢前进方向

培养什么人，是教育的首要问题。我国是中国共产党领导的社会主义国家，这就决定了教育必须把培养社会主义建设者和接班人作为根本任务。开展高校教师思想政治工作的基础目标就是提升教师思想政治素养，打造高素质专业化创新型教师队伍，要牢牢把握社会主义方向，筑牢高素质教师队伍的思想基础，教育引导广大教师深刻领悟"两个确立"的决定性意义，增强"四个意识"、坚定"四个自信"、做到"两个维护"，做社会主义核心价值观的坚定信仰者、积极传播者、模范践行者。

二、 目前高校教师思想政治工作的主要方法

学生思想政治工作可以通过开展形式多样的活动，而教师思想政治工作的工作方法相对传统，目前主要有以下 3 种常见方法。

（一）理论学习、培训

思想政治教育最基础的内容就是政治理论知识，往往通过理论学习、培训的方式来完成，一般有教师日常的政治理论学习、专题讲座、专题培训班等类型，主要靠教师自主研读理论文本、集体研讨、专家授课等形式。这类学习形式的优点是能够原原本本学，学习的理论定位较高，较有理论深度，缺点是相对其他学习形式较为单调，学习效果很大程度取决于教师的学习兴趣和授课专家的水平。

（二）实践锻炼

实践锻炼主要有两种类型，一类是走进教育基地、企事业单位、社区基层等地进行参观、考察的观摩式实践学习，以了解情况、拓宽视野为主；一类是实施社会实践项目，就某一具体问题开展调研，发挥高校教师智力优势，服务社会。实践锻炼的优点是学习内容较为丰富、学习体验感强，亲身见闻对教师会有更大的触动和启发，较容易调动起教师的积极性；缺点是教师更多产生的是感性认识，如果缺乏更深入的理论学习和教育引导，不易使教师产生深层的理性认识，思想政治教育深度有限。

（三）谈心谈话

谈心谈话主要是就某一个主题，通过语言交流的方式开展教师思政工作，广义上的谈心谈话包括集体座谈、多人访谈等，狭义的谈心谈话一般指一对一或多对一的交流，私密性较强。与理论学习、培训和实践锻炼这类在"面"上的教师思想政治工作方法不同，谈心谈话主要解决"点"上的问题，特别是一对一或多对一的谈心谈话，一般为校领导、院（系）

负责人、职能部门负责人、教师党支部书记以及教师思政工作人员等与教师本人谈话，了解教师近期思想动态和工作生活情况，帮助解决问题。谈心谈话的优点是工作针对具体问题，有的放矢，能够通过解决实际问题进而解决思想问题；缺点是一次只能开展一个人或几个人的思想政治工作，效率较低，且工作效果有赖于工作对象的配合程度，要求工作人员有较高的谈心谈话水平和技巧。

三、 高校教师思想政治工作的难点

在开展高校教师思想政治工作的具体实践中，目前主要存在以下难点。

（一）二级学院与教师自身的重视程度有待提高

二级学院是教师思想政治和师德师风建设的直接责任主体，院长、书记是第一责任人，但二级学院同样承担着人才培养、教育教学、科学研究、专业建设、学科发展等多项重要工作，需要教师不断提高教学、科研能力，同时教师在职称评审、岗位聘用、聘期考核等工作中也需要大量的教学、科研成果作为支撑。教师的业务能力不仅关系着教师个人的发展，也关系着人才培养质量、学科专业发展。相比之下，教师的思想政治素养短时间内对教师业务水平和个人发展不会产生太大影响，使得从教师个人到二级学院，普遍把与业务相关的工作放在更优先的位置，对教师的思想政治工作没有给予足够的重视[4]。二级学院开展教师思想政治工作易停留在传统的理论宣贯，主要为"面"上工作，深度不足。教师个人则对参加与思想政治相关的工作或活动积极性不足，当业务工作与思政工作出现时间冲突时，一些教师通常会优先考虑业务工作。

（二）教师思想政治工作的底蕴积累有待深化

高校思想政治工作已有较长的历史，但主要是开展学生的思想政治工作，多年来，学生思想政治工作已经积累了丰富的经验，取得了丰厚的成果，形成了较为成熟的工作体系，拥有人员结构合理的工作队伍，且学生是受教育者，开展学生思想政治工作的抓手较多。而教师思想政治工作在近几年才日益受到高度重视，仍处于起步阶段。一方面，工作积累较少，缺乏成熟的工作体系，可借鉴的工作经验不多[5]。另一方面，开展教师思想政治工作需要实际的工作抓手，不能脱离教师的个人发展单独谈教师的思想政治工作。在高校成立党委教师工作部之前，与教师思想政治和师德师风建设相关的工作大多由高校的人事处、宣传部等负责，成立党委教师工作部后，统筹教师思想政治和师德师风建设工作成为党委教师工作部的主要职责，但仍有许多与教师相关的工作职能分布在组织部、宣传部、人事处、科技处、教务处等职能部门。与这些职能部门相比，党委教师工作部还需要更多的实际工作抓手，因此在开展具体工作有时还存在职能交叉和部门协同联动不足等问题[6]，影响了教师思想政治工作的效果。

（三）教师思想政治工作的长期效果较难评估

思想政治工作是针对人的工作，是对人的思想给予正确的引导，使其形成正确的认识。这样的工作需要较长时间的持续影响才能产生效果，不是一两次学习培训就能达到目标的。要把长线工作持续做到日常的点点滴滴，同时还需要配合适当的、教师乐于接受的工作方式，润物无声地持续作用，久久为功，才能实现提升教师思想政治素养和师德师风水平的目标[7]。对教师业务的评估，可以通过课时量、教学成绩、科研成果数量等量化指标来衡量，而对于教师思想政治工作的效果评估，则难以通过一些量化指标来评价，往往通过一些定性的指标来衡量教师的思想政治素养和师德师风水平，而定性的指标一般都带有一些主观色彩，不同的评价主体对同一评价客体给出的评价可能有较大差别，要获得较为准确的评价还需要评价主体对评价客体有一定程度的了解，否则结果可能出现较大偏差甚至无法评价。

（四）教师思想政治工作的复杂程度更高

相较于学生思想政治工作，教师思想政治工作具有复杂性和艰巨性。大学生正处于世界观、人生观、价值观逐步形成的阶段，这个阶段对其进行思想和价值引导通常能够起到塑形铸魂的效果。而高校教师思想政治工作的对象是知识分子，三观已基本形成，对客观世界有自己的认识和理解，不易受外界的影响，所以，要通过思想政治教育对师德师风进行深入引导，相较于学生来说更具挑战性。同时高校教师已经接受了高等教育的专业训练，在教学科研领域开展了长期探索，取得了一定成绩，这使得高校教师可能会认为自己是学者、专家，不需要再接受思想政治教育，因而对参加与思想政治相关的工作或活动的积极性不高[8]，且开展教师思想政治工作不能像开展学生思想政治工作那样提出太多的硬性要求，使得教师思想政治工作相较于学生思想政治工作的复杂程度更高。

四、 高校教师思想政治工作实效性的提升对策

北京林业大学是全国较早独立设置党委教师工作部的高校，部门根据本校实际情况，在做好教师思想政治工作方面做了一定的探索实践，结合目前开展教师思想政治工作的经验，提出以下对策。

（一）建立健全教师集中学习制度， 理论学习与业务提升相结合

目前全国多数高校已建立或正在建立教师集中学习制度，落实每周一次教师集中学习要求，这是加强教师政治理论学习，提升教师思想政治素养的有力抓手，各高校应该充分发挥集中学习凝聚教师、提升素养的作用[9]。北京林业大学明确每周三下午为教师集中学习的固定时间，结合党和国家关于教育、科技、人才的最新战略部署以及本校建设发展实际，每月编制集中学习重点内容和学习资料，由二级学院组织本单位全体教师开展集中学习，以保证学习时间、学习内容、学习质量和学习覆盖面。同时鼓励各二级学院结合本单位工作实际，紧紧围绕国家重大战略、学校重点工作、学院和学科专业攻坚任务，丰富学习内容与形式。如通过政策理论宣讲、辅导报告、重点领学、集中研讨、汇报交流、参观实践等使教师在集中学习时能够充分研讨、深入交流、凝聚共识，使教师了解当前国家关注、支持发展的领域，增强教师集中学习的规范性、时代性、针对性、创新性，提升教师参与集中学习的积极性、主动性、获得感。同时引导教师将学习成果转化到课堂教学、科研攻关之中，为教师提升课程思政能力，对接国家重大战略开展科研工作提供有力支撑，真正实现思想政治素养和业务能力的双重提升，推动教师思想政治素质和育德育人能力全面提高。

（二）加强教师思政培训实践， 使教师真懂、 真信、 真践行

在对北京林业大学教师连续两年开展的思想动态调研中发现，教师参与积极性排在第一位的思想政治学习活动都是外出参观、考察实践，说明相对于单纯的理论学习，教师更愿意参加内容丰富的实践活动。因此，一方面要在教师思想政治学习中强化实践内容，创新开展国情研修、基层调研等。北京林业大学成立青年教师思想政治素养培训学校，连续7年举办培训班，组织青年教师赴八路军太行纪念馆、山东原山国有林场、定点帮扶地区内蒙古科右前旗、河南红旗渠、北京城市副中心通州、延庆冬奥会场馆、河北塞罕坝机械林场等地开展革命传统教育、国情研修等，帮助教师在亲身见闻中深入了解党情、国情、社情、民情、林情，提升思想政治素养。另一方面，要在教师日常的教学、科研工作中搭建实践平台，引导鼓励教师深入社会生产一线，了解实际情况，参与具体工作，如支教、援建、担任专家顾问等，以发挥高校教师智力优势、锻炼工作本领。北京林业大学连续5年共选派106名优秀青年教师组成支教帮扶服务团，接力奔赴定点帮扶地区内蒙古科右前旗

开展为期1年的驻校支教工作，并在课余走进当地工厂车间、田间地头进行农林专业调研指导，在推动当地教育质量提升和经济社会发展的同时，厚植家国情怀，境界修养不断提高。

（三）大力选树宣传优秀榜样，营造敬业立学、崇德尚美的育人氛围

长期以来，广大教师贯彻党的教育方针，教书育人，呕心沥血，默默奉献，为党和人民教育事业作出了重大贡献，涌现出了一大批优秀的教师代表。在开展教师思想政治和师德师风建设工作中要重视榜样教师的示范引领作用，因地制宜开展多种教师表彰活动。一方面，大力宣传张桂梅、黄大年、李保国等先进典型的动人事迹，用他们的精神感召激励广大教师将个人发展与国家前途命运、学校事业发展紧密相连，让"为党育人、为国育才"的职责使命成为高校教师的自觉追求。另一方面，深入挖掘身边教师的典型事迹，通过组织讲述育人故事、评选师德榜样等方式大力选树宣传本校的优秀教师，讲好师德故事。北京林业大学以建校70周年为契机，围绕校庆主题创新开展了"传承·奋进"——我的育人故事讲述活动，广泛组织了具有时代性、典型性、示范性的老、中、青教师代表，请他们讲述自己在教书育人实践中爱岗敬业、无私奉献、以德立教，用心呵护学生成长成才的生动故事。挖掘每位一线教师育人的闪光点，生动诠释北京林业大学教师爱教育、爱学生的情怀与行动，形成榜样在身边，人人可追及的生动局面，引导广大教师见贤思齐，传承弘扬崇高师德风范，努力做学生为学、为事、为人的"大先生"。

（四）选优配强教师思政工作队伍，加强培训提升队伍工作能力

目前教师思政工作队伍相对学生思政工作队伍力量较为薄弱，面对近年才开展的教师思想政治工作任务，工作能力也有待进一步提升[10]。这与教师思想政治工作面临的新形势、新要求不相适应，需要选优配强教师思政工作队伍。可以参考学生思政工作的模式，在二级学院层面设置分管教师工作的副院长或副书记及专职工作人员，充实基层教师思政工作队伍。北京林业大学出台了《二级单位教师思想政治和师德师风建设工作任务清单》，明确二级学院的院长、书记是本单位教师思想政治和师德师风建设工作的第一责任人，分管副院长是直接责任人，其他班子成员履行"一岗双责"，进一步压实教师思想政治工作责任，使教师思想政治的各项工作能够在基层落实落地。同时应开展多样化的培训，如邀请高校思想政治工作、马克思主义理论、教育相关法律法规等方面的专家学者为教师思政工作队伍进行工作理论、工作方法等方面专题培训，提升教师思政工作队伍的理论水平和工作本领[11]；设立研究课题项目，支持开展教师思想政治工作研究，探索教师思想政治工作新路径、打造新载体；广泛开展各地各校间的工作交流研讨，相互学习借鉴好经验、好做法，推动教师思想政治工作取得实效。

参考文献

[1]新华社.习近平出席全国教育大会并发表重要讲话[EB/OL].（2018-09-10）[2023-08-10].https：//www.gov.cn/xinwen/2018-09/10/content_5320835.htm.

[2]新华社.习近平：在北京大学师生座谈会上的讲话[EB/OL].（2018-05-03）[2023-08-10].https：//www.gov.cn/xinwen/2018-05/03/content_5287561.htm.

[3]新华社.习近平在中国人民大学考察时强调：坚持党的领导传承红色基因扎根中国大地 走出一条建设中国特色世界一流大学新路[EB/OL].（2022-04-25）[2023-08-10].https：//www.gov.cn/xinwen/2022-04/25/content_5687105.htm.

[4]张永泽.新时期高校教师思想政治工作的主要任务、共性问题及对策研究[J].云南行政学院学报，2020，22（3）：88-93.

[5]戴毅斌，刘雪姣，岳馨钰.我国高校教师思政工作有效性研究述评[J].湖北师范大学学报（哲学社会科

学版)，2020，40(4)：139-144.

[6]何本卓．党委教师工作部强化高校教师思想政治工作刍议[J]．安徽工业大学学报(社会科学版)，2020，37(5)：110-111，114.

[7]张光紫，张森年．新时代高校教师队伍思想政治工作的理论与实践思考[J]．学校党建与思想教育，2020(3)：53-56.

[8]李胤．新时代高校教师思政工作机制研究[J]．学校党建与思想教育，2020(23)：79-81.

[9]蔺伟．新时代加强高校教师政治理论学习的挑战、策略与路径[J]．思想教育研究，2020(5)：132-135.

[10]高新莉，刘芳．新时代高校思想政治工作人才队伍建设的几个着力点[J]．思想理论教育导刊，2020(10)：152-155.

[11]韩雅丽，吴刚．新时代高校教师思想政治素质培养的整体把握[J]．中国高等教育，2020(19)：28-30.

北京林业大学对口教育帮扶民族学校的实践经验及建议

——以乌兰毛都中学为例

李 岩[1] **王卫东**[2] **刘京奇**[3] **晁储同**[4]

(1. 北京林业大学图书馆，北京 100083；2. 北京林业大学经济管理学院，北京 100083 3. 北京林业大学工学院，北京 100083；4. 北京林业大学园林学院，北京 100083)

摘要：教育帮扶是乡村振兴的重要抓手，是立德树人的基本要求。本文基于北京林业大学第4批教师教育帮扶服务团4位教师在兴安盟科尔沁右翼前旗乌兰毛都中学支教工作经历，总结牧区中学支教工作经验，梳理牧区义务教育中存在的问题并提出相关建议，为后续教育帮扶及牧区义务教育发展提供参考。

关键词：义务教育；人才培养；经验

促进乡村教育质量改善是提升农村儿童人力资本水平，打破贫困代际传递，实现乡村振兴的重要途径。而教育对口帮扶是有效提升乡村教育质量的重要手段[1]。北京林业大学积极响应国家政策方针，自2019年起从各学院及行政单位选拔优秀青年教工组建教师教育帮扶服务团，分批次前往内蒙古自治区兴安盟科尔沁右翼前旗（以下简称为科右前旗）开展教育帮扶工作，截至2022年，共有4批次85名教师前往当地进行为期1年的帮扶工作，有力地推动了科右前旗教育事业的高质量发展。

2022年，北京林业大学充分调研科右前旗教育帮扶需求，首次选派6名教工前往当地苏木（乡）进行支教。其中，2名来自第4批教师教育帮扶服务团的教师及北京林业大学研究生支教团的2名研究生被派往位于科右前旗北端牧区的乌兰毛都中学进行支教，这标志着教育帮扶工作进一步深入与开展。支教教师扎根基层，充分发挥自身专业特长，为牧区义务教育质量提升贡献自身力量。本文基于乌兰毛都中学4名支教教师的工作经历，总结牧区中学教育帮扶工作中的经验，梳理支教工作中遇到的问题并提出相关建议，以期为后续教育帮扶工作在少数民族地区的有效开展以及牧区义务教育质量提升的相关政策提供一定参考。

一、 学校基本情况介绍

乌兰毛都中学位于科右前旗西北部草原牧区，始建于1976年，是一所以蒙语授课为主的寄宿制初级中学。现占地面积45336m²，校舍建筑面积9736m²。学校现有5个教学班（七年级1个，八、九年级各2个），在校生104人，教职工47人，其中专任教师45人（含特岗

作者简介：李 岩，北京市海淀区清华东路35号北京林业大学图书馆，馆员，liyan2016@bjfu.edu.cn；
  王卫东，北京市海淀区清华东路35号北京林业大学经济管理学院，副教授，wangwd2019@bjfu.edu.cn；
  刘京奇，北京市海淀区清华东路35号北京林业大学工学院，硕士，13633229675@163.com；
  晁储同，北京市海淀区清华东路35号北京林业大学园林学院，硕士，tongtongxue1023@gmail.com。

教师 7 人），工勤 2 人，全部为大专及以上学历。学校教育教学成果突出，近年来被评为旗级"先进学校""先进基层组织""教学质量"优秀奖，盟级"文明单位""义务教育示范化学校""规范办学行为示范学校""全盟农村教育综合改革示范区工程先进单位"等荣誉称号。

在取得一系列成绩的同时，由于乌兰毛都中学地处偏远牧区，在开展教育教学实践的过程中也面临着诸多挑战。具体而言，所面临的挑战如下。

1. 牧区学生知识基础薄弱

作为义务教育的托底单位，乌兰毛都中学生源主要来自本地及周边牧区和由于家庭经济条件等各种原因未能前往科右前旗及乌兰浩特市就读初中的学生。这些学生的整体知识储备较同龄人有较大差距，国家通用语言的基础尤为薄弱。在当前要求语文、历史及道德与法治采用国家通用语言教学的背景下，这些学生的知识储备少及学习能力弱的短板更加凸显。

2. 学生家庭对于教育重视程度不足

作为一所寄宿制学校，乌兰毛都中学学生的家庭分散于周边牧区，普遍距学校较远，家长对于学生日常学习的关注度有限。此外，受限于家庭经济条件与受教育程度等因素，家长教育理念与当今社会教育理念存在较大偏差，对于学生的教育重视程度不足，未能与在校教育形成有效联动，在培养学生学习兴趣及学习习惯方面存在缺失。

3. 学校"软件"实力缺乏

在我国全面脱贫步入小康社会的形势下，各乡村学校办学的硬件设施逐步提升[2]，乌兰毛都中学校园内设有实验室、微机室等硬件设施，各类实验器材及科技类产品也较为完备。然而在实际教学工作中，存在教师对于设备使用不熟练或不会使用，部分仪器设备空置的现象，在一定程度上浪费了教学资源。

4. 教师年龄结构老化，人才流失严重

乌兰毛都中学现有教职工 47 人，其中 45 岁以上的教师 22 人，而 30 岁以下的青年教师仅为 5 人，教师队伍新生力量补充不足，其中唯一 1 名硕士学历教师入职不到半年就调往其他学校任教。年龄结构老化伴生的重要问题是教师队伍活力不足、教育教学创新能力受限。如何吸引并留住青年人才，保障学校教育教学活力是当前乌兰毛都中学乃至整个牧区学校共同面对的问题。

5. 素质教育存在短板

自 1993 年《中国教育改革和发展纲要》的颁布后，确立了基础教育由"应试教育"转向提高学生综合素质，全面提高学生的思想道德、文化科学、劳动技能和身体心理素质，促进学生生动活泼的发展方向。素质教育取得了巨大成就，素质教育的理念已深入到每一个教育工作者思想当中[3]。在乌兰毛都中学的日常教学中也注重对于学生的素质教育，但由于牧区学生知识基础差，学习习惯差，加之教师年龄结构偏大，接受新理念较慢等综合因素的影响，素质教育在实际教学工作中的效果不理想。

二、 教育帮扶实践

结合学校当前面临处境以及支教教师自身优势，4 位支教教师主要在支教学校开展如下教育帮扶实践工作。

1. 开展国家通用语言课程辅导，形成对七、八年级学生的全覆盖

在校学生国家通用语言基础整体偏弱，语言基础参差不齐。针对此情况，4 位支教教师创新性地按照语言水平将七、八年级学生各划分为 4 个组别，根据学生特点开展国家通用语言辅导。其中，A 组基础最为薄弱，辅导内容主要为汉字的读音、写法、用法等，保障这些学生掌握基本词汇。B 组学生基础稍好，主要开展词语、成语学习以及短文阅读方面的辅导。C 组学生基础相对较好，主要开展阅读理解以及朗诵方面的辅导。D 组学生基础较为扎实，辅导主要围绕文言文、古诗文学习以及阅读理解展开。通过每周两节课的教授，学生的国家通用语言学习有了一定提升，同时也有效提升了其他科目成绩。

2. 开展历史与道德与法治课程教学，有效补充学校汉授课程师资

当前学校语文、历史、道德与法治 3 门课程采用国家通用语言授课。然而，当地教师老龄化严重，多为少数民族教师，汉语基础相对较差，汉语授课程师资存在短缺。两位教师教育帮扶服务团的教师分别讲授道德与法治、历史课程，积极创新教育教学方式，融入先进教学理念，同时在授课期间积极融入课程思政内容，有效筑牢学生的中华民族共同体意识。

3. 积极推进声乐教学以及科技兴趣小组，有效助推学生综合素质提升

主要由两名支教研究生开展，补足学生综合素质差这一短板。具体地，一名支教研究生结合自身特长，系统性地开展了笛子课程教学，以演奏内蒙古民族音乐为教学主体，有机融入不同民族的音乐，与此同时开展传统音乐科普课程，促进了中华传统民族乐曲、乐器的普及与各民族文化的融合。另外一名支教研究生主要负责开展各类型的科技活动与竞赛，注重学生创新思维和实践能力的培养，坚持目标导向、问题导向、创新导向原则，强调学习的阶段性，有针对性地培养学生逻辑思维能力。通过讲授 3D 打印、无人机、计算机技术等教学内容，在关键期内让学生提升抽象思维能力，拓宽视野并树立良好的科学观和世界观。

4. 开展常态化的学习提升活动，助推全校师生主动学习达到新高度

一方面，根据学校教工实际需求，结合支教教师专业特长，为全校教工开展一次针对教师的业务能力提升活动。比如针对习近平总书记"两山"理念的解读、对共同富裕的讲解、教师公文写作能力的培养等。另一方面，针对学生开展励志讲座等活动。上述活动的开展，使得支教学校内部形成了良好的学习氛围。

三、 牧区义务教育发展及教育帮扶工作建议

人才振兴是乡村振兴的关键，乡村义务教育则在乡村振兴过程中扮演着重要角色。乌兰毛都中学自建校以来，教师们一直秉承"弘扬红色理念，传承杭盖文化，构建和谐校园"的理念，几十年如一日，为草原牧区培养一批批优秀人才，在近年来也为乡村振兴持续助力，做出了重要贡献[3]。北京林业大学教育帮扶服务团的 4 位支教教师在支教过程中紧跟国家教育教学方针政策，深度融入乌兰毛都中学教育教学工作及日常生活中，根据自身工作实践，初步总结了牧区教育帮扶工作经验，并梳理了当前牧区义务教育实践中所面临的各类挑战，为更好地建设和发展民族地区义务教育水平，在今后的教育帮扶及牧区义务教育实践中，还应做好以下工作。

1. 大力弘扬中华民族优秀传统文化

中华民族自古便是多民族融合的统一国家，各民族文化的交融造就了璀璨的华夏文明。在讲授历史、道德与法治等课程时除了让学生了解我国历史进程与社会变革外，还应注重对中国传统文化及中华民族优秀道德品质的传授，健全学生人格，筑牢中华民族共同体意识，培养德智体美劳全面发展的社会主义接班人。

2. 提升教师业务水平，加强师德师风建设

建立"旗县学校—牧区学校""高校—牧区学校"对口帮扶机制，针对牧区学校教师国家

通用语言基础薄弱、教学设备使用不熟练等情况，定期开展业务培训，提高业务水平，革新教育理念。加强师德师风建设，自觉遵守新时代中小学教师职业行为准则，培养高素质教师队伍[5]。

3. 建立健全人才引进及保障机制

全面摸底牧区学校教师空缺岗位及专业需求，有针对性地引进教学能力强、综合素质好的教学能手。落实人才引进奖励措施，对在牧区学校教学的优秀人才在学习深造、提拔任用方面予以倾斜，确保人才引的进、留得住。

4. 以学生为本，因材施教

以学习成绩为依据，以素质教育为导向，以中考升学为目标，夯实学生基础知识，提升学生国家通用语言水平。针对不同学习水平的学生开展不同形式的授课及辅导方式，激发学生学习兴趣，积极组织各类课外活动，拓宽学生课外视野。

5. 学校家庭双联动，培养学生良好学习习惯

利用工作之余进行家访，深入了解每位学生的家庭情况。根据各类情况的学生，就学校教育与家庭教育建立长效沟通与实时监督机制，确保学生离校不离学，家校共育培养学生良好学习习惯。

6. 完善学校管理体系，构建和谐校园氛围

学校领导班子定期走访其他学校，积极参加各类管理培训，学习先进管理理念，以人为本，在确保教学质量的前提下，积极组织各类活动，增强师生互动，增进师生交流，构建团结和谐的校园氛围。

参考文献

[1]朱成晨，闫广芬，朱德全.乡村建设与农村教育：职业教育精准扶贫融合模式与乡村振兴战略[J].华东师范大学学报(教育科学版)，2019，37(2)：127-135.
[2]刘晓宁.脱贫攻坚背景下广西教育扶贫的实现路径[J].中共南宁市委党校学报，2020，22(6)：42-46.
[3]白云.从素质教育视角看初中教育改革[J].文学教育(下)，2020(8)：126-127.
[4]周晔.乡村学校教育高质量发展的内涵、价值与路径[J].山西大学学报(哲学社会科学版)，2023，46(2)：100-109.
[5]王晓生，邬志辉，徐萌.建设高质量乡村教师队伍[N].中国社会科学报，2022-11-18(004).

教师育人能力

把握思政内容的有机融入，
提升思政育人能力

李松卿　陶　静　宗世祥

（北京林业大学林学院，北京　100083）

摘要： 随着我国高等教育的发展，提高学生思政素质已经成为高校教育的重要任务之一。本文以"林木化学保护"课程为例，探讨了如何将思政内容有机融入该课程中，以提升教师自身的思政育人能力。通过设计实施"辩证思维看农药"和"绿色发展理念在林木有害生物药剂防治中的贯彻"两个思政元素，以润物无声的方式让学生接受课程思政的内容并取得良好效果，促进学生的思想政治教育和实践能力。

关键词： 思政育人；"林木化学保护"；辩证思维；绿色发展

随着我国高等教育的发展，思想政治教育的受重视程度度愈发加强[1]。高校作为国家的重要智力资源，肩负着培养优秀人才的使命。课程思政，即将思想政治教育元素，包括思想政治教育的理论知识、价值理念以及精神追求等融入各门课程中去，潜移默化地对学生的思想意识、行为举止产生影响[2]。在新时代下，随着社会的快速发展，高校教育的思政工作也在不断发展和创新。如何在课程中巧妙地融入思政教育内容，提升思政育人能力，已成为高校教师需要面对和解决的重大问题之一。

"林木化学保护"是林学院森林保护专业的一门专业核心课程，主要学习有害生物化学防治的科学理论和实用技术，培养学生独立解决防治中的问题能力，从而更好地为我国林业建设[3]，提高林业产品的质量以及保护环境服务。在提倡可持续森林保护理念的背景下[4]，在教学中加强课程思政内容具有重要意义。通过有机融入思政内容，不仅可以提高学生对课程的学习兴趣和理解能力，更重要的是可以引导学生在实践中树立正确的环保意识和绿色发展观念，更好地服务于国家的可持续发展战略[5]。本文旨在通过对"林木化学保护"课程中思政内容的设计和思考，探讨如何提升高校教师自身的思政育人能力，更好地引导学生在课程学习和实践中树立正确的价值观和环保意识。

一、"林木化学保护"课程中思政内容的设计

（一）课程思政内容设计过程概述

在教学中有机融入思政内容是高校思政育人工作的一项重要任务。针对"林木化学保护"课程的特点，思政内容的设计应与课程知识和实践紧密结合，以学生的实际需求和能力为基础，有针对性地制定。第一，确定思政教育的基本理念和目标。对于"林木化学保护"这门课程来说，思政教育的目标应是培养学生正确的科学观、环保观和社会责任感，促进学生全面发展。第二，梳理课程知识结构，明确思政内容的主要内容。在这个过程中，需

作者简介：李松卿，北京市海淀区清华东路35号北京林业大学林学院，副教授，songqingli@bjfu.edu.cn；
　　　　　陶　静，北京市海淀区清华东路35号北京林业大学林学院，教授，taojing1029@hotmail.com；
　　　　　宗世祥，北京市海淀区清华东路35号北京林业大学林学院，教授，zongsx@126.com。

要将"林木化学保护"课程的主要知识点与思政教育的内容相结合，形成一条条贯穿全课程的"红线"。第三，选择思政教育的内容和方法。在思政内容明确后，还需要针对不同的知识点和学生的实际情况，选择适当的思政教育方法和手段，如引导式讨论、案例分析、科普宣传、实验模拟等。第四，设计思政教育的实施方案。在确定了思政教育的内容和方法后，还需要制定具体的实施方案，包括时间安排、师生互动方式、评价标准等。

（二）思政内容设计能力的提高

为了更好地把思政内容有机融入"林木化学保护"课程中，需要提高自身的思政内容设计能力。第一，应加强理论学习。加强对思政教育的基本理念、原则和方法的学习，了解当前国家和学校的思政育人政策和相关文件，提高对思政教育的认识和理解。第二，增强实践经验。参加相关的教学实践和教学研究活动，积累思政内容设计和实施的经验，不断总结和改进。第三，拓宽思路和视野。积极关注国内外思政教育的最新发展和经验，开阔自己的思路和视野，深入了解不同层次、不同领域的思政内容设计和实践情况，借鉴和吸收有益的经验和做法。第四，加强团队协作。加强与同事之间的交流和协作，共同探讨思政内容的设计和实施策略，互相学习、借鉴和补充，形成更加完善的思政内容设计方案。第五，注重反思和评估。注重对自己的思政内容设计和实施进行反思和评估，及时发现问题、总结经验、改进不足，保证思政内容的质量和效果。第六，通过加强上述方面的提高，更好地理解和把握思政教育的本质和特点，更加自如地运用各种思政内容设计方法和技巧，使"林木化学保护"课程中的思政内容更加生动、有趣、实用和有效。

二、"林木化学保护"教学中课程思政具体做法的思考

（一）将基于唯物辩证法的辩证思维能力培养有机融入"林木化学保护"课程中

唯物辩证法是马克思主义哲学的重要组成部分，是一种用辩证的方法观察和分析事物的方法论。唯物辩证法的基本概念包括对立统一、矛盾、发展、变化、否定、肯定等。其主要思想认为事物具有对立面和并且是矛盾的。矛盾是事物发展的动力，事物的发展是不断由低级到高级、由简单到复杂、由量变到质变的过程，过程中既有否定又有肯定，是一种不断的循环往复。

将唯物辩证法有机融入"林木化学保护"课程中，可以使学生更好地理解和掌握课程中的专业知识，并在此基础上培养学生的辩证思维能力和创新意识，提高学生的综合素质。其重要意义在于，第一，促进学生对课程知识的深入理解。唯物辩证法认为矛盾是事物发展的动力，事物的发展是由量变到质变的过程。这种观点可以帮助学生深入理解"林木化学保护"中农药、毒力、药效等概念和知识。第二，培养学生的辩证思维能力。唯物辩证法的基本概念和思想中强调对立统一和矛盾的存在，这也是辩证思维的核心。唯物辩证法有机融入"林木化学保护"课程中，可以培养学生辩证思维的能力，使学生能够看到问题的多个方面和矛盾之处，并学会通过辩证思维去解决问题。第三，增强学生的创新意识。唯物辩证法认为事物是不断发展变化的，这就需要人们具备创新精神。将唯物辩证法有机融入"林木化学保护"课程中，可以引导学生在学习中形成创新意识和思维方式，激发学生的创造力和创新能力。

要实现唯物辩证法与"林木化学保护"课程的有机融合，可在课程设计和实施过程中采取以下策略。

1. 引入系统思维和辩证思维的方法论

系统思维和辩证思维是唯物辩证法的重要组成部分。在"林木化学保护"课程中，可以引入系统思维和辩证思维的方法论，通过分析讨论化学防治的优势以及存在的问题，引导

学生运用系统思维和辩证思维的方法论，加强对化学防治的理解和认识。例如在进行化学防治优缺点部分的教学时，强调以辩证思维看待农药及化学防治，既不能只关注农药污染环境、造成残留、对天敌杀伤以及对人畜的毒性等缺点，也不能只注重其效果好、见效快、使用方便、地区差异小、品种及使用方法多样化等优点，从作用靶标及药剂分子稳定性的本质出发，解释农药优缺点产生的原因，易于学生理解。

2. 以实际问题为切入点，体现唯物辩证法的实践性和创造性

唯物辩证法注重实践和创造，强调人的主体作用和实践经验的积累。在"林木化学保护"课程中，可以以实际问题为切入点，引导学生通过实践来理解和掌握"林木化学保护"的知识和技能，体现了唯物辩证法的实践性和创造性。例如在实习过程中，利用有害生物发生的实际情况，要求学生分组设计防治方案，充分论证不同药剂的优势与不足，同时采用绿色环保的施药方式，最后对防治方案及防治效果进行评价。

3. 加强课程评价，体现唯物辩证法的评价功能

唯物辩证法不仅具有指导实践的功能，还具有评价实践的功能[6]。在"林木化学保护"课程中，可以采用多种实践活动形式进行评价，如问卷调查、实验报告、课堂演讲等，通过对学生实践活动的评价，引导学生对自己的实践经验进行反思和总结，体现唯物辩证法的评价功能。

通过以上策略的实施，可以实现唯物辩证法与"林木化学保护"课程的有机融合，提高课程的思政育人效果。唯物辩证法的基本概念和思想贯穿于整个课程设计和实施过程中，既能够帮助学生全面认识和理解林木化学保护知识的本质和内涵，又能够引导学生在实践活动中发现问题和解决问题的能力，提升综合素质和创新能力。同时，课程评价也能够有效地反映出学生对唯物辩证法思想的理解和应用程度，为进一步完善课程设计提供参考依据。

（二）绿色发展理念在"林木化学保护"课程中的贯彻

1. 绿色发展理念的基本概念和主要特点

绿色发展是一种在经济发展中注重环境、社会和经济协调发展的新型发展理念。绿色发展强调要在保护环境和维护生态资源的基础上推进经济发展，追求经济效益、社会效益和环境效益的统一，实现可持续发展[7]。

"林木化学保护"是关于保护森林和木材资源，促进林业可持续发展的课程。绿色发展理念与"林木化学保护"课程的联系主要表现在以下 3 个方面：第一，绿色发展理念与"林木化学保护"课程的目标一致。"林木化学保护"的主要目标是保护林木资源，促进林业可持续发展。这与绿色发展理念追求经济、社会和环境协调发展的目标是一致的。第二，绿色发展理念提出了可持续发展的理念和方法，为"林木化学保护"课程提供了重要的理论基础。第三，绿色发展理念为"林木化学保护"课程提供了实践指导。绿色发展理念强调要在经济、社会和环境之间寻求平衡，这为"林木化学保护"课程的实践教学提供了重要的指导。

2. 绿色发展理念在"林木化学保护"课程中的实际应用

在"林木化学保护"实验及实习部分，设计有关农药绿色剂型使用及其环境毒理的内容，例如使不同种类药剂进行病虫害防治，包括传统有机磷类杀虫剂、新型苯甲酰基脲类几丁质合成抑制剂类药剂、新烟碱类药剂等，评估其对环境和生态的影响。通过实验的设计和实施，学生可以深入了解绿色发展理念的具体实践和应用。在"林木化学保护"理论课程中，引入一些与绿色发展相关的案例分析，如森林病虫害综合防治的案例、林业可持续发展的案例等。通过案例分析，学生可以更好地理解绿色发展理念的重要性和实际应用。在有害

生物控制技术实习中，可组织学生参观环境友好型药剂的生产基地，现场观看学习有害生物绿色防控技术的应用。通过实践活动，学生可以亲身感受到绿色发展的现状和前景，从而更加深入地认识和理解绿色发展理念。可以采用多种评价方式，如实验报告、课堂演讲、小组讨论等，要求学生在评价中体现绿色发展理念的相关要求和指标。通过课程评价，引导学生对绿色发展理念进行深入思考和探讨，体现绿色发展理念在课程中的实际应用和价值。

三、结　语

在"林木化学保护"课程中增加思政内容的设计，能够有效地引导学生树立正确的世界观、人生观和价值观，增强学生的爱国主义情怀和社会责任感，提高学生的道德水平和文化素养，从而达到思想政治教育的目的。同时，增加了唯物辩证法和绿色发展理念的教学内容，使学生对环保意识有了更深刻的认识，从而更好地推动林木保护工作的可持续发展。

通过思政内容的设计与实施，教师能够深入了解思政教育的基本理念、原则和方法，增强思政教育的认识和理解。还能够通过实践活动和研究，不断提升自己的教育教学水平，同时也能够不断地更新自己的思想和认识，进一步加深了解并运用唯物辩证法和绿色发展理念。

本文对思政内容在"林木化学保护"课程中的应用进行了深入的探讨与研究，提出了一些可行的思政内容设计策略，对提高思政教育质量、推进教育教学改革、加强学生道德教育具有一定理论和实践意义。

参考文献

[1]韩珊，朱天辉，刘应高．"森林保护学"课程思政教学实践探讨[J]．教育教学论坛，2022(33)：81-84.
[2]王学俭，石岩．新时代课程思政的内涵、特点、难点及应对策略[J]．新疆师范大学学报(哲学社会科学版)，2020，41(2)：50-58.
[3]唐光辉，贺虹，李孟楼．基于创新人才培养的"林木化学保护"教改成效探析[J]．黑龙江教育：高教研究与评估，2015(2)：69-71.
[4]詹祖仁，张文勤，罗盛健，等．化学农药污染问题及可持续森林保护对策[J]．林业经济问题，2007，27(3)：280-283.
[5]封加平．绿水青山就是金山银山理念的重大意义 发展林业产业推动绿色发展的巨大潜力[J]．中国林业产业，2022(9)：21-27.
[6]吴珍．新时期农林类高校思想政治教育的路径探析——基于对《实践论》的解读[J]．农村·农业·农民(B版)，2021(9)，47-48.
[7]刘永敏．谈用绿色发展理念引领林业改革和发展[J]．国家林业局管理干部学院学报，2016，15(2)：3-8.

林业有害生物控制类课程思政元素的挖掘与融入

李心钰　宗世祥　陶　静

（北京林业大学林学院，北京　100083）

摘要："课程思政"建设作为新时代的核心教育理念，是高等院校落实"立德树人"根本任务的重要举措。通过完善教学内容和教学技巧等方式，将思想政治元素巧妙的融入课程教学，全力构建全过程、全方位的协同育人模式，是充分发挥课堂教学的育人效应、实现知识传授和思想引领同向同行的关键途径。林业有害生物控制类课程是全国高等农林院校的主干课程系列，承担着培养具有鲜明特色的我国生态文明建设者与接班人的核心任务，是亟待完善课程思政建设的主阵地之一。本文解析了林业有害生物控制类课程开展课程思政建设的理论基础和实践优势，并进一步从"文化传承、精神引领、科学实践"3个层次，选取典型案例进行了思政元素分析。在此基础上，通过丰富的教学方法和第二课堂活动，以润物无声的方式开展思政教育，提振学生的文化自信和民族自豪感，激发学生的爱国情怀和强农兴农理想，力争为国家培养更多高素质的专业人才。

关键词：课程思政建设；林业有害生物控制；教学内容；教学方法；第二课堂

　　高等教育承担着培养中国特色社会主义建设者和接班人的重大使命。自党的十八大以来，以习近平同志为核心的党中央高度重视课程的思政建设。在2019年3月召开的学校思想政治理论课教师座谈会上，习近平总书记强调要把思想政治教育工作贯穿教育教学全过程，实现全程育人、全方位育人，要坚持立德树人，全面加强学校思想政治教育工作。党的二十大报告指出，要着力培养担当民族复兴大任的时代新人，对完善课程的思想政治建设提出更高的要求。目前，高校的思想政治教育内容主要依靠该类课程的主讲教师独立讲授，在结合专业特色、构建大思政体系方面仍有待进一步完善[1-3]。因此，如何挖掘专业课程中的思政元素，保障课程思政与思政课程同向同行，实现润物无声的效果，是高校教师亟待解决的重大课题。

　　林业有害生物控制类课程是全国高等农林院校的主干课程系列之一，在提升我国科学绿化质量、快速推进我国生态文明建设等方面具有人才培养、思想引领和科技支撑的作用，在助力构建世界生态治理秩序、提振全球绿色发展信心等方面具有积极的推进作用。北京林业大学的林业有害生物控制类课程是我校国际一流建设学科林学、森林保护、经济林等学科的主干课程，肩负着培养具有鲜明特色的我国生态文明建设者与接班人的

作者简介：李心钰，北京市海淀区清华东路35号北京林业大学林学院，讲师，lixinyubjfu@bjfu.edu.cn；
　　　　　宗世祥，北京市海淀区清华东路35号北京林业大学林学院，教授，zongsx@126.com；
　　　　　陶　静，北京市海淀区清华东路35号北京林业大学林学院，教授，taojing1029@hotmail.com。
资助项目："新农科"背景下"林学综合实习"昆虫认知环节的教学改革与实践（BJFU2023JY002）；
　　　　　2021年北京高等教育"本科教学改革创新项目"重点项目"基于国家级一流本科专业建设，完善农林院校涉林专业动物类实践课程改革"（202110022001）；
　　　　　"森林灾害防控技术及应用"课程思政教学改革与创新（CSZ220XX）；
　　　　　北京林业大学教育教学改革与研究项目（课程思政专项）——动物学实验（2021KCSZXY031）。

核心任务。因此，将道德品质、理想信念、爱国情怀等思政元素，通过"春风化雨、润物无声"的方式融入林业有害生物控制类课程的教学过程中，进一步发挥课堂教学中的育人效应，帮助学生内化于心、加强知识传授与价值引领，是为国家和社会培养林业高素质人才的关键途径。

一、 林业有害生物控制类课程开展思想政治教育的融合点

林业有害生物控制类课程内容主要涉及森林病害、虫害、鼠害、兔害以及有害植物的监测与控制、森林昆虫学、森林病理学等多个方面，旨在通过对各类林业有害生物的形态特征、生物生态学特性、控制策略和技术的系统学习，使学生掌握森林中不同类群有害生物的种类、识别要点及危害特点，熟悉各类有害生物的监测及控制的原理和方法，为实现有害生物的高效监测与管理奠定坚实基础。林业有害生物控制类课程中蕴含有诸多展现爱国情怀与鸿鹄之志的精彩故事，体现了林业人的责任担当以及人与自然和谐共处的思想，具有开展课程思政建设的理论基础和实践优势。通过提炼林业有害生物控制类课程中包含的思政价值和育人元素，把立德树人作为基础和核心环节，同时巧妙应用多种教学方法和第二课堂活动(图1)，践行"三全育人"的教育理念，构建显性与隐性教育相互促进的教育生态。

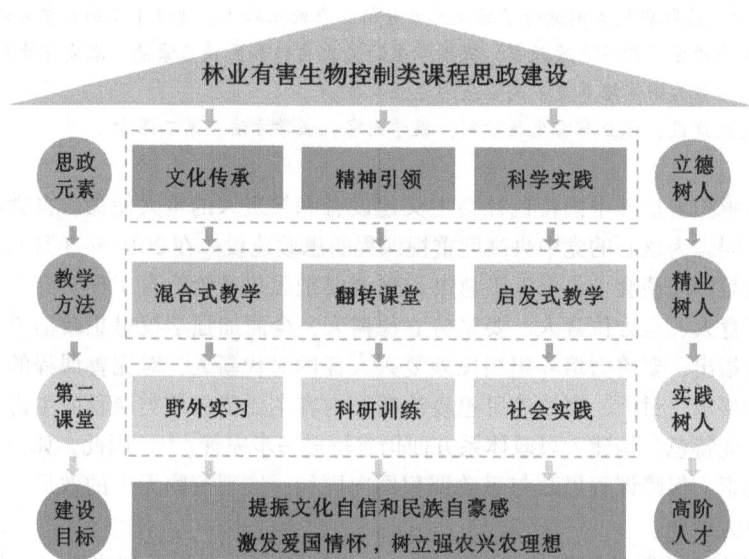

图1　林业有害生物控制类课程思政建设的设计图

笔者通过精选并深入挖掘蕴含思政价值的教育素材，明确了林业有害生物控制类课程开展思想政治教育的融合点，并从"文化传承、精神引领、科学实践"3个层次，选取典型案例进行了解析(图2)。在文化传承层面，从中华传统文化出发，以林业有害生物控制思想及实践的起源和发展切入，展现中华民族的智慧，培养学生的文化自信及民族自豪感。在精神引领层面，通过彰显我国历史上时代楷模的示范效应，弘扬他们追求真理、忠心报国、矢志不渝的精神，引导学生要始终发扬终身学习、勤于钻研的优良传统，做志存高远、为国效力的新时代青年。在科学实践层面，通过将国家政策法规和发展方向以及前沿的科学研究成果引入到课堂教学中，增强学生对我国科研实力的了解和自信，引导学生深入领会党中央治国的新理念、新思想、新战略，同时激发学生要树立紧抓时代机遇的创新意识，激励学生将自己的命运和国家的命运联系在一起，积极投身于我国生态文明建设以及林业有害生物控制的事业。

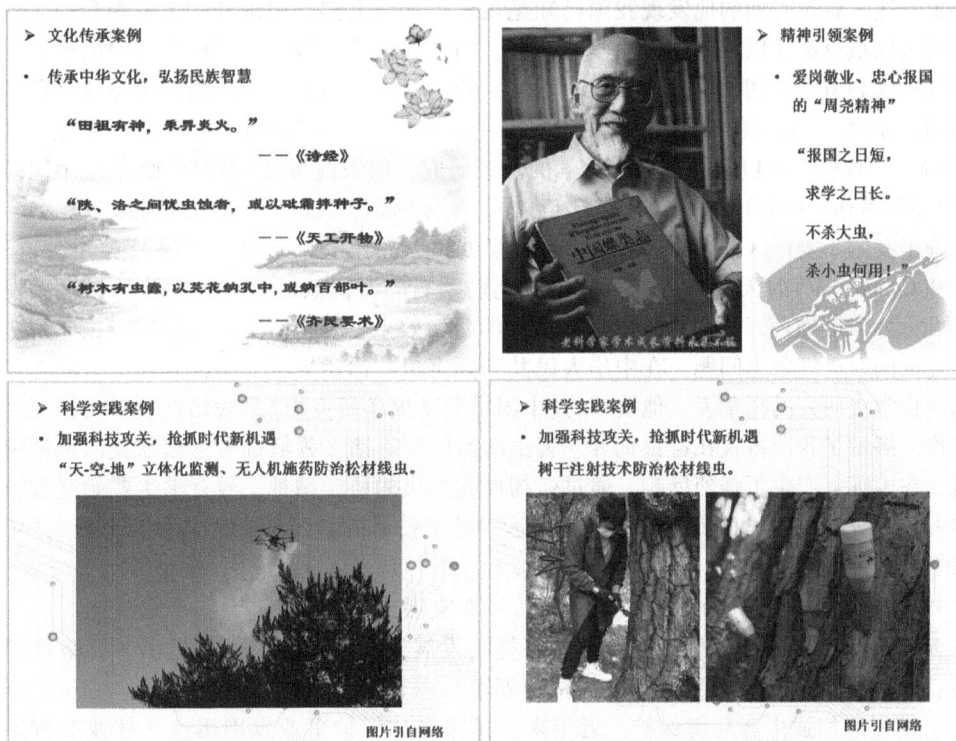

图2 本文中"文化传承、精神引领、科学实践"3个层次的思政教学案例

二、 林业有害生物控制类课程开展思政教育的措施

（一）深入挖掘历史与时政中的思政教学元素

1. 传承中华文化，弘扬民族智慧

中华传统文化源远流长、博大精深。在我国历史上，有许多灿若繁星的文学作品，承载了先民在林业有害生物控制实践中的智慧与创造。我国古代诗词经典《诗经》中记载了先秦时期人民"田祖有神，秉畀炎火"的祈求，表明当时的古人已发现了昆虫的趋光性，以期利用这种特性灭杀害虫，这是现代林木有害生物控制工作中物理防治策略的一种体现。世界上第一部关于农业和手工业生产的综合性著作，即我国古代的综合性科技著作《天工开物》曾记载"陕、洛之间忧虫蚀者，或以砒霜拌种子"。意为在陕西和河南洛水，人们用砒霜拌种防治害虫蛀蚀种子，这种方法和现代林业工作中对害虫、害鼠、害兔等有害生物的化学防治策略非常相似。谚语云："造林管好林，年年如吐金""光栽不护，白费功夫""三分栽，七分管"，道出了林木保护的重要性。我国杰出农学家贾思勰编撰的著名综合性农书《齐民要术》就记录了我国古人在林木害虫防控中的智慧："树木有虫蠹，以芫花纳孔中，或纳百部叶。"意为树木若有虫蛀，可利用瑞香科芫花或百部科等具有驱虫效果的植物进行驱虫，展现了先民利用药用植物灭虫这种绿色环保的营林护林先进方式。通过对中华传统文化中森林保护思想和实践的讲解，使学生了解我国古代悠久的林木病虫害防治历史和先民智慧，提振民族自豪感和文化自信，激发学生的爱国情怀。

2. 爱岗敬业、忠心报国的"周尧精神"

周尧教授是我国著名的昆虫分类学家，是中国昆虫学史学科的奠基人。周尧把爱国之情倾注在工作中，是爱岗敬业、忠心报国的时代楷模。周尧自幼热爱大自然，尤其对蝴蝶等昆虫着迷。青年时期的他发现我国已知昆虫种类的绝大部分由国外学者发现和命名，就立志通过昆虫分类学以及中国昆虫学史研究，向世界证明中国昆虫学研究历史的辉煌。在周尧赴意大利留学期间，全国抗日战争爆发。看到祖国的山河遭受践踏，周尧放弃留学毅然回国，他说："报国之日短，求学之日长。不杀大虫，杀小虫何用!"归国后，周尧为实现"科学救国"理想，积极开展昆虫分类学的基础研究，组织撰写了《中国盾蚧志》《中国蝶类志》等多部著作，同时还注重解决生产实践中的实际问题。通过大量的田间观察、记录，周尧明确了我国小麦产区的毁灭性害虫小麦吸浆虫的生物学习性，发现了小麦吸浆虫（Sitodiplosis 和 Contarinia）的天敌寄生蜂可用于生物防治；同时，他还结合化学防治试验，发现DDT和六六六等农药对小麦吸浆虫具有显著的防治效果，并将研究成果进行推广，解决了全国麦区的毁灭性危害问题，在中华人民共和国害虫防治历史上立下汗马功劳。周尧还是中国昆虫学史研究的拓荒者，他撰写的《中国早期昆虫学研究史》是我国昆虫学史研究的奠基之作，揭示了我国古代在益虫饲养、害虫防治研究等诸多领域都有远超欧美国家的突出成就，在国际上产生了强烈反响。通过弘扬周尧先生的科学精神，号召学生要始终发扬不断学习、终身学习的优良传统，做志存高远、勤于钻研的新时代青年，为实现美丽"中国梦"的伟大理想贡献力量。

3. 加强科技攻关，抢抓时代新机遇的林业有害生物控制

森林的保护与建设事关经济社会的可持续发展。党的二十大报告提出，要坚持绿水青山就是金山银山的理念，坚持山水林田湖草沙一体化保护和系统治理，全方位、全地域、全过程地加强生态环境保护。近年来，我国森林保护事业发展迅速，林业有害生物防治科技的支撑能力快速提升，现代防治技术得到大面积推广和应用，为各地有效防控重大生物灾害发挥了重要作用。如松材线虫病是危害我国松林最严重的生物灾害，给国家带来了重大生态灾难，已在全国19个省（自治区、直辖市）737个县（区、市）严重发生，至今仍无有效控制措施。为解决防控中存在的一系列卡脖子问题，科技部"十四五"重点研发计划和国家林草局分别于2020年和2021年启动了松材线虫病防治科技攻关揭榜挂帅项目，并已取得重要突破性进展，如构建了"天—空—地"立体化监测技术体系，实现了"及时监测、准确预报、主动预警"；建立了以遥感监测服务指导与问责核查相结合的管理模式，解决了松材线虫侵染情况无法核实核查的难题；积极引入了新型无人机施药防治、微胶囊缓释、智能喷雾、树干注射等现代防治技术，有效遏制了其快速扩散蔓延的态势，使我国松材线虫病监测与防控技术已达国际先进水平。我国森林保护工作者的科研成果不仅在美丽中国建设、保护国家生态安全、推进我国绿色事业发展中具有关键作用，还在世界前沿科技的发展中起到重要推进作用。通过解析该案例，使学生增强对我国科研水平和实力的自信，激励学生抢抓时代新机遇，积极投身于我国的生态文明建设以及森林保护的事业中。

（二）丰富教学方法，激发学生学习主动性

学生是教学的主体，学生在课程中的参与性和主动性会对教学效果产生显著影响[3-4]。为了将知识讲授与思政教育巧妙融合，让教学课堂更富生命力，教师可通过混合式教学、翻转课堂、启发式教学等教学方法，将思政元素精心设计到课堂讲授的各章节，激发学生的学习兴趣，培养学生的解决问题、团队合作等能力。通过教师课堂讲授，结合多媒体图片、视频展示、随堂问答等方式，自然引入成功为我国木材等商品出口争取权益的重要历史事件——中美"天牛事件"[5]，鼓励学生要在专业领域勤于钻研，力争为祖国效力。课后鼓励学生线上学习中国大学慕课"森林有害生物控制"等课程，同时，通过微信群等网络平台向学生推荐与本课程相匹配的科研文献、时政新闻等阅读资料，

并与学生开展线上学习交流，加深学生对"绿水青山就是金山银山"的理解。此外，教师可选取部分代表性章节，如"林业鼠（兔）害是否要赶尽杀绝""林业有害生物的生态学意义"等，启发和引导学生们通过小组讨论、课堂汇报等形式，开展翻转课堂式教学，鼓励学生积极思考、辩证思维，深入理解林业有害生物的巨大危害，同时引导学生正确认识森林资源保护与利用的关系。

（三）打通一二课堂，鼓励学生学以致用

林业有害生物控制类课程具有较强的理论性和实践性。为践行"三全育人"的教育理念，实现思政育人与教育教学全程结合，需要教师将"课堂思政"与"实践思政"巧妙融合，充分利用学校及学科的平台优势，把思想政治元素融入课程实验、野外实习、社会实践以及科研训练过程中。北京林业大学拥有馆藏丰富的博物馆和校史馆，以及北京鹫峰国家森林公园教学实验林场。课程主讲教师所在的林学院森林保护学科建有"林业有害生物防治北京市重点实验室""国家林业和草原局森林保护学重点实验室"及"中法欧亚森林入侵生物联合实验室"，同时，与北京小龙门国家森林公园、河南鸡公山国家级自然保护区、陕西秦岭火地塘教学试验林场等野外科学观测研究基地建立了长期合作。通过参观博物馆和校史馆，结合在实验室展示和观察有害生物各个时期的标本以及受害木情况，使学生加深对林业有害生物种类和特征等教学重难点的掌握，了解我校师生在林业有害生物控制工作中的突出贡献，增强学生的自豪感和荣誉感。在此基础上，带领学生走出校门开展社会实践，实地考察林木的受害情况，自然引入我校教师在林木重大有害生物光肩星天牛、松材线虫、木蠹蛾等的监测与防控工作中迎难而上、勤于钻研、抢抓时代机遇的拼搏精神，鼓励学生学以致用并积极投身于林业有害生物防控与我国生态文明建设事业。

三、 林业有害生物控制类课程与思政教育融合的教学效果

将思想政治教育元素巧妙融合于林业有害生物控制类课程后，取得了一定的立德树人成效，如学生们在小组讨论及汇报中更积极地选择了我国的林业科技发展案例及其在推进世界生态文明建设中的重要作用，表达了对我国林业工作者的钦佩与崇敬；同时，主动申请加入森林保护学科实验室开展林业有害生物调查及相关大学生创新项目的学生数量也逐年上升，为培养本专业科研人才夯实了基础。在今后的教学中，笔者将进一步收集和提炼典型案例，从生态系统稳定性、环境保护、生物安全等角度，帮助学生更系统地理解林业有害生物控制的复杂性，加深学生对我国生态文明建设理念的认识，提升学生的政治觉悟和思辨能力，引导更多学生投身于我国的绿色发展事业。

四、 结　语

高等院校是培养中国特色社会主义建设者和接班人的"主战场"，高校教师肩负着"传播知识、传播思想、传播真理"的时代重任。林业有害生物控制类课程是全国高等农林院校的主干课程系列之一，在培养林业高层次、高水平专业人才方面具有重要作用。因此，通过全面加强课程的思想政治建设，优化课程内容，丰富教学方法，善用第二课堂等方式，充分发挥课程的育人优势和育人效果，立志为国家和社会培养并输送更多"爱林兴林"的高素质森林保护人才。

参考文献

[1]韩珊，朱天辉，刘应高."森林保护学"课程思政教学实践探讨[J].教育教学论坛，2022（33）：81-84.

[2]赵杏花，高永，杨光，等.高等农林院校专业基础课开展思想政治教育的探索：以"植物资源与利用"课

程为例[J]. 中国林业教育, 2022(40)：30-35.

[3]武承旭, 于晓飞, 杨茂发, 等."森林昆虫学"课程教学改革探索[J]. 教育教学论坛, 2022(10)：59-62.

[4]范春雨, 高露双, 张春雨."森林经理学"课程开展思想政治教育的探讨[J]. 中国林业教育, 2022(40)：24-26.

[5]骆有庆, 沈瑞祥."天牛事件"引起的思考[J]. 森林与人类, 1999(5)：36.

浅谈高校青年教师育人能力培养的
方向和途径

冯天骄　　詹紫馨　　王　平

（北京林业大学水土保持学院，北京　100083）

摘要：新时代亟须全面提升高校青年教师的育人能力。提升青年教师育人能力，是推动我国高等教育快速发展的必然要求，是推动我国大学向世界一流大学迈步的有力抓手，是加强新时代高校青年教师队伍建设的必然选择，也是促进高校青年教师全面提升自我，提高思想认知的重要保障。本文指出在新时代的背景下，高校青年教师应具有知识育人、思想育人、道德育人、文化育人、和谐育人与科学育人六大维度的能力，并提出高校青年教师提升育人能力的途径，以期为各高校青年教师在高校实现全面育人中发挥更为有效的作用提供参考。

关键词：教师育人能力；高校青年教师；新时代；途径

一、引　言

　　高校教师的育人能力是指教师通过教学、科研和社会服务等方面对学生进行思想道德、知识技能和实践能力等方面的培养，使其能够胜任未来各种工作和社会责任的能力。在新的时代背景下，高校青年教师在学生教育过程中发挥着重要的作用，是培养未来社会栋梁的关键力量。然而，随着社会的快速发展和高等教育的改革，高校青年教师面临着日益复杂的教育挑战和责任。因此，他们需要具备全面的育人能力，才能更好地完成教育使命。

　　首先，高校教育的目标已经从传授知识转向培养学生的综合素质。新时代的现代社会对高校毕业生的要求越来越高，不仅要求他们具备专业知识和技能，还要求他们具备创新能力、团队合作能力、跨文化交流能力等综合素养。高校青年教师应当通过自身的育人实践，培养学生的创新思维、合作能力和跨学科能力，以适应社会的发展需求。其次，高校教育需要更多关注学生的发展和成长。在过去，高校教育主要注重知识传授，而忽视了学生的个性特点和兴趣发展。如今，教育界普遍认识到个性化教育的重要性，高校青年教师应当具备了解和引导学生的能力，关注他们的兴趣爱好、人生目标和价值观，并帮助他们实现个人的成长和发展。此外，当前高校教育存在一些问题，如教育资源分配不均、教学质量参差不齐等。高校青年教师作为新一代教育工作者，需要积极参与教育改革和质量提升的实践。他们应当具备关注教育公平的意识，通过创新教学方法、优化教学资源的配置等方式，提高教育的质量和效果。

　　因此，研究高校青年教师工作过程中的育人能力培养，对于提高高校教育质量、培养

作者简介：冯天骄，北京市海淀区清华东路35号北京林业大学水土保持学院，讲师，fengtianjiao1991@bjfu.edu.cn；

詹紫馨，北京市海淀区清华东路35号北京林业大学水土保持学院，硕士研究生，Zzx7220895@bjfu.edu.cn；

王　平，北京市海淀区清华东路35号北京林业大学水土保持学院，教授，wangp@bjfu.edu.cn。

资助项目：北京林业大学教育教学改革与研究项目（BJFU2023JY023）。

优秀人才具有重要的现实意义。随着经济全球化和科技进步的推进，高等教育在培养人才方面的重要性日益增加。为了适应这一变化，高校育人工作的形式和方法也在不断创新和进步。然而，高校教师在培养学生方面的角色和作用非常重要，这也引发了高校教师的育人能力问题。本文旨在系统分析高校青年教师的育人能力，探讨其背后的重要性和影响因素，并提出一些可行的提升其育人能力的建议。目的在于更好地促进高校学生的全面发展和成长，推动高校育人工作的不断优化，为社会培养更多更优秀的人才做出贡献。这一研究关注高校青年教师的角色定位、教学方法、教学资源的应用和个人素养等方面，因此高校教师的育人能力对于学生的成长和职业发展具有重要的意义。

二、 新时代提高育人能力的重要意义

（一）提高育人能力的迫切需求

随着社会变革和经济发展，教育在人类社会中的作用越来越重要。然而，教育的目的不仅是传授知识，更重要的是培养学生的综合素质和能力，其中育人能力尤为关键[1]。随着全球对育人能力的意识逐渐增强，越来越多的教育机构开始注重对学生的情感、智力、道德等方面进行全面培养[2]。同时，随着科技的进步和互联网的普及，教育的形式也在不断变革和更新，育人工作也需要与时俱进，不断拓展新的领域和方法[3]。在当前社会中，育人能力的重要性不言而喻。首先，育人能力对于个人的成功和幸福至关重要。一个具有良好育人能力的人，能够更好地处理人际关系、解决问题、面对挫折，并在人生的各个阶段都拥有更加稳定的心态和清晰的目标[4]。其次，育人能力也对于社会的繁荣和进步产生巨大的影响。具备育人能力的人能够更好地担任领导、管理和教育工作，从而推动社会的发展和进步[5]。

因此，育人能力已经成为当下教育界的迫切需求。尽管在育人工作中仍然存在一些困难和挑战，但我们需要不断探索新的方法和途径，以更好地培养学生的综合素质和能力，为人类社会的繁荣和进步贡献自己的一份力量。

（二）推进高校"双一流"建设

高等教育是国家发展的重要支撑，而"双一流"高校建设是提升中国高等教育整体实力的战略举措。推进高校"双一流"建设已经成为当前教育界的热点话题[6]。在这个过程中，高校不仅需要关注学科建设和人才培养，还需要着眼于学术研究和创新能力的提升，以及社会服务和文化传承的拓展[7]。高校"双一流"建设涉及多方面的因素，其中学科建设是最为核心的部分。高校需要注重学科布局的合理性和学科间的协同发展，同时加强学科交叉和融合，促进学科创新与跨学科研究[8]。此外，高校还需要注重人才队伍建设，尤其是引进和培养青年人才，鼓励他们在学术研究和创新领域发挥更大的作用[9]。同时，高校也需要深入挖掘自身资源，加强对学生的综合素质教育和创新创业教育，培养具有国际视野和创新能力的高素质人才[10]。

总之，推进高校"双一流"建设是当前教育发展的重要任务（图1）。在这个过程中，高校需要注重学科建设、人才引进和培养、资源整合等多方面的工作，在不断提升自身实力和水平的同时，为国家经济社会发展做出更大的贡献。

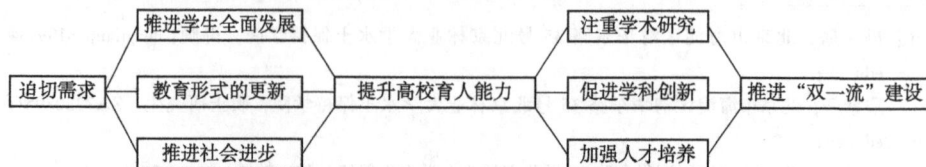

图1　提高高校教师育人能力的意义

三、 教师育人能力的六大维度

习近平总书记提出"四有"好教师。在新时代的背景下，发展高校教育事业对高校教师的育人能力提出了六大维度的要求，主要包括知识育人、思想育人、道德育人、文化育人、和谐育人与科学育人。其中，知识育人是基础，和谐育人是前提，思想育人是根本，科学育人起辅助作用，最终指向道德育人与文化育人，从而实现教师全面育人(图2)。

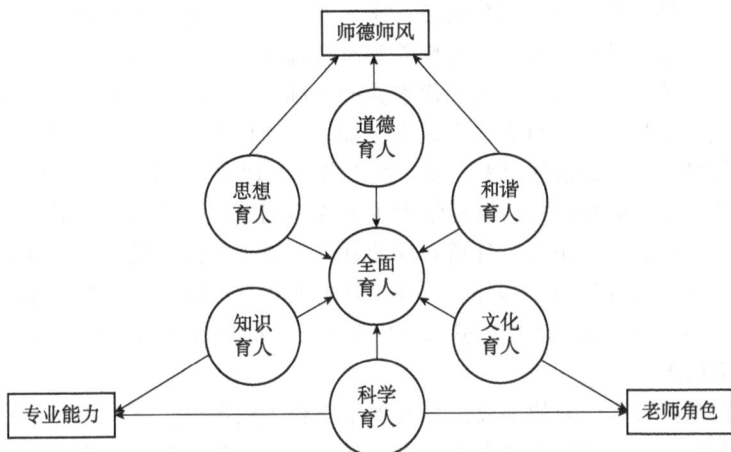

图2　教师育人能力的六大维度与方向

（一）知识育人

教师育人首先得知识育人，因此教师所具备育人能力的基础便是知识育人，是教育学生最初的出发点。知识育人是教师育人能力的基础，是整个育人过程的起点，是实现全面育人的基本要求。韩愈说："师者，传道授业解惑也。"传道，即传授学生知识；授业，即教师引导学生掌握技能，将自己所掌握的知识传授给学生；解惑，即教师为学生解决疑惑。这是教育之真谛，也是教师的三重使命。知识育人体现在教师将其所具有的专业学科知识、教育教学知识等，全部传递给学生，使学生对自然世界各种事物的基本概念、定理、方法有初步的认识与掌握。知识育人体现在教师所具有的专业学科知识、教育教学知识等，为了更好地知识育人，教师必须要具有相关的专业知识、专业技能与专业态度，以坚实的学识提高教学质量，实现教书育人。

（二）思想育人

思想育人是教师育人能力的根本，是实现全面育人的保证。高校教师的思想育人能力是培养学生综合素质、促进其全面发展的重要方面。这包括对学生进行价值观、人文关怀、启发思维等方面的引导和培养。高校教师应该注重课程内容的设计，将自己的思想观念和人生经验融入到教学中去，以期更好地激发学生的求知欲和创新精神。同时，高校教师也需要不断加强自身的思想修养和教育教学能力，以更好地完成育人使命。

（三）道德育人

道德育人是教师育人能力的核心，贯穿于育人全过程之中，更是目标导向。习近平总书记在党的二十大报告中指出："教育是国之大计、党之大计。培养什么人、怎样培养人、为谁培养人是教育的根本问题。育人的根本在于立德。"这是习近平总书记对中国特色社会主义教育战略地位、根本问题、培养目标问题最新、最为集中的重要论述。其中，"育人的根本在于立德"是习近平总书记继2022年7月考察新疆大学时做出这个重要论断后，在党的二十大报告中再次予以郑重强调，深刻体现了习近平总书记对教育立德树人根本任务的关心与重视。育人的根本在于立德，是由中国特色社会主义教育的性质所决定的。高校青年教师应帮助学生树立正确的政治方向以及科学的人生观、价值观，关注学生的综合素质培养。综合素质包括身心健康、道德品质、人际交往、实践能力等方面的能力。

（四）文化育人

文化育人是教师育人能力的关键，渗透于全面育人各个环节。高校教师文化育人能力是指教师在课堂教学、学科研究和社会服务中，在传授知识的同时，注重培养学生的思辨能力、创新能力和社会责任感等综合素质。这种能力不仅需要教师具备扎实的学科知识和教学技能，还需要教师具备高度的文化修养和教育理念。首先，高校教师应该具备深厚的文化底蕴。文化底蕴是教师培养学生文化素养的基础。教师需要通过自身不断地学习和积累来拓展自己的文化视野，从而为学生提供更加多元化的视角和认知方式。其次，高校教师应该注重引导学生开展创新性思考。创新性思考是实现个人价值和社会发展的重要途径。教师应该通过激发学生的好奇心、鼓励学生主动探索问题和尝试解决问题的方法来培养学生的创新意识与实践能力。在当今日新月异的社会背景下，高校教师的文化育人能力已经成为了高等教育中不可或缺的一部分。具备良好的文化育人能力的教师，不仅可以使学生更好地理解和应用所学知识，还可以激励学生发挥自己的潜力和创造力，成为有用之才。

（五）和谐育人

和谐育人是教师育人能力的手段，是实现全面育人的条件。高校教师文化育人能力是指教师在课堂教学、学科研究和社会服务中，在传授知识的同时，注重培养学生的思辨能力、创新能力和社会责任感等综合素质。这种能力不仅需要教师具备扎实的学科知识和教学技能，还需要教师具备高度的文化修养和教育理念。首先，高校教师应该具备深厚的文化底蕴。文化底蕴是教师培养学生文化素养的基础。教师需要通过自身不断地学习和积累来拓展自己的文化视野，从而为学生提供更加多元化的视角和认知方式。其次，高校教师应该注重引导学生开展创新性思考。创新性思考是实现个人价值和社会发展的重要途径。教师应该通过激发学生的好奇心、鼓励学生主动探索问题和尝试解决问题的方法来培养学生的创新意识与实践能力。"和谐育人"是一种教育观念，旨在通过构建和谐的师生关系，营造和谐的校园氛围，实施和谐的教育教学方法，全面培养学生的综合素质和创新能力。这个理念认为，仅仅注重学生的知识技能是不够的，还需要注重学生的心理健康和文化素养等多方面的发展。和谐育人的核心是建立良好的师生关系。教师应该倾听学生的声音，理解他们的需求，并且给予他们积极的反馈和指导，为学生提供一个安全、稳定、有益的学习环境。和谐育人也强调了教育与社会的联系。学校应该成为社会的一部分，与社会保持紧密联系。学校可以通过社会参与、社区服务、志愿活动等方式，将学生与社会联系起来，让学生感受到社会责任感和使命感。总之，"和谐育人"是一个全面的教育理念，旨在通过和谐的师生关系、良好的学校环境和有效的教育方法，培养具备综合素质和创新能力的学生，为社会发展做出贡献。

（六）科学育人

科学育人是教师在育人过程中的辅助工具，为实现全面育人提供了科学保证，是在时代发展过程中的必然与使然。我国七大发展战略之一是科教兴国战略，在此战略下，国家需要各高校提供一批批具有高精尖技术和创新能力的人才。在新时代中，各种信息化技术快速发展，为了提高各高校教学水平，将信息技术融合到高校教育中已变成了当下高校教育工作的重中之重。众所周知，一个国家发展的水平是与该国的教育水平挂钩的，因此我国非常迫切地要求高校提升各自的教育水平。想要提升高校自身的教育水平，提升教师自身的育人能力刻不容缓，因此，为了实现科教兴国，国家需要教师具备一定的科学育人能力。实现教育现代化的前提是实现教育信息化，教育信息化具有突破时空限制、快速复制传播、呈现手段丰富的优点，可以使老师更好地将专业知识呈现给学生，有利于学生随时随地开展学习，大大提升便利性。教师在教学过程中可使用相应的技术更快更好地为学生解决问题，实现教育的最优化，从而实现科学育人的目标。科学育人强调教师能合理运用技术来辅助教学，使教师在教育过程中更加注重"育"，促进学生健全人格的培养。

四、 教师提升育人能力的实践途径

（一）以德立身， 加强师德师风建设

师德师风是教师职业道德和行为规范的总称，它关系到教师的形象、声誉和教育教学质量等方面。加强师德师风建设具有以下3个方面的意义：一是有助于提高教师的职业素养和专业能力，二是有利于激发学生学习动力和培养学生正确价值观，三是有益于营造良好的教育环境和校园文化氛围[11]。

基于新时代背景与需求，加强师德师风建设，必须采取一系列有力措施。具体措施如下：一是完善师德师风培训机制，提高教师职业素养和专业能力；二是加强对教师的考核评价，对存在失范行为的教师进行严肃处理；三是建立健全激励机制，加强对优秀教师的表彰和奖励；四是营造良好的校园文化氛围，形成"以人为本"的教育理念。

（二）自主学习， 促进专业能力发展

在鼓励高校教师积极自主学习的前提下，从以下途径促进专业能力发展。第一，提供资源支持。高校可以提供丰富的学习资源，如数字图书馆、网络课件、在线教学平台等，为教师提供便利的学习环境和工具。第二，建立引导机制。高校可以通过建立自主学习引导机制，如开设研讨会、指导教师参加学术会议、组织教学观摩等，引导教师广泛参与学术交流和实践活动。第三，推进评价体系。高校可以建立科学的教师评价机制，以鼓励教师积极开展自主学习，并将自主学习作为教师常态化评价的重要指标之一。第四，培养自主学习能力。高校可以通过培训、研讨会等方式，提高教师的学习能力和方法，增强他们的自主学习意识和能力。第五，加强组织领导。高校可以加强对教师自主学习的组织领导和协调，积极推进各项措施的实施，确保教师自主学习取得实际效果。

（三）教学相长， 引导教师角色转变

随着教育的不断改革，教师在教育教学中所扮演的角色也发生了巨大变化。传统的教师角色是知识的传授者，主要任务是传授知识、培养技能和塑造思想。但是，在当今信息化和全球化背景下，教育理念和教学方式发生了巨大变革，教师角色也随之发生了转变。当代教育更强调学生的主体性和自主性，教师需要从简单的传授知识转变为引导学生学习和探究的角色。当代教师需要更多地走出教室，与社会和行业联系紧密，为学生提供更加实际和有效的教育资源。这意味着教师需要不断开阔视野，了解社会变革的趋势和需求，结合学科特点，为学生提供更加贴近实际的教育内容和信息资源。教师需要不断地与学生进行沟通和交流，建立良好的互动关系。这意味着教师需要注重学生的意见和反馈，及时调整教学策略和方法，以提高教学效果。综上所述，引导教师角色的转变是一种必然趋势，这将有助于推动教育的进步和学生的全面发展(图3)。

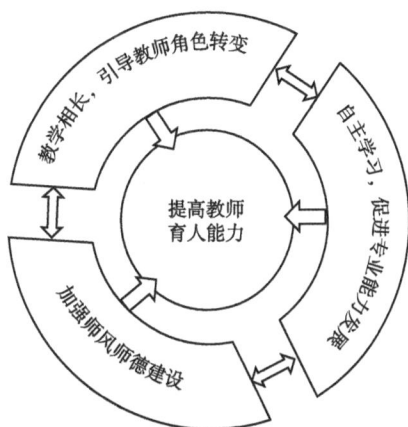

图3　提升育人能力的实践途径

五、结 语

高校教师育人能力的培养是一个长期而复杂的过程，在这个过程中需要不断地学习、实践和反思。通过本文的探讨，对高校教师的育人能力培养的维度、方向和途径有了更深入的理解和认识，也提出了一些具体的策略和建议，如不断优化教育教学方法和课程设置、加强师资队伍建设、积极参与社会服务等。高校青年教师作为教育改革和发展的中坚力量，必须不断提升自身的专业素养和教育教学能力，积极探索适合自己的育人模式和方法；并且应当注重学生的全面发展，关注学生的个性差异，培养学生的创新思维、合作精神和跨文化交流能力。同时，也应当积极参与教育改革，推动教育公平和教育质量的提升。这些措施有望帮助高校教师提高育人能力，更好地为学生的成长和发展做出贡献。相信在全社会的关注和支持下，高校教师的育人能力将不断提高，为培养更多更优秀的人才做出更大的贡献。

高校青年教师的育人能力培养是一个长期而持续的过程。只有通过不断的学习、实践和反思，才能逐渐成长为优秀的教育者。相信通过努力，高校青年教师的育人能力将得到有效培养，为培养更多优秀的人才和推动教育事业的发展做出积极的贡献。

参考文献

[1]钱长华，王峰．育人能力：教师专业化发展的关键词[J]．教师教育研究，2019(3)：1-5.

[2]刘鹏飞，陈冠群．浅谈育人的重要性及其实现方法[J]．中国教育信息化，2020(7)：27-28.

[3]李铭．科技与育人：浅谈当代育人工作的新形势[J]．电教导刊，2021(6)：79-81.

[4]李耀春．育人功能对提升个体幸福感的影响[J]．教育信息化，2020(37)：53-54.

[5]张立新．育人工作对社会繁荣进步的作用探析[J]．现代教育管理，2021(7)：71-73.

[6]李明．高校双一流建设的发展现状与思考[J]．高等教育论坛，2020(5)：18-22.

[7]张志勇．推进高校双一流建设的战略举措[J]．当代教育论坛，2018(9)：31-35.

[8]孔祥龙．高校学科建设中的问题及对策[J]．教育发展研究，2021(2)：63-68.

[9]王小峰．高校人才队伍建设中的问题与对策[J]．高校教育研究，2019(8)：81-85.

[10]刘蓉．高校创新创业教育的实践和思考[J]．科技视界，2022(1)：78-82.

[11]韩长赞．师德新论[M]．北京：高等教育出版社，2003.

林业高校教师如何提升育人能力的几点思考

——以"土地资源学"教学为例

田 赟 王冬梅

（北京林业大学水土保持学院，北京 100083）

摘要： "土地资源学"是生态学、林学、土地资源管理、水土保持与荒漠化防治等相关专业本科教育的一门专业基础课程，具有实践性强、与政策法规密切相关的特点。笔者通过长期一线的教学实践积累，基于高等教育现代化要求和专业特色，围绕思政融入、科研融入、多元教学方式融合及情感教育4个方面，梳理了专业教师提升育人能力的方式。旨在探索适应新时期高等院校人才培养的教学模式，提高教学质量，提升学生的专业认同感和自豪感，为国家的生态文明建设输送高质量人才。

关键词： 土地资源学；思政；科研；教学方法；情感教育

高等教育现代化作为国家现代化的重要组成部分，是支撑、推动和引领国家现代化发展的重要力量[1-2]。习近平总书记曾在北京大学考察时深刻指出："教育兴则国家兴，教育强则国家强。"这一科学论断，从理论和战略高度为新时代高等教育乃至整个教育发展的重大使命指明了奋斗方向[3]。同时，在国家加强生态文明建设和坚持人与自然和谐共生的时代背景下，培养担当大任的高素质时代新人是林业高等教育的使命所在。作为林业高等院校的专业教师，如何提升自身的职业素养、专业能力和育人能力，将国家需求、高等教育现代化和人才培养工作有机结合是一个值得探索的问题。同时，面对实际教学过程中学生对自己的专业认知不清，专业知识与实践应用结合困难等一系列现实问题；探讨如何让学生了解自己所学的课程、专业发展的方向和前景，从国家战略需求角度帮助学生建立专业自豪感和自信心；如何让学生在学习基础知识的同时与现代技术接轨，激发学生的创新思维；如何在有限的课程授课时间里，让学生更好地获取知识，增强理论应用能力；如何在传授理论知识的同时，将育人和育德相结合，做好学生的引路人。针对以上问题，笔者结合长期一线教学经验，通过寒假教师研修学习，以"土地资源学"专业课程为例，总结了几点关于提升育人能力的浅见。

一、 思政融入， 紧扣时代脉搏

党的二十大报告指出，中国式现代化是中国共产党领导的社会主义现代化，既有各国现代化的共同特征，更有基于自己国情的中国特色。并强调要"坚持教育优先发展、科技自立自强、人才引领驱动"。教育现代化是中国式现代化的重要部分。要实现这一目标，必须在党的坚强领导下，以服务国家重大战略需求为导向，统筹推进我国高等教育发展。因此，在课程中融入思政教育是新时代对课程建设的新要求，是实现显性教育与隐性教育的协调统一，是落实立德树人根本任务的有利抓手，也是培养高素质人才的有效途径[2-4]。

作者简介：田 赟，北京市海淀区清华东路35号北京林业大学水土保持学院，副教授，tianyun@bjfu.edu.cn；

王冬梅，北京市海淀区清华东路35号北京林业大学水土保持学院，教授，dmwang@126.com。

资助项目：北京林业大学教育教学研究项目"雨课堂和概念图法在土地资源学教学中的创新与实践"（BJFU2018JY033）。

笔者认为，高等教育的授课过程中加入思政内容是非常有必要的。"土地资源学"作为北京林业大学水土保持学院的水土保持与荒漠化防治专业和资源环境与城乡规划管理专业的本科专业基础课，从地理学、土壤学、经济学、社会学等多个角度探索资源合理利用的有效措施和途径，从而让学生建立综合的知识体系。学生可以通过这门课程，系统地了解什么是土地，什么是土地资源，其组成是什么，有什么特性，如何分类以及土地资源的质量和数量在时间和空间上有哪些变异规律；了解如何规范化地进行土地资源调查，如何合理有效地进行土地的管理、开发、利用和保护工作；了解我国乃至世界土地资源的分布与利用现状，分析如何解决日益严峻的土地资源问题，以及如何实现土地资源既公平又有效的配置和可持续利用。

以第七章土地资源的保护与整治为例，笔者通过党的十八大以来习近平总书记围绕生态文明建设提出的一系列重要论断，例如以"绿水青山就是金山银山""森林是水库、是钱库、是粮库、是碳库""要像保护眼睛一样保护生态环境""山水林田湖草沙是相互依存、紧密联系的生命共同体""努力建设人与自然和谐共生的现代化""生态环境保护是功在当代、利在千秋的事业"等为课程思政的引入点。在土地利用、土地退化及生态安全等基本概念教学的基础上，从生态学和生态系统的角度引导学生认识土地资源的保护与整治工作，针对各种形式的土地利用问题和土地退化现象，系统阐述土地资源保护、土地整治和土地开发等土地资源的保护和整治策略。同时，针对本专业特点，加入水土流失防治成因和综合治理措施、沙漠化土地防治成因、防治技术和工程、盐碱地综合治理、土地污染防治、边坡绿化等相关专业知识点，将生态文明建设中的实际需求与土地资源学相关理论进行融会贯通，使理论与实践相结合。

通过思政引入的方式，全面营造课程育人和实践育人的良好氛围，促使专业课教师从思政教育的旁观者向思政教育的示范者转变，从知识的"灌输者"向学习的"引导者"转变。学生不但可以清晰地了解国家政策和生态建设现状，也有助于把课程中所学的知识点结合实际问题串联起来。在提高学生的学习热情的同时，还可以通过相关政策和需求让学生更加了解自己所学课程、所学专业未来的应用和发展前景，紧扣时代发展脉搏，更好地服务于社会发展。

二、 科研融入，了解科技前沿

当今科学技术的进步超出了以往的速度，不断更新自身的知识体系与技能是适应社会发展与变革的需要，也是教师工作的需要。目前，高等教育尤其是专业课程教学已经不再是单纯的基础知识讲授，而是专业完善和学科发展的实践过程，引导学生的自我学习能力和专业学科素养的发展。因此，高校教师在不断更新知识体系的同时，还需要将个人的专业学科能力和素养融入教学中，以科研反哺教学，在教学中进一步深化教师科研的教育价值[5]。

近年来的相关研究发现，政策体制、组织制度和学科文化均会影响科研与教学的关系[6]。自然科学类课程的科研与教学因课程所具有的自然属性而使两者间能够很好地结合，教学中的各类实习实验均以自然科学研究成果为基础[6-7]。以"土地资源学"第四章土地资源调查为例，传统的土地资源调查方法中的遥感调查方法多采用目视解译（visual interpretation），即专业人员通过直接观察或借助辅助判读仪器在遥感影像上获取地物信息的过程。随着相关科研成果的转化，计算机解译（computer interpretation）可以遥感图像处理系统为支撑环境，利用模式识别技术与人工智能技术相结合，根据遥感图像中目标地物的各种影像特征，结合专家知识库中目标地物的解译经验和成像规律等知识进行分析和推理，实现对遥感图像中地物信息的解译。同时，在课程教学中向学生介绍常用于科研工作的高分辨率、高光谱遥感以及雷达影像的土地资源调查技术，能够让学生在学习一般调查方法的基础上了解先进技术方法，有助于学生感知技术前沿，在实际操作过程中选择最优方法。此外，基于生态大数据的相关科研成果，笔者在授课过程中也会向学生介绍新的有关土地资源自然构成要素的观测方法，以及如何用观测到的数据建立数据库，并对多源异构数据进行数据统计分析和机器学习，深入探知土地资源数量、质量和空间的动态变化过程及其驱动机制。

任课教师在授课过程中融入科研成果，理论联系实际，有助于提高学生发现问题、解决问题的能力。与此同时，教师也能够在备课、上课过程中发现许多值得研究的问题，而这种通过授课过程转化而来的科学研究过程，也有助于专业课教师及时总结相关发现和感悟，做到教学、科研工作相辅相成，达到相得益彰的效果。

三、 多种教学方式融合， 提升教学质量

"以学生为中心"的教学理念是当前国家教育发展的方向和要求[9]。因此，在"土地资源学"课程的教学过程中，可以开展多种教学方式融合，根据教学内容选择合适的教学方法。笔者通过教学实践，认为在"土地资源学"教学中采用"雨课堂+概念图"这种混合教学模式，可以使教师引出问题—学生反应/回答—教师评价/反馈这一过程得到了真正落实，让学生真正参与到教与学的过程中。在课前向学生推送学习任务，引导学生自主学习；课中针对课程的重点难点以及学生的提问进行知识点的梳理；课后通过"雨课堂"对教学过程的复盘，了解学生对知识点的掌握情况。

但是仅仅这一模式还是不够的，笔者认为还需根据实际教学内容，在"雨课堂+概念图"基础上对教学方式进行适当调整。比如，根据"土地资源学"较强的应用性，加强案例分析的教学方式是十分必要的。课堂中可以运用一些实际案例，如在土地整理部分可以加入高速公路收费站建设工程、残次林土地整理工程等；土地生态修复部分可以加入塞罕坝机械林场沙漠化治理工程、云南抚仙湖流域生态修复工程等；土地利用规划部分可以选用国土空间规划背景下广东乡村规划实践等案例。通过上述案例的加入可以让学生熟练掌握土地资源学的基本理论知识，形成并应用土地资源学的基本理论框架从"点—线—面"来解决生态、规划类行业中遇到的实际问题，提高学生发现问题和解决问题的综合能力。

同时，采用以学生为主导的主题报告形式，鼓励学生通过查阅土地资源相关的政策法规、文献和实地调查，将成果汇总成专题报告形式在课堂上进行讲解，其他学生对汇报内容进行提问并展开讨论。这种方式非常适用于"土地资源学"第四章土地资源调查和第五章土地资源评价应用部分的课堂教学。这不仅可以提高学生学习专业知识的深度和广度，还能通过实际操作和思考调动学生学习的积极性，激发学生的创新能力。此外，日常教学中还可以根据实际内容采用引导式教学、探究式教学、话题式教学以及虚拟课堂等方法，通过多方法的融入，提高学生的课程参与度，进一步提升育人质量。

四、 情感教育， 落实立德树人根本任务

习近平总书记强调："人才培养，关键在教师，教师是立教之本、兴教之源，承担着让每个孩子健康成长、办好人民满意教育的重任。"高校是人才培养的主阵地，肩负着"为党育人、为国育才"的神圣使命，要把回答好"培养什么人、怎样培养人、为谁培养人"的根本问题摆在首位，把促进学生健康成长作为主要目的，以此达到"润物细无声"的育人效果[4]。因此，情感教育与教育教学相融合有助于落实高校立德树人的根本任务，推动高质量育人

工程行稳致远。

笔者认为,高校教师应遵循言传身教,育人和育德、育书和育能相统一的教育理念。在高校专业课教师育人的实际过程中,做"四有"好老师、成为"四个引路人",塑造良好的教师形象,融入情感教育,做学生的良师益友。当前,高校的教育理念是培养全面发展的通才,因此在向大学生传授专业知识的同时,还应当注重其人文素质的培养。其中,情感教育可以在很大程度上矫正传统高校教育重科学知识的传授、轻人文精神的培养,重理论的灌输、轻情感的培养的单向教育的弊端,契合了新时期以人为本的发展观对教育的要求,即"以学生为中心"的教学理念[3,8]。因此,在当前高校教育中专业教师应"寓德于教"加强自身情感素质的培养,以学生为本,在和谐的情感关系中教育学生,促进大学生的身心健康和全面发展。

参考文献

[1] 王洪才,靳玉乐,罗生全,等. 中国式高等教育现代化的多维思考与协同推进[J]. 高校教育管理,2023,17(1):1-21.

[2] 谢禾生,陈裕先. 走好中国式高等教育现代化之路[Z/OL]. (2023-03-15)[2023-06-12]. https://www.sohu.com/a/654523448_257321.

[3] 王聪. 新时代加强高校教风建设路径研究[J]. 锦州医科大学学报(社会科学版),2022,20(3):71-74.

[4] 年亚贤,王政. 高校专业课教师课程思政育人能力提升探析[J]. 学校党建与思想教育,2023,691(4):52-54.

[5] 张超,辛宝忠. 构建"科研教学"模式提升高校教师核心素养[J]. 中国成人教育,2019(21):86-89.

[6] 吕文学,张丽晗,张艳茹. 科研教学双向驱动式教学实践探析:以商务谈判课程为例[J]. 教育探索,2013,262(4):38-40.

[7] 余力. 立足教学搞科研教学、科研相得益彰[J]. 金融教学与研究,2014,158(6):72-76.

[8] 王智超,尹昊. 高校教师立德树人的困境根源、认识澄清与实践进路[J]. 高校教育管理,2022,16(2):75-82.

[9] 舒迎花,王建武,章家恩. 农学类专业课课程思政教学模式与方法探索:以"农业生态学"为例[J]. 中国大学教学,2002,(1-2):63-68.

课程思政教育理念下的教师育人能力提升探索

——以"流域综合治理"课程为例

万 龙　齐 实　周金星　王 彬

（北京林业大学水土保持学院，北京　100083）

摘要：课程思政教育是深入贯彻落实习近平总书记关于教育的重要论述的实践探索，也是深化新时代高校思想政治理论改革创新的重要途径，更是全面推进课程思政建设是落实立德树人根本任务的战略举措。本文基于课程思政理念，以"流域综合治理"课程为例，通过分析"流域综合治理"课程思政教育融入点，探索实践课程思政的教学方法，构建教学效果评价体系，为提升"流域综合治理"课程思政教育理念下的教师育人能力和培养优秀人才提供支持。

关键词：课程思政；流域综合治理；教师育人能力；融入点；评价体系

　　课程思政指以构建全员、全过程、全方位育人格局的形式将各类课程与思想政治理论课同向同行，形成协同效应，把"立德树人"作为教育的根本任务的一种综合教育理念[1]。课程思政教育理念下的教学能力提升，要求教师在教学全过程中融入思想政治教育的内容和要求，以培养学生正确的世界观、人生观、价值观[2]，提高他们的思想道德素质，增强自我认同和自信心，激发社会责任感和使命感，培养学生的爱国情感和民族自豪感，帮助学生深度理解学科知识，并增加学科知识的广度和深度。

　　"流域综合治理"课程的授课对象为水土保持与荒漠化防治专业的本科生，该课程是水土保持与荒漠化防治专业必修课程，该专业为国家培养了大批的流域综合治理人才。党的二十大将生态文明思想提升到新高度，提出"山水林田湖草沙一体化保护和修复""人与自然和谐共生"等理念，"流域综合治理"课程融入课程思政，可为传承生态文明思想，传播中华优秀传统文化提供载体，让学生在学习过程中启发辩证思维，培养学生的爱国情操和社会责任使命感。

一、 课程思政教育的融入点——三点融入

　　开展课程思政教育，首先要从课程内容，挖掘切入课程思政的融入点[3]。"流域综合治理"课程是一门水土保持与荒漠化防治专业核心课程，在生态文明建设背景下，课程融入点主要包括3个方面：融入社会主义核心价值观、融入专业特征元素和融入哲学思想理论（图1）。

（一）融入社会主义核心价值观， 提升责任使命担当

　　社会主义核心价值观是社会主义核心价值体系的内核，体现社会主义核心价值体系的

作者简介：万　龙，北京市海淀区清华东路35号北京林业大学水土保持学院，副教授，wanlong255@ sina. com；

　　　　　齐　实，北京市海淀区清华东路35号北京林业大学水土保持学院，教授，qishi@ bjfu. edu. cn；

　　　　　周金星，北京市海淀区清华东路35号北京林业大学水土保持学院，教授，zjx9277@ 126. com；

　　　　　王　彬，北京市海淀区清华东路35号北京林业大学水土保持学院，教授，wangbin1836@ bjfu. edu. cn。

资助项目：北京林业大学课程思政教研教改专项课题"流域综合治理"（2021KCSZZC012）。

根本性质和基本特征[4]。富强、民主、文明、和谐是国家层面的价值目标,自由、平等、公正、法治是社会层面的价值取向,爱国、敬业、诚信、友善是公民个人层面的价值准则。在高等学校教育中,课程思政融入社会主义核心价值观,将大大提升学生的责任感和使命感。在"流域综合治理"课程实践中,为了提升教师育人能力,课程应多方面融入社会主义核心价值观。一方面,课程体系着重体现"五位一体"中的生态文明思想,将"人与自然和谐共生"的党的二十大理念融入课程建设,体现国家层面的价值目标。另一方面,加强法治教育,从美国、欧洲和日本等国家和地区的相关流域综合治理法律[5],到中国的《中华人民共和国水法》《中华人民共和国水土保持法》《中华人民共和国长江保护法》等流域综合治理法治体系建设作为重要的融入点,加强法治层面的教育,体现社会层面的价值取向。此外,从个人层面上加强爱国教育,在课程讲解中贯穿流域综合治理与国家重要活动的联系,如流域综合治理在"冬奥会"中的贡献,流域综合治理涉及国家的利益和民族的命运,使学生在学习中具有强烈的国家意识和民族自豪感,丰富爱国主义教育内容,陶冶学生情操,激发学生的爱国主义情感。

（二）融入专业特征元素, 提升思政课吸引力

通过"流域综合治理"课程的学习,使学生了解流域治理工程的概念、理论、水土保持流域综合调查、水土保持系统分析评价、水土保持规划及流域综合措施布局、流域综合措施设计、流域生态修复、流域综合管理、流域监测、水土保持效益评估与计算内容。流域内的水资源、土地资源、生物资源等多种资源是相互联系、相互制约的,需要综合治理,实现整体协调发展,促进生态环境的和谐共生。课程不但要体现专业的理论,丰富的知识,而且要融入"山水林田湖草沙一体化保护和修复""绿水金山就是金山银山"等课程思政内容,课程教学要面向国家"双重"规划等国家新的战略工程,理清流域各要素间的相互制约和相互协调关系,弘扬"流域的可持续发展理念",融入课程的专业特征元素,提升课程的吸引力。

（三）融入哲学思想理论, 提升自然辩证能力

流域综合治理是一项涉及自然、社会、经济等多方面的综合性工程,与哲学有着密不可分的联系。在流域综合治理中,需要考虑的问题也是非常复杂和多样化的,需要通过哲学的思考方式来解决。流域综合治理需要考虑到自然与人类的关系。哲学思考的核心之一

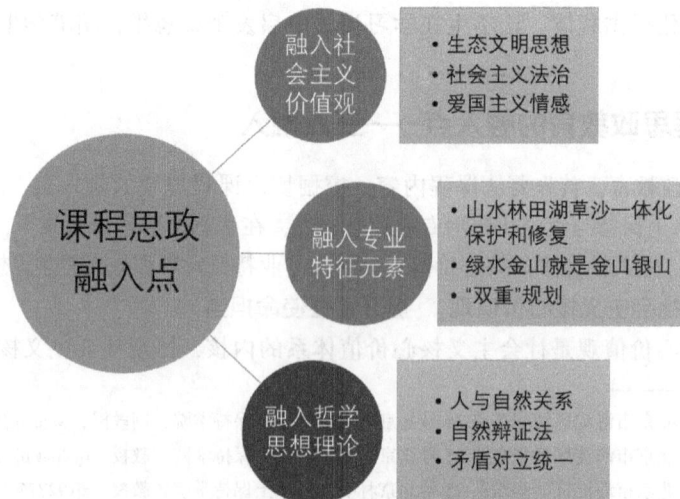

图1　"流域综合治理"课程思政融入点分析

是人与自然的关系，这与流域综合治理中需要维护水生态系统、人地系统耦合的理念是相符的。通过哲学的思考方式，可以更好地把握生态环境与人类活动的关系，从而制定出更加科学、合理的流域综合治理方案。流域综合治理还需要关注自然辩证法中的矛盾和发展，在流域综合治理过程中，需要分析和解决水资源与经济发展、水资源与生态环境保护、水土流失与资源开发等各方面的矛盾。这符合自然辩证法中发展的辩证性和可持续性的思想。在流域综合治理中，自然界作为整体被重视，需要综合考虑和综合治理。流域内的水、土、气、生、人等自然要素相互作用、相互制约，需要通过系统性、整体性的思维方式去分析和处理。在课程设计中，解释相关原理和方法，融入自然辩证法中系统性、整体性、矛盾对立统一等理论，提升学生的自然辩证能力。

二、 课程思政教育的教学方法实践——三步教学法

课程思政教育教学方法宜采用多种形式进行教学，多渠道吸引学生对课程思政知识点的兴趣。以"流域综合治理"课程为例，采用启发式教学、翻转课堂教学和案例教学三步教学法（图2），剖析课程思政教育教学方法。

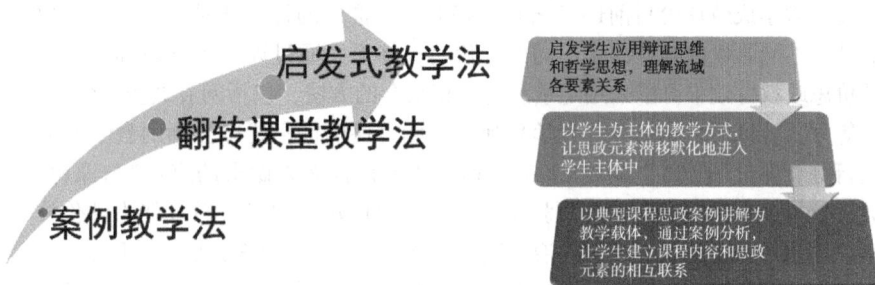

图2 "流域综合治理"课程思政教学方法

（一）启发式教学法

启发式教学法引导学生自主学习，通过对课程提出问题、讨论和探究等方式激发学生的学习兴趣和思维活力，并引导学生思考课程思政内容[6]。例如，在"流域综合治理"课程中，提出流域综合治理的具体问题——气候变化对流域综合治理工程的影响，具体讲解气候变化如何影响流域治理工程，引导学生思考气候变化如何影响国家战略工程，包括"南水北调"国家战略工程、"长江三峡"水利工程，了解国家重大工程等思政元素。通过分析气候变化影响下流域的水资源演变，分析降水和温度变化可能导致跨流域调水的丰枯遭遇、坝体稳定性，启发学生应用辩证思维和哲学思想，理解流域各要素可能受到气候变化的影响，引导学生针对为应对气候变化制定的相关政策提出独有的见解。

（二）翻转课堂教学法

翻转课堂教学通过为学生设置相关结合课程思政的学习主题，指导学生查找文献、阅读书目，让学生以多媒体汇报、课程研讨等方式，探索以学生为主体的课程思政教学方法[7]。在"流域综合治理"教学中，进行了翻转课堂实践，指导学生查找相关文献等素材，给学生布置了多个学习主题，如"流域可持续发展""山水林田湖草系统治理""以水定城、以水定地、以水定人、以水定产"等生态文明思想主题，并组织学生开展多媒体汇报和研讨。通过课程汇报，学生掌握了丰富的流域综合治理基础知识，既可以提高学生自主学习及分析问题、解决问题的自然辩证能力，还可以促进学生的个性化学习，拉近教师与学生、学生与学生之间的距离，让思政元素潜移默化地进入学生主体中，从而提高教学质量和课程思政教学效果。

（三）案例教学法

以典型课程思政案例讲解为教学载体，通过对教学案例的分析，让学生掌握教学内容，建立课程内容和思政元素的相互联系[8]。"流域综合治理"课程思政教学实践中，以中国生态修复典型案例为基础，包括"长汀县水土流失综合治理与生态修复""塞罕坝机械林场治沙止漠筑牢绿色生态屏障"等案例。通过分析长汀县案例，让"绿水青山就是金山银山"课程理念的提出、发展和实践深入学生心里；通过分析塞罕坝案例，把国家提倡的"弘扬塞罕坝精神"课程思政理念融入案例，让学生听塞罕坝历史、懂先辈们扎根塞罕坝的精神。通过基于自然的解决方案案例，如"云南抚仙湖流域治理""内蒙古乌梁素海流域保护修复"等案例，融入"可持续发展""促进人与自然和谐共生"思政理念，把案例教学与思政内容紧密结合。同时，流域综合治理是一项实践性较强的工作，实践教学是流域综合治理思政教育的重要组成部分。通过典型案例教学与实践教学相结合，学生能够深入了解流域综合治理的实际工作和技术手段，加强对环境保护、节约资源等方面的思政认知和理解。

三、 课程思政教育成效评价——三级目标评价

课程思政教学成效评价目前还尚未有很好的广泛推广的评价体系[9]。为提升教师的教学能力，需针对不同课程内容，构建不同的评价目标体系，通过评价提升教师的课程思政教学能力。评价思政教育效果可以采用定量和定性相结合的方法，包括问卷调查、学生表现考评、课堂观察等方式。目前，北京林业大学教师教学能力评价仍主要以教师的教学业务能力和沟通能力进行综合评价（表1），其中"老师潜移默化地传授做人做事的道理"与课程思政相关，但大多数评价指标难以体现课程思政教育能力，亟须构建课程思政教育能力评价体系。本文通过对学生的课程思政意识、思想政治素质、综合素质能力提升3方面进行评估（表2），可以全面客观地评价流域综合治理课程思政教育的效果，为未来的教学提供指导和参考。

表1　"流域综合治理"课程教师教育能力评价现状指标体系

评价项目	满分	评价人数	满意度(%)
我对本门课程授课教师的总体满意度	45	74	93
老师能将现代信息技术与课堂教学有机融合	5	74	96
通过课程学习，我理解并掌握了重要的知识点，有收获	7	74	96
课后作业、答疑、讨论等，对我学习课程知识很有帮助	6	74	95
老师潜移默化地传授做人做事的道理	9	74	95
老师对这门课教学认真负责，讲课投入，讲解清楚	9	74	96
老师善于与我们交流，启发我们思考，耐心给予指导	7	74	95
老师注重课堂管理，善于维持课堂秩序	5	74	95
这门课程激发了我学习相关知识的兴趣和热情	7	74	97

（一）课程思政意识强化评价

课程思政有着潜移默化的作用，建立评价指标，通过问卷调查等方式，引导学生对课程中思政意识的教学进行评价，如对于课程思政点意识、课程思政学习积极性、受到课程

思政感染程度等方面进行综合评价，从而通过评价为提升教师课程思政教学能力提出积极的对策。

表 2　课程思政教育成效评价指标体系

类型	指标
课程思政意识强化评价	课程思政点意识
	课程思政学习积极性
	受到课程思政感染程度
思想政治素质提升评价	社会责任感提升
	爱国情怀增强
	生态文明思想建立
	传统文化认知提升
综合素质能力提高评价	矛盾对立统一思维能力
	系统理论应用能力
	流域单元整体性思考能力

（左侧合并单元格：课程思政教育成效评价）

（二）思想政治素质提升评价

"流域综合治理"课程涉及自然生态、社会经济等多个方面的内容，使学生对生态文明、可持续发展等重要思想有了更深入的认识和理解，对国家山水林田湖草沙一体化保护和修复工程等有了深入的理解，提高了学生的思想政治素质和爱国情怀。思想政治素质提升评价从社会责任感提升、爱国情怀增强、生态文明思想建立和传统文化认知提升等多方面进行教育成效评价。

（三）综合素质能力提高评价

流域综合治理涉及多学科领域，在教学中提升学生的辩证思维能力，培养学生的跨学科思维能力和综合素质，提高学生的创新能力和解决问题的能力。综合素质提高评价需针对课程内容设置，包括提高学生解决流域综合治理各要素矛盾对立统一思维能力、系统理论应用能力、流域单元整体性思考能力等方面。

（四）课程思政评价体系分析

课程思政的根本目标是培养社会主义建设者和接班人。课程思政是落实立德树人的根本手段和重要举措。本文提出的课程思政评价体系，在实际运用中，须对不同的指标进行专家打分和权重分配，所有指标权重之和为 1。评价体系中，思想政治素质提升是课程思政评价体系的核心部分，评价权重比例可适当提高，占比可在 40%~50%；课程思政意识强化评价和综合素质能力评价，权重可适当配置在 20%~30%。思想政治素质提升中社会责任感提升和爱国情怀增强是重中之重，须提高其权重占比；课程思政意识强化评价中的课程思政点意识、课程思政学习积极性、受到课程思政感染程度 3 个方面权重可平均分配；综合素质能力提高主要是针对应用辩证思维处理专业问题的能力，权重比例可偏向于矛盾对立统一思维能力、系统理论应用能力。目前该评价体系建立后还未开展详细的调查研究，未来将进一步完善指标体系进行综合运用，为"流域综合治理"课程思政教育提供支撑。

四、结　语

课程思政教育是我国教育体系的重大改革方向，应体现在教学全过程中。提升教师课程思政教育能力，亟须针对课程内容进行有针对性的改革。在水土保持与荒漠化防治学科升为一级学科的大背景下，加强课程思政能力建设是该学科发展的重要契机。"流域综合治理"是水土保持与荒漠化防治学科的专业核心基础课程，加强该门课程教师思政教育能力提升，有利于学生思想政治素质的提升，有利于生态文明思想的传播。

参考文献

[1]姜卫芬，刘文烁.新时代推进体育课程思政改革的理论认知与实践路径[J].天津体育学院学报，2021，36(4)：435-441.

[2]李楠，周文平，唐美玲.思政教育融入本科专业课的探索：以"热电冷联产"课程为例[J].沈阳工程学院学报(社会科学版)，2022(2)：141-144.

[3]张彦.找准切入点开展课程思政教育：以有机化学课程为例[J].化学工程与装备，2020(3)：288-289.

[4]田云刚.新时代中国特色社会主义价值观的结构分析[J].伦理学研究，2021(5)：17-24.

[5]魏鹳举，康玲玲，王泽元，等.国外流域水土保持综合治理的法律制度与管理体制评述[J].水土保持，2015，3(3)，47-53.

[6]彭芬，刘李豫.基于问题的启发式教学方法与实践：以"组织行为学"本科教学为例[J].中国大学教学，2013(3)：65-67.

[7]王琳，王可帆，李亚伟.基于知识建构的翻转课堂教学方法[J].山西财经大学学报，2022，44(S1)：130-133.

[8]赵晓芳.案例教学法在热能与动力工程专业课中的研究[J].教育研究，2022，5(6)：102-104.

[9]朱瑶丽，张兴玉.课程思政教学成效的评价指标构建：以理工类本科生公共基础课为例[J].教育观察，2022，11(19)：70-77.

"土壤地理学"在线教学与课程思政探讨

于 洋 查同刚

（北京林业大学水土保持学院，北京 100083）

摘要：将思政元素融入教学建设是新时代高等教育发挥立德树人功能的有效方式。在线教学有效保障了学生不在教室也能够正常学习，使得在线课程成为高等学校开展专业教学的新阵地。"土壤地理学"是一门科学性、综合性和实践性兼容并蓄的特色课程，是自然地理与资源环境专业、水土保持与荒漠化防治专业的学生重要的必修或选修课程。本文针对在线教学与课程思政有机结合和具体实施进行了探讨，以此推进专业课程思政教学发展，贯彻落实专业知识学习与思想政治教育同向同行，高质量完成本科人才的培养，实现全过程、全方位育人的目标。

关键词：土壤地理学；在线教学；课程思政；自然地理与资源环境

课程思政是新时期加强我国高等院校人才培养与深化思想政治教育的重要举措，是将思想政治教育贯穿学科发展与人才培养体系的重要内容，是当前高等院校相关专业课程深化教学改革的关键方向[1-2]。为推动课程思政建设，教育部印发了《高等学校课程思政建设指导纲要》，明确了高等学校课程思政建设的目标、原则和具体实施要求。在现有课程思政的研究中，人们围绕课程思政建设的重要意义、时代背景、关键问题、建设路径、课程体系等展开了广泛讨论[3-5]，形成了系列创新性理念和思想，推动了我国课程思政建设的理论与实践。在新时代背景下，高等院校应当弘扬中国特色社会主义精神，深入贯彻落实习近平总书记关于高校思想政治工作的重要论述，不断推动思想政治教育创新与发展，为全面建设社会主义现代化国家提供坚实的智力支撑。

"土壤地理学"是一门科学性、综合性和实践性兼容并蓄的特色课程[6]。课程以土壤及其与地理环境系统的关系为研究对象，阐述土壤物质组成、理化性质、分类分布、退化改良和调控利用的科学原理和应用实践。作为资源环境类、自然地理类专业的核心课程，"土壤地理学"强调多学科融合，构建了涵盖土壤学、地理学、植物学、生态学、地理信息系统等多学科融合的知识体系。与此同时，课程紧密结合生产实践，土壤调查、制图、土壤资源与土壤健康评价等基础内容与方法，直接为土壤资源合理利用与综合配置提供依据。课程将从土壤形成过程角度揭示土壤退化过程与恢复机理，为我国生态文明建设，特别是土壤退化与生态恢复、土壤污染防治技术方法与措施体系建立、恢复治理效果与可持续评价等方面提供重要理论支撑，直接服务于科研和社会发展需求。"土壤地理学"与诸多生态环境问题息息相关，通过揭示复杂自然因素间相互联系以及与人类活动的互馈机制，有利于培养学生科学的思辨模式和认知方法。

在线教学是利用互联网技术和平台（例如雨课堂、腾讯会议）实现"随时随地、个性化、自主学习"的教学模式。当前，在线教学的应用越来越广泛，尤其是在新冠肺炎疫情期间，线上教学成为一种重要的常规教学替代方案，为高校教学提供了有效的授课方式，为广大

作者简介：于 洋，北京市海淀区清华东路35号北京林业大学水土保持学院，副教授，yangyu@bjfu.edu.cn；
查同刚，北京市海淀区清华东路35号北京林业大学水土保持学院，教授，zhtg73@bjfu.edu.cn。
资助项目：北京林业大学校级教学名师项目"林业类院校土壤地理学课程体系建设与完善"（BJFU2018MS008）。

学生搭建了灵活便捷的学习方式,保障了学生学习进度不受居家隔离而中断。当前,在线教学在高等院校教学体系中包含两层含义:一是在教学层面,专业课程在教学过程中大量使用在线课程资源,采用混合式教学或翻转课堂的教学模式;二是在课程层面,学校将在线学习纳入教学方案,学生在修完在线课程可获得学分。2015年4月教育部出台的《关于加强高等学校在线开放课程建设应用与管理的意见》标志着"在线课程融入"成为高等院校课程教学改革的一大战略方向。本文针对北京林业大学自然地理与资源环境专业必修课程"土壤地理学"的在线教学情况,紧密结合课程特色与当前国家战略,深入挖掘线上教学过程中课程蕴含的思政育人元素,对课程思政教学在线上授课中的应用实践进行总结,旨在培养学生牢固树立作为一名自然资源专业人才的远大志向,引导学生保护生态环境,坚定社会责任,明确专业目标与使命,树立坚定的理想信念,提升自身科研与实践能力,为培养具有中国特色、世界眼光和人文精神的一流人才提供坚实保障。

一、"土壤地理学"课程线上教学特点

北京林业大学"土壤地理学"是面向自然地理与资源环境专业本科生开设的一门专业必修课程,课程以土壤学理论和地理学理论为基础,主要结合植物学、生态学、地理信息系统等相关内容,紧密与生产实践相结合。在课程线上教学过程中,面向学生课程学习需求和课程思政目标,以基本理论知识讲解为抓手,结合当前国家战略与具体案例,以学科前沿为导向,尤其是在疫情期间的线上教学过程中,结合学生所在家乡的土地资源现状和特征,从身边出发,有针对性地围绕课程内容进行知识点的有效渗透。

"土壤地理学"在线课程注重理论知识与实践相结合。理论课以线上多媒体课件呈现为主,辅以视频影像、纪录片、图片资料来展示土壤类型及其特征,土壤分类与分布等。通过对知识点的逐一讲解,形成"土壤地理学"课程知识讲解与前沿理论相结合的线上教学体系。尤其是学生居家学习期间,基于所学知识,联系家乡土壤面临的生态环境问题,能够第一时间培养学生理论联系实际的能力,使学生能够针对家乡土壤资源特点及面临的问题,从自然和人为作用角度分析问题产生的原因,提出退化土壤生态恢复的方法和途径,实现理论知识的具体运用,让学生切身感受到所学知识的应用价值,极大地提高学生学习的主观能动性。

二、"土壤地理学"课程思政线上教育目标

培养学生的家国情怀是当前高等院校立德树人工作的重要目标之一。作为自然地理与资源环境专业的必修课程,"土壤地理学"强调家国情怀,没有土壤就没有生命,尤其是在线上教学过程中,要紧密结合新时代国家战略以及土地资源保护等时代要求,让学生深入了解土壤与地理环境的关系,认知自然,热爱自然,尊重自然。居家线上学习期间,能够结合家乡水土资源特征,切身体会课程关键知识点,这也是培养学生的家国情怀、提升其环境保护意识、增强其建设家乡、为家乡发展贡献自身力量的理想信念,做到有所学,有所用。

根据自然地理与资源环境专业特色,充分考虑行业人才需求,确定"土壤地理学"课程思政线上教学目标:培养学生对自然资源与环境保护事业的使命感,从自身家乡出发,感知水土资源现状,秉承"读万卷书、行万里路"与"知山知水、树木树人""替山河妆成锦绣,把国土绘成丹青"等协同融合的指导思想,引导学生脚踏实地、勇于担当、勤奋刻苦、团结协作。尤其对于来自水土资源流失严重地区的学生而言,如何用所学知识改变脆弱的生态环境,能够第一时间在线上激发他们的深度思考,培养他们树立良好的职业道德,提高他们的环境保护意识与责任担当,培养新时代自然地理与资源环境人才。

三、"土壤地理学"思政教学线上应用与课程教案设计理念

（一）在线思政教育与课程教案系统性设计

"土壤地理学"是一门理论与实践密切结合的课程，线上教学紧密围绕当前国家战略，引导学生关注家乡发展，对所在区域土壤类型、水土资源特征等有直观的认识，具有良好的育人潜力。没有土壤就没有生命，一个地区生态环境建设与社会经济发展离不开肥沃的土地、适宜的环境和有节制的开发。那么根据家乡发展以及土地利用现状，可以使每一位学生理解保护和发展生态环境，控制土壤污染和破坏的重要性。以此将家国情怀融入线上课程教学体系中，引导学生将个人前途与社会发展紧密结合在一起，帮助他们树立积极阳光的人生观、价值观，为家乡发展和民族振兴贡献自己应尽之力。通过教材知识点介绍、典型案例图片呈现，土地退化视频素材分析等方式，向学生传授土壤资源的重要价值和地位，引导学生认识到我国土壤耕作文化和土壤管理的历史脉络，从而增强学生的民族自豪感和爱国情怀。结合当前国家和地区的土壤管理和保护政策，让学生深入了解土壤环境保护的紧迫性和重要性，培养他们对资源环境事业的责任感和使命感。

在遵守教学大纲要求的基础上，将价值引领与知识传授相统一。在教案设计时将政治制度、思想理念分章节贯穿于土壤地理学知识体系，以春风化雨的方式将思想政治教育有机地融入专业课程中。在土壤退化与恢复知识点融入国际形势，开拓学生的国际化视野，加强其民族使命感和担当意识。在土壤资源与土壤质量章节，追踪土壤生态系统服务功能相关热点问题，引发线上讨论，结合国家丰富的土壤资源与国际地位，树立学生的文化自信与民族自豪感，提升他们开创未来的精神动力。此外，将人生规划、学业建议、职业导向等价值塑造融入课堂教学中，以培养学生树立正向积极的世界观、人生观和价值观，全面提高他们对科学精神和人文情怀的认识。

（二）融入思政因子的多课堂教育

组建具有土壤学、生态学、地理学、化学等多学科背景的授课团队，形成跨专业、交叉研究的课堂模式，开拓学术视野，提升"土壤地理学"课程综合认知。形成线上网络教学和团队教学多课堂教学模式，积极应用互联网、视频影像等载体，实现"线上""线下"翻转课堂，提升思想政治教育的趣味性和引领性，同时在线进行分组讨论，强化师生互动性和参与感，引导学生思考。多课堂的概念强调了学科融合，充分发挥教学团队多学科背景的专长，根据授课老师主要研究方向分章节进行线上教学，建立开放式教学模式。对学生家乡所在地开展过生态建设项目（例如退耕还林还草、耕地生态补偿等）的典型地区，安排学生进行土壤调查采样以及生态环境调查，使课程实践与社会政策相结合，提高学生对课程内涵的认知以及相关生态政策的了解，突破线上"你教我学"的单调授课模式，引导他们以管理者的视角进行思考，提高他们的主人翁意识。

（三）学生作业方式

作业是检验学生对课程知识的掌握程度，提升知识理解和运用能力必不可少的环节。在线上教学过程中，因势利导，根据课程内容与特色，有计划、有针对性地通过线上讨论会、辩论会、报告会等多种形式和手段对学生的常规作业方式进行一定的改进[7]，形成新的作业方式，如"课后阅读，线上感悟分享""情景重现，理论应用"等。"课前阅读，感悟分享"是指针对某个知识点或话题，安排学生整理不限形式与内容的学习资料，包括视频素材、科研论文、新闻报到、时事社评等，提前预习课程内容，查找问题，提出疑问，并在线上授课过程中分享个人观点。课后根据准备的拓展资料，发表自己的感想与见解。例如，可以安排学生针对碳排放、碳达峰等热点问题，结合土壤碳循环和土壤碳库稳定性理论，深入了解植被恢

复对生态环境及国家战略的重要意义。这些栏目的内容和课程内容密切相关，有助于学生更加深入把握知识要点，有效提高学生的学习效果。在授课过程中，为了让学生牢固掌握所学知识，设置了线上专题讨论环节。在专题讨论课上，根据热点报道，如"沙漠变良田"是伪科学还是大突破，由学生结合所学知识发表观点，有效地深化了课程教学内容。

四、"土壤地理学"线上开展课程思政育人对教师的要求

教师是开展线上教学的第一责任人，鉴于"土壤地理学"是一门基础性和应用性均较强的课程，教学内容广泛，因此要充分开展课程的思政建设。首先要持续提升教师的政治素养和文化积淀，树立正确的职业观念，认真对待本职工作，将教育事业看作一项重要的社会责任和使命。授课团队教师应积极参加线上教学赋能以及课程思政专题培训等教学活动。团队围绕"土壤地理学"思政育人目标，线上集体讨论，充分挖掘思政育人元素并渗透到每个章节，有针对性地对学生进行引导。其次，"土壤地理学"课程在慕课平台同步上线，并免费向公众开放，使得本课的课程思政元素受众面更大，因此，授课团队需高度重视素材的准备、整理和收集，丰富课程思政教学资源，保障人才培养质量，推进自然地理与资源环境专业建设与发展。最后，由于是线上授课，增加课程讨论占最终成绩的比重、改进课程考核标准，激励学生主动查阅和了解相关资料，引导他们主动探索，能够培养学生的主观能动性，保持线上学习的专注度。在平时作业和课堂考核中，鼓励学生结合当前国家战略，了解水土资源特征，尤其在居家学习期间，鼓励他们了解家乡所在水土保持分区，以及所开展的生态建设工程，并在线上教学时与班级其他学生进行对比分享，将课程考核形式多元化，鼓励学生成为课堂的主人，进行引导式教学。

五、结 语

通过疫情期间线上"土壤地理学"教学与课程思政教学实践，为自然地理与资源环境专业完成立德树人根本任务发挥了积极作用，完善了线上线下课程思政体系，同时也可为相关自然资源类学科提供思路与借鉴。后续授课团队将逐步完善课程思政在线上线下的实施过程，反复总结，不断改进，围绕当前专业发展与国家生态文明政策进行教学大纲的优化调整。夯实"土壤地理学"思政教学基础，强化课程思想引领，贯穿课程教学全过程，将课程思政和在线教学充分融入"土壤地理学"教学系统，充分发挥育人功效。

参考文献

[1]田鸿芬,付洪.课程思政：高校专业课程教学融入思想政治教育的实践途径[J].未来与发展,2018,12(4)：99-103.

[2]王学俭,石岩.新时代课程思政的内涵、特点、难点及应对策略[J].新疆师范大学学报(哲学社会科学版),2020,41(2)：50-58.

[3]韩宪洲.以课程思政推动立德树人的实践创新[J].中国高等教育,2019(23)：12-14.

[4]郭华,张明海.高校"课程思政"协同育人体系构建研究[J].当代教育理论与实践,20202,12(1)：5-10.

[5]陆道坤.课程思政推行中若干核心问题及解决思路：基于专业课程思政的探讨[J].思想理论教育,2018(3)：64-69.

[6]王海燕,李素艳,杨晓娟,等."土壤与土壤地理学"精品课程建设与探索[J].中国林业教育,2013,31(7)：59-62.

[7]姚则会.高校教师有效教学：概念内涵、能力要求与促进策略[J].高等教育评论,2019,1(7)：179-190.

新农科背景下青年教师育人能力提升途径探索

——以水土保持与荒漠化防治专业为例

张 帆[1] 张 珂[2]

(1. 北京林业大学水土保持学院，北京 100083；
2. 郑州航空工业管理学院土木建筑学院，河南郑州 450046)

摘要：本文以水土保持与荒漠化防治专业为例，深入探讨了在新农科背景下如何提高青年教师的育人能力。首先，文章分析了新农科的背景和特点，并指出了新农科建设对教师育人能力提出的新要求。其次，文章探讨了新农科背景下水土保持与荒漠化防治专业青年教师育人能力建设目前存在的短板。最后，针对这些短板，从青年教师主动提升教学能力、建立完善青年教师导师制培养、培训及教学质量评价体系设计方面提出了具体的育人能力提升措施。这些措施可以为水土保持与荒漠化防治专业等农科专业的青年教师提升育人能力提供有益的启示，进而促进新农科教育的发展。

关键词：新农科；青年教师；育人能力提升；水土保持与荒漠化防治

我国从20世纪50年代开始逐步形成了多层次、多类型、多样化、具有中国特色的高等农林教育体系，培养了大批高素质农林人才。然而，随着全面推进乡村振兴的时代背景下，新一轮科技革命和产业革命的到来，我国农林业在产业结构、生产方式和组织方式上发生了深刻变革。目前存在农林人才供给缺失、人才结构不合理、人才对乡村振兴和脱贫攻坚的支撑能力不强等问题，迫切要求高等农林教育探新的发展方向。习近平总书记在给全国涉农高校的书记、校长和专家代表回信中指出，新时代，农村是充满希望的田野，是干事创业的广阔舞台，我国高等农林教育大有可为。2019年，55所涉农高校围绕新农科建设陆续提出了"安吉共识""北大仓行动""北京指南"[1]，要求新时期农林高等教育培养具有投身农业农村现代化与民族复兴的"中国心"、肩负人类命运共同体与美丽地球村建设"世界情"的创新、复合、应用型农林人才[2]，也要求新时代农林高校教师的育人能力有进一步的提高。青年教师作为农林高校未来教学与育人工作中坚力量，其育人能力直接关系到未来农林高校是否可以培养出符合新农科建设要求的农林人才。青年教师刚走出学校踏上工作岗位，对于高等学校教育的认识大多停留在专业知识讲授，对于高校"育人"职责的理解不够深刻[3]。尤其是随着新农科教育理念的深入推广，青年教师的育人能力也需要不断提升。

党的二十大报告中指出，未来我国要继续推进美丽中国建设，坚持山水林田湖草沙一

作者简介：张　帆，北京市海淀区清华东路35号北京林业大学水土保持学院，讲师，zhang_fan@bjfu.edu.cn；
张　珂，河南省郑州市文苑西路15号郑州航空工业管理学院土木与环境学院，实验师，kezhang09@zua.edu.cn。

资助项目：北京林业大学教学教育改革与研究项目五育并举专项"五育并举教学模式在生态水文学教学中的应用探索"（BJFU2023WY09）；
郑州航院教育教学改革研究与实践项目"OBE理念下新工科专业毕业设计模式构建"（zhjy23170）。

体化保护和系统治理。水土保持与荒漠化防治专业（以下简称水保专业）是"山水林田湖草沙"保护治理的重要支撑，但目前国内仅有 22 所高校开设了水保专业[4]，专业方向与规模有限。2022 年 9 月 13 日国务院学位委员会、教育部印发的《研究生教育学科专业目录（2022）》中，水土保持与荒漠化防治学升级成为农学大类中的一级学科，可以预期的是，水保专业人才培养方向与规模即将在未来一段时间内进一步拓展，成为新农科建设的重点专业之一。水保专业育人工作的质量与水平直接影响着该专业的教育质量和毕业生的职业素养，提升水保专业青年教师的育人能力将助力新农科建设育人目标的实现，为我国生态文明建设与可持续发展战略提供有力支撑。因此，本文以水保专业为例，探讨了青年教师育人能力提升的途径和实践探索，以期为青年教师的职业发展和新时代农林人才培养提供有益的借鉴。

一、 新农科教育对教师育人能力提出更高要求

新农科教育要解决的是人才培养与社会需求的不适配问题，着力培养具有"中国心""世界情"的创新、复合、应用型农林人才，对于教师育人能力提出了以下新要求：①新农科教育强调培养学生的创新能力，要求教师不仅要掌握多学科领域的专业知识，还要具备跨学科创新思维；②新农科建设要求破除传统农林教育思想束缚，要求教师把学科交叉融合教学提升到战略高度，培养精业务、懂经营、善管理的复合型人才；③新农科教育更加注重培养懂农业、爱农村、爱农民的人才，要求教师具备良好的师德观、科学的人生观与正确的育人观，能够为学术搭建全新思想格局。因此，提升教师在新农科教育方面的育人能力迫在眉睫，需要教师群体不断地更新知识和思维模式，增强自身的实践能力和创新能力，更好地适应新农科教育的要求。

要在新农科建设背景下保证水保专业建设水平，提升青年教师的育人能力是重中之重。水保专业培养的是具备扎实的水土保持、荒漠化防治等方面的基础理论和系统全面专业知识与技能的应用型人才，需要教师能够在实践中引导学生，培养学生的实践能力和团队协作精神。同时，该专业也注重培育学生的家国情怀和全球视野、专业素养和社会责任感，需要教师具备全面的素质教育理念。但目前水保专业青年教师育人能力建设还存在短板，未来可能会制约水保专业新农科人才培养，进而影响专业人才服务社会的能力。

二、 新农科背景下水保专业青年教师育人能力建设存在的短板

水保专业的新农科建设要求破除传统水保专业教育思想束缚，树立新的学科发展观。在这一背景下，水保专业青年教师育人能力提升已成为新时期水保专业教育改革发展的重要任务，水保专业青年教师育人能力建设的短板主要包括以下 4 个方面。

（一）缺乏实践经验

新农科建设要求破除"重理论、轻实践"的人才培养模式。水保专业学习中涉及丰富的实践教学环节[5]，水保专业青年教师需要了解更多的实践知识和技能，以便更好地引导学生进行实践操作。但由于青年教师往往缺乏充足的实践经验，不擅长组织实践教学活动，难以为学生提供有效的实践指导，也难以为学生创造实践机会，进而影响教学效果。

（二）知识结构较窄

传统的水保专业重点在土地利用、水资源管理等方面，知识结构较为窄，但新农科建设要求培养具备多学科知识的复合型人才。水保专业需要和其他学科进行交叉融合，比如需要和环境科学、气象学、生态学等学科进行深入的交流和合作，才能更好地理解和应对水保专业中的具体问题。青年教师可能对专业外其他学科领域的知识储备不足，无法掌握

系统的水保专业理论和实践知识，从而无法有效地引导学生进行创新性研究和实践活动，导致难以将知识有效地传授给学生。

（三）缺乏教学方法的创新意识

实践能力、应用能力是构成农科人才素质能力体系的核心。传统的教学方法在新农科的背景下可能已经不能完全满足学生的需求，青年教师要思考如何利用信息技术手段、项目化学习、实践课程等方式来提高教学效果，探索互动性更强，更加开放、创新的教学方法。青年教师往往由于工作经验不足，不了解课堂教学规律，对教学内容和教学方法的选择不够准确，缺乏多样化的教学方法，可能无法满足学生的多元化需求。

（四）缺乏课程思政能力

新农科建设要求重视学生思想政治教育，培养"一懂两爱"，具有"中国心""世界情"的新型人才。大学生正处在三观形成的关键期，树立正确的三观是一个庞大、复杂、动态的系统工程。水保专业与国家生态文明建设、美丽中国等思政要素紧密相关，各类专业课程中蕴含大量思政要素。青年教师往往对于课程思政比较陌生，无法深入挖掘课程的思政点，更难以将价值观与使命感教育融入专业知识的传授过程中，从而影响新农科背景下水保专业培养目标的实现。

以上短板的存在，对水保专业青年教师的育人能力提升构成了一定的制约。因此，我们需要针对这些短板，制定一系列的措施，提升水保专业青年教师的育人能力，以便青年教师能够更好地开展育人工作。

三、 基于新农科背景下水保专业青年教师育人能力提升途径探索

从目前的实际教学工作中来看，针对新农科背景下水保专业青年教师育人能力建设存在的短板，可以从青年教师主动提升教学能力、建立完善青年教师导师制培养、培训及教学质量评价体系设计等方向进行探索(图1)，具体包括以下提升途径。

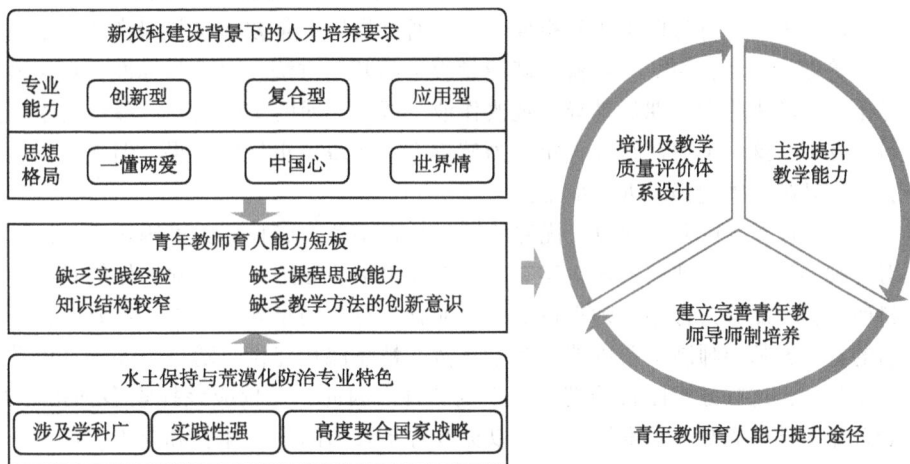

图1　新农科背景下青年教师育人能力提升途径探索

（一）主动提升教学能力

青年教师要努力提高学科知识水平。青年教师需要持续主动地学习新知识、新理论，关注最新的教育研究成果，从"山水林田湖草沙"保护修复与生态文明建设的实际需求出发，把握行业发展方向，及时更新教学内容，并将其应用到自己的教学实践中，通过阅读相关书籍、期刊论文、参加学术会议等方式来提高自己的学科知识水平。

青年教师要积极适应时代变化。教学的方法与手段随着科技的发展也在不断更新与改变，水保专业青年教师需要及时了解和掌握这些变化，可以通过开展教学研究、观摩优秀教师的课堂、参加教育培训、教研室集体备课等方式来提高自己的教学技能。不断探索和尝试"问题导向""案例教学""互动式教学""翻转课堂"等新的教学方法，从而找到最适合自己所授课程的教学方式，以吸引学生的兴趣，激发他们的学习热情。进一步了解和应用现代教育科技，如教学软件、教育云平台、在线学习等，以丰富自己的教学资源和手段，提高教学效果。

青年教师要加强课程思政能力。青年教师需要深入学习马克思主义理论，理解并贯彻课程思政的基本要求和原则，将其贯穿于教学全过程中。把握教学内容中的思政要点，注重课程的思想性、价值性和社会效益，培养学生的道德情操和社会责任感。加强学科知识与思政教育的融合，注重将思政教育与水保专业知识相结合，让学生更加深刻地理解知识的实际应用。加强自身的素质建设，提高综合素质和专业水平，不断提升自身的教学能力和专业知识水平，为学生提供更好的教育服务。

青年教师要更加注重实践教学。针对水保专业实践性与应用性强的特点，青年教师应该在课程设计中注重实践性，积极探索实践教学的有效方法，例如实验教学、课外实践、毕业实习等方式，帮助学生在实践中获得专业技能和实践经验，引导学生独立思考和创新实践，将实践教学与行业需求紧密结合起来，提高学生的就业竞争力和实践能力。

青年教师要在教学中建立教学反思机制。青年教师需要不断反思自己的教学过程，总结自己的教学经验，发现和解决教学中存在的问题。可以建立自己的教学日志、参加教学观摩、邀请同事评课等方式来建立教学反思机制。

（二）建立完善青年教师导师制培养

国内很多开设水保专业的农林类高校，如北京林业大学、西北农林科技大学、东北林业大学、中南林业科技大学等，已经实施了新进青年教师导师制，一般由教龄10年以上的优秀教师对新进教师进行为期1年的指导。导师通过指导青年教师参与课堂教学示范和精品课程建设等教学活动，使指导对象了解课堂教学的基本方法、要求和标准；青年教师在导师指导下完成随班听课、课后辅导、批改作业、试讲、辅助实验指导、参与科学研究等教学与科研环节。这一举措在新进青年教师培养方面取得了很好的效果，但在新农科建设背景下，青年教师导师制仍需进一步完善。

第一，需要注重导师队伍建设。优秀的导师是青年教师成长的关键因素之一。学校应该加强对导师的选拔、培训和考核，建立起一支高水平的导师队伍，确保他们具有丰富的教学和科研经验，能够为青年教师提供更加专业化、有效的指导。第二，需要改善指导方式。目前的青年教师导师制主要以课堂教学示范、精品课程建设、随班听课、试讲等方式来指导青年教师，这些方式比较传统，缺乏创新性。因此，学校应该探索多种指导方式，比如科研合作、学科竞赛、学术研讨等，以提升青年教师的学术体验和能力。第三，需要建立科学的评价机制。评价机制应该具有客观性、公正性和科学性，可以通过考核青年教师的教学和科研成果来评价导师的指导质量，评价结果还应该作为导师职称评定的重要参考。同时，学校应该根据青年教师的实际情况，为其制定个性化的发展计划，以提高其教学和科研能力。第四，需要加强导师与青年教师之间的交流与互动。导师应该主动了解青年教师的学习和生活情况，与其保持密切的联系，及时解决其在工作和生活中遇到的问题，给予必要的指导和帮助。同时，学校应该为导师和青年教师之间建立起更加开放和良好的师生关系，以促进彼此之间的沟通和合作。

（三）培训及教学质量评价体系设计

学校要制定多层次的培训体系。开设水保专业的高校大多都有较成熟的青年教师培训与成长计划，但其大多集中于学校层面的教学能力培训。由于不同高校的人才培养目标不同、专业发展策略不同，人才培养方案中课程设计的逻辑也有所不同。为适应新农科建设要求，需要紧密围绕学校整体战略和发展规划、学院需求和特色、学科发展趋势以及具体课程特点，建立起学校—学院—水保学科—具体课程 4 个层级的培训体系，根据培训目标制定实践教学能力培训、课程思政能力培训等不同的培训内容，创新培训形式，充分发挥优秀教师"传帮带"的作用，为水保专业青年教师致力于新农科教育构筑起更加立体的育人体系。此外，要精心设计培训评价体系，对培训效果进行评估和反馈，及时调整培训计划，并且要加强对教师和学生的跟踪服务，对培训过程中出现的问题及时解决和改进，提高培训质量。

教学质量评价体系设计在引导水保专业青年教师提升育人能力中扮演着重要角色。首先，需要设计科学的评价指标。教学质量评价指标应该涵盖新农科教育所要求的各个方面，包括教学内容、教学方法、思政内容、教学实践水平、学生评价等，评价指标的设置应该科学合理，能够真实反映水保专业教师的育人水平和学生的学习状况。其次，需要建立有效的评价机制。评价机制要求应该明确，评价程序应该规范。学校可以建立由多个评价专家组成的评价团队，采用定期评价和随堂评价相结合的方式，对教师进行全方位、多层次的评价。此外，还需要加强评价结果的反馈和使用。评价结果应该及时反馈给教师，让他们了解自己的优点和不足之处。同时，学校可以根据评价结果，制定有针对性的教学改进方案，帮助教师提高育人能力。最后，应当强化评价的社会效应，学校可以将评价结果纳入教师职称评审、绩效考核等方面，从而提高水保专业青年教师的育人能力和教学水平。

四、结　语

本文针对新农科背景下青年教师育人能力提升这一问题，以水土保持与荒漠化防治专业为例，深入探讨了在新农科背景下如何提高青年教师的育人能力。首先，本文通过分析新农科的背景和特点，指出了新农科建设对教师育人能力提出的新要求。其次，文章探讨了目前新农科背景下水土保持与荒漠化防治专业青年教师育人能力建设目前存在的短板。最后，针对这些短板，从青年教师主动提升教学能力、建立完善青年教师导师制培养、培训及教学质量评价体系设计方面提出了具体的育人能力提升措施。这些措施可以为水土保持与荒漠化防治专业等农科专业的青年教师育人能力提升提供有益的启示，进而促进新农科教育的发展。

参考文献

[1]刘锴栋，刘爽，刘晚苟，等.新农科背景下地方院校园林专业实践教学改革探讨[J].高教学刊，2023，9(7)：129-132.

[2]何茜，周玮，许窕孜，等.新农科建设背景下加强林学本科专业创新型人才培养的思考[J].中国林业教育，2022，40(3)：16-20.

[3]杨华，徐小会，杜菲.在"课程思政"中提升高校青年专业教师育人能力[J].数据，2022，339(11)：100-102.

[4]严友进，戴全厚，彭旭东.新农科背景下水土保持与荒漠化防治专业本科实践能力培养的探索[J].中国水土保持，2021，472(7)：68-71.

[5]王云琦，王玉杰，程雨萌."双一流"建设背景下水土保持与荒漠化防治学科发展与建设的思考[J].中国林业教育，2019，37(5)：47-50.

探索式教学促进教师设计和研究能力提升

——以"公共建筑设计"课程为例

翟玉琨

（北京林业大学园林学院，北京　100083）

摘要：高校教师这个在完成专业学习进入教学岗位后，可能会出现远离行业和缺乏专业知识提升的问题。因为教学任务对教师来讲通常是一个知识输出的过程，面向的对象又是缺乏经验的学生，所以在教学中难以获得新的认知。因此，在北京林业大学园林学院的"公共建筑设计"课中，采用了探索式设计研究教学方法，不再将教学看作是知识灌输和完成任务的过程，而是设计探索的过程。通过划分设计阶段，设定每节课的探索主题，让学生通过研究发现答案。这一设计研究过程是未知的，对于教师是新的认知，可以扩展原有知识体系，提升专业能力。

关键词：探索式教学；公共建筑设计；设计研究；专业能力

　　教师在完成专业学习，进入教职工作中后，通常会在某一阶段遇到专业能力提升的瓶颈。这很大程度上是源于教学工作是不断重复的知识传授过程，对于教师来讲，缺乏专业知识的不断更新和输入，导致很多教师把教学当成工作负担，将科研看作是首要的工作任务。

　　而探索式教学是一种基于学生主动探索和发现的学习方法，注重培养学生的探究能力、解决问题的能力和批判性思维能力。在探索式教学中，学生通过自主提出问题、进行观察、实验、研究和讨论等方式，积极参与学习过程，并通过与教师和同学的互动来建构知识[1]。

　　通过将输出式的教学工作，转变为探索式的研究教学，可以让教师在课程中获得新的认知，从而提高专业能力。但这也要求教师必须转变原有的教学方式，面对新的教学挑战。本文将以北京林业大学园林学院的"公共建筑设计"课程为例，讨论向探索式教学转变的方式，以及其为教师所带来的专业能力的提升。

一、 教学与专业发展

　　教学通常是一个知识输出的过程，教师将已有的知识技能传授给学生。在这个单向的过程中，缺乏反馈环节，特别是缺少能补充教师旧有知识体系的新认知。众多的教学方法文章强调的都是如何高效地、高质量地传授知识给学生[2-3]。这会让教学工作逐渐远离专业领域前沿，沿用教师原来专业学习中的旧有知识体系。经常有老师在校企合作时会讲："我们在学校里，对行业现状不太了解。"这一方面会让教师专业发展乏力，另一方面也让学生脱离最新行业需求，进入行业后要重新学习。

　　目前，促进教师专业能力提升的方法之一是科研，但这就让教学成了一种负担。教师一方面要努力地产出科研成果，同时又在抱怨时间被教学和服务工作占用。而且，对于以教学为主的教师，缺少科研等其他提升途径。这就迫使教师要在教学中找到能力提升的途径。对于设计（艺术、建筑、景观和规划等）课教师，专业能力提升问题更加突出。设计专

作者简介：翟玉琨，北京市海淀区清华东路 35 号北京林业大学园林学院，讲师，yukun@ bjfu. edu. cn。

业的核心能力是设计水平，在远离实践的情况下，单靠科研难以提升。因为科研主要解决的是技术和理论问题，而很难提升实际水平。所以，大部分设计专业的教师在从教多年后，设计专业能力反而下降，甚至失去专业竞争力。

因此，利用教学促进专业能力、提升专业水平是一举多得的方式。这既不占用教师太多的时间，又可以促进教学改革和提升。

二、　探索式设计教学作为研究

传统设计课通常以完成某个设计项目为目标，学生一开始便会拿到一份"设计任务书"，在教师的指导下完成"任务"。为实现这一目标，教师要依靠自身能力教授相关知识，指导设计过程。学生所能达到的设计水平，很大程度依赖于教师的专业设计能力，这也是有些学校会从校外请设计大师来指导学生的原因。教好设计的根本不在于教师受教育时间的长短和讲课能力，而是自己的专业设计水平。而输出式地指导学生，难以提升自身的专业设计能力。因此，需要在教学中鼓励学生主动探索新的设计内容，使用新的设计方法。

探索式的设计教学对教师是一种挑战，因为要面对未知的教学内容。这虽然是传统教学努力要规避的事情，但对于教师和学生发展却是一件好事。设计大部分时候并没有绝对的对与错，因此不必担心因创新而犯错的问题。教师所要面对的是对未知设计内容的评判问题，对于超出既有设计体系的内容，很难再用原有评价标准来判断。教师必须更新自身的知识体系和思维储备，用新的眼光看待新的设计。如此一来，将促进教师提升自身专业能力。

探索式教学首先不要设定明确的目标，将学生引向特定的方向，而是要鼓励学生在不同方向上探索，即使从未有人尝试过。其次，要把复杂的综合设计问题拆分为多个维度，再在每个维度中做不同尝试。综合设计会分散学生的注意力，顾此失彼，难以对某一方面快速做出多项探索。探索式教学要求老师和学生共同学习，对未知的事物找到可能的答案。

在探索式设计教学中，要将设计作为一种研究[4]。如前所述，研究是一种获得新知、增强专业能力的方式。因此，将设计教学转化为研究，可以帮助教师提升能力。研究要利用科学的方法，建立研究范式[5]。所以，这就要求设计教学不能是无规则的创新，而是在假设下，通过科学的方法，对问题答案的寻找。对于设计研究，可探索的科学问题包括设计方法、设计类型、设计原则和设计工具等。这些都是在设计课上可供研究的方面，对于设计理论等深奥问题可不作讨论。

三、　探索式教学实例

"公共建筑设计"是针对城乡规划专业二到三年级学生的专业必修课。其中，学生在三年级上半学期要完成城市高层商务会议酒店的设计。课程教学共12周，48学时，课程大纲统一的要求是学生通过多轮设计，最终完成3张A0设计图纸。建筑设计要满足任务书要求的全部功能，建筑面积在5.5万 m^2 左右。最终图纸包括总平面图、立面图和剖面图等。这些要求使得以往学生大部分时间都在应对设计功能问题，努力完成设计任务，而缺乏探索创新。

新的探索式教学中，课程首先设定了核心主题"模块化建筑设计"，这与笔者的研究方向一致。12周的课程被划分成了4个阶段，每节课有单独的研究主题，每次探索1个小的问题(表1)。第一阶段围绕模块系统设计进行，第二阶段探索了环境功能和公共空间，第三阶段引入结构、材料和建造等技术问题，最后进行设计整合。每个主题都是综合建筑设计的一个部分或一个方面，研究每个主题的过程也是推进完成整体设计的过程。每一主题内容明确单一，易于进行科学研究，这就好比在可控的实验条件下，对单一变量重复实验，观察并总结规律。

表1 公共建筑设计教学日历

阶段	周次	教学主题	辅助练习
模块设计	1	模块单元	单元分析
	2	模块组合	单元组织
	3	模块空间	
	4	体量形式	垂直堆叠
场所功能	5	场地布置	场地分析
	6	公共空间	
	7	辅助功能	
结构建造	8	结构设计	水平结构
	9	材料构造	材质拼贴
	10	建造体系	建造模拟
设计整合	11	设计整合	
	12	汇报评图	

为了对每一主题进行深入探讨，除了主题设计外，还加以辅助练习。辅助练习一方面可以加深学生对主题的理解，另一方面又可以拓展学生的思维。例如在结构主题的课上，让学生用一张A4纸制作竖向结构，挑战纸张可以承受的最大重量。通过练习，在课上短时间内，学生初步理解了结构受力和结构支撑设计。在课后，让学生用两张A4纸制作水平结构，用多种方案挑战纸张最大可承受的重量。在课后充足时间里，学生可以探索不同结构的设计方案。课上和课下的辅助练习，不一定能直接用于综合设计中，但思维的拓展有助于方案的推进。

在主题探索中，大概率会遇到教师未知的内容，这在带来教学挑战的同时，也带来了机遇。因为科学研究大多来自对未知事物的探求。在一些情况下，学生可对问题层层剖解，找到潜在的答案，这对教师也是一个学习的过程。或者学生尝试了新的方法或工具，这也给教师提供了新的思路。但大多时候，学生的探索会浅尝辄止，这就将科研问题留给了教师。例如在上述竖向和水平结构练习中，如何将水平和竖向两个新系统结合，就是值得研究的内容。这成为教师在之后一段时间内的研究课题。学生也可加入课题研究，形成更多成果。

四、 课程改革反思

之所以探索式教学重在过程研究，而不是特定成果，是因为一项研究内容很难在短时间内形成深入的科研成果。因此，对于探索性教学的评价，应该注重过程评价，要看在过程中学生产生了哪些有潜在研究价值的内容。对于过程资料的收集和总结，与上交的最终作业同样重要。在探索性教学中，考核学生的重点是评估他们的学习过程、思考能力和解决问题的能力，而不仅仅是记忆和掌握知识的程度。学生可以通过汇报或作品展示他们在学习过程中的发现和成果。这种形式的考核可以提升学生对问题的理解和解决能力，以及对所学知识的应用能力。

探索式教学要求教师放弃已有的确定的教学方式，采用不确定的发散式教学。这对于教师是一种挑战，增加了教学难度。也正因如此，才有了专业能力提升的机会和可能。传统教学很容易陷入对旧有知识的重复讲授，新知识和新方法只有通过对未知的探索才能得到。当然，本科学生对主题探索的深度和广度都是有限的，要产生真正有价值的研究，还要依赖教师的继续挖掘。但这已经给教师提供了一条专业提升的路径。与其抱怨课程的负担，不如主动将其转化为发展的动力。在探索式教学中，对讲师的重点评价是其引导学生进行探索和发现的能力，包括问题提出的质量、资源提供的适当性、指导的准确性和支持的程度。此外，也包括教师能否引发学生的好奇心、鼓励学生积极参与学习活动以及锻炼学生提出问题和思考的能力。这都对教师的不断自我提升提出了较高要求。

　　探索式教学也存在一些问题，有待继续改进。例如对问题的探索并不能完全替代知识的讲授，对某些固定知识的探索很有可能是在"重复地发明轮子"。将已有的固定知识传授给学生时可以提高效率，避免在探索过程中浪费时间。此外，探索式教学对教师的能力要求较高，教师必须能甄别哪些是有研究价值的问题。如果不能看到研究的潜力，会让探索成为学生的负担，徒增工作量。

五、结　语

　　知识输出式的教学对于很多教师成为了一种负担，重复性的讲述并没有带来教师专业能力的提升。因此很多教师不再专注于教学工作，而将大量时间投入科研当中。但利用探索式教学方式，可以发掘出未知的问题，通过将教学转化为研究，可以提升教师的专业能力。笔者在"公共建筑设计"课上，尝试给予了多个探索主题，让学生发散思维，提出新的问题，找到可能的答案。这虽然对教师的指导提出了挑战，但也给了教师提升专业能力的机会。

参考文献

[1]叶满城.探究式教学方法在《微观经济学》教学中的应用[J].教育科学，2009，25(1)：48-52.
[2]祝智庭，彭红超.信息技术支持的高效知识教学：激发精准教学的活力[J].中国电化教育，2016(1)：18-25.
[3]裴昌根，宋乃庆.基于核心素养的优质高效课堂教学探析[J].课程·教材·教法，2016，36(11)：45-49.
[4]顾大庆.作为研究的设计教学及其对中国建筑教育发展的意义[J].时代建筑，2007(3)：14-19.
[5]库恩.科学革命的结构[M].北京：北京大学出版社，2012.

高质量发展背景下高校教师数字化育人能力发展研究

刘雯雯　　张靖怡　　赵婉争　　陆赫冉　　侯　娜

（北京林业大学经济管理学院，北京　100083）

摘要： 在高质量发展这一中国式教育现代化的时代主题和目标导向的指引以及党的二十大报告中关于"推进教育数字化"的部署下，高等教育育人目标和育人模式亟待转型。同时随着全球数字化进程不断加快，经济社会对于综合型、创新型的数字化人才需求愈加迫切，教师作为向社会输送高素质复合型人力资本的关键枢纽，其数字化水平关系着教育现代化的建设和高质量发展目标的实现。因此，本文聚焦于高校教师育人能力数字化重构，基于数字赋能理论构建能力金字塔模型，并按照能力表现与发展逻辑搭建动静二元结构模型，致力于通过深度分析高校教师数字化能力结构和培养路径，为教师提升自身数字化素养、探索教育新模式提供系统性的理论指导。

关键词： 数字赋能；教师发展；能力结构；培育路径

一、引　言

党的二十大报告在"实施科教兴国战略，强化现代化建设人才支撑"部分作出"推进教育数字化"的部署，体现了数字化引领未来技术变革的时代要求。高质量发展是全面建设社会主义现代化国家的首要任务，是中国式教育现代化的时代主题和目标导向[1]。加强高质量教育体系建设、提高教师队伍能力和素质回应了新时代教育发展的要求，也是促进人的全面发展、培养创新型人才的必然要求。因此，高质量发展和人才培养的需要呼唤教师进行育人能力的数字化重构，学生需要教师提供更多元、丰富、有价值的育人手段，教师需要主动找寻数字时代下育人角色的不可替代性和深层价值。尽管很多高校教师正在教育实践中提升自身数字素养、探索教育新模式，但缺乏系统化的理论指导，故教师数字化能力及素养的培养方面难以实现关键突破。因此，为顺应时代发展对教师发展的要求，本文聚焦于高校教师育人能力数字化重构，梳理归纳高校教师育人能力数字化的时代特征，分析其能力结构和培养路径，为提升教师的育人能力提供参考和建议。

二、文献综述

（一）数字赋能

数字赋能（digital empowerment）是对传统赋能理论在数字经济背景下的创造性转化与创

作者简介：刘雯雯，北京市海淀区清华东路 35 号北京林业大学经济管理学院，副教授，wenwensummer@ 163. com；
　　　　　张靖怡，北京市海淀区清华东路 35 号北京林业大学经济管理学院，硕士生，jingyzzz@ 163. com；
　　　　　赵婉争，北京市海淀区清华东路 35 号北京林业大学经济管理学院，硕士生，beilinzwz@ bjfu. edu. cn；
　　　　　陆赫冉，北京市海淀区清华东路 35 号北京林业大学经济管理学院，硕士生，luheran0927@ 126. com；
　　　　　侯　娜，北京市海淀区清华东路 35 号北京林业大学经济管理学院，博士生，houna@ bjfu. edu. cn。
资助项目：横向课题"新线营销价值报告：下沉市场案例研究"（2020HXZXJGXY001）；
　　　　　横向课题"消费升级下的餐饮行业洞察"（2020HXZXJGXY002）；
　　　　　省级其他科研项目"深度学习视角下高阶思维的培养策略与实践研究"（BIAA23036）。

新性发展，作为数字技术进步与泛化应用而进化出的新概念，其内涵与外延也具有时代发展特征。学术界将数字赋能拆解成"数字"+"赋能"两个维度，并沿着技术—能力—价值创造的路径[2]，认为其应当蕴含 3 层内涵：①技术加持视角，以数字为核心，强调数字技术的嫁接；②能力提升视角，以物质支持为导入手段，进而在资源配置过程中贯穿数字思想，突破时间与空间的物理限制，重构资源配置的方式，焕发出资源的潜能价值[3]；③能力内化视角，以吸收为目标，将"数字"和"赋能"叠加融合，进而发挥出"1+1>2"的作用。作为互联网信息技术推动而引发的变革，其作用可渗透到全社会的活动领域，因此很多研究者开始强调数字赋能在教育等领域的重要作用[4]。

（二）教师数字能力

全球数字化的浪潮不断推演，教育领域的数字化进程不断推进，加之此前突如其来的新冠肺炎疫情也衍生了线上线下混合式教育的新模式，种种现实激发了学术界对于教师数字化能力的深度研究。Ferrari 在研究中明确教师数字化能力的定义，即教师在教育教学工作中以批判的视角、尊重伦理道德为基础，并且选择负责任的方式应用数字技术开展教育教学活动，以促进复杂问题解决和学生高阶思维能力，培养所涉及的知识、技能、动机、态度、价值观和个人特质等[5]，为后续对教师数字化能力的深入研究奠定了重要理论前提。早期对于教师数字化能力的研究更关注其技术性，侧重具体表层技术的使用能力[6]，而随着信息技术的不断更新迭代，加之全球疫情带来的教育情境的变化，后续的研究更加强调教师对当下数字环境的全面理解与深度思考，并引入数字安全与关怀等视角，激起了交流和教学的实际应用、数字社会道德的提升，以及个体反思能力的培育等相关维度的研究热潮[7-8]。除了针对教师数字化能力内涵以及视角方面的研究外，学术界对于教师数字化能力的影响机制和作用机理的研究热度也持续高涨。国外学者通过对过往教师数字能力关键影响因素的梳理，明确了环境[9]、组织（学校）[10]和个体[11]层面的影响，同时国内学者也从人口学特征[12]、心理取向角度[13]不断完善该领域的研究，为培养和提升教师数字化能力指明可供探索的路径方向。

三、数字赋能教师能力发展

（一）数字赋能教师数字能力的过程

随着数字技术的不断发展，数字技术与教育教学领域的深度融合对高校教师的能力提出了极高的要求。教育的数字化转型是一场系统性、生态性的变革，对高校教师能力的要求不只是对传统能力的完善，而是要系统审视数字化下教师能力的全局内容。因此，数字赋能教师发展，既要考虑技术促变下的教育变革对教师专业知识、专业能力等的直接影响与要求，也要关注教师专业认知、专业定位、价值判断等的深层次变革要求。故而，数字赋能教师能力发展是一个循序渐进的过程，不能一蹴而就。因此，研究基于"阶段—维度"二元分析框架，阐释了数字赋能不同阶段下教师能力的发展情况，如图 1 所示。具体而言是根据数字赋能教师能力发展的不同层次，将数字赋能阶段分为以下 3 个阶段。

第一阶段数字赋能启动阶段，是对教师传统能力的数字化表达。数字化背景下，教师传统的能力在当前强调人才全面化、能力多维化的社会需求面前显得有些乏力，教师必须根据时代需求进行能力变革。数字赋能教师的启动阶段即数字嫁接阶段，关注教师对于数字技术的使用与掌握能力。因此数字赋能启动阶段的主要目标是解决教师在数字接入方面的数字鸿沟，详细地说，该阶段以提升教师的数字意识为抓手，进而让教师掌握一定的数字技术知识与技能，了解其解决问题的程序和方法。例如了解多媒体、互联网、大数据、虚拟现实、人工智能的内涵特征及其解决问题的程序和方法，掌握在教育

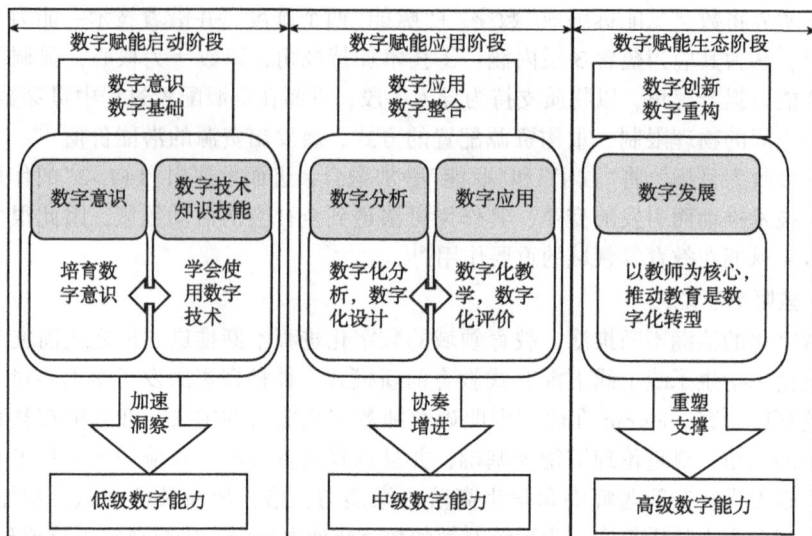

图 1　数字赋能教师发展

教学中选择数字化设备、软件、平台的原则与方法，熟练操作使用数字化设备、软件。虽然这是一种表层的能力，但该阶段是教育全面数字化的基石，决定着教育数字化进程的速度与质量。

第二阶段数字赋能应用阶段，是教师对数字能力的应用与整合。当教师掌握一定数字技术的基础后，数字赋能的目标将转移到对数字资源的整合与配置能力上，即如何寻找、筛选、使用数字资源。如何让教的环节变得更加高效，变成新阶段教师面临的新课题。教师必须跨出有限的空间，打破已有认知局限，尝试使用新的技术，挖掘更多的教育资源用于课堂教学，运用数字技术资源开展教育教学活动，推进数字化教学设计、数字化教学实施、数字化学业评价以及数字化协同育人。比如，数字化学习可以借助新技术的大数据来改进传统教学中的经验判断方式，用数据的实证来推动学习环节的诊断与评估，使学习指导更具针对性、科学性。

第三阶段数字赋能生态阶段，是对教师传统能力的数字化创新与重构。在"提升数字化意识、掌握数字技术知识与技能、进行数字化应用、明确数字社会责任、促进专业发展"的教师数字素养框架下，教师要思考如何用数字技术优化、创新、变革教育教学活动、实施精准化教学和个性化学习，促进数字化背景下的教育生态化转型。因此该阶段重点强调教师对当下数字环境的全面理解与深度思考。教师是实现教育数字化以及提升学生数字素养的关键环节。教师数字能力是教师充分运用数字技术开展教学的能力，不仅包括对数字教学含义以及开发包容和创新的教学策略的理解能力，还包括引导学生创造性和批判性地使用数字技术的能力等。教师利用数字技术资源促进自身发展能力的同时还会促进教师队伍专业发展的能力，例如对学生发展的引导能力形成了新的维度，而教师数字能力和学生数字能力是推动学校数字化的关键。

根据数字赋能的不同阶段，教师数字能力的发展是一个类金字塔的模式，如图 2 所示。最底层的是数字化基础能力，包括数字意识及数字技术知识与技能；中级的是数字化整合能力，包括数字化分析能力与数字化应用能力；高级的数字化能力是数字化创新与发展能力。

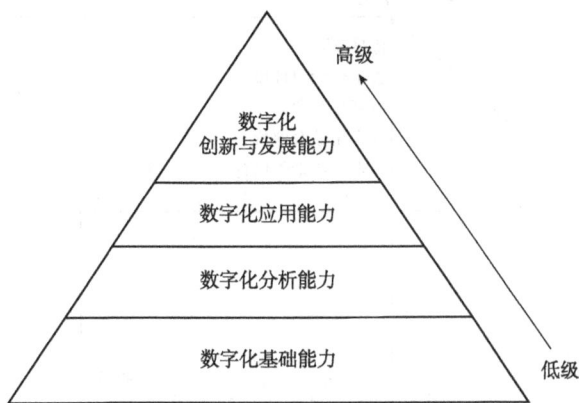

图2　教师数字能力金字塔模型

（二）教师数字能力结构

教育数字化转型是整个教育生态的创造性转变，而教师的原有能力与数字能力难以实现拼接融合以及相互支撑，因此需要基于教育数字化转型的现实需求进行重构。数字赋能教师，形成了三层次五维度的数字能力，这5个维度的能力在结构上存在一定的逻辑，其是根据教师数字能力的维度与发展而形成两种不同模型，其中，静态模型是一种基于"教育数字化—数字技术—教师数字能力"的三维度模型，阐释的是采用数字经济构建数字能力推动数字化转型的逻辑，体现了数字能力的维度；而动态模型是一种交互演化的双螺旋结构，阐释的是教师数字能力的发展演变过程。

在静态模型中，基于"教育数字化—数字技术—教师数字能力"构建了教师数字能力的结构，如图3所示。在数字技术维度，包括互联网、大数据、人工智能等一系列数字技术，使教师在数字意识的基础上学习并具备一定的数字技术知识与技能。在数字能力维度，包括数字分析能力与数字应用能力等。数字化教育打破传统思想，帮助学习者构建数据思维。随着大数据在教育领域的深入应用，产生了海量数据。面对这些数据，如何获取并利用其转化成有价值的知识，从而促进教学决策，改进教学实践，完善自身专业发展，需要一线教师具备较高的数字分析能力，这也是在数字化背景下对教师提出的新要求。教师还可以丰富数据应用情景，根据不同维度的数据能力将统计、评价、技术应用、教学理解等关联紧密的方方面面浓缩于单一教学情景中，有力推进对学生相应数据能力的培养，并进一步丰富对应用数据的理解与迁移。数字应用能力主要是教师在教学中的实践能力。教师可根据课程的教学内容、知识要点对课程进行重新设计，采用适当的数字教学载体开展教学，把数字化教学与课程紧密地结合起来。在课堂教学中，要充分利用多媒体数字技术，并能利用数字技术开发系列课件、教学软件等。在课外充分利用网络资源，例如通过网络平台开展网络教学，实现资源共享，加强与学生的沟通交流。在教育数字化维度，学校数字化转型的价值目标是形成一种可持续发展的数字化文化，通过营造基于数据的教育决策文化氛围，将大数据、人工智能、物联网等智能技术融入学校教育决策与教育教学的变革过程，推动技术与教育教学的深度融合，从而改变传统的工作思路和业务流程，实现数字思维引领的价值转型，形成公平全纳、个性精准、情境适配的新型学校数字教育生态。这是一种由外到内再到整个教育生态数字化的过程，与动态模型形成了契合。

在动态模型中，教师数字能力的形成是一个动态的双螺旋过程，是伴随着数字技术由外化而逐渐内化的过程，如图4所示。在这个过程中，教师的数字化能力是随着数字技术

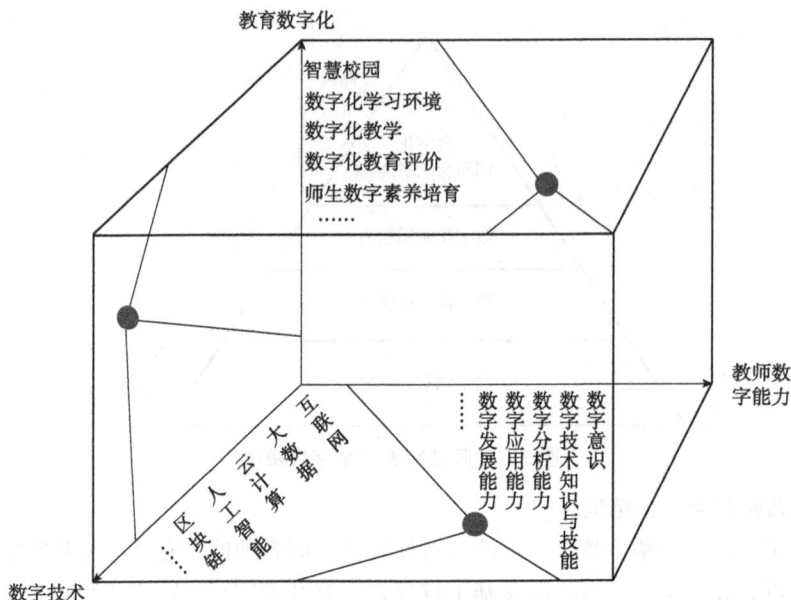

图3　教师数字能力结构

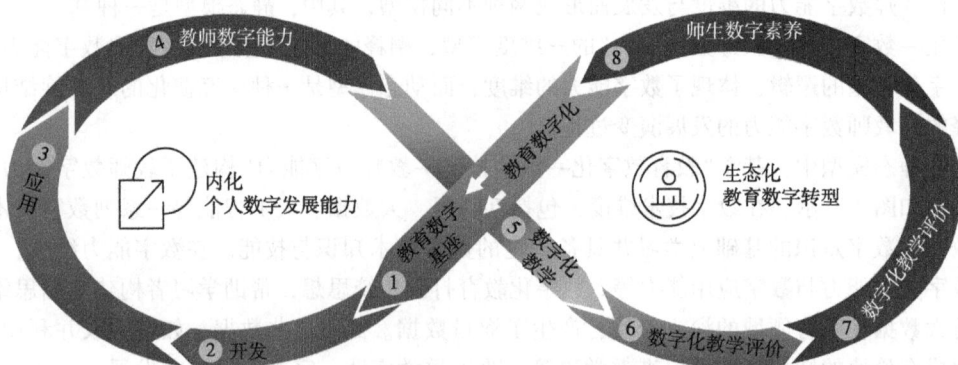

图4　教师数字能力发展动态模型

的认知到应用，再到内化为个人的数字发展能力，这是一个动态演进的过程，并随着教师数字能力的不断深化，通过培育具有数字化素养的人才，进而推动教育的数字化。值得注意的是，教师数字能力并不是一成不变的，而是伴随着学习不断迭代升级的，是循序推进的。

四、多主体协同的培育模式

教师数字能力的培育涉及多个方面，亟须政府、学校和学生形成合力，共同助推教师数字能力的提升。

（一）充分发挥政策、制度层面的驱动引领作用

教师数字能力的建构与提升是数字化背景下对教师发展与转型的要求，是一个探索的过程。政府在其中扮演着引导角色，需要积极建设良好的数字环境与空间，完善教师数字能力的相关标准与技能认证，从而提升教师数字能力。

（二）培育数字化思维，应用、开发和聚合优质教学资源

在教育数字化转型的过程中，数据一方面为教育提供了宝贵的资源和资本，另一方面

也给教师们带来甄别和使用数据的压力，管理、分析和利用好海量数据是优化教学效果、提高教学效率的必然要求。在数字化发展背景下，高校教师应该不断提升自己的数据素养，培养挖掘、分析、处理和储存数据的能力以及数据应用能力，利用数据打造优质高效的课堂，在原有的信息和数据的基础上，教师还应该创造性地开发新资源，使教学变得高效且更具创造力、想象力。

（三）实施动态管理、 科学评价， 打造人机协同新模式

教育评价是教育治理的重要内容，也是人才培养的重要环节，深刻影响着全社会的教育观念和教育生态，而教育的数字化转型为教育评价理念和方式革新提供了动力和支撑，也推动着教育评价向过程化评价、综合性评价和反馈性评价转变。随着人工智能等技术更新迭代，一些数字化设备可以帮助教师观察学生的上课状态和学习情况，以便及时掌握学生的学习情况，调整教学进度和方式。此外，一些数字化工具还可以帮助教师进行智能阅卷、批改作业等工作，并分析每个学生不同的特征和知识差异，从而为不同的学生提供差异化的教学和管理组织方式。因此，这也要求教师学习并理解机器的运行逻辑和功能，利用机器辅助分析学生的问题和需求，并对学生的性格培养、品德教育、学业发展提供更加个性灵活的指导。

（四）强化教育服务意识， 形成可持续发展的教育生态

随着数字化工具深度参与社会生活，教育未来发展也更具有不确定性，社会对教师和学生的能力要求也不断更新，人工智能等信息技术为教师提供技术支持的同时也给教师群体带来被技术支配或抛弃的风险。因此，教师要具备自主学习和研究能力，从而更好地接受新技术并快速将其运用到教学过程中。一方面，高校教师要加强专业能力的自主发展，不断提升核心能力，同时还需要提升自己的数字素养和智能教学能力，适应各类新型软件在教学中的应用，将数字化工具运用到教学设计、教学实施和学生学业评价过程中，实现数字工具与现有教学的有机整合。另一方面，教师还要着力打造其区别于人工智能等数字工具的独特性、智慧性，凸显教师在育人活动中的主体性和服务性，积极利用数字工具同多领域、多学科的专家学者进行连接和互动，构建知识的创新、整合和共享的智慧化平台，帮助薄弱地区的教师提高教学能力和育人能力，主动参与教育智慧平台建设，共同打造可持续发展的、健康的教育生态。

教师数字能力的培育是一个渐进性的过程，各项举措应相互配合，共同作用，进而形成一个数字生态。充分发挥政府的引领作用，推动数字教育技术的发展，深入开展教师数字能力框架研究，及时更新教师信息化教学能力标准，并优化更新培训课程体系。通过开展有针对性的培训，提高教师的数字能力，使教师尽快实现从教学观念到教学行为、教学手段、教学模式的数字化转型。全面提升教师数字意识，依托教学实践，加强数字分析，以反馈促学习，以学习促提升，进而保证教师数字能力发展的质量与可持续性(图5)。

五、 结　语

教师数字能力是推动教育数字转型的关键软实力，是构建高质量教育体系和培养高素质人才的重要支撑。本研究基于数字赋能理论，通过分析数字赋能教师能力发展的阶段，按照能力层级，构建了教师数字能力金字塔模型。在此基础上，按照能力表现与发展逻辑，构建了包含数字意识、数字技术知识与技能、数字分析能力、数字应用能力、数字发展能力等内容的动静二元结构模型。以教师数字能力的全面提升为目标，构建了多主体协同的培育路径，进而保证教师数字能力发展的质量与可持续性。

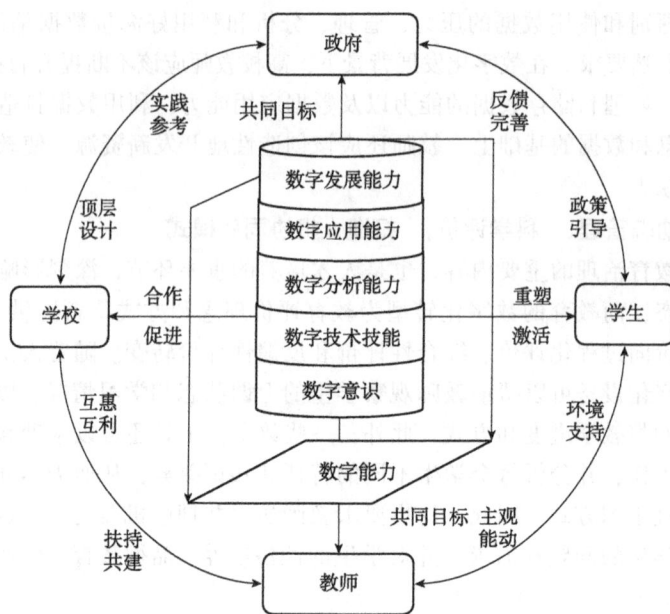

图 5 教师数字能力的培育

参考文献

[1] 高书国. 中国式教育现代化的历史逻辑、内在品质和未来向路：教育高质量发展支撑中国式现代化. 中国远程教育. doi：10. 13541/j. cnki. chinade. 20230315. 001.

[2] WANG Y, HAJLI N. Exploring the path to big data analytics success in healthcare [J]. Journal of Business Research, 2017(70)287-299.

[3] 刘洋, 应震洲, 应瑛. 数字创新能力：内涵结构与理论框架 [J]. 科学学研究, 2021, 39(6)：981-984+988.

[4] SAFIRA M R, IRWANSYAH I. The Social Humanism Factor in Digital Empowerment in Indonesia Study on Kampung Blogger, Menowo Village, Central Java：Study on Kampung Blogger, Menowo Village, Central Java [C] // 2019 International Conference on Advanced Computer Science and Information Systems(ICACSIS). IEEE, 2019.

[5] FERRARI A, PUNIE Y, REDECKER C. Understanding Digital Competence in the 21st Century：An Analysis of Current Frameworks [M]. Springer Berlin Heidelberg, 2012.

[6] 冯剑峰, 王雨宁, 白玉彤. 教师数字化能力研究的图景及展望：基于国际文献的分析 [J]. 教师教育研究, 2022(2)：118-128.

[7] MCGARR O, MCDONAGH A. Exploring the digital competence of pre-service teachers on entry onto an initial teacher education programme in Ireland [J]. Irish Educational Studies, 2021, 40(1)：115-128.

[8] CHOI H, CHUNG S Y, KO J. Rethinking teacher education policy in ICT：Lessons from emergency remote teaching(ERT)during the COVID-19 pandemic period in Korea [J]. Sustainability, 2021, 13(10)：5480.

[9] GOLDSTEIN, O. AND B. TESLER. The impact of the national program to integrate ICT in teaching in pre-service teacher training [J]. Interdisciplinary Journal of e-Learning and Learning Objects, 2017(13)：151-166.

[10] HATLEVIK O. E., ARNSETH, HCICT. Teaching and leadership：How do teachers experience the importance of ICT-supportive school leaders? [J]. Nordic Journal of Digital Literacy, 2012, 7(1)：55-69.

[11] ALAMUTKA K. Mapping digital competence：towards a conceptual understanding [J]. Institute for Prospective Technological Studies, 2011：1-60.

[12] 韩锡斌, 葛文双. 中国高校教师信息化教学能力调查研究 [J]. 中国高教研究, 2018(7)：53-59.

[13] 隋幸华, 赵国栋, 王晶心, 等. 高校教师信息化教学能力影响因素实证研究：以湖南省部分高校为例 [J]. 中国电化教育, 2020(5)：128-134.

布鲁姆认知领域教育目标分类理论下的育人能力提升

——以"电力电子技术（双语）"课程为例

陈锋军　朱学岩　胡春鹤　梁浩　王贺

（北京林业大学工学院，北京　100083）

摘要：本文根据布鲁姆认知领域教育目标分类理论，将北京林业大学工学院自动化专业的"电力电子技术（双语）"进行课程建设。将电力电子器件、直流/交流四大电能变换电路工作原理以及电能变换电路的设计应用三大部分的授课内容按照知识、理解、应用、分析、综合和评价的六个教育目标安排教学内容；给出具体示例展示如何根据布鲁姆认知领域教育目标分类理论安排晶闸管原理、整流电路的工作原理和设计具体整流电路的教学内容。通过课程的建设，采用丰富的教学形式提高教学效果，构建完整的双语授课体系；通过多渠道和学生交流，不断完善教学的过程；不断提升授课教师的育人能力，同时受到学生广泛的认可。

关键词：布鲁姆认知领域；教育目标分类；电力电子技术；双语；能力提升

美国教育心理学家布鲁姆在 1956 年出版的《教育目标分类学第一分册：认知领域》中提出认知领域教育目标分类理论，即教育目标由低到高分为六个方面：知识、理解、应用、分析、综合和评价[1]。由于其符合人类认知过程的规律，布鲁姆认知领域教育目标分类理论引起了国际教育界的广泛关注和学习，产生了巨大的影响，更是获得诸多研究成果[2]。"电力电子技术（双语）"课程经过近 20 年教学一线的不断实践和思考，任课教师秉承终身学习以及持续改进的态度，充分考虑自动化专业学生特点，以布鲁姆认知领域教育目标分类理论为基础构建"电力电子技术（双语）"课程教学内容。

一、　课程现状和授课基础

"电力电子技术（双语）"课程是自动化专业的核心课程，主要讲述利用电力电子器件对电能进行变换和控制的电源技术和节能技术，是电力、电子和控制三大电气工程技术知识的交叉结合，也是学生学习强电和弱电的桥梁。授课内容包括电力电子器件、直流/交流四大电能变换电路工作原理以及电能变换电路的设计应用三部分。课堂授课形式为双语，根据学生情况将上课的形式设计为：绪论部分采用英文课件和全英文授课，其他部分在课堂上采用中文课件、英文专业词汇讲解和中文授课，课后采用英文课件、英文参考书籍和英

作者简介：陈锋军，北京市海淀区清华东路 35 号北京林业大学工学院，教授，chenfengjun1d502@163.com；
　　　　朱学岩，北京市海淀区清华东路 35 号北京林业大学工学院，研究生，xueyan0111@bjfu.edu.cn；
　　　　胡春鹤，北京市海淀区清华东路 35 号北京林业大学工学院，副教授，huchunhe@bjfu.edu.cn；
　　　　梁　浩，北京市海淀区清华东路 35 号北京林业大学工学院，副教授，lianghao@bjfu.edu.cn；
　　　　王　贺，北京市海淀区清华东路 35 号北京林业大学工学院，讲师，wanghe@bjfu.edu.cn。
资助项目：北京林业大学研究生课程建设项目"'智能控制'课程思想建设"（KCSZ2012）；
　　　　北京林业大学课程思政教研专项"人工智能基础"（2021KCSZZC033）；
　　　　北京林业大学研究生课程建设项目"基于思政融合的机电系统数字仿真教学改革"（KCSZ2013）。

文阅读材料推荐的形式。通过课程的学习，使学生熟悉各种电力电子器件的特性和使用方法，掌握各种电力电子电路的结构、工作原理、设计计算方法和实验技能。

经过 10 多年双语课程的建设，发现部分学生对课程知识的理解仍停留在应付考试的层面上，对电源技术的理解也没有根据技术发展和认知的顺序建立完整的体系概念。主讲教师自两个专业建立以来累计为 19 个年级并至今一直承担该门课程的授课任务，在德国接受高等教育教学法的培训获得国际工程教育的认证资质后，通过培训学习发现，布鲁姆认知领域教育目标分类理论根据认知领域理论将学习任务分为知识、理解、应用、分析、综合和评价这六类[1]。该理论的学习任务中，"知识"分为事实性、方法性和一般抽象的知识，要求学生能够把事实及特点进行复述；"理解"要求学生能够概括整个事件，总结相关信息，使用其他方式解释说明事实情况或者由此推导出其含义及隐含的结果；"应用"要求学生能将已知的知识应用在其他事物或者事件上；"分析"要求学生能够抓取信息中的重要元素，了解各元素之间的关系，对各元素之间的关系加以论证，同时了解内在原理的结构；"综合"要求学生能够建立事物之间的相互联系，从内容和整体上加以分析，并在此基础上创建新的结构和规则；"评价"要求学生能够根据内部和外部的评价标准来评价事实[3]。而"电力电子技术（双语）"课程的授课内容经过在认知领域的分解，非常符合布鲁姆教育目标分类理论的由浅入深、逐层深入的规律。

二、 以布鲁姆认知领域教育目标分类理论构建课程教学内容

（一）课程教学内容示例

"电力电子技术（双语）"授课的主要内容为：学习电力电子器件的基本特性、四种电能变换电路的工作原理以及设计具体的电能变换电路，非常符合布鲁姆认知领域教育目标分类理论的知识、理解、应用、分析、综合和评价六类的学习任务分类。按照布鲁姆认知领域教育目标分类理论，安排晶闸管原理、整流电路的工作原理和设计具体整流电路的具体内容，示例见表1。经过布鲁姆认知领域教育目标分类理论的指导，以及一线教学不断实践、思考、调研和总结，结合自动化专业的学生特点，科学合理地安排教学内容，"电力电子技术（双语）"课程逐渐形成了一套完整的课程构建。

表1　布鲁姆认知领域教育目标分类理论为基础的课程教学内容示例

布鲁姆认知领域教育目标	具体要求	"电力电子技术（双语）"课程对应教学内容
知识	认知并记忆基本事实、方法和过程	讲授晶闸管使用方法的知识
理解	初步领会，不求深刻	讲解晶闸管的双晶体管结构，帮助理解晶闸管的触发条件
应用	运用所学概念或原理	把晶闸管应用在单相半波可控整流电路中，解释电路工作原理
分析	抓住重要元素，弄清楚之间的关系和原理	对于单相半波可控整流电路，假设晶闸管触发电路故障，分析电路的工作情况
综合	全面加工分解各要素并综合利用各要素	全面了解单相半波可控整流电路的基础上，综合分析三相半波可控整流电路的工作原理
评价	根据评价标准评价事实	学生自己动手设计整流电路之后再进行评价

由表 1 示例可知，以布鲁姆认知领域教育目标分类理论为基础构建的课程教学内容符合学生的认知特点，按照能力培养循序渐进的原则，遵循先理论学习后动手实践的思路，在实际教学中受到学生的一致肯定和好评。

（二）构建完整的双语授课体系

规范"电力电子技术（双语）"课程的各个教学环节，形成较完善的双语教学体系。"电力电子技术（双语）"课程的双语教学已经开展 10 余年，课程经过北京林业大学"教学改革项目"和国家留学基金管理委员会"高等教育教学法出国研修项目（工程教育类）"的不断改革和凝练，并结合学生特点和专业特性，已经构建完整的双语授课体系。具体内容包含：课程简介、教师简介、学习方法说明、指定中文教材、建议英文参考教材、中（英）文教学大纲、课程教案、课程习题、考核办法、实验指导书和相关参考文献。双语教学的过程中授课教师一直在探索培养具有国际视野专业技术人才的有效手段；学生通过双语教学模式，能更好地检索阅读科技文献，关注经典著作和国际组织、会议的各类信息，让学生可以更为自信地了解世界，参与国际交流。

（三）采用丰富的教学形式提高教学效果

授课过程采用丰富的教学形式和手段：投影仪、PPT、黑板板书、学习卡片、案例说明、游戏互动、角色扮演、课堂讨论和课堂分组演示等。例如学生在课前对于相关技术最新动态搜集资料，在课堂分组进行英文汇报；或者学生在课前对某一具体知识点进行备课，在课堂用英文讲授。丰富的形式和手段让学生充分参与课堂教学，最大可能地调动学生的学习兴趣和积极性，引导学生在课程学习的过程中独立思考、发现问题并解决问题。

（四）多渠道和学生交流，　不断完善教学过程

教学过程中多渠道全面地和学生交流，根据学生反馈意见不断完善教学过程。高效利用课堂上课、课后面对面和网络交流等方式，使师生交流覆盖课前到课后的每一个教学环节。课前通过微信群发布预习内容，课上随机提问，课后学生可以通过微信、邮件或者面对面交流的方式答疑；教学过程中通过教学平台与学生共享教学参考书籍、阅读材料、国内精品课程网址和国际公开课资源；通过小测验、问与答、作业等多种形式检验学生学习效果，并通过与学生多渠道地交流，不断完善教学的各个环节。

三、　教师育人能力提升和学生学习效果反馈

（一）不断完善布鲁姆认知领域教育目标分类理论在教学中的应用

进一步探索课堂教学模式和方法的创新，尝试项目式教学与管理的模式和布鲁姆认知领域教育目标分类理论的结合。具体授课过程中，根据课程内容特点将授课内容分成几个项目，对于每一个项目的授课内容，从电路结构、工作原理和实际应用以及设计电路的角度，按照布鲁姆认知领域教育目标分类理论逐层推进教学内容。即课程教学项目以基础知识学习为平台，以具体应用为主线，以项目为导向，以典型工作任务为驱动，通过教师指导的方式让学生有目的、有计划地学习具体项目，不断提升授课教师的育人能力，同时提升学生的学习效果，培养学生的自学能力。

（二）加速授课教师业务素质的提高

通过"电力电子技术（双语）"课程双语教学的不断建设，使语言工具和专业课程充分融合，督促授课教师不断学习进步。广泛查阅和学习国内外相关精品课程和国际开放课程；深入地和同行交流、切磋、学习，授课教师自身业务素质得到全方位的提升，包括专业知识更新、国际化视野培养、熟练应用语言的能力、依据成熟教育理论组织教学的能力和沟通交流的能力。授课教师通过课程的建设也取得了一系列的成果：授课能力获得国际工程

教育联盟的认证，北京林业大学课程教案比赛一等奖，北京林业大学课程思政建设项目结题评审结果优秀，学院青年教师基本功比赛三等奖等。授课教师秉承终身学习的理念，必然从课程理论水平、英语授课能力以及教学理论和实践等方面不断取得进步，切实践行立德树人。

（三）建立互动式教学环境

互动式教学环境是指在教学过程中，通过师生之间的互动和学生之间的交流，营造出良好的学习氛围，促进学生主动参与和合作学习的积极性。在布鲁姆认知领域教育目标分类理论下的育人能力提升中，建立互动式教学环境是非常重要的一部分。在"电力电子技术（双语）"授课过程中，通过创设情境营造出互动式教学的氛围；组织小组讨论，让学生在小组中共同完成实验操作和数据处理，促进学生之间的交流和互动；设计角色扮演场景，让学生在角色扮演中学习知识、解决问题；使用多媒体教学，展示视频、图片等资料，让学生更加直观地学习和理解课程内容，通过调整语言、音量、节奏等手段，引导学生的情感体验和思考。

（四）不断优化教学方法和手段，充实课程资源

在"电力电子技术（双语）"课程授课过程中，利用先进的教学方法和手段提高教学效率。采用雨课堂等智慧教学工具，全面提升课堂教学体验；开发课程实验软件系统，配合实验室设备，更高效地让理论联系实践。同时不忘传统的教学手段——板书，对于关键和难懂的原理部分，授课教师坚持板书和PPT相结合，并且着重利用板书的方式逐层深入地展开教学，受到学生全面的肯定，被学生诙谐地称作"彩虹图老师"。广泛地查找网络现有精品课程建设资源、国际知名大学公开课资源、课程相关的师生原创案例资源，总结各种先进教学理念、教案、课件、课堂实录和学生各种优秀成果，不断充实完善"电力电子技术（双语）"课程的资源建设。培养学生的国际视野，使之感受行业前沿技术的发展，激励学生的学习热情和专业自豪感。

（五）学生学习效果反馈

学生的反馈是改进课程教学效果最好的依据，开展课程评价体系研究，必然会引导学生客观地评价课程教学中的各个环节，为完善课程教学提供最具价值的一手资料，也可以让任课教师更加全面地了解学生的需求；教师同时注重培养学生的实践能力和创新能力，建立多元化的学生评价体系，全面评价学生的能力水平。本门课程评价体系优化内容主要包括：①增加教学目标的可衡量性，通过设定具体的测验题目和实验要求来达到这一目的。②学生随时反馈和评价，教师针对性地答复，形成随时沟通交流的闭环——在课程进行中随时收取学生的反馈和课程评价，授课教师针对性地做出回应，随时发现问题解决问题。③邀请相关行业专家对课程进行指导和评价。授课过程考虑行业的发展和需求，邀请行业专家进入课堂，对授课进行指导和评价，确保课程内容与行业需求相符，帮助学生更好地规划未来职业发展。课程结束后，学生在评教系统留下了很多学习过程的感言，授课教师得到了学生们良好的评价和由衷的肯定。

四、结　语

"电力电子技术（双语）"课程教学内容的安排主要根据布鲁姆认知领域教育目标分类理论的知识、理解、应用、分析、综合和评价六个层面构建，同时不断丰富课程内容的组织方式，尝试利用项目式教学模式进一步重新整合教学内容。通过对课程的不断建设，任课教师的育人能力得到极大的提升，学生的课程学习热情、专业学习能力和语言应用能力得

到全面的培养，受到学生的一致肯定。

　　在一线教学中，任课教师时刻提醒自己：教育的本质是人的全面发展。面对高速发展的社会，教育需要更加注重学生的个性化需求和发展，提供更多样化的学习体验；同时注重能力培养和职业发展规划的指导，为学生提供更多的支持。

参考文献
[1]盛群力.21世纪教育目标新分类[M].杭州：浙江教育出版社，2008.
[2]于明含，丁国栋，高广磊，等.布鲁姆教育目标分类理论对林业专业硕士培养的启示[J].中国林业教育，2019，37(1)：42-46.
[3]陈锋军.高等教育教学法(工程教育类)研修班授课报告[R].德国：德累斯顿工业大学，2017.

信息融合对"电工电子技术"育人能力提升的研究

何 芳 张俊梅 王 远 梁 浩 王 凡

摘要：全面深化新时代教师队伍建设改革的今天，持师德为先，师风为本，为人师表，身正为范，坚持教育教学质量为重，而提高教师育人能力是关键。学生在进入专业学习之前，以专业培养方案为依据，需要明白所学课程知识的意义和应用价值。本文基于"电工电子技术"教学中已有的思想政治、教学研究与应用改革基础，以教师个人素质、教师在教学过程中的引导育人的能力和新时代对教师的要求为依据，将教师的育人能力进行科学化提升，信息化融合，这也正体现作为专业基础的"电工电子技术"课程教育教学建设的重要性和必然性。

关键词：教育教学；电工电子；能力提升；信息融合

随着中国特色社会主义进入新时代，应国家发展需求，中共中央、国务院《关于全面深化新时代教师队伍建设改革的意见》、教育部等六部门《关于加强新时代高校教师队伍建设改革的指导意见》等文件对高等教育高度重视，随之而来的就是对传统教育模式的改革，以及对教育教学质量的提高。高校教师教书育人是高层次人才培养过程中的一个关键节点，面临着很大的挑战和机遇[1]。"电工电子技术"是一门理论与实践并重的专业技术基础课程。在20世纪对人类影响最大的工程技术评选中，电力系统高居第一位，电工电子的重要作用不容忽视。随着课程改革的不断深入，对"电工电子技术"课程的教学也提出了更高的要求，这除了要求授课教师的专业技巧、教学方法要有新突破外，对学生的学习能力也是一个很大的考验[2-3]。本文结合"电工电子技术"的课程特点，在电工电子技术教学中注重教师育人能力的提升与应用[4]，有效帮助学生长远发展，成为独立自主学习、积极进取的人，同时更为全面地整合教学资源，在教学方式和内容中将专业知识与信息化技术相结合，对这种新的教学方法和教学效果进行了探索。

一、"电工电子技术"课程教学育人的思考与应用

"电工电子技术"是机电专业一门重要的专业技术基础课程，同时也是非电类专业了解电学理论及其应用的一门必修的重要知识拓展课程，具有知识面涉及较广、计算公式相对较多以及实践性比较强的特点。由于电工电子技术的课程特点及学生知识结构的差异性，使得学生对于课程教学中烦琐的概念、抽象的原理及复杂电路图形的课堂记忆难度较高，

作者简介：何 芳，北京市海淀区清华东路35号北京林业大学工学院，讲师，hf1986@ bjfu. edu. cn；
　　　　　张俊梅，北京市海淀区清华东路35号北京林业大学工学院，教授，joyzhangjm@ 163. com；
　　　　　王 远，北京市海淀区清华东路35号北京林业大学工学院，副教授，wangyuan@ bjfu. edu. cn；
　　　　　梁 浩，北京市海淀区清华东路35号北京林业大学工学院，副教授，lianghao@ bjfu. edu. cn；
　　　　　王 凡，北京市海淀区清华东路35号北京林业大学工学院，讲师，wangf@ bjfu. edu. cn。
资助项目：北京林业大学教育教学改革与研究项目"新人才培养方案下电工电子技术A的教学思考与育人能力培养研究"（BJFU2023JY050）。

因此学生普遍反映课程难度较大、学习兴趣较低。为有效发挥电工电子技术在解决实际问题方面的重要作用，促进育人能力的提升，需要进一步提高教育教学的效率与质量，在教学方式和内容中将专业知识与信息化技术相结合，其优势体现为：

（1）可以改善由于多方面因素制约的传统教学观念，摆脱以教师为中心的局面。本课程教师主张并坚持引导探究式教学方法在教学中的运用。不断开发、制作课程教学课件，努力提高学生兴趣和教学效果。在教学方法上，采用多样的教学方法，充分发挥学生的主体作用，激发学生学习的积极性和主动性。这些方法包括线下线上的混合式教学、案例式教学、师生课堂互动、研讨，以及结合机械运动视频的融合式教学等，激发学生学习理论的热情，帮助学生掌握分析现实问题和应用实践的正确方法。

（2）能够适应社会经济发展对人才的需求，制定以培养学生的应用能力和提高学生的素质教育为目的的培养方案，探索形成兼顾学生学习态度、日常表现、知识掌握以及能力培养这四个方面的课程评价体系，整体优化改革传统的"一卷定音"的课程考核方式，充分反映了重视学生学习态度和日常表现，强化能力培养的思想政治教育。

（3）帮助学生提升学习能力和科技应用能力，这体现在学生更快地接收、消化新课程知识，同时让学生通过信息技术了解电工电子技术相关背景，不断提升自己，有针对性地高效应对未来就业。最终学习更多高新知识，掌握信息技术，并将其应用于未来工作之中，让学生拥有更强的竞争力，拓宽自己的发展空间[5]。

教师作为教育工作者，育人能力的提高有助于顺利完成教学任务，更好地实现教育目标[6]，也是丰富专业内涵的体现。这也正呈现出现代化信息与课程教育教学的融合点：学习方法与理念、策略与思想。

二、　现代化信息与"电工电子技术"课程的融合

信息技术对传统教育方式的变革成为了现代化教育过程优化的强有力支撑。电工电子技术应用广泛，发展迅速，并且日益渗透到其他学科领域，促进其他学科发展。正是由于电工电子技术的发展，使得我们的各项技术都有了其基本的发展基础，并在我国社会主义现代化建设中发挥重要作用。将教师的育人能力进行科学化提升，信息化融合，这也正体现作为专业基础的"电工电子技术"课程教育教学建设的重要性和必然性。

"电工电子技术"是一门融思想性、政治性、知识性、综合性和实践性于一体的课程，涉及的内容范围广。电工技术理论的主要内容有：电路的基本概念与定律、直流电路的分析方法、交流电路和三相交流电路等内容。电子技术理论的主要内容有：半导体二极管和三极管及放大电路、运算放大电路、门电路和组合逻辑电路、触发器与时序逻辑电路等[7]。为了增强课程教学的实效性和针对性，本课程教师重新整合了教学大纲和基本教材，探究信息融合对电工电子技术育人能力提升的有效措施，推行思维导图式教学[3]。

（一）关注启发与实践的信息化建设

通过本课程的学习，主要使学生能够获得必要的电工技术和电子技术的基本理论、基本知识和基本技能，了解电工技术和电子技术的应用和发展概况，为学习后续专业课程以及从事与本专业相关的工程技术工作打下一定的电学理论基础，掌握一定的实验技能。教学中注重理论与实践相结合，培养学生的动手能力及相关电路、电子芯片的设计与测试能力。

自2015年提出"互联网+"行动计划，面向教师发展体现了教师发展信息化教学模式的数字化转型[8]。教育教学质量是开放式大学转型发展中最重要的生命线。针对本课程理论性、思想性、实践性、针对性都很强的特点，特别强调在教学中发挥教师的主导作用，在学习中发挥学生的主体作用[9]。

1. 着重提倡启发式、参与式和研究式教学

认真探讨主题讲授、案例教学等多种教学方法，使之努力贴近学生实际，符合思想教育教学规律和学生学习特点，从而活跃课堂气氛，启发学生思考，提高教学效率，优化教学效果。比如在讲解三相笼型异步电动机时，旋转磁场的产生和电动机的工作原理不好理解，可以通过集声音、图像、文字、视频于一体的动画展示抽象复杂的过程，并通过思维导图使三相笼型异步电动机章节知识点具体化、形象化(图1)，最大限度地启发学生的参与感，激发学生的研究兴趣。

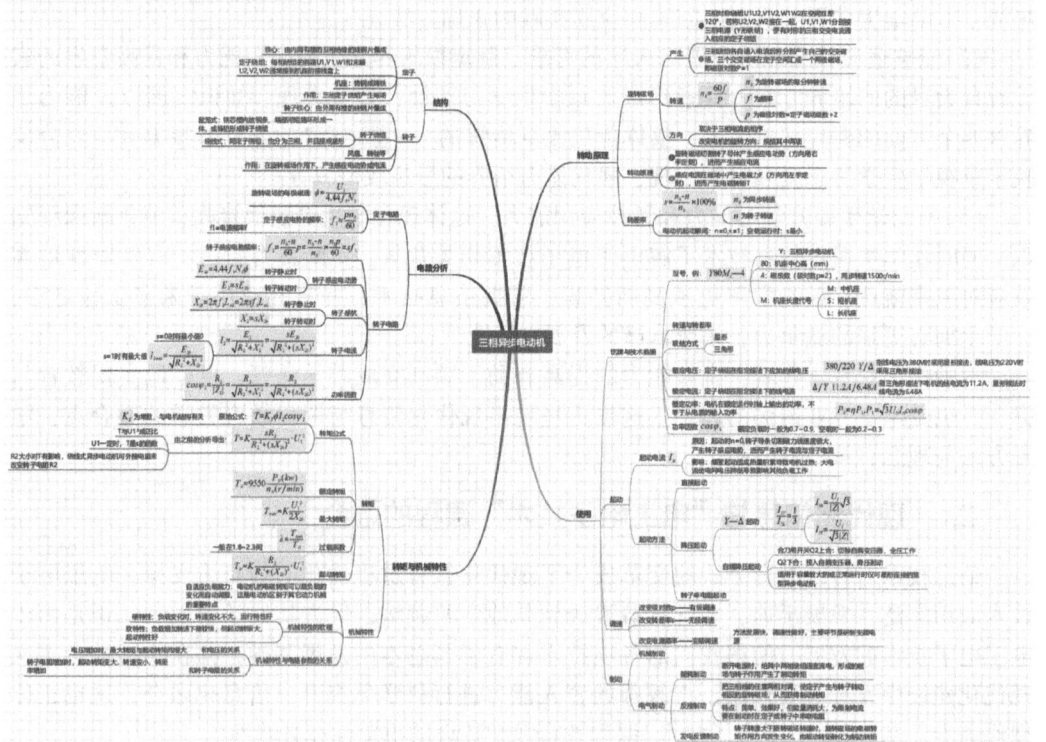

图1 三相异步电动机思维导图

2. 充分运用现代化信息技术手段

在公共网络建设方面，建立覆盖全校各楼群的校园网络。高校教师教育教学过程中融入思想政治元素，成立专门的基础课程并安排在多媒体教室授课，开始向现代化教学方式进行过渡。主讲教师能够熟练地利用多媒体现代化教学手段进行直观、生动的教学。通过课程简介、教学大纲、授课计划、师资队伍、电子教案、教学录像、教学课件、实验教学、教学管理、教学研究、教学资料、习题库、参考文献、师生互动、答疑解惑等十几项资源，为学生创造了良好的网络学习环境。学生可以通过在线答疑的形式形成师生互动，实现了网上答疑以及交流，对改进和提高教师的育人能力起到了重要的辅助作用。

例如录制北京林业大学精品课程"电工电子技术(少学时)"，如图2所示，基于国家精品课程在线学习平台，增强网络互动功能，实现网上提交作业、问题解答、案例选读、热点难点讨论；通过腾讯会议、雨课堂等教学平台完成网上教学资源库建设；改进和完善现有的多媒体课件，及时更新、充实课堂教学案例、视频、教学参考书、经典优秀读物等教学资源，提高网络的利用率，强化网络的教育作用。

图2 中国慕课大学（MOOC）"电工电子技术（少学时）"课程

（二）强化"电工电子技术"课程架构

1. 整合教学资源

传统教育教学过程和模式受到书本的约束与时空的限制，学生缺乏对专业学科的内涵理解。本课程主讲教师不断更新教学内容，追踪学科前沿和教学改革的最新动态，使学生能学到动态的、最新的知识。在充分体现教学大纲规定的教学基本要求之外，把"电工电子技术"课程学习辅导资料中相关的内容充实到教学中去，使教学内容更充实、更具生命力，并选择既符合学生实际，又符合教学目标的热点、难点、焦点问题进行教学，加强教学的针对性。

完成课程体系内容整合，课程教案、多媒体课件以及教材的建设，联合高校合作编写电工学方面教材。以加强师德师风建设、提高师德水平为重点，通过政治思想、学识水平、教育教学能力等方面的不断提高来塑造教师的行为，认真履行岗位职责。坚持耐心细致，夯实人师品德。

2. 强化课程交流

积极利用现代化信息技术，为学生准备多元化的课程教学共享资源，可以构建专门的整合资源库，积极与其他学校取得联系，共享教学资源，强化课程交流学习。同时，参加相关研修、培训、学术交流分享会，比如混合式、融合式教学的课程设计学习，加强教学团队的思政、教学与实验资源的建设，实现教师知识的更新和专业水平的提高，建设课程思想、理论与线上线下教学融合的多元化教育教学基地。

3. 创新设计课堂教学模式

努力探索"案例（或实例）导入+理论分析+问题讨论（或辩论）"的师生互动的课堂教学模式。通过思维导图将教材体系较好地转化为教学体系[10-11]，在理论精讲、材料精选、学生行为养成上实现教学革新，注重体现以学生为主体、教师为主导的教学理念。例如在"电工电子技术"教学过程中，教学导入环节可以采用知识延伸的教学形式，通过现代化信息技术搜集与本节课所要讲授知识点相关的问题和实际应用情况，重点致力于培养学生的学习兴趣，拓宽学生的思考路径。使学生在不具有较强学科素养的情形下，对具体的教学知识点形成的一些问题能够通过分析讨论减轻压力、拓宽眼界，有效提升学生的学习效果。课堂教学以"互动式""启发式"教学方法为主，以求在互动、讨论的过程中提高学生学习的能力、思考的能力和面对现实解决问题的能力。

4. 建立完善的实验教学环节

面对"电工电子技术"教学过程可能遇到的实践教学重视程度不到位的现象,本课程教师把校内实验与虚拟仿真应用相结合,建立较为完善的实验教学环节。①通过教师对实验安全及步骤的详细讲解使学生掌握实验内容的具体流程。②设立实验课程公众号,帮助学生理解实践内容与理论知识之间的逻辑关系以及理论知识的背景作用。③学生独立进行实验内容的验证与设计,使学生在实际实践操作中加强对理论知识的掌握[12]。此外,进一步拓宽实验教学路径,加强与实验中心、学生处、团委等部门的合作,整合实验室、网络平台、社会实践资源,逐步建设能够满足课程思想、理论与实验教学融合的多元化教育教学基地。引导学生用所学的理论去分析社会问题,锻炼独立思维,动手实践,从而提高学生分析问题和解决问题的能力。

5. 实施OBE理论(成果导向教育理论)的教学理念

通过教学质量评价管理体系的建立,教学状态的全学期跟踪,多元主体教学督导机制的保障,师生反馈体系的提升,以评价为导向,针对高校人才培养方案的修订,完成课程的教学大纲、多媒体课件的完整制作。党的二十大报告开宗明义地提出了教育、科技、人才"三位一体"的新定位,加强建设教育强国、科技强国、人才强国[13]。在疫情常态化防控措施的成效基础上不断尝试多元化的教学方式,由验证式向启发式推进的多样的课程实验、社会实践,以及将课程考核与日常行为考核结合起来,切实增强教学的感染力和吸引力。

三、结 语

本着一切以学生为中心的思想,高校教师应刻苦钻研业务知识,不断提高自身道德修养。以有理想信念、有道德情操、有扎实学识、有仁爱之心为己任,发扬尚德爱生的优良教风,公平公正对待学生,做学生的良师益友。作为高校教师要当立德树人楷模,做师德师风表率,丰富知识涵养的同时,落实立德树人的根本任务,树立崇高的职业理想,坚持教书和育人相统一,学有所知,学有所获。教师根据教学需求,融合现代化信息技术,促进育人能力的提升与发展。当代线上教学与线下教学的不同教学状态需要发挥实质等效教学模式的不同功能,教书为表,育人及里,要成为新时代高校教师,推动教育教学发展。

参考文献

[1]陈戈,杨双庆."互联网+"背景下高校教师发展档案信息化建设策略探究[J].办公自动化,2023,28 (4):19-21,18.

[2]杨静.关怀能力:教师育人能力建设之锁钥[J].教学研究,2022,45(3):55-61.

[3]何芳,张俊梅,梁浩.思维导图在电工电子技术课程中的教学研究与应用[J].中国林业教育,2020,38 (S1):60-63.

[4]岳芸帆.提高教师育人能力的时代价值与路径探析[J].课程教材教学研究(教育研究),2022(Z5): 39-42.

[5]赵多明.信息技术与中职电工电子技术课程教学的整合策略[C]."双减"政策下的课程与教学改革探索 (十一辑)新课程研究杂志社,2022(11):131-132.

[6]盛群力.21世纪教育目标新分类[M].杭州:浙江教育出版社,2008:1-37.

[7]张南.电工学(少学时)[M].北京:高等教育出版社,2007:162-179.

[8]祝智庭,林梓柔,魏非,等.教师发展数字化转型:平台化、生态化、实践化[J].中国电化教育,2023 (1):8-15.

[9]赵璐璐,范田园,于广龙,等.农林院校教师发展支持服务体系对教师专业素质能力影响的研究[J]. 智慧农业导刊,2023,3(4):108-111.

[10]孙朝阳.浅谈思维导图在电工电子教学中的运用[J].中国校外教育,2020(2):58.

[11]刘政,郭雪松,金萍,等.应用型大学思维导图教学法应用研究[J].继续医学教育,2022,36(6):25-28.

[12]谢敏.信息技术与电工电子技术课程教学的融合策略[J].电子技术,2022,51(6):118-120.

[13]王美林.基于OBE理念的开放大学线上教学质量评价研究[J].西北成人教育学院学报,2023(1):13-18.

"人工智能前沿专题"思政建设教改探索

赵燕东 赵 玥 韩巧玲 陈锋军

（北京林业大学工学院，北京 100083）

摘要：在科技强国大政方针指导下，作为工科研究生的必修课，前沿专题的课程思政建设承担着研究生思想教育的重任。本文阐述了"人工智能前沿专题"课程思政建设的必要性，分析了"人工智能前沿专题"课程思政建设中存在的各种问题，并针对问题优化了教学内容，提出了以多元教学方式讲透前沿理论的教学手段。在科技强国大政方针指导下，期望本文的研究结果能够为"人工智能前沿专题"课程思政建设提供有价值的参考。

关键词：思政建设；人工智能前沿专题；教改探索

一、引 言

近年来，国家教育部门印发了一系列关于加强高校思想政治教育工作的重要文件[1]，部署了高等学校课程思政建设的各项重要工作，明确指出了"要整体推进高校课程思政建设"和"发挥所有课程育人功能"。全面提高人才培养质量，强调各个学科、不同课程都要深入挖掘思想政治教育元素，在潜移默化中发挥课程思想政治教育功能，落实立德树人根本任务，将拥护中国共产党领导和我国社会主义制度、立志为中国特色社会主义事业奋斗终身作为研究生培养的首要目标。

研究生课程"人工智能前沿专题"的教学目标是：致力于介绍本学科所涉及的在实际生产过程中颇具应用价值或应用潜力的一些新的发展方向和人工智能技术，兼顾所介绍内容的先进性和实用性，着重剖析前沿技术所要解决的技术难题和解决问题的思路，拓展国际视野，捕捉国内外学科热点动态，以培养学生发现问题、分析问题和解决问题的能力。

"人工智能前沿专题"的教学培养目标不仅要让研究生了解应该掌握的本学科具体的科学知识和技能，更应该让研究生深入理解"掌握这些知识是为谁服务"这一个原则性问题。合理设置教学内容，是开展本课程教学的关键一步。

二、"人工智能前沿专题"课程思政建设的必要性

"人工智能前沿专题"课程是意识形态较强的课程，蕴含丰富的思想政治教育元素。要将思政建设贯穿于整个教学内容中，就需要将其融入教师授课、学生讨论、课程作业和成绩评定等各项教学环节，这不仅可以提升教师开展课程思政建设的思路、方式和方法，更能让学生坚定社会主义核心价值观，使他们德才兼备、均衡发展[2]。通过案例将做人道理、

作者简介：赵燕东，北京市海淀区清华东路35号北京林业大学工学院，教授，yandongzh@bjfu.edu.cn；
　　　　　赵 玥，北京市海淀区清华东路35号北京林业大学工学院，教授，zhaoyue0609@126.com；
　　　　　韩巧玲，北京市海淀区清华东路35号北京林业大学工学院，副教授，hanqiaoling0@163.com；
　　　　　陈锋军，北京市海淀区清华东路35号北京林业大学工学院，教授，chenfengjun1d502@163.com。
资助项目：北京林业大学研究生课程建设项目"研究生课程思政建设项目"（KCSZ22004）；
　　　　　北京林业大学研究生课程建设项目（KCSZ2012）。

处世准则悄无声息地融入教学，达到润物无声的效果，真正实现立德树人的目标。具体体现在 4 个方面：课程介绍激发爱国情怀，教学案例提炼人生哲理，课程讨论培养法治意识，课后作业实现学用结合和知行合一。

三、"人工智能前沿专题"课程思政建设现状与困境

（一）科技知识与人文素养的矛盾

当今社会是一个信息大爆炸、技术飞速发展的时代，新技术层出不穷、日新月异，这为"人工智能前沿专题"课程知识传授提供丰富素材的同时，也引发了重知识传授，而轻人文素养培育的现象[3-4]。要想贯彻落实好"人工智能前沿专题"课程理论教学与思政建设的有机合一，优化调整教师应熟知思政内容成为当务之急。教师通过认真学习党和国家对高等教育培养要求的各项重要文件和方针政策提高自身政治素质，是"人工智能前沿专题"课程思教学与思政建设的有力保障。

（二）课程内容多与课时短的矛盾

"人工智能前沿专题"是为控制工程学科、电子信息学科、林业工程学科及机械工程学科所开的一门提高性课程，致力于介绍人工智能技术的发展现状及发展趋势，剖析前沿技术所要解决的技术难题和解决问题的思路，以培养学生发现问题、分析问题和解决问题的能力。该课程目前仅有 16 学时，存在学时短、授课内容多的矛盾。如何在现有的课时条件不缩减教学内容的前提下融入思政元素，也是思政建设研究的一个主要内容。

四、"人工智能前沿专题"课程思政建设的策略

（一）以前沿理论、热点动态结合思政要求来组织教学内容，将人文素养融入科技知识。

本课程的概述是培养学生爱国主义精神的关键部分，除了介绍课程目标和学习内容外，更要强调课程的德育目标。把民族使命作为学生未来肩负的重要责任担当来讲述[5-6]，通过实际案例的融合，提高授课内容的丰富性，从而调动学生的学习积极性。

例如在人工智能和大数据时代发展的初期，科技发达的欧美等地区掌握了核心技术和算法。但近年来，我国大力支持互联网、科技等领域的发展，在商汤科技、依图科技等一批优秀企业引领下，我国在涉及人工智能、大数据处理等相关算法的一些领域已经可以与世界最先进技术相媲美。同时，中国卫星导航系统"北斗"、探索火星工程、深海探索工程等技术都取得了令世人瞩目的成就。通过讲述这些中国科学故事，激发学生的民族自豪感和爱国情怀，让其自主投入课程的学习中。同时，结合科研项目的案例，让学生理解学有所用，知道可以靠自己的力量促进某个应用点的进步。具体章节的教学内容和思政内容对应关系见表 1。通过将各章节讲述的内容联系现实案例、结合思政建设，一方面让学生了解紧人工智能技术的专业知识；另一方面让学生掌握社会主义核心价值观等知识，让人文社科知识在研究生教学中充分发挥作用。

表 1   具体章节的教学内容和思政内容对应表

章节	教学内容	课程思政
人工智能发展专题	回顾人工智能科学的发展史，展望人工智能科学未来的发展方向	通过学习我国人工智能技术的发展，培养学生求真务实、开拓创新、追求卓越的科研精神，增强学生的家国情怀、使命担当和社会责任感

（续）

章节	教学内容	课程思政
网络控制技术专题	介绍控制网络的特点、发展历程、技术现状和发展趋势，讲解网络通信的基本概念、网络网络控制系统的拓扑结构和差错控制技术等	通过讲解近年来我国大力支持互联网、科技等领域的发展，在商汤科技、依图科技等一批优秀企业引领下，我国在涉及人工智能、大数据处理等相关算法的一些领域已经可以比肩世界最先进技术，增加学生的民族自豪感
先进控制与在线优化技术专题	介绍先进控制系统概述、先进控制技术、优化算法等	以讲解先进控制系统相关知识为基础，结合控制理论，引导学生坚持问题导向、学以致用，激发学生的创新热情，培养学生的辩证思维能力
人工智能科学应用领域专题	典型应用领域案例介绍	以习近平总书记"金山银山，不如绿水青山"为主旨，结合森林生态碳汇智慧感知与控制案例，剖析碳达峰、碳中和在环境保护和社会可持续发展中的重要作用。引导学生树立科学发展观；在人工智能科学应用领域中，紧跟人工智能学科发展前沿，拓展学生国际视野

（二）以多元教学方式讲透前沿理论[7]，解决教学内容与课时短缺矛盾

教学内容与课时短缺的矛盾及其多元性、前端性的特点都要求"人工智能前沿专题"教学应尝试多元教学方式[5]，实现基础理论与前沿理论的融会贯通，引导学生利用有限的课上时间，发挥课下时间充足的优势，充分理解课程内容。

（1）案例式教学是一种聚焦个案问题、开展分组讨论的学习方式。案例选择应贴切实际、主题恰当、难易程度适中、生动活泼。教师不仅是知识的输出者，同时也是引导者、点评者。在教学过程中可以深入挖掘每种方法思想背后的哲学内涵，提炼成人生哲理，指导学生去做人做事，从而使学生树立正确的人生观和价值观。

例如图像压缩操作能够保证图像传输的时效，在这一过程中图像分辨率会有所损失，因此在实际生活中我们需要做判断和取舍。就像当年抗击新冠肺炎疫情中，很多医生护士都是舍小家为大家，投身于一线抗疫的战斗中，正是他们的正确判断和合理取舍，使得我们快速控制疫情，取得了新冠肺炎疫情阶段性的重要胜利。

（2）课上、课下讨论式教学，既可以利用所学在分组讨论中对案例进行充分剖析、解读，调动学生的自主学习积极性，又可以弥补课时短缺的问题。将法治观念融入讨论中，全面落实依法治国的大政方针。而研究生阶段正是培养学生优良法制观念重要的时期，因此培养其成为遵纪守法的好公民也是课程思政建设中应该关注的焦点问题之一。

例如在现今信息爆炸的时代，年轻人成为网络信息传播的主体。要明确告诉学生在微信、QQ等网络公开平台传递信息中坚决不能碰触违法乱纪的红线，以及越线将产生的严重后果。并以课题讨论的形式，让学生通过案例讨论分析，明白未来从事该行业的道德和法律底线。

（3）为了践行"要学用结合，知行合一"，将课后作业和预习紧密结合，通过翻转课堂式实践教学，将课程中介绍的各种方法应用于实际问题中。

例如采用翻转课堂式教学，学生可以针对作业及预习内容，在课前通过电子文献、教学影音等材料对一些基础知识完成自主学习，而不必过多占用课堂教师讲授的时间。在课堂上，教师可以主要专注于个性化教学，针对突出问题、疑问，与学生进行研讨。利用翻转课堂教学法，可以鼓励学生提前阅读、提前思考。课堂内的宝贵时间，学生可以在教师的引导下完成知识的重新梳理与内化，从而获得更深层次的理解。在这个过程中，培养学生实践能力、人际沟通交往能力和团队协作能力。同时，通过相关领域的科技时事热点问题的探讨，加强学生的道德修养、法制意识和爱国情怀。

（三）采用现代科技开阔学生视野

"人工智能前沿专题"课程的教师应建立大数据思维、树立跨学科视野，采用先进的网络、计算机、云数据等技术，打破纯粹依靠课堂教育的局限，引导研究生创新研究思路，提高知识转移效率，为我国林业科技技术的发展和进步输送创新人才。在教学过程中，利用大数据采集、存储及管理、分析及挖掘等现代技术，将热点问题信息可视化，提高教学的客观性、科学性与直观性。进而，可尝试建立智慧林业前沿问题数据库，指导研究生开展前沿热点问题云计算、定量分析，为实现服务于国家民族发展战略培养研究生的创新技能，不断加强研究生服务社会的能力。

（四）突出"人工智能前沿专题"课程思政以学生为本的理念

"人工智能前沿专题"课程追求明辨性思维的运用。要求研究生在教与学过程中不能不假思索地被动接受，而应该是对信息采取科学的、严谨的、审慎的态度进行接收、分析及评判。基于"人工智能前沿专题"课程"以学生为中心""以成果为导向""持续改进"的教育理念，突出"人工智能前沿专题"课程思政建设中必须坚持以学生为本的理念。在"人工智能前沿专题"的教学过程中，须理论联系实际，以学生为本，摆事实、讲道理，以理服人，让学生通过头脑思辨，心悦诚服地接受思想政治的感化教育。

五、 从制度上保证"人工智能前沿专题"课程思政的有效实施[8]

开设"人工智能前沿专题"课程的学科不同，研究生的专业背景不同，因此讲述内容也有所不同，需要指定切实可行的课程思政实施方案。

(1)加强研究生院层面的组织领导责任，保证学科与学校研究生院的有效沟通，充分发挥研究生督导的作用，建立健全"人工智能前沿专题"课程思政建设的制度性保障。

(2)加强教师队伍建设，不断提高教师的思政教学水平，定期为授课教师提供思政培训。

(3)完善思政教学评估机制，建立科学、合理的评价体系，一方面对学生的思想政治素养进行全面、客观、准确的评估，另一方面对教师的教学能力和教学成果进行考核，为更好地教学提供反馈和改进依据。

六、 结　语

在高等教育的"大思政"格局背景下，解决研究生专业课程的思政建设问题成为当务之急。研究生教育背负着为党和国家培养德才兼备的有用之才的责任和使命，教师必须坚定信仰和信念，提高教学水平，不断进行课程创新改革，探索将思政元素融入专业课程，打造学生喜爱的金牌课程。本文分析了"人工智能前沿专题"课程思政建设的现状及存在的问题，在教学内容、教学方式等教学环节上，基于以人为本的教学理念，提出了从制度上保证"人工智能前沿专题"课程思政建设的有效实施，给出了相应的教改策略，以期能够为研究生"人工智能前沿专题"思政教学改革提供行之有效的新见解。

参考文献

[1]新华社.习近平:决胜全面建成小康社会 夺取新时代中国特色社会主义伟大胜利——在中国共产党第十九次全国代表大会上的报告[EB/OL].(2017-10-27)[2023-05-12].http://www.gov.cn/zhuanti/2017-10/27/content_5234876.htm.

[2]石定芳,廖婧茜.新时代高校课程思政建设的本真、阻碍与进路[J].现代教育管理,2021(4):38-44.

[3]林小然,王亚超.王吉芳,等.ISEC大学物理课程思政建设的教改探索[J].才智,2022:56-58.

[4]徐绮.高校思政课教改面临的问题与对策分析[J].才智,2017:74-75.

[5]武丹.中国科学家向世界讲述超凡未来:评纪录片《超凡未来:你不了解的中国科学故事》[J].科普创作评论,2021(4):39-42.

[6]周波,张恒浩,徐明林,等.船舶与海洋工程课程思政教育的教改研究[J].教育教学论坛,2022(20):77-79.

[7]平章起,梁禹祥.思想政治教育基本理论问题研究[M].天津:南开大学出版社,2010.

[8]乔帼,王帅,齐志涛,等.浅谈工科院校微生物学课程教改与思政建设:以盐城工学院微生物学教学团队为例[J].安徽农学通报,2022,28(3):176-178.

生态文明教育融入英语专业课程思政路径的创新探索

许朝晗

（北京林业大学外语学院，北京　100083）

摘要：英语专业课程思政是一种全新的教育观，是实现全方位育人的必要途径。生态文明建设是顺应时代发展、美丽中国建设的必然要求。英语专业课程教学应高度重视生态文明教育，以全面提高课程思政立德树人的育人成效。本文分析英语专业课程思政的现状，指出现阶段生态文明教育与英语专业课程思政融合的不足。全面探讨北京林业大学外语学院在思想认识、教学体系、教材选择、教学模式、教学实践等方面采取的宏观措施，同时以"生态环境英语"课程为基础，具体阐释教学设计、教学过程、教学手段等微观举措，为深化英语专业课程思政建设提供创新思路。

关键词：英语专业；课程思政；生态文明教育；创新改革

一、　生态文明教育融入英语专业课程思政建设的必要性

2020 年，教育部印发《高等学校课程思政建设指导纲要》，强调将价值塑造、知识传授和能力培养融为一体，以全面培养德才兼备的高水平人才。近年来，党和国家高度重视生态文明建设，而生态文明教育是实现此目标的重要路径。各类高等院校应重视生态文明教育，将习近平生态文明思想落实到高校教学中，以提高立德树人成效。英语专业课程不仅教授专业知识，还包括外来文化思想、社会理念、意识形态等内容。因此，教师要对学生进行思想引导，帮助学生理性对待文化差异，实现"三位一体"的人才培养目标。

生态文明教育是英语专业课程思政教育的重要资源。思政教育旨在以习近平新时代中国特色社会主义思想为指导，培养有理想、有责任、有担当的新时代人才。近年来，党和国家高度重视生态文明建设，党的十八大将"生态文明建设"纳入中国特色社会主义建设"五位一体"总体布局，党的十九大指出"建设生态文明是中华民族永续发展的千年大计"，党的二十大进一步指出"中国式现代化是人与自然和谐共生的现代化"，全面提升生态文明建设的战略高度。习近平生态文明思想系统阐述了生态文明建设的内涵、目标和方法，是习近平新时代中国特色社会主义生态文明建设的行动指南。生态文明教育以习近平生态文明思想为指导，丰富了思政教育的内容，深化了思政教育的时代内涵，促进了思政教育的创新发展。将生态文明教育渗透到英语教学理念、教学内容、教学过程中，有助于大学生传承我国生态文明理念，提升文化自信，用英语讲好中国生态文明故事，为人与自然可持续发展贡献中国智慧。

生态文明教育是培养新时代大学生综合素质的需要。通过将生态文明教育融入英语类课程思政建设中，引导大学生认真学习领会习近平生态文明思想的丰富内涵，培养科学的

作者简介：许朝晗，北京市海淀区清华东路 35 号北京林业大学外语学院，讲师，a1175788050@163.com。

资助项目：2023 年北京林业大学新进教师科研启动基金项目"数字人文时代翻译教育的创新发展"（BLX202239）。

可持续发展观。把生态文明教育融入育人全过程，不仅帮助大学生了解中国的生态文明建设，并且与其他国家的生态观念进行比较，有助于培养具有国家意识、历史眼光、多元认知、国际视野的综合性外语人才。生态文明教育是一个将生态文明作为一种价值观和行为习惯的系统教育工程[1]，有助于大学生树立正确的生态文明观，养成良好的生活习惯。同时引导大学生帮助更多人认识生态文明建设的重要性，为促进人与自然和谐共生贡献自己的力量。

二、　现阶段生态文明教育与英语专业课程思政融合的不足

目前很多高校开展了生态文明教育相关的思政育人活动，大学生的生态文明素质有所提高，生态保护实践行为有所增加，取得了一定的思政教育成果，但同时也存在很多问题。

（一）生态文明价值导向作用尚未显现

一些高校的英语专业教师队伍对于生态文明教育的重要性缺乏足够重视，未能树立正确的生态文明教育理念。教师没有及时学习党和国家关于生态文明建设的相关政策，未能拓宽相关知识，无法有效教授学生生态文明理念。教师仅局限于传播学生英语语言和文化知识，未能正确引领学生学习生态文明建设的知识，树立生态文明意识，从而降低英语专业教学的综合教学质量，不利于培养具有正确价值观与生态观的高素质外语人才。

（二）课程体系设置存在问题

很多高校的英语专业教学体系建设不够完善，教学理念、专业课程设置体系、人才培养目标等方面未能充分融入生态文明价值观的思政元素，英语教学与生态文明教育无法达到协同育人效果。很多教师不知道如何构建整体的教学设计，也不知道如何发掘课程里蕴含的生态文明思政元素，难以达到英语专业教育与生态文明教育的统一与平衡。有些甚至为了完成思政教育的目标而生搬硬套，浅尝辄止，导致课程效果大打折扣。另外，很多英语专业课程未能将课程特色与生态文明教育有机结合，只是笼统介绍生态文明价值观，包括人与自然和谐发展、经济与环境绿色发展等思政元素，没有深度挖掘相关的各地区生态环境、生态文化、生态文学特色，无法吸引学生的兴趣，难以取得预期的教学效果。

（三）教材内容存在局限性

很多英语专业课程教材对于生态文明建设的思政教育阐释不足，相关内容较少。一些教材虽然涉及生态文明教育，但内容比较零散，教师无法对于教材里的生态文明知识进行系统整合。有些教材的生态文明知识理论性较强，缺乏具体性和可操作性，教师难以结合生动的实际案例，充分阐释知识内涵。一些教材的生态文明教育部分有所重复，教师反复讲解类似知识，难以吸引学生的注意力。这些教材存在的种种不足，影响教师对于生态文明理念的阐释，无法进行系统有效的课堂教学。

（四）教学模式单一落后

大部分教师采取以教师为中心的传统教学模式，一味地输出生态文明理论知识，缺乏丰富的课堂讨论活动。一些教师注重生态文明知识"量"的积累，忽视知识"质"的提高，导致学生对于生态文明理念的认识深度不足。生态文明建设是近年来国家根据经济、社会、环境发展提出来的科学发展理念，因此生态文明教育为各学科的思政建设注入了新的活力。对于英语专业课程的思政教育来说，教学设计、教学内容、教学方式和教学评价等方面也应做出一些创新尝试。但是很多教师未能及时学习新的生态文明知识，使用大量陈旧案例，难以引起学生的共鸣，不利于达到生态文明的思政育人效果。

（五）实践活动缺乏有效形式

很多英语专业课程开展的生态文明教育以理论教学为主，实践教学指导活动较少。然

而，生态文明教育不仅要"传授生态文明的知识"，更要"培育一代新人的生态文明素质和行为习惯"，因此，生态文明教育具有"实践性"，是"知行合一"的教育[1]。很多学校只是讲解简单的课堂理论知识，由于实践场地安全性、时间安排、疫情限制等因素，没有带领学生参加生态文明实践活动。有些学校鼓励学生网上调研，虽然拓展了学习资源，但学生仍无法亲身体验社会活动，无法贯彻落实"知行合一"的生态文明教育理念。

三、　生态文明教育融入英语专业课程思政的创新思路

针对以上不足，本文以北京林业大学外语学院为例，从思想认识、教学体系、教材选择、教学模式、教学实践等宏观方面全面分析英语专业课程开展生态文明思政教育的改革举措，旨在为英语专业课程思政建设的创新路径提供有益思路。

（一）强化思想建设，明确生态文明教育价值导向

外语学院的英语专业教师团队高度重视学习党和国家关于生态文明教育的政策方针，定期开展深入学习生态文明建设的活动，建设具有生态文明责任感的教学队伍。立足学校学科优势，教师团队积极学习生态文明知识，了解生态文明建设的最新发展动态，以高效开展生态文明教育教学活动。2021年12月，外语学院举办第三届生态文明建设中的跨学科研究与教育研讨会，以"文学与园林"为主题，邀请著名生态专家、中国林业作家协会理事、林学院教授等专家发表了主旨发言，多位学者进行"自然与文化"专题研讨。这一系列研讨会促进了外语学院生态文明建设中的跨学科交叉研究工作，发挥了"以研促教，以教促改"的积极作用，推动了外语学院的生态文明教育工作。

（二）创新教学体系，打造生态文明教育精品课程

外语学院在构建英语专业教学体系时，深入融合生态文明教育的教学理念，充分发挥外语学科优势，与林学、园林等学科紧密结合，设置多种生态文明主题课程，包括"自然文学与生态批评""生态文学""英美文学里的生态""文学里的景观""美国环境历史与文化"等文学课程，以及"农林英语""生态环境英语""生态环境翻译工作坊"等语言翻译课程，以促进学科间相互交叉，实现英语教学与生态文明教育同向同行。英语专业教师认真分析课程特色，深入挖掘生态文明思政元素，采用各种方式将生态文明教育以润物细无声的方式融入课堂教学中，打造生态文明教育精品课程，其中"英美文学里的生态"荣获"2019年中国大学慕课精品线上课程"，获得学生的广泛好评。

（三）克服教材难题，精准选择生态文明教育教材

外语学院的教师队伍潜心研究英语语言、文化、文学、生态方面的相关知识，主编或参编生态文明教育主题课程的相关教材。《文学里的生态》是高等学校本科英语教改新教材，《农林学科英语》是新工科英语系列教材优秀教材，《研究生农林英语综合教程》入选国家林业和草原局"十四五"院校规划教材。这些教材不仅涉及林业、生态系统、园林业等专业知识和热门话题类文章，兼顾专业性和趣味性，而且着重培养学生英美文学、学术阅读、写作、听力和口语等全方位能力。另外，教师对于教材中的生态文明知识进行归纳整合，将零散的内容进行专题化讲解，便于加深学生的生态文明理念。教师团队定期开展集体备课，将生态文明理论性知识与典型的案例结合起来，同时也避免重复讲解教材中涉及的类似内容，以提高教师队伍的生态文明教育质量。

（四）优化教学模式，提高生态文明教育课堂效果

外语学院的教师坚持以学生为中心的教学模式，充分利用各种信息技术手段来丰富课堂教学模式，采用翻转课堂、雨课堂等形式将生态文明教育的相关视频、音频等学习资源传递给学生，利用多媒体形式增加生态文明知识的视觉与听觉输入，构建教师与学生的交

流互动平台。教师不仅教授学生基本的语言文化知识，而且用心发掘教材中蕴含的生态文明知识，组织学生对于全球变暖、垃圾分类等环境主题进行小组讨论或者英文辩论，发展协作学习模式，激发学生的发散思维。教师根据课堂生态环境主题，搜集具有现实意义的代表案例，引导学生进行批判性思考，加强生态文明教育的教学效果。另外，教师让学生分组进行生态环保主题演讲，搜集相关资料，向全班同学进行展示，既提高学生的英语听说能力，又培养学生的生态文明意识。

（五）丰富实践活动，引导学生践行生态文明理念

外语学院的教师在教授生态文明理论知识的同时，也重视开展丰富多彩的实践活动，引导学生将所学到的生态文明知识应用到社会生活中。教师充分发挥北京林业大学的生态文明教育资源和平台优势，带领学生参观校史馆，与林学、水土保持与荒漠化防治、野生动物与自然保护区管理、园林等专业开展教学活动合作，参观北京林业大学实验林场——北京鹫峰国家森林公园。这些实践活动让学生实地了解生态环境、生物多样性、植被保护等知识，加深他们对生态文明知识的理解。同时学生通过撰写英文实践调研报告，锻炼自主学习和合作探讨的能力。教师在植树节、地球日、环境日、海洋日等开展英文环保知识竞赛活动，拓展学生的视野，提高知识的趣味性。另外，教师组织"建设生态校园"活动，将学生分组，在校园里寻找身边的环境问题，如水龙头流水、垃圾未能正确回收等，并让学生在课堂上讨论如何解决这些问题，引导学生用实际行动践行生态文明意识。

四、生态文明教育融入英语专业课程思政的具体举措

除上述宏观措施之外，外语学院的教师团队基于课程内容和特色，从教学设计、教学过程、教学手段等微观层面深入挖掘课程相关的生态文明元素。笔者以"生态环境英语"第三单元"Biodiversity"课程为例，阐释生态文明教育融入英语类课程思政的具体措施。

（一）优化教学设计，融入生态文明教育理念

笔者以"同向同行、协同育人"为教学指南，采取线上线下相贯通、输入输出相结合的综合教学方式。通过让学生观看线上视频了解相关概念，进行语言输入；之后设计相关问题，引导学生讨论和分享观点，进行语言输出。一方面，深入挖掘课程相关的生态文明元素，包括生物多样性定义、危机以及保护措施等教学知识，讲解 Skimming 和 Scanning 的阅读技巧。另一方面，广泛拓展教学内容，追溯中国源远流长的生态文明理念，同时介绍中国在保护生物多样性方面做出的诸多努力，培养学生的文化自信、家国情怀与国际视野，将生态文明教育理念贯穿于整个教学过程。

（二）创新教学过程，提升生态文明教育效果

课前，笔者让学生观看线上视频——英国自然历史博物馆制作的纪录片"what is biodiversity?"，了解生物多样性相关概念，引起学生的学习兴趣。线下课程导入环节，播放视频"why is biodiversity important?"。同时鼓励学生关于生物多样性重要性这一问题进行口语输出练习，分享他们的观点。笔者设计相关问题，指导学生分组讨论，锻炼学生阅读和口语输出能力，鼓励学生进行协作学习。

另外，基于课堂主题，介绍中国悠久的生态文明思想，包括天人合一、禅意生态、尊重自然、顺应自然等理念。之后播放国际新闻——《联合国〈生物多样性公约〉第十五次缔约方大会（COP15）成功召开》。来自多个国家的环境保护专家高度赞扬中国多年来在保护生物多样性方面做出的突出成就，为促进世界生物多样性做出了重要贡献。

（三）丰富教学手段，全方位呈现生态文明教育主题

笔者充分利用现代信息科技手段，以多角度、全方位实现生态文明教育效果。选择专

业的虚拟现实软件，例如"google earth VR"，引导学生在虚拟现实环境中探索地球不同地方的生态系统多样性，亲身感受不同的生态环境。学生可以更加深入地了解生态系统的复杂性，增强他们对生态环境的保护意识。另外，笔者采用案例教学法，介绍云南省面临的生态环境问题，以及当地政府在野生植物、动物栖息地、濒危动物等方面采取的有效措施，让学生更直观地了解生态文明理念，并将其应用到实际问题的解决中。同时，笔者引导学生进行文献研究，要求学生阅读和分析生物多样性相关的学术论文或研究报告，分析我国目前面临的生态环境问题，采取的一系列措施，以及取得的成果，向世界讲好中国生态文明故事。这样不仅可以促使学生全面深入地思考生态环境问题，而且有利于提高学生的语言能力和生态文明意识。

五、 结 语

生态文明教育是实现新时代中国生态文明建设的关键举措，为英语专业课堂课程思政建设提供了新的视角，对高校英语教育教学的创新改革具有重要意义。针对目前英语专业教学与生态文明教育融合过程中，存在价值导向、教学体系设计、教材内容、教学模式、实践活动等方面的问题，我们一方面要从宏观层面加强生态文明思想的引领作用，改善英语专业教学体系，丰富生态文明教育的教材选择，优化教学模式，增加实践活动；另一方面要在课程的教学设计、教学过程、教学手段等微观方面融入生态文明教育，从而实现英语专业教学和生态文明教育的协同发展。

参考文献

[1]李平沙.生态文明建设的根本是化育人心[J].环境教育，2019(7)：12-17.

[2]文秋芳.大学外语课程思政的内涵和实施框架[J].中国外语，2021(2)：47-52.

[3]杨枫.外语教育国家意识的时代困境、内涵结构与实践路径[J].外语与外语教学，2022(2)：91-96，148.

新工科背景下大学"C语言"课程的教学改革研究与探讨

蔡 娟 李 群

（北京林业大学信息学院，北京　100083）

摘要： 目前，互联网信息技术已经应用到各个行业中，学生的学习和日常生活也在不断地发生着改变。在新工科背景下，高校"C语言"程序设计类课程的教学也面临着新的挑战，传统单一的课堂讲授的教学方式已经不适应当前学生的学习和时代的发展。为了顺应新时代的发展，广大老师也需要不断地学习新的技术手段和方法，以及参加专业训练来不断提升自身的教学能力，从而提高该课程的教学质量和教学效果。本文对"C语言"课程的教学改革进行研究和探讨，将从课程教学理念、教学方法、教学设计和教师的教学能力等方面进行现状分析，并对今后课程的教学改革和探讨提出了有效的对策。

关键词： 新工科；C语言；教学设计

为培养造就一大批引领未来技术与产业发展的卓越工程科技人才，为我国产业发展和国际竞争提供智力支持和人才保障，2017年2月和4月，教育部在复旦大学和天津大学分别召开了综合性高校和工科优势高校的新工科研讨会，形成了新工科建设的"复旦共识"和"天大行动"。这是为了应对新一轮科技革命和产业变革所面临的新机遇、新挑战而提出的"新工科理念"。

为了满足新工科建设背景下对人才多元化、复合型和创新型培养的要求，计算机技术和其他学科交叉和融合的趋势已经成为人们的共识。高校积极推动教学改革，推进信息技术支撑下人才培养体系的整体重构，高校的课程建设也发生着改变：实施新版人才培养方案，发挥信息技术优势，构建信息时代以学生发展为中心的高校人才培养体系；丰富教学资源，利用大数据等技术共享优质资源；根据学生志趣的变化改变教学方法，创新教育和学习方式，计算机科学与技术已经成为新兴技术发展所必需的手段和方法，课程的教学不断智能化、网络化，课程教学方式也从传统的课下转成的线上线下混合式；充分利用校内外的资源，将线上学习资源与课堂教学模式结合起来，鼓励个性化学习，实现大数据支撑下的个性化自适应学习，提高学生能力的培养。

"C语言"是北京林业大学理工科专业学生的专业基础课。此课程是一门学习程序设计的入门课。通过本课程的学习和程序设计的训练，培养学生的计算思维能力，培养学生运用程序设计的思想分析和处理实际问题的能力。目前"C语言"课程教学现状还存在一定问题，需要对"C语言"课程进行必要的教学改革研究和探索。

作者简介：蔡　娟，北京市海淀区清华东路35号北京林业大学信息学院，副教授，38166886@qq.com；
　　　　　李　群，北京市海淀区清华东路35号北京林业大学信息学院，副教授，liqun@bjfu.edu.cn。

一、"C语言"教学现状和存在的问题

（一）教学方式单一，教学理念陈旧

在目前日常教学中，教师的教学观念陈旧，没有更新。教师在讲授该门课程的过程中仍然采用"教师讲—学生听"的传统教学模式，学生只是被动接受教师传授的知识[1]。单一的课堂知识传授，调动不起来学生学习的积极性和主观能动性。"C语言"课程不仅是一门学习程序设计的入门课，还是一门实践性较强的课程。教师往往关注于理论知识的讲解，没有关注学生计算思维能力的培养。这门课应该注重计算思维方式的训练和学生程序设计能力的培养。

（二）授课内容多，课时不断在缩减

随着各个专业教学计划的不断调整，"C语言"课程的课时不断在减少，这也是适应新时代的发展的必然趋势。随着互联网技术的发展，线上资源不断丰富，课堂面授学时逐步地减少。北京林业大学"C语言"课程学时在新的教学计划里也从56学时调整为40学时。理论课的讲解从40学时减少到24学时，为了保证学生动手实践能力的训练效果，16学时的实验课程保持不变。在课堂讲授课时不断减少的情况下，大部分学生能跟上教师的授课进度，但也存在部分学生似懂非懂甚至完全不懂的情况，感觉本门课程难度大[1]。目前仅靠有限的课内时间学习，学生吸收的知识是有限的。

（三）学生往往纠结于语法的学习，从而忽略程序设计的思维训练

由于大多学生没有任何编程的基础，在学习"C语言"课程初期，往往纠结于"C语言"的基本语法部分。在学习语法过程中学生往往感到比较枯燥，过不了语法关，也失去了进一步学习的信心。如果仅仅因为语法这个拦路虎让学生对"C语言"的学习失去信心和兴趣，那么一叶障目是特别可惜的。这是由于教师在教学中有时候更多地倾向于语法的教学，而忽视了学生编程能力的培养。

（四）缺乏跟专业相结合的教学案例

学生在学习"C语言"过程中，往往有这样的疑惑和顾虑：学习它有什么用？仅仅学了"C语言"的语法是搞不定编程的。通过做题仅仅学习到了理论知识，学生普遍比较迷茫，不知道学好了"C语言"能对其今后的专业学习有什么帮助。教师在教学过程中也很少引申，很少结合生活实例更新教学内容[2]。在实际的教学过程中，一般教师应用的案例跟不上时代的发展，内容跟实际生活和学生专业相差较远。随着课程难度的增加，学生学习的兴趣会逐渐降低甚至丧失，影响学生的整体学习效果。

（五）教学设计能力不足

如何学好"C语言"？课上教师"教"什么？学生如何"学"？在宝贵的课堂上如何进行高效的学习？这是非常考验教师的教学设计能力的。现实中教学设计仅仅体现教师如何"教"，对于学生如何"学"而没有认真设计，对学生如何"学"没有正确的引导。教师的"教"和学生的"学"没能有机结合起来，影响学生的整体学习效果。现在的"C语言"教学还普遍存在着课前引导不足，课上讲解定位不清晰，课后作业布置不合理的情况。

（六）考核方式单一，缺乏过程化的考核形式

"C语言"是一门实践性较强的课程，整个课程的考核包括平时作业、实验的成绩和期末考试成绩。期末考试成绩占的比例较大。仅仅在课程结束后，通过期末考试来进行评测，有的学生平时没能好好地学，仅靠在期末考前突击，也能得到不错的成绩。这种单一的课程考核机制，不能很好地体现出学生平时的实际学习情况。整个学习过程没能更好地跟踪

学生的学习情况，不利于教师掌握学生的真实水平。

在新工科背景下，我国要为培养造就一大批引领未来技术与产业发展的卓越工程科技人才，为我国产业发展和国际竞争提供智力支持和人才保障。适应这种新时代发展的需求，"C 语言"课程的教学也要跟上时代发展的步伐，针对上面教学现状和存在的实际问题，必须进行相应的教学改革。

二、 教学研究与应对策略

（一）更新教学理念， 教学方式多样化

教师的教学理念从传统的传授知识，向提高学生能力转变。这是以教师为中心，以学生为中心的转变。"C 语言"其实是一门应用性较强的课程。在实际的教学中，教师不能一味地注重理论教学，更重要的是教会学生运用所学的理论知识和思维方法去解决他们专业中所遇到的实际问题。

在新工科背景下，教学领域也应不断创新教学方法，教师应当采取多样化的教学模式。

（1）借着学校建成的自动化录播系统，录制"C 语言"课程的教学视频，丰富数字化教学资源。录制课程在学校网络平台上线，为学生提供自主学习的课程视频，支撑学生开展个性化学习，方便校内学生学习使用，对学习困难的学生提供学业帮扶、提供资源保障。

（2）使用雨课堂或慕课堂等智慧型教学工具，学生们利用手机就能完成相应的学习任务。

（二）利用中国大学 MOOC 平台上国家精品课程， 弥补课堂教学课时的不足

顺应互联网信息技术的发展，在新工科背景下，根据不同的教学内容录制视频、微课，开发网络课程[3]。充分利用中国大学 MOOC（慕课）等优质的网络资源平台，采取线上线下相结合的混合式教学模式。混合式的教学模式好比给学生搭建了一架梯子，借助这架梯子，可以大大提高学生学习的效率。混合式的教学模式体现了学生为中心的教学理念，可以满足不同层次学生的学习需求。另外，线上教学平台使得学生的学习更加便捷。学生不用限定在教室里，随时、随地只要有网络的情况下就可以学，从而弥补课堂上学时不足的缺憾。学生可以把碎片式的时间段利用起来，学习更加自由，对于比较抽象和难以理解的概念，可以反复观看，提高学生的效率。

利用大数据等技术共享优质资源、创新教学方法，借助教育大数据解决教学活动中规模化与个性化的矛盾。

（三）轻语法、 重算法， 对学生进行程序设计的思维训练

随着授课理念发生转变，教学重点也要跟着发生转变：轻语法、重算法，调节讲授研讨比例，注重把时间还给学生。

（1）把学生学习过程常犯的语法错误制作成教学视频，提供给学生观看。让学生在学习过程了解错误的原因，从而在编程时避免出现类似的错误。

（2）语法的学习可以利用现有的线上测试平台。基础语法部分以选择题的形式呈现，课下学生可以利用现有的考试系统进行不限次的反复练习，让学生通过训练掌握"C 语言"的基础语法。

课上通过本课程的学习，训练学生的编程能力，从而具备信息素养。采用讲述、研讨的组织教学形式，把方法教给学生。让学生学习的不仅仅是"C 语言"的基本语法知识，更主要是学习思维方式，培养学生的计算思维能力。

（四）设计内容丰富、 跟专业紧密结合的实际案例

为了培养学生的实践应用能力，需要教师设计串联"C 语言"知识体系的实际案例。通

过实际案例入手，学生不仅能掌握所学理论知识，还能举一反三，运用到本专业领域，从而帮助解决他们实际遇到的专业问题。通过大量程序训练，提高学生的动手能力。

在新工科背景下，促进学科之间相互融合。加强"C语言"与学生所学专业的结合。教会学生在用中学，以及在学中用，还要用对和用好。结合他们专业中遇到的实际问题，设计开放式的大作业，锻炼学生分析实际问题、解决实际问题的能力，增强学生的学习意愿，提升学生学习的成就感。提倡个性化学习，实现大数据支撑下的自适应学习。

（五）改进教学设计，课前、课上和课后都有不同的教学安排

从以课程教学为主向课内外"教"与"学"相结合转变。针对"C语言"教学出现的各种问题，需要教师花时间好好设计和打磨课程。只有教师的"教"和学生的"学"能够有机配合，教师有传授知识给学生的成就感，学生有收获能力的满足感，才能到达预期的教学效果。对整个教学过程进行设计包括课前预习、课上学习及课后巩固三个环节的内容。首先课前要充分利用在线MOOC资源和校内数字资源库，引导学生做好预习；课上通过重点案例分析，对学生进行思维训练，使学生的编程能力得到不断的提升；课后有相应难度的作业和编程训练，学生对相关知识进行巩固。

教学设计不仅仅体现在"教"的方面，重要的是对学生的"学"也要充分考虑到。结合学生的实际学习情况制定多样化的教学方案，以满足不同层次的学生需求。对学生练习的任务设计难度也要适中，不要太难，否则挫伤学生的积极性，学生就容易失去了学习的兴趣和挑战的信心。对学习基础差的学生则需要不断地鼓励，激发其学习的主动性；对掌握程度较好的学生可以让其挑战更高层次的题目。

（六）考核方式灵活多样，增加过程化的考核

增加过程化的考核方式，需要将考核贯穿于整个学习过程，将结果评价为主向结果和过程评价相结合转变。对学生不但要进行线下考核，还要利用好雨课堂或慕课堂等智慧课堂工具，对学生进行必要的日常线上考核。考核内容要多样化，不但有理论知识的检验，还要有动手能力的评测。这样可以对整个教学过程做出比较全面的跟踪和评价，从而可以全面掌握学生学习的情况。根据每次评测结果，有针对性地对学生进行指导，从而达到更好的教学效果。

三、结　语

智能时代改变了教育行业的人才培养目标，要建立以能力为主、知识为基、学生为中心的人才培养体系，使得学生面向未来智能时代拥有关键竞争力：人机互动能力、批判性思维能力、创新能力、解决复杂问题的能力和协作沟通的能力。

通过"C语言"课程的教学研究和探索，丰富教学资源，创新教学方法，提升教师能力，增强学生的学习兴趣，提升学生的学习效果。不断改进教师的教学理念、采用多样化的教学方式和考核方式，可以提高教学质量。"C语言"课程作为工科学生的专业基础课，培养学生利用计算思维的方法处理信息的能力，让学生为以后信息新时代的发展做好准备[4]。培养学生运用程序设计的思想解决生活和专业遇到的实际问题，培养学生的计算思维能力，培养具有创新意识、数字化思维和跨界整合能力的"新工科"人才。

新工科为我国高等教育指明了方向：以学生为中心，以能力培养为重点。高等院校培养多样化、创新型的卓越工程科技人才，为我国产业发展和国际竞争提供智力和人才支撑，既是当务之急，也是长远之策。利用现代信息技术加快推动人才培养模式改革，实现规模化教育与个性化的有机结合，理论与实践的结合，课内与课外相结合，线上与线下相结合，发挥网络教育和人工智能优势，创新教育和学习方式，适应智能时代新形势的需要。

参考文献

[1]邝天福，薛文格．新工科背景下混合式教学模式在"C语言程序设计"课程中的改革与探索[J]．楚雄师范学院学报，2022，37(4)：148-152.

[2]刘秋菊，王仲英．新工科背景下"C语言程序设计"混合式教学模式探索与实践[J]．洛阳师范学院学报，2020，39(11)：90-93.

[3]毕馨文，孙雪岩，牛晶．新工科背景下混合式教学模式在"C语言程序"课程中的改革实践[J]．福建茶叶，2019，41(3)：168-169.

[4]徐秋红，蔡娟．新工科视角下程序设计课程教学方法研究改革[J]．高等农业教育，2019(6)：74-77.

基于"三进"育人能力的课程教学探索

——以"分布式系统及云计算概论"课程为例

付红萍　许　福　崔晓晖　李冬梅

（北京林业大学信息学院，北京　100083）

摘要： "分布式系统及云计算概论"是数据科学与大数据技术专业和计算机科学与技术专业的重要课程，兼备较强的理论性和实用性。本文针对在该课程教学实践中发现的理论教学滞后于主流技术、理论教学与应用实践脱节、思政育人未在课程教学中得到充分体现等问题，通过对课程的教学内容、方法和特点进行深入剖析，提出了以培养应用型人才为导向，以"企业老师进课堂、企业案例进实验、思政元素进课程"为核心的"三进"育人能力教学方法，培养学生的理论结合实际能力和动手能力，为解决计算机领域的复杂工程问题奠定理论和实践基础。

关键词： "三进"育人能力；分布式系统及云计算概论；应用型人才

随着计算服务由科学计算、商用计算、个人计算到互联网计算的演化，云计算相关的技术研究以及应用迅速发展。2020年新冠肺炎疫情的出现，促进并加速了线上教育的需求和发展，也加快了云计算应用的落地。《中华人民共和国国民经济和社会发展第十四个五年规划和2035年远景目标纲要》指出，要加快推动数字产业化，培育壮大人工智能、大数据、区块链、云计算、网络安全等新兴数字产业[1]。中国信息通信研究院发布的《云计算白皮书（2022年）》显示，我国云计算市场持续高速增长，国家政策指引转向深度上云用云[2]。云计算的迅速发展，使得相关工程应用型人才的培养越来越受到高校和社会的重视，许多高校的计算机、大数据等专业纷纷开设了云计算相关课程，并对其进行了建设[3-5]。本文旨在提升学生的云计算理论和应用实践能力，针对在"分布式系统及云计算概论"课程教学中发现的理论教学滞后于主流技术、理论教学与应用实践脱节、思政育人未在课程教学中得到充分体现等问题，通过对课程的教学内容、方法和特点进行深入剖析，提出了以培养应用型人才为导向，以"企业老师进课堂、企业案例进实验、思政元素进课程"为核心的"三进"育人能力教学方法。

一、课程教学中发现的问题

云计算起源于企业的发展，旨在解决实际的数据存储和数据处理问题。"分布式系统及云计算概论"是数据科学与大数据技术专业和计算机科学与技术专业的重要课程，理论性强，内容繁杂。通过近几年教授该课程的工作实践，对教学情况进行了反思，发现目前存在以下问题。

作者简介：付红萍，北京市海淀区清华东路35号北京林业大学信息学院，讲师，fhongping@ bjfu. edu. cn；
　　　　　许　福，北京市海淀区清华东路35号北京林业大学信息学院，教授，xufu@ bjfu. edu. cn；
　　　　　崔晓晖，北京市海淀区清华东路35号北京林业大学信息学院，副教授，cuixiaohui@ bjfu. edu. cn；
　　　　　李冬梅，北京市海淀区清华东路35号北京林业大学信息学院，教授，lidongmei@ bjfu. edu. cn。
资助项目：北京林业大学教育教学研究项目"'分布式及云计算概论'课程教学内容初探"（BJFU2018JY090）。

（一）理论教学滞后于主流技术，缺乏内容的与时俱进

云计算技术起源于企业界，随着云计算市场和应用的爆发式增长，云计算技术也在快速发展，是一个不断变化发展的技术。这导致课程理论内容更新不及时，无法紧跟云计算技术发展趋势，不利于学生掌握最新的技术，影响学生学习的积极性，且在学生毕业后从事相关工作时，无法有效利用最新技术分析和解决问题。

（二）理论教学与应用实践脱节，缺乏真实的应用案例

在传统教学模式中，课程教学分为理论教学与实验教学，其中理论教学是实验教学的基础，实验教学是理论教学的验证[6]。"分布式系统及云计算概论"课程的教学过程是首先在教室进行理论授课，然后在机房进行相关实验。其中大多数实验被设置为验证型实验，侧重对理论知识的深入理解，通过课程教学环节和实验教学环节的融合使学生具有较扎实的基础理论知识，进一步提高对理论知识的理解。但是缺少综合性实验，缺乏应用实践能力训练，无法锻炼学生对计算机复杂工程问题的分析能力和对实际问题的解决能力，课程没有达到预期效果。

（三）思政育人未在课程教学中得到充分体现，缺乏高效的思政育人能力

习近平总书记在高校思想政治工作会议中指出"要坚持把立德树人作为中心环节，把思想政治工作贯穿到教育教学全过程，实现全程育人、全方位育人"，这充分强调了思政育人的重要性。教师作为人才培养的主力军，不仅仅要在教学过程中融入正确的人生观和价值观，帮助学生提升政治素养，更重要的是教师本身也要坚持正确的政治方向，不断提升自己的思想政治水平。目前，教师往往注重知识的传授，缺乏对思政教育的深入学习，课程思政元素无法自然融入课程，使得课程思政流于表面，无法有效育人。

基于上述问题，结合工程应用型人才的培养目标，通过构建基于"三进"育人能力的多层次教学体系和阶梯式实验体系，增强学生学习兴趣，提高学生分析和解决计算机复杂工程问题的能力。

二、基于"三进"育人能力的教学内容设计

"分布式系统及云计算概论"课程的教学内容要以专业需求为基础，以产出为导向，体现课程的理论先进性和实践性。

（一）构建理论课程体系

为使学生理解与掌握分布式系统及云计算的基础知识和基本方法，同时融合云计算的主流技术，构建了"基础理论+前沿技术"的理论课程体系。

依据教学大纲，课程内容主要包括分布式系统、云计算概论、Google 云计算原理与应用、Amazon 云计算 AWS、Hadoop、虚拟化技术和中国云计算技术，其架构如图 1 所示。

通过分布式系统基本理论知识，引出云计算与分布式系统的关系，即云计算是分布式系统的一个应用，从而说明课程名称的由来。在云计算部分，介绍了国外云计算的先驱者——Google 和 Amazon 的相关理论。Google 是最大的云计算技术的使用者，率先提出了三大云计算技术：Google 文件系统 GFS、分布式数据处理 MapReduce 和分布式结构化数据表 Bigtable，并率先在全球提供弹性计算云 EC2（elastic computing cloud）和简单存储服务 S3（simple storage service）、为企业提供计算和存储服务的 Amazon 云计算平台 AWS 进行了详细说明，最后对 Google 三大云计算技术的开源实现——Hadoop 对应的相关技术进行了详细讲解。课程除了讲解国外的基础理论知识外，还介绍了国内先进的云计算技术。理论课程体系融合了国内、国外云计算的基础理论和前沿技术。

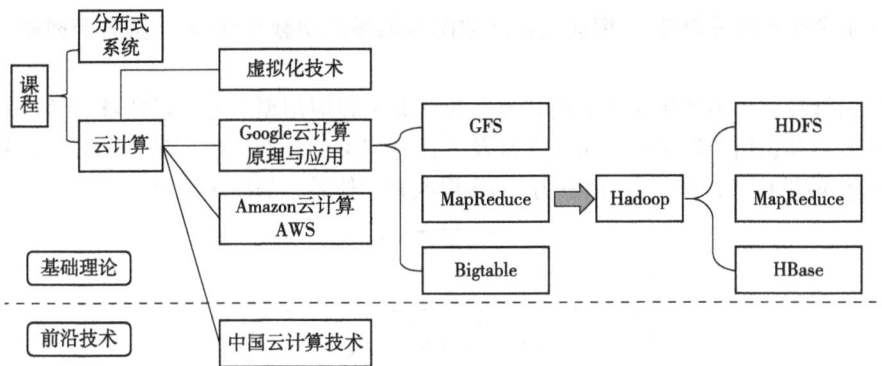

图 1   理论课程体系架构

（二）构建实验体系

依据课程目标，以解决大规模数据的存储和计算为轴心，设置了基础性实验和探究性实验，构建了"实验平台搭建、理论知识巩固、企业案例实践"的实验体系。实验设置见表 1。

表 1   实验内容设置

序号	实验名称	实验内容
实验 1	Hadoop 的安装与使用	构建 Linux 系统环境，并在 Linux 系统上安装 Hadoop
实验 2	MapReduce 编程开发入门实战	编写 MapReduce 程序，实现词频统计功能
实验 3	基于云计算背景下的分布式系统架构实践	(1) 搭建简单的分布式架构项目 (2) 使用 Java 调用第三方阿里大于给用户发送短信 (3) 熟练使用消息队列发送消息并监听消息 (4) 使用 Java 向 Redis 中保存数据并获取数据

其中，实验 1 和实验 2 是基础性实验。通过设置基础性实验，使学生加深对课程内容的理解和简单应用。学生通过"Hadoop 的安装与使用"，在 Linux 平台下搭建分布式存储和分布式处理平台，可以使用 VirtualBox 或 Docker 安装 Hadoop，为海量数据的存储和处理奠定基础；通过"MapReduce 编程开发入门实战"，进一步理解 Hadoop 中 MapReduce 模块的处理逻辑，掌握基本的 MapReduce 编程方法，加深对 HDFS 和 MapReduce 的认识和了解。

实验 3 为探究性实验，在实验 1 和实验 2 的基础上，引入企业实际使用技术和应用案例，进行基于云计算背景下的分布式系统架构实践，通过 Linux、Docker、RabbitMQ、Redis 和 IDEA 技术搭建分布式结构项目，调用阿里云实现短信发送，并判断用户回填的短信验证码是否正确以完成用户注册。

三、 基于"三进"育人能力的教学方法设计

通过企业老师进课堂、企业案例进实验和思政元素进课程，设计基于"三进"育人能力的教学方法，解决"如何学、学什么、为什么学"的问题。使学生在掌握分布式系统和云计算的相关概念、深刻理解云计算基本原理的基础上，能够面向计算机复杂工程中的存储、计算资源和虚拟化等实际需求，从现有的云计算搭建、开发和实现的工具中分析并选择合适的工具，提供基于云计算架构的系统解决方案，并能够对云计算环境下的实验结果进行深入分析。

（一）企业老师进课堂，构建校企产教融合的多层次教学体系，提升产教融合育人能力

依据云计算技术不断快速发展的特点，为培养工程应用型人才，以能够将云计算技术的基础和专业知识用于解决与分布式系统及云计算相关的复杂工程问题为出发点，构建了"基础理论+前沿技术，外驱力+内驱力"的多层次教学体系，如图2所示。

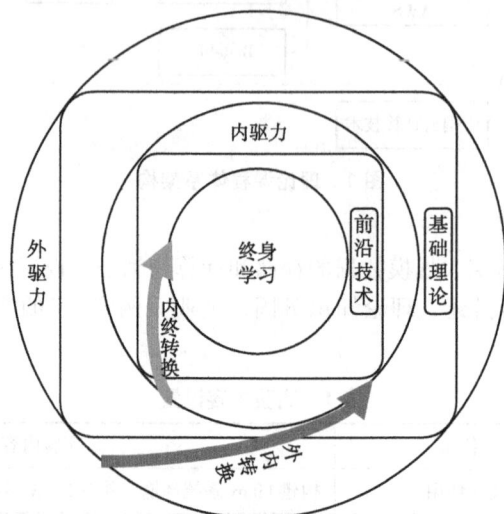

图2   "基础理论+前沿技术，外驱力+内驱力"的多层次教学体系

为使学生理解与掌握分布式系统及云计算的基础知识和基本方法，在掌握分布式系统和云计算的相关概念、深刻理解云计算基本原理的基础上，能够与时俱进，掌握云计算的主流技术，基于教学内容设计，提出了"基础理论+前沿技术"的教学内容。教师在教授基本原理与技术的同时，参加企业或其他机构组织的师资培训，不断加强自身对新技术的学习和研究。同时与企业联合，邀请企业老师进课堂，从企业的角度讲授企业中使用的主流云计算技术。通过企业中的具体案例，提高学生学习的积极性，加深学生对理论知识的理解。

为使学生能够具备自主学习的意识和能力，具有理解、归纳、总结问题的能力，从学生的角度，提出了"外驱力+内驱力"的教学方法。由于课程课时的限制，无法在课堂上全面讲授分布式及云计算的先进技术。因此，除在课程内容上尽可能融入主流的云计算技术外，还要提高学生的探索创新精神，通过内驱力提高学生自主学习的能力，使其具有较强的终身学习的意识。

一方面，通过"案例式"授课提高学生对课程的兴趣度和主动思考能力。在云计算部分，通过Web2.0创业者的实际案例，分析为何失败和成功，直至引入云计算出现的原因，引发学生对云计算的兴趣；在讲解Hadoop时，从实际的文件存储和词频统计问题入手，通过讲述传统解决方法存在的问题，引导学生主动积极思考，进而得到Hadoop两大核心技术HDFS和MapReduce的架构。另一方面，通过企业导师进课堂，使学生认识到云计算技术日新月异的变化及其在企业中的重要地位，进一步提高学生对课程的重视程度。

通过"基础理论+前沿技术，外驱力+内驱力"的多层次教学体系，使学生在学习基本理论知识的基础上，学习先进技术和方法，加强实践能力，与时俱进；以此从外驱力驱动逐步过渡到内驱力指引，并通过内驱力的引领让学生树立终生学习的目标，进而提升产教融合育人能力。

（二）企业案例进实验，构建理论结合实践的阶梯式实验体系，提升实践育人能力

依据课程目标，为培养工程应用型人才，以产出为导向，从使用现代工具、理论知识的深入理解和分析解决计算机复杂工程问题的角度，逐层深入，构建了"实验平台搭建、理论知识巩固、企业案例实践"的阶梯式实验体系，如图 3 所示。

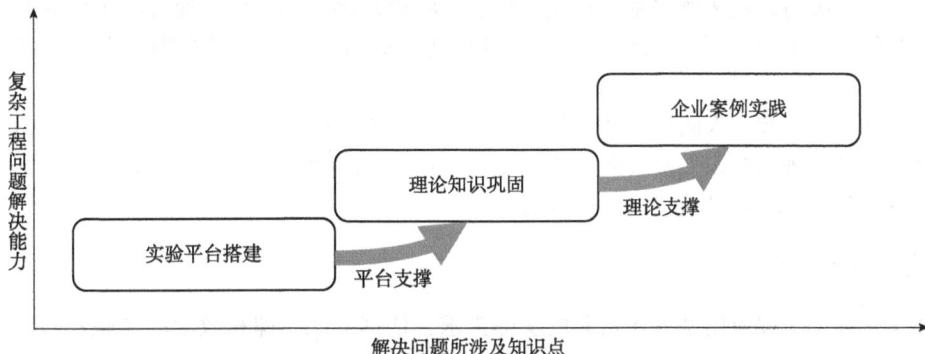

图3　"实验平台搭建、理论知识巩固、企业案例实践"的阶梯式实验体系

为使学生在面对计算机复杂工程问题时，能够从现有云计算搭建、开发和实现的工具中分析并选择合适的工具，设置实验平台搭建的实验。学生通过搭建分布式存储和处理环境，不仅可以为后续实验建立平台基础，同时通过解决在搭建实验环境中遇到的各种问题，深入理解不同环境、不同方案的优点和局限性。

为使学生掌握分布式系统和云计算相关概念，深刻理解云计算的基本原理，设置理论知识巩固的实验。学生通过解决经典词频统计问题，更加直观地、以自己熟悉的编程思维来理解分布式处理模块的处理逻辑和流程，掌握基本的 MapReduce 编程方法。

为使学生能够分析并解决计算机的复杂工程问题，提供基于云计算架构的基础解决方案，设置企业案例实践的实验。引入企业实际使用技术和应用案例，综合使用各种云计算技术和阿里云平台进行实践。通过该实验，可以提高学生实验兴趣，学生能够将理论内容与实际业务相结合，通过自己身边的实际应用，结合企业主流云计算技术，独立搭建分布式结构项目，并能够使用阿里云 API 发送短信。

通过阶梯式实验体系，教学内容由浅入深、由基础到应用、由理论到实践，使学生在深入掌握基本理论知识的基础上，理解与掌握计算机应用的工程知识，向工程应用型人才迈进。

（三）思政元素进课程，构建融合式思政育人路径，提升思政育人能力

习近平总书记在党的二十大报告中强调，用党的科学理论武装青年，用党的初心使命感召青年。依据课程建设过程，从思想认识上逐层深入，构建了"思政入头脑—思政元素—思政大纲—思政教案—思政进课程"的融合式思政育人路径，如图 4 所示。

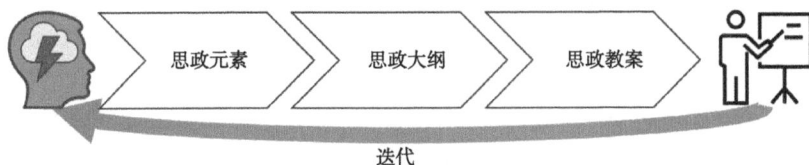

图4　融合式思政育人路径

习近平总书记在北京大学师生座谈会上的讲话中指出，要建设高素质教师队伍[7]。教师在人才培养中占据重要地位，首先从思想上重视思政育人，通过参加高等院校计算机及

电子信息类专业课程思政建设专题培训、课程思政的课程设计等培训，全面学习、深入理解课程思政内涵。其次，深入挖掘思政元素，从课程本身内涵、课程中技术的发展历史以及当前热点问题中挖掘思政元素并进行整合，使其能够激发学生的情感认同。围绕思政育人目标，编写课程思政大纲，每章节中明确对应的思政元素、切入点以及引入的方式方法。随后，进一步编写思政案例并融入教案。最后，将思政融入课程中。通过学生的课堂反映和课后反馈，不断更新思政元素，让整个流程迭代更新，直至实现润物细无声式的思政育人。

通过融合式思政育人路径，从思想根源入手，使思政融入课程建设的各环节，使学生在深入掌握基本理论知识、实践能力的基础上，成为"有理想、敢担当、能吃苦、肯奋斗的新时代好青年"，实现"为党育人、为国育才"。

四、结　语

本文着眼于工程应用型人才培养的实际需求，依据近几年课程教学的经验和总结，探讨了该课程基于"三进"育人能力的教学方法，提出了"基础理论+前沿技术，外驱力+内驱力"的多层次教学体系和"实验环境搭建、理论知识巩固、理论结合实际"的阶梯式实验体系，在课堂教学实践中取得了较好成效，有效提升了学生的理论结合实践能力。未来将继续完善、提升和丰富该教学方法，加强学生的理论结合实际能力和动手能力的培养，进一步提升育人能力，以期打造育人新模式，为解决计算机领域的复杂工程问题奠定理论和实践基础。

参考文献

[1]新华社．中华人民共和国国民经济和社会发展第十四个五年规划和 2035 年远景目标纲要[EB/OL]．(2021-03-13)[2023-07-10]．http：//www.gov.cn/xinwen/2021-03/13/content_5592681.htm.

[2]中国信息通信研究院．云计算白皮书(2022 年)[EB/OL]．(2022-07-30)[2023-07-10]．http：//www.caict.ac.cn/kxyj/qwfb/bps/202207/t20220721_406226.htm.

[3]王岩，杨森，黄岚，等．大数据分析与应用课程体系构建[J]．计算机教育，2020，302(2)：26-29.

[4]毛宏燕，姜宁康，赵慧．基于云计算的混合式实践课程教学研究[J]．计算机教育，2020，310(10)：144-147.

[5]梁晶，胡新荣．Hadoop 大数据开发课程实践教学研究[J]．计算机教育，2020，302(2)：166-169，174.

[6]李群，李巨虎，韩慧．应用驱动的 Linux 操作系统教学改革[J]．计算机教育，2021，323(11)：120-123.

[7]新华社．习近平：在北京大学师生座谈会上的讲话[EB/OL]．(2018-05-03)[2023-07-10]．http：//www.gov.cn/xinwen/2018-05/03/content_5287561.htm.

新教工培训如何促进教师育人能力发展的思考

——从教学三大关系角度进行探索

刘 松 刘 柳 田 慧 于富玲

（北京林业大学理学院，北京 100083）

摘要： 本文基于对北京林业大学新教工培训需求的调研，对新教工提出的 24 个疑问和主题进行了深入分析。笔者将青年教师关注的问题总结为三大核心关系：教师与学科的关系（涉及教学方法）；教师与学生的关系（涉及课堂中的互动感受）；教师与自己的关系（涉及教师对教育教学的认知和期望）。为了满足新教工的需求，笔者结合教育教学的基本规律，将这三大关系的探讨纳入了新教工的培训内容。在此过程中，笔者还为青年教师的典型困惑提供了参考性建议。希望通过这样的培训，能够帮助青年教师不仅在教学技能上得到提升，更重要的是在教育理念上实现转变，并能够将这些理念应用到实际的教学中。

关键词： 教学三大关系；新教工培训；育人能力

新教工培训是学校管理的一项重要工作，对于提高学校的整体教学水平、教师队伍的素质以及学校的可持续发展具有重要意义。

一、 北京林业大学新教工培训背景分析

目前，北京林业大学的新入职教师大多为博士毕业，并在其专业领域具有丰富的专业知识。然而，他们中的许多人并没有教育学的背景，也缺乏系统的教学理论学习和实践训练。尽管他们在各自的领域是专家，但在教育和教学方面仍然缺乏经验和指导。考虑到教师的教学质量和能力直接影响学生的学习成果，新教师亟须提升其教学技能，以便更好地融入并适应教学环境，助力学生学习质量的提高。

目前，相较于中小学的教学研究，大学的教学研究并不那么具备系统性和深入性。这主要是因为大学课程种类繁多，涵盖了公共基础课、专业基础课、专业课以及实践和实习课程。在文科、理科和工科等大类中，还存在许多细分领域，使得教学内容存在显著差异。尽管不同学科间的教学内容和模式难以横向传播，教学技法却具有普适性，值得各学科相互学习和借鉴。因此，学校为新入职的教师提供了教学方法的培训课程。这种培训旨在为新

作者简介：刘 松，北京市海淀区清华东路 35 号北京林业大学理学院，教授，liusong4023@126.com；

　　　　　刘 柳，北京市海淀区清华东路 35 号北京林业大学理学院，助理研究员，v66123@bjfu.edu.cn；

　　　　　田 慧，北京市海淀区清华东路 35 号北京林业大学理学院，副研究员，tianyeth_76@sina.com；

　　　　　于富玲，北京市海淀区清华东路 35 号北京林业大学理学院，副研究员，figureyu@163.com。

资助项目：北京高等教育本科教学改革创新项目"基础课青年教师教育教学能力提升研究与实践"（202110022003）；

　　　　　北京林业大学教育教学研究教学名师项目"化学公共基础课课程思政与混合式教学研究"（BJFU2018WT004）；

　　　　　中国高校产学研创新基金资助课题"大学基础课思政育人数字信息化教学设计研究"（2022BL007）。

教师提供实用的教学技巧、创意和理论支持，帮助他们更快地适应并提升课堂教学效果[1]。

因此新教工培训作为提高新教师教学能力、提升学校教学质量、促进学生发展的重要途径，具有非常重要的意义和价值。

（一）北京林业大学新教工教学困惑和培训需求调研

北京林业大学人事处和教师教学发展中心曾经对新入职教工进行问卷调查，了解新教工对于教育教学的困惑和对于教学培训的期许，重点围绕两个方面的问题：①新教工在教学中遇到的突出问题和困惑。②教学技能技法授课中希望重点讲授的内容是什么？先后共有近百名新入职教工进行作答，对各自感兴趣的问题给予反馈。

对于第一个问题"新教工在教学中遇到的突出问题和困惑"，根据反馈结果进行词频分析，关键词排行榜位居榜首的是"学生"，占比20%，其次是"课程""时间""备课"和"内容"，占比均为6%，其他关键词还包括"教学""互动""课堂""调动"等。

对于第二个问题"教学技能技法授课中希望重点讲授的内容是什么"，根据反馈结果进行词频分析，关键词排行榜位居榜首的是"学生"，占比19%，其次是"互动"，占比12%，其他关键词还包括"课堂""设计""授课技巧""方法""调动"等。

（二）北京林业大学新教工教学调研结果分析

围绕新入职教工们的答复，整理其中比较聚焦的回答见表1。

表1　新入职教工问卷调查

问题	新教工在教学中遇到的突出问题和困惑	教学技能技法授课中希望重点讲授的内容是什么
1	如何调动学生积极性，如何掌握学生心理、与学生互动	备课技巧（教案准备、撰写、ppt和动画的制作与应用、案例选择）
2	如何与学生进行更充分的专业沟通，在专业领域传授更丰富的内容	课前准备内容有哪些
3	如何让与自己年龄相差不大的学生尊重、相信自己	教师如何被赋能
4	如何管理学生	课堂意外情况处理
5	如何应对不同生源地区学生的先有知识造成的差距	如何设计课堂教学与考核体系，以应对不同水平的学生
6	如何对学生作业过程中质量的进行把控与监管	实践教学
7	如何提高课程讲授的生动性，如何活跃课堂气氛，控制课堂秩序	教师自信心的培养与树立
8	设计类课程教学的设计与开展具有学科特点，问题比较随机，教学方法没有固定程序，向其他学院的示范课能借鉴的内容比较少	教学技巧（师生沟通、课堂互动、课堂气氛调节，时间的控制与提问的艺术、语言组织技巧、多种教学法运用、板书的重点与技巧、发声技巧、讲课的层次、示范环节）
9	专业知识更新换代很快，而且现在学生获取信息的渠道多样化，很多时候他们问的问题教师都不知道如何回答，很困惑怎么面对这种局面	很多概念、定理、规则都是经过千百次的思考讨论得出的，经过了几年、十几年、几十年甚至上百年的发展积淀的知识怎么样在几十个学时里让学生掌握

（续）

问题	新教工在教学中遇到的突出问题和困惑	教学技能技法授课中希望重点讲授的内容是什么
10	学生要给教师打低分怎么办	如何处理师生关系
11	研究者们摸索了成千上万个小时才创造出一个概念，学生怎么能在一节课的时间里吸收成千上万这样的研究者的思想	自己还有一些想法想给学生，感觉有很多知识点需要讲，但是时间不够
12	如何准确把握所教授课程的难度和适宜程度	
13	教师专心教学就好了，教师跟学生的关系有这么重要吗	

围绕这两个问题对调查结果进行汇总分析，对于"新教工在教学中遇到的突出问题和困惑"这一主题，新教工主要提出了 13 个方面的疑问（比如如何调动学生积极性等）；对于"教学技能技法授课中希望重点讲授的内容是什么"这一主题，新教工聚焦 11 个方面的内容（比如备课技巧等）。对这 24 个方面的疑问和主题进行梳理，可以发现大部分青年教师关心的问题主要集中在 3 个方面：

（1）教与学的方法问题，包括教学内容的设计、备课技巧等，这需要正确处理教师与学科之间的关系；

（2）上课时教师和学生的感觉感受问题，包括如何调动学生积极性，如何管理学生，学生打分低怎么办等，这些需要正确处理教师与学生的关系；

（3）教师对于教育教学工作认知、态度问题，包括教师自信心的培养与树立、教师的心灵如何得到滋养等，这些需要教师正确处理与自己的关系。

综上所述，针对新入职教工的兴趣点和教育教学规律，新入职教工培训内容可以从三大关系角度入手，即：

（1）教师与学科的关系（教与学的方法）；

（2）教师与学生的关系（上课时教师和学生的感觉）；

（3）教师与自己的关系（教师对于生命的热爱和对于工作的渴望）。

这也是教学活动中教师必须面对的三大关系，以上困惑可以在梳理这些关系的过程中找到青年教师需要的答案。

二、 基于教学三大关系的新教工教学培训设计

（一）教师与学科的关系

"教师与学科的关系"其本质就是教与学的方法问题，涉及教学内容、备课技巧等。这里重点围绕教学设计展开论述。

1. 常见的系统且通用的教学模型

在教学设计中，是否存在一个系统的、通用的技能模型，为我们提供一个清晰的课堂教学基本技能构架？答案是肯定的。这些技能构架不仅以一系列可选的教学事件作为其组成成分，而且为我们提供了可参考的执行顺序。值得注意的是，这些教学事件的方法和策略已被证实能有效地指导学习。其中，一些广为人知的技能模型包括加涅的教学设计模型、梅里尔的五星教学法、SCQA 方法，以及 BOPPPS 的有效教学设计与策略，具体见表 2[2-4]。

表 2　有效教学设计技能构架

加涅的教学设计模型	梅里尔的五星教学法	SCQA 方法	BOPPPS
引起注意	聚焦问题	背景	bridge-in （暖身、导言）
告诉学习目标	激活旧知	冲突	objective or outcome （学习目标或结果）
激起已有知识的回忆	求证新知	疑问	pre-assessment （前测）
呈现刺激(材料)	应用新知	答案	particiatory learning （参与式学习）
提供学习指导	融会贯通		post-assessment （后测）
引出行为表现			summary/closure （总结）
提供反馈			
测量行为表现			
促进保持和迁移			

这些教学设计模型中的教学事件是基于学生的学习规律和认知设计的，因此它们能够有效地指导教学设计。但在实际教学中，每堂课并不需要涵盖所有这些事件。在选择使用哪些教学事件时，教师应思考：在这一部分的学习中，学生是否真的需要这种支持？教学事件的设计目标是为了加强信息处理，从而更好地促进学生的学习。

2. 青年教师代表性的困惑及建议

教师们在"教师与学科的关系"中经常面临的一个代表性困惑是：学时有限，但内容繁多，如何有效教授？这种困惑可能源于教师的职业操守，希望在有限的时间里为学生提供更多知识。但实际上，教师并不需要在课堂上向学生展示一个学科的所有内容，因为他们可能既难以记住，也不知如何应用。关键在于如何选择并传授那些能代表整个领域的关键信息。要实现这一点，教师需要认识到每个学科的核心结构、内在逻辑和独特的关联模式。学生在课堂只需掌握这些核心内容，而无需涵盖整个领域。这种"少而精"的方法不仅可以提高教学效果，还能为其他活动创造出更多时间。真正尊重一个学科，就是深入其精髓，而非广而浅地涉猎。

（二）教师与学生的关系

光有知识是不够的，再多的知识也不能滋养或支撑学生的心灵。学生不仅需要知识，更需要热烈的情感和源源不绝的能量。

"教师与学生的关系"主要是指上课时教师和学生的感觉，涉及如何调动学生积极性、如何管理学生等。这里重点围绕提升新教工对师生关系重要性的认识和改善师生关系策略两个方面展开论述。

1. 师生关系的重要性

在学习过程中，情感、愿望和潜在的激情占据了关键位置。学习不仅与认知有关，还与人际关系和情感紧密相连。没有任何学习能力的获取是完全独立的。如果外部干扰过于强烈，学生的思维可能会受阻，思维变得僵化。只有当学习者对自己有足够的自信，并对他人及提供帮助的人持有信任感时，知识和概念的转化才能顺利进行。学习者只有在信任他人时，才会接受外部的影响，并且这种影响在得到适当的辅助下才能发挥其正面效果。

在一项涵盖 200 所大学、超过 20 万名学生和 2.5 万名教师的大规模研究中，一个主要的结论是：影响课堂气氛的最关键因素是教师与学生之间的关系。这种关系体现在多个方面，如学生是否感觉教师真正关心他们在学业上遇到的问题；教师是否真正将学生视为独立的个体而非仅仅是数字；学生是否能在课堂之外轻松地与教师交往。如果没有这种深厚的师生联系，学生的学习进步可能会受到限制。因为学习的本质在于理解和建立各种关系。情感在学习中起着至关重要的作用，这也是为什么我们经常强调师生关系的重要性，正如古语所说："亲其师信其道。"这都在强调我们应该关心学生的情感维度。

2. 如何建立良好的师生关系

在教学过程中，经验丰富的教师往往首先考虑如何更高效地进行教学管理，以达到事半功倍的效果。实际上，高效的管理是开展成功教学的核心。那么，对于新入职的教师，如何才能进行出色的教学管理并建立与学生之间的良好关系呢？可采用以下两种方法。

(1)引导学生自我管理

真正的学习是自主的学习，真正的教育是自我教育。

开学伊始，教师应该建立一个班级文化，强调每个人的责任和担当。学生应该明白，他们有权做出任何选择，但必须为这些选择的后果负责，无论是好是坏。因为在生活中，我们的每一个结果都是基于自己的选择。

为了实现这一目标，教师可以采取以下策略：引导学生设定具体、可衡量、具有挑战性但又可实现的目标；教授时间管理技巧，如推荐使用时间管理的四象限法，帮助学生设定优先级；提供及时的反馈，其目的是赋予学生能力；引导学生进行反思和调整，比如使用 4F 法，即事件(facts)—感受(feelings)—反思(findings)和行动(futures)。

(2)引导思考大学学习方法

正如陶行知先生所说："好的先生不是教书，不是教学生，乃是教学生学。"

在当今时代，科学知识正在以前所未有的速度迅猛增长。英国的技术预测专家詹姆斯·马丁曾预测：在 19 世纪，人类的知识每 50 年翻倍；到了 20 世纪中叶，这一速度加快到每 10 年翻倍；到了 20 世纪 70 年代，仅需 5 年；而在 20 世纪 80 年代，知识的增长速度更是惊人，大约每 3 年就翻倍。据估计，未来 30 年内，基于现有的知识，人类的科技知识将增长 100 倍。

美国教育心理学家巴斯曾指出，"半个世纪前，大学毕业生在其职业生涯中大约有 70%的知识是在大学中学到的，可以一直使用到退休。"但现在，这一比例已经骤减，大学生在毕业后只有 2%的知识是在大学中获得的，而剩下的 98%的知识和技能需要在社会中学习和积累。

面对大学生在校仅获得 2%的知识，教师需要思考：大学中这 2%的知识应该学什么内容？其中一个迫切的目标是提高学生的学习能力。为此，教师可以向学生推荐一些高效的学习方法，如"费曼技巧"。这种技巧来自于诺贝尔物理奖得主理查德·费曼，被誉为史上最有效的学习方法。它鼓励学生在学习过程中扮演教师的角色。

在培训新教工时，需要向他们解释这种技巧的内在逻辑：当你尝试输出知识或充当教师的角色时，你会被迫对所学的知识进行深入的整合和思考，与自己原有的知识体系进行融合。任何不协调的知识点都会产生冲突，使你难以自我说服。如果你不能说服自己，你输出的内容就会显得不够完善。为了避免这种情况，你会被迫寻找方法来整合这些知识。

这种以输出为基础的学习方法就是所谓的"费曼技巧"。

3. 青年教师代表性的困惑及建议

新入职的教师在"教师与学生的关系"方面经常面临一些代表性的困惑，如：如何让与我年龄相近的学生尊重和信任我？如果学生给我较低的评分，我该怎么办？对于这些与师生关系相关的问题，可采取的方法是建立与学生之间的成功和健康的关系，并不仅仅追求他们的认可和接纳。更为关键的是，教师应该与学生真正地相互了解，将这种相互了解视为维护良好关系的基石。换句话说，教师应该从追求被"接纳"转向追求被"了解"，并真实地展现自己。因此，高质量的教学需要教师的勇气和自我提升，不断地努力和进步。

（三）教师与自己的关系

教学无论好坏，一定都发自内心世界，在教学上纠缠不清的只不是过是教师内心纠结的折射。从这个角度说，教学也提供了通达灵魂的镜子，让教师有获得自我认识的机会。

1. 自我认识的几点建议

教师应深入了解自己，首先要识别自己的优势和劣势。这样，在教学中可以充分发挥自己的优点，同时认识并努力改进自己的不足。此外，教师应定期反思自己的教学方法、策略和态度，以持续提高教学效果，进而更好地指导学生。同时，教师需要学会自我关心、激励自己，并寻找生活与工作的平衡，这样既能保持教学的高质量，又能享受到个人和家庭的幸福。

在培训中，关键在于纠正青年教师对教学技巧的误解。教学技巧应该是一种工具，帮助教师更好地展现自己的才华和个性，从而完成卓越的教学，而不是用来掩盖教师的真实面貌。真正出色的教学是基于教师的自我认同和完整性。

2. 青年教师代表性的困惑及建议

新入职的教师在"教师与自己的关系"方面经常面临一些代表性的困惑，如：如何培养和树立教师的自信心？教师如何得到赋能？

对于这些问题，可以让新教工深入了解和认识自己的个性。基于这一认知，他们可以学习那些与自己性格相符的教学策略，确保教学方式与自己的性格和理念保持一致。简而言之，教师应该学会了解、接纳和提升自己，同时欣赏和信任自己已经具备的能力和特质。

三、结 语

对高校教师而言，最具价值的培训不仅仅是知识和技能的增强，更为关键的是观念和理念的转变，以及如何将所学知识真正转化为实际行动。对于青年教师，培训的核心不应是单纯的灌输，而是思想的交流和分享。这需要每位参与者深入思考、领悟，从而形成自己的见解，并将其付诸于实际教学中。

参考文献

[1]刘邦奇，吴晓如. 智慧课堂[M]. 北京：北京师范大学出版社，2019.

[2]加涅，教学设计原理[M]. 上海：华东师范大学出版社，2013.

[3]M. DAVID MERRILL. 首要教学原理[M]. 福州：福建教育出版社，2016.

[4]陈立群，全慧茹. 基于BOPPPS教学模式的讨论式教学法在大学英语课堂教学中的运用研究[J]. 教育教学论坛，2018(24)：191-193.

导师完善硕士研究生指导能力的浅析

刘树强　胡德夫　张　东

（北京林业大学生态与自然保护学院，北京　100083）

摘要： 硕士研究生教育是介于本科生和博士生之间的一个教育阶段，与本科生的一个重要不同是出现了正式的研究生导师。硕士生阶段是研究生教育的起步阶段，是培养研究生掌握科研能力打基础的阶段，尤为重要。"师父领进门，修行在个人"，虽强调学生的主观能动性在学习过程中的关键作用，但导师的指导在研究生科研工作过程中同样至关重要。导师与研究生之间既是指导关系，也是一种科研合作关系，如果导师的指导方式方法不当，那么往往会对后续研究生科研能力培养产生不利的影响。导师对硕士研究生的指导教育主要体现在情感、行动和组织管理3个方面，本文就导师的情感指导、导师的行动指导及科研团队的组织管理3个方面状况进行了分析总结并提出了改进策略，期待能供导师借鉴和参考，从而能更好地完善对硕士研究生的指导并最终实现科研合作共赢。

关键词： 导师；硕士研究生；情感指导；行动指导；组织管理

2021年，我国在学硕士研究生人数超过282万人，硕士研究生教育是培养科研型人才的重要阶段[1]。硕士是本科之后的学历深造，与本科生相比，硕士研究生教育更注重培养学生分析问题、解决问题的科研实践能力，硕士研究生教育阶段的一个重要特点是培养过程中出现了研究生导师[2]。

硕士生阶段是研究生教育的起步阶段，是培养研究生掌握科研实践能力打基础的阶段，尤为重要。我国硕士研究生培养实行导师负责制，在培养过程中，导师的指导方式与方法发挥着至关重要的作用，导师可以通过情感、行动及管理上的改进提升硕士研究生教育水平[3-4]。导师对研究生的指导方式与方法属于微观层面的研究生教育工作，相对于宏观层面的研究生教育工作（如战略规划、政策法律、管理体制改革等）更加具体，是导师的主观能动性对研究生教育影响的主要层面，更具有可操作性[5]。实际上，研究生阶段教育并不是一个简单的师父领进门靠学生自己修行的过程，而是包含了导师在情感、行动及组织管理上努力付出心血的指导过程。

笔者根据近年来指导硕士研究生的实践体会，对目前导师在情感、行动和组织管理3个方面需要完善的地方进行了分析总结。期待能供导师借鉴和参考，帮助导师改进指导过程中的不足之处，从而最终能在和研究生的科研合作中获得双赢的结果。

作者简介：刘树强，北京市海淀区清华东路35号北京林业大学生态与自然保护学院，教授，shuqiangliu@163.com；
　　　　　胡德夫，北京市海淀区清华东路35号北京林业大学生态与自然保护学院，教授，hudf@bjfu.edu.cn；
　　　　　张　东，北京市海淀区清华东路35号北京林业大学生态与自然保护学院，教授，ernest@163.com。

资助项目：北京林业大学教育教学改革与研究项目"'特种经济动物养殖'课程养殖场管理视频录制建设"（BJFU2019JYZD019）；
　　　　　北京高等教育本科教学改革创新项目"基于国家级一流本科专业建设，完善农林院校涉林专业动物类实践课程改革"（202110022001）。

一、 导师的情感指导

（一）及时提出警示

硕士研究生刚入学时，往往处在一种刚刚冲出考研大军的喜悦状态之中。同时，很多导师也认为学生刚入学，有很多专业课要学习，不具备开展科研工作的条件，没有在研究生入学时就对其开展思想教育，导致很多研究生没能及早认识到科研工作的紧迫性，在科研工作起步阶段就出现了滞后情况，导致科研工作中经常出现"前面轻松慢走，后面紧张快跑"的状况。硕士研究生期间的科研工作其实非常紧张，除去前期上课和后期毕业论文写作等花费的时间，真正从事科研工作的时间仅有两年左右，而且目前许多高校还要求硕士研究生毕业时发表1篇中文核心及以上级别的科研文章。一个系统的研究生科研课题工作包括：文献查阅、实验设计、实验完成、文章写作等，其中实验完成环节一般至少需要1年以上的时间，文章从投稿到见刊往往也需要一年半载的时间，要想在研究生毕业前完成系统的实验工作和科研文章的发表，时间十分紧迫。因此，抓住硕士研究生起步的关键时期至关重要，硕士研究生一入学，导师就要给研究生及时提出警示，使学生尽早树立紧迫意识，尽快进入科研状态，开始自己的科研工作。

（二）带头树立榜样

科学研究是一个艰苦的过程，往往90%的科学研究都是失败的，当项目进展不顺利时，学生很容易情绪低落、沮丧，对于刚刚开始接触科研工作的硕士研究生更是如此。要攻克研究障碍取得科研成功，必然要进行大量的实验。这个过程中必然也会经历大量的挫折。仅仅告诉学生需要努力是远远不够的，最好的方式就是导师带头进行攻坚克难，要成为顽强、坚持、高效的榜样，对硕士研究生尤其对于刚刚开展科研工作的硕士研究生来说，导师的榜样力量是非常强大的，一旦传递给学生，往往就会激发他们内心的科研热情，可能会使他们未来取得看似不可能的成就。因此，导师的示范作用至关重要，可以提升硕士研究生攻坚克难的毅力。

（三）加强一对一交流

著名物理学家，诺贝尔物理学奖获得者李政道在接受《光明日报》记者采访时，针对高等教育在培养人才方面有哪些关键环节回答说："特别主张导师和研究生要有一段时间密切的、共同研究的过程，而且由一个老师来带一个学生，特别是从事基础科学研究的人才，这个'一对一'的培养过程不能省，不能急。[6]"良好的师生关系往往会成为一种动力，师生双方只有彼此深入交流才能相互了解和以诚相待，进而保证双方能更好地合作完成共同的科研任务。这种"一对一"的人才培养，尤其是对硕士阶段的研究生更为需要。

（四）及时高效沟通

首先，导师应让学生意识到自己的科研工作在导师心中具有优先权。例如：当学生有实验问题需要解决时，要第一时间处理；当学生上交了论文草稿时，要尽快地进行修改。这么做不仅是向学生表明，导师给予他们高度的优先权，同时导师也希望他们能尽快完成科研工作。导师给予学生优先权会让学生感到倍受重视，因为认可是很有效的鼓励，也必定会促进学生提升科研工作的主动性。其次，导师还要主动沟通。导师要放下架子与学生平等交流，始终保持平易近人的态度，无论学生实验取得积极的还是消极的结果，都要肯定学生的努力，这样会让学生保持激情去推进和完善后面的工作。尤其是对刚刚进入科研工作的硕士研究生来说，导师主动进行及时高效的沟通会比学生主动沟通效果更好。

二、 导师的行动指导

（一）指导要有针对性

人的个性千差万别，或受家庭文化的感染，或受个人爱好的驱使，又或受社会生活的影响，每个学生都会呈现出他特有的一面，导师必须要面对，而且必须要尊重。因此，导师要因材施教，根据每个研究生的优势和特点，制定不同的研究内容。导师一定要细心、用心观察，捕捉每个研究生的闪光点，多给予表扬与鼓励，关注他们的意见，与他们多交流，充分调动学生的主动性与积极性。导师要对多元文化背景下的哲理进行思索，不能按照自我偏见而漠视了一些学生，更不能贬低任何学生，哪怕是能力不足的学生。因为任何人都希望得到认可，只要正确引导，就会收到好的效果。针对不同硕士研究生的个性，导师要在尊重与承认的基础上，采用有针对性的指导。

（二）指导要有客观性

硕士研究生初期阶段，学生一般只具有本科阶段时的专业课理论和实验课学习基础，这些简单的专业课科研训练对于独立开展科研工作来说远远不够。学生所具备的实验技能、研究思路十分欠缺，离一名成熟的、具备综合科学研究能力的科研工作者还相差甚远。例如：硕士研究生初期阶段，学生缺少足够的专业文献阅读，对领域内的相关问题了解不多，很难提出关键的科学问题；虽然学习过统计学方法，原理懂了，但没有在科研实践中反复应用；平时学习的一些专业知识理论，实践时才发现并没有完全理解；参与实践少，很多科研方法和技巧掌握不足。这些都导致硕士研究生初期学生科研能力的不完善。因此，导师要客观认识学生所具备的科研能力，有必要在学生能力欠缺的方面进行针对性的指导，提升学生的综合科研能力。

（三）指导要有协调性

做学术、指导学生、授课、申请基金、出差、带学生实习等是大多数导师的日常工作，如果导师还兼任行政职务，会有更多繁杂的事情要做。对导师来说，很多科研工作经常与各种事务交叉进行；而对学生来说，课程学习、校园活动等各种事务也会交叉进行。在这种导师与学生的时间都是碎片化的情况下，找到时间交集必定存在一定的难度，因此更需要导师努力提高统筹协调能力，灵活利用各种机会来加强与研究生的科研工作交流。即使每次交流时间不长，但时间累计起来也是十分可观的。这种随时交流还会让硕士研究生和导师之间尽早熟悉起来，减少他们在和导师交流过程中存在的各种顾虑等。

（四）指导要有及时性

硕士研究生初期阶段，学生做实验的技能不全面，尤其一些复杂的实验涉及很多技术要领和细节，他们并不能短期内完全掌握，经常导致实验失败。很多学生在遇到实验技术问题的时候，由于得不到导师及时的指导和帮助，要花费大量时间解决技术问题，在这个过程中浪费了很多宝贵时间，导致很好的实验工作内容只能草草收尾，科研工作不能收获预期成果。导师若不能及时指导，势必造成学生找不到切入点，整体科研工作会经常受阻，从而逐渐出现畏难情绪，久而久之对科研工作失去兴趣，甚至失去最重要的科研自信心。学生在实验中遇到困难时，导师要及时了解情况并和学生一起探讨解决问题的方法，同时要多多给予鼓励和赞美，肯定他们已经取得的成绩，使他们树立起克服困难的信心，继续前行。

三、 团队的组织管理

（一）活跃科研团队氛围

导师要努力创造一个科学氛围浓厚的实验室环境，在研究组里培养和谐的关系与归属感，鼓励合作而非竞争，让每个学生都具备团队荣誉感。在团队里，导师带领学生通过一起玩，一起工作，一起庆祝实验室每一个成员的生日来建立团队精神，导师更要会擅于发现学生的闪光点，要大胆表扬每一个学生，愉快和鼓励式的谈话就像动力源泉一样会激发活力。导师还要定期组织团建活动，从户外拓展游戏、旅行到参观科技馆等，通过这些活动让团队内的每个成员都以自己所在的团队为荣。

（二）提升组会讨论气氛

导师要引导学生营造活跃、开放的组会交流气氛。例如每次组会确定主题以后，最好给每个人都分配一个小主题，各自做报告，在一起交流讨论。每个参会的学生既要做报告给所有人听，还要回答别人的问题，这会更好地调动学生的积极性，加大他们的投入程度。再如开组会时，不要对研究生说："根据这些数据，你下一步应该做这个，然后做那个。"相反，要问他们："是否发现了新的、有趣的方向。"当听到一个令人兴奋的方向时，导师可以鼓励学生说："那将是一个十分有趣的探索。"和谐、活跃、开放的组会气氛会有效地激发学生们的头脑风暴，从而优化主讲者的科研方案，也会让每个学生不惧怕自身知识体系的不足，畅所欲言，各抒己见，也使其体会到自己是团队中不可或缺的一员，提高其为团队贡献智慧的积极性。

（三）培养学生主角意识

导师要学会放手和让学生参与，因为导师的最终目的是要把学生培养成才，整个硕士研究生阶段学生才是主角。这就需要导师在指导过程中，既要努力对每个学生能力不足的地方进行针对性指导，充分利用自己掌握的各方面经验，指导、帮助学生少走弯路，推动实验顺利进展；又要放手鼓励学生大胆地实现自己的想法和目标，从而有效地提高学生的自主性和能动性。当学生觉得自己是科研工作的主角时，会最大程度上激发自身内在的驱动力，发挥自身最大的潜能。因此，导师要让团队中的每一个成员都能感觉到他们是自己科研工作中的主角，而不是机械地听从导师或其他人来设计实验项目。导师要让学生坚信是自己在推动项目，而导师的角色则是"向导"和"拉拉队"。

四、 科研合作共赢

导师承担课题，需要以课题为载体指导、培养学生，而学生则以课题为依托，锻炼和提升自己的科研能力，从而顺利完成自己的学业。导师只有从内心意识到这种合作共赢关系的重要性，才会对研究生科研工作的研究内容、技术路线、创新点提炼等方面去认真思考，才能以更认真负责的态度对待研究生科研教育工作。导师要在情感、行动及组织管理上用心，通过科研合作，实现师生相互影响、相互沟通、相互交流，达到共识、共享、共进的目的。

总之，导师在情感、行动和团队管理上的方式方法对学生培养的影响是全面的，很多导师感情真挚、行为高远、管理得当，是为人治学的楷模，这使与之相处的学生得到全面熏陶，受益终生[7]。导师指导的方式方法所产生的影响也是在对学生指导的过程中潜移默化地产生的，并伴随其整个教育过程。硕士研究生导师一般是学生生涯中第一个正式导师，其指导的方式方法对学生人生观、价值观都会产生重要的影响。这并不是一个容易的过程，尤其是针对不同学生的不同特点，要因材施教，需要导师付出很多心血和精力。因此，导师不仅要做"指挥者"，更要做一名"指引者"，对硕士研究生在情感上、行动上和管理上进行指导，确保其能够积极、主动地投入科研活动之中，切实提高个人科研能力，达到硕士研究生教育培养的目的[8]。

参考文献

[1]中华人民共和国教育部.2021年全国教育事业发展统计公报[EB/OL].（2022-09-15）[2022-11-07].
　　http：//www.gov.cn/xinwen/2022-09/15/content_5710039.htm.

[2]吴晓求，宋东霞，李艳丽，等.深化研究生培养机制改革提升研究生培养质量[J].学位与研究生教育，
　　2011（5）：6-10.

[3]罗英姿，李占华.论培养创新型研究生的导师素质[J].中国高教研究，2006（11）：92-93.

[4]赵馥洁.谈研究生导师的素质[J].学位与研究生教育，2008（2）：4-7.

[5]王战军，杨旭婷，乔刚.研究生教育学：教育研究新领域[J].中国高教研究，2019（8）：94-101.

[6]中国新闻网.诺奖得主李政道：最顶尖人才需导师"一对一"培养[EB/OL].（2006-09-06）[2022-11-
　　07].https：//www.chinanews.com/edu/jydt/news/2006/09-06/785713.shtml.

[7]曹红芳.浅谈导师在研究生培养工作中的地位和作用[J].教育教学论坛，2013（41）：146-147.

[8]王祎玲.生态学专业硕士研究生科研能力培养影响因素[J].中国多媒体与网络教学学报（上旬刊），
　　2021（8）：179-181.

立足立德树人的育人体系建设实践

——以北京林业大学环境科学与工程学院为例

曾颖祯[1]　崔惠淑[2]　程　翔[1]

(1. 北京林业大学环境科学与工程学院，北京　100083
2. 北京林业大学林学院，北京　100083)

摘要："三全育人"贯穿整个教育过程，是检验高校"培养什么人、怎样培养人、为谁培养人"的一把标尺。本文以北京林业大学环境科学与工程学院"三全育人"本科团队为例，研究在践行立德树人、加强人才培养方面的具体做法，并立足立德树人，探讨完善育人机制和模式、建设育人话语体系和组织文化、发挥教学与科研育人实效、推广优势育人举措和典型案例四个维度的育人路径。

关键词：三全育人；立德树人；育人体系

育人，是高校思想政治教育工作的重点内容。高水平人才培养是立德树人的重要方面，长期以来，党和国家一直重视高校育人功能的发挥和育人效果的提高。经过长期的实践以及对标国家、社会在新发展过程中对人才的需求，积极探寻、科学总结育人规律，一系列有关高校育人的理论和实践成果产生，其中就包括"三全育人"长效化机制。"三全育人"贯穿整个教育过程，是检验高校"培养什么人、怎样培养人、为谁培养人"的一把标尺。习近平总书记曾在全国高校思想政治工作会议上提强调"三全育人"实践的基本理论、遵循的规则，即要坚持把立德树人作为中心环节，把思想政治工作贯穿教学全过程，实现全程育人、全方位育人[1]。

北京林业大学环境科学与工程学院(以下简称环境学院)"三全育人"团队作为北京市优秀本科育人团队之一，在以本为本、推动教育教学内涵式高质量建设发展过程中取得一系列实绩。"三全育人"团队作为立德树人的践行者，深耕教书育人，持续构建环境类专业人才培养体系，不断丰富育人成果，强化育人成效，为新时代人才培养和教育教学改革提供了可借鉴的思路。贯彻党的教育方针，落实立德树人根本任务，秉承"知山知水、树木树人"的办学理念，培养服务国家生态文明建设和美丽中国建设的优秀人才是北京林业大学育人实践的历史经验和未来发展要义。

一、 环境学院"三全育人"团队情况概要

北京林业大学环境学院环境科学与环境工程专业"三全育人"团队成立于2007年，专业历史可追溯至1997年学校设立的环境科学本科专业。该团队于2021年被评为"北京高校优

作者简介：曾颖祯，北京市海淀区清华东路35号北京林业大学环境科学与工程学院，助理研究员，Yingzhenz123@ bjfu.edu.cn；

崔惠淑，北京市海淀区清华东路35号北京林业大学林学院，党委书记，cuihuishu@bjfu.edu.cn；

程　翔，北京市海淀区清华东路35号北京林业大学环境科学与工程学院，教授，xcheng@bjfu.edu.cn。

资助项目：北京林业大学教育教学改革与研究重点项目"多维目标体系下环境工程一流专业建设的探索和时间研究"(BJFU2020JYZD003)；

北京林业大学教育教学改革与研究重大项目"多维协同，统筹推进本科专业课程思政建设的探索与创新"(BJFU2022JYZD006)。

秀本科育人团队"。团队负责的环境工程专业于 2016 年和 2019 年通过两轮工程教育认证，2019 年获首批国家级一流本科专业建设点；环境科学专业于 2011 年获批国家级特色专业，于 2022 年获批北京市一流本科专业建设点。

环境学院"三全育人"团队以中青年教授为主体，学缘结构和年龄结构俱佳，全部具有博士学位(图1)。团队成员深刻把握"三全育人"综合改革总体目标，以习近平新时代中国特色社会主义思想为指导，坚持党的全面领导，坚持立德树人根本任务，形成全员、全过程、全方位育人格局，培养德智体美劳全面发展的社会主义建设者和接班人。

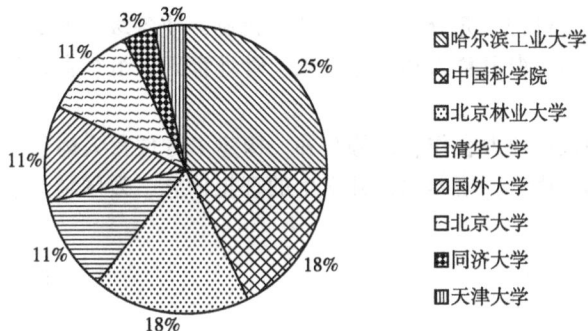

图 1　教师学缘结构

团队坚持科研与教学"两手抓"，并积极实现科研反哺教学。团队教师近 5 年承担国家级、省部级各类项目 54 项，获省部级奖励 11 项，获授权国家发明专利 74 项，发表 SCI 论文 386 篇，出版全英文专著 3 部。团队成员主持省部级教改项目 8 项，北京市精品视频开放课 1 门、北京市优质本科课程 1 门，主持并参与的项目获得 4 项省部级教学成果奖和 6 项校级教学成果奖。

二、 环境学院"三全育人"工作格局与具体做法

环境学院"三全育人"团队以"四合四推"开展组织建设、机制建设、教学研究和资源建设，促进建设目标不断实现和持续深化，精准构建"三全育人"工作格局(图2)。

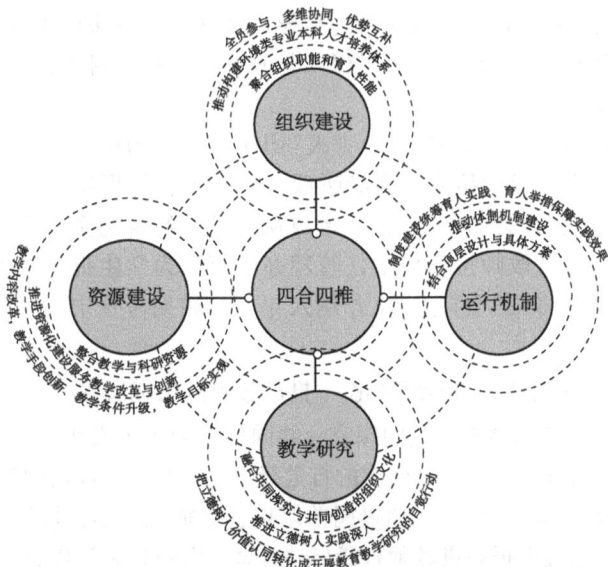

图 2　环境学院"三全育人"团队"四合四推"建设举措

（一）聚合组织职能与育人性能，推动人才培养体系全面化

环境学院"三全育人"团队将组织职能和育人性能有效聚合，实现"组织性育人"。团队包括教师在内的全体成员在完成本职工作的基础上注重育人价值的实现，从"点面"结合到"面面"联动，构建全员参与、多维协同、优势互补的环境类专业本科人才培养体系，确保组织的凝聚力和战斗力。

"全员育人"作为"三全育人"的一个理念，团队成员不仅包括专任教师，而且学院党委副书记、本科教学管理人员、学生辅导员和班主任也全过程、全方位参与人才培养环节。全员紧密联系多级育人机构，充分利用多样育人机制，使各级、各部门、各成员相互协调配合，实现教育教学的主渠道育人和服务育人、管理育人、组织育人等系列育人方式的多维协同（图3）。

团队教师与管理人员通力合作、优势互补，构建多方位育人体系，并将思想政治教育寓于其中，发挥各部门优势，培养和提升学生的理想信念、爱国情怀、品德修养、专业能力和综合素质（图4）。

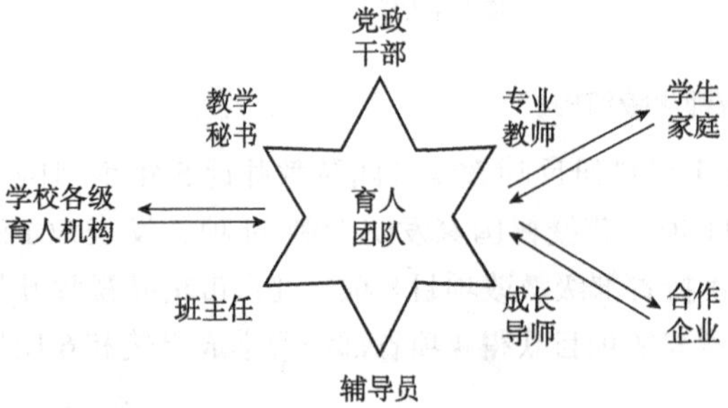

图3 团队成员组成与育人体系 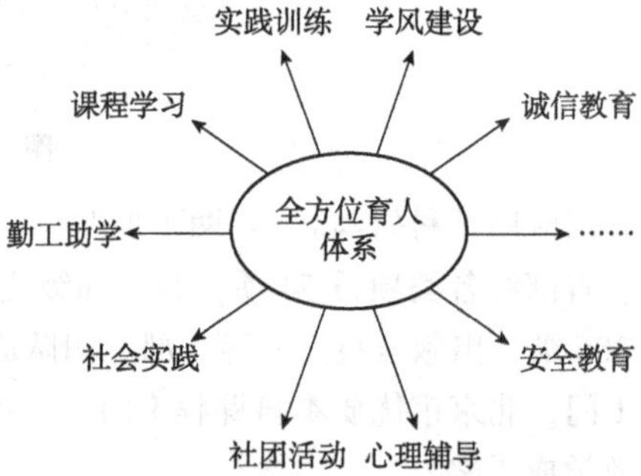　　图4 团队全方位育人体系

（二）结合顶层设计与具体方案，推动运行机制精细化

环境学院"三全育人"团队结合顶层设计与具体方案，推动制度建设统筹育人实践、育人举措保障实践效果，构建精细化、规范化、科学化的机制运行模式。基于多年的教学管理和运行经验，学校制定了详细的教学管理指导性文件，围绕课程建设、教学运行、教学改革等进行制度化管理，提供精细化教学保障与服务，沟通协调各职能部门，促进机制运行的规范化和有序性。

基于学校支持保障，环境学院"三全育人"团队以学生为中心，立足主要环节提出科学的培养要求。通过期中教学检查、督导听课、学生评教等保证教学工作质量和培养目标达成；建立毕业论文（设计）质量标准，形成从选题至答辩的全过程质量监控；明确设立新生导师制、出台专任教师担任班主任管理办法等，为学生提供咨询和指导；重视各育人环节的主体责任，将"三全育人"工作纳入年度和聘期考核中，分配相应的考核优秀名额。

（三）融合"探究+创造"的组织文化，推动教师队伍成长性

环境学院"三全育人"团队融合共同探究、共同创造的组织文化，推动全体成员把立德树人的价值认同转化成开展教育教学研究的自觉行动，提升组织成员的教育教学能力。

团队对教师形成全面培养模式，通过岗前培训、导师组培养、教学比赛等加强教师教学和工程实践能力；通过申报新进教师科研启动基金资助项目和学校青年教师中长期项目、指导社团活动、指导学生参加竞赛等加强教师科学研究及科教融合能力；通过学校设立的

青年骨干教师出国研修支持计划鼓励青年教师进行国外访问、科研合作和学术交流，拓展教师的教学视野和教学认知。

团队将课程思政建设耦合到工科教育教学中，搭建"大思政"平台，进一步深化立德树人根本任务的落实。在教育教学研究项目外，环境学院建设校、院两级课程思政项目，项目覆盖所有专业课程；加强教研室本科教育教学研讨，开展教育教学思想大讨论，凝练教育教学发展共识；修订本科专业课程大纲，把思政元素更全面地嵌入工科课堂，培养具有人文情怀的工科人才。

（四）整合资源建设，推动教育教学产出成果化

把教学与科研资源整合，推进教学内容改革、教学手段创新、教学条件升级、教学目标实现，环境学院"三全育人"团队得以利用资源化建设最充分地服务于组织建设目标。

团队紧密结合"以学生为中心、产出导向为目标"的 OBE 先进教学理念，注重科研反哺教学，积极将科研成果引入教学活动中，将科研开发模型应用到实践教学中，将科研示范工程设为实训基地。团队指导的本科生毕业论文（设计）题目全部来源于实际科研课题或工程项目。

团队利用资源建设持续改进教育教学。近年来，团队共建设精品在线开放课程 2 门、北京市精品视频开放课 1 门、双语课程（含英文讲义）1 门，出版教材 18 部。仪器设备资产总值逾 4377 万元，学生人均专业图书资料 4 册，信息资源 83 种，有力地支持实验和实践教学等的需求。近 5 年，团队共指导优秀本科毕业论文 22 篇，大学生创新创业训练项目 120 余项，在全国共计 4 次环境类优秀本科毕业论文（设计）评比中，团队指导的本科生年年获奖，位列全国高校同类专业前茅。

（五）闭环改进、成果积淀，助力本科教育教学高质量发展

环境学院"三全育人"团队在开展持续改进和建设的过程中，取得了十分显著的阶段性成果。

团队致力于打造师德高尚、业务精湛、充满活力的高素质专业化队伍，培养"经师"与"人师"兼备者，更好地担起学生健康成长的指导者和引路人的责任。团队中 1 人获"国务院政府特殊津贴"，1 人获"国家杰出青年基金"，2 人获"国家优秀青年基金"，6 人入选"新世纪优秀人才支持计划"，1 人获"全国生态建设突出贡献先进个人"称号，2 人获"国家环境保护专业技术青年拔尖人才"荣誉称号，1 人获"北京市有突出贡献科学、技术、管理人才"称号，1 人获"北京市青年优秀人才"荣誉称号，6 人入选"北京市科技新星计划"，1 人获"北京市教学名师"称号，9 人入选"北京林业大学'5·5 工程'人才"，5 人获校级教学名师称号。

专业形成从招生到毕业全过程的"反馈—研讨—完善—反馈"的闭环持续改进机制，定期开展多维度、定性与定量相结合的人才培养质量评价。根据评价结果持续改进专业人才培养体系，努力培养服务于生态文明和美丽中国建设、能解决复杂工程问题的复合应用型和创新型人才，人才培养效果明显提升。依据对毕业生就业情况的跟踪以及对用人单位的调研结果，往届毕业生在企事业单位工作 5 年左右，能够担任技术与管理骨干。

团队教师注重对学生实习、实践能力的培养，聚焦于服务学生成长进步。近年来，团队培养学生在已举办的全国高校环境类专业本科生优秀毕业论文（设计）评比和北京市优秀本科毕业论文（设计）评选中连续获奖；在"全国大学生节能减排社会实践与科技竞赛"中获奖 10 余项，其中特等奖 1 项；在"北京市大学生节能节水低碳减排社会实践与科技竞赛"中获奖 50 余项，其中特等奖 2 项。

三、 新时代立足立德树人的育人体系路径探析

（一）完善"三全育人"的育人机制和模式

完善以育人为出发点的顶层设计，有助于高校明确育人理念、厘清育人目标、理顺育人体系[2]。立足于立德树人根本任务和高校具体育人目标，形成符合实际、特色鲜明的育人规划，为育人实践提供方向引领和具体指导。以育人规划为指导，探索多形式育人、全过程育人、理论育人和实践育人等的交融，充分发挥学生的主体性和教师的主导性，形成多方联动、多措并举的育人模式，建立和深化立德树人目标下"三全育人"的工作人格局。

（二）建设育人体系下的话语模式和组织文化

在"立德树人"思想的指导下，各育人主体可以进行高效协调，使之在相同的思想"频率"下有序运作，向心工作[3]。高校可以建立以人才培养、教学改革为牵引，立足于高校特色的话语体系、研究体系和教育体系，形成共同探究和共同创造的组织文化。通过立足于自身的话语体系和话语模式形成的组织文化，有助于育人体系下各育人主体认识的形成和思想的统一，践行知行合一、目标一致的团队行为，落实立德树人的根本任务。

（三）发挥立德树人过程中教学与科研育人的实效

以学生为中心，最大化地利用教学与科研资源化建设，实现高校育人成果产出，这不仅是 OBE 先进理念的倡导，也是高校增强育人实效的有力抓手。将文化内涵与研究目的相融合确定研究目标，有效发挥立德树人过程中科研育人的正向推动作用[4]。利用教学资源搭建学生科研文化基础，通过科研反哺巩固学生知识体系，在双向促进中增强教学与科研育人的实效，达成人才培养的高标准和高水平。

（四）推广立德树人过程中优势举措和榜样案例

高校需要做好育人工程的提前谋划和全面统筹，通过建设一批、发展一批、引领一批的纲领，凝练高校育人团队的优势举措和榜样案例成果，通过宣传和学习形成育人团队的示范效应，再逐层递进、有序推进，分阶段开展研讨、总结和持续改进工作，让年轻教师主体育人有方向，中年教师主体育人有动力，团队育人工作有活力，高校育人工作有张力。

四、 结　语

环境学院"三全育人"团队作为立德树人的践行者，深耕教书育人，以全员、全过程、全方位的育人模式，结合组织建设、机制运行、教科研究、资源建设的加强，精准构建符合目标定位和培养需求的育人格局，并在闭环改进和成果积淀中持续发展，有效地助力本科教育教学高质量发展，为新时代人才培养和教育教学改革提供了可借鉴的思路。同时，育人工作是一项长期的实践，需要不断总结规律、形成经验，持之以恒地培养新时代可堪当大任的优秀人才。

参考文献

[1]新华社.习近平在全国高校思想政治工作会议上强调：把思想政治工作贯穿教育教学全过程开创我国高等教育事发展新局面[N].人民日报，2016-12-09(01).

[2]张云清，翟军平.高校实践育人的顶层设计与实现路径[J].河北师范大学学报(教育科学版)，2016，18(5)：119-122.

[3]李沐曦.新时代高校"三全育人"理论与实践研究[D].长春：吉林大学，2022.

[4]曹娜，田程程，周彦波，等.高校科研团队立德树人育人机制与举措探究[J].教育教学论坛，2023(3)：135-138.

基于新形势下理工类青年教师
高质量自我发展探析

李　敏　程　翔　张天雨　谢文富

（北京林业大学环境科学与工程学院，北京　100083）

摘要：发展中国式现代化是未来我国前进的主要方向，而高质量发展是全面建设社会主义现代化国家的首要任务。教育、科技、人才是实现民族振兴和赢得国际竞争的重要战略支撑，因此推动人才工作高质量发展具有重要意义。理工类青年教师作为国家科技创新人才，是人才培养的主力军和学术创新的核心力量，肩负为国家培养高质量人才的重任。但是初入教师岗位的青年人才面临很多问题，本文从政治方向、教学能力、科研能力和人际关系 4 个方面阐述了新形势下理工类青年教师如何实现高质量的自我发展，为理工类高校青年教师人才发展提供一定的参考和指导。

关键词：理工；青年教师；高质量；自我发展

一、引　言

随着我国特色社会主义进入新时代，在新形势下，以习近平同志为核心的党中央把满足人民日益增长的美好生活需求摆在更重要的位置，为了实现人民共同富裕和民族复兴，国家发展模式必须从速度规模型的量变发展转变为高质量的质变发展。从党的十九大首次提出高质量发展以来，习近平总书记接连强调"高质量发展"，党的二十大报告中又将我国高质量发展提升到一个新的高度[1-2]。高质量发展不仅代表经济的高质量发展，还涉及政治、文化、科技、社会、生态文明等领域，各个领域相互联系、相互作用。只有每个领域都实现高质量的发展，才能推动我国全面建成社会主义现代化强国。

高等教育发展水平是衡量一个国家发展潜力和发展水平的重要标志，高校教师作为高等教育发展的核心力量，其自我发展对整个高等教育的稳定发展起着重要的作用。但是目前教师自我发展过程中仍然存在很多问题，主要表现在发展缓慢、发展动力不足、教育理念和专业能力不足、专业实践和研究能力薄弱、责任性不强等。随着国家的发展，教师的专业化发展不仅要体现在"量"上，更要注重教师发展中"质"的转变。

作者简介：李　敏，北京市海淀区清华东路 35 号北京林业大学环境科学与工程学院，讲师；limin2022@ bjfu. edu. cn；

程　翔，北京市海淀区清华东路 35 号北京林业大学环境科学与工程学院，教授，xcheng@ bjfu. edu. cn；

张天雨，北京市海淀区清华东路 35 号北京林业大学环境科学与工程学院，讲师，tzhang@ bjfu. edu. cn；

谢文富，北京市海淀区清华东路 35 号北京林业大学环境科学与工程学院，讲师，xiewf@ bjfu. edu. cn。

资助项目：北京林业大学教育教学改革与研究重大项目"多维协同，统筹推进本科专业课程思政建设的探索与创新"（BJFU2022JYZD006）；

北京林业大学教育教学改革与研究项目"工程水力学课程思政教育教学改革与研究"（BJFU2022KCSZ24）；

北京林业大学教育教学改革与研究项目"基于高素质人才培养的'环境化学实验'教学改革探索"（BJFU2023JY094）。

二、 理工类青年教师高质量发展的必要性

近年来，随着我国高等教育规模的不断扩大，使得高校教师人数快速增加，大量青年教师的引入直接影响到高校的师资水平和未来人才素质的高低。科学技术是社会进步的重要动力，科学技术的创新逐渐成为综合国力竞争的决定性因素。党的二十大报告指出我国全面建设社会主义现代化强国的首要任务是高质量发展，而高质量发展离不开人才，人才对我国发展和实现民族振兴起到重要的作用，加强对人才的高质量发展建设至关重要[3-4]。理工类青年教师作为高校教师队伍的中坚力量和国家科技人才的主力军，不仅要提高自身专业发展，更要肩负起为国家培养高质量科技人才的重任。但是现阶段理工类青年教师可能因缺乏多方面的经验而存在很多问题，如教学能力不足、独立科研能力差、师生关系不融洽等，严重影响青年教师的发展。因此理工类青年教师需要注重在政治方向、教学能力、科研能力、人际关系等多个领域提升自身能力，实现高质量的自我发展。

三、 理工类青年教师高质量自我发展具体内容

理工类青年高质量自我发展的具体内容如图1所示，包含政治方向、教学能力、科研能力、人际关系4个方面，详细讨论如下。

图1　理工类青年教师高质量自我发展主要内容

（一）政治方向

我国高校坚持社会主义办学方向和中国共产党的领导，因此我国高质量发展的青年教师一定要具有正确的政治方向，坚持为国家发展做出贡献，绝不能有损害国家利益的行为。理工类青年教师掌握一定的专业技能和先进的科研理念，如被境外势力所利用，将对国家造成较大的损失。因此青年教师需要坚定自己爱国的理想信念，加强自身政治修养。

（二）教学能力

教学能力是教师需要掌握的基本技能，理工类青年教师可能具备较高的学术能力和动手实践能力，但是由于缺乏师范类教育背景，在教学能力、教育管理学和心理学等方面较为欠缺。具体表现在教学方法、语言表达能力、培养学生能力等方面，因此亟须在这些方面得到快速发展[5]。

1. 教学方法方面

传统的教学方式靠讲授法，随着社会的快速发展，多媒体、视频直播等技术手段的发

展为课堂教学提供新的形式，辅以先进的教学手段，能够吸引学生兴趣，通过更为形象生动、便于理解的形式为学生传授知识，加深学生对知识的理解和记忆。此外，课堂上师生间的讨论与互动对学生理解课堂内容、加深师生关系较为关键。青年教师与学生年龄差距较小，可能具有更多的共同语言和兴趣爱好，不能刻意与学生保持距离来彰显权威。通过沟通交流拉近与学生之间的关系，使得学生热爱学习，热爱所授课程。

2. 语言表达方面

理工类青年教师一般与文科类教师在文科方面差距较大，对文学类知识的摄入不足，从而在表达方面可能缺乏趣味性和生动性。因此理工类青年教师应加强对各类知识的学习，思考如何提高自己的表达能力，运用准确、生动的语言为学生传递信息。

3. 培养和引导学生能力方面

这是青年教师提高自身业务能力的重要内容之一。青年教师应多向经验丰富的老教师学习如何引导学生自学。要注意循序渐进，不能急于求成，把大量的知识灌输给学生，这样学生会逐渐失去独立思考和分析的能力，只会死记硬背、不懂变通，对学生的发展极为不利。

（三）科研能力

对于刚步入工作岗位的青年教师来说，科研方面需要尽快地转变角色。学生阶段更多地依靠导师提出研究思路，在导师的指导下完成一个课题，写完论文后再由导师进行修改。而成为教师之后，需要快速培养出独立的学术思想，从提出课题思路到解决问题以及论文的发表，都要靠自己完成，对自身综合能力的要求较高。对于理工类青年教师来说，在以下4个方面提升自身科研能力对科研水平的提高具有重要的意义。

1. 拓宽科研视野，培养独立创新的科研思路

青年教师在学生阶段主要集中在自身研究的一个小领域的方向和课题，对文献的阅读具有较大的局限性。成为教师之后，需要及时关注科学前沿，广泛阅读文献，尤其对于理工科青年教师，很多创新性的课题方向可能涉及物理、化学、生物、环境、计算机等多学科的交叉，因此对自身综合知识的运用非常重要。这就需要青年教师加强对各个领域文献的阅读和前沿问题的关注，培养科研敏感性，阅读大量的文献，才能在他人的研究基础上提出自己创新性的思路。

2. 理解实验测试原理，加深对科研结果的解释

这一点很多青年教师进入工作后很容易忽视，理工类青年教师经过学生时期动手实验阶段，掌握了基本的实验操作技能，但是一般停留在操作阶段，往往对仪器设备原理不理解，从而不能很好地解释实验测试中出现的现象。进入工作阶段，青年教师需要加深对所使用仪器设备原理的认识，做到知其然还要知其所以然，才能对实验结果有更深入和更准确的理解，也能对学生实验测试中出现的问题给出解释和指导。除了加深对实验设备原理的理解，还要加强对学生实验操作的指导。很多青年教师在工作后，立即放弃进入实验室，让学生自己探索实验，导致学生在实验中操作不规范，严重影响科研进度和科研结论的准确性，因此青年教师仍然需要进入实验室亲自操作指导学生，加强对学生动手实验操作能力的培养。

3. 提高中英文表达能力

青年教师入职后面临基金项目的申请、论文的独立写作和修改、参加国内外学术报告等情况，对中英文的口头和书面表达能力要求较高。学生阶段较少参与基金项目申报书的

写作，对基金申请缺乏经验，写作逻辑和语言习惯与申报书的行文要求差别较大，因此在基金写作方面需要提出新的想法，提炼关键科学问题，逐句凝练去撰写申报书。此外，由于论文写作与国际交流报告等方面的需要，理工类青年教师需要锻炼自身独立写作能力和口头表达能力，使得论文具有故事性和逻辑性，并能与国际相关领域专家实现更好的交流合作。

4. 关注企业需求，服务国家科技发展

目前很多理工类青年教师从事理论研究仅为发表论文，做一些随大流的研究工作，很多科研成果没有实际应用价值，与企业需求相差较大，对我国科技高质量发展没有任何帮助。在我国实现民族复兴的道路上，科技是第一生产力。作为理工类的青年教师，应主动关注企业中目前存在的技术问题，将所学专业知识结合解决国家卡脖子的技术，力争实现产学研的完美融合。

（四）人际关系

青年教师初入工作岗位，与学生时期简单的同学关系、师生关系不同，面临着角色转变后复杂的师生关系、同事关系、合作关系等，处理好复杂的人际关系有利于青年教师的成长。在师生关系中，除了上述教学能力部分提到的课堂上与学生的关系，还有与研究生之间的关系。每位青年教师刚入职都会满怀信心、想与研究生保持平等互助的民主型师生关系，但是随着科研任务的加重、学生自身懒惰等问题的出现，青年教师可能就会逐渐转变为放任型或专制型的导师，要么放任学生不管，要么命令威慑学生，这样不良的师生关系严重影响双方的发展。因此在师生关系初现问题时，应及时与学生进行沟通交流，帮助学生共同解决问题。在平时生活中更要关心学生，一定避免师生关系向雇佣关系发展，不能让学生感觉与导师是老板和工人之间的关系，而应是平等互助的师生关系。

青年教师在工作中面临的另一个重要的人际关系是与同事之间的关系。如何与同事相处、保持良好的合作与竞争关系，如何寻找自己的学术同路人，这些对于青年教师的成长也是非常重要的。刚步入社会的青年教师对新的环境心存顾虑、有畏怯感，与同事交流时讳莫如深，这样使得他人对自己也会少有真诚，心存戒备。社会中与人相处，真诚依然是重要的法宝，时刻保持真诚善良的心态，但也不是毫无遮拦。只有真诚相待且保持适当的距离和隐私，才能维持良好的同事关系。在同事相处过程中，根据学术背景的不同，可以更好地找到合作伙伴，学术同路人有利于双方的成长和共同的进步。切忌恶性竞争，否则使得团队的凝聚力下降，不利于学院、学科以及自身的发展。

四、结　语

本文为高校理工类青年教师人才的高质量发展提供一定的参考和指导。理工类青年教师的发展关乎我国科技与教育发展的水平，是实现我国现代化建设的重要内容之一。本文从政治方向、教学能力、科研能力和人际关系这4个方面，详细探析了理工类青年教师在新形势下如何实现高质量自我发展。理工类青年教师需要坚定正确的政治方向和爱国理想信念，加强在教学方法、语言表达和培养学生等教学方面的能力，更要注重从培养独立的科研思路、理解实验原理、中英文表达和产学研相结合等方面提升自身的科研能力，并注意处理好复杂的师生间、同事间的人际关系，从而实现良好的自我发展。

参考文献

[1]任保平，李培伟.中国式现代化进程中着力推进高质量发展的系统逻辑[J].经济理论与经济管理，2022，42（12）：4-19.

[2]顾明远. 学习二十大精神，服务教育高质量发展[J]. 教育与教学研究，2023，37(1)：4-5.

[3]闵维方. 教育在促进高质量发展中的战略作用[J]. 教育与教学研究，2023，37(2)：1-14.

[4]彭俊海. 青年教师自我发展的路径探寻[J]. 四川教育，2022(18)：33-34.

[5]多宏宇，董聪聪. 新时代理工类高校青年教师发展现状调查分析[J]. 中国地质教育，2021，30(1)：98-104.

"思政引领，科教融汇"视域下高校专业教师提升育人能力的探索

——以"固体废物处理与处置"课程为例

（北京林业大学环境科学与工程学院，北京 100083）

摘要： 高校专业教师是落实育人和科研两项关键任务的责任主体和实施主体。"固体废物处理与处置"作为环境类专业的核心课，不仅承担着传播专业知识的任务，更应潜移默化地疏导学生心理，引导学生树立正确的人生观和价值观。本文分析了该课程实施"思政引领，科教融汇"的必要性及存在的问题，通过充分挖掘思政元素，注重科教融汇，开展混合式教学，并重视课后反馈、及时自省等方面，探索"固体废物处理与处置"课程的改革路径，旨在提升高校专业教师的育人能力。

关键词： 科教融汇，隐形动力，课程思政，效果评价

高校既肩负着为党育人、为国育才的神圣使命，又肩负起突破关键共性技术、前沿引领技术等科技创新的时代使命。办好高等教育，事关国家发展、事关民族未来。而高校专业教师则是落实育才和科技创新、办好高等教育的主要实施者和第一责任人。如何做好育才和实现科技创新两项任务已成为高校专业教师面临的重要课题。

党的二十大报告创新性地提出"科教融汇"。科教融汇是在科教结合、科教协同及科教融合的基础上演进而来，它的内涵更加清晰，范围更加广泛，指向更加明确，是科技和教育的同向而行，已成为新时代国家创新体系建设的重要特征[1]。因此，科教融汇的提出迅速引起教育界的广泛关注和持续热议。此外，党的十八大以来，习近平总书记高度重视思政教育，课程思政、大思政课等理念不断提出。为了党的教育方针，2020年5月教育部印发的《高等学校课程思政建设指导纲要》指出："课程思政建设工作要在全国所有高校、所有学科专业全面推进。全面推进课程思政影响甚至决定着接班人问题，影响甚至决定着国家长治久安，影响甚至决定着民族复兴和国家崛起。"因此，科教融汇和课程思政势在必行，这也为高校专业教师落实好育才和科技创新提供了新思路。

"固体废物处理与处置"课程是环境类专业本科教学的一门专业核心课。这门课程主要介绍固体废物的来源、分类及特点，重点讲授物理手段、化学方法或生物作用等预处理及处理的原理与方法，学生可以为今后从事固体废物处理处置的工程技术及研究工作做好理论知识储备。该课程既要求学生掌握环境工程的基本理论，又注重培养学生解决实际环境问题的能力。本文拟以"固体废物处理与处置"为例，在"思政引领，科教融汇"视域下，探索高校专业教师育人能力的提升路径，旨在既做好为党育人、为国育才的工作，又能提高学生的科技创新能力，实现"两手抓，两手都要硬"。

作者简介：彭娜娜，北京市海淀区清华东路35号北京林业大学环境科学与工程学院，讲师，nanapeng@bjfu.edu.cn。
资助项目：北京林业大学教育教学改革与研究项目"基于课程思政的'水文学与水文地质学'课程教学改革"（BJFU2023KCSZ13）。

一、"固体废物处理与处置"课程实施"思政引领，科教融汇"的必要性及存在的问题

（一）课程实施"思政引领，科教融汇"的必要性

1. 课程实施"思政引领，科教融汇"是必然趋势

全面实施课程思政已成为高校教学育人的必然趋势。高校立身之本在于立德树人，而"课程思政""大思政"是落实立德树人根本任务的关键。习近平总书记曾提出："立德树人是要坚持把立德树人作为中心环节，把思想政治工作贯穿教育教学全过程，实现全程育人、全方位育人，努力开创我国高等教育事业发展新局面。"科教融汇是实现育人和科研两手抓，两手都要硬的重要途径。进入 20 世纪以来，知识更新速度大大加快，然而目前本科教学仍使用几年甚至是几十年前的教材。通过科研推动教学知识体系的更新成为解决这一问题的主要手段。我国近代力学之父钱伟长曾指出："教学没有科研做底蕴，就是一种没有观点的教育。"科研犹如源头活水源远流长，滋润教学。而教学则是科研的"隐形动力"。教学过程中，高校专业教师对基础理论知识进行再学习、再消化和再思考，将课程的单个知识点连成线、织成网及组成面，形成全局性系统思维，从而夯实了科研的理论基础，极大地激发了科研新想法和新思路。因此，"思政引领，科教融汇"是新时代人才培养和创新体系建设的重要特征。

新时代全面实施"思政引领，科教融汇"已成为高校育人和科技创新的必然趋势。作为一门专业核心课，"固体废物处理与处置"课程不仅要讲授相关专业知识，还要践行"思政引领，科教融汇"，从而引导学生树立正确的价值观。

2. 课程实施"思政引领，科教融汇"具有重要意义

一般情况下，马克思主义、近现代史等一系列思政课会在第 4 学期前完成教学。这就造成了大学生在第 6—8 学期处于政治教育的空白期。然而，大学生考研还是工作、要找什么工作等重大的人生抉择主要发生在第 6—8 学期。信息时代，大学生享受着网络等为学习和生活带来的便利，但也承受着信息污染、焦虑等负面影响的冲击，认知稍有偏差便会落入谬误的深渊。作为一门环境类专业的核心课，"固体废物处理与处置"安排在第 6 学期开课，通过深入开展课程思政，有利于疏导大学生们的负面情绪。

另外，"固体废物处理与处置"的理论和技术等知识储备已成为"环境人"的必备条件。随着人民对美好生活需要的不断提高，固体废物如城市垃圾、污泥、建筑垃圾等数量不断增加，是制约城乡发展的重要因素。如何正确、经济和绿色地处理与处置固体废弃物已成为城乡建设的重要一环，也是生态文明建设的必然要求。例如，危险固体废弃物若不妥善处理，易造成严重污染事故，危害人民身体健康。然而，这不仅取决于当代大学生的专业能力，更取决于个人的综合素质，如爱岗敬业的职业精神、精益求精的工匠精神、为生态文明服务的奉献精神等。这均需要任课教师在传授专业知识时注重积极传达正确的核心价值观。因此基于"固体废物处理与处置"课程内容的重要性及其实施思政教育的意义，以"思政引领，科教融汇"为抓手提高任课教师的育人能力具有重要意义。

（二）课程存在的问题

1. 教材的知识体系相对落后

时代的变迁和社会发展的进步促使技术不断革新。例如，面向新时代"双碳"战略下资源循环利用及减污降碳的国家战略，固体废弃物处理处置技术如雨后春笋般不断涌现。以"固体废物处理与处置"中垃圾焚烧为例，预处理技术耦合垃圾焚烧、垃圾富氧燃烧等技术在传统垃圾焚烧基础上不断演进，旨在降低二氧化碳排放，减少氮氧化物、硫氧化物等污

染物排放。然而，"固体废物处理与处置"教材仍关注传统垃圾焚烧技术，这与科技前沿严重脱节。

2. 教学模式相对单一

"固体废物处理与处置"课程主要通过"教师教—学生学"的授受式教学，采用将知识单向线性地转移至学生的传统教学模式。授课教师将教材中知识点以 PPT 配合少量图片的形式呈现给学生，理论教学占比较大，教学模式相对单一和落后。该课程涉及的知识点较多、工程属性强，但是目前处于与生活和时代联系较少的状态，导致学生对理论知识的理解和实际工程的认识不深刻、不透彻，从而使教学效果较差。

3. 课程思政融入不足

由于课程思政起步较晚，目前大学专业课与思政教育易出现"两张皮"现象。"固体废物处理与处置"也存在课程思政融入不足的现象。其原因在于专业课授课教师自身政治素养不足，对于马克思主义基本原理概论、中国特色社会主义理论体系概论等政治理念掌握的深度不够，无法在课堂开展思政教育。另外，专业课授课教师与思政教师交流较少，无法形成思政思维，不利于课程思政的顺利开展。

二、"固体废物处理与处置"课程实施"思政引领，科教融汇"提高育人能力的探索

（一）挖掘思政元素，融入科研思维是提升高校专业教师育人能力的基础之石

专业课与思政课有明显的差异性，但又存在内在关联。两者聚焦的领域存在差异，专业课一般聚焦于技术层面，而思政课则聚焦于意识形态。而两者都以培养德智体美劳全面发展的社会主义接班人和建设者为教学目标。专业课内容丰富、知识理论体系完善。因此，如何挖掘专业课的思政元素，使学生既学习了专业知识，又自然而然地引发出相关问题及思考，从而完成思政教育，实现春风化雨、润物无声的教学。

以"固体废物处理与处置"为例：①注重中华优秀传统文化的传承。如"城市垃圾的前世今生——源自古人的智慧"，引经据典以《春宴图》《周礼·秋官》等书画，呈现出古代人的垃圾管理方式及场景，弘扬了中国优秀的传统文化，增强了学生的文化自信，从而激发学生的民族自豪感。②接轨国家方针、政策及标准等。如通过讲解《中华人民共和国固体废物污染环境防治法》及其修订过程，让学生体会到国家对固体废物的重视及与时俱进的精神。③引入突出贡献人物、授课教师等的科研实例。如授课教师讲述垃圾焚烧过程中持久性有机污染物释放的研究路径、机理揭示与方法构建是如何开展的，以及遇到的问题与解决方案等，从而培养学生对科研的兴趣及严谨的科研态度。思政元素本就存在于专业课中，因此充分挖掘课程中的思政元素，通过课程知识点贯通思政元素之间内在联系，逐步实现春风化雨、润物无声的教学。

（二）丰富课程知识体系，开展混合式教学模式是提升高校专业教师育人能力的重要途径

针对专业课程存在课程知识体系相对滞后的问题，通过科教融汇丰富课程知识体系。混合式教学是课堂教学及线上教学的混合，将传统封闭式课堂与开放教学的优势结合起来，重视学生自主学习、团队学习与教师指导的有效结合，以更好地发挥学生的积极性、主动性和创造性[2]。开展混合式教学有助于改善教学模式单一的问题。

1. 科教融汇的探索

以"固体废物处理与处置"为例，授课教师结合自身最新科研成果及前言文献的研读，

讲解焚烧处理目的、焚烧过程、设备及能源回收利用，并注重讲解教材中未涉及的焚烧新技术，丰富了教材知识体系，使学生了解固体废物处置的最新技术及发展趋势，拓宽学生的视野并激发学生的兴趣。此外，构建基于科研思维的教学内容，带领学生以"发现问题—提出问题—解决问题"的科研思路学习知识，实现在课堂中逐步培养学生科研思维[3]。"教学是言，科研是行"，教师要通过自身科研经历培养学生的科研思维和严谨态度。

2. 混合式教学模式的探索

采用多种教学方式融合，如引入实际案例等方式将思政引入课堂，使学生更加生动形象地理解概念和理论知识，同时潜移默化地开展思政教育[4]。例如，以中国大学慕课、中国知网、万方数据等网站和数据库作为媒介，培养学生进行网络化自主学习的能力，拓展学生的知识面；结合翻转课堂和小组讨论，加强了师生之间、学生之间的互动，加深了学生对知识的理解程度，同时也可激发授课教师的科研新思路和新想法，使得教学相长，从而践行科教融汇；采用互动答题等软件，随时掌握学生对于讲授知识的理解和掌握程度。另外，通过科研、工程等实际案例的引入，让学生领悟理论知识与该领域科技创新及实际工程的内在联系，明确自身的社会责任意识。通过不同的教学方式，如翻转课堂、案例教学、小组讨论等，结合不同知识点，选择恰当的思政育人方式。随着互联网的不断发展，混合式教学包含了多样化的教学资源和教学形式，有利于学生知识点的掌握和应用，为春风化雨、润物无声的思政教育拓宽道路。以"固体废物处理与处置"部分教学安排为例，开展"思政引领，科教融汇"提高专业教师育人能力（表1）。

表1　"思政引领，科教融汇"部分教学安排

知识点	授课内容	思政教育	教学方式
城市垃圾的来源、分类及组成	城市垃圾的前世今生——源自古人的智慧	培养文化自信及历史使命感	案例教学+视频
固体废物的固化与化学处理	学生查找固体废物化学处理未来发展方向	对学科有更深刻的认识	翻转课堂
卫生土地填埋	卫生填埋的场地选择、设计、填埋方法及操作	可视化的加强工程认识	视频
工业固体废物的综合利用	高炉渣、钢渣、粉煤灰等工业固体废物的综合利用	用发展的眼光看问题	互动答题
医疗废物及其处置技术	疫情常态化背景下医疗废物处理与处理	理论联系实际	邀请相关专家+小组讨论
固体废物的焚烧	通过授课教师科研情况讲解焚烧处理目的、焚烧过程、设备、能源回收及新技术	培养学生科研思维和严谨态度	视频+启发式教学

（三）强化授课教师的思政素养是提升高校专业教师育人能力的源头活水

高校专业教师通过不断地科研锤炼，一般都具有很强的专业素养。然而，时间和精力是有限的，用于科研和其他事情的时间处于相互竞争的状态。高校专业教师在科研方面倾

注大量心血，从而忽视了思想政治素养和教学能力的提升。"要给学生一杯水，老师要有一桶水。"没有足够的思政知识储备，犹如"无源之水、无本之木"，无法充分挖掘课程的思政元素，从而影响专业教师的育人能力。因此，强化授课教师的思政素养是提升高校专业教师育人能力的源头活水。

教师可从以下 3 个方面开展：①积极开展个人自学。通过网络、书本等，加强自身哲学思想和政治理论学习。②勤于交流。不仅与本领域的专家交流合作，更应与思政课教师进行密切的交流。思政课教师不仅具有深厚的思政理论知识和丰富的专业术语，而且长期活跃于一线讲台，具有较好的思政授课经验。授课教师与业内专家的交流合作已成为常态，但是与思政课教师交流和学习的次数有限。交流平台的缺失是专业教师与思政课教师开展密切交流的影响因素。因此，亟待打造定时、定期及形式多样的交流平台。③强化实践演练，不断揣摩修正。通过开展"思政引领，科教融汇"提高专业教师育人能力不能仅停留于表面，更不是一句口号。专业教师需通过不断地教学实践，发现问题并自我反思，提升课堂授课效果。

（四）重视课后反馈及评价，及时自省是提升高校专业教师育人能力的重中之重

教师要重视课后反馈与评价。随着互联网的普及，教师获得课后反馈的评价方法越来越丰富，如书面反馈、网络反馈与评价、面对面反馈与评价等。课程效果评价是教学改革的重要依据。课程效果评价主要从课堂效果和课后效果两方面进行，并通过考核进行评价。适时调整考核方式，如提高课堂讨论成绩比例、闭卷考试题目的设计及量化分析等，从而有利于为教学大纲改革提供方向。

教师要及时自省是促进课程不断进步的重中之重。以课程前和课程中的教学过程及课后反馈与评价为依据，及时对照教学目标总结经验教训，开展课程整合，调整教学大纲，从而形成了"课程大纲—课程构架—课程效果及心得—课程大纲"的良性循环，提升了高校专业教师育人能力。具体步骤如图 1。

然而，"固体废物处理与处置"课程改革实施时间尚短，未能对改革效果进行定量评价。目前，学生反映良好，由课堂互动答题系统可知课程参与度显著提高。后续仍需通过教学考评、调查问卷等手段，定量分析该课程的课程满意度、课后作业完成率及期末考试成绩等，进而评价课程改革效果。

三、结　语

"固体废物处理与处置"通过"思政引领，科教融汇"实施教学改革，并通过深入挖掘思政元素、引入科研案例及科研思维、加强授课教师思政素养及重视课后评价，及时开展反思等步骤，形成了"课程大纲—课程构架—课程效果及心得—课程大纲"的良性循环，旨在提高专业教师的育人能力。然而，课程改革实施时间尚短，未能开展改革效果评价研究。后续应通过教学考评、课堂互动答题系统以及调查问卷等手段，评价课程思政改革效果。

习近平总书记指出："培养社会主义建设者和接班人，迫切需要我们的教师既精通专业知识、做好'经师'，又涵养德行、成为'人师'，努力做精于'传道授业解惑'的'经师'和'人师'的统一者。"因此，高校专业教师应具有'经师'和'人师'兼备的素质，肩负教学和科研的双项任务，这对每一位专业教师都是一项巨大的挑战。在有限的时间和精力下，高校专业教师通过"思政引领，科教融汇"不断提高专业教师育人能力及科研能力，认真贯彻落实为党育人、为国育才和科技创新两项任务，为新时代人才培养和创新体系的建设添砖加瓦。

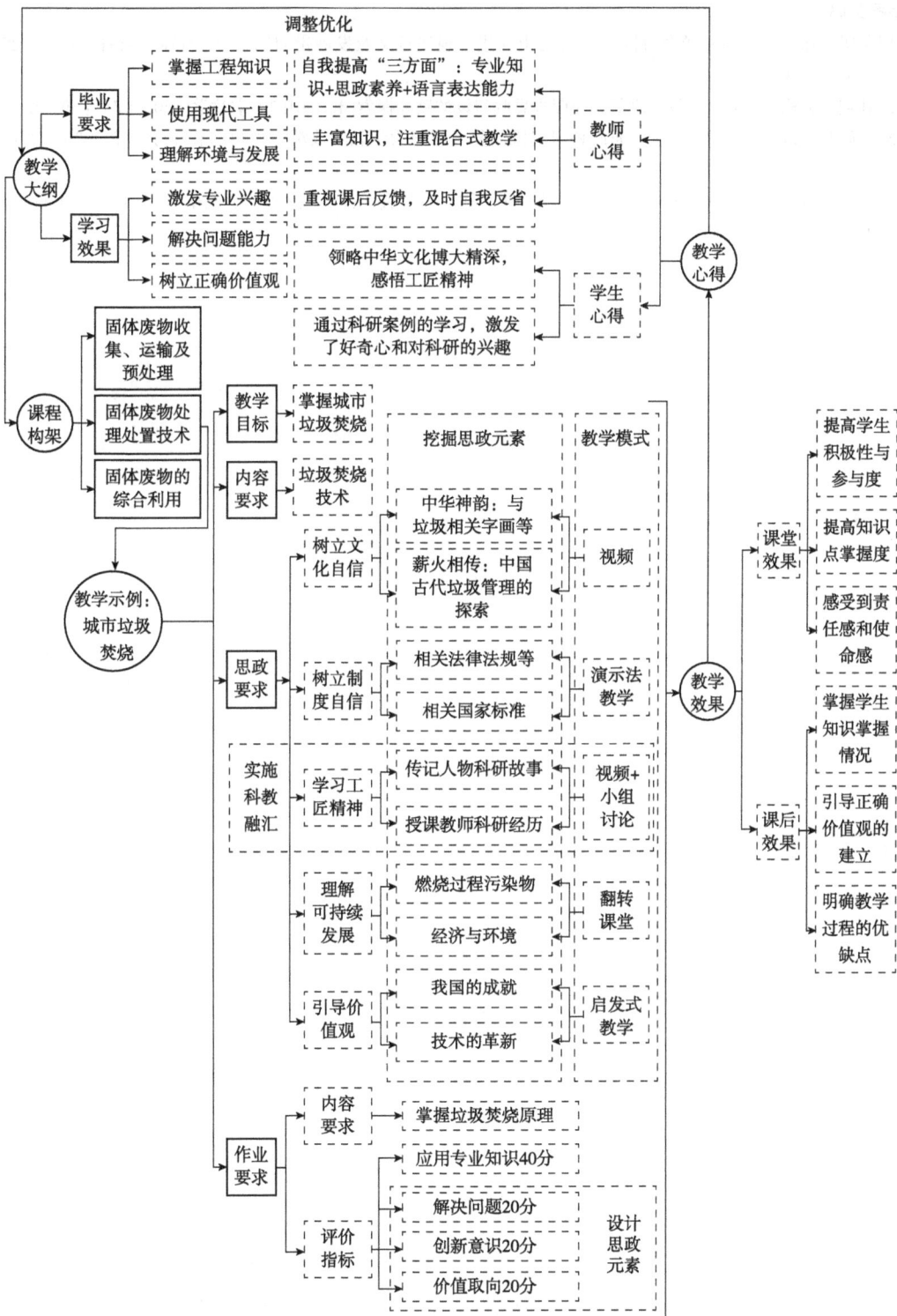

图 1　"思政引领，科教融汇"视域下"固体废物处理与处置"课程改革路径图

参考文献

[1]关明，孙月双．科教融合协同育人的历史演进、现实意义及发展走向[J]．中国轻工教育，2022，25
　　（1）：8-14.

[2]孔翔，吴栋．以混合式教学改革服务课程思政建设的路径探索[J]．中国大学教学，2021（Z1）：59-62.

[3]夏晓东，肖厦子，王英，等．面向科研思维的复合材料力学教学改革与探索[J]．科教文汇，2023（1）：
　　62-65.

[4]陈臣，黄轲，于海燕，等．基于课程思政视野下的《现代食品发酵技术》教学改革研究[J]．轻工科技，
　　2019（35）：196-198.

习近平生态文明思想融入思政课教学探析

蔡紫薇

（北京林业大学马克思主义学院，北京　100083）

摘要：将习近平生态文明思想融入思政课教学是当前北京林业大学思政课改革创新的必要举措，也是将习近平新时代中国特色社会主义思想进教材、进课堂、进学生头脑工作的重要环节。在融入原则上，要正确处理好守正与创新的辩证关系；在融入路径上，结合以往将习近平生态文明思想融入课堂的有益经验，继续推广多门思政课在理论教学和实践教学的双重融入；在融入条件上，不仅要以学校顶层设计、学科建设为渠道和保障支撑融入，还要充分发挥思政课教师的主体性，推进习近平生态文明思想教学与科研的深度融合，助力培育大学生的新时代生态文明价值观，凝聚学生的生态共识、厚植学生的生态情怀、树立学生的生态理想，助力培育赓续红色初心、担负绿色使命的时代新人，推动我国生态文明建设。

关键词：习近平生态文明思想；思政课；融入

　　将习近平生态文明思想融入思政课教学是当前北京林业大学思政课改革创新的必要举措，也是将习近平新时代中国特色社会主义思想进教材、进课堂、进学生头脑工作的重要环节。习近平总书记在 2019 年 3 月 18 日学校思想政治理论课教师座谈会上发表重要讲话（以下简称"3·18"讲话），明确强调："思政课是落实立德树人根本任务的关键课程，思政课作用不可替代，思政课教师队伍责任重大。[1]"这一讲话提振了全国思政课教师的信心，同时也为新时代思政课的改革创新提供了根本遵循，指明了前进方向。本文将结合作者在教学过程中的思考和实践，探讨将习近平生态文明思想融入思政课的原则、路径和条件，打造具有北京林业大学特色的思政课教学，旨在激发北京林业大学学生的植绿报国热情，使青年学子争做新时代生态文明的建设者和接班人。

一、　融入原则：　正确处理好守正与创新的辩证关系

　　守正与创新是人类在认识世界和改造世界过程中需要处理的一对重要关系。守正，即坚持实事求是，坚持真理，坚持正确的政治方向。创新，就是解放思想，破除不合事物发展趋势的旧思维、旧观念，在认知上发现和运用事物的新联系和新规律。守正和创新是辩证统一的关系：守正是一切工作的根本所在，是创新的基础和前提，决定了其方向；创新是在实践基础上对于认识广度的拓展和深度的挖掘，为守正提供了动力和保障，推动事业适应时代而不断发展进步。坚持守正创新是贯穿习近平新时代中国特色社会主义思想的立场观点方法之一，正如习近平总书记在党的二十大报告中所指出："我们从事的是前无古人的伟大事业，守正才能不迷失方向、不犯颠覆性错误，创新才能把握时代、引领时代。[2]"以党的创新理论为指导，在将习近平生态文明思想融入思政课的教学实践中，同样要遵循坚持守正创新的基本原则，正确处理好守正与创新的辩证关系。

作者简介：蔡紫薇，北京市海淀区清华东路 35 号北京林业大学马克思主义学院，讲师，ziwei117cai@163.com。
资助项目：北京林业大学 2020 年教育教学研究一般项目"'马克思主义基本原理概论'课程线上线下混合教学改革创新研究"（BJFU2020JY097）。

　　将习近平生态文明思想融入思政课要坚持"守正"，指的是要守住思政课的根和本，把握思政课的本质要求和基本方向。首先，融入教学绝对不能偏离马克思主义、社会主义。思政课给学生传授的是马克思主义的世界观和方法论，是马克思主义的基本立场、基本观点和基本方法。将习近平生态文明思想融入思政课，要基于新时代生态文明实践所取得的成就，给学生讲清楚习近平生态文明思想作为21世纪的马克思主义生态思想的重大指导意义，以及习近平生态文明思想所蕴含的世界观和方法论。其次，在融入过程中，始终要明确"培养什么人、怎样培养人、为谁培养人"这个根本问题。也就是说，新时代的思政课教学是扎根中国大地的思政课，其目标是要为中华民族伟大复兴培养时代新人，为社会主义培养合格的建设者和接班人。将习近平生态文明思想融入思政课，目的在于为新时代生态文明建设培养建设者和接班人。最后，融入旨在实现价值性和知识性的统一。习近平总书记在"3·18"讲话中指出，思政课要坚持"价值性和知识性相统一"。这就意味着要寓价值观引导于知识传授之中，教育引导学生立鸿鹄志，做奋斗者。思政课重在塑造学生的价值观，而强调思政课的价值性，并不意味着要忽视知识性，而是要以极具说服力、逻辑缜密的理论观点满足学生对知识的渴求并解决其困惑，在知识传授中渗透价值观教育。因此，将习近平生态文明思想融入思政课，既要阐释习近平生态文明思想的理论体系，也要引导学生塑造正确的生态价值观，从而实现价值性和知识性的统一。

　　将习近平生态文明思想融入思政课要坚持"创新"，指的是要体现思政课的时代性和前沿性、亮点和特色。一方面，融入要凸显时代性和前沿性。思政课不同于其他理论课程的地方在于它具有紧跟时势和国家大政方针的特点。因而，思政课教学不是因循守旧，而是常教常新、常学常新的。这就要求课程讲义、课程内容、授课课件都需要紧跟时势。尤其是当代大学生对国际问题、国家政策和社会热点都保持较高的关注，对于一些自己没能理解透彻的问题和困惑，他们渴望在思政课堂上得到阐释或澄清。而生态文明建设恰恰是"国之大者"，是新时代新征程要继续攻坚的实践课题，对于我国实现第二个百年奋斗目标具有至关重要的意义，这决定了关于生态文明建设的探讨具有很强的时代属性。同时，思政课的又一大特点在于它是关于我国社会主义意识形态的政治理论课。因此，我们要牢牢守住高校这一宣传意识形态的前沿阵地，不仅要讲好中国特色社会主义理论，还要站在世界百年未有之大变局、建设社会主义现代化强国和实现中华民族伟大复兴的高度，讲出理论本身对于国家建设和世界人类发展的指导意义。对于习近平生态文明思想的阐释，要讲清楚它不仅是我国生态文明建设的理论指南，同时也是我国共谋全球生态文明建设所提出的中国智慧、中国贡献和中国方案。另一方面，融入要突出的亮点和特色。一堂吸引学生的好思政课一定是贴近学生的、新颖有趣而又有料的。习近平总书记强调，办好思政课关键在教师[1]，关键是要发挥教师在教学过程中的积极性、主动性、创造性。基于此，习近平总书记对思政课教师提出了"思维要新"的明确要求。这就要求教师要不断创新课堂教学，给学生印象深刻的学习体验，引导学生树立正确的理想信念、学会运用正确的思维方法。这意味着教师要不断提升自身创新思维，并将其运用于课堂教学之中，创新理论话语表达，多采用启发式、体验式、互动式的教学方法，推动思政课同网络信息技术高度融合，增强时代感和吸引力，提升学生对课程的新鲜感和学习兴趣。在此背景下，将习近平生态文明思想融入思政课，正是一项结合北京林业大学办学特色、学生专业特色的创新举措。

二、融入路径：理论教学和实践教学双重融入

　　美丽中国建设需要举全民之力，而当代大学生正是建设美丽中国目标的主力军。青少年阶段是人生成长的关键时期，是世界观、人生观、价值观形成和确立的时期，正如

习近平总书记指出的，青少年阶段是人生的"拔节孕穗期"，因而最需要精心引导和栽培。青少年的生态价值观往往决定了整个社会的生态文明风尚。因此，培育大学生的生态文明价值观对于生态公民的塑造和生态文明建设有着至关重要的意义。思政课教学要坚定用习近平生态文明思想铸魂育人的理念，在课程目标的设置上，注重增强学生对新时代生态文明建设的"四个自信"，厚植生态文明情怀，把爱国情、强国志、报国行自觉融入坚持和发展新时代生态文明建设事业和中华民族伟大复兴的奋斗之中。

在理论教学方面，可以以多门思政课为载体，在教学内容上进行广泛融入，系统阐述习近平生态文明思想的核心内容，提炼习近平生态文明思想的世界观和方法论，明确当代青年人应确立的新时代生态文明价值观和正确实践选择。

以作者所教授的本科生"马克思主义基本原理"课程为例，依据马克思主义的三大板块的划分，分别在马克思主义哲学、政治经济学和科学社会主义三大板块进行了有针对性的融入。在马克思主义哲学部分，请学生运用所学的辩证唯物主义原理分析我国生态文明理论与实践的一个案例或命题。学生热烈探讨了"两山"理论、"人与自然和谐共生""地球生命共同体""生态兴则文明兴"等习近平生态文明思想中的重要理念。这一教学研讨题目的设置既加深了他们对辩证唯物论、唯物辩证法和习近平生态文明思想的理解，又提升了他们运用哲学原理分析问题的能力，也增强了辩证思维能力；在政治经济学部分，通过分析资本主义的"资本"逻辑、资本主义生产方式和资本主义社会基本矛盾，让学生反思生态危机的根本原因及其解决之道；在科学社会主义部分，通过阐述科学社会主义一般原则第七条"人与自然和谐共生"，让学生理解社会主义生态文明是社会主义的必然选择，也是对马克思主义科学社会主义理论的继承与发展。

除"马克思主义基本原理"课程，其他几门思政课也可以尝试将习近平生态文明思想进行有机融入。比如，教授"毛泽东思想和中国特色社会主义理论体系概论"，可以给学生讲清楚新时代生态文明建设在国家总体布局中的重要位置以及对于实现社会主义强国目标、第二个百年奋斗目标和中华民族伟大复兴的重要意义；"思想道德与法治"课可以融入生态价值观、生态德性、生态伦理规范、生态公民等概念，以及生态法治、生态红线等相关内容；"中国近现代史纲要"课，可以从中国共产党领导我国建设生态文明的历史脉络角度，引领学生回首我国生态文明建设的光辉历程和历史成就；"习近平新时代中国特色社会主义思想概论"课，可以聚焦习近平生态文明思想的核心内涵和理论要义，为学生澄清我国生态文明建设指导思想的理论体系和内部逻辑；"形势与政策"课，可以增设"双碳""生态安全""绿色发展"等专题，结合最新生态文明建设案例，为学生以专题形式呈现生态文明的理论与实践。

除了本科生思政课，在硕士生"新时代中国特色社会主义理论与实践"课的"生态文明建设"专题和博士生的"习近平新时代中国特色社会主义思想专题"课的"美丽中国建设"专题中，作者曾尝试给学生设置研讨题目："结合自身所学专业，尝试为美丽中国建设提出方案和对策"。这一研讨题的设置初衷在于启迪学生发挥专业特长、增强植绿报国的责任感。学生纷纷从风景园林、水土保持、英语等多个专业提出了自己的设想和对策，比如，风景园林的学生认为园林设计与规划应该考量生态环保和宜居审美；水土保持的学生用专业知识为生态系统的可持续发展提出了倡议；英语专业的学生从宣传习近平生态文明思想，提升国际影响力等方向提出了相关对策。总的来看，在课程中融入社会主义生态文明价值观，既可以传授知识，还能够引导学生树立正确的生态价值观，也激发了他们的专业报国热情，实现了课程的预期目标，达到了可观的教学效果，提升了思政课的实效性。

在实践教学方面，立足大思政课教学视域，充分利用社会大课堂与思政小课堂结合，发挥学生主体、教师主导作用。教师可以结合北京林业大学的绿色办学特色，利用实践学时组织学生开展以"习近平生态文明思想"为主题的读书会、研讨会，设计翻转课堂，在师生互动研讨中促进学生对于习近平生态文明思想的理解；组织学生以小组为单位录制"美丽中国建设大学生在行动"的微视频；在暑期社会实践等活动中指导学生进行与生态文明主题相关的寻访，开展生态文明建设优质案例的调研并撰写调查报告；鼓励学生亲身参与社会实践，做绿色志愿者，积极参与学校、家庭、社区的生态环境保护活动等。如此，可以推动青年学生通过亲身实践深刻领悟习近平生态文明思想的核心要义，达到思政课实践育人的效果，实现知行合一的教学目标。目前，有很多高校都已经开展以学习习近平生态文明思想为主题的社会实践活动，通过实地走访调研的形式，实现了第一课堂和第二课堂的整合，为我们提供了有益的借鉴[3]。

三、 融入条件： 依托学校顶层设计和学科建设等多渠道支撑， 进一步发挥教师主动性

未来的思政课教学改革要继续以习近平总书记"3·18"讲话精神为指导，贯彻习近平新时代中国特色社会主义思想和党的二十大精神，将习近平总书记的"3·18"讲话精神内化于思政课教学，积极探索习近平生态文明思想融入思政课的支撑条件。

第一，加强学校对于习近平生态文明思想融入思政课教学的顶层设计，建设习近平生态文明思想的学科体系。在顶层设计上，学校应继续加大力度推动习近平生态文明思想进教材、进课堂、进学生头脑的"三进"工作。在教学评估方面，也要加强对于习近平生态文明思想融入教学工作的考核和评估。培育大学生社会主义生态文明的价值观，也可以在学科体系建设上推进。这就需要学科建设要"科学阐明习近平生态文明思想同时作为马克思主义理论和环境人文社会科学的分支交叉学科的科学属性及其构成要素"[4]。北京林业大学在2013年设置了"生态文明建设与管理"二级学科博士点，2022年又在"交叉学科"门类下申请了"生态文明建设"一级学科博士点，并将习近平生态文明思想作为学科研究方向之一。这一做法直接为生态文明建设培养了马克思主义理论人才。在学科建设上，也要注重"汇集高水平教师队伍，多出名师名家。凝练学科方向，产出高水平科研成果，扩大学术影响力。完善学科人才培养体系，提高人才培养质量。开展对外交流和主动服务于社会，扩大科学的国际和社会影响力"[5]。

第二，打牢习近平生态文明思想的知识地基。思政课教师要原原本本地学习习近平生态文明思想，精读习近平总书记在全国生态环境保护大会上的讲话、《习近平生态文明思想学习纲要》《习近平关于社会主义生态文明建设论述摘编》《坚持人与自然和谐共生》等经典文献。对习近平生态文明思想的精准理解是教学的前提条件，教师的知识地基不牢固，就会在教学中出现与引用不规范、逻辑不通顺、曲解原意等严重问题。同时，对于习近平生态文明思想的学习也是进一步做好关于生态文明理论科研工作的关键。

第三，深耕习近平生态文明思想的科学研究。教师给学生讲清楚习近平生态文明思想的前提是自身深刻领悟了这一思想，而这不仅需要教师了解习近平生态文明思想的基本内容，还需要厘清生态文明建设的理论逻辑、实践逻辑和制度逻辑。因此，思政课教师要将习近平生态文明思想作为自身的科研方向，聚焦习近平生态文明思想的科学体系，进行科研攻关，申报相关课题，撰写科研论文，将论文写在中国大地上，为我国生态文明建设贡献思想智慧。

四、 结 语

将习近平生态文明思想融入思政课教学，旨在润物细无声地影响学生的思与行，凝聚学生的生态共识、厚植学生的生态情怀、树立学生的生态理想，助力培育赓续红色初心、

担负绿色使命的时代新人，助力我国生态文明建设。在未来的思政课教学改革中，最为关键也是最需要下大气力做到的就是：思政课教师要正确处理好科研和教学的关系，以研促教，围绕重难点问题，积极探索研究型教学的创新模式，将习近平生态文明思想合理地嵌入教学内容中，将社会主义生态价值观渗入教学实践中，继续推进教学和科研的深度融合。习近平总书记曾赞赏思政课教师队伍是"可信、可敬、可靠，乐为、敢为、有为"的，这既是褒奖鼓励，也是对新时代思政课教师提出的要求。为不负使命重托，北京林业大学思政课教师已踏上了新时代思政课改革创新的新征程。

参考文献

[1]习近平.思政课是落实立德树人根本任务的关键课程[J].奋斗，2020(17)：4-16.

[2]习近平.高举中国特色社会主义伟大旗帜 为全面建设社会主义现代化国家而团结奋斗——在中国共产党第二十次全国代表大会上的报告[M].北京：人民出版社，2022.

[3]赵丽霞.习近平生态文明融入高校思想政治教育的有效路径[J].福州大学学报(哲学社会科学版)，2021，35(6)：13-17.

[4]郇庆治.习近平生态文明思想的科学体系研究[J].马克思主义与现实，2023(1)：16-25.

[5]艾四林.新时代如何办好思想政治理论课[M].北京：人民出版社，2019.

"习近平新时代中国特色社会主义思想概论"课程建设经验初探

蒋 玲

（北京林业大学马克思主义学院，北京 100083）

摘要：课程建设是培育时代新人的载体，是立德树人的关键环节，关系人才培养的方向与质量。围绕提升课程实效性尝试回答"建设什么样的'概论'课、怎样建设'概论'课"等核心问题。因此，"习近平新时代中国特色社会主义思想概论"课实行"校级主抓—学院主建—教师主力"联合式作战回答"谁来教"，构建"主干课程—集群课程—教辅资料"立体资源库回答"教什么"；践行"专题讲授—小组研讨—实践教学"多项融合法回答"怎么教"；完善"随堂测试—课后作业—期末测评"动态反馈机制回答"怎么评"。

关键词："概论"课；教学资源；课程实效性；建设经验

新时代高校开设优质"习近平新时代中国特色社会主义思想概论"课程（以下简称"概论"课）尤为重要。课程建设是培育时代新人的载体，是立德树人的关键环节，关系人才培养的方向与质量。本课程建设对于引导学生增强理论学习自觉性，加强政治认同与道路自信，积极投身民族复兴与中国式现代化实践起到引领性作用[1]。北京林业大学马克思主义学院作为北京市重点马克思主义学院，应该发挥提升课程实效性的"排头兵""领头羊"作用，首先尝试回答"建设什么样的'概论'课、怎样建设'概论'课"等核心问题，因此学院围绕"谁来教、教什么、怎么教、怎么评"展开了系统性探索。

一、 谁来教： 实行"校级主抓—学院主建—教师主力"联合式作战

（一）党委主抓主管工作能够把握课程建设的政治方向

习近平指出："思想政治理论课能否在立德树人中发挥应有作用，关键看重视不重视、适应不适应、做得好不好。[2]"校党委统一领导成立"三进"工作领导小组，将课程建设作为重点工作和重要议事日程；给予政策、制度、人员与经费支持，纳入干部考核评价指标、巡察指标，党委书记、校长担任主讲人，加入授课队伍，协调相关部门进行专门教学监督督导，深入课堂、深入一线展开评课活动。

（二）学院主建能够为课程建设提供学科支撑平台

作为北京市重点马克思主义学院，教学梯队结构合理，学院十分重视授课师资选择与配备，在全院范围内整合协调优质师资。鼓励发挥教授团队、博导硕导、知名专家学者的带动效应；利用教学名师、青年教师名师工作室的平台，发挥名师辐射效应；学科设置相对齐全，发挥相关学科优势，实现跨学科间师资交流，打破学科壁垒，发挥学科之间的师资联动效应。

作者简介：蒋玲，北京市海淀区清华东路35号北京林业大学马克思主义学院，讲师，875205540@qq.com。

资助项目：中共北京市委教育工作委员会北京高校思想政治工作研究课题成果"'习近平新时代中国特色社会主义思想概论'课案例教学策略方法研究"（BJSZ2023ZC35）。

（三）优质师资供给是提升课程质量的关键因素

习近平总书记指出："办好思想政治理论课关键在教师。[3]"依托"毛泽东思想和中国特色社会主义理论体系概论"教研室的基础师资，借助马克思主义中国化的学科力量，组建教学名师专业团队，打造高标杆教学共同体；探索建立集体备课机制，集中探讨与深度交流教学内容，聚焦破解教学重点、难点、热点、疑点问题，并围绕教学理念、课程内容、专题设置、方法创新、技术载体、实践环节等展开具体探讨；同时，按照每周一次的频率，采取一个教师对应一个教学专题的方式，集中进行教学展示，团队集体磨课；坚持教育者先受教育原则，组织团队集中学习理论，坚持受教育者先读原著原文原理，开展团队成员领读原文活动，这成为增进课堂教学实效性的基本抓手，也为教师成长交流搭建平台。

二、 教什么： 构建"主干课程—集群课程—教辅资料"立体资源库

（一）强化主干课程的核心教学资源

充分挖掘课程的核心资源，明确教学目标、教学内容与规范选用优质教材，这是推动本门课内涵式高质量发展的根基。首先，明确课程教学目标与教学内容是首要问题。习近平新时代中国特色社会主义思想作为新时代党的思想旗帜与行动指南，系统地阐释了其时代背景、理论渊源、核心要义、精神实质、内在逻辑、科学内涵、基本观点、历史地位、实践要求、原创性贡献及其方法论等。引导学生进行系统学习和理论阐释，运用理论与实践、历史与现实相结合等方法。其次，充分利用好优质统编课件，因为它是本门课的基础性资源。习近平总书记指出："思政课教师在教学中要把统编教材作为依据，确保教学的规范性、科学性、权威性，同时也不能简单照本宣科。[4]"课件尊重学生主体地位、授课思路逻辑明晰、案例实例丰富、接近教学实际，以专题形式分为十七讲，具体对其主要内容作出系统讲授。

（二）构建课程建设相关教辅资料库

首先，构建原著、原文与重要讲话的基础资料库。围绕课程内容将研读"原著"与阐发"原理"结合起来，引导学生原汁原味地读原著、学原文、悟原理，及时跟进学习党的最新理论成果并灵活融入课堂，注重选取选用《习近平谈治国理政（1—4卷）》《十九大以来重要文献选编》《习近平新时代中国特色社会主义思想学生读本》《习近平生态文明思想学习纲要》等一手教学教辅材料。其次，开发建设教学讲义、大纲、教案、试题库、案例库、思维导图等立体化辅助资源库。教研室按照一教师对一专题、分工明确、责任到人的原则，制作每一专题配套的讲义大纲、课堂练习试题册与思维导图等，教学讲义明确教学重难点与教学目标等核心问题，试题册可以检测学生学习效果，获取学生的动态反馈，思维导图帮助学生理解并建立教学内容的内在关联，为课堂教学奠定坚实基础。

（三）形成邻近思政课程的集群资源

搭建起思政课程与课程思政（即"1+X"）同向同行课程集群集约资源库。首先，思政课程是"概论"课的基本辅助课程。"思修"课要讲清楚蕴含其中的核心价值理念；"原理"课要讲清楚其所蕴含和体现的马克思主义基本立场、观点和方法等；"纲要"课要讲清楚其在百年党史中的历史基因与历史传统；"毛概"课要讲清楚其对马克思主义中国化理论成果的相互关系及其原创性贡献。除了处理好与四门基本思政课之间的关系，同时开设"四史"选修课，立足学校绿色学科优势，将学校生态文明研究成果转化为有效资源，打造生态文明精品课程，增设"习近平生态文明思想"等特色选修课，强化10余门思政课的同频共振效应。其次，课程思政是"概论"课的外溢性辅助。将其有机融入学校各专业人才培养方案、教学

大纲、课程教案等，实行专业课教师和思政课教师双指导教师制，推进专业课与思政课深度融合，完善大思政育人体系，共同奏响大合唱，发出"大思政课"琴瑟和鸣之音。

三、怎么教：丰富"专题讲授—小组研讨—实践教学"多项融合法

（一）专题讲授是课程建设的基本形式，是推动课程内涵式发展的关键环节

首先，专题讲授加强教学内容的针对性与学理性。专题教学最根本的依据是习近平新时代中国特色社会主义思想的主要内容，有着明确的课程目标、完整而系统的教学内容以及科学合理的教学专题设置，围绕特定内容而确定教学方案并组织实施教学，能够提升课堂教学的针对性与实效性。其次，专题式教学遵循思政课教育教学规律，依据学生认知规律和青年成长成才规律，与情景式教学、体验式教学有机融合，选取贴近学生生活、贴近学习实际的案例素材，增强学生情景式活动与情感沉浸式体验。最后，专题式教学注重方式方法。比如理性教育与情感教育相结合，讲道理与讲故事相结合，抽象概念与生动案例相结合，显性表述与隐性渗透相结合，线上资源与线下课程相结合，慕课、雨课堂等网络资源与课程资源相结合。

（二）小组研讨是课程建设的辅助形式，是调动学生参与课堂建设的必要环节

首先，学生小组研讨式教学可以发挥学生主体作用，促进"教""学"共生。激发学生的学习热情与主动性，鼓励学生结合课程重难点、疑点问题，以及当前重大现实问题和热点问题，开展以小组探究学习方式进行理论研讨。其次，小组研讨贯穿课堂"前、中、后"始终。课前五分钟研讨汇报，课中展开集体研讨，课后提交小组研讨作业。最后，小组研讨采取多种形式展示研讨成果，比如，文献研读形式的小组研讨以重要讲话为资料库展开学术研习；调查研究形式的小组研讨就课堂内容的兴趣点开展广泛社会调查形成调研报告。

（三）实践教学是课程建设的基础环节，是对课程教学的有益补充

习近平指出："'大思政课'我们要善用之，一定要跟现实结合起来。[5]"建设"大思政课"行动计划，多渠道多形式探索实践活动。首先，发挥学校绿色学府底蕴与生态文明办学优势，设计"绿色报国"实践活动。充分挖掘北京市地方文化特色与红色资源，利用好学校校史馆，传承北京林业大学绿色精神，依托学校本科教育综合改革"树人行动计划"，建立建强"生态文明"博士生讲师团，参与首都生物多样性保护和森林城市创建活动，参观国家生态文明试验区建设成果，加入"绿色长征"，办好"树人"学校，鼓励开展"绿色田野"干事创业活动。其次，实施"真知真信笃行"行动计划，开发"红色铸魂"实践活动。推进学生党团建设、修德育心微课堂、"红色基因"铸魂行动，实施"青马工程""青春献给祖国"等社会实践，以"我心中的二十大"为主题拍摄微视频，组织展览展映展播优秀红色题材电影电视剧，引导学生参与建校70周年校庆活动，担任冬奥会等国家重大活动志愿者，将课程实践与大学生暑期社会实践融合，完成"青春向党""乡村振兴"等专题实践项目，出版"大思政课"实践论文集，充分利用实践成就展览和北林要闻等平台，督促学生知行合一。

四、怎么评：完善"随堂测试—课后作业—期末测评"动态反馈机制

（一）随堂测试是对教学质量的及时反馈

根据教研室编制的试题库而展开，随堂测试在检测教学成果、强化教学内容、突出教学重点、反馈学生掌握程度等方面具有重要作用。同时，授课教师进行学生测验分析，建立课程建设质量反馈机制，梳理总结教学反思，教学团队内分享交流授课经验。

（二）课后作业是对课堂教学的延伸拓展

主要作业是以参考书目与经典文献的阅读，随堂讨论题思考题的分析整理，小组研讨

作业任务、部分实践教学活动以及下节课的铺垫活动等多种形式展开，实现教师课堂讲授与学生主动寻求学习的良性互动，实现课程全过程闭环式建设与动态性评价反馈。

（三）期末测评是对课堂教学的综合评价。

期末采取闭卷考试形式，以"60%的基础理论知识+40%的知识迁移运用"作为分值划分标准，以选择题、辨析题、简答题与论述题等为主要形式，对课程内容进行系统考查。同时，学院学校层面，建立课程的定期协调机制，跟踪了解课程建设成效，解决课程建设的困难和瓶颈，加强典型经验宣传报道，确保课程建设实效性。

参考文献

[1]新华社.中共中央办公厅 国务院办公厅印发《关于深化新时代学校思想政治理论课改革创新的若干意见》[EB/OL].（2019-08-14）[2023-09-16].https：//www.gov.cn/zhengce/2019-08/14/content_5421252.htm.

[2]本报评论员.切实发挥思想政治理论课立德树人作用——论学习贯彻习近平总书记在中国人民大学考察时的重要讲话精神[N].中国教育报，2022-04-28(01).

[3]习近平.用新时代中国特色社会主义思想铸魂育人 贯彻党的教育方针落实立德树人根本任务[N].人民日报，2019-03-19(01).

[4]秦宣."习近平新时代中国特色社会主义思想概论"课程建设的思考[J].思想理论教育导刊，2021(6)：84-89.

[5]习近平."'大思政课'我们要善用之'"[N].人民日报，2021-03-07(01).

分解重组训练法对高校学生网球发球技术和锻炼动机的影响研究

刘立伟 张 志

（北京林业大学体育教学部，北京 100083）

摘要：本文应用文献资料法、教学实验法、数理统计法以及逻辑分析法，探索分解重组训练模式对实验组学生发球技术和锻炼动机的影响。研究结果显示，两种教学方法都能够对网球发球技术教学起到一定的促进作用，分解重组训练模式对实验组发球影响较大，与传统教学模式相比，更有利于发球成功率和准确性的提高，主要体现在动作节奏性、动作协调性、动作流畅性等击球技术和流畅性技术环节。实验组学生的体育锻炼动机要优于对照班，而对照班学生对体育锻炼动机的激发不足。建议在高校体育教学中要大胆尝试新的教学方法，结合传统教学的优势，取长补短，不断创新与检验教学效果。

关键词：高校网球课程；分解重组；发球技术；锻炼动机

近年来，越来越多的高校开设了网球选修课。然而由于网球初学阶段比较枯燥，技术水平提高相对比较缓慢，导致部分学生对该项目的运动兴趣不高。加上一些高校网球场地设施不足，出现学生多、场地少、球少等情况，学生练习条件较差，不利于培养学生对该项目兴趣。特别是网球发球技术教学中，由于该项技术学习难度大，在一定程度上会降低学生学习网球的兴趣。因此本文尝试应用分解重组训练法进行教学，主要是将发球技术从技术动作的关键环节进行重新组合设计，以达到训练学生技术动作的目的，有利于提高教学效果。

一、 研究对象

本文研究对象为分解重组训练法对高校网球班学生发球技术和体育锻炼动机的影响。

二、 研究方法

（一）文献资料法

在中国知网、万方等数据系统以"分解训练法""体育锻炼动机"为关键词，查阅相关文献，进行整理、归纳和总结，为本文提供理论支撑。

（二）教学实验法

实验目的：探究在网球发球技术的教学中应用分解重组训练模式是否比传统教学模式更有效，能否提高学生发球技术水平与动作规范性。

实验时间：根据北京林业大学网球课教学进度表中的规定，教学时间为 16 周，每周 2 个课时，共 32 个课时。

实验地点：北京林业大学网球场。

实验对象：从北京林业大学专选网球课初级班的学生中随机抽取 2 名男生班作为实验

作者简介：刘立伟，北京市海淀区清华东路 35 号北京林业大学体育教学部，副教授，blll1015@163.com；
张 志，北京市海淀区清华东路 35 号北京林业大学体育教学部，讲师，390199437@qq.com。

对象，其中实验组学生 28 名，对照组学生 30 名。

实验控制：为了减少实验带来的误差，实验采用"单盲法"。两组学生在授课教师、教学场地器材、教学内容等方面均保持一致。实验开始对两个组的学生进行简单的身体形态、身体素质测试，确保两组学生无明显差异，以及本次实验前各相关指标的有效性和一致性。

实验开始前，对两组学生的身高、体重等形态指标和身体素质进行了测试和差异化检验。两组学生在身高、体重和身体素质方面没有显著差异，符合实验统计学要求，检验结果见表 1、表 2。

表 1　实验前实验组与对照组身体形态对比分析

组别	身高（cm）	体重（kg）
实验组	175.74±4.59	61.14±6.01
对照组	173.56±5.16	62.37±4.37
P 值	P>0.05	P>0.05

表 2　实验前实验组与对照组身体素质对比分析

组别	二级蛙跳	1 分钟跳绳	4×10m 折返跑	半"米"字跑
实验组	65.34±5.43	70.32±6.56	75.03±3.67	61.15±9.79
对照组	67.23±4.17	71.48±7.37	77.18±4.13	62.41±8.26
P 值	P>0.05	P>0.05	P>0.05	P>0.05

实验实施：实验组采取分解重组训练模式进行练习。其流程设计包括：学习掌握击球随挥；学习挥拍与击球随挥；学习引拍、挥拍和击球随挥相结合；学习站位、握拍与抛球。对照组采取常规训练方法进行练习。

实验结束后对两组学生的发球技术进行技术评定。从发球精准度、发球成功率和发球技术评价 3 个方面综合评价发球技术掌握情况，同时对学生的体育锻炼动机进行问卷调查。锻炼动机量表参考陈善平精简后的锻炼动机简化量表，该量表的信度和效度符合心理测量学的要求，包含了对健康、社交、乐趣、能力和外貌 5 个维度的锻炼动机测量。该量表采用了 Likert5 级评分量表，得分越高，则说明大学生对锻炼动机量表的认同度较高。

（三）数理统计法

采用 SPSS 统计软件对两组学生实验后的网球发球技术测试成绩进行统计分析，主要统计实验两组学生的正反手击球深度、稳定性测试成绩的平均值、标准差，并采用 T 检验进行组间测试成绩的差异显著性检验。

（四）逻辑分析法

将实验组和对照组在教学实验后的数据进行整理并对比分析，分析两组实验测试结果的差距，形成结论。

三、结果与分析

网球发球作为网球比赛中有效得分的手段，是在网球运动中必须掌握的基本技术之一。网球技术水平的高低作为网球初学者学习过程的核心要素，主要体现在发球的成功率和发球落点上，体现了发球技术的好坏。参照 ITN 国际网球水平测试，测试发球落点同时也测试了发球成功率。发球者在一、二区各发 10 个球，发球落点分别为一区外角、一区内角、二区内角、二区外角 4 个目标发球区。每个目标发球区各发 5 个球,满分 40 分。网球基本技术考核评价体系作为教学内容重要的体现形式,是对学生掌握网球技术程度的一种定量化性质的考核方式,其突出的特点是全面、客观地反映学生的网球水平。

(一)实验后两组学生发球成功率与准确性对比结果与分析

教学实验结束后,对两组实验对象进行发球成功率与发球准确性测试,要求两组实验对象均采用完整发球技术动作。参照 ITN 国际网球水平等级测试的方法分别就发球成功率、发球落点进行测试。

从表 3 得出,实验后两组学生在一区发球成功个数、二区发球成功个数和总发球成功个数均有明显差异($P<0.05$),实验组的一区、二区以及总的发球成功率较对照组高,说明通过分解训练教学模式对实验组发球影响较大,与传统教学模式相比,更有利于发球成功率的提高。

表 3　实验后实验组与对照组网球发球成功率对比分析

组别	一区发球成功个数	二区发球成功个数	总发球成功个数	总发球成功率
实验组	8.15±1.25	8.27±0.95	16.42±1.17	0.821±0.45
对照组	7.28±1.03	7.75±1.31	15.03±1.20	0.751±0.34
P 值	$P<0.05$	$P<0.05$	$P<0.05$	$P<0.05$

从表 4 可以得出,实验后两组实验对象一区得分、二区得分以及总得分均有明显差异,实验组一区、二区以及总的发球得分比对照组高。说明分解训练教学模式对实验组发球准确性有较大影响,学生在学习发球的过程中对技术动作进行特定的拆分组合,有利于学生建立对发球动作的整体认识结构,通过不断分解相关动作环节,学生在动作和心理之间建立稳固联系,使学生习得更加稳固定型的网球技术动作。该模式相比传统教学模式更有利于发球准确性的提高,同时提升了学生的学习积极性。该种练习方法练习密度大、短时间可反复多次练习,适合于初级网球班学生,在没有对手的情况下单独练习,不需要其他人员配合,有助于初学者形成动力定型。

表 4　实验后实验组与对照组网球发球准确性对比分析

组别	一区总得分	二区总得分	总得分
实验组	12.34±1.57	12.27±1.15	24.61±1.35
对照组	9.87±1.21	9.77±1.02	19.64±1.27
P 值	$P<0.02$	$P<0.01$	$P<0.01$

(二)实验后两组学生技术评价比较与分析

按照我校网球教学大纲规定,网球技术评定主要包括站位与握拍、持球与抛球动作、击球动作和动作流畅性 4 个部分。

从表 5 可以得出,两组学生在技术评定中,击球动作和动作流畅性上具有非常显著性差异($P<0.01$),且实验组学生的评分高于对照组学生;在"站位与握拍"和"持球与抛球当作"两项指标中没有出现明显差异($P>0.05$),说明实验组与对照组学生在这两项技术的掌握程度上没有区别。这种情况说明通过分解教学,实验组学生的发球技术熟练程度与流畅程度明显高于对照组学生;总体来看,通过分解教学模式进行发球教学,实验组学生对整体发球技术掌握程度比对照组学生效果好，主要体现在动作节奏性、动作协调性、动作流畅性等击球技术和流畅性技术环节。

表 5　实验组与对照组体育锻炼动机对比分析

组别	实验组	对照组	P 值
站位与握拍	21.10±2.21	20.07±1.54	P>0.05
持球与抛球动作	20.01±1.38	19.26±1.26	P>0.05
击球动作	22.17±1.33	19.05±1.42	P<0.01
动作流畅性	22.25±1.59	19.21±1.12	P<0.01

（三）实验后两组学生体育锻炼动机的统计结果与分析

体育锻炼动机是学生参与和维持体育锻炼行为的心理动力，良好的锻炼动机因学生身体活动需要而产生，本研究对网球初级班学生课外体育锻炼动机进行研究，主要从"健康动机""能力动机""社交动机""乐趣动机""外貌动机"这 5 个维度来研究，以平均值、标准差等指标对量表中题目内容的得分情况进行分析。

从表 6 统计分析结果显示，两组学生健康动机的均值要高于其他的动机，说明健康动机是大学生参加课外体育锻炼最强烈的动机，这表明大学生参加体育锻炼主要是想保持身体健康。第二是乐趣动机，进行网球项目锻炼可以让学生体会运动乐趣，心情愉悦，放飞自我。说明学生越来越从内心感受到体育锻炼的乐趣。其次是能力动机和锻炼动机，社交动机、外貌动机排在最后。

表 6　实验组与对照组体育锻炼动机对比分析

组别	实验组	对照组	P 值
健康动机	4.23±0.48	4.11±0.33	P<0.05
社交动机	4.09±0.41	3.86±0.27	P<0.01
乐趣动机	4.21±0.39	4.02±0.26	P<0.05
能力动机	4.16±0.57	3.80±0.31	P<0.05
外貌动机	4.01±0.29	3.73±0.34	P<0.05
锻炼动机	4.11±0.43	3.91±0.25	P<0.02

从两组的统计结果整体看，实验组学生的体育锻炼动机要优于对照组学生，实验组学生通过分解重组训练对网球动作进行分解，实现从简单到复杂的有效学习，从中体验到运动的快乐，有体育锻炼的意识，想要获得较高的体育锻炼能力，进而对动作结构有更加清晰的了解，愿意为网球项目付出努力，而对照组学生对体育锻炼动机的激发不足，学生普遍没有形成良好的体育锻炼动机。从数据对比结果看，实验组学生的 6 项指标均优于对照班学生。

四、　结论与建议

（1）两种教学方法都能够对网球发球技术教学起到一定的促进作用，其中分解重组训练教学模式对实验组发球影响较大，与传统教学模式相比，更有利于发球成功率和准确性的提高，主要体现在动作节奏性、动作协调性、动作流畅性等击球技术和流畅性技术环节。

（2）实验组学生的 6 项指标均优于对照组学生，实验组学生的体育锻炼动机要优于对照班，而对照组学生对体育锻炼动机的激发不足，学生的体育锻炼动机有待于进一步在教学实践中培养。

（3）由于学生初学网球发球技术，以及学校场地设施条件有限，所以对于教学效果仅从稳定性、准确性、技术评定的角度出发进行测评，后期将做进一步深入研究。建议网球专项的教师在网球的其他技术教学中积极尝试应用分解重组训练法，强化学生的锻炼动机。为了提高实战效果，分解重组训练应该遵循由重点到一般，循序渐进的原则。

（4）建议体育教师在新时代大胆尝试新的教学方法，结合传统教学的优势，取长补短，不断创新与检验教学效果。

参考文献

[1]宋强.网球发球技术图解[M].北京：北京体育大学出版社，2003.

[2]严波涛，李早.网球发球动作和基本技术模式[J].中国体育科技，2001(10)：37-41.

[3]陈善平，王云冰，容建中，等.锻炼动机量表(MPAM-R)简化版的构建和信效度分析[J].北京体育大学学报，2013，36(2)：66-70，78.

[4]黄哲聪.分解训练法在大学网球教学中的有效运用[J].青少年体育，2017(4)：83-84，81.

[5]季春美.高校网球教学中分解训练法的应用研究[J].青少年体育，2020(8)：126-127.

[6]李洋洋.影响普通高校学生课外锻炼量的体育课堂心理因素溯源：兼论成就情绪的中介效应[J].沈阳体育学院学报，2021，40(6)：34-42.

[7]段振华.网球发球技术表现评价体系的构建[J].当代体育科技，2022，12(20)：17-19，35.

[8]马孝刚，史兵.网球发球力学：研究进展与趋势[J].成都体育学院学报，2021，47(2)：122-127.

教师专业发展

"教学相长"为核心的多维度融合式精业树人教学改革研究

——以"森林学基础"课程为例

孟 冬 杨 清 范雨欣 李 娜

（北京林业大学林学院，北京 100083）

摘要： 近年来，国家高度重视教师队伍的建设，打造一支完善健全的教师教学创新团队是培养创新型人才的重要基础，也是全面贯彻党的教育方针、落实立德树人根本任务的关键着力点。"森林学基础"这门课程将多学科内容进行融和，将森林植物从种子到大树的生长发育过程中的遗传物质、代谢产物，以及森林生态系统经营管理建立成一个完整的体系，带领学生系统地学习森林植物资源调查评估理论、森林资源地上和地下生态耦合扰动机制以及森林植物资源功能成分代谢调控与开发利用等内容。为实现这一目的，我们从教师专业发展、探索学科联系，以及加强团队建设入手，通过教学实验和改革，探索出一个师生共同学习，教与学相互促进，多个领域融会贯通的新思路。

关键词： 体系；教师素质；学科联系；团队建设；教学相长

一、引 言

融合思想可取精去拙，创造更深刻的见地。"森林学基础"这门课程融合了分子生物学、树木生理学、生物化学、生态学等多个领域的前沿研究进展，将多个学科的思想转化为"活水"，旨在融汇碰撞的过程中产生新见解。所以，在"森林学基础"课程中更加注重"宏微结合"思维，即将整体和组成物质联系起来的一种思维方式，这是开设"森林学基础"课程的一个独特视角。"宏微结合"的教学思路在于从不同的角度观察森林植物，改造森林植物，利用森林植物，从而形成一种森林植物加工利用体系，让学生在学习的过程中既能够见微知著，也能够"见著知微"。

强国必先强教，强教必先强师。建设一个高素质的教师队伍是建设教育强国、科技强国、人才强国的重要支撑，包括《关于全面深化新时代教师队伍建设改革的意见》等中央文件也强调了教师精业树人的重要性[1]。目前，农林类院校是服务乡村振兴战略、解决"三农"问题以及培养农林学科人才的主要阵地，应该更加重视教师创新团队的建设。为了更好地响应国家和人民的呼声，我们在不断摸索并发现了一条通过优化教师团队建设来高水平高效率助人成才的道路——"教学相长"为核心的多维度"容融"式教学方法。这套教学方法的要义在于融合，即教师"教研"融合，学科联合，学生"学问"融合，在教授、学习的过程

作者简介：孟 冬，北京市海淀区清华东路 35 号北京林业大学林学院，教授，mengdongjlf@163.com
　　　　　杨 清，北京市海淀区清华东路 35 号北京林业大学林学院，副教授，yang.qing1020@163.com；
　　　　　范雨欣，北京市海淀区清华东路 35 号北京林业大学林学院，研究生，1347710566@qq.com。
　　　　　李 娜，北京市海淀区清华东路 35 号北京林业大学林学院，研究生，13811302271@163.com；
资助项目：北京市高等教育学会 2023 年课题面上项目"EPC 体验式、项目式、学科融合式教学理念及实践"（MS2023182）。

中，使学生得到进步，教师自身的素质也得到提高。

二、 农林院校教师教学创新团队建设的意义

多维度融合式的教学方法针对农林院校教育现状，可以有效解决现存的问题。农林院校教育目前面临的问题包括：学科结构单一，学科交叉融合不够，与农林产业发展结合得不紧密，对农林业发展的贡献率不高。所以农林院校必须走改革发展之路，其中，教师素质的提高是提高人才质量，解决农林院校教育现存问题的关键。这种创新的教学方法要求学生在各学科老师的引领下，掌握森林生长发育规律，学会全面、细致地思考问题，在置身山水之中时能够利用自己所学，将智慧凝结在大地上，正如林学是一门实践型的学科，教师最重要的是鼓励学生提出问题，解决问题。

多维度融合式的教学模式离不开一个强大的教师团队。以构建和谐集体为依托，各个领域的专家团队一起研究，在相互学习的过程中达到教学相长、教书育人的效果。鼓励学生对交叉学科的思考，老师之间进行交流合作，全方位为学生答疑解惑。

三、 打造教师教学创新团队

做好团队的建设，首先要明确教师的职责。在课堂中，教师要带领学生学会学习、认知学科以及工作中需要的技能，让学生在以后的工作生活中能够批判性地思考，运用各种途径获取信息来解决问题，不断反思和改进自己的工作，从而创造新的思路。教师要想做好教学这件事情，首先自身的本领要过硬，做到教学和科研"两条腿走路"，同时注重学生的思想教育，积极融入并建设教学团队(图1)。

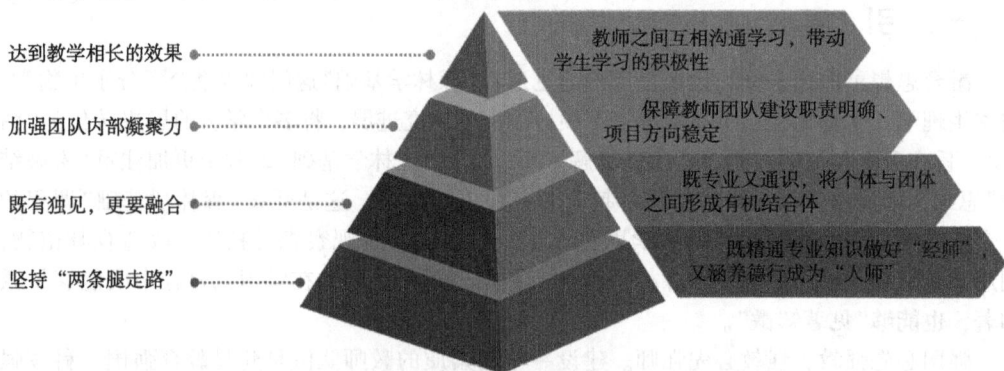

图1 如何打造教师教学创新团队

（一）关于教师素质提升， 应坚持"两条腿走路"

在教书的同时，不同领域的老师之间应相互学习，科研和教学共同发展，改变"管中窥豹"的单一领域研究，以及"一条腿走路"式的只重教学或只重研究。注重学生的人格培养，习近平总书记对广大教师寄予深切期望："培养社会主义建设者和接班人，迫切需要教师既精通专业知识做好'经师'，又涵养德行成为'人师'，努力做精于'传道授业解惑'的'经师'和'人师'的统一者。[2]"这是大学教师教学创新团队的应有之义。一手教书育人才，一手科研助发展，并敢于面对挑战不熟悉的领域，以"四有"好老师标准要求自己，做学生学习、创新以及品格的"引路人"。

（二）关于学科联系， 既有独见， 更要融合

要加强学科之间的联系，使森林学学科的老师既专业又通识，将个体与团体之间形成有机结合体，从多个角度寻找问题解决方法时，大家发表自己的见解后进行取长补短，最

后融合汇总。例如，不同学科的老师看待同一个问题角度不同，大家一起交流所想所得，往往会有更大的收获。

（三）关于团队建设，应加强团队内部凝聚力

团队之间要有机团结，通过不断优化团队人员配备结构，团队中个体的岗位匹配，使每个人在各司其职完成团队目标的过程中实现个人的发展，这样既打造了一个高水平的教师团队，也使个人潜能得到了充分发挥，实现了团体与个体的共赢。教师团队建设还要求团队的主导教师擅长制度管理，不断增强凝聚力，以保障教师团队建设职责明确、项目方向稳定、教学任务有成效。

森林学在国家人才计划特聘教授付玉杰教授的带领下，组建了一支具有国际化视野的高水平教师团队，该团队成员学术成果丰硕，在森林植物分子育种及抗性机理、次生代谢产物调控与利用基础、森林养分循环对全球变化的响应机制、植物生态化学计量特征、生物多样性与生态系统功能、森林植物与其他生物营养级互作、森林资源遥感调查等领域成果丰硕。

四、基于多维度融合思维的教学方案设计

（一）建立不同教学板块的创新路径

根据"森林学基础"课程内容，即根据学科前沿内容，立足于森林植物资源学的基本理论与技术框架，包括森林植物个体生长规律、资源植物类型与多样性、资源植物群落与环境的关系、资源植物群落的功能与服务，逐层展开课程内容的讲授，使学生能够从遗传物质层面到植物个体再到森林生态系统层面，了解森林资源的利用价值。采用多媒体教学，开展适当的课堂测试。通过课程内容的讲授，重点培养学生的自学能力、动手能力、分析问题和解决问题的能力。

课程按照由"小"到"大"的顺序，分为森林植物生长发育遗传基础、森林植物营养吸收与生长发育、森林植物次生代谢产物合成与调控、森林植物资源多样性、森林植物资源与环境、森林植物资源功能与服务、森林植物资源评估、森林植物资源利用和森林植物资源发展趋势。使学生了解森林植物资源学的未来发展趋势，为学生后续课程的学习以及从事相关研究工作奠定理论基础。

（二）建立一套以问题为导向的教学方法

在授课过程中，坚持以学生为中心，以问题为导向。教师提出问题后，采用小组讨论的形式，引导学生围绕问题收集资料，发现问题产生的原因，探索解决问题的方法。在此基础上，鼓励学生提出延伸性问题，培养学生的学习能力和创新能力。不同于传统的以课本知识为基础的教学法，我们在课堂上鼓励学生主动思考，引导学生主动学习，师生之间互相沟通，发现学生的好想法，鼓励学生继续钻研。例如，在果实抽条这一现象中，引导学生思考产生这一现象的原因，通过产生这一现象的原因找到解决问题的思路，并提出延伸性问题。

（三）培养学生的林学情怀

每当穿过一片森林，让学生自发地想去拥抱树干，去倾听一棵树心里的声音。在讲授专业知识的同时，代入教师的经历和故事，让学生身在课堂上更像置身于祖国的河山，在森林里与每一棵树木接触，使每一个知识点都变得更加动人心弦，加深学生的印象，使学生在寄情山水的同时了解树木的生殖发育过程以及森林资源，让学生今后在利用改造森林资源的过程中，使自身的需求与智慧凝聚在山水之中，创造出更大的价值(图2)。

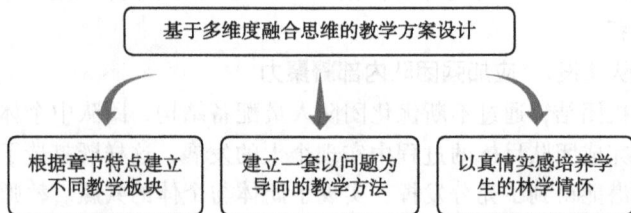

图 2 基于多维度融合思维的教学方案设计

五、结　语

多维度"容融"思维是"森林学基础"中的重要组成，通过优化教师团队建设，进一步加强教师职业素养，全面提升教师教学能力。在这种教学方式的引导下，学生能够和各个领域的老师进行沟通，调动了学习的积极性以及分析问题的全面性，使学生从"被动学习"转变为"主动学习"，兼具宏观辨识和微观探析能力，提升学生发现问题、解决问题的能力。与此同时，教师在向学生"输出"的同时也能够有所"输入"，更加全面地解读学科内容，这对教师素质的提高有很大的帮助。

我们从挖掘使学生产生学习兴趣的教学方法入手，通过丰富的教学案例以及前沿研究进展，使教学内容更加符合培养新时代林业人的要求，教师在教书育人过程中与学生共同学习，不断改进教学内容和方法，让学生掌握学习的钥匙，树立远大理想，为绿水青山事业贡献一份力量。

参考文献

[1] 王传毅，辜刘建. 加强高校教师队伍建设为现代化建设提供坚实的人才支撑[J]. 中国高教研究，2023（2）：16-23.

[2] 习近平. 高举中国特色社会主义伟大旗帜 为全面建设社会主义现代化国家而团结奋斗：在中国共产党第二十次全国代表大会上的报告[J]. 创造，2022，30(11)：6-29.

"嫁接式"教育模式培养"远则深山，近则田园"的新林科复合型人才

——精业树人教育发展创新改革

杨 清 孟 冬 李 娜 范雨欣

（北京林业大学林学院，北京 100083）

摘要： 为培养"远则深山，近则田园"的新林科复合型人才，我们以"嫁接式"思想教育模式为重点，意在培养有扎实的理论知识基础，有丰富的实践经验和操作动手能力并且能扎根密林，专心探索的实践科研综合性人才。"嫁接式"教育强调老师与学生的适配性，以及老师向学生传授知识的合理性。老师作为砧木，将自己丰富的理论实践基础根据学生特点传授；学生作为接穗也应该在保持自身优良特性的基础上接受老师的"营养馈赠"。我们希望应用"嫁接式"教育模式在实践中培养林业人才，在森林中学习知识，形成林学学子别具一格的学习场景；以维护森林为使命，扎根密林，形成林学人学以致用、以人生回馈祖国的独特方式，培养"远则深山，近则田园"的新林科复合型林业人才。

关键词： 新林科；精业树人；教师发展；教学模式创新

新林科是构建主动适应国家生态文明建设需求，与新时代林业功能新定位相符的涉林学科和专业新体系，旨在通过结构功能调整和改革创新，重点解决林科人才培养和专业学科建设与国家需求不相适应的突出问题[1]。新林科在研究森林生态系统的同时，更加注重森林资源的可持续利用和保护。第三届全国林业院校校长论坛指出新林科建设的愿景目标：结合新林科建设的总体部署，更新理念，对接需求，布局新林科，提升人才培养能力，推进林业草原高等教育供给侧改革，整体构建与国家生态文明建设、林业草原高质量发展相适应的学科和专业体系[2]。林业地位具有不可替代性，未来可期，对人才的需求并不小，人才培养要注重连续性和稳定性，人才培养方案不但要站高看远，也要沉淀。创建优质课程培养优质学生，在"互联网+"模式下，提升课程成熟度，创立优质"金课"，"金课"建设既要坚持课程内容、课程设计和课程评价的标准化、规范化，又要充分体现高校特色和地方特色；既要突出先进性和系统性，又要兼顾基础性和实用性[3]；既要关注学生的体验感，又要重视学生的获得感。近年来，林学专业紧扣复合型林科人才培养目标定位，在通识教育方面，以"生态文明、绿色发展"为主题，构建起了涵盖学科基础、专业知识、通识能力和科学素养等多维度的课程体系，开设了"森林经营学""遗传学""气象学""森林培育学""森林生态学基础"等通识课程，并积极建设特色鲜明的通识实践教学体系和平台，促进了学生多学科知识和多学科思想的交流。在专业教育方面，结合林学专业建设和人才培养实际，制定了以森林经营、森林资源培育、森林保护与生态修复三大专业群为框架的课程体

作者简介： 杨 清，北京市海淀区清华东路 35 号北京林业大学林学院，副教授，yang. qing1020@163. com；
    孟 冬，北京市海淀区清华东路 35 号北京林业大学林学院，教授，mengdongjlf@163. com；
    李 娜，北京市海淀区清华东路 35 号北京林业大学林学院，研究生，1347710566@qq. com；
    范雨欣，北京市海淀区清华东路 35 号北京林业大学林学院，研究生，13811302271@163. com。
资助项目： 北京林业大学 2022 年研究生课程思政建设项目资助（KCSZ22015）。

系，并将课程群内容进行优化整合，形成了"三群"结构的专业知识体系。

一、 新林科复合型人才特点

新林科复合型人才应该拥有广泛的林学基础知识，掌握扎实的研究方法和技能，具备高水平的学术研究能力，具备团队合作精神和团队协作能力，理解和尊重不同文化和背景之间的差异，能够在多元化的环境中协调和合作，促进集体成长和发展。应该有开放、创新的思维方式和能力，能够识别和解决日益复杂的环境问题，并提出具有前瞻性、超前意识的解决方案。并且具备领导和管理能力，能够为团队提供方向和指导，推动创新和发展，应对激烈的竞争环境。当然优秀的沟通能力，善于表达自己的想法和意见，并且能够理解和尊重他人的观点，在交流中达成共识对于一个合格的林业人来说必不可少。优秀出色的能力是完成工作的保障，而有职业道德感和社会责任感更是一个优秀林业人的基本素养。新林科复合型人才具备跨学科、综合性的专业背景，能够将多个领域的知识和技术应用到林业建设中，推动林业技术的创新和应用，提高林业生产效率和质量。具备环保意识，能够在林业建设中注重生态保护，采用科学的技术手段，减少对自然环境的影响，保护生态系统的平衡和稳定。新林科复合型人才拥有良好的沟通和协调能力，能够在林业建设中协调各方利益关系，妥善处理各种矛盾和冲突。同时，他们能够管理和调度林业工作，实现资源的优化配置和利用，提高林业经济效益，能够与国外专家和企业进行交流和合作，吸纳国际先进的林业技术和管理经验，加快林业现代化进程，提升林业国际竞争力。因此，培养新林科复合型人才，对于推动林业现代化建设、实现资源可持续利用和保护自然生态、提高林业经济效益和国际竞争力等方面具有重要意义(图1)。

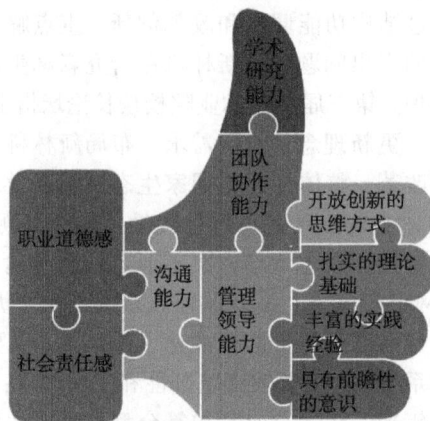

图 1　新林科复合型人才特点

二、 "嫁接式"教育培养模式

林学专业主要研究对象是森林，所以身为林学专业的学生要不止读书，还要"读树"——这是所有林学人的共识。我们在长期的林业教育从业经验中总结出培养新林科复合型人才不能拘泥于传统的课堂教育，在教学过程中老师应该秉持着"嫁接"思想，而不是"焊接"思想。所谓的"嫁接"是一个林学专业的专业术语，即把一株植物的枝或芽，嫁接到另一株植物的茎或根上，使接在一起的两个部分长成一个完整的植株。对于果树进行嫁接不仅仅只希望砧木和接穗连接到一起，更重要的是利用好砧木的有利特性，保持接穗的优良性状。所谓"嫁接式"教育模式就是在教学过程中老师作为砧木，将自己的所学所知传授给学生，学生作为接穗向老师汲取知识养分并保持自己的独特优良的特性，不能一味地听老师讲，应该以自身特性为基础，取其精华去其糟粕。师生之间建立这种良好的教学模式能够提高教师教学水平，调动教师的潜能，创造出宽松、和谐的教学氛围，使得学生在和老师的平等交流中获得更多的知识和技能，提高掌握知识的能力和水平，也能使学生在不断的学习和探索中更快地达到教学目标，使学生真正掌握应有的知识和技能，为将来的发展打下坚实的基础。

林学学科教学目标要始终聚焦在人才质量的培养上，基于"嫁接式"教育思想，将教学目标放在人才培养上，高校老师除了埋头进行科学研究外，还要以立德树人为根本，积极探索和创新制定并尝试各种教育教学方法，将专业课程置于人才培养方案中，从而提高人才培养质量水平。将"嫁接式"教育思想贯穿于教学过程中，需要教师在课堂教学中要融入立德树人的理念，根据不同学科的特点和学科育人目标，结合学生的认知水平和认知特点合理设置课程目标，通过教育教学活动让学生接受思想政治教育。教师要充分利用教材资源，对课程内容进行创新设计，将立德树人思想融入到教材内容中。教师可以在讲授学科知识时引入社会主义核心价值观教育，结合课程特点对学生进行理想信念教育，增强学生的思想认识和道德观念。具体做法例如，在学习"经济林栽培"课程时，教师以实际案例对学生进行思想引导，将"嫁接式"思想贯穿课堂，老师抛出问题，使学生成为回答问题的主体，尊重每个学生的想法保持其独立性，并在一定程度进行正确引导，这样一个良好的课堂模式不仅有利于学生学习效率的提高，还能提高教师专业素养(图2)。

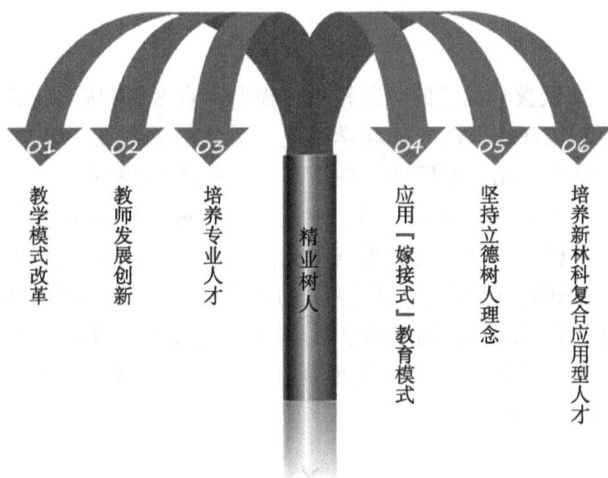

图2　精业树人模式图

三、"远则深山，近则田园"的林业人才培养

（一）"远则深山，近则田园"的林业人才培养目标

林学人的课堂不只在教室，还"在乎山水之间"。远则深山，近则田园，依托森林学科优势，践行"耕读教育"理念，坚持以人为本、教书育人，引导学生在"耕读"中"学得深、懂得广、用得上"。优秀的林业人才应该深入森林，了解森林的构成和特点，掌握森林的管理技术，参与实践和操作，进行有效的技术创新，成为一个有实践经验、科学理论基础和操作动手能力等综合素质全面的人。

（二）林业人才必备能力

林业是一个知识密集型行业，不仅要了解林业相关知识，还需要具备实践能力，没有实践能力就很难做好林业工作。我国幅员辽阔，森林资源丰富，林业建设是一个漫长的过程。在这个过程中，需要林业人才对自然环境进行全面的了解，同时还要掌握相关的专业技术，为森林资源提供科学、有效的保护。要想成为一名优秀的林业人才，必须具备丰富的实践经验。在实践中不仅可以获得与书本知识不一样的知识，还可以提升自己的能力和水平。

（三）如何实践培养林业人才

林业学科涉及多个领域，包括林业技术、林业管理、森林经营等。老师可以通过实践来掌握林业技术和操作技能，从而更好地帮助学生了解植物的需求。实践出真知，只有通过实践，才能真正获得知识和经验。老师在教学过程中，需要把理论和实践结合起来，引导学生进行思考，通过思考加深对知识的理解。比如老师可以带领学生走进森林，亲自参与实践和操作，了解自然环境和资源的实际情况，掌握林业技术。在这个过程中，老师可以言传身教，帮助学生树立正确的价值观。同时还可以把实践教学与理论教学相结合，引导学生树立正确的生态观、环境观等，在潜移默化中培养学生的社会责任感和使命感。实践经验可以使学生更加贴近实际，提高知识的实际应用价值。实践经验不仅有助于提高学生的综合素质，还能激发他们的兴趣和好奇心，增强他们的探索精神和实践能力。在实践中，老师可以帮助学生掌握相关知识和技能，促进他们对林业发展的认识和理解。在林子里的实践学习是林业学科教育中的必要组成部分，可以让学生深入了解林业领域，从而更好地为林业发展做出贡献。

四、结 语

在探索"嫁接式"实践教学模式的可行性中，需要重点考量的砧木(老师)和接穗(学生)的适配性问题，而能够很好地平衡老师和学生之间关系的关键在于老师的教学教育方法和模式。专业是教学的基本单元，课程是核心要素，教材是"主要剧本"，教学方法是关键突破。"学然后知不足"，只有深入研究教材，才能真正把握教材的精髓。老师在备课时，要充分了解课程标准、教材的特点、教学重点和难点，并根据课程特点和教学目的进行设计和编写，为课堂教学做好充分的准备。我们希望应用"嫁接式"教育模式在实践中培育森林、经营森林、保护森林、利用森林，构成林学学子别具一格的学习场景；以维护森林为使命，扎根密林，形成林学人学以致用、以人生回馈祖国的独特方式，培养"远则深山，近则田园"的新林科复合型林业人才。

参考文献

[1]于晓，雷秀雅，刘浩宁，等."新林科"背景下林草高校劳动教育模式与路径：以北京林业大学心理学系为例[J].林草政策研究，2021，1(4)：35-41.
[2]勇强.新农科视域下高等林业院校专业结构优化的思考与实践[J].中国林业教育，2020，38(1)：1-4.
[3]闫东锋，代莉，周梦丽，等."新林科"建设背景下林学专业课程体系改革与实践[J].西部素质教育，2022，8(11)：27-29.

"新农科"背景下高校教师发展与能力提升的路径探析

——以水土保持与荒漠化防治专业为例

关颖慧 王彬

（北京林业大学水土保持学院，北京 100083）

摘要： 为提高我国高等教育的整体水平、增强国家的核心竞争力，教育部办公厅等四部门发布《关于加快新农科建设推进高等农林教育创新发展的意见》。在新农科的背景下，水土保持与荒漠化防治专业如何结合自身优势获得长足发展，是一个既涉及学科前途命运而又亟待解决的重大问题。为此，本文分析了我国水土保持与荒漠化防治专业教师的发展现状和存在问题，并提出了促进教师发展与能力提升的相应对策，以期加快水土保持与荒漠化防治专业进入世界一流学科的步伐。

关键词： 新农科；水土保持与荒漠化防治；人才培养；课程体系；师资队伍

党的二十大报告提出要坚持绿水青山就是金山银山的理念，坚持山水林田湖草沙一体化保护和系统治理，全方位、全地域、全过程加强生态环境保护。水土保持与荒漠化防治既是一门基础性学科，又是一门应用性学科，其核心内涵是保护、改良和合理利用水土资源，担负着改善我国生态环境的重任。2022 年 9 月，国务院学位委员会、教育部印发的《研究生教育学科专业目录（2022 年）》提出，增设"水土保持与荒漠化防治学"（0910）为"农学"门类的第十个一级学科。新征程下，水土保持与荒漠化防治学科将发挥更重要的现实和战略意义。

2022 年 11 月，教育部办公厅等四部门发布《关于加快新农科建设推进高等农林教育创新发展的意见》，意见包含全面加强知农爱农教育、大力推进农林类紧缺专业人才培养、加快构建多类型农林人才培养体系、着力提升农林专业生源质量、深入推动课程教学改革、不断强化教材建设和管理、建设高水平实践教学基地、打造高水平师资队伍等 14 条举措[1]。在新农科建设背景下，进一步提高高校教师专业素养能力，培养一支政治素质、业务能力、育人水平全方面均衡发展的高素质专业化创新型高校教师队伍变得尤为重要。笔者基于新农科建设背景下对高校教师师资队伍建设的要求以及中共中央、国务院《关于全面深化新时代教师队伍建设改革的意见》和教育部等六部门《关于加强新时代高校教师队伍建设改革的指导意见》等文件精神，系统分析了水土保持与荒漠化防治学科的现状以及相关教师发展与能力提升方面的欠缺点，并探析了具体改革的路径和建议。

一、 我国水土保持与荒漠化防治学科发展概况

图 1 为我国水土保持与荒漠化防治学科发展进程。1952 年，北京林业大学建校即开设

作者简介：关颖慧，北京市海淀区清华东路 35 号北京林业大学水土保持学院，副教授，gyhdem@ bjfu. edu. cn；
　　　　　王彬，北京市海淀区清华东路 35 号北京林业大学水土保持学院，教授，wangbin1836@ bjfu. edu. cn。
资助项目：研究生教学改革研究项目"新型涉农交叉学科——生态修复工程学人才培养体系建设探索与实践"（JXGG23068）。

水土保持课程，1958年北京林业大学将其设置为水土保持专业，1980年在北京林业大学成立了我国第一个水土保持系，1981年教育部批准北京林业大学成立全国第一个水土保持学科硕士点，1984年批准北京林业大学成立全国第一个水土保持学科博士点。1989年，水土保持与荒漠化防治学科被教育部确定为第一批国家级重点学科。1992年，我国第一个水土保持学院在北京林业大学诞生，1998年水土保持和沙漠治理专业合并，成立水土保持与荒漠化防治专业。2001年，该学科再次被确定为国家级重点学科。该学科的确立极大地提高了水土保持高等教育质量，培养了大批水土保持领域的高层人才并投入我国经济建设中，也带动了全国其他高校与科研单位水土保持高层次人才培养的蓬勃发展。2022年，水土保持与荒漠化防治专业由林学下的二级学科晋升为一级学科。随着水土保持科学的发展和社会对水土保持的进一步认识，水土保持教育事业发展壮大，相关农林院校相继设立了水土保持与荒漠化防治学科硕士点和博士点(图2)。

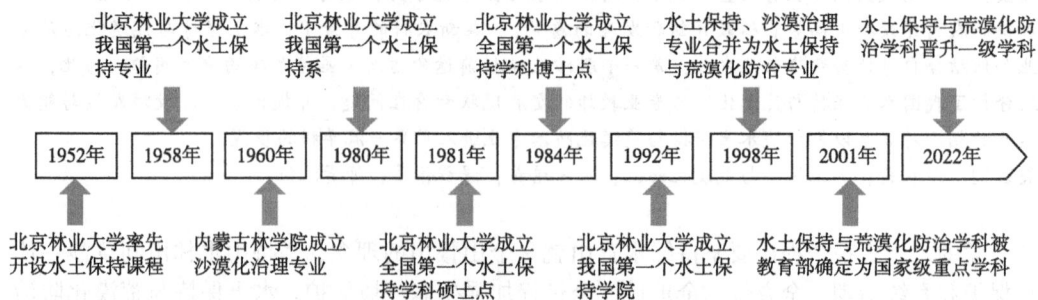

图1 我国水土保持与荒漠化防治学科发展历程

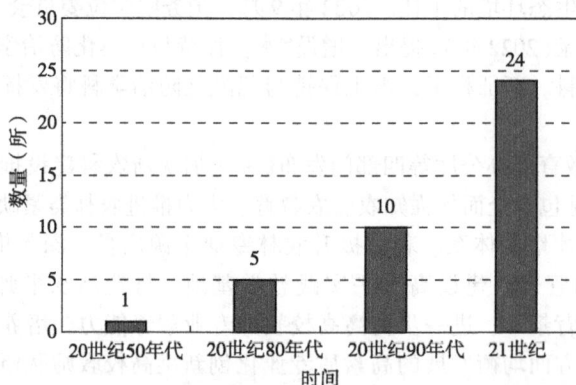

图2 我国开设水土保持与荒漠化防治专业的本科院校

二、 现状及不足之处

（一）教学方法单一

高校教师教学模式的将影响教学的质量和效果。高校教师教学手段单一，往往都是教师使用PPT结合板书的方式单方面输出，对学生进行"填鸭式"教育。学生认为枯燥无味，更无法将教师所讲述的知识应用到生活实践中，长期如此，学生将对课程产生厌学心理。面对这样的大环境，教师的教学方法与模式若不能够与时俱进，给学生带来"新鲜感"，往往出现即使老师在讲台讲得激情澎湃，学生仍低头玩手机的现象。针对学生的心理特点，教师应该在课程上多增添能够抓住学生眼球的点，将学生的注意力从手机上转移到课堂上。年轻教师的课堂往往比年迈教师的课堂的教学效果要好，原因在于年轻教师的思维和大学生更加合拍，通常能将教学内容和网络热点紧密结合。此外，从课程设置方面来看，水土保持与荒漠化防治专业课程内容过时、授课内容更新速度慢，教材版本陈旧且缺乏通俗易懂的彩图和表达方式。

（二）实践教学能力缺乏

水土保持与荒漠化防治专业具有综合性、实践性、应用性强的特点[2]。因此，该专业除了要求学生掌握理论知识外，关键在于要学会理论结合实践，将理论知识运用到实践生产中，应用专业知识解决实际问题。北京林业大学水土保持与荒漠化防治专业的实验教学环节采用较为传统的模式，即由任课教师或实验员演示实验内容，学生根据已设定的实验步骤进行操作。课堂教学过程中，教师一昧地进行理论知识的传授，忽略了实践教学活动。大多数的高校教师毕业后直接进入高校参加教学工作，缺乏生产实践的经验，教师在课堂中传授的教学内容落后于社会生产实践的需求[3]。此外，近年来，随着高校招生名额的扩张，用来支撑实践教学环节的专项经费却一再缩减。除了校内教学实习，多数实习地点相对学校较偏远，交通费在实习费用中比重大。以北京林业大学为例，实践教学基地在全国分布广泛，但是在京内范围仅有鹫峰林场，本科生实习多数在此，京外教学基地多分布在我国西北(如山西吉县站和宁夏盐池站)和西南地区(重庆缙云山站和云南建水站)。因此，经费不足是实践教学的关键卡点之一。另外，很多高校目前还没有建立自己的实习基地，实习基地偏少，实习场所有限，加之很多教师为了便于管理，往往选择以组为单位让学生共同完成实习，难以保证每个学生都能掌握实验步骤和技术，从而导致学生动手机会较少，整个培养不能满足社会发展的需求。

为了提高教学水平，学生的培养方案每年均有所调整，但培养方案中实践教学占比依然较少。表1为北京林业大学水土保持与荒漠化防治专业2018级、2020级和2022级学生本科人才培养方案，三个年级达到毕业要求取得的最少学分依次递减，总学分由189.5分减少到176.5分。而2022级与2020级相比，减少了综合拓展环节学分要求，总学分减少了5分。2022级本科生与2018级本科生在毕业要求总学分上相差18分，教学方案差异明显，教学改革跨度大。图3为三个年级的本科生必修实践环节分值比较，三个年级必修实践的分值在总学分的占比是逐渐增大的。未来教学改革中，在夯实以基础理论知识为特色的培养基础上，应着力实践教学，增加实践教学的比例，重视学生个人能力和综合素质的培养，培养复合应用型和拔尖创新型人才[4]。

表1　北京林业大学水土保持与荒漠化防治专业各年级课程学分统计

课程类别＼年级	2018级	2020级	2022级
公共选修课学分	9	7	8
通识必修课学分	46	40.5	45
暑期学期学分	3	3	3
学科基础教育平台学分	53.5	54	55.5
专业核心课学分	31	31	32
本专业选修课学分	≥24	≥24	≥20

（续）

年级 课程类别	2018级	2020级	2022级
跨专业选修课学分	≤8	—	—
毕业论文（设计）学分	8	8	8
综合拓展环节学分	7	9	—
总学分	189.5	176.5	171.5

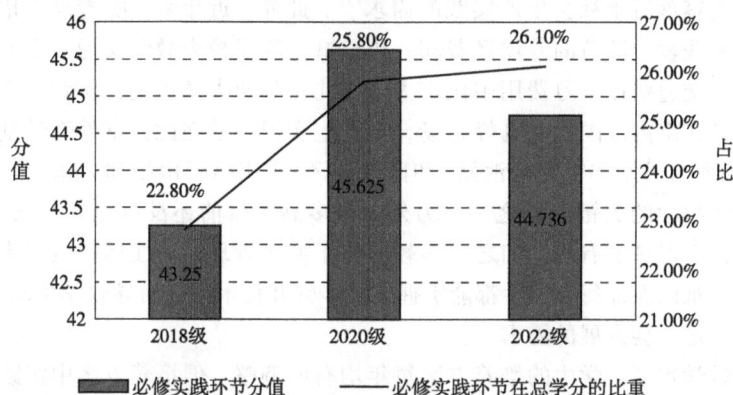

图3　北京林业大学水土保持与荒漠化防治专业各年级必修实践环节

（三）教学考核要求简单

目前水土保持与荒漠化防治专业本硕博三个阶段的课程考核机制主要是采取平时成绩加期末成绩的方式设置。北京林业大学该专业学生的期末成绩占60%~70%，本科生多以考试的方式为主，研究生多采取考核的方式，而平时成绩仅占30%~40%，包括出勤、作业成绩、课堂问答状况等。但很少有老师把课堂积极互动真正落实为成绩的一部分，在平时成绩的判定上缺乏统一标准。北京林业大学水土保持学院的相关问卷调查显示，大部分学生在期末考试之前，临时突击，带着瞬时记忆上考场，考完之后便全部抛到脑后，对一门课程的理解只停留在书面资料上，没有真正达到人才培养计划的要求。但是大部分教师对学生成绩的判定上仍采用低标准、高分数，简单的考核制度无法将有效检测学生知识掌握程度的要求落到实处。

（四）师资队伍结构失衡

水土保持与荒漠化防治是一项综合的系统性学科，涉及自然地理学、土壤学、生态学、植物学、地图学与地理信息系统、土木工程、环境科学、经济学等众多学科的支撑。为此，本学科广开门路，吸纳和引进不同学科的人才，形成了一支高水平综合学术队伍。据统计，北京林业大学水土保持与荒漠化防治学科现有专任教师53人，教授25人，其中男19人、女6人，副教授19人，包括男14人和女5人，讲师9人包括男7人、女2人（图4）。由图5可知，北京林业大学水土保持与荒漠化防治学科教授、副教授、讲师的比例依次递减呈倒金字塔形状，分别为47.17%、35.85%、16，98%，结构显然不合理。高校青年教师往往科研压力大，教学安排任务繁重，但是比例却较少，高校应引进人才，提高青年教师的比例，改善师资队伍结构。

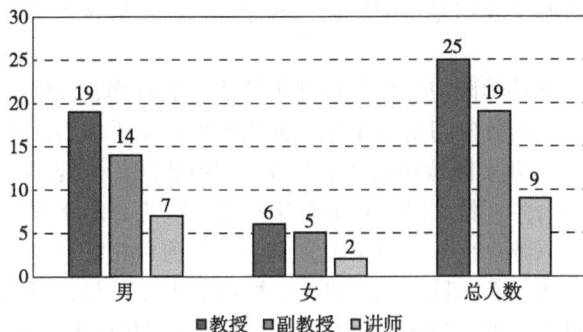

图4　北京林业大学水土保持与荒漠化防治专业专任教师性别统计图

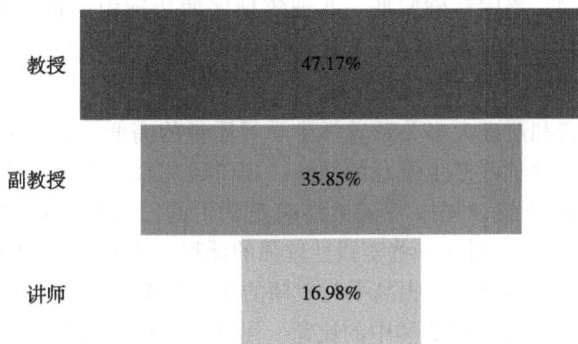

图5　北京林业大学水土保持与荒漠化防治专业专任教师职称比例结构图

三、 今后的发展对策

（一）优化课程体系， 创新教育教学方法

新农科背景下，水土保持与荒漠化防治专业课程应结合社会需求，调整专业课程安排，建立完善的教学体系。北京林业大学作为全国水土保持事业的领跑者，应积极为培养水土保持与荒漠化防治专业的高校和院所做出创新示范。建议水土保持学院教师采用"翻转课堂"与"互联网+"相结合的模式，推动互动化教学和教学信息化、资源化，提高教学效率和质量，结合学生们比较关心的网络热点事件，强化师生互动，提升教学效果。在理论学习过程中，教师应突破传统教学模式，摈弃"填鸭式"教学方法，借助网络资源丰富教学模式，发挥信息化教学的优势。借助雨课堂、大学慕课、知到、智慧树等网络教学平台，教师提前录制教学视频上传至云端供学生学习和浏览。如此，学生则可以利用课余时间自由学习，不受时间地点限制，同时还可以对课程中的难点和重点反复学习，提升学习质量，实现弹性教学，增强教学效果。同时，理论教学应紧密结合教师的科研项目，选择引导式和探究式的教学模式，强调对学生思维的引导与启发，激发学生钻研科学问题的热情。以教学基本功比赛为平台，全方位提高教师教学基本功，积极学习并探索新型教学模式。

（二）强化实践教学， 培养高质量创新人才

"实践、认识、再实践、再认识"是人类认识事物通常遵循的客观规律[5]。对于水土保持与荒漠化防治这种实践性很强的学科，教师在教学过程中尤应加强实践教学环节，在输出理论知识的同时，培养学生的实际动手能力。学生从学习课程知识到完全理解掌握课程知识，是通过不停地实践与学习进行强化来完成的。水土保持与荒漠化防治专业作为一门应用性比较强的专业，其课程知识在老师讲解与学生掌握方面均应在实践操作中完成。教

师在讲授知识的过程中除了介绍基本的知识点和原理外，还应该大量结合实践内容，让学生在操作中掌握知识点。

北京林业大学水土保持学院应积极与校外单位或企业合作，围绕教学、科研、生产三要素，建立长期稳定的校内外实习实训基地，强化学生的动手能力。可选择性与企业签订《合作育人协议》，结合企业实际情况和水土保持与荒漠化防治专业的培养方案，提供足够的岗位用于安排学生进行生产性实训，培养学生在第一线进行水土保持相关知识实际应用的能力。从培养学生的兴趣点出发，与国家大学生创新项目相结合，鼓励学生发现科学问题并不断深入探索，开展创新实践活动。更新、增加水土保持与荒漠化防治专业课实验室设备仪器，改善实验教学条件，为学生开展创新实践活动提供必要的实验设施、仪器设备、实验材料，充分调动学生的研究热情以及学习主动性。设置大学生夏令营专项基金，用以资助在校大学生赴中国、美国、俄罗斯、非洲等地区的边远山区进行水土流失、泥石流、水污染等生态环境问题的调研和考察活动，以增强学生的社会责任感和实践能力。

（三）完善考核制度，整肃课堂纪律

考核制度是否完善和严谨大多关系着学生学习质量的高低。教师采用简单敷衍的考核制度往往让学生对课程的学习产生懈怠的情绪。现阶段北京林业大学水土保持学院大部分教师的考核制度为平时成绩和期末考试最终确定学生的总成绩。其中，期末成绩往往占60%~70%，所占比重过大。对于一些实践性较强的课程，比如"水利水保工程制图"，教师可以降低期末成绩的比重至40%，提高平时成绩的比重至40%，增加20%的实习设计占比，尤其加大"主动回答问题"在平时成绩中的比重。可将平时成绩占比分为课堂表现10%、出勤10%、课下作业10%以及小组讨论10%。

（四）加强师资队伍建设，培育一流师资

为满足当前水土保持与荒漠化防治专业学生培养规模扩大的需求，应不断增加教师数量，同时注重师资质量的提升。引进国内外高水平大学人才加入教师队伍，有目标地培养高水平教学团队和国家级教学名师。通过开设国际课程、聘请海外客座教授、委派访问学者、申报承担国际项目等多种方式开展国际学术交流与合作，开拓师生视野，提供国内外先进的教学资源。同时，进一步巩固与国外高等院校、科研所和国际组织的友好关系，积极推进实质性人才培养合作，将教师深度参与国际前沿科学研究进一步落实。另外，在师资建设当中，建议北京林业大学等高校加强青年教师队伍建设，打造"双师型"教师队伍，培养同时具备卓越科研能力和优秀实践教学能力的师资队伍，能够顺应时代发展培养水土保持与荒漠化防治学科带头人。同时，适当外聘水土保持行业专家，拓宽学生知识面，强化专业课程实践性。最终，构建一支拥有精湛理论知识教学经验和顶尖实践技能的教学队伍。

四、结　语

新时代背景下，"新农科"战略的提出为我国高校水土保持与荒漠化防治专业的发展创造了有利条件，但是鉴于目前专业发展的现状以及人才培养过程中存在的诸多问题，相关高等院校应在生态文明建设总体方针的指导下，抓住难得的发展机遇，认清水土保持与荒漠化防治专业教育教学中存在的问题，不断改革创新，切实提高人才培养的质量，尤其是提升所培养专业人才的社会竞争力，使其能够更好地为我国的生态文明建设贡献力量。

参考文献

[1]教育部办公厅等四部门.关于加快新农科建设推进高等农林教育创新发展的意见[J].中华人民共和国教育部公报，2022（12）：30-32.

[2]樊登星，余新晓．面向卓越农林人才培养的野外实践教学基地建设[J]．实验技术与管理，2016，33（12）：246-249.

[3]严友进，戴全厚，彭旭东．新农科背景下水土保持与荒漠化防治专业本科实践能力培养的探索[J]．中国水土保持，2021，472（7）：68-71.

[4]齐实，张洪江，孙保平．水土保持与荒漠化防治专业的现状和发展对策[J]．北京林业大学学报（社会科学版），2005（4）：74-77.

[5]马岚，高甲荣．资源环境与城乡规划管理专业"水文与水资源学"课程教学改革的探索[J]．中国林业教育，2014，32（6）：50-52.

对高校青年教师教学能力培养与科研方向规划的思考

刘学彦　　信忠保

（北京林业大学水土保持学院，北京　100083）

摘要： 高等院校的教学与科研工作，是精业树人的具体体现，对于青年教师来说既是重点也是难点。本文对高校青年教师的教学科研能力成长进行了分析，归纳总结了教学能力的构成及其培养环节、科研方向规划的影响因素，给出了教学能力培养的具体步骤和实施关键点。同时，指出科研实践中要积极乐观，及时整理成果。青年教师教学能力的提高即离不开自身的努力，也与学校的方针、政策、制度密不可分，同时要遵循教学能力培养的一般规律。高校青年教师的科研方向规划对个人的发展至关重要，要认真分析自己所处的环境、具备的条件，把科研工作看作一项日常工作，保持独立乐观心态，积极主动地参与自己感兴趣的科研项目，并及时总结形成成果。

关键词： 青年教师；教学能力；培养环节；科研方向规划

一、　青年教师面临的挑战

教学与科研是高等院校的基本职能。如何处理并经营好这两项工作是每一位教师的重要课题[1]。青年教师入职新单位，面临很多挑战：①角色转变。青年教师大多数是从学校到学校，一般为非师范类院校毕业生，没有经历过系统的教师职业训练。对如何教书育人缺乏感性认识和深刻体会，甚至对学生称自己为老师感到很不自然。同时，对作为一名教师的责任和担当理解不够深入[2]。②胜任教学。胜任教学是继角色转变后青年教师面临的又一重大考验。作为学生时，主要任务是学习并掌握专业知识；现在作为教师，需要掌握"教什么"和"如何教"[3]。所谓"教什么"是教学大纲要求讲授知识的范围，以及所讲授专业知识的深度和广度，如教学内容等。所谓"如何教"是指如何讲解知识并让大家更好地理解，如教学方法、课堂组织等。③科研规划。入职新单位后，青年教师的主体科研方向可能会与学生时期不一致，为此面临科研方向的调整。同时，新进教工面临学校的绩效考核（多为科研任务），而科研成果的产出需要时间和积累。如何在保证绩效的条件下进行科研方向的调整是科研工作规划的重点和难点。为此，本文对教学能力培养以及科研方向规划进行分析，归纳总结教学能力的构成及培养环节、科研方向的影响因素，并结合笔者在北京林业大学的工作经验，给出在进行教学尝试和科研实践中所要注意的要点，为青年教师，特别是新进青年教师的成长提供建议。

作者简介：刘学彦，北京市海淀区清华东路 35 号北京林业大学水土保持学院，讲师，happyhome-liu@163.com；
　　　　　信忠保，北京市海淀区清华东路 35 号北京林业大学水土保持学院，教授，xinzhongbao@126.com。
资助项目：数字孪生技术在岩土工程教学中的应用（BJFU2023JY026）。

二、　教学能力的培养

（一）教学能力培养的内容

教学能力是教师有效开展课程知识的选择与组织、教学内容的呈现与传递、教学效果评价以及对整个知识传递过程的反思、监控和改进等方面的教学问题而形成的实践与研究两方面的综合能力[3]。教学能力包括教师礼仪、知识转化能力、组织管理能力、语言表达能力和教学研究能力[4]，具体如下。

1. 教师礼仪

教师礼仪是教师走上讲台的必备课程。礼仪是以约定俗成的程序方式来表现敬人律己的过程。礼仪不仅是形象上的穿着得体、打扮适宜、举止大方，还包括自律功能、教化功能和调节功能。礼仪的核心是用心和尊重[5]。高校教师礼仪要符合为人师表的形象，内外兼修，着装整洁大方，举止稳重端庄。教师礼仪包括仪表礼仪、课堂礼仪和交往礼仪。其中，仪表礼仪包括着装、装饰、修饰和举止。教师仪表要整洁大方，仪容端正，举止稳重大方，符合教师形象，符合时间和场地的要求。课堂礼仪包括课前准备和教学礼仪。教师教学时，课前要认真备课，讲课时要吐字清晰，语速均匀，注意语言的方法和技巧，维持课堂纪律时，方式方法也得当。青年教师在课外交往过程中，能服从大局，办事自觉主动，乐观热情，尊重同事。和学生交往时，由于大学生已经成年，具有初步的世界观和价值观，对事物和世界有着自己的思考和见解。高校教师面对大学生更应该有充分的尊重，十分的耐心[6]。

2. 知识转化能力

课堂教学是教师在理解教学大纲、教材以及学生的基础上，根据教学目标、知识结构和学生特点，对相关指点进行概括、加工和改造，并在课堂上灵活运用不同的教学方法和手段展现给大家的过程。这种对知识点进行概括、加工和改造的能力就是知识转化能力[4]。教师对知识的转化服务于教学过程中学生对知识的学习转化过程。因此，教师应根据学生的特点充分运用转化能力，将有关知识点加以提炼并转化为教学内容，而不是简单地重现自己所理解和掌握的知识。

3. 组织管理能力

课堂组织管理能力就是对教学过程中的各种因素和变量进行控制，最大限度地调动学生积极性，以取得最佳教学效果的能力[4]。教师的组织管理贯穿于教学的全过程。首先，教师要制订教学计划、安排教学活动，包括教学学时、使用教材、教学方法、课堂组织等。其次，课堂教学是教与学的双边活动。教师既是课堂的讲授者，也是课堂的管理者。学生既是授课对象，也是学习的主体。教师创造性地发挥作用，调节教学的节奏和各个环节的变化，有助于教学活动的展开。最后，教师通过与学生的互动，从教学的各个环节和阶段中得到有效的反馈信息，从而调整自己的教学工作。

4. 语言表达能力

语言表达是课堂上传递知识的主要手段。教师用准确、规范、生动的语句释义述理，有针对性地选择、组织和运用语言实现教学目的能力即为语言表达能力。语言表达能力主要体现在认知能力和表达能力。认知能力是指对人或事物的特性进行认识、推测和判断的能力，这种能力主要包括思维能力、观察能力、想象和联想能力以及记忆能力等。表达能力是指以说、听、人的某一部分形态变化来表情达意的能力[7]。因此，语言表达能力依赖于教师的理论水平、思维逻辑、语言组织和普通话水平。

5. 教学研究能力

教学研究是研究者深入课堂教学场域中研究教学内部构成要素及其相互关系，并探索和总结教学科学规律、解构和诠释教学人文现象的一种研究活动[8]。教学研究可以促进教学的科学化，从而提高教学质量。教师应该主动地运用科学的教学理论、教学方法和教学技巧来研究学生、教材、课堂，整理出自己的经验，最好使之上升到理论高度。只有具备较强的教学研究能力才能善于发现问题，解决问题。事实上，教学研究也是一种学术研究，青年教师不能只重视科学研究，而忽视教学研究。

（二）教学能力培养的环节

以上分析可以看出，青年教师的教学能力不仅包括外在精神风貌、行为举止的提升，也包括教学思想、教学方法和课堂组织的提升。这种能力不仅来自自身的努力，还有学校的重视与相应措施。教学能力的培养主要有：岗前培训、听课、试讲和教学竞赛等环节。这些环节既有其侧重点，也有着起承转合的顺接关系，具体如下。

1. 岗前培训

岗前培训是高校教师强化教书育人意识和责任的重要课程[9]。北京市高校要求教师通过岗前培训课程方可授予教师资格证。培训课程包括："高等教育法律概论""高等学校教师职业道德修养""高等教育学"和"高等教育心理学"等。通过岗前培训可以掌握教学的基本规范和要求，明确并定位作为一名教师的职业道德修养，知晓教学过程中教与学之间的关系。

2. 听课

教师听课是不断交流学习并反思研究与合作的活动[10]，相互听课有利于取长补短，提高教学能力。对于讲课教师而言，在充分展示自己教学艺术的同时，也不得不承受着同行们的评价与判断，从而认真思考教学艺术与教学规律之间的关系；对于听课教师而言，需要提出客观公正的评价和建议，并由此反思自己的教学[11]。教师听课按照目的可以分为3种类型：教学研究、教学能力提高和完成学校规定任务[12]。青年教师刚入职，听课以提高教学能力为主。为领悟教学方法，提高教学水平，需要听课前进行课程准备，了解课程章节，明确教学内容。首先，与授课教师进行沟通，了解教师的教学设计，如对教材的处理，教学目的的达成方法，课堂生成的处理等。其次，在课堂上集中注意力，并观察思考。关注教学步骤、内容安排、课堂氛围以及学生和老师的配合等。最后，做好听课记录，以便形成学习体系，归纳提高。特别是刚入职的青年教师，课堂经验较少甚至没有，更需要通过听课来学习资深教师的专业知识、教学方法和教学艺术，一是通过教研室前辈来进行本专业的知识储备，以便接手课程时能够胜任；二是通过观摩本学院乃至本单位的教学名师来消化和吸收教学艺术。

3. 试讲

讲课是青年教师从理论走向实践，实现教书育人的起点。培训和听课所学习到的教学理论、方法等可以在试讲的过程中进行运用和融合[13]。教师的教学能力也主要通过试讲来锻炼和培养。凡事预则立，不预则废。备课是教学的重要环节，包括备教材、备大纲和备学生，具体表现为教案和PPT的准备。备课应多从学生角度出发，如学生学习这门课的目的是什么？这门课怎么讲学生容易接受？如何让学生在学习中找到乐趣？等等。把握"主体是学生学，而不是老师教"的理念[14]，吃透教材，精心组织和制作PPT及教案，了解学生，配合讲述、类比、例证、发问、提问等教学方法，调动学生学习积极性[15]。在讲课过程中要把握授课节奏，青年教师讲课普遍偏快，要降低语速，表达清晰。

4. 教学竞赛

教学竞赛是提高青年教师教学水平和教学质量的一种重要途径，与听课、试讲一脉相承。青年教师经过听课的学习和经验积累，掌握了授课的基本方法。然后，通过试讲进行展示，反复训练和改进，以达到融会贯通。而"青年教师教学竞赛"则提供一种提高教学能力和教学水平的锻炼和学习机会[16]，重点在提高。从"听课"到"试讲"再到"教学竞赛"是青年教师学习、实践和再拔高的过程。教学竞赛是一种比赛，比赛就有选手、教练和相应的规则。为参加比赛，青年教师需认真准备并向指导老师虚心请教。指导老师一般由名师、专家或教授担任，他们的细心点拨必然有助于青年教师的快速成长。在比赛的过程中，评委会对参赛选手进行点评，评语有褒有贬，一般很中肯，可以反映其教学优缺点。

（三）教学能力培养的实践

教学是高校青年教师的立足之本，进行课堂授课是青年教师身份确立的标志，走上讲台几乎是每个青年教师入职后的期待。同时，教学能力的提升也需要青年教师在各个培养环节付诸实践。然而，为了上好第一节课，青年教师需要做好很多准备。

1. 岗前培训

北京林业大学一直注重教师教书育人素质培养，屡屡斩获北京市教学比赛奖项。教师礼仪是岗前培训的重要内容，也是教师走上讲台的必备课程。刚入职，北京林业大学水土保持学院邀请知名礼仪专家景庆虹教授给大家讲解教师的仪容、仪表、仪态以及声音表达。使得新教师员工了解作为教师的一般素养。

2. 进行听课

青年教师听课以提高教学能力，承担教学任务为目的。首先，需要制订听课计划，进行连续系统的听课。其次，课前了解教学内容及重难点，关键是结合自己的认识进行思考，虚拟自己的教学过程，形成初始版本。再次，在课堂进行观察，观察老师的教学方法、教学目标的达成途径、课堂呈现等，观察学生的学习状态、学习兴趣，老师与学生的交流是否有效等。然后，课堂上注意记录，对于特别精彩的部分进行详细描述，以便进行日后分析和学习。最后，课后与授课老师进行交流，虚心请教，进而理解教学方法、课堂呈现的精髓。新进青年教工的听课一定要有持续性、系统性，这样才能全方面提高。北京林业大学水土保持学院规定了新进青年教工每学期听课20节课（40学时）的学习任务，并作为试用期考核合格的指标之一。

3. 课程准备

课程准备时，首先要认真钻研教学大纲和教材，明确教学重点和关键。其次要了解学生，包括学生的学习特点、理解力、现有基础等。如一些专业性比较强的课程需要学生的前期课程基础，前期课程的学习情况对本课程的影响很大。再次要明确教学目标，教学目标必须具体到每个单元、每节课上。然后确定课程的重点、关键点和难点。有了教学目标，就容易确定和具体化课程的重点。最后要确定教学过程，准备课程教案和电子讲义（PPT）。现代教学过程中，一般都使用PPT配合板书展示教学内容。为了更好地把握课堂教学的节奏，需要准备自己的PPT。一是准备PPT也是巩固专业知识的过程；二是准备PPT可以提前模拟授课过程。PPT只是重点知识点的集中展示，不能罗列课堂讲解的所有内容。对于PPT的内容，每个人的理解不同，相应解释也不同。因此，千万不要把已有的PPT拿来直接进行展示，这样不但课堂节奏不容易把握，而且教学内容也不容易连贯，造成课堂教学的支离破碎感，学生也不容易接受。准备课程教案也是必备因素。课程教案是对教学内容的梳理，也是对教学方法的展现。教学教案中要体现不同教学方法的转换，如板书、引例等。

4. 课程试讲

准备工作做好后，可以进行课程的试讲工作。首先，需要调整自己的心情，尤其是第一节课。激动的心情往往给课堂教学带来负面的影响。其次，在试讲的过程中，注意知识的转化，把自己理解的知识点结合学生的特点转化为更易认识和掌握的知识。这种转化建立在对教学大纲、教学内容深刻理解以及对学生了解的基础上。再次，教师要根据教学内容合理安排教学活动，最大限度地调动学生学习的积极性。这种安排的难点在于教学活动的动态管理。针对学生的兴趣、注意力等发挥教师的主导作用，调节教学的节奏和各个环节的变化，增加教学的适用性。最后，教师语言一定要简洁明了，富有逻辑性，生动鲜明，富有感染力[17]。

5. 课后总结提高

上完课后，对授课过程和效果要进行总结和反思。是不是可以讲的更好些？讲课过程中发生了那些情况？下次遇到这种情况怎么办？学生的接受程度和认可度怎么样？等等。邀请有经验的老教师听课或者让学生匿名提出对这门课程的想法和建议等。积极倾听他人的意见，思考改进的办法。对于学校组织的教学沙龙和教学比赛积极准备和参与，以期提高个人的教学能力。

6. 积极参加教学竞赛

首先，教学竞赛是一种比赛，一般比赛时间为 15~20 分钟。为此，选手们需要选择合适的题目或者微课，呈现最精彩的部分。选题难度适中，引人入胜，能抓住评审专家的注意力。选题偏难，不容易在短时间内讲解清楚；选题偏易，使得比赛内容略显单薄。其次，精心准备教案。教案可以理清教学思路，突出重点，同时，教案的制作一般作为比赛成绩的评定项目之一。最后，在比赛的过程中，专家除了关注选手仪容仪貌、精神状态、讲解内容，还关注选手对比赛时间的控制。为控制好讲解时间，同时也使得讲解内容条理清晰，重点突出，需要选手在赛前进行预讲，反复训练。北京林业大学也历来重视教学竞赛，每年都会举办青年教师教学基本功比赛，并由副校长亲自号召并全程参与。尤其是第 11 届教学基本功比赛，校党委书记和校长亲自为获奖选手颁奖。因此，青年教师热情高涨，参与度高，屡次在北京市的教师教学竞赛中斩获佳绩。

三 青年教师科研方向的规划

（一）科研方向规划的影响因素

1. 经验积累导向

科研工作虽然有短时间的突破，但更是长期刻苦努力的积累。科研工作者不但需要良好的科研工作素质，而且需要持续不断的旺盛精力，才能在漫长单调的科研工作中把工作做好[18]。青年教师入职高校，具备一定的科研能力，但是其所拥有的科研技能及资源有限，且均来自研究生和博士后期间。在此期间跟随导师掌握了一般的科研方法和某一方向的专业知识，这也是其开展工作的基础。因此，青年教师的科研方法，特别是专业视角，受导师影响较大。

2. 单位和团队导向

首先，每所高校都有自己的特色或者品牌影响力。这种品牌影响力是源于经历了数十年甚至上百年在社会上或者人民大众心中树立的良好形象。与高校特色相匹配的科学研究将较好地受到学校平台的无形支撑。其次，青年教师入职后，往往会进入相应的学科教研室。每所高校的学科发展也有自己的规律，呈现出不同的特点。因此，个人研究还需要与学科发展相结合，以更好地融入集体生活。最后，科研工作竞争激烈，团体作战更有利于个人发展。青年教师进入工作单位一般会加入一个小的科研团队。那么个人的科研工作还需要与团队结合，在集体中发挥自己的特长。

3. 社会需求导向

服务社会需求也是高校科研工作的一项重要任务。社会需求包括国家需求、企事业单位需求和大众(个体)需求。国家需求包括政府支持的支撑计划、重点研发项目和自然基金等，也就是高校科研管理中的纵向项目(课题)。企事业单位或者大众(个体)根据项目需求委托给高校的科研任务，形式、内容多样，在高校科研管理中称为横向项目(课题)。青年教师从事科研工作也要考虑社会实际需求，这样才会有经费支撑，课题研究成果也容易被消化、吸收和应用，从而使得自己的研究具有生命力。

4. 兴趣导向

兴趣在人们的生活、学习和工作当中都起到很重要的积极作用。它可以使人们积极主动地、持续地从事某项工作而不要求任何回报[19]。科研工作作为一种高强度脑力劳动，兴趣的作用更加重要。青年教师在科研工作中找到自己的乐趣是一种非常难能可贵的经历。兴趣会让自己乐此不疲，忽略单调乏味，乐意投入大量的时间，从而更容易获得科研成果，提高科研水平，形成科研方向。

综上所述，科研方向的形成，主要与经验积累、单位和团队、社会需求和个人兴趣密切相关，这些因素因人而异，很难区分出哪些因素更加重要。在进行科研时，要认真分析自己所处的环境和具备的条件，从而实事求是地开展科研工作。

(二)科研方向规划的实践

科研是大学的一项基本职能，对于入职高校的青年教师，科研工作的重要程度毋庸置疑，做好科研方向的规划是每位青年教师的重要内容。青年教师入职高校，从学生转变为教师，实现了质的飞跃。但是，科研生涯并非一蹴而就，如鱼得水，而是刚刚开始。因此，青年教师的科研方法，特别是专业视角，受导师影响较大。同时，与自己的研究历史切割，直接参与新的课题，会造成成果脱节。青年教师规划科研方向要从自身现有基础出发，归纳总结自己的专业特长，循序渐进，找出未来的主方向。然而，科研内容或者科研方向受多种因素影响，如经验积累、单位和团队、项目需求和兴趣等，形成科研主要方向并非易事。青年教师仍需探索并把握以下几点。

1. 保持积极主动

主动与单位领导和团队负责人沟通，认识和了解单位和团队对自己的定位。同时，将自己的科研基础和优势特长介绍给单位团队和同事，促进共识与合作。由于青年教师争取项目能力弱，主持项目少，参与团队项目研究是开展科研工作的重要方式。对于自己感兴趣的科研课题要积极主动地参与，不求回报，只求贡献。最后，收获科研成果的积累和团队成员的认可将是以后工作的重要精神财富。

2. 及时整理成果

科研成果是自己参与科研项目的智慧结晶。在科研过程中，形成的新颖、独特的想法要积极地总结为成果。这些成果最好转换为期刊论文、专利和专著等公开发表的有机成果单元。这些有机成果单元是同行认识和评价自己科研能力的基础，也是认知自我科研方向的基础。长时间的科研成果积累也在客观上形成了自己的科研方向，既有利于自我认知，也有利于与同行的交流和合作，更是申请科研项目的基础。

3. 保持乐观心态

青年教师刚刚进入工作岗位，对科研工作从满期待。然而，青年教师也面临双重压力：

首先是工作上，特别是教学方面，由于刚刚开始，需要学习、实践和拔高。其次是生活上，青年教师收入普遍偏低，刚刚成家，尤其是新生命的诞生，造成不小的经济压力。现实与理想的差距会造成内心的焦虑和迷茫。这时要摆平心态，将科研工作看作是日常平常事情。首先不要急。科研工作是一项艺术工作，急躁或者急于求成往往欲速而不达。其次不要等。科研工作需要时间，困难和挫折也是科研工作的固有部分。不能遇到困难就等等看或者停滞不前。最后要保持独立自主。不要将科研工作寄托于学生、团队或者同事。路需要自己走，只有保持自己的科研优势和特色，才能稳定自己的科研主线，才能形成独立学术和独立人格的科研精神。

四　总结和展望

教学是高校教师的立足之本，科研是高校教师的发展之道。本文对高校青年教师的教学能力及其培养环节、科研方向规划的影响因素进行了分析，并结合笔者在北京林业大学的工作经验，给出了提高教学能力的具体步骤和实施关键点以及科研实践中要保持积极乐观心态、及时整理成果的具体建议，为青年教师，特别是新进青年教师的成长提供参考。

（1）从岗前培训到听课、试讲再到教学竞赛等教学能力培养环节，层层递进。青年教师在教学能力培养的过程中要遵循科学规律，重视岗前培训，扎实做好听课工作，突破备课难关，最后通过教学竞赛升华提升。

（2）教学能力包括礼仪、知识转化能力、组织管理能力、语言表达能力、教学研究能力等。对于青年教师而言，短时的培训可以对这些能力有些认识，但要想具备这些能力还需要长时间的实践和积累。这些能力相互关联，相互促进。因此，青年教师胜任教学并非一蹴而就，而需长期的锻炼和成长。然而，胜任教学并非遥不可及。青年教师只要平常多留心，多钻研，多请教，并按照教学能力培养环节一步一步积极、科学地训练，其教学水平会年年上台阶。

（3）从单位角度，还可以从以下方面提高青年教师的教学能力：①依托精品课程建设，促进青年教师教学能力的提高。通过精品课程建设，可以让青年教师融入团队。团队有经验的教师可以针对教师特点进行过程跟踪指导、系统指导。②配备教学经验丰富的教师对青年教师进行指导。由于青年教师数量一般多于教学经验丰富的教师数量，可以组成青年教师小组，实行多对一集体学习，也便于相互切磋，共同进步。③鼓励青年教师开展教学研究项目。从项目的申请、立项答辩，到项目的开展、结题都会促进青年教师对教学理论、教学方法、教学技巧的思考与改进，从而提高自身的教学水平。

（4）从青年教师个人角度，还可以从以下两个方面提高教学水平：①积极向教学经验丰富的教师请教，如旁听经验丰富教师的课程，向其了解讲课的心得体会等，会加快教学能力的提升。②进行外单位的交流与学习。青年教师走出去可以了解教学改革的最新动态，特别是可以更新知识，拓宽专业方向，从认识和理论方面提高教学能力。

（5）影响青年教师科研方向的因素很多，如经验积累、单位和团队、社会需求和个人兴趣等。这些因素因人而异，很难区分出哪些因素更加重要。在进行科研时，要认真分析自己所处的环境、具备的条件，扎实推进科研工作。把科研工作看作是一项日常工作，既不要急，也不要等，保持独立乐观的心态，积极主动地参与自己感兴趣的科研项目，并及时总结形成成果。

（6）教学是高校教师的立足之本，科研是高校教师的发展之道。青年教师要努力提高教学水平，守住作为人民教师的基础；同时也要积极开展科研工作，早日形成自己的科研方向，实现自我认知和同行认知的统一。

参考文献

[1]李斐. 论我国高校教学与科研关系的演变与协调发展[J]. 高校教育管理，2015，9(1)：1-5.

[2]董方旭. 以角色转变促进高校青年教师的教学发展[J]. 高教研究与实践，2012(3)：39-42.

[3]李庆丰. 大学新教师教学能力发展研究：核心概念与基本问题[J]. 中国高教研究，2014(3)：68-75.

[4]张相乐. 论高校青年教师教学能力的培养[J]. 石油教育，2004(6)：51-53.

[5]李欣，杨德利. 浅论高校教师礼仪素养[J]. 学理论，2014(5)：264-265.

[6]王琳西. 浅谈高校教师礼仪[J]. 西北医学教育，2007，15(2)：380-381.

[7]邵婷婷. 论教师语言表达能力的培养[J]. 职业，2009(15)：58-59.

[8]王鉴，谢雨宸. 论我国教学研究范式的转型[J]. 高等教育研究，2015(4)：67-73.

[9]海桦. 高校教师岗前培训述评[J]. 山东青年政治学院学报，2003，101(1)：90-91.

[10]胡燕，樊允浩，李影，等. 近十年来关于听课、评课研究的相关综述[J]. 创新与创业教育，2010，1(5)：62-67.

[11]谢维和. 相互听课：大学教学的学术规范[J]. 中国大学教学，2013(11)：4-6.

[12]张迎春，张杰. 教师的有效听课研究[J]. 当代教师教育，2010，3(1)：24-26.

[13]刘俐. 浅析"说课"与"讲课"[J]. 当代教育论坛：学科教育研究，2009(4)：12-13.

[14]李红丽，李顺义. 关于高校青年教师备课的几点思考[J]. 高教论坛，2010(5)：83-84.

[15]刘婧姝. 对提高高校教师备课的有效性的探讨[J]. 教育探索，2008(8)：107-108.

[16]赵菊珊，马建离. 高校青年教师教学能力培养与教学竞赛[J]. 中国大学教学，2008(1)：58-61.

[17]张相乐. 论高校青年教师教学能力的培养[J]. 石油教育，2004(6)：51-53.

[18]耿艾莉，王岩松. 论高校青年教师科研能力的培养[J]. 教育与职业，2012(18)：71-73.

[19]郭戈. 关于兴趣教学原则的若干思考[J]. 教育研究，2012(3)：119-124.

紧扣专业思政元素，正确塑造核心价值

——"食品工艺学"课程思政改革与实践

甘芝霖　孙爱东　张柏林　马　超　贾国梁　张璐璐

（北京林业大学生物科学与技术学院，北京　100083）

摘要：北京林业大学"食品工艺学"是食品科学与工程专业的主干核心课程，旨在服务国家食品安全、健康中国和践行大食物观等重大战略，兼顾林业食品加工特色，培养适合食品产业体系，满足森林食品加工需求的专业人才。教学团队通过多年积累，设计了与课程内容并行的思政主线，挖掘出课程内容蕴含的思政元素，建立了混合式课程思政资源库；同时突出以学生为中心，引入 BOPPPS 教学为主、对分课堂为辅的参与式教学法，构建了"食品工艺学"课程思政标准、进阶和拓展的教学模式，实现了全程育人的目标，取得了一系列显著成果，为食品类专业核心课程有效开展课程思政教学提供了可借鉴的思路和方法。

关键词：食品工艺学；课程思政；全程育人

"课程思政"是教育者结合课程的内容、思想、场景等实际情况，积极挖掘和运用各类教育、教学内容本身所蕴含的思想政治教育元素，对学生进行润物无声的思想政治影响的教育实践[1]。2020 年 5 月 28 日教育部印发的《高等学校课程思政建设指导纲要》指出：落实立德树人根本任务，必须将价值塑造、知识传授和能力培养三者融为一体、不可割裂。全面推进课程思政建设，就是要寓价值观引导于知识传授和能力培养之中，帮助学生塑造正确的世界观、人生观、价值观，这是人才培养的应有之义，更是必备内容[2]。

"食品工艺学"是研究食品加工中有关理论、技术及方法和设备的一门科学，是全国高等学校食品科学与工程专业的主干课程和学位课程[3]。北京林业大学"食品工艺学"课程开创于 1992 年，20 余年来，课程团队顺应专业发展趋势和人才培养需求，不断进行教学研究与改革，对标"金课"标准，重点围绕课程思政进行内涵式建设，并在教学活动中予以实践，获得了一定的成果和经验。

一、"食品工艺学"课程思政理念塑造

（一）课程目标设定

本课程旨在推动以林业食品加工为特色、服务国家食品安全、健康中国、践行大食物

作者简介：甘芝霖，北京市海淀区清华东路 35 号北京林业大学生物学院，副教授，ganzhilin@bjfu.edu.cn；
　　　　　孙爱东，北京市海淀区清华东路 35 号北京林业大学生物学院，教授，adsun68@163.com；
　　　　　张柏林，北京市海淀区清华东路 35 号北京林业大学生物学院，教授，Zhangbolin888@163.com；
　　　　　马　超，北京市海淀区清华东路 35 号北京林业大学生物学院，教授，machao@bjfu.edu.cn；
　　　　　贾国梁，北京市海淀区清华东路 35 号北京林业大学生物学院，副教授，jiaguoliang@cau.edu.cn；
　　　　　张璐璐，北京市海淀区清华东路 35 号北京林业大学生物学院，副教授，zhangll@bjfu.edu.cn。
资助项目：北京林业大学课程思政教研教改专项课题"食品工厂设计"（2021KCSZXY015）；
　　　　　北京林业大学课程思政教研教改专项课题"食品工艺学"（2019KCSZ034）。

观等重大战略的一流本科专业建设，培养适合我国食品产业体系，具有森林食品加工特色的专业人才。课程教学目标如图 1 所示，主要为：实现思想境界的提高，认知水平的提升，能力层面的拔高，具体如下。

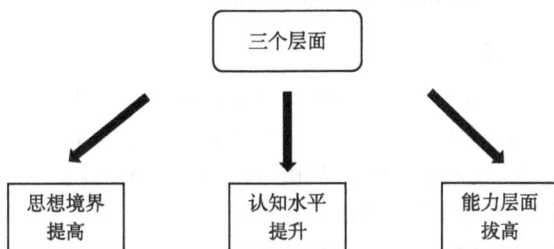

图1　"食品工艺学"课程教学目标

①思想层面：学生深刻领悟现代食品加工技术对保障食品安全、支撑健康中国目标、践行大食物观的重要性，帮助学生厚植爱国情怀，增强文化自信，提升法治意识，明确社会责任。

②认知层面：学生学会运用现代食品加工技术防止食品腐败变质并加以控制，熟练掌握不同食品原料的加工特性、典型食品的加工工艺流程以及操作要点，帮助学生利用自然辩证法客观看待食品加工的意义和存在的问题。

③能力层面：学生具有自主创新能力和实践能力，了解国内外研究的前沿动态，能够综合运用工程学、生物学、化学、信息学等基础知识独立进行食品加工工艺的设计，帮助学生树立掌握核心科技的意识，并利用所学知识解决实际生产中遇到的问题。

（二）思政素材挖掘

保障国家食品安全、支撑健康中国目标、支持产业绿色发展、践行大食物观、传承中华民族饮食文化、掌握核心科技是本课程最核心的六大思政元素，分别对应以下 6 个方面的课程思政内容。

①民以食为天，食以安为先。党的十九大提出，要"实施食品安全战略，让人民吃得放心"。本课程作为专业核心课，要从有效提升食品质量安全水平和确保国民饮食健康的角度出发，重点阐述现代食品加工技术在其中起到的重要作用，比如提高生产效率，防止有害物质的产生等。

②以国民健康为根本，支撑健康中国目标。在全面建成小康社会的进程中，老百姓对吃得饱已经不再满足，而是要求吃得好、吃得更健康。本课程结合最新科研成果和前沿动态，重点介绍新型食品加工技术在农林产品提质增效方面的应用，通过生产更高品质的健康食品，助力健康中国目标的实现。

③绿水青山，就是金山银山。走可持续发展之路，是未来我国食品工业发展的必经之路。本课程重点介绍食品加工副产物综合利用方面的内容，并从清洁生产和节能减排、食品制造绿色化、能源利用效率等角度，阐述食品工业与生态环境和谐发展之间的关系。

④践行大食物观，守护"舌尖上的幸福"。习近平总书记在党的二十大报告中要求，"树立大食物观""构建多元化食物供给体系"。本课程立足林源食品资源深加工，阐释如何让更多"森林热量""森林蛋白"走向餐桌。

⑤传承"舌尖上的美味"，弘扬传统饮食文化。继承和发扬中华民族传统优秀饮食文化是增强文化自信的直接体现。本课程基于我国不同地域知名美食，阐述将现代食品加工技术应用于传统食品制作的重要意义。

⑥自主研发，掌握核心科技。《健康中国 2030 规划纲要》中提出要推动健康科技创新，

推动健康中国目标的实现。本课程介绍典型食品加工工艺机械装备发展情况，凸显进行科研攻关、突破核心技术的重要性。

二、"食品工艺学"课程思政教学实践

（一）课程思政设计思路

设计与课程内容并行的思政主线，如图2所示，即采用现代食品加工技术保障食品安全、支撑健康中国目标，传承中华民族优秀饮食文化，并通过掌握核心技术建立民族自信等；深入挖掘课程内容蕴含的思政元素，从国家战略、政策法规、典型案例等方面建立课程思政资源库；基于课程思政标准、进阶、拓展教学模式，采用参与式教学法，让思政内容贯穿始终，达到全程育人的效果。

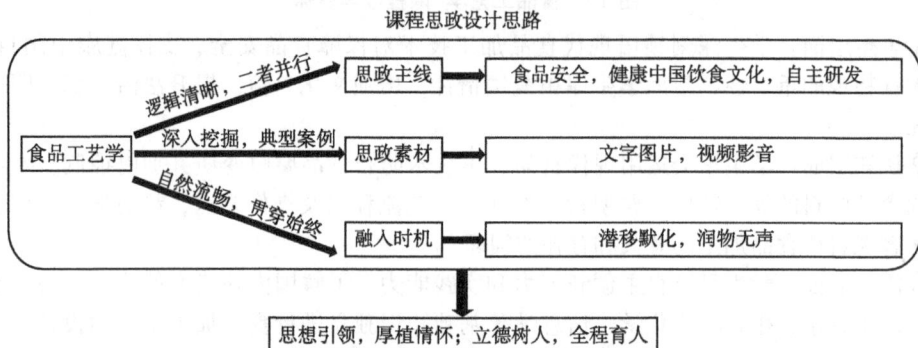

图2 "食品工艺学"课程思政设计思路

（二）课程思政组织与实施

1. 课程思政教学资源建设

"食品工艺学"积极顺应教育现代化趋势，合理利用在线教育资源，并与传统教学内容相整合，建立了混合式课程思政教学资源库，具体如下。

（1）视频材料

制作国内外食品安全典型案例介绍视频合集，其中包括：日本"雪印牛奶"食物中毒事件、牛奶中的"三聚氰胺"事件等；有关健康中国的视频，比如"舌尖上的中国"等；国内外知名食品加工企业在综合利用、节能减排、环境保护方面的有效举措；以超高压、脉冲电场、等离子体等为代表的食品非热加工技术科普视频。相关影像材料均整理至微助教平台上，如图3所示。

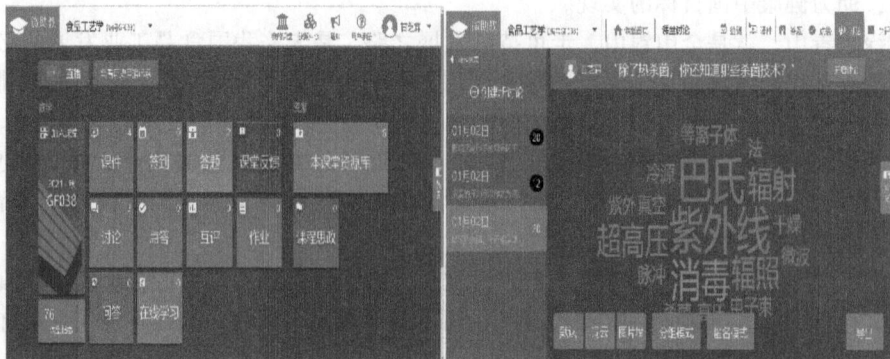

图3 "食品工艺学"微助教线上学习平台

（2）文字图片材料

收集我国有关食品安全的战略规划、法律法规以及国家领导人的重要讲话，其中包括：党的十九大报告中提到的"全面实施食品安全战略"；2015年正式颁布实施的《中华人民共和国食品安全法》；以及习近平总书记就食品安全问题做出的重要指示——要贯彻食品安全法，完善食品安全体系，加强食品安全监管，严把从农田到餐桌的每一道防线；《健康中国2030规划纲要》《中国居民膳食指南》；有关大食物观的新闻报道和政策文件；国内外有关不同种类食品原料综合利用的文献报道；国内外有关食品加工新技术的文献报道和新闻简讯。

基于上述课程思政教学资源，对课程思政内容做如下教学安排：课前通过微助教在线平台，课程负责人上传有关学习资料，让学生课前自学和领悟课程思政方面的内容；课中根据思政融入要点，结合课堂视频录制，通过案例分析和现场讨论，让学生认识到"食品工艺学"课程的重要性和学习的必要性；课后让学生线下独立完成有关"食品安全""健康中国"等主题的小论文作业。

2. 课程思政教学活动

"食品工艺学"依托微助教、在线开放课程等信息技术与学习支持平台，采用BOPPPS教学、对分课堂、案例教学、线上线下混合式教学，建立层次分明的课程思政教学模式，达到全程育人的效果。

（1）"食品工艺学"课程思政组织形式

该课程注重以学生为中心，突出参与式教学。在传统讲授式教学的基础上，教学团队引入以BOPPPS为主，对分课堂为辅的新型组织形式，如图4所示，强化参与式学习的效果，平衡教师讲授与学生活动之间的关系。通过BOPPPS教学强调流程化和"目标—活动—评价"整体设计，结合对分课堂中精讲留白、学生独学、小组讨论、答疑点评等环节实现深度学习的目标，在此过程中将课程思政元素、素材和内容潜移默化地融入进来。

（2）"食品工艺学"课程思政教学模式

基于BOPPPS为主，对分课堂为辅的教学组织形式，教学团队创新构建了完整的课程思政教学体系，见表1，具体如下。

①建立"五分钟食感悟"课程思政标准教学模式。在每堂课的开始或结尾阶段（图4），通过食品加工与安全典型案例的介绍，结合国家战略、法律法规、社会热点、时政要闻，引出或回顾核心知识点，讨论总结其中蕴含的思政元素，分别实现情感共鸣和情感升华。

②形成"科教融合"课程思政进阶教学模式。在每堂课的对分阶段（图4），引入最新的文献报道，展示与核心知识点相关的前沿动态，拓宽学生视野，从自主研发、掌握核心科技的角度进行思政教育；此外，邀请行业知名专家作报告，让学生了解国内外食品行业加工新动态的同时领略科学家精神。

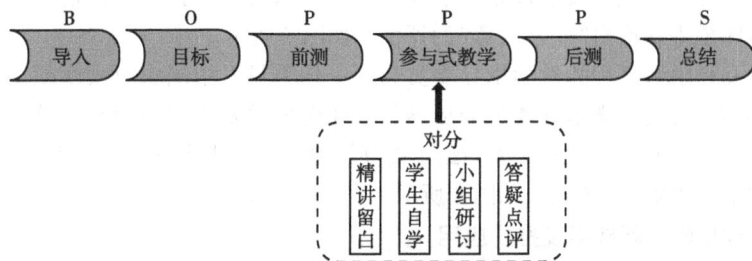

图4　基于学生深度参与的教学模式

③形成"产教融合"课程思政拓展教学模式。以生产实践中存在的实际问题为导向，依托校内外"双导师制"，引导学生学会运用理论知识解决食品加工中的复杂问题，从对接和服务食品产业的角度进行思政教育，并鼓励他们积极参与学科竞赛和科研创新项目，提升科研素养和创新能力。

表1　"食品工艺学"课程思政教学模式

课程思政教学模式类型	课程思政教学模式名称	实施阶段	实施途径和形式
标准模式	五分钟食感悟	课堂教学导入或总结	案例分析，小组讨论
进阶模式	科教融合	课堂教学对分部分、课外	教师精讲，小组研讨，专家讲座
拓展模式	产教融合	课堂教学对分部分、课外	双导师制，学科竞赛，科创项目

三、"食品工艺学"课程思政教学成效

（一）课程思政教学创新效果

近年来，"食品工艺学"经过课程改革后，得到了良好的教学评价反馈意见，特别是进行课程思政建设后，实现了作为专业核心课程的育人功能，推动了课程的内涵式建设及团队成员教学能力的提升。

学生给予团队所有成员教学评价的平均分数均在90分以上；该课程于2008年入选校级精品课程，并于2020—2021学年获批北京林业大学本科教学"好评课堂"，如图5所示。

学校充分认可本课程的教学和育人效果，于2021年推荐本课程参加"国家级一流本科课程"的评选，2022年推荐本课程参加北京市课程思政示范课程和北京高校优质本科课程评选，如图6所示。

图5　"好评课堂"证书　　　　图6　学校评价意见

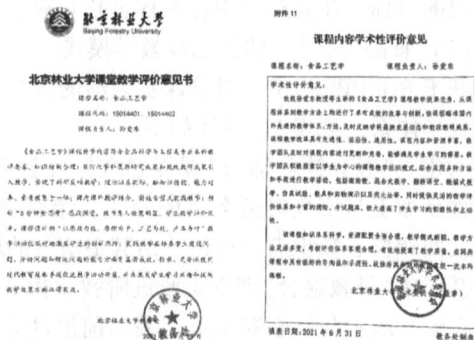

通过随堂听课等形式，教学督导给予本课程充分认可，从教师授课情况、学生听课情况、课程整体印象等均给出"非常满意"的评价，如图7所示。

教育部食品科学与工程类教学指导委员会副主任委员、中国农业大学胡小松教授，教育部食品科学与工程类教学指导委员会秘书长、江南大学夏文水教授和吉林大学刘静波教授等本专业领域知名专家，对本课程均给予高度评价，并在本课程参评"国家级一流本科课程"过程中给出满意的评价意见，如图8所示。

（二）课程思政创新成果及推广应用

近年来，团队不断打磨"食品工艺学"课程内容，加强课程思政建设，创新教学模式，改进教学方法，取得了一系列成果。

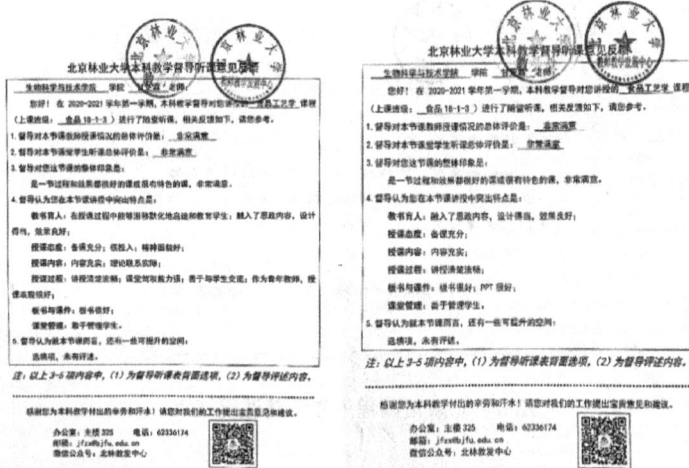

图7　督导评价意见

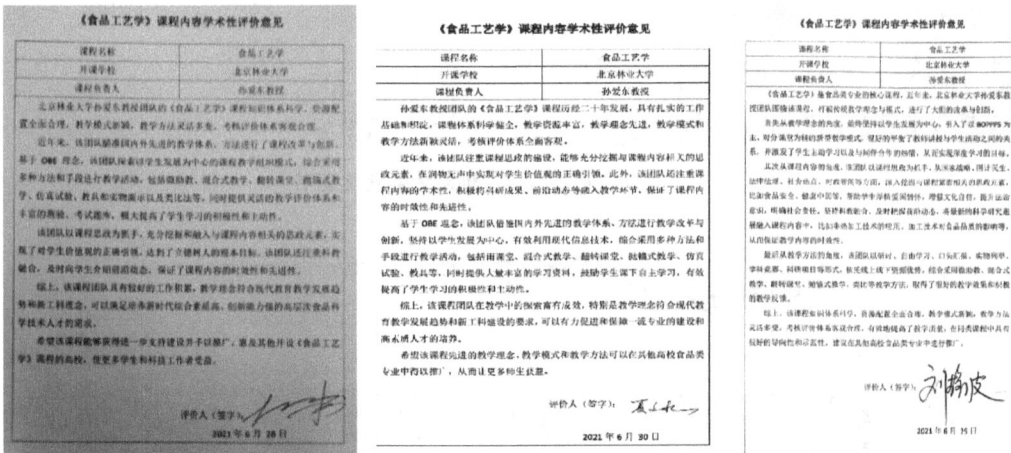

图8　专家评价意见

①课程建设方面：2022年，该课程获评"北京市课程思政示范课程和北京高校优质本科课程"，团队入选"北京市课程思政教学团队"。2021年，该课程被推荐参评"国家级一流本科课程"，如图9所示。

②教学奖励方面：2019年，1人获"北京高校青年教师教学基本功比赛"一等奖、2人获优秀指导教师奖；2018年和2019年，2人获"校级青年教师教学基本功比赛"一等奖、2人获优秀指导教师奖；2021年，团队获评"校级教师教学创新大赛"三等奖；2023年，团队获评"校级教师教学创新大赛"二等奖，如图10所示。

③教学改革研究方面：2021年，该课程获评北京林业大学"课程思政"教学改革优秀案例；2019年，该课程获批校级课程思政教改项目，并顺利结题，如图11所示；近5年来，团队发表相关教改论文10余篇；此外，2人获ISW教学技能工作坊认证。

④其他方面：支撑食品科学与工程专业获批国家一流本科专业建设点；孙爱东当选教育部食品科学与工程类专业教学指导委员会委员，国家林业和草原局教材建设专家委员会委员，如图12所示；张柏林当选教育部全国学校食品安全与营养健康工作专家组专家。

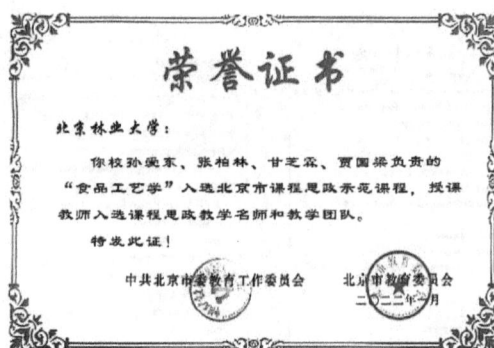

图9 北京市课程思政示范课程证书

图10 团队成员青教赛、创新大赛获奖证书

图11 "食品工艺学"教学改革研究证明材料

图12 "食品工艺学"其他证明材料

四、结　语

历经 20 余年建设，北京林业大学"食品工艺学"课程已经具备较为成熟的课程思政教学体系，实现了对学生家国情怀的厚植、人生观和价值观的引领以及从业良心和职业操守的培养，在食品科学与工程类专业的其他课程中具有普适性，值得相关课程参考借鉴。未来，教学团队将持续对课程进行内涵式建设和提升，紧随党的步伐，紧扣时代主题，紧跟专业前沿动态，进一步明确课程的价值导向，为培养思想立场坚定、理论功底扎实、综合素养过硬的高水平食品行业人才奠定坚实基础。

参考文献

[1]王尧.再论课程思政：概念，认识与实践[J].中国大学教学，2022(7)：6-9.

[2]教育部.关于印发《高等学校课程思政建设指导纲要》的通知[EB/OL].(2020-05-28)[2023-09-10].
　　http：//www.moe.gov.cn/srcsite/A08/s7056/202006/t20200603_462437.html？eqid=e0137be80018fa36000000
　　066426eb51.

[3]朱蓓薇，张敏.食品工艺学[M].北京：科学出版社，2020.

中国式高等教育现代化背景下的教师发展

连 娜

（北京林业大学生物科学与技术学院，北京 100083）

摘要：教师发展是本科生和研究生培养的重要一环，探讨教育教学改革，对推进本科生和研究生综合素质和能力的培养具有重要意义。大学教师以"问题导向"为基本原则的研讨式教学，让老师变成问题的引导者，鼓励学生认真思考，让学生不再被动地灌输知识，调动了学生学习的积极性。同时，学校给予教师的人文关怀和搭建的高水平交流平台，可以帮助教师终身成长，促进教师发展。

关键词：能力提升；互联网资源；人文关怀

一、 课程教学特色创新理念

随着社会经济的不断发展和进步，人们对于生态问题越来越重视，越来越觉得与自身息息相关。习近平总书记所提出的"绿水青山就是金山银山"这一理念随着"五位一体"布局的提出到相关政策的不断落实已经深入人心。同时，在社会高速发展的背景下，社会岗位对农林类院校毕业的人才的综合素质提出了更高的要求。除了对其专业知识的要求外，对其创新能力、表达能力及专业敏锐度等方面也都有了更高要求[1]。这种高要求体现在提高教育质量方面，而如何提高教育质量则又归根于大学教师。一个一流的高等院校对于教师的要求是严格的，因为大学教师队伍的建设是高等院校办学的基础。教师队伍的建设，首先很重要的一点就是选拔优秀人才，优秀的人才可以通过招聘获得。同时，高质量教育不仅仅在于教师队伍的建设，还在于教师的发展，这种发展可以帮助教师终身成长，对提高高校人才培养质量和全面振兴高校教育具有重要的理论与现实价值。

教师发展是本科生和研究生培养的重要一环，探讨教育教学改革，对推进本科生和研究生的综合素质和能力的培养具有重要意义。2019年教育部发布的《关于深化本科教育教学改革全面提高人才培养质量的意见》中，明确提出了要加强基层教学组织建设，制定完善的管理制度，不断激发基层教学组织的活力[2]。"必须把培养社会主义建设者和接班人作为根本任务，培养一代又一代拥护中国共产党领导和我国社会主义制度、立志为中国特色社会主义奋斗终身的有用人才"是习近平总书记多次强调的我国教育的核心目标[3]，并且提到以教育高质量发展助力推进共同富裕，体现了高质量教育在其中扮演的重要角色。因此，紧跟时代潮流的中国式高等教育现代化也应与时俱进。

以前称为教师培训的教师教育，现在称为教师发展。不同于普通的教师培训，大学教师的发展会被要求按照高等院校组织的规定进行培训。此外，大学教师发展的着重点是教师本身，以教师为主题，教师应该获得其所在领域的一些相关的知识以及技能，达到一定目标。作为信息时代的重要产物之一的数字化教学资源也越来越丰富。无论是老师或者是学生都可以通过更多的渠道来整合学习资源，丰富自身的知识框架，构建更具逻辑性的知

作者简介：连娜，北京市海淀区清华东路35号北京林业大学生物科学与技术学院，讲师，lianna@bjfu.edu.cn。

资助项目：北京林业大学教育教学改革与研究项目"'计算生物学'多学科交叉教学的改革探索"（BJFU2022JY051）。

识网络。通过信息化的网络媒介，拓宽教师的眼界，学习其他优秀教师的教学方式方法，对于提升教师本身的教学能力和教师发展也有很重要的作用。

二、目前中国式高等教育所面对的教学局限性

目前国内的高等教育可以分为全日制和非全日制两种方式，主要有 4 个层次：专科、本科、硕士、博士，并且根据学生的毕业情况相应地授予学士学位、硕士学位和博士学位。但是在全面建成小康社会和"双一流"建设过程中，我们国家的高等教育仍然存在一些问题。

1. 学生缺少主动性

不论是大学，还是小学、初中亦或是高中，都存着在课堂缺少互动的现象。大多是老师在讲学生在听，至于到底理解了多少，学生本身可能也并不清楚。其中主要原因可能是大多数学生对所学课程的学习积极性不高，导致了学生对所学课程的教学内涵认识不正确。其中，学生对于课程的消极性主要表现在：在教师讲授的过程中学生不听讲、对于教师提出的问题不进行互动。从而也就造成了这种教师讲课学生不听课的现象，最终导致了学生对于课程内容的不了解，课程的课时完成后，学生并不能达到课程所定的课程目标。《师说》里讲道："师者，传道授业解惑也。"老师既要传道也要解惑。如何处理课堂上缺少互动的现象，老师也是非常苦闷。这不仅是中国应试教育的现状，也是众多从事教育工作者的心病。其次，学生对于其所学课程的了解不足，再加上课程内容比较抽象就导致了学生对于学习该课程的兴趣不浓厚，丧失了对于课堂的积极性，这也是造成课堂缺少互动的主要原因之一。学生缺少对于所学课程的了解，根本原因在于学生的课程相关知识的缺乏，以及教师在授课之初并没有将课程的相关背景知识介绍清楚，造成了学生对于课程积极性不高的现象。

2. 课程缺少实践活动

课程缺少实践活动也是学生对于课程缺少兴趣和积极性的主要原因。教师除了根据教学大纲以及学校人才培养计划所制定的教育目标之外，还应该减少一些非重点的理论内容，增加实践教学的时间，增加与学生的互动时间和次数，以此来加强学生对其所学课程内容的针对性，充分提高学生对于本课程的积极性。课程的实践活动在授课过程中是至关重要的，即使是大学生，他们对于课程的专注度也是有限的。因此，在授课过程中，增加一定的实践课时可以调动学生学习的积极性。

学生对理论的信服，不仅源自逻辑的力量，更来源于实践的直观映射。知识是一种组织，并非一个结构——这是关联主义对于网络时代知识组成样态予以论述时的重要宣言。随着知识在我们学习工作生活中大量涌现，我们不再有时间和精力去梳理它们，不能使其条理清楚，组织结构规整，导致身边的知识多是以纷繁复杂、杂乱无章、分散零乱的知识碎片形式存在。由此学习被迫变成了一个多方面整合的过程，以一己之力或少数几个人的力量根本无法对知识观其全貌，探其本质[4]。

三、教师的发展

大学教师不同于小学和中学教师，这是一种学术职业，处于学科的学术前沿。任何学科专业都不是封闭自足的，它必须植根于基础理论，同时与有关学科专业交叉互动。因此，除自己所从事的学科专门知识之外，还必须有坚实的基础理论与广博的跨学科、跨专业知识。这些都是大学教师在学科、自身专业发展上所需要的[5]。在信息化如此发达的时代，老师似乎也不是上文所述的"师者，传道授业解惑也"所扮演的角色了，而是被誉为"人类灵魂的工程师"以及"春蚕到死丝方尽，蜡炬成灰泪始干"。这似乎是在歌颂老师的辛苦与

不易,持续不断地激励老师燃烧自身,照亮学生,又或者是牺牲自己,成全他人。本来是赞美的比喻,也似乎随着时代超快速的发展变成了对老师的捧杀,使得老师变成了提升学生能力的工具。在随着这种含义改变时,老师与学生之间的关系本来是"互相交流"与"相互学习",是那种"三人行必有我师焉",却变成"销售"与"买家"。老师负责讲,学生负责听,学生成了学习的被动接受者。也正是因为这样的现象,我们应该先通过改变老师,再将老师与学生的关系转变成那种"交流"和"学习"的状态。

1. "互联网+"教育

全样性、全维度、智能化是互联网"数据思维"的典型特征,我们可以通过对学生相关数据的搜集、汇总和分析,获得学生对课程内容的看法和感兴趣程度。因为数据是最为诚实的,也是进行研究和分析的基石。通过分析这些数据,可以真正了解学生对于参与课堂互动、研讨学习的积极性等,有助于我们根据不同的结果制订相关的课程计划以及结合课程内容的实验学习。互联网是信息整合的载体,大学老师应该发挥"互联网+"的创新驱动作用,根据不同领域的理念或模式的共通点,在讲授课程内容时再生出新的体系,给大学生带来更加多样化的选择和多元化的体验,更好地拓展学生的知识范围,而不仅是局限于课程内容所带来的知识。

2. 引用"以问题为导向"的研讨式教学

研讨式教学模式具体指在教师的启发引导下,围绕教学中的重点难点内容、疑难问题、有争议的学术问题或学科前沿问题,学生通过查阅资料、独立思考,展开课堂讨论和交流,在不同观点相互交流补充、碰撞交锋中实现教学目标的一种方法[6]。老师成为引导者是研讨式教学与传统的灌输式教学方法的区别,它改变了学生被动听讲的现象,而是强调教学之间的互动,加深学生对知识的认识和理解,提升学生对于课程的积极性,增加老师与学生、学生与学生之间的沟通,除此之外对于学生的逻辑思维能力的提升也起到了一定的作用。另外,对于提升学生的创新创造能力和形成团队精神以及增加学生的自信也有至关重要的作用。再结合现在信息爆炸的时代,学生拥有了获取学习资源的更多途径,相互交流也能锻炼学生的资源整合的能力。这种在研讨式教学中加"互联网+"教育的方法也能提高学生对于课程的兴趣。

这种研讨式教学是以问题为中心,授课的老师通过挑选与授课内容相关的问题,创设问题情境,成为一个课堂的引导者,带着学生进行积极思考、在自由讨论的过程中互相启发,使得学生对这一问题获得充分的思考和理解,通过其他同学的观点启发自身。在这个过程中,老师们也可能通过学生不同的角度获得新的创新性的观点。在这种研讨式教学模式中,主要将其分为 3 个部分,分别是:备课部分、教学部分、课后练习部分。

在备课部分主要包括教学目标设计、课时设计、问题的选择、讨论方式以及时长的确定、讨论结果的检测。在这其中问题选择最为关键,是一节课内容中的重中之重,其次就是讨论方式以及时长。问题的选择要能引起学生的兴趣,使得学生自身能积极加入其中进行思考。而讨论时间过长或者过短都不好,过长容易让一些学生忘记了讨论的目的,过短则会起不到相应的作用,因此需要适中的时长,在 5~10 分钟内为好。教学部分则是整个教学环节中的核心,所有部分都是围绕这个核心部分展开的。在教学部分中,整个的课堂教学都应该遵循"以问题为导向"的原则,充分的发挥学生的主动性,调动学生学习的积极性,使得学生参与融入课程教学中。而老师在这一过程中则是主要扮演着问题的抛出者和学生思考的引导者,促使学生认真思考、踊跃交流各自观点,在最后再由老师完成本次课堂内容的总结以及对于学生讨论结果的点评。当然,点评不是为了谁输谁赢,而是为了更好地促进学生之间的交流以及他们之间的思维碰撞,产生不一样的火花,以致最后达到这样一种结果——养成个人之思想力，理解力，评判力，俾其学成之后，不独于事理之是非得失能有独立之见解与判断，而又能根据真理无止境之认识，对于一切异己之主张，持宽容之商榷态度，不人云亦云，亦不必强人同己，既不任感情蒙蔽理智，亦不以信仰替代思想。"最后一部分是课后练习部分，也是整堂课的收尾部分，老师可根据课时量制定课后作业，例如 3~5 篇基于课堂问题的评论文章，然后对学生进行分组，以小组为单位让学生根据自己所参与的讨论以及发言以及其他同学的问题观点进行梳理和整合，然后形成一篇内容充实的课后作业。之后待交作业时，可采取每个小组互评，例如短视频、微博等小评论，带给学生对于课程的兴趣。

四、　教师发展的客观因素

教师发展除了教师自身职业素养和职业技能的转变，还有需要教师的工作场所——学校，给予教师一定的人文关怀。教师有为人师表的道德要求，既是面向学生的，也是需要有高尚的道德素养的一个团体，这样的教师队伍才能培育出有理想有抱负的符合中国发展的新时代青年。因此，教师的工作场所是不同于普通的工作场所，学校的管理层应该给予教师一定的人文关怀，注重教师的生存环境和工作环境以及社交环境，满足教师更高层次的发展需要以及教师相关专业的发展机遇。除此之外，学校也应该搭建教师与外部高校的学习交流平台，通过高校合作或是校地联合等方式，增强教师的实践能力，拓宽教师视野，促进教师的专业发展。

教师发展不仅仅在于教师本身能力的提升，也在于教师所在的教辅机构应给予教师的人文关怀。这一点对于教师在工作时获得的归属感是至关重要的。我们不能只要求教师自身的提升和发展，而忽略了对教师所处环境的改变。当我们只要求其中一方的时候，往往只能达到我们目标的 40%，又或者更低。相反，当我们要求双方共同进步的时候，我们的目标——教师发展，就会有一个很好的局面，得到一个很好的结果。因此，教师的发展核心虽然是教师本身，但是教师所处的教辅机构的作用也不可或缺。

五、　结　语

随着互联网、大数据、云计算等信息技术加速融入高等教育课程管理工作，以信息网络为基础架构形成的交互空间已成为高校人才培养的重要载体。借助互联网技术，使大学生的教育内容和方式方法共享，广泛集纳、实时更新全国范围内的高等教育最新成果。综合利用外部资源，寻找适应当前大学生课程教育工作所需要的网络平台、手机应用、数据库等，强化老师与学生主体间的交流互动，全方位融入学生学习生活，提高学生的学习效率。此外，在研讨式学习中老师所扮演的引导者的角色，不仅能提高学生对于问题的思考的能力，还能激励学生勇敢地提出自身角度对于问题的观点，使得各种观点交流碰撞，使大学生课堂教育焕发新的生机活力。再加上学校给予教师人文关怀，满足教师专业发展的机遇以及搭建更高的交流平台，都会帮助教师终身成长，促进教师发展和能力提升，也促进了我国高质量教育的发展和中国式的高等教育现代化。

参考文献

[1]陈磊，余宇，焦聪，等.研讨式教学模式的实践探究：以本科生通识课为例[J].环境教育，2022(8)：32-35.
[2]中华人民共和国教育部.关于深化本科教育教学改革全面提高人才培养质量的意见[EB/OL].http：//www.moe.gov.cn/srcsite/A08/s7056/201910/t20191011_402759.html.

[3]田心铭. 教育的"首要问题"和我国教育的"根本任务"[J]. 红旗文稿，2018(19)：4-7.

[4]刘菊，王运武. 关联主义知识观要义阐释：网络时代知识变革的视角[J]. 电化教育研究，2014，35(2)：19-26.

[5]潘懋元. 大学教师发展论纲：理念、内涵、方式、组织、动力[J]. 高等教育研究，2017，38(1)：62-65.

[6]萧公权. 施行宪政之准备[M]//谢泳. 独立评论文选. 福州：福建教育出版社，2012.

建设产学研融合"三师"型
旅游管理教学团队

王忠君　　张玉钧

（北京林业大学园林学院，北京　100083）

摘要：回顾北京林业大学旅游管理专业建设历程，总结教师团队紧跟时代发展变化，及时调整本科教学体系，提出产学研一体化"三师"型教师团队建设目标。通过产学研合作策略的实施，实现了产学融合、教学创新和研学互促的人才培育团队的结构调整和优化。

关键词：旅游管理学科；旅游管理专业；教学团队；产学研一体化

一、引　言

我国旅游管理本科教育是基于旅游行业快速发展、旅游管理工作发展和高等教育改革创新的需要社会背景而产生的[1]。2018 年颁布的《旅游管理类专业本科教学质量国家标准》中明确指出，旅游管理专业的培养目标是培养掌握现代旅游管理基础理论、专门知识和专门技能，具有国际视野、管理能力、服务意识和创新精神，能够从事与旅游业相关的经营、管理、策划、规划、咨询、培训以及教育等工作的应用型专业人才[2]。近年来，我国旅游业发展形势因新冠肺炎疫情、产业多元化、文旅融合、国际竞争而发生了巨大改变，旅游管理学科专业和师资队伍建设都应做出适应行业发展需要的改变，通过创新人才培养方案，优化教学团队知识结构以及强化"三师"型发展导向，来凸显办学特色和办学优势，适应时代社会经济的发展要求。

二、北京林业大学旅游管理学科专业与教师团队建设历程

北京林业大学旅游管理学科成立于 1994 年，当时专业名称为森林旅游，是当时国内仅有的两个森林旅游专业之一（当时中南林学院于 1994 年设立了森林旅游专业），1995 年正式招收本科生，授予农学学位。1999 年，随着当时国务院学位委员会办公室和教育部对高等教育专业目录的调整，专业更名为旅游管理，授予管理学学位。经过近 30 年的专业发展，北京林业大学旅游管理专业在业界形成了以自然保护地生态旅游规划为特色的学科认知和专业美誉。

北京林业大学旅游管理专业教师团队也由最初创建时的正式教师 2 人变成如今的 11 人，本科招生也由最初 1 个班，变成 2000—2004 年招收 3 个班，之后每年招收 2 个班的规模。2002 年，北京林业大学旅游管理学科开始设置旅游管理硕士学位点，2007 年成为全国首批招生的硕士专业学位点。专业教师团队的教育背景主要为园林学、林学、地理学和管

作者简介：王忠君，北京市海淀区清华东路 35 号北京林业大学园林学院，副教授，wangzj814@ bjfu. edu. cn；
　　　　　张玉钧，北京市海淀区清华东路 35 号北京林业大学园林学院，教授，yjzhang622@ foxmail. com。
资助项目：北京林业大学 2021 年教育教学研究一般项目"旅游管理专业企业实习与毕业论文一体化教学模式改革探索"（BJFU2021JY013）。

理学，均有较强的旅游规划实践经验，本科生与研究生的培养方案均凸显了北京林业大学特色，将"生态学""林学""规划学""管理学""经济学"等校本基础理论课程列入人才培养课程体系，加强了旅游旅游目的地开发规划及企业运营与管理的实践技能训练，彰显了北京林业大学旅游管理专业的生态旅游与旅游规划特色。为培养合格的具有"三创"（创新、创业、创意）能力的应用型旅游管理人才，专业教师团队通过深耕生态旅游和旅游规划，拓宽了专业基础、凝练了专业骨干课程、提升了专业技能，专业教师团队在向培养创新人才的"双能双师"方面做出了很大的革新和努力。2021 年，北京林业大学旅游管理专业获批成为北京市一流本科专业建设点。

三、 专业发展面临的困境与"三师"型教学团队建设

经过近 30 年的人才培养和团队建设，北京林业大学旅游管理专业教师团队积累了较为丰富的理论与实践教学经验，也在兄弟院校和行业领域建立了一定的声望，但旅游行业受到历时 3 年的新冠肺炎疫情严重影响，自 2022 年起，北京林业大学旅游管理本科生被暂停招生。但教师团队并没有气馁，主动联合其他专业进行"双学位培养"，并对标国内旅游管理专业头部院校的人才培养特征，努力找出目前学科与专业建设的短板，寻求应用型人才培养转型发展的可行路径。

（一）当前旅游管理学科专业存在的主要问题

通过比较分析，我们认为，当前旅游管理学科专业主要存在如下 3 个方面的问题。

1. 人才培养与行业现实需求存在错位

这次学校暂停旅游管理本科招生的主要原因除旅游行业发展受新冠肺炎疫情影响的困境外，我们认为更主要的原因是旅游管理专业人才培养与行业发展实际需求之间存在矛盾和错位。根据"双一流"高校建设目标，我们也曾将旅游管理本科人才培养目标定位于研究与应用复合型人才，而当前旅游产业发展实际需求更多的有技能的应用型人才支撑，提升旅游管理专业人才培养与社会需求之间的契合度是极为迫切和重要的工作。当前旅游行业不断呈现新业态，新业态又催生人才需求的新动向，旅游行业对人才的需求已从单纯的数量增加到了质量和内涵提升阶段，急需综合素质高、服务意识强，有高度职业责任感和职业自信，具备新知识、新技能、创新思维与自主学习能力的高素质、实战型、创新型的旅游人才[3]，因此旅游管理人才培养定位应回归到应用型为主导。

2. 教学内容与学生需求脱节

长期以来，以住宿和餐饮业为代表的旅游类行业处于全社会十九大行业的平均岗位工资的倒数位置，而旅游类本科教育的内在质量和水平又未能使其本科毕业生具备相对其他专业本科毕业生更高的职业竞争能力和劳动力边际产出[4]，本科教育质量的整体低水平是造成旅游管理本科专业的吸引力不强的重要原因之一。为力求培养出全方面发展的综合型人才，北京林业大学旅游管理专业曾开设了众多与旅游相关的专业课，涉猎面广泛，2002 版的本科培养方案中选修课数量列居全校首位，但每门课的学时不多，这就客观造成学生学的"杂而不深"。教师抱怨课时不够而无法深入教学内容，学生觉得知识太浅掌握不足，教学内容与学生需求的脱节使专业的认可度受到一定的质疑。

3. "3+1"教学模式与学用结合实训需求的矛盾

目前，北京林业大学旅游管理专业实施"3+1"教学模式，即"3 年在校学习所有的基础课、理论课，1 年完成企业实习和毕业论文"，这个教学模式有效解决了学生就业时岗前因实习不足影响就业质量的问题，但也客观上造成学生在校学习时间的压缩，保证理论学习课时就难免导致实践训练不足，而学生实践经验不足和实践机会不够，毕业生势必缺乏企

业所要求的基本技术或技能[5]。虽然专业采取了课程实习考察、聘请行业专家进校讲座、校地合作建设试验基地或联合实验室等教学形式来解决实践和实训不足的问题，但纸上得来终觉浅，技能培养终归还是要更多靠身体力行才能获得，实训质量的提升还是一个亟须解决的难题。

（二）对标头部院校，及时调整教学体系

高等教育评价专业机构软科发布的"2021年度软科中国大学专业排名"中旅游管理专业共有262所高校上榜。"A+"层次的高校依次为中山大学、复旦大学、南开大学、北京第二外国语学院、厦门大学、华南理工大学、四川大学、暨南大学、中南财经政法大学、东北财经大学，北京林业大学旅游管理专业位居第26位。以软科发布的旅游管理专业2021年度排名前十的学校为分析对象，通过将北京林业大学旅游管理专业的人才培养目标、课程体系、实践体系、教学平台、学科支撑等属性与这些院校对比，找出人才培养和教学团队质量建设上的差异及原因，以期对北京林业大学旅游管理专业教学团队建设提出优化方向。

分析2021年旅游管理专业排名中头部的10所院校的人才培养体系与专业课程设置情况，除中山大学、北京第二外国语大学、复旦大学、东北财经大学将本科人才培养目标设定为行业精英外，其他院校多是以复合型专门人才为主要目标，即应用型专门人才是这些院校的主要人才培养目标。目前高校的旅游管理专业人才培养目标多转向培养知识面宽、能力强、素质高、适应能力强的复合型、技能型人才。从课程体系特别是实践体系来看，旅游管理专业排名前十的院校均非常重视实践环节，在课程体系的设置中重视实践能力的培养。加强实践训练，培养学生的创新意识和敢于承担风险、敢于行动的实干精神成为很多旅游管理专业实践课程训练目标[6]。头部院校在教学体系中多数设置了"创新探索"环节，目的是为扩展学生知识面，深化其专业理论体系，强化学生综合运用知识的能力，培养学生的创新思维和创新能力。从学科支撑情况来看，头部院校的旅游管理专业均为独立学院或学院下设的独立旅游系，专业和学科发展相对独立。独立、有特色成为其专业建设的显著特征。

四、教学团队建经验与成果

鉴于旅游管理专业实践性和应用性强的特点[7]，北京林业大学旅游管理将人才培养目标与行业发展实际需求相联系，将人才培养目标回归到应用型为主导；自2004版之后的本科教学计划进行了修订和完善，本科教学中适当增加反转课堂、混合式教学，充分考虑了学生的个性发展需求，专业虽然没有明确更名，但教学体系上被分成管理与规划两个明显的方向，为专业塑造和应对社会对旅游人才的实际需求调整了教学内容。同时，为提高旅游管理专业教学的实训质量，实施以应用型旅游管理人才的培养为中心的产学研一体化的本科教学体系改革，将教师团队建设成融"教师+工程师+职业生涯指导师"为一体的"三师"型专业团队。

针对当前本科专业人才培养中存在的问题，旅游管理专业教学团队针对性的调整措施如下。

1. 实践创新：创新实践教学载体和方式

通过创新实践教学载体和方式，建立企校协同育人机制，增加实习与实训的实践机会。加强同政府旅游管理部门、旅游景区、酒店、规划公司和旅行社等企事业单位的合作，不断调整自身的教学模式，加强与政企的联动，充分发挥学校、企业和政府等机构的资源优势，搭建"学、考、赛、用"平台，通过校企合作、产教融合、工学结合以及协同创新等方式，构建起产学研一体化的实践育人模式。旅游管理的教师均转变了观念，从"等、靠、

要"变为"主动融入、主动接轨、主动服务、主动出击",寻找专业对口企业,以真诚合作的姿态获得合作机会[7]。加强实习实训基地建设和实验平台建设,通过加强与旅游企业合作,建立校外教学科研和实践基地,为专业教育的实践训练提供了必要的场所[8]。

2. 提升素养:加强"双创"能力训练,鼓励带本科生做科研

注重本科教学与科学研究的结合,强化科研促进教学的功能,引导教师将科研成果向教学内容转化,积极培养学生的科研兴趣与能力,让学生在参与科研项目中巩固所学知识,切实提高教学效果。鼓励教师将自己的科研课题部分内容衍化成大学生创新项目和毕业论文(设计)选题题目[9]。积极引导学生参加各级各类大学生创新创业训练项目、科学研究项目和科技活动,通过选题指导、项目策划、实地调研及报告撰写等实践环节的培养,提升学生的创新思维能力和实践能力[2]。积极承担地方政府和企业委托研究项目,为政府和企业提供决策参考与咨询服务,通过产业调研、经营策划和规划开发等科研服务与实践活动的开展,提升学生一线认知和实践动手能力以及职业环境认知能力,为就业、创业打下基础[5]。

3. 多样教学:课程教学内容与教学方法设置多种手段并用

以"创新型、应用型人才"为培养目标,重新修订人才培养方案,优化课程结构体系,继续贯彻"3+1"人才培养模式[9]。在教学设置上,主动契合当今学习获取知识面广泛的变化,并及时调整课程教学方式。减少教师课堂理论讲授时间,主要通过讨论、研讨、报告、作业等形式充分利用课堂时间,扩大大学生专业视野。多采用混合式教学、反转课堂等形式,鼓励学生课下时间的自学和自修。最后1学年的实习,由学生自主选择兴趣方向一致的企业单位实习,尽可能做到顶岗实习。在实践项目中努力培养学生的问题意识、沟通、动手和创新能力[10],鼓励学生于创新型产业、行业新业态中寻找实习机会,尽量扩大学生行业实践、就业择业的视野。

4. 专业认同:专业教师做班主任、辅导员,提高学生专业认可度

为培养学生的社会责任感,用"做人"的标准指导"做事"的态度,鼓励专业课教师做班主任、辅导员,以识修身、以才施教、以德育人,将教书育人的精神渗透到所有培养环节。专业教师积极与学生交流,多接触、多了解学生,从了解学生对知识的掌握到关注学生的学习方法、学习精神、学习能力。将职业生涯规划、职业道德素质、身心健康和创新创业训练融入专业学习,通过4年不间断的专业和学业指导,使学生掌握必需的理论知识的同时,还具有熟练的专业技能和适应职业变化的应变能力。专业教师还积极参与学生的就业指导,以专业知识和服务创造协同价值,提高学生的专业认可度。

5. 强化训练:鼓励学生多参与各项行业竞赛,加强与同行、同业、同学的交流

在旅游管理专业应用型本科人才培养体系中,除课程设置理论实务化、教学模式多元化外[8],教师队伍的专业化也是高质量教学体系建设的重要特征。在培养学生创新与应用能力的各教学环节中,不仅加强完善教师的知识结构、提高教学团队教学水平这些基础工作,还加强了专业学科与行业的交流,以各类竞赛、论坛、讲座为抓手,大力支持学生积极参加行业学会、协会、高校主办的各类比赛,鼓励学生以个人或组团参加企业实践调研和考察活动。将教研科研项目、社会技术服务成果、协会实践成果、学生优秀创新设计等经常通过专业主流学术媒介向学生传播,营造良好的学习环境,激发学生的专业学习欲望。

6. 学业导师:实施入校导师制,从一年级起分配学业导师

积极探索全程式本科生导师制,从大一入学开始实行"学业导师制",由专业课教师任学业导师,全程指导所带学生的专业实习(生产实习)、复习考研、毕业实习、毕业论文

（设计）以及升学就业等，充分发挥导师的指导作用，发掘学生的学习兴趣和潜力[9]。也鼓励学生加入导师的科研课题团队，在导师的指导下参与科研课题，并发表学术论文、专利等学术成果，提升学生创新意识和终身学习能力[11]。

五、结　语

北京林业大学旅游管理学科专业成立已近30年，为服务北京及全国其他地区的旅游业和相关服务业发展培养了一定的人才资源。尽管本科专业暂停招生使专业发展受到一定的挫折，但专业教师团队并未放弃对理想的追求。旅游管理专业教师团队将进一步苦练内功、深挖潜力，进一步加强产学研合作，全面提升专业建设质量，争取再为文化旅游业和相关行业的振兴发展输送具有专业理论知识和实践技能的高素质从业人员。建立产学研一体化和"三师"型教师队伍，已成为旅游管理专业教学团队的建设目标和方向，我们将不遗余力地促进学科专业发展的良性循环，促进专业改革与内涵建设，努力提高团队的教育教学水平和人才培养质量，让旅游管理专业越来越好，让北京林业大学教育越办越精。

参考文献

[1]张森林．我国旅游高等教育的产生与发展[J]．四川旅游学院学报，2017(2)：81-84.

[2]王东峰．应用型本科院校旅游管理专业实践教学质量提升路径研究[J]．黑龙江教育(高教研究与评估)，2021(3)：16-17.

[3]李茜燕．旅游高等职业教育实践教学体系研究[J]．江苏商论，2021(6)：123-126.

[4]严旭阳．旅游教育的困境和旅游学科的使命[J]．旅游学刊，2022，37(4)：1-2.

[5]严丽纯，陈循军，黄云超，等．校企产学研合作促进应用型本科人才培养的探索与实践[J]．高教学刊，2022，8(9)：139-142.

[6]陈佩，王伟，孟科，等．产学研结合培养旅游管理专业创新技能人才浅析[J]．陕西广播电视大学学报，2017，19(2)：25-28.

[7]熊礼明，薛其林．高校旅游管理专业产学研人才培养模式构建探讨[J]．长沙大学学报，2016，30(6)：138-141.

[8]刘艳，王海芸，唐凯临，等．生物信息本科专业课程体系建设的调研与建设方案[J]．科教导刊，2022(13)：156-158.

[9]马啸，王湖坤，周香君，等．地方本科院校环境工程专业产学研结合实践教学体系的构建[J]．高等建筑教育，2021，30(4)：141-147.

[10]陈楠，任贺，张少康，等．产学研背景下旅游管理专业创业创新型人才培养路径研究：以河南省开封市为例[J]．旅游纵览，2022(7)：35-37.

[11]张玉良，周兆忠，江海兵．机械类专业应用型创新人才多元融合培养体系研究与实践[J]．高教学刊，2020(29)：24-28.

人工智能时代高校青年教师专业发展路径探析

梁 浩 罗琴娟 王 远 陈锋军

（北京林业大学工学院，北京 100083）

摘要： 随着人工智能技术的快速发展，高校青年教师的专业发展面临着新的挑战，高校教师需要不断更新自己的知识和技能，以适应这个新的时代。本文旨在探讨人工智能时代下，高校青年教师的专业发展路径。文章通过分析当前高校教师专业发展的现状和挑战，阐明人工智能对教育行业带来的影响和机遇；同时，探析人工智能时代下高校青年教师专业发展的路径，并进一步给出实施策略。本文为高校青年教师专业发展提供一种路径和策略，以应对人工智能时代下高校教育的挑战，从而促进高校教育的全面发展。

关键词： 人工智能时代；青年教师；教师专业发展

一、引 言

随着人工智能技术的不断发展和应用，其已经逐渐成为高等教育的重要组成部分。在此背景下，高校青年教师的专业发展面临着前所未有的挑战和机遇。如何培养人工智能时代的高素质青年教师，提升学科知识和教学能力，成为高等教育改革创新的重要课题[1]。本文旨在探索人工智能时代青年教师的职业发展路径，并提出相关实施策略，以期为高校青年教师的职业发展提供有益的参考和启示。

二、人工智能时代高校教师专业发展现状

（一）人工智能对高等教育的影响

人工智能技术的快速发展对高等教育产生了深刻的影响，极大地丰富了教学内容和方法，同时，人工智能技术的应用也给传统教学模式带来了挑战，对高等教育提出了新的要求。

1. 教育方式的变革

人工智能技术为高等教育提供了新的教育方式和工具[2]，比如在线教育、虚拟教室、智能学习系统等，这些工具为学生提供了更加良好的学习体验。在线教育平台为学生提供

作者简介：梁 浩，北京市海淀区清华东路35号北京林业大学工学院，副教授，lianghao@bjfu.edu.cn；
　　　　　罗琴娟，北京市海淀区清华东路35号北京林业大学工学院，高级实验师，luoqinjuan@126.com；
　　　　　王 远，北京市海淀区清华东路35号北京林业大学工学院，副教授，wangyuan@bjfu.edu.cn；
　　　　　陈锋军，北京市海淀区清华东路35号北京林业大学工学院，教授，chenfj227@bjfu.edu.cn。
资助项目：北京林业大学教育教学研究项目（BJFU2020JY045）；
　　　　　北京林业大学科研反哺人才培养研究生课程教学改革项目（KCSZ2013）；
　　　　　北京林业大学课程思政教育教学改革与研究专项（BJFU2022KCSZ11）；
　　　　　北京林业大学科研反哺人才培养研究生课程教学改革项目（KCSZ2012）。

了更加灵活的学习方式，学生可以随时随地进行学习，而不受时间和地点的限制；智能学习系统则能够根据学生的学习进度和学习习惯，智能调整教学内容和进度，提高学生的学习效果；虚拟教室也能够模拟真实的教学场景，让学生更加身临其境地体验教学过程。

2. 教师角色的转变

人工智能技术的应用，让教师的角色发生了变革[3]。传统的教师教学方式主要是"授课"，即传授知识。而在人工智能时代，教师的角色更加强调指导和引领，即成为学生的学习导师和学习助手，帮助学生掌握知识和技能，同时指导学生进行创新和实践。教师需要更加关注学生的个性化需求和学习效果，通过数据分析和教学反馈，优化教学过程和教学效果。

3. 教育内容的变化

随着人工智能技术的发展，教育内容也在发生变化[4]。传统的教育内容主要是基础知识和基本技能的传授，而在人工智能时代，教育内容更加注重创新能力和实践能力的培养。人工智能技术涉及多个领域，涵盖了大量的知识和技能，比如机器学习、数据分析、自然语言处理等，这些内容也逐渐成为高等教育的热门方向。

（二）人工智能时代高校青年教师面临的挑战

随着人工智能技术的快速发展，高校青年教师的专业发展面临诸多挑战。一方面，青年教师必须不断更新学科知识和教学方法，以适应新的教学模式和要求；另一方面，要不断增强教学能力和创新意识，更好地促进学生的学习和发展。此外，人工智能技术的应用为高校青年教师引入了虚拟现实、增强现实、人工智能机器人等新的教学方式和途径，这些技术可以增强教学模型和场景，从而提高教学效率和质量。因此，青年教师也必须了解和掌握人工智能技术的应用，开展深度学习和相关知识研究，才能更好地将其与教育实践相结合，从而应对人工智能时代的新挑战。

（三）人工智能对高校青年教师的专业发展影响

人工智能技术的应用不仅给高校青年教师的专业发展带来了挑战，同时也为他们提供了新的机遇。通过学习和掌握人工智能技术，他们可以更好地发挥教育教学的作用，促进学生的全面发展。具体来说，人工智能对高校青年教师的专业发展影响主要包括以下3个方面。

1. 教学理念的变革

在人工智能时代，教学方法不再局限于纯讲解和传授知识，而更强调学生自主学习和思考能力的培养[5]。高校青年教师需要积极探索研究性教学和项目式教学等新型教学方法，以提升学生的综合素质。同时，传统教学资源存在着局限性，而人工智能技术能够打破传统教学资源的边界，使得教学资源的获取和共享更加便捷和高效。因此，教师需要深入了解和掌握这些技术，将其融入自己的教学实践中，从而提升教学质量和效果。

2. 全球化竞争的压力

人工智能时代是全球化竞争时代，高校青年教师需要具备更高的跨文化交流和合作能力，才能更好地与国际教育接轨，提升自身的专业素养[6]。一方面，人工智能技术的发展带来了全球化的教育市场，教育机构和教育服务商能够通过在线教育、远程教育等方式为全球范围内的学生提供服务，这也意味着高校青年教师需要具备线上教学和远程教学的能力，能够利用人工智能技术开展高效、优质的教学活动；另一方面，全球化竞争也带来了国际化人才的流动和竞争。高校青年教师需要具备全球化的背景和视野，能够适应国际化的教育环境和教学方式。此外，高校青年教师也需要能够与来自不同文化背景的学生和教育工作者进行合作和交流。

3. 持续学习和创新的需求

人工智能时代是创新的时代，高校青年教师需要具备持续学习和创新的能力，以适应社会变革的需求。例如，人工智能技术的广泛应用，推动了教学平台的数字化、智能化发展，高校青年教师需要掌握基本的信息化教学技能，如在线教学、多媒体教学和虚拟实验等，以便更好地实现教育教学的信息化。此外，高校青年教师也需要积极参与教学教研和科研活动，不断提升自己的专业能力。

三、 人工智能时代高校青年教师专业发展路径探析

（一）学科知识与能力的提升

1. 学科前沿知识的学习

高校青年教师要关注人工智能技术在各个领域中的应用和发展趋势，掌握人工智能技术的基本原理和应用方法。同时，也应当紧跟学科前沿知识的发展动态，了解最新的研究进展和发展趋势，通过参加国内外学术会议、阅读论文等方式，掌握学科前沿知识的研究，不断扩展学科视野和认知，提高自己的学科素养，为教学研究提供更多的新思路和方法，从而建立自己的学科研究方向和学术声誉。

2. 多元化的学科交叉融合

随着人工智能技术的不断发展，学科之间的界限逐渐模糊。因此，高校青年教师应该在学科交叉融合方面不断探索。比如，计算机科学与心理学、人类学、哲学等学科的交叉融合，可以帮助教师更好地理解人工智能技术的应用场景，并从多角度思考相关问题。同时，高校青年教师需要探索学科应用场景，将学科知识与实际应用结合起来，以便更好地应对人工智能时代的新教学需求和新教学模式。

（二）教学能力与方法的改进

1. 课程设计和教学方法的创新

在人工智能时代，高校青年教师需要通过创新教学内容和教学方法，以提高教学效果和质量。教师可以采用多元化的教学方法，如课堂讲授、案例分析、小组讨论、互动策略等，以提高学生的学习兴趣和参与度。另外，为了满足不同学生的学习需求，教师可以根据学生的特点和需求，设计差异化的教学方案和活动，如课外科研、实践项目、创新比赛等，以提高学生的综合能力。

2. 研究性教学的开展与推广

研究性教学是一种以学生为中心的教学方法，如今已成为高校教育的重要组成部分，这种以学生为中心的教学方法可以帮助学生更好地理解学科知识，并培养其创新能力。在人工智能时代，研究性教学尤其重要，因为它能够培养学生的科研意识和能力，以应对时代发展的需求。具体而言，研究性教学以培养学生科研能力为目标，以教师研究课题为基础，以学生研究成果为依据，强调学生参与和实践的教学模式。在此模式下，教师可以通过课题研究、实验室实践、学术论文撰写等方式，促进学生的研究性学习和科研能力的提高。同时，教师应该鼓励学生主动学习、自主探究和创新实践，激发学生的学习兴趣和主动性。在人工智能时代，高校青年教师应该积极探索和应用研究性教学，为学生的全面发展和未来的创新实践奠定坚实的基础。

（三）学生导向的教学模式构建

1. 学习兴趣激发和学习需求满足

高校青年教师应该积极了解学生的学习兴趣和需求，根据人工智能领域的特点，设计

具有吸引力和实践性的教学内容。教师可以通过引入有趣的案例、真实的应用场景，以及与学生相关的热门话题，激发学生对人工智能学科的兴趣。同时，教师应该根据学生的不同学习需求，提供多样化的学习资源和学习方式，激发学生的学习动力，促进他们在学科学习中取得更好的成果。

2. 个性化学习计划和合作学习推进

构建学生导向的教学模式，还需要与学生进行个性化学习计划的制订。教师可以与学生充分沟通，了解他们的学习目标、学习风格、弱势领域等，根据这些信息制订个性化的学习计划。这些计划可以包括定制化的学习内容、学习进度的灵活调整，以及个性化的学习辅导和指导。同时，教师应该鼓励学生之间互相合作、交流和学习，推进合作学习的实践。合作学习有助于学生之间分享知识、互相帮助解决问题，增强团队合作和创新能力。通过个性化学习计划和合作学习推进，教师能够更好地满足学生的学习需求，提高学生的学习效果和满意度。

（四）科研与创新能力的优化

1. 跨学科合作与团队建设

在人工智能领域，涉及计算机科学、数学、工程学、神经科学等多个学科的交叉应用。因此，高校青年教师应积极寻求跨学科合作，与其他学科领域的专家进行交流合作。这样的合作有助于拓宽视野，获得新的研究思路和方法，促进学科交叉融合，从而在科研领域取得更广泛的成果。另外，建立稳定的科研团队也是优化科研能力的重要途径。青年教师可以组建科研团队，吸引优秀研究生和本科生参与科研项目，培养团队合作和领导能力，并在团队协作中推动科研成果的快速发展。

2. 创新科研方法与技术应用

人工智能时代科研的快速进展离不开创新的科研方法和技术应用。高校青年教师应持续关注学科领域的最新科研方法，学习掌握人工智能技术的应用工具和平台，以提升科研能力。例如，深度学习、数据挖掘、自然语言处理等技术在人工智能研究中发挥重要作用，教师可以积极学习这些技术，并将其应用到自己的科研项目中。另外，了解并运用科研前沿的实验设备、数据资源、模拟工具等也是优化科研能力的重要途径。通过持续学习和创新科研方法与技术应用，青年教师可以增强自己在人工智能领域的科研竞争力，推动学科的创新发展。

四、 人工智能时代高校青年教师专业发展路径的实施策略

（一）适应人工智能时代的教育教学规划

1. 教育教学的主要目标和方向

在人工智能时代，高校教育需要注重培养学生的创新思维和实践能力，提高其适应未来职业发展的能力。因此，教育教学的主要目标和方向需要从传授知识转变为培养学生的综合素质和能力，包括创新思维、实践能力、团队协作、领导能力等。

2. 教育教学的具体措施和实施策略

高校应该制定相应的教育教学方案，包括教学大纲、教学设计、教学方法和教学评估等，根据学生的不同特点和需求进行个性化的教学和辅导。同时，可以采用在线教育和远程教学等方式，让学生在不同的时间和地点都能够学习和交流。针对不同学科和专业的特点和需求，需要制定相应的教育教学方案和实施策略。其中，以下措施可以作为参考：①加强实践教学，增加学生的实践经验和实际操作能力。②采用多种教学方法和手段，包

括在线教育、项目式教学、课程设计等，提高教学效果。③推行创新创业教育，培养学生的创新思维和实践能力。④建立良好的课程评估和反馈机制，及时了解学生的学习情况和教学效果，不断优化教育教学质量。

3. 教育教学的质量评估和反馈机制

为保证教育教学质量，需要建立完善的教育教学质量评估和反馈机制，对教育教学过程进行监控和评估，及时调整教学策略和方法，保证学生的学习效果和学习体验。其中，以下3个方面需要特别注意：①建立教学质量评估和反馈体系，及时了解学生的学习情况和教学效果，不断优化教育教学质量。②建立师生互动机制，通过学生评教、教师评估等方式，促进师生之间的有效沟通。③建立教师评聘和激励机制，鼓励教师在教育教学方面的积极探索和创新。

（二）加强教师的专业发展和能力提升

1. 制订教师培训和学习计划

根据人工智能时代的特点和需求，高校教师的专业发展应当不断地更新知识和技能，以适应不断变化的教学环境和需求。因此，学校应该制定教师培训和学习计划，以提供有针对性的培训和学习机会。这些计划应该涵盖各种教学技能和知识，包括人工智能教学工具和应用、课程设计和开发、教学评估和反馈等。高校可通过以下途径实现这一目标：①制订教师发展计划，确定重点发展领域和培训需求。②提供师资培训课程，包括线上和线下课程、讲座、研讨会等。③提供资源支持，如书籍、期刊、视频教程、实验室设备等。④鼓励教师参加国内外学术会议和研讨会，提供差旅和参会的费用支持。

2. 加强教师团队协作和学术交流

教师的专业发展需要通过与同行之间的交流和协作来实现，在人工智能时代这一点更为重要。教师团队协作和学术交流可以促进教师之间的相互学习和提高，从而更好地为学生提供服务。为此，高校可以组织教师团队会议、学术讲座、教学研讨等活动，还可以利用现代化的信息技术手段，如在线教育平台、网络课程和微信群等，来加强教师之间的交流和协作。通过这些活动，教师可以分享教学方法、教学资源和经验，以及探讨课程设计和教学评价等方面的问题，也可以让教师获得更多的教学资源和信息。

（三）个人发展支持和教育部门支持

1. 学校的人才引进和培养政策

学校的人才引进和培养政策对于高校青年教师的发展至关重要。高校需要根据人工智能时代的特点，制定出一系列的人才引进和培养政策，吸引和留住具有专业技能、学术热情和教学能力的青年教师。具体来说，学校可以从以下4个方面考虑：①提高待遇，加大对高层次人才的薪酬和福利支持，吸引更多优秀的青年教师加入高校。②搭建平台，为青年教师提供良好的教学和科研平台，为其专业发展提供更多的机会和资源。③建立科学合理的评价机制，包括对教学和科研工作的绩效评价、职业发展评价等，激励教师积极进取、不断提高。④提供培训，为青年教师提供专业的培训和发展计划，帮助他们不断提升教学和科研能力。

2. 教育部门的政策和措施支持

教育部门的政策和措施支持对于高校青年教师的发展也非常重要。教育部门可以出台相关政策，为高校青年教师提供更多的资金支持和项目支持，鼓励青年教师参与教育科研活动，提高教师的教学水平和成果产出。首先，通过设立专项基金、项目申报等方式为高校青年教师提供更多的资金支持，鼓励他们积极参与教学科研活动；其次，加强对高校的引导和监管，督促高校加强对青年教师的培养和关注，为青年教师提供更好的教学和科研资源。

同时，教育部门也可以推出各种培训和交流项目，鼓励青年教师积极参与，增强他们的专业素养和创新能力。例如，可以推出国内外交流项目，让青年教师走出校园，到国内外的高校、科研机构进行短期交流，了解最新的学术研究进展和发展趋势。此外，教育部门还可以组织各种学术论坛、讲座、研讨会等活动，为青年教师提供展示自己研究成果和交流学术观点的平台。

3. 学科团队和导师的指导和支持

学科团队和导师的指导和支持也是高校青年教师专业发展的重要支撑。高校可以建设一支高水平的学科团队，为青年教师配备专业的导师，指导并帮助他们制定个人职业发展计划和科研计划，提供教学指导和帮助，推荐优秀的学术期刊和学术论文，引导他们开展有意义的教学研究。为青年教师提供丰富的学术资源和良好的学术环境，培养青年教师的科研能力。例如，建设一流的学科研究中心、实验室，为青年教师提供最新的教学研究成果，培养青年教师的教学能力和创新能力。

五、结　语

在人工智能时代为高校青年教师建立专业发展路径是一个需要不断探索和实践的过程。本文通过分析现状、探析路径，并提出相关的实施策略，为高校青年教师的职业发展提供了一些有益的借鉴和启发。人工智能时代给高校教育带来了新的机遇和挑战，高校青年教师需要不断学习和适应新的教育需求，积极探索和践行新的教育理念，以提高自己的专业素养和竞争力。总之，人工智能时代高校青年教师的专业发展是一个复杂的过程，需要高校和教师共同努力。同时，我们也相信，只要青年教师能够积极探索和实践，不断学习和适应新的教育需求，就一定能够在人工智能时代的教育事业中创造出更加辉煌的业绩。

参考文献

[1]余碧春，林启法，颜桂炀. 智能时代卓越教师核心素养培育探析[J]. 教师教育研究，2020，32(5)：54-58.

[2]李运福，徐菲，李婷. 国际教育领域人工智能研究热点分析与启示[J]. 中国教育信息化，2023，29(2)：27-41.

[3]李秋霞，梁震. 人工智能时代教师专业发展路径探寻[J]. 教育理论与实践，2022，42(34)：54-58.

[4]赵磊磊，张黎，代蕊华，等. 人工智能赋能教师教育：基本逻辑与实践路向[J]. 中国教育学刊，2022(6)：14-21.

[5]敬超，郑荣华. 基于 OBE 理念的人工智能课程体系改革研究[J]. 科教导刊，2023(1)：51-53.

[6]来慧洁，徐昭恒. 高校青年教师国际化发展现状与改进路径：基于上海大学的调查研究[J]. 教师教育学报，2022，9(3)：74-83.

新形势下林业工程学科青年教师人才培养能力自我提升探析

于世新　　王西鸾　　文甲龙　　袁同琦

（北京林业大学材料科学与技术学院，北京　100083）

摘要： 大力推进生态文明建设使我国可持续发展提升到绿色发展的高度，林业工程以森林资源的高效利用和可持续发展为基本原则，是生态文明建设的重要支撑。林业工程领域的蓬勃发展对高素质专业人才的培养提出了更高的要求。本文从新形势下林业工程人才培养的机遇和挑战出发，分析了青年教师人才培养能力提升的必要性，结合笔者在人才培养能力提升方面的具体措施，针对提升林业工程学科青年教师人才培养能力提出了加强思想政治学习与师德师风建设、深度参与教学改革实践、增强工程实践能力和实施科教融合五方面的内容，为青年教师人才培养能力的自我提升提供参考。

关键词： 林业工程；青年教师；人才培养能力；科教融合

一、引　言

　　林木资源自身特有的可再生、生态平衡的属性，对我国新形势下经济社会的可持续发展起着重要作用。林业工程以森林资源的高效利用和可持续发展为基本原则，主要研究森林资源培育、开发以及林产品加工的理论与技术，包括森林工程、木材科学与技术以及林产化学加工工程 3 个二级学科，是一个注重应用性的综合性学科，具有重要的社会、经济、生态效益，是我国生态文明建设的重要支撑[1-2]。随着我国"双碳"战略以及"中国制造2025"行动纲领的提出，国家对林业工程发展提出了更高的要求，社会对林木产品的需求日益增长，林业工程相关产业需要更多具有创新精神、扎实基础以及良好的实践能力、工程管理能力的高素质专业人才，这也对培养林业工程专业人才的高校提出了更高的要求。高校要不断提高林业工程专业人才培养能力，持续为行业输出需求型高质量人才，而提升教师人才培养能力是提高高校人才培养水平的重要措施。青年教师人才培养能力的自我提升对教师队伍整体的培养能力提升发挥着重要作用。

二、林业工程学科青年教师人才培养能力提升的必要性

　　随着国际资源竞争日益激烈、科技发展迅速、社会需求扩大等多因素影响，林业工程学科需要不断适应国内和国际的发展变化，调整发展侧重点以顺应时代需求。实现以上目标离不开源源不断的林业工程专业人才的支撑。目前国内高等教育培养的林业工程专业人

作者简介：于世新，北京市海淀区清华东路 35 号北京林业大学材料科学与技术学院，讲师，yushixin@ bjfu. edu. cn；
　　　　　王西鸾，北京市海淀区清华东路 35 号北京林业大学材料科学与技术学院，副教授，wangxiluan@ bjfu. edu. cn；
　　　　　文甲龙，北京市海淀区清华东路 35 号北京林业大学材料科学与技术学院，教授，wenjialonghello@ 126. com；
　　　　　袁同琦，北京市海淀区清华东路 35 号北京林业大学材料科学与技术学院，教授 ytq581234@ bjfu. edu. cn。
资助项目：北京林业大学教育教学改革与研究项目"对分课堂教学模式在'生物炼制产业发展概论'课程中的探索改进与实践"（BJFU2022JY066）。

才还部分存在专业素质不高、实际操作能力差、工程管理能力欠缺等诸多问题[3]。针对人才培养存在的问题，林业工程院校提出了一系列提高人才培养能力的措施，包括探索推进课程思政、加强教育资源、健全教育教学体系、建设高素质教师队伍等，以上措施对提升林业工程高等教育质量已经发挥了积极作用[4]。其中建设高素质教师队伍是落实其他各项措施的基础。

青年教师(31~40岁)是教师队伍中最富有活力、创新能力和热情的群体。尤其多年来我国加强了青年教师队伍建设，青年教师数量和比例不断增加，培养支持了大批有着良好的知识结构、专业技能和创新意识，以及强烈的事业心和责任感的创新型青年人才，极大推动了高校科研水平的提升和专业的发展。林业工程学科的青年教师作为林业工程领域科研创新的排头兵，也逐渐成为新一代林业工程人才培养的主体。但是必须注意到的是，由于走上教育岗位时间尚短，青年教师也最缺乏人才培养经验。因此他们相较于具有多年教育经验的老教师在人才培养能力方面仍存在不足，尚不能掌握林业工程学科教学规律和施教策略，不了解林业工程专业学生的学习情况，这会阻碍林业工程学科青年教师将掌握的前沿专业知识向学生们传导。提高青年教师人才培养能力成为林业工程学科建设和发展的重要任务，快速有效地提高高校林业工程专业人才培养水平，将促进新形势下我国林业工程领域发展、支持生态文明建设。

三、 青年教师人才培养能力自我提升的具体举措

（一）加强思想政治学习与师德师风建设

立德树人是教育的根本任务，思想政治教育贯穿高等教育全过程，在专业教学过程中需要坚定不移地坚持社会主义办学方向，培养拥护党的领导和社会主义制度、立志为中国特色社会主义事业奋斗终身的人才。立德树人的培养任务对青年教师的思想政治觉悟、师德师风提出了更高的要求。师德师风是教师素质评价的首要标准，青年教师要把人才培养和自身修养相结合，明确教书育人的职责、竖立坚定的理想信念，努力成为一名学为人师、行为世范的"大先生"，只有不断地进行高标准自我要求才能引导学生形成正确的世界观、人生观、价值观。根据党中央对高校教师思政教育工作要求，各个高校都加强了教师师德师风建设以及思想政治学习。以笔者所在北京林业大学为例，学校每周固定时间组织教师集中学习，从学院、系、党支部多个层面进行落实，具有学习内容丰富、及时传达党中央和学校最新指示等特点，这为青年教师系统、全面的思想政治学习提供了平台。积极参加集中学习只是思想政治修养的基本保障，平时主动的学习和贯彻思政教育内容是青年教师高政治素养的表现。特别是林业工程学科承担着支持我国生态文明建设的重担，专业青年教师必须主动学习党中央关于生态文明建设的一系列指导方针和部署，把握林业工程学科对新时代中国特色社会主义事业中的地位，从而在实际的教学和科研过程中进行实践，达到为行业培养顺应国家和时代需求的人才的目的。

（二）深度参与教学改革实践

随着社会人才需求的变化以及教学理念、硬件设施的不断更新完善，需要不断地深化教学改革提高教学质量、培养顺应时代发展的专业人才。林业工程作为新形势下大力发展的学科，需要不断地深化教学改革以更新教学内容、改进教学方法和教学模式。青年教师作为教育教学一线的重要力量，要在教学实践中掌握并借鉴吸收专业原有的教育教学模式和方法，积极参与教学改革实践。青年教师在教学热情、工作精力以及对新事物、新方法的接受能力上有突出的优势，结合慕课等线上教学技术的快速推广，青年教师更能推进适应新时代大学生的教学模式改革。以笔者讲授的"生物炼制产业发展概论"为例，该课程主

要讲授生物质资源利用技术及其产业发展,旨在让学生了解国内外生物炼制的生产技术、掌握生物炼制关键工艺,原有教学方式仅为课堂讲授结合期末检测,"填鸭式"的教学模式虽然在授课内容的广度上有保障,但是学生整体的接受效果不佳,对生物炼制技术各个关键环节理解不到位,对产业发展实际情况缺少真实了解。针对以上问题笔者通过实施教学改革,对教学内容进行优化,选取重点内容详细剖析,引入更多更具体的企业案例,同时改进"对分课堂"教学模式,使学生能够在课堂上充分融入教学节奏中,通过线上线下结合方式多角度展示行业的发展现状,拉近生物炼制产业与学生的距离,从而培养学生在领域技术和工程管理方面的能力。在实施教学改革过程中,笔者发现只有躬身入局,投入教育教学和人才培养过程中,才能发现当下存在的问题,通过个人和团队不断的探索、改革加以解决,这也是教师自我价值的体现。

(三)加强教师互动学习优秀经验

教师的教学经验是在长期教学过程中生成的一种实践性知识,是教师个人通过经历、探索、总结出来的教育教学技巧和规律。优秀的教学育人经验能够加速知识从教师到学生的高质量传导,也是青年教师所亟需的。教学经验作为一种特殊的"知识",不全都需要长期的教学经历去沉淀,可以通过分享、传授的方式快速推广。教学育人经验包括成功经验也包括负面的经验,不同学科有共通之处,同时由于学科不同也存在差异性。林业工程学科在教育教学上有着优良的传统,中华人民共和国林业事业的奠基人——梁希先生,就是长期从事林产化学方面的教学和研究工作,培养了一大批林业工程领域的专家。林业工程学科经过几十年的不断发展,一代代林业工程教育工作者不断总结迭代形成了适用于林业工程学科的教学经验,这些优秀经验不在教科书中,都在每日相伴的同事、兄弟农林院校的同行身上,所以作为青年教师一定要积极主动加强教师之间的互动。首先抓住每次学校、院系组织的教学分享活动,学习优秀教师多年积淀的有效方法,同时吸纳最新的教学理论,老方法、新知识都要学习。除了各种分享沙龙互动,更重要的是日常跟身边的老教师、优秀教师多求教多交流,大到学科的教学理念、小到上课吸引学生注意力的技巧都要沟通学习,要敢于求教,不盲目自信,将获得的成功经验通过自身实践去验证和使用,最终快速形成自己的教学育人方法和经验。

(四)增强工程实践能力

国务院印发的《中国教育现代化2035》中明确指出,要强化学生实践能力、合作能力、创新能力,同时在新工科建设过程中也要求加强实践部分[5]。林业工程学科作为注重应用性的学科,把提高学生创新和实践能力作为一项重要任务。打铁还需自身硬,目前青年教师大多具有扎实的专业理论基础和创新意识,但普遍存在工程实践经验不足,对目前本行业技术使用情况和企业运行情况缺乏一定的了解,因此在对大学生实践教育过程中,不能充分发挥引导作用,一定程度上制约了大学生工程实践能力的形成,影响高素质人才培养质量。为解决以上问题,青年教师要多学习多实践,重视工程实践教育,向工程实践经验丰富的中老年教师寻求指导和帮助,充分了解先进的林业工程技术、工艺、设备,例如最新投入使用的二代生物质乙醇生产线、木质素无醛胶水生产线等。创造机会深入生产一线,全面理解生产线各个环节关键技术以及实际生产过程中存在的问题,向一线工人学习,带着工程实践中的问题在学习中教学,进一步从学生角度换位思考,让学生能够充分了解以上关键技术和问题,引导学生积极思考,培养学生解决实际问题的能力。

(五)实施科教融合

高等院校中科研活动和人才培养是密不可分的,新形式下如何将科学研究和教育教学充分融合是实现创新型人才培养的关键[6]。林业工程领域目前还存在大量需要深度研究的科学问题，需要一大批有能力、有志向的创新人才支撑。创新型人才的培养与前沿科学问题探究密不可分，而大力实施科教融合就是实现人才培养的最有力手段。青年教师作为科研队伍的排头兵，具有灵敏的嗅觉和广阔的视野，其科学研究项目紧跟国际前沿，青年教师将科研项目融入教学，并将科研成果转化为教学资源，能够实现教学和科研项目的相互促进、相互补充，对青年教师的工作开展也具有事半功倍的效果。首先，青年教师要积极参与国家和地方有关林业工程领域的重大战略需求的研究，紧跟国际前沿，不断精进科研能力，只有教师具备更高的科研水平，才能具备优良的科研训练条件。在科研能力提升的基础上，青年教师还要引导学生了解、加入科学研究全过程，例如积极参与大学生创新创业训练计划项目以及各类科技竞赛，在项目实施过程中帮助学生打开视野，了解林业工程学科的科学研究前沿，为林业工程学科培养高素质的创新人才(图1)。

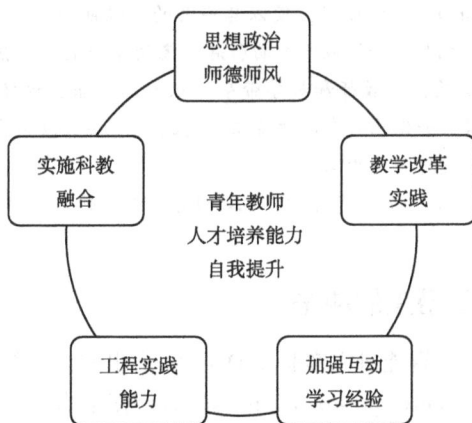

图 1　林业工程学科青年教师人才培养能力自我提升的具体举措

四、结　语

作为教师队伍的新生力量，青年教师富有热情、活力和创新能力，提升青年教师的人才培养能力对高等院校高素质人才培养起着至关重要的作用。林业工程学科青年教师应该在科研和教学工作中不断寻求自我提升，借助学校的平台，投身到林业工程专业人才培养当中，坚定思想信念，坚持完成立德树人根本任务，在思想政治学习、师德师风建设、教育教学改革、加强教师互动学习优秀经验、工程实践能力、实施科教融合等各方面不断精进，自觉做教书育人的"大先生"，培养德才兼备、勇于创新、服务国家的林业工程人才。

参考文献

[1]张金玉，杨洪国，张德成，等.林业工程学科研究生课程教学方法的调查与分析[J].教育教学论坛，2021(50)：157-160.
[2]张文博，张佳慧.林业工程学科本科生导师制的探索：以北京林业大学林业工程专业"梁希"班为例[J].中国林业教育，2016，34(1)：8-10.
[3]秦琳.林业工程本科技术人才培养目标的研究[D].北京：北京林业大学，2014.
[4]黄国华，于斌.聚焦人才培养 深化关键改革 提高人才培养能力[J].北京教育(高教)，2020(8)：89-90.
[5]焦纬洲，高璟，祁贵生，等.以工程实践能力培养为导向的化工专业实践教学模式探索与实践[J].化工高等教育，2022，39(2)：120-125.
[6]申婷婷，孙静，宋明明，等."双一流"建设背景下科教融合教学改革：以"环境化学"课程为例[J].西部素质教育，2023，9(5)：171-174.

ChatGPT 背景下英语教师的角色转换

——从语言技能指导到多元化知识引导

张 燕　史宝辉　凌舒亚

（北京林业大学外语学院，北京 100083）

摘要： 自然语言处理工具 ChatGPT 一经面世，便以其强大的互动能力将人工智能的发展推向新阶段。这一语言智能工具在教育界，尤其是外语教学方面引起了褒贬不一的诸多热议。人工智能、语言智能工具是我们必须直面的科技发展，给教师和教学带来了双重的冲击，迫使我们对教学方法、教学内容、教师角色进行全面的思考，并做出符合时代要求、达到更高层次教学要求的及时调整。唯有顺应潮流、及时应变、不断学习才是可行的出路。

关键词： ChatGPT；语言智能工具；知识翻译学；笔译教学；多元化知识学习

一、 语言模型工具带来的冲击

2022 年 11 月，美国人工智能研究实验室 OpenAI 推出的人工智能技术驱动的自然语言处理工具 ChatGPT（chat generative pre-trained transformer）横空出世。ChatGPT 使用 transformer 神经网络架构，通过大量的语料库来训练模型，使该聊天工具拥有语言理解和文本生成能力[1]。该工具一经推出，5 天时间内注册的用户数量便超过一百万，到 2023 年 2 月 3 日月活用户达到一亿[2]。广大用户的使用反馈更是在社会各界引发热议。

ChatGPT 所表现出的强大语言分析、处理能力引发种种褒贬不一的评价。一方面，人们对如此先进的科技成果带来的便利表现出极大的热情；另一方面，如同人们在工业革命时期初见机器的反应一样，更多的人开始对各行各业潜在的从业危机表示担心，尤其是在教育界、学术界引起了热议，甚至是对该应用采取抵制态度。美国著名语言学家诺姆·乔姆斯基（Noam Chomsky）认为，该工具让剽窃变得更容易也更难被发现，本质上是高科技剽窃，会给大学和教师们带来麻烦[3]。数千种学术期刊明令禁止或者限制投稿人使用该工具撰写或编辑论文。《Cell》和《柳叶刀》虽然允许使用人工智能工具，但不能取代作者完成关键任务，要求作者必须要申明是否以及如何在论文中使用这些工具。国内一些期刊也表示暂时不接受任何大型语言模型工具单独或联合署名的文章，如果在论文创作过程中使用了相关工具，需要单独提出，并在文章中解释如何使用并论证作者本人的独创性[1]。

在这场由语言模型工具引发的"轩然大波"中，大量的声音都是有关语言教学、口笔译工作等是否很快就会被机器翻译、语言智能工具取代。这样的担心并非空穴来风，经过测试发现，即使是之前认为机器翻译无法胜任的法律翻译、医学翻译等领域，人工智能翻译目前的准确率已经可以达到 80% 甚至更高。[1]身处人工智能高速发展的时代潮流之中，面对机器翻译、机器学习和人工智能的不断更新迭代、飞速发展，作为笔译课教师面临极大的

作者简介：张　燕，北京市海淀区清华东路 35 号北京林业大学外语学院，副教授，aliciazy@ bjfu. edu. cn；
史宝辉，北京市海淀区清华东路 35 号北京林业大学外语学院，教授，shbh@ bjfu. edu. cn；
凌舒亚，北京市海淀区清华东路 35 号北京林业大学外语学院，副教授，ling_ sy@ 163. com。

压力。而这样的压力也必然促使教师接受新技术的挑战，转变基本教学理念，对教学手段、教学模式、教学内容等环节进行及时、有效的调整，培养未来能够与人工智能共存并竞争的新型外语人才。

二、传统翻译教学面临的挑战

一直以来，笔译教学都是以翻译标准为基本要求：紧紧抓住"信"，即忠实原文不偏离、不遗漏；学习掌握一些翻译策略，通过使用恰当的翻译技巧，力争做到"达"，即目标语言表达通顺、流畅、明白；尽可能多做一些翻译实践，在实践练习中体会"雅"，即语言得体、表达优雅。因此，教学范式基本都遵循以下步骤展开：首先进行翻译策略讲解，接着举实例并提供参考译文，结合译文对翻译策略的运用进行分析说明；其次给学生布置相关练习进行操练，最后对学生的练习内容进行讲解。以下面一个简单的中译英句子为例。

原文：学得有趣，效率就会高；学得很苦，效率就低。

译文1：Learn with fun, efficiency will high, learn very drudgingly, efficiency will low. (学生错误译文)

译文2：Learning is more efficient when it is fun, less efficient when it is drudgery. (推荐译文)

在上面的汉译英练习中，传统的教学方式为：教师给出译文1，指出一对一的字面翻译在英语表达中首先存在着语法错误，而且句式逻辑上也不清晰，是不可取的；其次，通过引导学生分析中文中通过意合的"有趣"与"苦"、"效率高"与"效率低"表达对应的逻辑关系，提醒学生中文惯常使用无主句表达方式；再次强调英语是通过语法、句式上的形合方式表达对应逻辑关系，以及英语中使用抽象动名词作主语等语言特点，两相对比，推出参考译文2；最后，对比两个不同版本的译文，引导学生深入体会两种语言各自的语法、词汇特点以及恰当的表达方式。

不难看出，传统笔译教学模式的授课重点是语法、词汇选择、句式调整、语言差异等一系列语言自身元素。所有教学内容都与提高语言技能密切相连，要求学生具有一定的词汇量、基本不会出现明显语法错误、能够比较熟练地运用多种句式表达。所以教学目的是让学生在阅读、写作基础上完成语言综合运用能力的进一步提升。

随着机器翻译、语言智能工具的应用，笔者尝试着使用百度翻译对上面的句子进行了翻译(图1)。不得不说，百度翻译提供的译文，虽有瑕疵，但语法层面是没有问题的。这也印证了前文所说的80%正确率。而且，网站上同时还根据译文提供了重点词汇供参考学习(图2)。

面对这样的智能工具给出的译文，再想到随着机器翻译、语言智能工具的更新迭代，莫说非外语专业人士诟病，笔者自己都对传统教学方式产生怀疑：机器翻译质量日渐提高，还需要这样强调单纯的语言技能训练吗？各种翻译软件和设备的发展日新月异，这样学习笔译还有竞争力吗？教学内容是不是应该向协调语言技能和知识内容，了解翻译工具、软件和平台去转型呢？

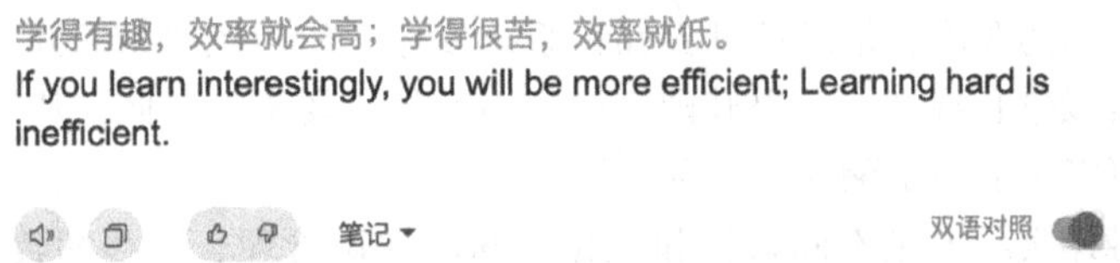

学得有趣，效率就会高；学得很苦，效率就低。
If you learn interestingly, you will be more efficient; Learning hard is inefficient.

笔记▾　　　　　　　双语对照

图1　百度翻译给出的译文

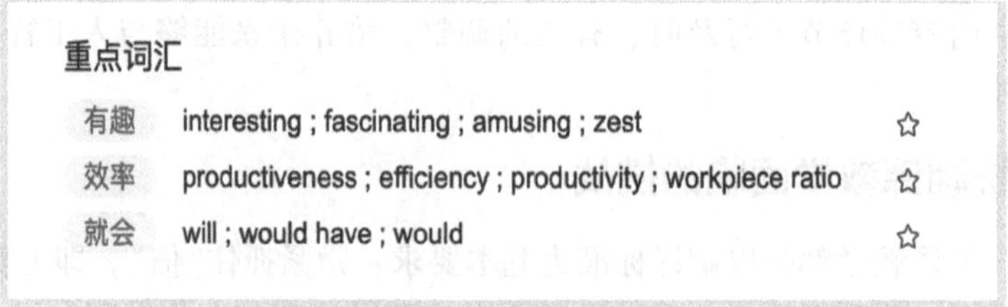

重点词汇		
有趣	interesting ; fascinating ; amusing ; zest	☆
效率	productiveness ; efficiency ; productivity ; workpiece ratio	☆
就会	will ; would have ; would	☆

图 2　百度翻译提供的重点词汇

三、　知识翻译学理论的启发

外语界中，对翻译的定义不下百种，基本都是从不同的、独特的视角出发，对翻译本质进行界定和阐释。建立在翻译标准、翻译原则基础上的传统翻译教学，一直是英语教学整体框架中非常重要的一环。"听说读写译"是每一个外语专业学生必经、必练、必过关的有机整体。而笔译能力更是成为诸多"外语人"在求职、从业过程中傍身的基本要求和竞争力的体现。因此，在传统教学过程中，通常从翻译理论、翻译标准作为切入，通过译文赏析学习掌握翻译策略，通过大量翻译实践提高学生综合运用两种语言进行词汇选择、句式转换、篇章连贯等方面的语言能力，成为双语转换过程中的佼佼者。

进入 21 世纪，随着计算机技术、互联网、大数据、云计算、神经网络和人工智能技术的快速发展和应用，知识的跨国快速流动、汇聚和杂糅成为新时代的重要标志之一。全球范围内地方性、区域性知识的交融和传播衍生出不断更新的知识形态，从根本上"赋予了翻译加工、重构和再传播的情境化和相对性……成为翻译实践和研究的普遍语法。[4]"在这样的社会语境下，翻译真的就只是简单的词汇、句式和语篇转换吗？答案必然是否定的！翻译是人类知识传承和更新的重要手段。我们不仅一直在翻译自我传统的知识，而且在不断地翻译异域他者的知识。翻译是所有形式的知识生产和流通的核心机制[5]。究其本质，翻译其实是理念上的改变和突破，是人类知识融合的重要手段和工具[6]。在这一点上，翻译与语言智能工具的理念其实是不谋而合的！

2021 年底，杨枫发表了《知识翻译学宣言》，立即引起了学界的关注，并视之为翻译学发展 20 多年来的一个新突破，是对翻译本质的一个新探索，对翻译文化说的超越，打开了一扇新大门[7]。翻译，其出发点是语言，终点也是语言，在翻译过程中将源语言所携带的文化价值通过目标语言显现出来[8]。抛开语言这一介质，我们也可以说翻译承载的内容更多的是知识，是出现在不同思想文化场域中的知识。而翻译，则是以文本为载体，将这些真实存在的、有系统性、合理性的知识进行综合理解、提炼和转化，并不断积累翻译理解、翻译判断和翻译经验[9]。张生祥指出，"从历史看，翻译不仅在共时维度上促进知识在不同文化系统之间的互动和融合，而且还助力同一文化系统内知识在历时维度上的传承和衍变，促进共同知识的创造；从现实看，翻译不仅沟通不同语言（或文化）群体之间的信息，而且是全球实现知识共享、形成信息社会的中介环节；从更深远意义看，翻译承担着知识管理、信息过滤、系统控制的职能，是维护世界知识系统多样性的神经纽带；同时，它又是服务于一个国家的语言战略和规划，是提升国家软实力的核心要素。因此，从知识维度走进翻译，进入翻译，可能更能揭示翻译的本质。[10]"

这样看来，翻译实际上是不同语言和文化之间的知识管理、转移和转化的过程[11-12]。翻译过程中，译者在特定的"上下文语境、情景语境和文化语境[13]"下，遵循一定的翻译原则，通过运用适当的翻译策略、翻译方法和翻译技巧，将文本承载的知识从语言形式到文化知识内容进行管理和转化。译者在这一跨语际知识转换过程中，提升自己对语言、文本、知识以及思维水平的理解，通过转换、分析、体验、判断等多种手段，提升自己的认知水平，逐步实现从低阶思维向高阶思维的跃进，最终实现身份和地位的提升[10]。

结合知识翻译学的基本理念，以及现实生活中语言智能工具给教学带来的压力，在笔译课上，我们可以尝试跳出传统翻译教学中翻译标准—翻译策略—翻译方法—翻译技巧这一模式，转而去思考以知识转化为架构，探索将知识内容从源语言转型、转换并转化为目的语知识的途径。

四、 翻译教学方式调整的尝试

既然百度翻译、谷歌翻译以及 ChatGPT 的翻译模块已如火如荼地进入翻译领域，翻译教学中是否可以采取人机耦合，而非拒之门外的方法呢？何不将语言技能层面的教授、纠错和提升"布置"给计算机、互联网和人工智能，将知识思维的提升作为课堂教学的重点去展开呢？笔者尝试将以下文学笔译语料为例，对教学方式做出调整。

原文：我与父亲不相见已二年余了，我最不能忘记的是他的背影。那年冬天，祖母死了，父亲的差使也交卸了，正是祸不单行的日子，我从北京到徐州，打算跟着父亲奔丧回家。到徐州见着父亲，看见满院狼藉的东西，又想起祖母，不禁簌簌地流下眼泪。父亲说："事已如此，不必难过，好在天无绝人之路！"（朱自清《背影》）

第一步：课前要求学生借助互联网、使用不同的语言智能工具对以上段落进行翻译，并要求学生对不同版本译文进行对比分析，且尝试对较好的版本进行人工修改。以下面两个不同网络译文的版本为例：

（1）谷歌译文

I haven't seen my father for more than two years. What I can't forget is his back. In the winter, my grandmother died, and my father's difference was also unloaded. It was the day of the disaster. From Beijing to Xuzhou, I planned to go home with my father. When I saw my father, when I saw the messy things in the courtyard, I remembered my grandmother, and I couldn't help crying. My father said, "It's this the case, don't be sad, fortunately there is no way to the world!"

（2）ChatGPT 译文

I have not seen my father for more than two years, and what I cannot forget most is his back. In that winter, my grandmother passed away and my father had just resigned from his job. It was a time of misfortune. I traveled from Beijing to Xuzhou, intending to follow my father back home for the funeral. When I saw my father in Xuzhou and the mess in the courtyard, and thought of my grandmother, I couldn't help but shed tears. My father said, "Things are already like this, there is no need to be sad. Fortunately, there is always a way out."

第二步：课堂上，首先请学生结合具体示例回答以下问题：

（1）语言智能工具的译文存在哪些问题？

（2）我们润色后的效果是否更好？好在哪里？

（3）做出这些润色修改的原因是什么？

在这一环节中，大多数学生的关注点依然还停留在语言层面，会更多地去关注语法、词汇、句式和整体表达上。这是语言教学不可避免的环节。

第三步：讨论之后，教师可提供更多的译文给学生，让学生对比并深入思考高于语言层面的问题。以段落最后一句"父亲说：'事已如此，不必难过，好在天无绝人之路！'"为例，引导学生体会中西文化内涵、思维方式上的差异。

译文 1："What's past is gone，"said my father. "It's no use grieving. Heaven always leaves us some way out."（杨宪益、戴乃迭译）

译文 2：Father said，"Now that things've come to such a pass，it's no use crying. Fortunately，Heaven always leaves one a way out."（张培基译）

译文 3：Father said，"What has happened has happened，you shouldn't upset yourself. Heaven helps those who help themselves."（David Pollard 译）

对"事已如此，不必难过"的翻译，语言智能工具就是从字面上直译为"things are already like this，there is no need to be sad"，是纯粹的字面翻译，没有任何文化元素参与其中。

但是几位翻译大家都对"事已如此"进行了不同程度的意译"what's past is gone"，"things've come to such a pass"和"what has happened has happened"，为什么会这么不约而同呢？这其中隐含着的文化因素又是什么？无论是源语言，还是目的语，超越词汇、句式等语言元素的思维内涵又是什么呢？

第四步：鼓励、引导学生就这三位前辈的译文展开针对文化差异、思维差异的深入讨论，涉及文章写作的时代背景、人物性格特点、社会环境对人物行为的影响等。最后这个教学环节，已不再是单纯的语言技能练习，而是将一个简单句子所承载的文化内涵、社会背景、人文环境纳入讨论，让学生更深刻地理解语言是知识、社会、文化的载体，所有的词汇、句式、篇章架构，无一不体现着其所处的时代、社会及文化特点。

上述构想将互联网翻译、语言处理工具引入笔译教学环节，并非谈"虎"色变，而是与"虎"竞争共存，并培养学生战胜"老虎"的高级思维能力。一小段文学笔译的语料可以仅仅就中英两种语言的思维方式作为分析重点，如果将这一教学范式推广到商务翻译、法律翻译等非文学翻译的语料中，则可以将多元化知识架构作为学习的侧重点，把传统范式的语言学习带动知识学习提升为通过语言学习汲取多元化知识的基础，并由多元化知识学习带动语言技能提升的双向学习模式。

五、 结论和建议

人工智能技术已快速渗透到人们的学习与生活的各个方面，正如张学军、董晓辉所述："人工智能时代，不懂人工智能的教师不会被人工智能替代，但是会被懂人工智能的教师替代。[14]"在这样的背景下，翻译教学的授课方式、教学内容和教学重点势必要进行相应的调整，以适应时代发展的趋势，并将提高学生的翻译水平、增加翻译过程中知识转移的比重作为终极目标。所以，教师的角色绝不能再拘泥于语言技能综合训练的指导人，而是要成为以语言技能为基础、借助语言模型工具、综合运用各方面知识的引路人。

基于上述内容，笔者建议在教学环节中推行以下教学方法。

(1)将机器翻译、语言智能工具引入，培养、激发学生的求知欲、探索欲及自学能力。

(2)教师角色转换为共同求知讨论的伙伴，在求新知的道路上引导学生一起思辨、解析、学习并提高。

(3)教学内容从语言技能训练转向多元化知识储备和人文素养培养。

(4)将"立德树人"的目标与人机互动、知识交融、文化融合有机结合在一起。

教师态度的转变势必会引起教师角色、教学方式、教学内容等一系列调整变化，翻译便不再是传统意义上的语言转换，而更倾向于知识迁移。以上述态度及更多灵活的方式去迎接计算机技术、互联网资源和语言智能工具对传统笔译课堂的冲击，这才是翻译教学的出路所在。我们时刻要记住的是：语言模型工具、机器学习都在不停地迭代发展，更何况作为人类的我们？生命不息，学习不止！

参考文献

[1]王立非，李昭．ChatGPT 为翻译与外语教育转型按下"加速键"[Z/OL]．(2023-02-22)[2023-07-16]．https：//m. tech. china. com/tech/article/20230222/022023_1226999. html.

[2]澎湃新闻．爆红的 ChatGPT，会对人类造成威胁吗？[Z/OL]．(2023-02-08)[2023-07-16]．https：//baijiahao. baidu. com/s？id=1757247660854264224&wfr=spider&for=pc.

[3]澎湃新闻．乔姆斯基：ChatGPT 的虚假承诺．[Z/OL]．(2023-03-08)[2023-07-16]．https：//www. nytimes. com/2023/03/08/opinion/noam-chomsky-chatgpt-ai. html？searchResultPosition=1.

[4]杨枫．知识翻译学宣言[J]．当代外语研究，2021(5)：2, 27.

[5]BAKER, M. Editorial：*Translation and the Production of Knowledge(s)*[J]．Alif：*Journal of Comparative Poetics*，2018(38)：8-10.

[6]潘文国．翻译研究的知识转向[J]．外语电教化教学，2023(1)：7.

[7]张生祥．基于知识翻译学的翻译研究与知识转化[J]．当代外语研究，2022(2)：58-67.

[8]张生祥．翻译是一种知识的管理与转化[N]．中国社会科学报(03-01)：003.

[9]覃江华．翻译与知识生产、管理和转化：知识翻译学刍议[J]．当代外语研究，2022(1)：60-71.

[10]HALLIDAY, M. A. K. & R. HASAN. *Language，Context and Text：Aspects of Language in a Social-Semiotic Perspective* [M]．Deakin：Deakin University Press，1985.

[11]张学军，董晓辉．人机共生：人工智能时代及其教育的发展趋势[J]．电子教育研究，2020，41(4)：35-41.

[12]蓝红军．2020．翻译学知识体系的创新与重构：一个关系论的视角[J]．中国翻译(4)：5-12, 189

[13]庞秀成．知识翻译学的译者个体知识与求知模态[J]．当代外语研究，2022(1)：72-82.

[14]杨枫．翻译是文化还是知识[J]．当代外语研究 2021(6)：2

数据科学相关交叉学科教师专业发展的探讨

曹 佳 崔晓晖 罗传文 牟 超 李冬梅

（北京林业大学信息学院，北京 100083）

摘要： 数据科学作为交叉学科近年来逐渐融入各个领域的研究和应用中。随着人工智能（AI）的发展，以数据科学为背景的交叉学科教师的专业发展也受到前所未有的挑战。教师专业发展的基础包括思想基础、素质基础、知识基础、能力基础（包括教学手段）、情意基础等。本文将从思想基础、知识基础、教学手段3个方面来探索面向数据科学相关交叉人才培养的教师专业发展。论文首先介绍了数据学科交叉学科发展情况以及高校开展交叉复合人才的培养情况，然后讨论了数据科学相关交叉人才培养的教师专业发展：①思想基础上，立德树人是根本任务；②知识基础方面，在培养过程中需要构建跨学科的教学研究团队、发挥相关学科联动优势，构建数据科学知识体系和数据安全意识；③教学手段方面，通过AI，教师的主要工作将演变为学习的组织者、引导者和陪伴者，真正实现以学生学习成果为中心OBE教学理念。

关键词： 教师专业发展；思想基础；知识基础；教学手段；交叉学科；数据科学；新工科

一、引 言

在数据科学和人工智能应用普及的今天，重大突破性技术不断重构人类生活。在教育领域，教育理念、教学方法、课程教学等受到前所未有的挑战，以数据科学为背景的交叉学科教师的专业发展也面临新的机遇和挑战。

随着各行业科学研究和应用技术的发展，行业数据积累均呈现指数型增长。2013—2021年立项的540项以大数据主题的国家社科基金显示：未来研究趋势正在从"大数据工具研究"向"大数据科学研究"转变[1]，从以计算机领域的大数据平台建设为侧重点，转向以行业的数据分析、数据挖掘、数据探索、机器学习等分析手段和工具方向。各行业对数据科学的技术需求呈增长态势，数据科学相关的交叉学科的人才培养是高等教育的重要目标之一，同时积极开展相关教师的专业发展也具有重要意义。

AI可能替代教师的部分教书职能，但是也面临各种问题的讨论，其中关于以人为中心的设计、技术向善等的呼声日渐高涨[2]。从教育领域的角度来看，在未来"人机共教"的时代，教师需要坚持以学生为中心的教育理念，妥善合理地利用AI来辅助自己从烦琐、重复

作者简介：曹 佳，北京市海淀区清华东路35号北京林业大学信息学院，副教授，caojia@bjfu.edu.cn；
　　　　　崔晓晖，北京市海淀区清华东路35号北京林业大学信息学院，副教授，cuixiaohui@bjfu.edu.cn；
　　　　　罗传文，北京市海淀区清华东路35号北京林业大学信息学院，讲师，chuanwenluo@bjfu.edu.cn；
　　　　　牟 超，北京市海淀区清华东路35号北京林业大学信息学院，讲师，chao_m@bjfu.edu.cn；
　　　　　李冬梅，北京市海淀区清华东路35号北京林业大学信息学院，教授，lidongmei@bjfu.edu.cn。
资助项目：北京林业大学2022年研究生教学改革研究项目"大数据背景下的'高级计算机网络'OBE成果导向教育"（JXGG22056）；
　　　　　北京林业大学教育教学改革与研究项目"面向终身学习的大数据实践类课程建设研究"（BJFU2023JY075）。

的工作中解脱出来，发挥教师和 AI 各自的优势，实现高效教学，确保学生所学知识和技术为党、为国家、为人民社会服务。

二、 数据科学交叉学科发展和交叉人才培养现状

（一）数据科学相关的交叉学科发展

数据科学专业一般设立在传统的计算机科学相关学院[3]，在建设数据科学与行业交叉的人才培养机制过程中，需要进一步开启新的教育教学改革模式，打破学科之间各种壁垒。

笔者调研了 2013—2022 年近 10 年的 CNKI 文献，图 1(a)显示了近 10 年"大数据应用"方面的论文发表前 10 个紧密相关的非计算机行业的交叉学科论文发表数量，从图可知大数据与经济(包括信息经济与邮政经济、企业经济、工业经济、宏观经济管理与可持续发展)、教育(高等教育、教育理论与教育管理)、金融、电力工业、自动化技术、行政学及国家行政管理、互联网技术等行业也建立了广泛的联系，图 1(b)显示了近 10 年"大数据和林草"相关的交叉学科论文数量情况，研究势头呈现增长态势。图 1(c)显示了近 10 年环境科学与资源利用领域下"大数据和生态"相关的交叉学科论文数量，研究势头也呈现快速增长态势。

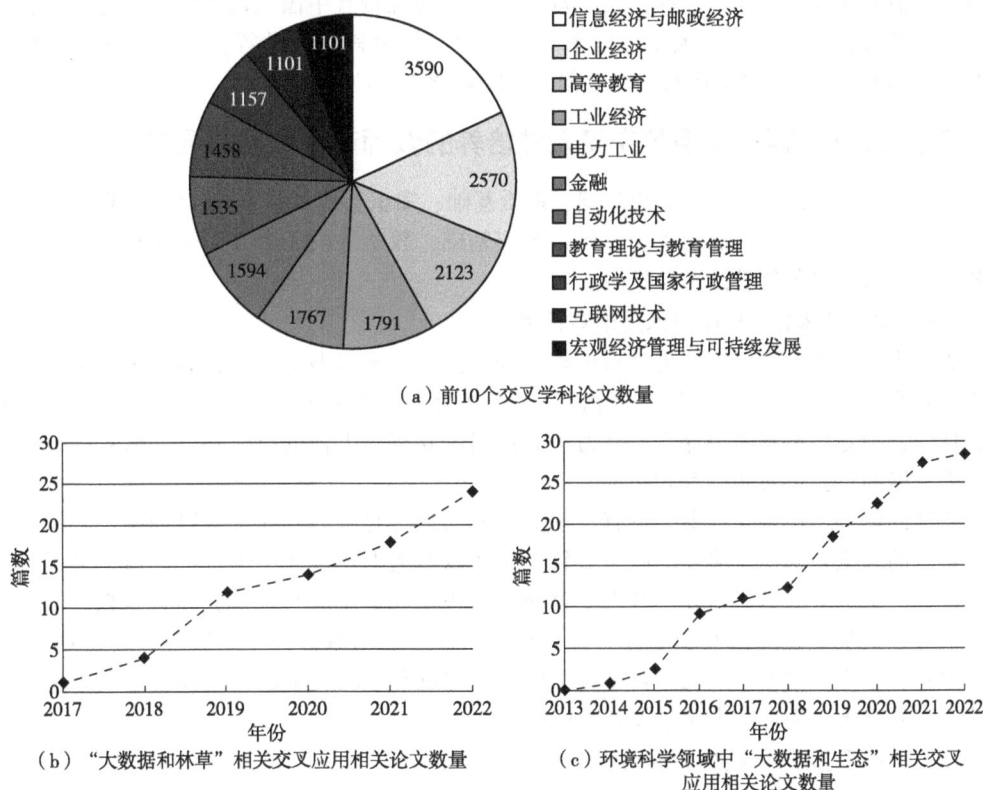

（a）前10个交叉学科论文数量

（b）"大数据和林草"相关交叉应用相关论文数量

（c）环境科学领域中"大数据和生态"相关交叉应用相关论文数量

图 1　CNKI 统计的 2012—2022 年数据科学相关交叉学科的论文数量

（二）学科交叉复合型人才培养现状

2017 年以来，为应对新经济挑战和新技术改革与产业变化，我国各大高校积极推进"新工科"建设。"新工科"建设过程中，涉及教育观念、队伍建设、专业课程设置和教学考核制度等诸多建设。发展"新工科"必须立足行业需求，摸清行业发展现状和现有关键问题，建立强烈的目标导向与问题导向，进而培养符合时代发展与产业行业要求的工科人才[4]。如前所述，数据科学已经逐渐融入电力、自动化、互联网、电信、建筑、公路水路建设、

石油天然气工业等发展中，因此进行交叉学科培养更适合工业建设的要求。

当下高等教育过程中，涉及学科交叉复合型人才培养的项目包括：大类招生培养、双学士学位人才培养项目(一本学位证含两个学位)。

大类招生是因材施教的普遍要求，目前已经有超过85%的"双一流"建设高校实行大类招生与培养[5]。大类分流招生培养以学生自主选择专业为杠杆，有利于提高生源质量，有利于高等学校专业的合理布局，平衡冷热专业，建立教师、专业和学院之间的良性竞争[6]，巩固人才培养的中心地位，从而促进教学资源整合和提升教育质量。已经进行数据科学和大数据大类招生的院校包括上海理工大学、武汉理工大学、西安交通大学、山东大学、北京外国语大学等。

2019年国务院学位委员会印发《学士学位授权与授予管理办法》，建议通过设立双学士学位人才培养项目提升本科教育质量。该项目旨在培养更优质的复合型人才，将传统单一专业突破为两个及以上学科专业的知识进行有机地组合交叉。与一般双学士学位教育相比，该项目为学生构建综合性更强的知识体系结构，达到知识体系和能力的最优化，从而解决跨学科的重大问题[7]。在培养过程中需要构建跨学科的教学研究团队、发挥相关学科联动优势。目前开展数据科学和大数据相关双学士学位的院校有中国人民大学、对外经济贸易大学、电子科技大学、复旦大学、华东师范大学、华中科技大学等，笔者所在大学也于2023年3月也正在申请"草业科学和数据科学的双学士学位项目"。

三、 面向数据科学相关交叉人才培养的教师专业发展的要求

教师专业发展的基础包括思想基础、素质基础、知识基础、能力基础(包括教学手段)、情意基础等[8]。下面将依次从思想基础、知识基础、教学手段3个方面来探索面向数据科学相关交叉人才培养的教师专业发展。

(一)思想基础： 立德树人是根本任务

党的十八大把立德树人作为教育的根本任务。习近平总书记强调，做人做事第一位的是崇德修身，"明大德、守公德、严私德"，要坚持把立德树人作为根本任务，不忘初心、牢记使命，为党育人、为国育才，努力培养担当民族复兴大任的时代新人，培养德智体美劳全面发展的社会主义建设者和接班人。

教师的任务不仅仅是教书，还有一项更重要的任务是育人。在育人过程中，教师要定期学习党的理论知识，了解党的政策方针，坚持以习近平新时代中国特色社会主义思想为指导，拥护中国共产党的领导。育人要遵循教育规律和学生成长规律，因材施教，教学相长。关心爱护学生，加强安全防范，言行雅正。秉持公平诚信，守廉洁自律。勤勉敬业，乐于奉献，自觉抵制不良风气。要坚持不懈地用习近平新时代中国特色社会主义思想凝心铸魂，培养学生成为社会主义建设者和接班人。

(二)知识基础： 建立数据科学知识架构系统

在教师专业发展中，"教师知道什么知识，以及如何有效表达这些知识"，对学生的学习效果至关重要[9]。因此数据科学背景下的交叉学科教师需要进行跨学科的教学研究团队交流，构建相关的知识架构。下面从数据科学角度来介绍数据工程、数据安全两个方面的知识架构。

1. 数据工程知识系统概述

数据工程中的数据处理流程主要包括：主题确定、数据预处理、建立数据模型、模型评估(图2)。①主题确定过程中，数据科学人员需要与其他专业学科领域的专家共同协商的内容包括：解决什么领域问题、采集什么样的数据、数据的采样量有多少等。②数据预

处理的工作包括：对数据进行数据清洗，例如，去除噪声、检查数据单位一致性、处理无效值和缺失值等；对数据进行变换和标准化等操作，例如重尾分布数据进行对数变换，从而降低大数值数据对整个分析的影响力；特征工程，从数据处理的层面抽取出对最终分析结果最有用的特征等。③建立数据模型：为行业问题构造出相应的机器学习问题，然后选择对应的计算机算法对各个子问题依次解决，获得最终的数据分析模型。④模型评估：对解决的效果进行泛化能力的评估，即让模型运行在全新的数据集下测试其处理的性能。

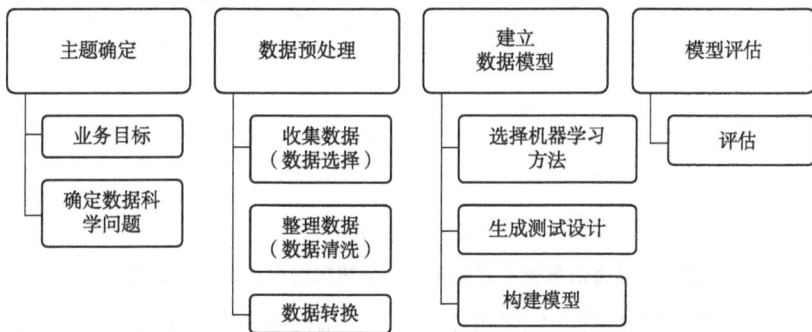

图 2　数据科学中数据工程的处理流程和主要技术框架图

2. 数据安全知识内容和教学现状

党的二十大报告对强化网络、数据等安全建设做了重大决策和部署。2023 年 3 月 5 日，第十四届全国人民代表大会第一次会议发布了《2023 年政府工作报告》。报告提出"促进数字经济和实体经济深度融合""大力发展数字经济""加强网络、数据安全和个人信息保护"。数据安全已经连续 3 年被写入政府工作报告。数据安全是各个领域的重要组成部分。

《中华人民共和国数据安全法》中指出，要保证数据处理的全过程安全，数据处理包括数据的收集、存储、使用、加工、传输、提供、公开等过程。数据安全的教学内容包括：数据采集的安全、数据存储的安全、数据使用加工的安全和传输安全等。具体包括安全算法，可以实现数据级安全（保密性、完整性和可认证性）；数据存储加工使用的安全性，通过安全算法和安全操作可以实现；数据传输的安全协议；系统搭建的安全部署等内容。

笔者调研了 2022 年秋选修"高级计算机网络"的研究生新生在网络信息安全方面的掌握情况，课程开始第一节课发出 43 份调查问卷，回收 43 份，调查结果如图 3 所示。结果显示掌握基本安全算法（AES 和 RSA）知识的学生占比 30%；掌握常规安全传输协议（HTTPs）知识的学生占比 63%，掌握高级安全传输协议（SSL）知识的学生占比 19%；本科阶段完成安全服务部署（安全 Web 服务器和安全 FTP 服务）搭建的学生占比 12%。因此对于计算机研究生数据科学的培养，亟须完善数据安全方面的内容。

在数据安全普遍共识的今天，各行业人员培训过程中，开展行业数据相关的交叉学科的数据安全的通识教育非常有必要，交叉学科非计算机专业教师也需要按照国家的要求，建立"数据采集的安全、数据存储的安全、数据使用加工的安全和传输安全等"的数据安全意识，学习安全基本技能和进行实际操作，从而可以在各行业构建安全数据的堡垒。

（三）教学手段：科学使用 AI

科技不能取代教师，但是使用科技的教师却能取代不使用科技的教师[10]。教师需要妥善地合理利用 AI 来辅助自己从烦琐、重复的工作中解脱出来。通过人工智能，教师的教学粒度将由原先的细粒度教学逐渐演变为粗粒度教学，教师的主要工作将演变为学习的组织者、引导者和陪伴者，真正实现以学生学习成果为中心的 OBE 教学理念。

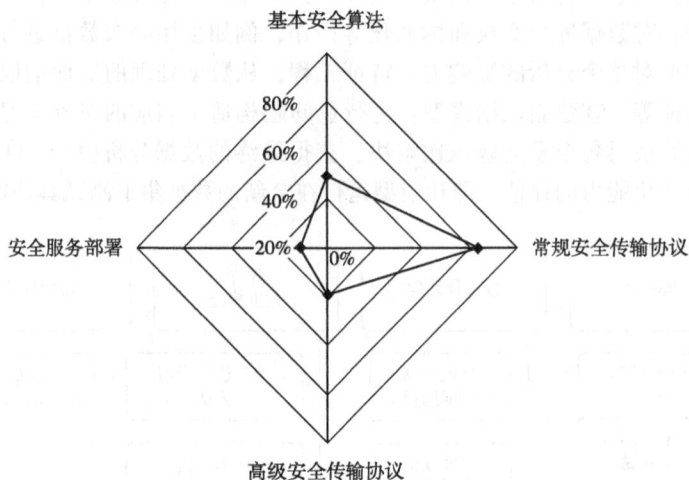

图 3　网络信息安全方面学生了解情况的覆盖率的雷达图

（1）首先，教师为学生构建知识架构体系。知识架构体系中详细写明数据科学交叉的应用背景知识、数据科学知识、计算机编程知识，标注各类知识的学习范围、掌握程度、背景交叉应用案例、数据建模案例、编程实现案例，从而使得学生明确了解对前期知识掌握的要求，做到"有总、有面、有点"。

（2）其次，学生按照知识架构体系，通过 AI 教师的辅助完成课前知识获取。

（3）最后，授课过程中，教师引导学生提出不同层次的问题，从而完成问题设计，同时让学生以问题为导向，学生通过线上线下相结合，在 AI 教师的辅助下继续进行调研。线上平台将获取学生学习数据，交叉学科的教师们通过构建跨学科的教学研究团队，发挥各个学科联动的优势，共同联合判断学生的学习需求，为学生推荐学习资源，最终使得学生自我解决问题。

在人工智能时代，学生和教师将会相互促进，真正实现教学相长。

四、结　语

在数据科学和人工智能应用普及的今天，重大突破性技术不断重构人类生活。在教育领域，以数据科学为背景的交叉学科教师的专业发展也面临新的机遇和挑战。本文首先介绍了数据学科交叉学科发展情况和高校开展交叉复合人才的培养情况，然后从思想基础、知识基础、教学手段 3 个方面探索了面向数据科学相关交叉人才培养的教师专业发展。

教师通常要经历由不成熟到相对成熟的发展过程，面对新的交叉知识的积累也要经历从相对完备到比较完备的过程，相关教学方法也将经历相对熟悉到比较熟悉的发展过程。交叉领域的教师将通过教师专业发展，与时俱进，从而完成培养学生成为智德体美劳全面发展的社会主义建设者和接班人的工作。

参考文献

[1]蒋艳.大数据融入学科交叉的态势研究：基于 2013—2021 年国家社科基金项目数据[J].常熟理工学院学报，2022，36(6)：73-79.

[2]闫宏秀.ChatGPT 与信任的未来[N/OL].中国社会科学报，2023-03-07[2023-07-16]. https：//author. baidu. com/home? from＝bjh_article&app_id＝1620793236762656.

[3]戴志锋，李春艳，靳洪．多学科交叉融合的数据科学与大数据技术专业课程教学改革与实践[J]．湖北经济学院学报(人文社会科学版)，2022，19(7)：149-152.

[4]李辉，张标．涉农高校数据科学与大数据技术专业人才培养思考[J]．高等工程教育研究，2019，178(5)：16-22.

[5]童玲欣，杜洋．我国大类招生与培养的研究热点及趋势：基于 CiteSpace 的可视化分析[J]．高教论坛，2022，277(11)：104-109.

[6]高小龙，刘铁雄．大类招生、大类培养模式下教学运行管理研究与实践[J]．科教文汇(上旬刊)，2020(1)：6-7.

[7]甘洁．复合型人才视域下双学士学位项目的设立难题与实践进路：基于广西 35 所高校的调研结果[J]．教育观察，2020，9(29)：66-70.

[8]陈向明．实践性知识：教师专业发展的知识基础[J]．北京大学教育评论，2003(1)：104-112.

[9]康内利，柯兰迪宁，何敏芳，等．专业知识场景中的教师个人实践知识[J]．华东师范大学学报(教育科学版)，1996(2)：5-16.

[10]宋灵青，许林．"AI"时代未来教师专业发展途径探究[J]．中国电化教育，2018，378(7)：73-80.

林业类高校教师专业发展能力思考与探索

齐建东

（北京林业大学信息学院，北京　100083）

摘要： 高校教师是保障和提升高等教育质量的排头兵，其专业发展一直得到关注。林业类高校教师作为践行习近平生态文明建设思想的主力军，教师专业发展带有鲜明的专业学科特色和时代使命感。本文在界定教师专业发展的内涵基础上，简要分析从教师角度出发的专业发展困境，进一步从内功修为和外功修炼两个维度给出其专业发展的必备要素，内外协同耦合将全面提升和促进教师专业发展能力和水平。

关键词： 教师专业发展；林业类高校；高校教师；生态文明

教师专业发展历来得到党中央、国务院的重视，2018年1月党中央、国务院为深入贯彻落实党的十九大精神发布了《关于全面深化新时代教师队伍建设改革的意见》，强调了"大力振兴教师教育，不断提高教师专业素质和能力""着力提高教师专业能力，推进高等教育内涵式发展"，把教师队伍建设的重要性提高到了前所未有的高度。2019年2月教育部发布的《中国教育现代化2035》中对教师队伍高质量建设与教师专业化水平提出了明确要求。2022年10月党的二十大报告就实施科教兴国战略作出专项部署，强调"全面提高人才自主培养质量，着力造就拔尖创新人才"。高校教师作为人才培养的主力军，是决定高等教育质量的关键，是拔尖创新人才培养的保障。林业类高校教师承担着林草行业高质量发展和生态文明建设的重要责任，其自身的专业发展与提升尤其重要。

一、 教师专业发展的内涵

教师专业发展的内涵在教育学学术领域并没有统一的界定，例如学者布兰科曼（Blankman）、霍伊尔（E. Hoyle）、凯瑟琳·德·里杰特（Catherine De Rijdt）、菲利普·多西（Filip Dochy）等人都给出了不同的定义[1]。整体上可以概括为教师个体和外部环境的整体提升、协同发展，无论是在人为还是外在条件的作用下，教师在教学和科研上都能持续提升，最终为人才培养提供动力。

在了解教育学学术观点基础上，本文从业务视角开展研究工作。当前，各高校的教师专业发展主要隶属于教师发展中心或党委教师工作部负责，分为管理和服务两方面。在西北农林大学、北京林业大学、南京林业大学等国内7所具有代表性的林业类高校主管教师专业发展的官网上，在部门职责栏目可以了解其教师专业发展的管理和服务内容，共性之处可凝练为以下3点：提升教师思想政治水平，加强师德师风建设；建立教师教学发展体系，促进教师教学能力提升；承担教师培训、评价、教育评估。

作者简介：齐建东，北京市海淀区清华东路35号北京林业大学信息学院，教授，qijd@bjfu.edu.cn。

二、 现状与问题

刘晖等学者认为高校教师专业发展动力由内部动力和外部动力因素构成。其中，前者包括教师个人的成就动机、职业兴趣、专业发展意识、教师专业素质等。后者包括所在单位的培训进修、绩效考核、社会环境、学校环境、团队环境、晋升制度等[2]。以北京林业大学党委教师工作教师发展中心为例，在外部动力因素上，针对新老教师建立了教师专业发展体系，其中培训进修方面涵盖教育理论学习与研究、新教工微课教学培训、优秀教师现场教学示范、课程思政专题讲座等，其他方面可参见官网文字介绍，在此不再赘述。在有着较为完善的教师展业发展体系的环境下，从教师个体角度，目前仍存在如下困境。

（一）外部动力因素

教师同时承担教学和科研任务，各高校在推进"双一流"建设进程中，主要考查的是教师的科研能力和学术水平，导致一线教师长期以来普遍存在重科研、轻教学的倾向，"破五唯"等政策并未让这个老生常谈的问题得以根本解决。多数教师会把主要精力投入更容易量化产出、更有显示度的科研领域，而在具有培育周期长、短期，甚至中期效果均不具备显著特点的教学研究、课程建设等方面，投入度有所欠缺。以北京林业大学为例，即使教师发展中心组织了各种培训活动，但培训内容和实际教学活动之间的转化效果并不显著。教学也是学术，投入少，势必难以提升。

（二）内部动力因素

大多数老师除了在入职阶段接受集中的教育教学理论和教学技术学习以外，后续在教学理论及技术的学习上，难以达到像跟踪科研前沿一样的主动程度。即便在每学期都有的教学培训或讲座中学习了若干教学范式、教学模型等，但受固有教学观念、试错成本等束缚，做出教学改革和尝试的意愿也不够充分。对中老年教师来说，也普遍存在囿于自己长期教学中形成的思维定式这种现象，自我提升和发展的动力欠缺。此外，高校教师在博士生阶段把大量时间都投入某细分领域的科研中，成为一名高校教师以后，教学和科研活动同所在高校的学科专业特色、国家政策要求等结合不够紧密，教学和研究视角不够宽广。下面，主要从教师个体内部动力因素方面给出在专业发展方面的提升要素。

三、 教师个体视角下专业发展提升的支撑要素

从林业类高校教师个体发展角度，专业发展和提升要做到内化于心、外化于行，如图1所示。

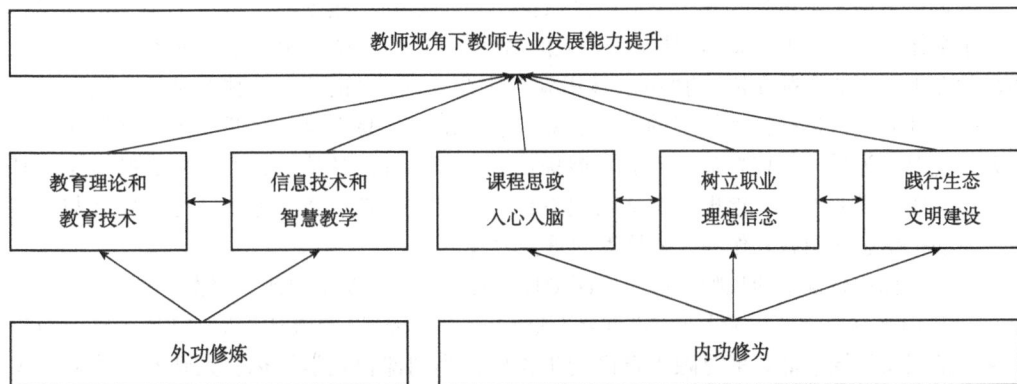

图1　教师视角下教师专业发展要素

（一）内功修为

（1）课程思政入心入脑

"课程思政"是以习近平同志为核心的党中央的要求，是新时代教师专业发展理论库的重要组成部分，其内涵包括政治认同、家国情怀、文化素养、法治意识、道德修养等。党的二十大报告中进一步指出："培养什么人、怎样培养人、为谁培养人是教育的根本问题，育人的根本在于立德。"教师可以从平时课程教学内容中挖掘并引入思政元素做起，迈入"课程思政"的初级阶段；在不断深化对"课程思政"内涵的理解过程中，教师思想不断重塑，以思想指导行动，将"为党育人、为国育才"的世界观、人生观、价值观和教学内容之间自然融合，进入高阶的"课程思政"教学。

树立了"课程思政"的思想以后，"课程思政"的效果主要取决于思政素材和专业知识的融合程度，而思政素材来源于平时的知识积累和社会观察。林业高校的教师，要主动学习并了解本行业的先进事迹和楷模。例如三代人在荒漠沙地上艰苦奋斗，将茫茫荒漠变成塞北"绿色明珠"，创造了荒原变林海的"塞罕坝精神"；退休后扎根云南大亮山植树造林，营造出5.6万亩价值3亿元的林场，并将林场无偿捐赠给国家的杨善洲书记；等等。除此之外，各专业教师在人才培养、授课环节中，要充分利用林业行业特点和学科特色，把具有林业特色的绿色文化贯穿于教学过程。涉林专业天然就具备行业内的思政素材，非涉林专业可以在创新、协调、绿色、开放、共享的发展理念指引下与专业内容对接。

（2）树立职业理想信念

习近平总书记所要求的"四有"好老师中，排在最前列的就是"有理想信念"。雅思贝尔斯在其专著《什么是教育》中提道："教育，就是一个灵魂唤醒另一个灵魂。"高校教师肩负着育人、教学、科研、社会服务等职责，只有教师的理想信念与灵魂足够干净、纯粹，才能唤醒另一个有价值的灵魂。高校教师职业具有鲜明特色，面对一个个思想鲜活的青年，育人工作永远排在第一位。教师只有在自己内心树立并充满强烈的职业认同感、责任感、使命感，才能够培养合格的社会主义接班人。

林业高校中众多专业都有外业调查内容，教师带领学生在苗圃、林场、自然保护地等条件艰苦的野外实践场所开展课程教学，教师自身要具备不怕吃苦、乐于扎根一线的精神品质，有着懂林、爱林的观念，才能感染和传递给学生正确的价值观和理想信念，最终才能引导学生兴林、强林，培养学生立志扎根于土地和人民、奉献国家的情怀。

（3）践行生态文明建设

习近平生态文明思想是党中央治国理政的理论创新和实践创新，是在生态文明建设领域的集中体现。在习近平总书记提出的"人的命脉在田，田的命脉在水，水的命脉在山，山的命脉在土，土的命脉在树"的"山水林田湖草生命共同体"论断中，林业是核心内容和重要基础。林业高校具有特色鲜明的学科、专业、基地、实验室等，在开展生态文明教育具有天然优势，为林业高校教师的专业发展提供了良好的外部环境。林业高校教师应主动扛起生态文明建设的大旗，承担生态文明建设任务，在日常教学和长远教师专业发展与规划中，主动把生态文明教育作为人才培养的重要内容。

每一位林业高校中的教师，都应该深刻理解习近平生态文明思想、"绿水青山就是金山银山"和"山水林田湖草生命共同体"重要发展理念、"双碳"（即碳达峰碳中和）的国家战略目标。把国家的绿色低碳事业融入自己的工作中，小到课程教学目标、大到专业培养方案和学科培养目标，都以生态文明教育为突破口，融入生态文明建设思想，落实好党中央要求的立德树人、教书育人的根本任务。

对非涉林专业的教师来说，在自身专业素质过硬的前提下，应主动扩大自己的专业知识面宽度和研究视野，与涉林学科专业教师增强交流和合作，明确生态文明和绿色发展的社会需求点、寻找不同学科专业间的结合点，以党中央和国家重大战略为指引，以需求牵动科研和教学，从大学科、跨专业角度解决当前我国面临的卡脖子问题，开辟交叉、融合、创新之路。

（二）外功修炼

（1）信息技术和智慧教学

党的二十大首次将"推进教育数字化"写入报告，明确了教育数字化未来发展的行动纲领。目前各种线上教学资源十分丰富，以国家智慧教育公共服务平台为代表的官方数字化平台已经得到广泛应用，各专业、各学科教学计划中的所有课程，都有不止一份数字资源。在知识资源已经足够丰富的当下，对知识资源的发现、梳理、挖掘、再加工成为新的重点，建立知识资源地图、更新知识资源网络，引导学生穿越知识资源的丛林、选择适合自己的学习资源进行自主学习，做到授之以渔，是教师必做的教学准备工作之一。

2023 年初 ChatGPT3.5 公测版的发布掀起了人工智能在教育及其他社会各领域的广泛讨论[3]。作为生成式大语言模型，能够理解和模拟复杂的自然语言语义关系，强大的文本及多媒体生成能力会加速教师备课、教学资料收集与整理、构建知识点间知识图谱、制定课程教学计划、辅助作业批改等常规任务；启发式、对话式、私人定制式的交互方式会极大提升学习者学习兴趣和能力、满足个性化学习需求。ChatGPT 让人工智能赋能教育得到质的飞越，会重塑包括教学理念、教学方式、教学资源、教学考核等在内的整体教学生态体系，智慧化教育教学时代已经走来。教师只有主动拥抱智慧化教学思维、锻炼智慧化教学技术素养，才能提升智慧教学能力，做到与时俱进。

（2）教育理论和教学技术

定期跟踪教育理论及教育技术的最新研究进展，总结归纳在高校教学场景中常用的教学方法和教学技术。像对待科研问题一样，挖掘诸如"启发式""互动式""参与式""协同合作式"、对分课堂、翻转课堂等教学方法的原理和本质。以翻转课堂为例，其核心要旨是小组讨论以及师生、生生间的讨论和交流，而不在于线上线下时空形式上的切换。只有抓住各类教学方法的本质，才能真正理解"以学生为中心"的教学范式，持续更新教学思维，提升教学能力。

学习并应用诸如首要教学原理、ADDIE、OBE、PBL、CDIO、BOPPPS、5E 等教学模型和教学框架，用模型为具体教学实施提供路径指导和参照。总体来说，各模型的各组成部分涵盖课前、课中、课后全流程，均强调学情测试、问题导向、项目导向、产出导向、建构主义学习理论、过程考核、以分析设计评价等高阶思维为特点的知识应用与迁移、反馈与反思等，各模型在知识传递上遵循布鲁姆教育分类原则。针对不同的教学内容，可以思考、尝试采用不同的教学模型，让课堂生动、让学习有效果。

四、结　语

教师专业发展是高质量教育教学的保障，本文探讨了从教师个体出发的林业类高校教师教学专业能力提升的若干要素。在有健全的外部保障环境下，教师个体需要在无形的、内在的立德树人思想，在有形的、可看、可听、可操作的智慧化教学和教育理论及技术等方面全方位武装自己，把"为党育人、为国育才"作为教师的根本任务，才能够更好地适应新时代需求的高层次教师队伍，为实现教育强国的目标奠定基础。

参考文献

[1]李笑笑.高校教师教育者专业发展现状及对策研究[D].太原：山西师范大学，2020.

[2]刘晖，钟斌.论高校青年教师专业发展动力：基于需求理论的系统分析[J].中国高等教育评论，2016
   (1)：131-139.

[3]吴砥，李环，陈旭.人工智能通用大模型教育应用影响探析[J].开放教育研究.2023，29(2)：19-25.

课程思政视角下高校计算机类教师专业发展分析与路径探究

赵慕铭　　蒋东辰

（北京林业大学信息学院，北京　100083）

摘要：课程思政倡导专业教育与思政教育的有机融合，目标是培养思想素质过硬的技术人才。目前课程思政建设在许多计算机类的课程中正如火如荼地展开，这对教师的专业能力提出了新的要求。本文在总结计算机类课程共性特点的基础上，分析了课程思政建设的新形势对计算机类教师专业能力提出的新要求，继而探讨了课程思政视角下计算机类教师应如何更好地发展专业能力，从而保障课程思政的建设效果、实现立德树人的最终目标。

关键词：课程思政；计算机类课程；教师专业发展

一、引　言

课程思政是落实高校立德树人任务的重要途径和有效载体[1]，中共中央、国务院于2017年和2019年先后印发了《关于加强和改进新形势下高校思想政治工作的意见》《关于深化新时代学校思想政治理论课改革创新的若干意见》，指出要将思想价值引领贯穿教育教学全过程和各环节，要加强对课堂教学和各类思想文化阵地的建设管理，充分挖掘和运用各学科蕴含的思想政治教学资源。2020年教育部发布《高等学校课程思政建设指导纲要》，进一步强调了高等学校课程思政建设的重要性——课程思政是落实立德树人根本任务的战略举措，也是全面提高人才培养的重要任务。

计算机技术是先进技术的代表和象征，它深刻影响和改变了人类的生产生活方式。时至今日，计算机技术仍然日新月异，例如人工智能、云计算正如火如荼地发展，给人类社会带来了新的机遇和挑战。鉴于计算机技术的重要性，高等学校计算机类课程的课程思政建设受到了尤为广泛的关注。以培养高素质的计算机技术人才为目标，许多教师从思政素材建设、教学过程设计、考核评价模式等角度对相关课程进行了课程思政的探索与实践[1-3]。

可以看出，课程思政在计算机专业的课程建设中正逐渐成为不可或缺的一环。教师是课程建设的核心和主体，倡导课程思政的新形势对教师专业能力的发展也随之提出了新的要求。目前的研究大多针对某门单独的计算机类课程讨论如何制定对应的课程思政方案，但是对于教师应具备什么样的专业能力才能保障课程思政的顺利建设则探讨得不多。本文在总结计算机类课程的一些共性特点的基础上，分析了课程思政建设的新形势对教师提出

作者简介：赵慕铭，北京市海淀区清华东路35号北京林业大学信息学院，讲师，mumingzhao@bjfu.edu.cn；
　　　　　蒋东辰，北京市海淀区清华东路35号北京林业大学信息学院，副教授，jiangdongchen@bjfu.edu.cn。
资助项目：北京市高等教育学项目"面向新农科的信息科学教育实践与探索"（MS2022209）；
　　　　　北京林业大学课程思政教育教学改革与研究专项"新工科背景下计算机网络安全课程思政建设探索与实践"（BJFU2023KCSZ10）。

的新的挑战和要求，继而探讨了课程思政视角下计算机类教师专业发展的路径，以期提高教师自身的综合素质和专业水平，从而保障课程思政的建设效果、实现立德树人的最终目标。

二、 课程思政建设新形势下计算机类教师面临的挑战

计算机类课程是极具代表性的理工科课程，虽然每门课程的内容各异，但是整体上却存在一定的共性。首先，计算机类的课程大多理论内容广、技术细节多、教学课时量大。例如"计算机组成原理""计算机网络"等计算机类课程的学时普遍达到 56 个以上，且课程中有许多相对较为细碎的知识要点需要进行讲解。其次，计算机类课程往往都具有很强的实践性，很多生涩的理论需要配合实践锻炼，学生才能深入的理解并真正的掌握。以作者所教授的"计算机网络安全"中的安全策略为例，学生需要通过动手实践来设计和实现不同的安全策略，并通过演练验证其安全性和有效性。虽然课堂中已经直接向学生介绍过某个安全策略的内容，但是在实践的过程中学生能够对该策略设计的动机和原理有更深入的理解和认识。另外，计算机领域更新迅速，新的需求不断被提出，新的技术知识也不断涌现，课程内容往往也需要较快的更新，以匹配技术发展的速度。鉴于计算机类课程的这些鲜明特点，教师在进行该类课程的课程思政建设时往往面临以下 4 个方面的挑战。

（一）课程思政建设的意识不强

教师面临的首要挑战可能来自思想意识层面。部分教师进行课程思政建设的意识不强，一些教师可能认为专业知识与思政教育是两码事，觉得思想政治教育工作应该由专门的思政课程来承担[2]，因而对课程思政的建设有一定的抗拒心理，在课堂内容更倾向于讲述技术知识，忽略了从思政角度对学生的教育和引导。

（二）思政切入点的挖掘较为困难

计算机专业课程的教师大多缺乏思政教育的背景，在思想政治方面的知识积累和教学经验都较为缺乏，在具体制定和实施课程思政方案时容易感觉"无从下手""无米下锅"，即难以在当前课程中挖掘出合适的思政切入点进行思政拓展。另外，计算机类课程实践性强，课程往往设置有较多的实践课时，教师还需要兼顾理论和实践两种不同教学模式下的思政元素挖掘，这进一步加大了教师课程思政建设的难度。

（三）需在限定课时内协调好专业知识和思政内容的比例

计算机类课程课时量大、内容多，最新的教学计划又大多朝着"减学时"的方向发展。在这种趋势下，如果教师未能将思政教育与授课内容有机融合并且只是生硬地导入，那么引入思政内容势必会进一步压缩专业知识的教学时间，让教师有"捉襟见肘"之感，这要求教师要在限定的课时内协调好专业知识和思政内容的比例，从而保障综合教学效果。

（四）思政资源和素材需要与时俱进

计算机类课程本身更新速度快、相关技术迭代周期短，很多经典的计算机类教材基本上 1~2 年都会再版一次，以去掉部分较为陈旧的内容、并添加与时代背景相符的新技术。面对不断更新的教材内容，教师也需要与时俱、适时的更新自己的思政素材，结合当下的热点、时事以及当前国家科技发展情况来进行思政设计，使学生更具有沉浸感和代入感，以达到更好的思想政治教育效果。

三、 课程思政视角下高校计算机类教师专业发展的路径

在当前国家全面推进高校课程思政建设的新形势和倡导课程思政贯穿整个教学活动的新要求下，教师作为教学的主体，需要进一步强化和提升自己的专业能力，以应对新形势

下可能面临的问题和挑战，从而保障课程思政的顺利实施、提高综合教学效果。具体可从以下4条路径进行专业发展。

（一）教师要强化思政教育的意识

教师是全面推进课程思政建设的关键。无论具体采用何种方式实施思政教育，计算机类课程的教师首先应从思想上重视课程思政，认可对专业课程实施课程思政建设的必要性，主动承担育人责任。以"计算机网络安全"课程为例，课程中包括了网络攻击和防御相关的内容，那么学生在掌握相关技术之后，既可以利用学到的防御知识帮助网络提升防御能力，也可以利用学到的攻击技术去实施网络攻击和破坏，此时就非常需要教师在讲解相关内容时，对学生加以教育和引导，培养学生正确的价值观和道德观；而学生在这个过程中，也能够通过具体事例进一步了解不同网络攻防技术的特点及应用场景，加深对所学知识的理解。因此，教师要认识到结合专业课程实施思政教育的必要性，一方面能够加强对学生的思想引导和塑造，另一方面也能够激发学生的学习兴趣和探索精神，反过来提升专业教学的效果，使专业知识和思政教育协同促进。

（二）教师应提升课程思政元素的挖掘能力

每门课程中都蕴含有丰富的思政元素，但是这些思政切入点隐藏在专业知识点背后，需要教师去深度剖析和利用[4]。思政切入点是课程开展思政教学、进行思政拓展的关键载体，是专业知识和思政内容有机融合的催化剂，是衔接专业教育和思政教育的桥梁。如果没有适当的思政切入点、不是有感而发，而只是生硬地宣讲一段思政感悟，不免会让学生觉得大而空、难以感同身受，更可能影响学生对课程学习的积极性。因此，教师应提升课程思政元素的挖掘能力，依托适当的思政切入点开展课程思政教学，从而实现专业与思政教育协同促进，而不是"两张皮"。虽然计算机类的课程看似介绍的是与思政教育不太相关的技术知识，但实际上却与思政教育有着千丝万缕的联系：计算机是一门全球性的技术，而我国对计算机技术的研究起步略晚，但经过近70年的发展，目前中国的计算机技术在多个方向上已经取得了很大的成绩[5]。这离不开国家的战略引导和部署，离不开千千万万投身于计算机领域的科技人员和学者的辛苦付出，中国在计算机技术发展过程中每个方向上的每个烙印，都是丰富生动的思政素材。因此，对于理论知识，教师可结合具体教学内容，从爱国情怀培育、职业道德引领、科学素养培养等多个角度去提炼理论内容所关联的思政元素；对于实践教学，教师可从工程伦理、职业素养等方面去挖掘实践内容所蕴含的思政意义，找准思政切入点，实现专业知识和思政教学的有机融合。

（三）教师应提升课程思政教学的组织能力

在课时有限的前提下，为保障专业教学和思政教学的综合效果，需要教师对课程思政方案进行精心的设计和评估：对应某个具体的知识点以何种形式导入思政元素、预计花费多少时长？将维度扩大到一堂课，又应该在哪几个知识点处导入思政元素、分别导入什么类别的思政元素，以起到不同角度的思政教育效果？如果维度进一步扩大到整个学期，思政教学的占比应控制在什么范围较为合理，从而最大化综合教学效果？以上每个问题都可能影响到课程思政的实施效果，因此对教师组织安排课程中思政内容的能力提出了一定的要求。具体的，教师可积极参加学校教学发展中心举办的各类课程思政的经验分享活动，例如北京林业大学教发中心的"名师下午茶"，或参加教育部等单位组织的更大范围的计算机类课程思政建设培训会，吸取优秀经验，增强自己的课程思政教学的组织能力。

（四）教师要不断提升自身思想政治和科学研究水平

虽然在课程思政的实施过程中，教师要掌握对应的具体能力，例如挖掘思政元素、组织思政教学，但归根结底，教师需要不断提升自身思想政治和科学研究水平，这是保障专业课程的课程思政教学效果的一切前提，对计算机类的课程尤为如此。一方面，计算机技术更新迭代迅速，教师本身需要具有深厚的学术积淀，同时能跟得上前沿技术，才能令学生信服，从而进一步达成育人的目的；另一方面，随着技术和专业知识的更新，教师也需要随之扩充自己的思政资源库，引入具有时代背景的思政内容，与专业知识相互呼应，避免学生产生老生常谈之感。因此教师应积极提升个人的思想政治理论水平，例如参加"马克思主义新闻观""马克思主义政治经济学""中国特色社会主义法治理论"和"工程伦理"等相关的培训课程和讲座，关注和学习国家发布的与计算机技术相关的重大战略方针，不断提高个人的政治素养。例如对于"计算机网络安全"课程，教师可重点了解和学习我国出台的《中华人民共和国网络安全法》及国家互联网信息办公室发布的《国家网络空间安全战略》，了解网络安全对于国家的战略意义及相关的法律规定，从而更好地进行课程思政的建设。

四、结　语

　　课程思政建设已逐渐成为课程建设中不可或缺的一环，这对教师的能力提出了新的挑战。本文针对高等学校计算机类课程，在分析课程特点的基础上讨论了教师对这类课程进行课程思政建设时可能面临的几个挑战，并提出了课程思政视角下计算机类课程教师专业能力发展的若干途径，从而保障课程思政顺利实施，达成立德树人的最终目标。

参考文献

[1]张洪业．计算机专业课程思政的全局建设探索[J]．计算机教育，2023(1)：53-56.
[2]高亮，胡煜．高校计算机类课程思政教学改革研究与探索：以计算机应用基础课程为例[J]．安徽职业技术学院学报，2021，20(1)：13-16.
[3]李小红，龙安全，李伟华，等．大学计算机基础课程思政教学探索与实践[J]．安顺学院学报，2023，25(1)：113-117.
[4]李树涛课程思政建设要充分发挥教师作用[Z/OL].(2020-06-16)[2023-07-16].http：//theory．people.com.cn/n1/2020/0616/c40531-31747940.html.
[5]李国杰．中国计算机技术与产业发展现状及展望[M]//徐愈，周宏仁．中国信息化形势分析与预测．北京：社会科学文献出版社，2010.

"气象学实验"课线上教学效果评估

张曦月　姜　超

（北京林业大学生态与自然保护学院，北京　100083）

摘要：最近几年，随着线上教学的需求增大，越来越多的课程引入了线上教学方式，但是对于实践类课程而言，线上教学存在一定的限制。本研究通过调查问卷的形式，对学生的困难、需求、反馈等方面进行全面了解，结合授课教师针对学生需求的改善措施，对比线上授课和线下授课的效果差异。结果表明，线上教学有利于学生发散思维，激发深层思考，但也存在基础知识掌握欠牢固的弊端。因此，线下教学仍然不可忽视，未来需持续探索"线上+线下"混合式教学的有机结合形式。

关键词：实验教学；教学评估；混合式教学

　　线上教学，并非将传统教学内容照搬到线上完成，而是需要针对教学目标对课程进行重新的设计，为学生提供积极协作的学习体验，帮助学生主动参与学习，使其积极构建对知识的理解。2020年新冠肺炎疫情暴发，为实现"停课不停教、停课不停学"，保证疫情防控期间的教学进度和教学质量，全国各地开展了大量的线上教学尝试。到了2022年，由于疫情防控的需要，线上教学已经成为一种和线下教学同等重要的教学方式，成为应对突发性公共卫生危机对教学秩序冲击的有效手段，而且在这两年多不断的实践中拓宽了教学课堂空间，延伸了教学课堂的时间尺度，创造了在线教学的新高峰，践行了在线教学的新实践，形成了在线教学的新范式，发展了教学新模式，极大地推进了信息技术和教育的深度融合。

　　"气象学"是全国高等林业院校林学、水保、资环、草业等专业的基础课程之一，目的在于使学生系统地掌握气象学基本理论知识和观测技术，熟悉气象与林业的关系，实现气象学理论与林业生产的紧密结合。除理论课程以外，"气象学实验"是气象学教学过程中的重要环节，可以补充和巩固课堂教学讲授的内容，培养学生的实际动手能力，训练学生对于气候观测、气象数据分析和统计等基础科研能力。"气象学实验"课更是有利于培养学生分析问题、解决问题及实践观测的能力，提升学生专业素养及科学探究的精神。2022年春季学期，疫情的发展再次影响了线下教学，借助2020年的线上教学尝试经验，此学期对"气象学实验"课展开了在线教学的研究和实践，并进一步评估实验课线上教学效果，为应对新形势下的混合式教学模式做准备。

一、摸底反馈

　　为了解线上学习的情况，进一步掌握学生的实际需求，新学期初面向选课的部分学生开展问卷调查，共回收有效问卷140份。根据问卷的回收结果，针对学生特点和教学目标设计并改进了线上教学方案。

作者简介：张曦月，北京市海淀区清华东路35号北京林业大学生态与自然保护学院，实验师，zhangxybjfu@126.com；
　　　　　姜　超，北京市海淀区清华东路35号北京林业大学生态与自然保护学院，副教授，jiangchao@bjfu.edu.cn。
资助项目：北京林业大学教育教学研究项目"Kolb学习风格在'气象学实验'教学中的应用"（BJFU2022JY090）；
　　　　　北京林业大学教育教学研究项目"'混合式教学'模式在'气象学实验'课中的应用"（BJFU2021JY084）。

（一）线上教学的实际困难

通过对问卷结果的整理，如图1所示，有25%的学生(35人)认为网络问题以及软件使用等问题会是线上学习的一个困难所在。比如网络卡顿、延时等问题不可避免，甚至部分偏远地区存在网络信号弱、无法支持直播的情况，学生很难与教师实时互动，影响上课节奏。并且，目前线上教学媒介丰富，每位教师的教学习惯不一致，或设备与软件匹配程度不同，学生在上课时需要根据不同课程切换软件，给线上教学增加难度。还有一个较为重要的问题是学生长时间使用电子屏幕，会造成视力疲劳，这个问题可能是未来比较普遍并且需要多行业共同解决的问题。

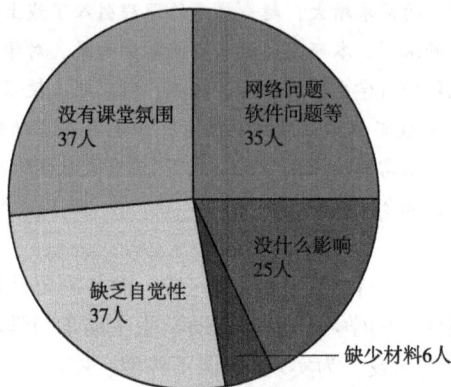

图1   学生认为线上学习的困难

占比26.4%的学生(37人)认为线上教学没有课堂氛围，体会不到师生间的交流，很难第一时间对问题本身或观点本身产生共鸣。同时缺少同学之间的启发和督促，不能更好地理解课堂知识，对于老师而言，也容易出现"孤掌难鸣"的感受。线下课堂里，教师可以根据学生的反馈了解学生对于知识的掌握情况，从而适时地调整授课节奏，但是线上授课往往无法提供这样的条件。

同样有26.4%的学生(37人)提出线上教学最大的困难在于没有课堂氛围，缺乏自觉性，出现诸如忘记上课时间、上课走神、刷手机等情况。在网络便捷的当下，社交媒体的诱惑可能会大于课堂，这是对学生的挑战，也是对老师关于课堂进程把握、知识点分配的一个很大的考验。

4.3%的学生(6人)认为缺少学习材料，对于知识的理解和掌握有一定难度。此问题相对容易解决，通过邮寄或网购、电子版材料均可满足学生需求。

17.9%的学生(25人)认为线上授课没什么影响，在这一部分学生中，还有少数学生认为线上授课更方便看清老师的教学课件、方便整理笔记，不会对个人的学习有负面影响。

从问卷的整体结果来看，除了一些客观因素比如网络问题、长时间使用电子屏幕等问题外，学生需要克服的主要问题在于保持自己的专注力，而老师需要考虑的是怎样让学生保持对课堂的兴趣，同时积极地、多方面地获取学生对于课程的反馈。

针对以上问题，学生提出了一些希望老师可以提供帮助的方案(图2)，其中占比最多的是希望老师提供学习材料，共有63人提出了这一观点，占比45%。可见虽然学生认为这不是线上学习的困难所在，但却是很重要的因素。值得一提的是，部分学生指出了希望老师提供的学习材料不止包括教材及课程PPT，还包括一些专业相关的其他辅助学习资料，同时还有14位学生(占比10%)希望老师可以在课堂上有所拓展，这一点也是线上学习的一个优势所在，我们可以利用互联网本身的便捷，无论是线上还是线下，随时随地跟学生保持交流，尤其对于"气象学"这门课而言，它本身就与生活息息相关，日常的很多热点新闻里都可以是我们课程中很好的素材。

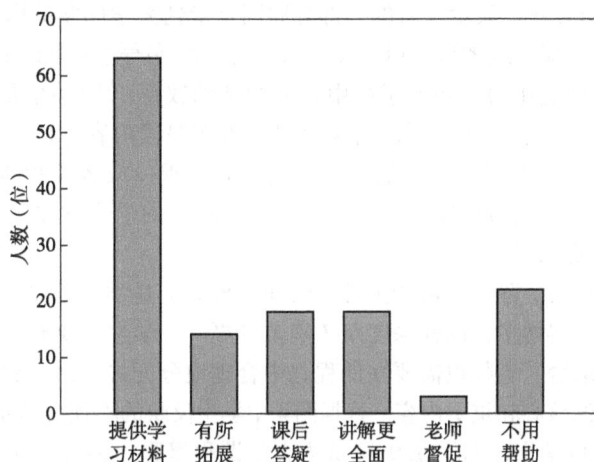

图2 学生希望老师提供的帮助

有占比12.9%的学生(18人)希望老师课后可以提供答疑的机会，希望老师对于重难点知识上面可以更全面地讲解或者着重强调，多给些时间便于理解。由此看出，无论是希望老师予以解答疑难问题、等待老师的反馈，还是希望老师多分配一些时间在重点难点、等待学生的反馈，这两类观点的主要聚焦点在于师生间的沟通与反馈问题。

占比15.7%的学生(22人)认为暂时不需要得到老师的帮助，反之，有3位学生提出希望老师可以督促学习，以保证学习效率和效果。对于高校教育而言，这也是教学反馈的一种形式，教师在课后通过下发作业、小课题等方式，引导学生去学习、深入了解课程重点内容，进一步通过这种方式可以了解学生对知识掌握的深度和广度。

（二）学生特点

我们调查了学生的学习习惯及原因，如图3所示，有11位学生是没有预习习惯的，有55位学生表示会偶尔预习，这可能取决于近期时间的分配上，有65位学生会根据具体的课程安排、授课教师要求、课程难易程度等多方面考量，分配预习的科目以及时间，而有9位学生基本保持着课前预习的习惯。

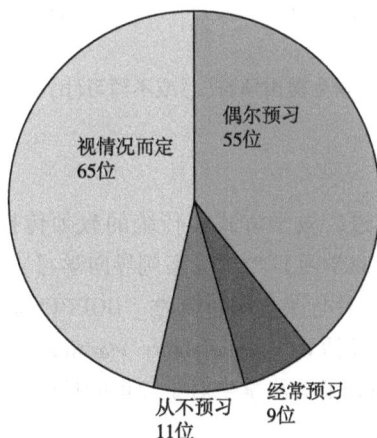

图3 学生的预习习惯

预习的原因最主要的还是从小养成了良好的习惯(73 人，占比 52.1%)，认为课前需要自己先完成对知识内容的梳理，在课堂上可以帮助自己更好地接收和理解老师所讲授的内容，22 位学生(占比 15.7%)表示预习的一部分原因是受到大学同学的影响，同侪压力可以一定程度上改变学习习惯，或者说可以激发个人斗志。25 位学生(占比 17.9%)认为自己预习是因为大学里迫于课业压力，相比于高中之前的基础教育，大学的课程内容更多，专业性更强，难度更大，会有学生认为不提前预习很难听懂课程内容。10 位学生(占比 7.1%)认为预习与否也与其他因素有关，比如老师是否明确要求，或者课程本身是否有吸引力、最近时间是否充沛、课程难易程度等。以前没有养成很好的学习习惯、课程多没有时间都是造成不能预习的重要原因。

对于大学阶段的学习，除了学习能力外，时间合理分配是学生需要学习的能力之一。随着课程量增大，课程内容增多，课程深度及拓展范围更广，学生需要对课程内的知识点及课程间的平衡有一定的取舍，老师也需要在课程之中合理地分配好主次内容，让学生可以最大限度地掌握本门课程的核心和重要内容。根据图 4 中学生反映的不预习的原因，最多的原因也是因为时间问题，25 位学生(占比 17.9%)认为大学课程繁重，部分专业课的课下作业占据了很大一部分时间，所以很难再分出时间来预习其他课程，同时由于大学的课余生活较为丰富，学生的学习时间会有一定程度的压缩。分别有占比 11.4%和 3.6%的学生认为不预习是因为自己没有课程预习的习惯，或者因为自身惰性，不愿意预习。与此同时，12 位学生认为大学课程内容较多，自己预习抓不住重点，或者不清楚老师下节课会讲的内容，会导致预习效率低，相比于课前预习而言，学生会更愿意选择课后复习的方式巩固知识。

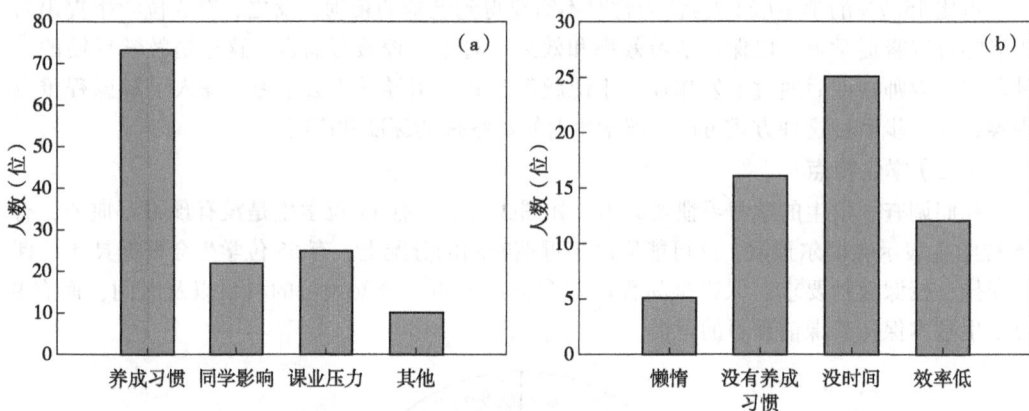

图 4　学生提出预习(a)或不预习(b)的原因

二、 应对方案设计

随着教育教学改革不断推进，教学方式在传统的教师传授的基础上发展得更多元化。诸如"翻转课堂""PBL(问题导向学习)""CBL(案例导向学习)""OBE(成果导向教育)"等方式方法的出现[1-4]，强调了学生参与课堂的重要性，BOPPPS 教学模式中提出的"前测(pre-assessment，P1)""参与式学习活动(participatory learning，P2)""后测(post-assessment，P3)"等环节也是越来越多地强调了关注学生对于知识的接受度[5]。

(一)教学模式

针对不同形式的教学方式，学生的接受度或者喜爱度如何？我们同样通过问卷的方式开展研究。如图 5 所示，展示了学生对于不同教学风格的倾向性。教师传授的方式是最传统也是现阶段学生接受度最高的教学方式，在我们回收的 140 份有效问卷中，137 位学生都表示喜欢这一方式，占比高达 97.9%。其次喜爱度相对较高的方式是课堂练习和作业点评，有 47 位学生选择了此选项，占比 33.6%，因为"气象学"课程主要作为专业基础课或专业选修课面向大一、大二的学生开展，由于刚进入大学不久，还是有一部分学生略有腼腆，不愿表达自己，而无论课堂练习还是作业点评的方式，一定程度上不仅避免了和老师的直接交流，不会有太多压力，而且也得到了老师的指导或者可以收到老师的反馈，使得学习更高效，可以自我评估学习情况。与此同时，愿意在课堂上直接表达个人观点的学生也不在少数，有 44 位和 40 位学生分别选择了喜欢课堂讨论和师生互动的方式，占比分别为 31.4% 和 28.6%。通过互动，使课堂氛围感更强，学生有参与其中的感觉，也可以加深对知识的理解。支持率最低的教学方式为提问回答、小测验及口头报告，占比分别为 10.7%、7.1% 和 5.7%。相比较而言，课堂讨论和师生互动的教学方式往往抛出的是不针对某一个学生的交流，个体压力相对较小，学生可以畅所欲言，表达自己的观点，自由空间较大，而提问回答是指定某个学生，这样学生会觉得压力过大，小测验的方式会让学生顾及自己是否会答错，是否拿不到高分，若这 3 种方式再与平时成绩挂钩的话，学生的排斥心理会更严重。口头报告的教学方式得到了最低的支持率，因为对于大一大二的学生而言，还不能很好地掌握口头报告的方式和技巧，会紧张，会自然地认为相对于前几种方式而言，最不想面对这种方式。

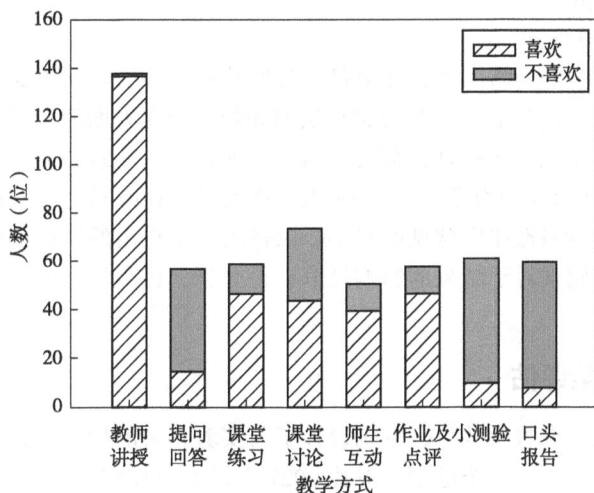

图 5　学生对不同教学方式的态度

对比不同种教学方式不难发现，这些改革方向可以满足学生对于"氛围感""互动感""及时反馈"等方面的需求。而学生愿意互动的首要条件是对题目有把握或者对话题感兴趣（图 6），除此之外，课堂氛围轻松也是推进课度进度的重要方式。

在我们回收的 140 份问卷中，13.6% 的学生（19 人）愿意积极参与课堂互动，12.1% 的学生（17 人）表示基本不参与课堂互动，74.3% 的学生（104 人）表示会根据课堂情况选择是否参与互动，而这其中约 2/3 的人认为参与互动的主要原因是对内容有了解、有把握或者有兴趣，约 1/4 的学生认为课堂氛围轻松比较重要，约 1/10 的学生认为简短的问题相对比较方便回答，会更愿意参与其中。

（二）教学实施

1. 建立预习题库，加设课前预习测试

针对大部分学生不能自觉预习、学习时间紧张的问题，采用课前测验辅助预习的方式，针对实验课程内容，通过问卷星发布 3~5 道预习题供学生自测。借助这一形式，有助于学

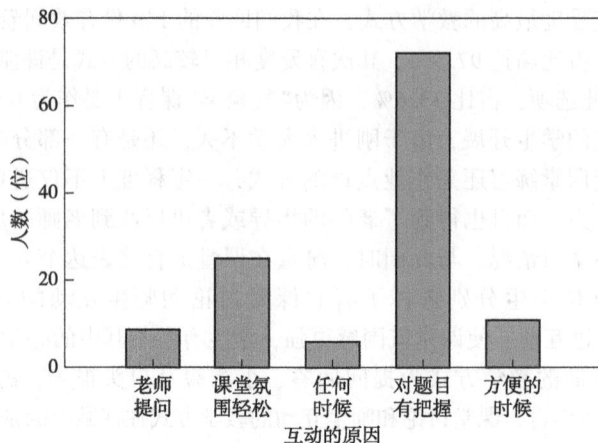

图 6 学生愿意互动的原因

生将理论知识与实验内容相结合，同时也便于教师根据作答情况了解学生对于理论知识的掌握情况。值得一提的是，课前预习测验并不是强制要求的，测试成绩也不与考核成绩挂钩，但从学生的作答情况看，98%以上的学生会参与测试，其中82%的学生会重复完成试题，直至得到满分为止。

2. 开通多种沟通渠道

为了解决在线课程的网络问题，除提供课程回放视频外，开放了课程群，可以使学生的困难得到实时反馈。针对学生在意的课堂氛围和师生交流方面的问题，考虑到在线课程无论是课堂氛围还是交流的便捷性，都无法与线下课程保持一致，需要建立一种新型课堂交流方式，结合"学生喜欢的教学方式"的特点，将实验课程内容进行分割，每5~10min就完成一个操作环节。针对操作中常见的错误，以过去总结得出的错误操作案例为基础进行讨论，尤其针对操作错误对于结果的影响展开讨论分析，提高学生的参与度的同时进一步激发学生的思考。

三、 教学效果评估

为了评估线上实验课教学效果，分别设计了与实验相关的理论题、理论思考题、操作题、操作思考题、综合题等多个题型，对比2021年线下课程和2022年线上课程的学生答题准确率，如图7所示。线上授课时，学生作答与实验相关的理论思考题的准确率要比线下授课时高出将近10%。而除此之外，线上授课时，学生作答其他几种题型的准确率均低于线下。也就是说，整体来看，由于线上授课欠缺了视觉、触觉上的直观体验，学生对实验相关理论知识的掌握是有一定欠缺的，但同时，也正是由于直观感受的欠缺，学生得以摆脱固有思路的束缚，使得对于相对发散的理论思考题答题准确率更高、思考更全面。相较于实验理论，实验操作还是更依赖于线下授课的模式，线下授课时学生答题准确率能达到89.2%的操作题，在线上授课时的答题准确率仅有73.2%，而操作思考题的答题准确率更是低于22%。

将所有测试题目按难度分为简易、中等偏难两种，其中简易题是指在课本上或实习指导中可以明确找到答案的题目，中等偏难题是指学生需要梳理知识点并展开进一步思考的题目。通过对比两种难度的题型在线上线下授课的准确率差异(图8)，我们发现，对于一些难度较小、答案比较明确的题目，学生通过线下学习可以达到91.4%的准确率，但是在线上学习时，准确率仅有77.6%，相差了13.8%；与此同时，对于需要学生动脑去思考的题目，在线上和线下两种教学形式下，准确率仅仅相差3.2%。

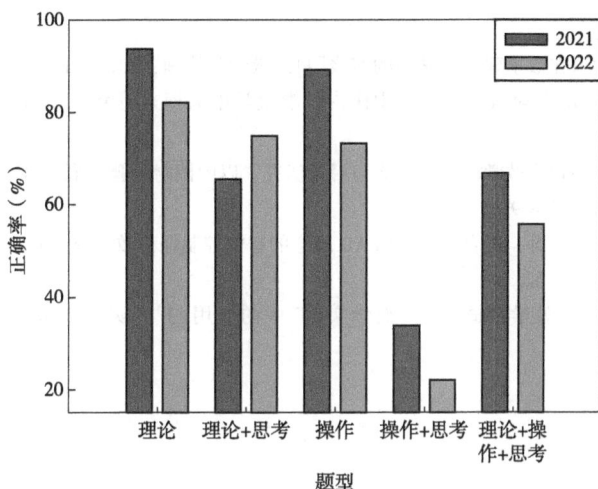

图7   不同类型题目的准确率

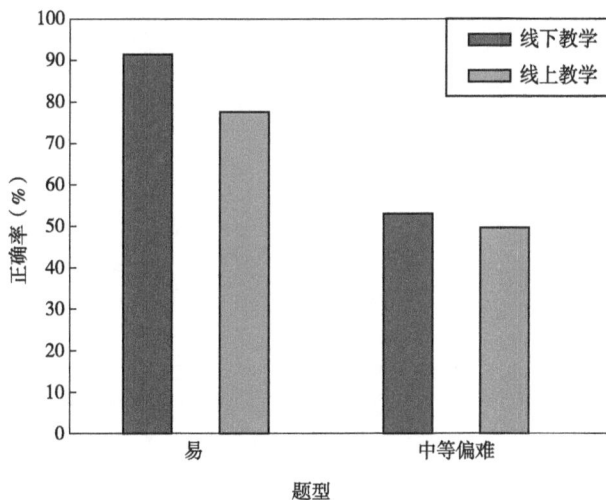

图8   不同难度题目的准确率

四、结　语

　　根据以上研究结果，不难发现，线上教学有其独特的优势，相比于线下课堂上的空间限制和座次影响，线上教学为大家提供了平等的学习体验，不再有"学霸区"和"学渣区"的心理暗示和空间划分。并且，学生在各自熟悉的生活环境下学习，会更放松地去理解知识和思考问题，能够摆脱固有的"我讲你听"的模式，激发学生的深层思考，在大学教育中是非常重要的。当然，线上教学弊端也是显而易见的，由于线上呈现方式单一，互动受限于网络，不能及时地交流，沟通有一定的滞后性，导致互动的效果无法和线下相比，学生的专注度也不容易保持，学生对于课堂内容的记忆和掌握的效率会有一定程度的欠缺。同时，线上教学也限制了学生之间的交流，同伴式的学习和成长都很难实现。

　　因此，在线上教学如火如荼发展的同时，我们仍不能忽视线下教学，而如何有机地将"线上+线下"的模式结合起来并运用好，发挥优势、扬长避短，是未来的重要功课。

参考文献

[1]侯宝坤.问题解决学习在数学建模教学中的实践[J].教学与管理,2022(1):45-47.

[2]姜海鹏.运用PBL+CBL双轨教学模式在中医内科学教学中的探索研究[J].教育研究,2021,4(4):72-73.

[3]李政辉,孙静.我国混合式教学的运行模式与对策研究:以中国财经慕课联盟44所高校为对象[J].中国大学教学,2022(1):88-95.

[4]孙传猛,杜红棉,李晓,等.融合OBE与PAD理念的智能控制课程教学模式研究[J].高等工程教育研究,2022,70(1):157-162.

[5]赵锋,齐晓丹.BOPPPS教学模式在"药剂学实验"中的应用[J].实验技术与管理,2018,35(12):184-186.

"环境监测实验"的开放式实践教学育人探索

陈瑀 常红

（北京林业大学环境科学与工程学院，北京　100083）

摘要："环境监测实验"课程存在实验硬件不足、创新培养缺失和评价体系单一等问题，进而影响了学生综合实践能力的培养。"环境监测实验"的开放实践教学育人模式是教学改革的有效手段，这种教学模式通过"环境监测实验"的时空开放、实验内容创新设计和教学形式的开放、实验报告质量和教学效果评估评价的开放3个方面进行探索，以期将综合实践能力的培养注入教学育人的各个环节。在教学过程中，采用多元化的教学手段，提高"环境监测实验"课程的教学水平与教学质量，进而实现学生环境监测理论和实践水平的提高。这样的教学模式不仅能够为我国环境保护事业培养出更多优秀人才，同时也能够推动生态文明的建设，具有重要的现实意义。

关键词："环境监测实验"；开放式实践教学；教师育人能力；环境监测综合实践能力

一、引　言

生态环境是人类赖以生存和发展的基础。然而，近年来我国水、土、气等环境污染问题频发，引发的公众健康问题越来越严重，受到了政府和公众的极大关注。国家已将生态文明建设纳入中国特色社会主义事业总体布局，体现了其在全局和战略层面的重要性。

环境监测是环境保护的基础工作，为政策制定和综合决策提供准确可靠的数据。随着科技的飞速发展，环境监测设备与技术不断更新，这要求环保工作者不断更新知识技能。复杂的环境污染问题需要环保工作者具备综合实践能力来解决。

高校肩负着培养环境保护专业人才的重要使命，而"环境监测实验"课程成为关键途径。该课程的教学方式和质量直接影响着培养我国环境保护专业人才的效果。因此，高校应不断探索和优化实验教学模式，提高学生综合实践能力和科研素养，为环保工作培养更多优秀人才，以应对日益严峻的环境保护挑战[1]。

二、"环境监测实验"课程的时空开放与师生主体的深度参与

"环境监测实验"课程是环境专业的核心实践课程，该课程内容容量较大，同时对实操经验、数据处理和成文报告的能力要求较高。本课程计划32学时，共8个实验，每个实验4学时，在实际授课过程中明显感知课程节奏紧凑，知识点和操作要点较难讲述透彻，较难达到更高水平综合实践能力的培养，对此，作者从课程时间、实验室空间的开放和师生课

作者简介：陈　瑀，北京市海淀区清华东路35号北京林业大学环境科学与工程学院，讲师，yuchen@bjfu.edu.cn；
　　　　　常　红，北京市海淀区清华东路35号北京林业大学环境科学与工程学院，教授，changh@bjfu.edu.cn。
资助项目：北京林业大学教育教学改革与研究项目"'环境监测实验'实践教学研究与改革"（BJFU2023JY096）。
　　　　　北京林业大学教育教学研究项目"基于'课程思政'的'环境保护与可持续发展'课程教学改革"（BJFU2020JY089）；

外参与的角度进行了实验教学育人的探索。

（一）时间和空间开放

环境监测实验室的时空开放是环境监测实验开放式实践育人的必要条件。通过信息化构建丰富的选课模式，包括团队合作、SRT大学生创新创业技能项目组等，在时间上面向师生开放。学生根据个人需求和兴趣合理地选择实验项目和时间，除大纲要求的实验外，也可在业余时间做实验。学院环境监测实验室充分利用现有设备和实验条件，固定开放周一到周五的实验时间排课供学生选择。为了提升时间的利用效率，安排实验室的管理人员，保证学生在实验室的空闲时间段做实验，实现时间上的开放。

环境监测实验室除安排必要的课程实验以外，实验室也需适当实现空间上对学生兴趣小组的开放。环境监测实验需要大型分析化学设备作为支撑，考虑仪器成本和利用率，可联系合作单位、科研院所等进行大型仪器共享，实现环境监测实验室空间上的开放。北京林业大学和学院的分析测试中心已有部分大型分析设备，如HPLC，GC-MS，AAS等可供开放，北京其他高校和研究所的一些实验中心也都在逐步付费开放。学生拥有开放、优质的实验硬件和环境，才能自主学习并培养创新意识，才有可能提升科研能力[2]。

（二）师生主体的深度参与

学生和教师是"环境监测实验"开放式教学的主体，学生坚持个性化发展，实验室提供相应的环境、条件，尽可能移交自主选择权。教师是开放式实验教学质量的决定性要素，教师应主动提升自身创造性，并建立和谐的实验环境，使师生适应开放式教学。师生共同促进的开放式环境监测实验教学有助于学生素质得到整体提高以及能力的获得与发展。

开放实验教学体系采用师生共促进的模式，这引导了学生深度参与实践，系统培养了学生发现问题、整理思路和解决问题的能力，最终成功开展交流与合作等探究活动，从中深刻理解理论知识，动手动脑提升创新能力。"环境监测实验"开放教学体系应在学生选题、实验操作、结果分析、团队建设、创新项目拟定中逐渐实现自主性设计；鼓励跨专业、跨学院合作，打破专业限制，学生间通过交流扩展知识面和合作交往的能力；借助环境监测实验室申请校级、省级和国家级大创项目。

教师授课团队应更加注重开放，参与者包括实验授课教师和实验技术人员，也邀请专业理论课教师参与教学，同时补充一些高水平专家进行环境监测前沿的讲座。教师在开放式教学中的身份多元化，既是理论知识的传授者，也是技能实操的培训者，是创新项目的指导者，更是环境监测创新能力培养的领路人。教师应强化启发学生思考，共同讨论确定合适的实验内容、操作方式以及考核过程。环境监测实验教师的工作量除了学生必修和选修课，对于创新创业训练项目，学校、学院应对校级、省级和国家级项目指导教师给予一定的课时补助，使教师能够全身心地投入到"环境监测实验"开放式教学中[3]。

三、"环境监测实验"内容创新设计和教学形式的开放

内容创新设计是指在教学设计中采用新颖的、未被传统教学方式涵盖的内容或方法，以创新性的方式呈现教学内容，提高学生的学习兴趣和参与度，激发其学习主动性和创造性思维。在"环境监测实验"的开放式实践教学中，通过采用内容创新设计的方法，可以帮助学生打破传统教学方式的局限，探究新的监测技术和数据分析工具，以及采用探究性的学习方式等，提高学生的学习效果和教学质量。这种开放式的实践教学方式真正能够培养学生的实验思想，并让他们主动采用所学的原理和方法来解决实际问题，从而成为创新型人才（图1）。

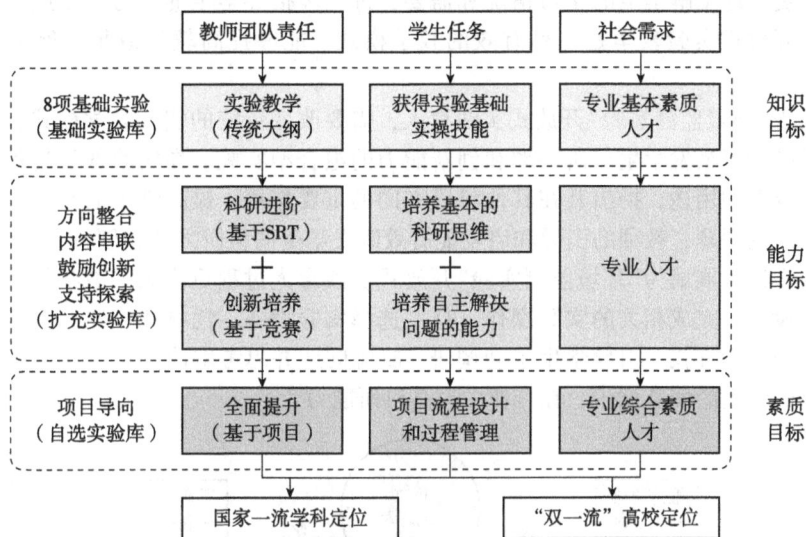

图 1 内容创新设计的思路图

（一）内容设计理念的多元化、实用化探索

北京林业大学"环境监测实验"选取在环境监测发展过程中占据重要作用且有代表性的实验，同时还兼顾到实验教学与学生科研工作相结合的原则。如水环境常见污染识别与检测、土壤环境污染调查、大气常见污染识别与检测技术等。学生利用现有实验条件，初步实现科研锻炼和实操经验，这为学生创新意识和科研能力的培养提供了基本保障。

实验内容的开放是深化环境监测实验开放式实践育人的必经之路，逐步建立开放实验内容目录，学生可以进一步结合自己所学的知识，从建立的实验目录中，选出有关联的一系列实验，如学生通过北京林业大学环境监测一系列必修实验"大气颗粒物污染监测"鉴定PM2.5浓度，通过"道路环境甲烷烃和非甲烷烃检测"识别VOCs污染浓度和范围，再通过"道路环境臭氧浓度监测"和"道路环境二氧化硫浓度监测"等选修实验获得一系列道路大气污染数据，在实验教师的指导下发现大气臭氧、VOCs与颗粒物、二氧化硫之间浓度变化关系，合理推测大气颗粒物和臭氧诱发大气有机污染等前沿科研猜想。如有条件，可继续引导学生参加后续科研项目，维护学生的兴趣，提升学生的科研能力[4]。

最后采用项目教学手段实现更高要求的实验开放，使环境监测实验过程与科研有机结合起来，培养学生的创新意识和科研能力，强化科研的严谨意识。学生利用北京林业大学环境监测实验室现有分析测试条件，结合环境科学与工程学院公共实验平台马弗炉、管式炉等设备制备出纳米颗粒，通过材料改性制备高分子纳米复合材料，作为环境功能材料可广泛去除水环境低浓度新型污染物。借助北京林业大学材料学院电子显微镜观察材料微观形貌，借助环境监测实验室"高分辨液相色谱""气相色谱—质谱联用"对纳米材料净水效能进行评价，提出复杂水质的吸附—催化多功能净水新方法，有效去除分散式供水有机污染，实现更安全的分散式饮用水供应。环境监测开放式实践教学过程中，应鼓励学生自己发挥创意产生科研项目，支持学生参加创新创业项目，多方合作使学生的想法及时转化为社会生产力。

（二）教学形式的开放

开放式实验教学可以激发学生的自主学习和探究精神，提高学生的实验技能和团队协作能力。此外，通过学生和教师的互动交流，可以促进教学改革和课程的持续优化。同时，教师也能够更好地了解学生的学习情况和需要，进一步指导学生的学习，促进学生全面发展。因此，开放式实验教学是一种有效的教学模式，能够提高教学效果，促进教育教学改革。

为了实现"环境监测实验"开放式实践育人，需要改变传统的实验教学模式，从简单的验证实验转变为可激发学生科研兴趣和创新能力的组合型实验。在实验教学过程中拓展介绍大型分析仪器的用途，指出其在其他科研方向的重要作用。提高学生的兴趣，鼓励学生探索自己喜欢的课题，教师的引导和启发能有效激发学生的科研兴趣和创新能力(图2)。

项目教学法可能成为"环境监测实验"开放式实践育人过程更高级的教学模式，学生独立进行方案设计，完成相关的实际操作，自主选择实验设备、耗材和仪器。教师采取由浅入深和因人而异的方式，引导学生主动调研，凝练问题并思考解决路径，让学生主导自己的课题，培养学生的团队意识，在合作中提高科研能力[5]。

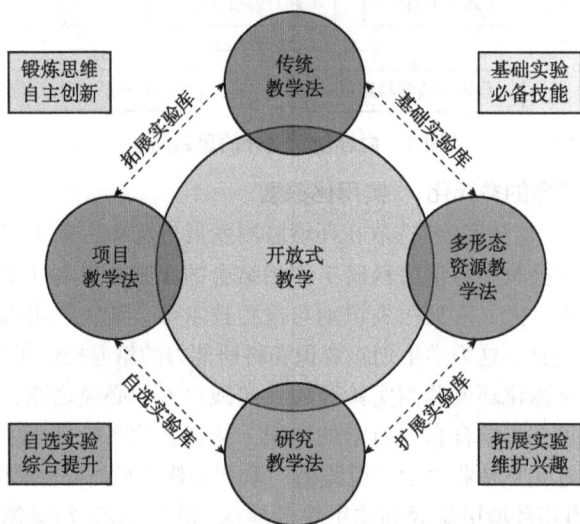

图2　开放式教学逻辑图

四、"环境监测实验"实验报告的评估和育人效果评价的开放

"环境监测实验"课程的评分体系包括平时分、实验报告分和课内测试分。其中环境监测实验报告的分数比重较大，对于合作性实验课而言，实验报告的分数较难体现小组每个人的贡献水平和知识技能掌握程度。即便通过期末加试的课内测试，仍无法非常客观地评价每位同学对"环境监测实验"课程内容的理解以及解决实际问题的能力。所以作者也从实验报告的评估方法以及育人效果开放评价体系等方面进行了探索。

（一）实验报告开放评价

环境监测实验的数据处理不仅要求学生学会使用 Origin、Matlab 等软件，还要求学生关注数据处理过程并拓展软件应用。鼓励师生进行总结思考并分享实验经验，有助于双方的科学思维发展。通过相互促进，师生能够共同提高实践创新能力。学生通过对监测结果的分析，能自觉地掌握已学的基础知识，为未来的科研工作打下良好的基础。此外，学生在环境监测实验中，接受严格的数据处理和实验报告撰写的训练，从而提升相关技能。为促进交流和学习，组织实验讨论会和报告会也非常有益。而开放式的实践更有利于发现人才，使环境监测实验的育人效果达到良好成效。这些方法和策略相结合，将有助于激发师生的创新潜力并推动科学研究的进步。

（二）育人效果评价的开放

在开放式环境监测实验教学中，为了有效评价教学效果和激励学生，师生与实验技术人员应共同参与制定开放式实践育人评价和激励机制。除了重视课堂教学效果，也要注重实践育人效果的评价。这包括考核学生在理论知识掌握方面的能力，强调培养学生发现问题和解决问题的能力，并将其纳入考核内容。同时，还应根据学生参与科研活动和课题的工作量和质量，评价他们的实践动手能力，为擅长动手和创造的学生提供更多机会。学生的学术表现也应受到重视，特别对于在公开刊物发表文章的学生，这有助于更客观、全面和实际地评价他们的表现。通过这样的评价体系，可以更好地推动学生在开放式环境监测实验教学中的学习与成长[6]。

北京林业大学"环境监测实验"课程结合开放式实践育人，探索并尝试了理论实践综合评价体系，建立了理论学习反馈和实操技能评估的多元化评价体系。采用了平时实验成绩60%（实验报告占40%，实验操作过程占60%）和期末考试成绩40%（课内测试占60%，报告占40%）的综合评价指标体系，即采用过程考核为主、结果考核为辅的成绩评价方式，以确保实验成绩客观公正。同时，这种评价方式培养了学生的分析能力和创新思维，让他们得到充分的训练。在创新实验评价中，采用论文考核方式，鼓励学生完成创新实验。学生需要自拟与所学理论或实验课程相关的论文题目，并确保论文具备创新点，即研究内容必须有新颖之处。要求论文进行深入研究，不能只是表面的介绍，并且实验部分的数据必须准确无误。论文中的研究结果必须有可重复性和必然性，即在不同条件下能得到相同结果，并且结果有合理解释。通过这样的要求和评价方式，激发学生的独立思考能力，培养学生严谨的科学态度和实验技能，从而为未来的学术研究和科学发展奠定坚实的基础。

参考文献

[1]罗婷，马玉荣．环境监测与仪器分析课程思政教学模式探究[J]．教育信息化论坛，2022（121）：108-110.

[2]刘训东，杨宏伟，左剑恶，等．实验室研究与探索[J]．2014(33)：211-214.

[3]刘彩霞，徐元英，景佳，等．物理通报[J]．2018(8)：68-71.

[4]王婷，刘金鹏，王平，等．实验室科学[J]．2019(22)：206-208.

[5]于伟，张颖．理工科高校研究生导师教书育人责任落实机制研究[J]．北京教育（德育），2020(5)：43-46.

[6]朱云．实验教学中教书育人[J]．中国冶金教育，2018(184)：95-96.

生态与林业视角下"四史"新开思政课程设计研究

郎 洁 蔡紫薇

（北京林业大学马克思主义学院，北京 100083）

摘要：以北京林业大学本科特色思政公选课程、"四史"之一的"改革开放史"的开设准备过程为例，着重研究北京林业大学特色办学与生态强国的核心功能在教学实践过程中的思政课程教学设计。对于本科教学背景下"四史"思政课程的现状进行了总结，并从加强课程特色体系建设、改革"四史"课堂教学模式与方法、充分结合林学与相关专业领域知识体系特点等方面进行了探索，为在"四史"课程中体现具有生态和林业特色的思政教学具体效果提出了实践途径。

关键词："四史"；课程思政；生态与林业

习近平总书记2020年给复旦大学《共产党宣言》展示馆党员志愿服务队全体队员回信中指出："希望广大党员特别是青年党员认真学习马克思主义理论，结合学习党史、新中国史、改革开放、社会主义发展史，在学思践悟中坚定理想信念，在奋发有为中践行初心使命，努力为实现'两个一百年'奋斗目标、实现中华民族伟大复兴的中国梦贡献智慧和力量。"回信给新时代的高校青年提出了新的学习目标，即在系统学习党史、新中国史、改革开放史、社会主义发展史（以下简称"四史"）的基础上，将历史事实的梳理与马克思主义理论结合起来，将青年成长与国家成长、民族复兴的命运紧密结合起来，使青年学生筑牢永远跟党走、奋进新时代的理想信念。基于此，北京林业大学计划于2023年春季学期开设面向全校的特色"四史"思政公选课程[1]。本文将以其中"改革开放史"的课程设计研究与实践为抓手，着力提升"四史"课程设计中北京林业大学的特色及生态强国的历史使命。

一、 筑牢生态强国理论依据提升"四史"专业黏合度

早在2014年7月7日，习近平总书记出席全民族抗战爆发77周年纪念活动并发表重要讲话时就曾指出："历史是最好的教科书，也是最好的清醒剂。"2019年3月，习近平总书记在学校思想政治理论课教师座谈会上指出，推动思想政治理论课改革创新，要不断增强思政课的思想性、理论性和亲和力、针对性，提出了"八个相统一[2]"的教学要求。要求高校开展思政课教学应该坚持以马克思主义基本理论和方法为指导和根本内容，坚持政治认同、思想认同、理论认同、情感认同的高度统一，坚持马克思主义理论的研究与传播、价值引领与科学理性的统一，坚持"全领域、全过程、全方位"的融合统一[3]。"四史"课程建设逐渐上升到了中国特色社会主义建设的新高度，各项教育制度建设方面积极响应理论需求，为"四史"教育提供了强有力的支撑。在这一历史背景和时代需求下，北京林业大学

作者简介：郎 洁，北京市海淀区清华东路35号北京林业大学马克思主义学院，副教授，langjie@ bjfu. edu. cn；
　　　　　蔡紫薇，北京市海淀区清华东路35号北京林业大学马克思主义学院，讲师，ziwei117cai@ 163. com。
资助项目：北京林业大学教育教学改革与研究项目"混合课堂与交叉学科资源的匹配与利用"（BJFU2022JY108）。

2021 年初，就开始了"四史"的课程建构和教学实践，并要求准备"四史"新开课程的教师，尽可能地避免高歌理论而脱节高校教学现实的做法，讲适合于北京林业大学学生专业领域关怀，能够引领学生进行科学实践，能够让在校青年学生充分认识到对于专业知识和研究的提升与不可分割性的"四史"课程。

在对新时代大学生进行"四史"教育的过程中，理论层面讲授可以说是在教学设计和教学目标的实践中最为重要的一环。如何加深新时代大学生对"四史"更深层次含义的理解，使得共产党人的历史观可以入脑入心，是目前已有的教学实践中的重点和难点[4]，甚至部分教师对"四史"的理论依据与必要性的理解也仅仅停留在表面，无法将"四史"与马克思主义相关理论有机糅合在一起，导致教师对"四史"教育理论依据吃不透，教学方向模糊，"理不直气不壮"[5]，而作为受众的学生，也无法充分明确学习目标，学习兴趣不足。

如何在教学实践中解决这样的问题，具体到"改革开放史"的备课过程，主要体现在两个方面。一方面是充分掌握史料，在史料中充分爬梳理论依据。既要掌握改革开放 40 余年来的国史大事、国运洪流，又要能够充分考察学校的历史，将学校的发展历程与改革开放的重要史实充分结合，体现出红色的大时代背景下绿色学府欣欣向荣的发展。2022 年作为北京林业大学建校 70 周年的特殊重要纪念，学校因此开设了校史馆，在"改革开放史"的导言部分向学生讲授改革开放的背景之后，就安排设计了选课学生利用休息时间参观校史馆，结合校史馆的展品，重点讲解 1978 年前后的北京林业大学的历史。其中，北京林业大学从云南迁回北京的过程，给予学生极大的震撼，学生纷纷表示，以往总是存在"抱怨"的、显得拥挤的校园，是在前辈师生艰苦卓绝的奋斗和坚持中，才逐渐建设成为北京市美丽绿色学府的。这就从实实在在的身边的景观和身边的人物，为学生打开了改革开放的壮丽画卷，引导他们感同身受地将自己所处环境的变化与改革开放历程中的国家变化紧密结合在一起，从情感认同出发，构建出思想认同和理论认同的基础架设，为接下来的课堂讲授奠定了较为充分的基础。

另一方面，是将"四史"的教学与学生的日常专业教学紧密结合起来。基于该类课程面向全校所有专业的公共选修课的性质，尤其不能弱化学生间各个专业的差异，反而要在充分了解选课学生专业背景的同时，充分认识到学生对于本专业的感情，针对不同专业的学生，体现专业价值，增强"四史"思政理念和专业学习的黏合度。"改革开放史"的备课和教学实践当中，首先要在讲授改革开放时代背景的同时，穿插设计北京林业大学学科史的发展，适时结合产业发展的过程，讲授诸如林学、园林、经济管理各个专业间的分化与整合，从而构建各个学科学生之间对于同一类型问题的关注与对于同一时期改革开放要素的关注之间的联系，从而增强学生的思想政治理论高度与现实专业发展之间的切实联系，推动教学内容与社会现实具体的、历史的统一，赋予课堂教学以鲜明的时代性和专业性，促进"四史"学习与专业领域相统一。

二、深入探索课程体系，突出生态与林业特色

学生对于科学理论架构的起点，来自对于自身问题和疑惑的阐释与解答。科学的理论认知的落地，则来源于鲜活的社会实践。因此，在"四史"教学过程中，只有将理论和史实讲授与学生的现实思考和问题相结合，及时吸收"四史"相关的最新研究成果，把握课程教学的政治方向，实现深层次教学目标，才能够对学生的疑惑和学生所关切的历史事实给予充分的解释与指导，才能符合学生对于问题的关切和对于思政课程的期待[6]。从目前存在的问题看，好的"四史"课程体系，必须率先解决 3 个方面的问题：一是解决学生学习"四史"知识的片面化、零碎化问题。二是保证"四史"教学内容能够与时事热点

相结合,与学生实际关心问题相结合,符合新时代的社会思想。三是提高"四史"教学的鲜活度和专业特色,使理论提升与专业需求相结合,使学生产生"需求"共情,增强专业认同感。

具体到"改革开放史"课程的教学实践,就是要在早期备课过程中,深化对历史社会问题的具体研究,充分覆盖学生所关注的时代"热点"问题和现实困境,立足社会,直面问题,精准导入,并且给予充分的阐释,做到"加强对改革开放和社会主义现代化建设实践经验的系统总结,加强对发展社会主义市场经济、民主政治、先进文化、和谐社会、生态文明以及党的执政能力建设等领域的分析研究,加强对党中央治国理政新理念新思想新战略的研究阐释,提炼出有学理性的新理论,概括出有规律性的新实践"[7]。面对学生的问题困惑、理解偏差、错误认知,要通过精准的问题阐释和思路引导与理解,帮助学生逐步扭转对于实际生活与网络空间所形成的碎片化的思考方式,及时关注学生的思想动态、准确引导学生的思想发展,正确看待改革开放过程中的各种社会问题和思潮,帮助学生具备深度思考和架构理论素养的能力,从而达到知行合一的学习目标和思想高度。"改革开放史"课程不能绕开和回避历史问题,要在课程的体系建设中充分了解学生的理论需求和问题意识,使我们的理论教育与学生的实际需求相吻合,满足学生对于历史事实的了解以及对于自身无法详细了解和思考的各类问题的需求与期待,通过课堂教学,切实引发学生的课后思索,使得学生有着切实的问题解答和理论架构的获得感。

习近平总书记在主持召开学校思想政治理论课教师座谈会时指出,要坚持主导性和主体性相统一,思想政治理论课教学离不开教师的主导,同时要加大对学生的认知规律和接受特点的研究,发挥学生主体性作用。因此,在思政课程教学设计中,要坚持教师是主导,学生是主体的相统一。具体到"改革开放史"当中,单单满足于解答学生对于历史问题的"好奇"和疑惑是不够的,还要引导学生关注历史主题,具象化地让学生建构自身对于改革开放科学实践的理解。联系北京林业大学的众多学科背景与专业现实,教学设计中充分关注了生态文明建设在改革开放中的历史脉络,引导学生明白生态文明建设和林业发展建设的重要性,阐述忽视生态建设给国家和社会发展所造成的危害,强调生态强国的认识和北京林业大学学生在其中的重要位置和应当做出的贡献,增强学生的时代使命感和奉献精神。

三、 改进课程设计方案, 在学思践悟中提升理想信念

2020年6月,教育部发布通知,明确要求要把"四史"教育贯穿高校立德树人全过程。推进"四史"教育已成为当下各高校的重点工作,需要学校从顶层设计层面,推进教育教学各个环节的相互配合[8]。在北京林业大学,"四史"课程的设计和落地,也是近一年紧锣密鼓筹划准备的重要成果,通过筹备"四史"课程,也使得高校教育教学工作者明确大学生"四史"教育是一项复杂开放的系统性教育,涉及多重要素。在课堂教学方面,教学内容要能够结合马克思主义中国化最新理论研究成果,向学生揭示事物的规律及社会发展的历史趋势,还要能够结合学生的具体背景,循序渐进地帮助学生建构"四史"理论体系和科学认知。在实践教学方面,传统思政课教学存在重理论轻实践现象:在教学中,教师多采用课堂阐释、讲解、提问的方式授课,学生思路较为受限,即使有简单的课堂互动环节,学生大多数也存在被动接受的现象,"四史"教育多是理论性输出,缺少能够使学生"感同身受"的思考和人生经验的总结,没有充分调动学生自我认知和总结问题的能力[9]。因此,在"四史"的备课环节,要求教师全方位、全过程设计教学方案,发挥"滴灌"式的教学渗透作用,加强课堂和实践两方面的环节呼应。

　　高校在开展"四史"教育的过程中经常能够看到的教学方案是：开展红色旅行，举办革命主题知识竞赛等活动，这样的教学设计，会造成教学效果表面化，学生往往会把"四史"实践环节当成是"踏青""团建"，造成了时间浪费、资源浪费和教学目标偏离等问题。如何通过教学设计，来改善和扭转这种局面，具体到"改革开放史"的课程建设，我们目前正在实施的方案，就是首先要帮助学生认识个体与时代、个体与集体、个体与国家的相互关系，帮助学生找准人生定位，思考人生价值，使学生的各种想法和认知"落地"[10]。因此在备课过程中，充分考虑学生的年龄特征和心理特征，收集整理300余名不同时期、不同地域学生的人生经历，描述在改革开放各个重要历史阶段，随着国家的发展和民族的命运，"学生"这个具体身份的经历和作用，构建"小人物、大历史"的历史叙述方式，让学生确立"代入"式的案例思考角度，引导学生思考当下这个时代，学生本身所处的位置和国家命运之间的紧密联系，通过大量的他者案例描述，从不同侧面引导学生关注同为学生的"他者"命运与贡献，进而设计出"请你描述自身在未来10年改革开放历史中的贡献与发展"这一实践类命题，充分调动学生的参与感和学习热情，不仅仅单一地追求"抬头率"，还要调动学生的参与率，提升思考价值，在向学生揭示事物的规律及社会发展的历史趋势的同时，提出明确的实践指向，帮助学生正确了解当前形势下的国情、世情、党情，树立正确的世界观、人生观、价值观，促进学生的全面发展。

　　综上所述，"四史"教学是目前每个高校必须具备的思政内容，而"四史"又不同于一般思政课堂和历史教学，这部分的内容的重要使命，就是引导学生深刻认识党的历史和国家发展脉络，深刻认识中国为什么选择马克思主义、为什么选择中国共产党、为什么选择中国特色社会主义道路，引导学生建立对我们国家政治制度和社会制度的历史认同和政治认同。北京林业大学"四史"课程设计，既要能够达到这样的教学目的，承担这样的教育使命，又要讲出自己的历史、学科的历史，体现出生态文明史观和绿色发展需要，探索出具有北京林业大学特色的"四史"教育模式。

参考文献

[1]教育部办公厅.教育部办公厅关于在全国高校师生中开展党史、新中国史、改革开放史、社会主义发展史学习教育及新冠肺炎疫情防控知识竞答讲述活动的通知[EB/OL].（2020-06-29）[2023-08-07].http：//www.moe.gov.cn/srcsite/A12/moe_1407/s253/202006/t20200629_469105.html.

[2]习近平.以主题教育为新的起点 持续推动全党不忘初心记使命[N].人民日报，2020-01-09（1）.

[3]习近平.在学思践悟中坚定理想信念 在奋发有为中践行初心使命[N].人民日报，2020-07-01（1）.

[4]靳诺.围绕立德树人，加强"四史"教育[J].思想政治工作研究，2020（5）：22-24.

[5]田克勤，郑自立.在历史与理论的贯通中增强思想和行动自觉：深入理解习近平总书记关于学好"四史"的论述[J].思想理论教育，2020（7）：11-17.

[6]白同朔.适应改革开放新形势改革教学体系与课程结构[J].教学与教材研究，1995（5）：3.

[7]张丽丽，陶兴.新时代加强高校大学生"四史"学习教育的现实意义和路径选择[J].陕西教育（高教），2022（7）：13-14.

[8]张成尧，曲烽.把"改革开放史"的道理讲深、讲透、讲活："伟大的改革开放"教学设计与评析[J].辽宁教育，2022（23）：45-48.

[9]孟永.在比较视域中推进改革开放史研究[J].广东党史与文献研究，2023（1）：5.

[10]郑谦.从《中国共产党历史》（第二卷）的编纂看改革开放史研究的几个问题[J].中共党史研究，2016（11）：25-27.

"四史"教育融入高校"马克思主义基本原理"课程的探究

王晓丹　牟文鹏　崔　潇

（北京林业大学马克思主义学院，北京　100083）

摘要：党的十八大以来，将"四史"教育全面、准确、系统融入思想政治教育课教学成为高校思政课改革创新的抓手。在"马克思主义基本原理"教学中有机引入"四史"教育，不仅有利于提升"马克思主义基本原理"教学效果，而且有助于加强学生对"四史"的理性认识，从而更加坚定"四个自信"。但在"四史"融入"马克思主义基本原理"教学的具体操作过程中，也存在着教学设计不合理、融合程度不高以及效果不明显的问题。反思改进教学环节、完善精进教师队伍以及协同优化学校及各部门职责，对真正落实新时代思政课教学改革创新具有重要意义。

关键词："四史"教育；马克思主义基本原理；改革创新

习近平总书记指出："希望广大党员特别是青年党员认真学习马克思主义理论，结合学习党史、新中国史、改革开放史、社会主义发展史，在学思践悟中坚定理想信念，在奋发有为中践行初心使命。"由此这4部历史（以下简称"四史"）的教育同马克思主义理论相结合的要求为新时代高校思政课教学改革指明了新方向。"马克思主义基本原理"（以下简称"马原"）课程作为高校思政课体系的灵魂与核心，直接承担着向青年学生传播马克思主义理论的重大任务。从"四史"教育中挖掘红色教育资源，将其主动精准融入"马原"课，既是新时代思政课教学改革的要求，也是推动落实立德树人根本任务的要求。将"四史"教育融入高校"马原"课，在初步的教学探索实践后，课堂"软实力"提升明显，但是也存在着一些难啃的"硬骨头"。鉴于此，本文将从教学反思改进的视角，对"四史"教育有机融入"马原"课程教学的重要意义、遵循的原则以及面临的问题与优化方案进行重点探讨。

一、"四史"教育融入"马原"课教学的重要意义以及遵循的原则

"四史"教育是新时代思政课改革创新的主要抓手，将"四史"有机融入"马原"课不仅有助于使教材中晦涩的文字"通俗化"、抽象的道理"形象化"、理论的内容"可视化"。而且可以使学生掌握正确的史论方法并学会用科学的史观分析重大社会问题，在纷繁的历史事件中读出马克思主义的真理与力量、社会主义的发展与未来，理解中国共产党的先进性以及

作者简介：王晓丹，北京市海淀区清华东路35号北京林业大学马克思主义学院，讲师，1290207081@qq.com；
　　　　　牟文鹏，北京市海淀区清华东路35号北京林业大学马克思主义学院，副教授，15835176355@qq.com；
　　　　　崔　潇，北京市海淀区清华东路35号北京林业大学党委研究生工作部，助理研究员，497802322@qq.com。
项目资助：北京林业大学教学教学改革项目"'党史'教育融入高校马克思主义基本原理课程探究"（BJFU2021JY102）；
　　　　　北京林业大学研究生教学改革研究项目"党的二十大精神有机融入'马克思主义与社会科学方法论'教学的创新研究（JXGG23082）；
　　　　　受北京市学校思想政治理论课"青年名师工作室"杨哲工作室专项资助；
　　　　　北京市本科教学改革创新项目"三题一课"教学模式在马克思主义基本原理教学中的创新应用研究（2023100220005）。

改革开放的关键性，从而更加坚定"四个自信"。由于"马原"课在思政课程体系中处于基础性与灵魂性地位，决定了"四史"教育在有机融入的过程中必须要遵循政治性、学理性与生活性的原则。

（一）"四史"教育融入"马原"课教学的重要意义

"四史"教育融入"马原"课教学，不仅在于能够更好地推进马克思主义基本原理入脑入耳，完成教学的知识目标；更在于能够入情入心，增强学生的马克思主义信仰，更坚定地听党话、跟党走，完成教学的价值目标。

一是借助"以史说理"，可以让原理内容"活"起来。"马原"课程重在说理，青年大学生虽然具备了一定的抽象思维能力，但仍然不太适应纯理论性较强的课堂。然而"四史"中包含着许多生动的故事案例，为提高"马原"课堂效果提供了丰富的教学资源。通过将"四史"人物、事件引入原理课，改变教师传统"以理说理""灌输原理"的授课方式，让学生自己从身边故事、现实故事、中国故事中悟透原理内容，让"马原"课可以走出课堂，触碰现实，贴近生活，呈现出鲜活、生动、接地气的样子，从而有效改变"马原"课在学生心中远、虚、大的刻板印象，激发起大家的学习热情和积极性。

二是通过"以理解史"，可以让信仰力量"强"起来。"四史"教育融入"马原"课的目的并不仅仅为了学生回顾"四史"具体知识，更重要的是培养学生透过历史表象看本质规律、正确理解与运用原理分析历史事件以及回应现实困惑的能力。其最根本的目的是使学生在史论互释中明确什么是真正的马克思主义，增强对中国共产党、中国特色社会主义的认同感，弄清楚、理解透中国共产党为什么"能"、中国特色社会主义为什么"好"，关键在于马克思主义"行"这一深刻道理，从而"直面各种错误观点和思潮，旗帜鲜明地进行剖析和批判"[1]。

（二）"四史"教育融入"马原"课教学的原则遵循

根据"马原"课的思政课程定位与新时代讲好思政课的要求，"四史"教育在融入的过程中必须坚持政治性、学术性与生活性相统一的原则。

第一，突出政治性，在融入过程中发挥价值引领作用。马克思在《关于费尔巴哈的提纲》中讲道"哲学家们只是用不同的方式解释世界，问题在于改变世界"[2]。"马原"课作为一门政治性、思想性与学术性并重的学科，其中政治属性是其核心属性。所以，"马原"课的课程性质决定了教师在将"四史"融入的过程中，要充分挖掘"四史"人物、故事、会议、文件中的政治属性，重在使学生获得清醒的马克思主义理论自觉与坚定的共产主义信仰，使学生从政治高度上深刻领会历史和人民选择马克思主义、选择中国共产党、选择社会主义道路、选择改革开放的必然性，教导大家在今天依然不忘历史、牢记初心，知史爱党、知史爱国，筑牢理想信念之基，厚植爱党爱国之情。

第二，注重学理性，在融入过程中要强调科学性。虽然"马原"课的核心属性是政治性，但是不能将其简单地定义为政治宣传课，以喊口号、煽情的方式获得学生情感认同，更重要的是以透彻的学理分析回应学生，以彻底的思想理论说服学生，以真理的强大力量引导学生。教师在对"四史"内容进行分析的时候，要善于突出原理的科学性与学理性，不仅要告诉学生"是什么"，还要告诉学生"为什么"。教师要讲清楚马克思主义通过把握社会基本矛盾运动阐明了人类社会历史的发展规律，从而将共产党人的理想建立在了科学的基础上，同时马克思主义也提供了改变世界的科学的思维方法，成为各个时期共产党人制定政治、经济、文化、社会、生态以及外交政策的学理支撑。

第三，体现生活性，在融入过程中要凸显现实感。历史、现实、未来是相通的。历史是过去的现实，现实是未来的历史。"四史"教育融入原理课的效果评价标准，落脚点在于告诉学生"怎么做"，即不能止步于使学生仅掌握"四史"的脉络与原理的内容，更要进一步引导学生汲取"四史"教育的经验与智慧，运用原理的真理性来分析、解决现实世界的难题。正如毛泽东同志所说："我们说的马克思主义，是要在群众生活群众斗争里实际发生作用的活的马克思主义。"如果"四史"教育以及原理只是停留于过去历史的复述，不能关照当下世界的疑问，不能回应学生对现实世界的困惑，那这样的课程注定会被学生忽视甚至引发学生的反感和排斥。

二、"四史"教育融入"马原"课程中存在的不足

"四史"教育进课堂，为"马原"课教学改革创新提供了一种新思路，有效地改善了原理课教学案例匮乏的状况，明显提升了课堂教学效果。但是在"四史"教育融入"马原"课教学的初步探索中，也存在着一些不足之处，如融入设计不合理、融合程度不高以及融合效果不明显等问题。

首先，教师在教学中融入定位不清晰，导致融入设计不合理。目前不少教师在教学反思中认为融入没有达到预期教学效果，其症结在于教学设计中没有给予"四史"与原理清晰的定位，没有弄明白融入的目的是要通过"四史"教育更好地解读原理，从而导致在史料引用与原理阐释的设计比例上出现了偏差。一是体现在史论结合方面，授课内容比重上容易出现史料讲述多但原理论证少的情况，史料的过度使用不能很好突出"史为辅论为主"的基调，有喧宾夺主之嫌；二是在历史事实与历史解释方面，教师容易侧重于对历史细节的描述，忽视了对宏大史观的强调，就会使学生陷入浩瀚历史的汪洋之中，不能从原理的高度对历史事件形成宏观性的认识，不能对人类社会发展规律、社会主义发展规律、共产党执政规律完成清晰的认识与牢固的掌握。

其次，教师在教学中对"四史"内容把握不到位，导致融合程度不高。教学评价中一些学生反馈"四史"教育与原理课的融合度不高、解释力不足、获得感不强，究其原因关键在于"马原"课教师对"四史"教育内容的驾驭能力存在不足。一是新素材储备不足，"马原"课教师由于学科知识结构的原因，对大量的历史史料储备有限，教学中就会聚焦于为数不多的经典素材并将其生拉硬拽地切入教材知识点，老生常谈不能增加学生对课程的兴趣。二是解读史料的视角不够多元、新颖，经典素材的解读难出新意，不能与时代同频共振，导致融入过程缺乏亮点。三是对"四史"教育的整体深度理解不够，"马原"课教师通常就某个具体历史事件进行碎片化融入，缺乏对史料的系统性梳理和整体性融入，导致史论结合中史料单薄，学生不能从长历史视角去分析历史事件。

最后，教师在教学中融入方式不生动，导致融入效果不明显。当前"四史"教育融入的"马原"课的主要手段是教师在课堂上讲授，辅助以一定形式的学生社会实践。但是这两种融入方式存在理论接收与体验感知不能同时在场的问题，影响学生对"四史"的深度理解和对原理的把握。课堂的口述历史并不能更好地还原历史画面感，使学生缺乏参与感与体验感，从而对原理的理解也是比较机械的。而学生在社会实践中通过观看红色电影、参观历史博物馆等形式虽然增加了沉浸式体验，但是教师如果不能对当下素材展开及时性的讲解点拨，会使得学生在共情的体验中欠缺一些理性的分析。

三、"四史"教育融入"马原"课的课堂改进路径

为了进一步提高教学质量，促进"四史"教育与"马原"课教学的深度有效融合，教师需要及时调整思路，优化教学设计，通过建构明确的教学逻辑，紧紧围绕融入原则与课程目标来整合教学内容与史料，在此基础上不断丰富教学手段，多管齐下落实教书育人任务。

（一）教学目标作为融入的指挥棒

"马原"课的教学目标是通过学习马克思主义哲学、政治经济学与科学社会主义三大板块的内容，使学生掌握马克思主义的世界观与方法论，运用唯物史观正确看待人类社会历史发展规律，使学生始终与党和人民的利益保持一致，做合格的社会主义事业接班人与建设者。这就决定了"四史"教育在以案例形式融入原理的过程中必须体现目标导向性。历史是最好的教科书，在融入过程中讲述中国共产党从弱小到强大的过程就是在证明人民群众是历史的创造者的真理；探究中国共产党百年来的伟大光辉成就，就是展示马克思主义中国化在中华大地上实践的正确性；展示苏联社会主义事业的失败与中国特色社会主义事业的蓬勃发展的正反对比，就是明确不能教条化地对待马克思主义，否则只能走向死胡同；讲述社会主义五百多年的沉浮，就是要学会用大历史正确观判断资本主义与社会主义的发展趋势。通过阅读"四史"，以深刻的教训教育人，以巨大的成就鼓舞人，充分发挥"四史"育人的重要作用，使青少年学子在心悦诚服的基础上坚定自己的政治信仰，真正将自己的命运和国家的发展结合在一起，为成为新时代中国特色社会主义的接班人和建设者奠定基础。

（二）教材内容作为融入的过滤器

"四史"教育融入"马原"课的教学目的并不是要重点讲述历史，而是要以史料为素材辅助学生更深刻地理解原理内容，但是"四史"涉及的空间范围广、时间跨度长、史料内容丰富，在融入"马原"课的过程中面临着如何取舍史料以及准确与课程内容有机结合的难题。所以教师就要以教学内容为尺度，有针对性地去取舍、筛选史料，同时在以问题为导向的教学设置中具体展开。例如在"学习唯物辩证法，不断增强思维能力"讲解中，教师首先要明确教学目标之一就是培养学生善于从事物相互联系的各个方面及其结构和功能提升系统思维的能力，之后筛选加工相关史料并将其运用于教学，通过选择中国改革开放政策与新发展格局进行综合比照分析，引导学生思考为什么中国在 20 世纪 80 年代做出改革开放的决定？为什么 40 年之后我们坚持继续开放的前提下要强调"逐步形成国际大循环为主体、国内国际双循环相互促进的新发展格局"？引导学生在探讨中认识到中国经济发展不能脱离国际大环境，面对过去全球化加速推进与当前逆全球化趋势的背景差异，中国的经济策略要做出符合实际情况的调整，所以能够在全球疫情冲击下中国率先实现了经济正增长，这就是系统思维运用的光辉典范。在讲"无产阶级政党的群众路线"这一内容时，对于学生来说，课本话语可能略显抽象，教师可以选取相关的案例形象地解读。革命时期中国共产党党员干部要求做到"不拿群众一针一线"，新时代中国共产党进行精准脱贫、全面小康，抗疫期间始终坚持人民至上生命至上，不计成本救治感染者，使学生明确在不同时期中国共产党始终秉承着全心全意为人民服务的初心，这不仅仅是响亮的口号，也是切实的行动。不奉行粗暴的拿来主义，要依据教学目标，根据教学内容合理筛选出能够支撑原理的"四史"史料，才能达到"四史"与原理的准确融合，从而培养学生运用马克思主义基本原理观察世界和分析问题的能力。

（三）教学手段作为融入的兴奋剂

将"四史"教育融入"马原"课的教学中，重构教学体系来整合"四史"教育与教材内容十分重要，但是对于新时代思政课要求突出时代性与趣味性而言，传统的教学手段明显力不从心。"教学的成败很大程度上取决于教师是否能妥善地选择教学方法。[3]"因此创新教学手段也至关重要。当今互联网技术的不断发展为创新教学提供了可能，通过将 VR 虚拟现实技术应用于课堂进行体验式教学逐渐成为一种趋势。立体式还原"四史"内容，使学生沉浸式体验中华人民共和国成立前农村地区人民衣食住行的场景，通过时间轴逐步感受中华人民共和国成立后、改革开放初期以及当下的生活的变迁，感受党奋斗的伟大成就证明了马克思主义行，它深刻地改变了中华民族的命运，改变了中国人民的命运。在虚拟技术以外也可以通过实物进行教学。教师与学生一起走出课堂走进历史博物馆学习原理，教师将关于马克思主义发展、红军长征、抗日战争、解放战争、改革开放和社会主义建设等的历史文物，以讲故事的形式为学生讲述文物背后的意义，更能引发学生通过历史文物与历史人物进行空间对话，从而将建设家乡、振兴祖国作为自己的责任。最后，也可以设置情景式教学，学生以话剧的形式还原遵义会议上毛泽东与博古、李德等人为代表的"左倾"路线的斗争场景，使学生明确认识到以教条主义对待马克思主义注定走向失败，只有以实事求是的态度，将马克思主义中国化才能真正挽救红军、挽救革命。从而启发大家在当代仍然要矢志不渝地将马克思主义基本原理同中国具体实际相结合，才能真正发展中国。通过创新教学手段，更大程度上激发学生的学习兴趣，获得情感体验，有助于提升思政教学的温度，落实育人目标。

四、"四史"教育融入"马原"课的课外优化路径

将"四史"教育融入思政课进行教学改革并不是一项权宜之计，而是一项久久为功的事业。除了在课堂内优化教学环节外，培养一批精湛的师资队伍、营造一种良好的学习氛围、打造完善的顶层设计也非常重要。只有通过课堂内外全方位多层级地协同推进，才能持续推动"四史"教育良好地融入原理课，实现思政课教学改革的不断创新发展。

（一）优化师资队伍至关重要

思政课教学效果好不好，关键在于教师能力行不行。因此，教师自身对"四史"知识的把握程度直接关系到理解好、融入好并解读好"马原"课程的效度。这就要求教师首先要要善于"自学"，对"四史"知识进行深入持久反复的学习，丰富扩充史料素材库。在此基础上进一步提高教师解读、驾驭史料的能力，只有吃透原理并且真正读懂"四史"，才能够根据课程需要将史料与"马原"课进行最佳融合。教师也要善于向同行"取经"。同行之间可以通过专业论坛、讲座的形式进行交流研讨，吸收借鉴多种优秀的"四史"教育融入"马原"课的做法，开阔思路、激活创新思维、完善自己的教学设计。另外，教师还需要积极"走出去"。思政课教师要善于走出书斋，走出课堂，走向实践。通过参与红色实践研修进行实地考察、学习交流，身临其境感受"四史"教育中的英雄人物精神、伟大事件背后鲜为人知的故事等，既提升了思政课教师理论联系实际的能力，又丰富了原理教学案例，更有助于提升"马原"课的亲和力。

（二）营造浓厚的学习氛围不容忽视

"四史"教育有效融入课堂，除了教师提高自身教学能力外，激活学生作为学习主体的学习热情，对加强融入效果也起到事半功倍的作用。以青年学生为对象开展"四史"教育，不仅要"适应受教育者的接受心理"，而且要"主动调节受教育者的接受心理使其接受教育"[4]。在传统的课堂学习以及实践考察之外，学校各级党委、团委组织应该积极营造校园"四史"教育学习文化氛围，丰富校园文化活动，让学生"动"起来。通过组织学生参加知识竞赛、演讲朗诵、话剧表演、红歌会等活动，以青年学生喜闻乐见的形式吸引学生深入学习"四史"故事、了解"四史"人物精神，为有效融入课堂做预热与铺垫。

（三）加强顶层设计势在必行

"四史"教育有效融入思政课，这不仅仅是单一的教学问题，也涉及各部门协同配合的问题。首先，高校应该出台相关办法提高教师探索"四史"教育融入"马原"课的积极性与创造性，比如通过开展相关教学比赛、设立专项教改基金等措施，实现以赛促教、科研助教，

促使教师精进自己的业务能力。其次，上级教育部门组织教育专家与相关领域学者就"四史"教育融入原理课进行权威的教学大纲撰写与课程体系建构，使"马原"课教师在融入中有章可循，有据可依。同时对相关类教材与教辅图书出版给予政策和资金支持，帮助教师拓展备课知识点、提供相关融入案例和教学设计思路，进而使得课堂变得高效、简洁。此外，线上教育平台也需要充实优质教育资源，推出与"四史"教育相关的知识视频，打造一批精品的教学示范课，方便学生随时随地学习，拓宽学生学习视野。

　　"四史"教育不仅为新时代"马原"课教学改革提供了新动力，也注入了新活力与亲和力。教学改革探索并不是一朝一夕可完成的事，需要不断深化、反复改进、精益求精。只有在理论与实践的不断互动中，才能推动包括"马原"课在内的思政课不断实现实践性与理论性统一、政治性与学理性的统一、价值性与知识性的统一。

参考文献

[1]习近平.论党的宣传思想工作[M].北京：中央文献出版社，2020.

[2]中共中央马克思恩格斯列宁斯大林著作编译局.马克思恩格斯文集(第一卷).北京：人民出版社，2009.

[3]孔迪拉克秋.教学论[M].李子卓，译.北京：人民教育出版社，1984.

[4]胡凯.思想政治教育过程的心理规律初探[J].思想理论教育导刊，2005(3)：64-68.

"草地保护学"青年教师科研与教学能力提升的思考与建议

薄亭贝　肖海军

（北京林业大学草业与草原学院，北京　100083）

摘要：人民教师是我国教育事业的基础和源泉，教师科研和教学能力的提升将决定教育事业的发展。近年来，国家逐步重视高校教师能力发展，以满足我国经济发展、科技进步对高校教师提出的新要求，有助于提升教学质量及科研水平，促进我国高校的可持续发展。本文以"草地保护学"青年教师为例，探讨高校青年教师科研和教学能力的提升和发展策略面临的问题，并提出解决建议，有助于高校青年教师在岗位上快速提升专业技能与教学方法，提高自身的教学实践技能与科学研究水平。

关键词：高校教师；能力提升；思政元素；教学反思；草地保护学

高校教师队伍的质量与人才培养质量紧密相关，也与国家科技强国战略和人才强国战略息息相关。随着我国教育事业的发展，高校教师队伍不断壮大，教师队伍质量也有所提升。党的二十大报告提出："加强师德师风建设，培养高素质教师队伍，弘扬尊师重教社会风尚。"因此，建设一支高素质的教师队伍，是高等教育高质量发展的基础性、长期性的任务。我国高校教师中青年教师占60%~70%。因此，重视青年教师的培养和能力提升是高等教育发展的重要保障[1]。下面将以北京林业大学草业与草原学院"草地保护学"学科的青年教师为例，开展科研与教学能力提升的思考和建议。

一、"草地保护学"青年教师科研与教学能力发展的意义

一个国家草原分布的面积大小，特别是天然草原，将会直接影响这个国家的畜牧业生产情况。我国是一个草地资源大国，草地面积26453万 hm^2，其中，天然牧草地21317万 hm^2。数据显示，到目前为止，我国天然草地和人工草地均存在不同程度的退化。因此，恢复和保护草地的任务迫在眉睫。草地保护学是在植物保护的基础上，研究草地有害生物（致病菌、虫、鼠类）的发生和演变规律，以及可持续的病虫鼠害治理方式。

"草地保护学"是一门相对年轻的课程，其建立离不开家国情怀和科学精神。带着满腔热情和对祖国草原治理成效的期待，任继周院士在甘肃农业大学率先开设了"草原保护学"系列课程。随后，一代代草业人都在为了"草地保护学"学科的发展而不断努力。20世纪以来，南志标院士团队创建"草地保护学"学科，将原有的4门学科进行了融合，分别是"牧草病理学""草地昆虫学""草原啮齿类动物学"及"草原毒害杂草治理"[2]。该学种处在蓬勃发展阶段，青年教师科研与教学能力发展具有重要意义。

（一）有助于推动高等教育的高质量发展

教育是国之大计、党之大计。高校教师需要不断提升教学能力、更新自己的知识、提

作者简介：薄亭贝，北京市海淀区清华东路35号北京林业大学草业与草原学院，副教授，botingbei@ bjfu. edu. cn；
　　　　　肖海军，北京市海淀区清华东路35号北京林业大学草业与草原学院，教授，hjxiao@ bjfu. edu. cn。
资助项目：北京林业大学教育教学改革项目"草地植物昆虫学"（BJFU2022KCSZ29）。

升科研素养，以此来满足学生成长与社会经济发展对高素质人才的需求。对于"草地保护学"学科来说，需要将教育教学发展方向同支撑国家生态证明建设与草地生态安全、草地病虫鼠害综合治理结合，加快打造学科特色与生态文明战略相协调的青年团队。因此，高校教师教学和科研能力的提升有不仅助于我国建设学习型社会[3]，更有助于服务国家战略需求，促进我国高等教育的高质量发展。

（二）有助于"草地保护学"教学质量提升与可持续发展

北京林业大学草业与草原学院"草地保护学"学科作为新设立的年轻学科，正逐步完善课程的教学体系和课程安排。提升教师的教学水平和科研素养，深入挖掘课程中的思政元素，将知识与思政元素融合，将有效提升"草地保护学"的教学质量和并促进学生对草业领域的思政认知[2]。教师须以"勤于精业，立德树人"为目标，通过自身的科研成果和教学成果促进该学科的可持续发展。

（三）有助于提升青年教师投身生态文明建设的责任感

近年来，习近平总书记屡次提到"山、水、林、田、湖、草、沙"同属于一个生命共同体的观点[4]，表明我国正在逐步将草业的发展与国家整体稳定发展相结合。随着"大食物观"的提出，畜牧业为我们提供的奶、肉等产品均需要依靠丰沛的草地资源。"草地保护学"专业的教师，需要以国家生态文明建设需求为导向，不断增强服务意识，提高国家重大需求的能力。教师要大力开展草原鼠害、虫害相关研究，尤其是鼠害和虫害的发生规律和机理，切实为地方草地保护提出建议和指导思想。将生态文明的精神思想传递给学生，这将有助于提升青年教师的使命感和责任感。

二、"草地保护学"青年教师发展与能力提升面临的问题

1998 年草业科学专业被教育部列为一级本科专业[5]。北京林业大学在 2001 年成立了草学学科，是全国最早成立该学科的林业高等院校，从而开启了草学领域专业人才的培养教育工作。随着草业科学的发展，以及中央提出的"坚持山、水、林、田、湖、草、沙是一个生命共同体"新理念，2018 年北京林业大学成立草业与草原学院。然而，由于学院的草地保护学设立较晚，学科、平台和团队尚处于起步阶段，青年教师在发展和能力提升方面还面临很多问题。

（一）难以平衡教学与科研的关系

对于教学科研岗的教师来说，教学与科研是两大工作内容，且两者之间的关系也备受争论[6]。"草地保护学"青年教师多面临同样的困惑。教书育人是高校教师的本职工作，科研工作是申请资金项目和高水平成果服务于教学和发展的支撑。新入职青年教师在短期内实现身份转换和应对教学，往往在教学与科研两者之间的权衡遭遇困境。有的教师觉得草学相关的科研工作周期长，要坐"冷板凳"，且难以出高水平成果，因此将主要精力放在教学，以获得教师教书育人的满足感。许多年轻教师则是重视科研，研究感兴趣的方向，解决草业领域的棘手问题，学术成果可为获得职称和项目添砖加瓦，但教育教学能力和水平提升不足，难以满足学生日益变换的知识体系需求。

（二）教师教学能力提升缺乏针对性

青年教师在毕业院校、专业、岗位等方面存在差异，因此他们对自身发展和能力提升的需求也是各不相同的。但是，许多高校对新入职青年教师职业能力培训采用统一的非学历培训、统一的线上或者线下培训课程等，未能考虑教师在能力提升中的实际需求，缺乏考虑青年教师在实践教学中存在的具体问题[7]。此外，青年教师在未及时传达自身诉求的前提下很容易导致岗前培训失去意义，流于形式。同时，青年教师能力提升课程的设置、

主讲内容、针对问题、考核方式等方面存在不合理的问题。

（三）青年教师对课程思政理解不足

现阶段，全国高校都在大力开展课程思政教育教学改革。目前，本学院"草地保护学"的青年教师，教学经验及课程设计经验不足，对课程思政理念、思政教育途径及要达到的课程思政讲解效果等还有待积极探索。以往教学目标的设置，着重体现了"草地保护学"的具体知识的掌握和实验操作的培养，而较少地关注了课程思政，未实现将学习效果及育人质量的有机结合。"草地保护学"青年教师在课程中添加思政元素时往往面临许多问题，包括课程思政元素的挖掘、思政教学的实施途径、传授给学生怎样的价值观，以及在课程的什么环节添加思政元素等。

三、"草地保护学"青年教师科研与教学能力提升的建议

（一）逐步平衡教学与科研的关系

随着教育事业不断发展，我国已经进入建设科技强国的新阶段，我国高校必然要从单纯的知识教授转入创新和科研并重的新阶段。因此，高校教师既要会教书，又要懂科研。教学与科研从来都不是对立的，应该是彼此促进的。北京林业大学草业与草原学院高度重视教师教学和学术能力的提升，学院不断为教师创设良好的教学环境和学术氛围，鼓励教师教学和科研两手抓。同时，学院不间断地为教师提供科技前沿讲座和学者交流报告，鼓励教师积极开展科研项目，积极申请科研成果奖励，为大学生科创项目提供经费和人员的大力支持。在国家自然基金申请期间为教师提供指导和帮助，践行教学和科研相统一，力求更好地为国家培养一批优秀的草业学子，为祖国的生态文明建设贡献力量。因此，在学校、学院和青年教师个人的共同努力下，教学与科研的关系将逐步得到平衡发展。

（二）提升科研和教学创新能力

在提升教师科研创新能力方面，北京林业大学草业与草原学院在青年教师成长过程中为其营造了良好的学术氛围。学院自成立以来，经常开展学术活动，包括草苑论坛、青年学术论坛等，邀请在科研学术领域优秀的专家学者对青年教师和学生开展主题讲座，对青年教师的教学和科研方面进行指导。在保证青年教师全面了解草地保护领域的科研成果和高新技术的同时，也提升了他们作为老师的科技自信、专业自信和文化自信，让每一位青年教师更加努力地投身于"草地保护学"领域的研究。

在提升教师教学创新能力方面，结合"草地保护学"教师教学经验与面临的问题，本文针对青年教师教学创新提出的几种方法如图1所示。

（三）提倡教学理念思政化

教学理念的思政化，首先应明确教学的目的在于"立德树人"。教师要将育人同社会主义核心价值观结合起来，要将学生培养成具有高尚情操和崇高职业道德的人。教学内容的思政化，要从多个方面入手，包括课程背景和应用前景。"草地保护学"专业课教师课程思政能力的培育路径主要包括：树立课程思政理念、融合与转化认知维度、创新教学手段、创设与维护教学氛围、强化课程的多元化教学评价（图2）。在传统知识传授的基础上，着重培养学生敬畏自然，树立绿色、低碳、可持续发展理念，从理论上掌握各类草地有害生物（病菌、鼠类、昆虫）的生物学、生态学特性及灾害的发生发展规律，并掌握基本的防控策略及方法，鼓励学生积极投身于草地保护和草业事业。就具体课程内容而言，"草地保护学"课程所涉及的思政元素主要包括："前辈力量""国家需求""唯物史观""生态文明""辩证思维"等（表1）。

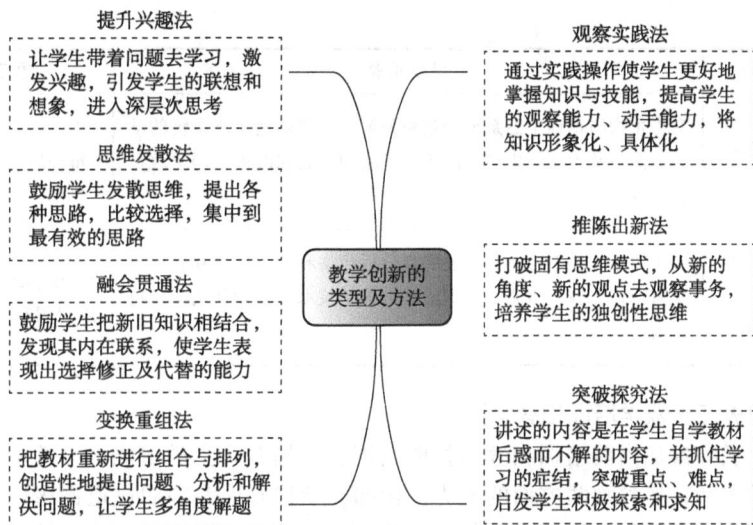

图 1　教学创新的几种类型及方法

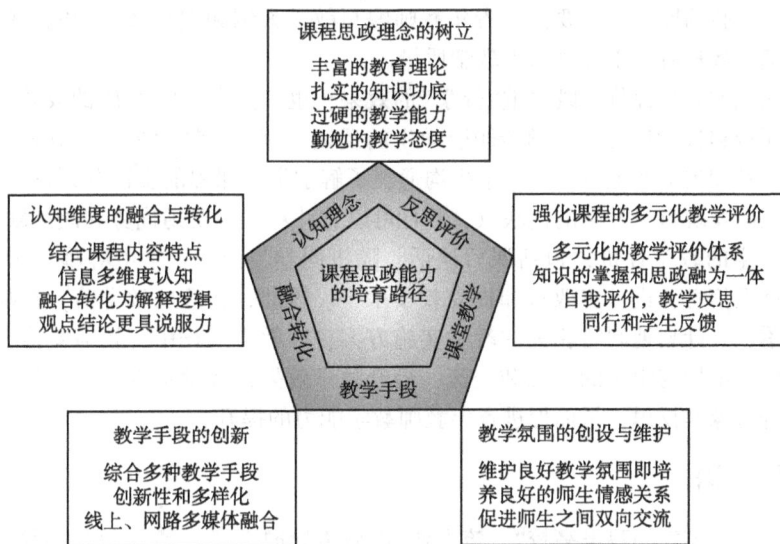

图 2　"草地保护学"教师课程思政能力的培育路径

表 1　"草地保护学"课程知识点蕴含的思政理念

课程主体内容	思政元素	思政模块
课程导论	任继周院士草地保护思想；草业科学家的家国情怀；保护草地的国家战略需求	"前辈力量""国家需求""唯物史观"
有害生物的生物生态学特性	自古以来治理虫害、鼠害的劳动人民智慧；虫、鼠类的生物学研究与杰出贡献科学家；科学发展与国家战略相融合；草地病虫鼠害国际问题及国家生态安全策略	"文化自信""生态文明"
有害生物的系统观	有害生物既是生态系统的生产者，也是消费者和分解者，更是草地生态系统中不可缺少的组分；人类活动、牧草、家畜对有害生物的作用；草地生态系统中草、畜与有害生物的复杂关系	"唯物辩证法""因果逻辑关系"

（续）

课程主体内容	思政元素	思政模块
有害生物的治理策略	有害生物与草地生态系统的紧密关系；理解草地生态系统的动态、演替及生态、生产功能治理策略的发展和改进与国家政策相关性	"辩证思维""生态文明"
草地重要有害生物的防控技术及新技术及应用	以矛盾论、相对论、科学发展观分析药物利弊；传统和新型虫鼠害治理比较；生态友好型治理措施新技术开发和利用与可持续发展	"辩证思维""科学创新精神""国家需求"

（四）积极开展教学培训和教学评价

推进青年教师参加岗前培训和教学技能培训，以提升自主学习能力、教学水平与科研能力，需要学校和青年教师两方面的努力。例如，学校开展教师职业道德培训和青年教师发展培训，帮助青年教师更快地融入新的工作环境中。在实践方面，青年教师应积极参加讲课竞赛、实验课程评比等活动，积累教学经验，为之后教学工作的开展奠定基础。跟老教师学习教学经验的同时，也要注意青年教师编写教学大纲和编写教材的能力的培养。青年教师参与编写教材有助于提高课程教学质量。

提倡多元化的教学评价，既注重"教学"的效果，也关注学生"学习"的成效。青年教师需注重自我评价和教学反思，要学会倾听学生的反馈。例如，教师按时完成教学笔记，记录课堂中的问题和欠缺的地方，多与学生沟通，了解学生对课程的反馈和评价。长此以往，青年教师会逐渐发现自身教学的优缺点，并且可以有针对性地发扬优势和改掉缺点。同时，多渠道收集学生的教学评价，包括课后谈话、随机问卷、论坛、学生群聊、学生打分等，通过学生的反馈信息，进一步改进和提高教学水平。因此，在开展教学前，教师要根据以往的经验积累，有计划地制定相关的教学实施方案；在教学过程中，教师要善于灵活运用多种教学手段，增加与学生的互动和交流，提升教学效果；教学结束后，教师要及时对整个教学过程进行课程反思，从而促进青年教师教学能力的提升。

四、结 语

现阶段，在国家实施建设高校"一流专业"的政策导向下[10]，青年教师必须具备扎实的理论知识、较强的科研素养、高尚的道德情操，才能成为立德树人的新时代"大先生"。"草地保护学"的青年教师要不断地深入学习教学理论知识，努力提升教书育人和科学研究的能力，提升教师综合素养，促进整个"草地保护学"学科的可持续发展。

参考文献

[1]王定华.努力造就新时代高素质高校教师队伍[J].中国大学教学，2018(6)：7-9.

[2]袁明龙，段廷玉，俞斌华，等.草地保护学课程思政建设的思考与探索[J].草业科学，2022，39(8)：1724-1732.

[3]方明军.改革开放40年中国高校教师发展政策回顾与反思[J].湖南科技大学学报(社会科学版)，2018(5)：129-136.

[4]本报评论部.山水林田湖草是生命共同体[N].人民日报，2020-08-13(5).

[5]王堃.中国现代草业科学的发展及未来[J].农学学报，2018，8(1)：67-70.

[6]DOUGLAS MILLER. Educational Psychology-an Introduction[M]. Dubuque：Wm. C. Brown Company Publisher，1982.

[7]于畅.高校青年教师教学能力提升策略[J].沈阳师范大学学报(社会科学版),2014(1):124-126.

[8]习近平.做党和人民满意的好老师——同北京师范大学师生代表座谈时的讲话.中国高等教育,2014(18):4-7.

[9]郑晓东,肖军霞.新形势下高校师德师风建设的时代价值与实践路径[J].思想理论教育导刊,2019(8):147-151.

[10]李勇,史佳璐,彭惠.一流专业建设背景下提高生物科学专业教学质量的探索与实践[J].滁州学院学报,2021,23(5):86-91.

草学专业高校教师人才培养与能力提升

晁跃辉　　张铁军

（北京林业大学草业与草原学院，北京　100083）

摘要：草学作为一门具有广泛应用前景的学科，越来越受到社会的关注。但是，在高校的草学专业教学中，教师的发展和能力提升仍然面临许多问题和挑战。本文从草学专业高校教师的现状入手，分析了当前草学专业高校教师面临的主要问题，包括学科基础不够牢固、科研水平有待提高、教学方法不够多样化等。随后，本文提出了一系列针对性的能力提升措施，包括加强基础学科知识培训、提高科研能力、多样化教学方法、注重实践教学等，以帮助草学专业高校教师提高教学质量和科研水平。最后，本文通过案例分析，论证了这些能力提升措施的有效性和实用性，为草学专业高校教师的人才培养和能力提升提供了一定的借鉴意义。

关键词：草学专业；高校教师；能力提升；教学方法

一、引　言

　　草学是一门富有挑战和魅力的学科，它深度研究草地植物的生物学特征和草地的生态功能、生产特性、发展规律、保护利用的理论与技术，涉及农学、生命科学、园林学、生态学、环境科学等多个领域。草学专业教师因此需要具备植物学、生态学、农业科学等方面深厚的学科背景，才能为草学的教学和研究提供全面、专业的知识和技能支持。

　　优秀的草学专业教师，除了对本专业有深入的理解，还具备丰富的教学经验和教学技能，这使得教师能够用生动有趣的方式为学生提供全面的草业学科知识，提高学生的学习效果。教师们充满热情，致力于在教学过程中引导学生思考，让学生从实际中学习，激发学生的学习兴趣和动力。此外，草学专业教师应保持对科研工作的热爱，通过不断的研究，提升自身的专业知识和技能[1-2]。在教师的引导下，学生可以接触到前沿的科研信息，从而开阔眼界，激发对科学研究的兴趣和热情。同时，在科研领域草学专业教师们取得了丰硕的成果，在国内外重要学术期刊上发表论文，主持或参与国家级科研项目，使教学与科研相得益彰[3]。

　　但草学专业教师在教学和科研方面存在一些普遍性的问题[4]。如教学上：①教学内容单一化：部分草学专业教师的教学内容较为陈旧，知识更新速度缓慢，只是单纯地传授课程知识，缺乏新颖的教学内容和方法，容易造成教学效果降低，学生缺乏学习兴趣和动力。②教学方法陈旧化：草学专业教师的教学方法仍然较为陈旧，仍然以讲解和讲授为主，缺乏互动、探究和实践教学的环节，这种教学方式不利于培养学生的创新思维和实践能力。③教学质量参差不齐：由于草学专业教师的教学能力不同，教学质量也参差不齐。有的教师因为缺乏经验或其他原因，教学效果不佳，影响了学生的学习成果和发展。④教学评价

作者简介：晁跃辉，北京市海淀区清华东路35号北京林业大学草业与草原学院，副教授，chaoyuehui@ bjfu. edu. cn；
　　　　　张铁军，北京市海淀区清华东路35号北京林业大学草业与草原学院，副研究员，tiejunzhang@ 126. com。
项目资助：北京林业大学教育教学改革项目"草地植物生物技术"（BJFU2018JY012）。

不规范：草学专业教师的教学评价方式不够规范和科学，往往只是依靠单一的考试成绩来衡量学生的学习成绩，忽略了学生的实践能力和综合素质。⑤草学专业高校教师的科研水平参差不齐[3]，部分教师具有较高的科研能力和成果，能够在国内外重要学术期刊上发表论文，主持或参与国家级科研项目，做到了教学与科研相长；而另一部分教师则存在科研能力较弱、科研成果较少的情况。因此，草学专业高校教师还需要进一步加强科研能力的培养和提升，加强与国内外科研机构的合作，促进学科的发展。

综上所述，草学专业高校教师在教学和科研方面都面临着一些挑战和机遇，需要不断探索和尝试，加强自身的能力提升，为培养具有国际竞争力的草业人才和推动草学学科的发展做出更大的贡献。

二、 草学专业高校教师的能力与发展瓶颈

草学专业教师在教学和科研的舞台上展现了无尽的热情和才华，但他们的工作并不轻松。教师必须面对许多挑战，包括教学方法的更新、科研经费的限制、职业发展的瓶颈以及自我提升的难题。这些挑战并非不可逾越，但它们确实要求草学专业教师以更高的标准和更全面的视野来认识和应对自身的工作。

（一）教学能力

草学专业教师需要具备较高的教学能力，才能够为学生提供优质的教育和培养出高素质的人才。然而，草学专业教师的教学能力发展面临一些瓶颈：传统的草业学科教学方式主要以传授知识为主，缺少互动和实践环节。随着时代的发展和学生的需求变化，单一的教学方式已经难以满足学生的需求，需要草学专业教师结合现代教育技术和教学理念，创新教学方式，提高教学质量。学生的需求也越来越多样化，草学专业教师需要不断探索和尝试，提高教学适应性和针对性，帮助学生更好地掌握草学学科知识。

（二）科研能力

草学专业教师需要具备较高的科研能力，才能够推动草业学科的发展和为社会提供更好的服务。然而，部分草学专业教师的科研经费有限，无法满足科研需求。此外，草学学科的发展也需要更多优秀科研人才，而目前草学专业教师的引进和培养还存在一些问题，如人才流失、人才培养不足等。

（三）职业发展能力

具备良好的职业发展能力，才能够实现自我价值的提升和职业发展的长远规划[5]。然而，草学专业教师在职业发展能力方面面临的主要问题包括职称评定、职业晋升和薪资待遇等。职称评定是草学专业教师职业发展的重要指标之一，部分高校职称评定标准更新较快，评定标准存在一定的主观性和不确定性，加上草学专业教师基数相对较少，职称晋升指标也相对较少，很多草学专业教师在职业发展空间不足，也影响了他们的职业发展积极性和工作动力。

（四）自我提升能力

草学专业教师需要不断提升自我，包括知识储备、学习能力、思维能力和创新能力等方面[6]。然而，自我提升能力发展面临时间、资源、素质和自我认知等问题。教师工作压力大，时间和资源紧张，难以进行自我提升和学习。同时，一些草学专业教师缺乏对自己的全面了解和认识，影响了自我提升效果。

三、 草学专业教师的能力提升途径

（一）提高专业知识水平

草学专业的教师需要拥有高水平的专业知识，以确保教学效果和学生学习成果，可以

通过不断更新自己的教学理念和方法，并持续地学习和提升自己的知识和技能。高校应该特别加强草学专业教师的培训和提高，以提升其专业知识水平，推动教学质量的不断提升。为提高教师的专业知识水平，学科应建立交流平台，如学术研讨会、学科论坛、专业网站等，促进教师之间的合作和创新能力。同时，草学专业教师应参加学术会议和培训班，了解最新的研究成果和教学方法，增强职业素养，促进教师之间的交流和合作。

（二）增强教学能力

教师的教学能力直接关系到学生的学习效果和兴趣，提高教师教学能力可从教师和学校方面入手。教师方面包括：①不断学习最新的教育理论、方法和技术，提高专业素养和教学能力。②反思教学实践，提高教学水平。③探索多样化的教学方法，提高教学效果。学校方面包括：①提供必要的支持和资源，如培训和设备等。②鼓励教师开展教学创新和探索，促进教学质量提高。③鼓励教师开展教学实践，促进教师和学生的成长。④建立科学的教学评价体系和质量监控机制，定期对教学进行评估和反馈，提高教学水平。⑤鼓励教师之间开展教学合作和团队建设，促进教学资源共享和教师间的协作。

提高草学专业高校教师的教学能力需要教师和高校共同努力，提高教学质量和效果，为学生提供更好的教学体验，以应对教育需求和挑战。

（三）提高科研能力

教师的科研能力不仅对其个人的职业发展有着重要的影响，还能够提高教学质量和学科水平，促进学科的发展和创新。提高草学专业高校教师的科研能力，可以从以下几个途径入手[7-8]。

①加强学术研究，积极参加学术会议和学术交流，拓展学术视野，了解最新的科研进展和动态。②积极申报科研项目，获得支持和资助，开展深入广泛的科研工作，提升科研水平和成果质量。③与国内外专家学者和其他高校教师开展合作研究，充分利用各方优势和资源。④利用教学机会开展科研工作，如将科研成果应用于教学中，在教学中分享教师的科研成果，提高科研成果的实用性和应用性。⑤参加科研能力培训，如科研论文写作、项目申报和成果转化等，提高科研水平和能力。

教师的科研能力不仅对个人职业发展有重要影响，也能提高教学质量和学科水平，促进学科发展和创新。

（四）促进教师职业发展

促进高校教师职业发展是保障教育事业持续发展的重要保障之一[9-10]。除了教师个人的努力外，学校、学院也应积极配合，提供以下支持和机会：①教师通过自我认知和职业规划，制定长短期职业目标和相应计划策略。②教师注重学习和更新专业知识技能，参加培训、研讨会和学术会议，提升专业水平和教学能力。③教师积极参与科研和教学创新，提高科研和教学水平。④教师积极寻求职业发展机会，如跨学科、跨领域合作、学术交流和访问等。⑤教师通过工会组织和教师代表大会等途径争取更好的薪资待遇和福利保障，提高职业满意度和发展动力[11]。⑥管理机构应建立"公平、公证、公开"的职称评定机制，为教师提供更多发展机会[12]。

（五）自我提升能力途径

为了提高草学专业高校教师的自我提升能力，可以采取以下途径：①评估自己的职业发展和学术需求，制定明确的自我提升计划，并按计划有针对性地进行自我提升。②积极参加学术会议和研讨会，与同行进行深入的交流和讨论，分享经验和思考。此外，积极参与草学领域的科研项目和课题研究，通过研究实践提高自己的学术水平和创新能力。③保持开放的心态和学习的热情，不断学习新的知识和技能，提升自己的综合素质和职业能力[13]。可以通过阅读相关学术文献、参加短期培训课程和在线学习等方式来不断学习和进步。④建立健康的心理状态和自我认知，发现自己的不足和优势，并根据实际情况进行调整和优化[14]。同时，也应该具备反思能力，对自己的工作和学术实践进行深入的反思和总结，及时发现问题并加以解决。

通过科研实践、学术交流、终身学习和自我反思等途径，不断提升自己的职业素养和竞争力，实现个人价值的最大化。

四、 案例分析——以北京林业大学草业与草原学院某教师为例

北京林业大学草业与草原学院某教师，于2014年进入北京林业大学工作。该教师刚刚进入工作岗位，由于缺乏实践经验，展现出一系列的不足：在课堂教学中存在一定的不熟练和紧张情况，导致教学效果不佳；对学科知识掌握不够扎实，难以为学生提供足够的学科指导和疑问解答，甚至存在知识盲区的情况；缺乏教学资源和教学素材，不够熟悉学科知识和最新的教学理念，难以设计出优质的教学内容和教学方案；过于依赖传统的教学方法，缺乏创新精神和灵活性，无法满足学生多样化的学习需求和兴趣；缺乏对学生和同事的管理和沟通技巧，无法建立良好的师生关系和同事之间的良好合作关系，影响教学和教师个人的成长。针对以上情况，该教师主要通过以下实践来提升自身的能力和水平。

第一，参加草学相关的实践教学活动、培训和项目，例如学习观摩并讲评其他教师课程、参加青年教师教学基本功比赛、参与学校学院组织的教学经验分享会等。青年教师通过反复实践来提高自己的教学技能和自信心，减少不熟练和紧张情况的出现。加强草学学科知识的补充和提升，例如通过参加中国草业大会、全国植物学大会等学术会议，积极申报及参与教学改革、思政项目等研究课题来了解最新的学科知识和教学理念。此外，积极寻找教学资源和素材，例如参考兰州大学、中国农业大学等高校的国家"双一流"学科建设草学专业相关的优质课程、利用网络资源等，从而设计出更优质的教学内容和方案。积极尝试多种教学方法，例如教学案例分析、课堂互动、实验教学等，通过不断尝试和探索来提高自己的教学水平和灵活性，满足学生多样化的学习需求和兴趣。加强师生沟通和同事之间的合作，例如通过指导本科生毕业论文设计，与同事合作申报研究课题，建立良好的师生关系和同事合作关系，从而提高自己的管理和沟通技巧，促进教学和教师个人的成长。

第二，该教师参加了多个实践教学培训和实践项目，包括草坪学、草地植物生物技术、草地植物遗传育种、草地生态学、高尔夫运动技术与规则等领域的实践教学项目。通过实践教学，教师深入了解了草地植物的育种特点，草地植物的资源开发与利用、草地植物的形态特征、分类、利用和管理知识，提高了教师的实践教学能力，同时也补充了大量的专业知识。

第三，该校教师在自己主讲的课程教学中尝试了多种教学方法，包括教学案例分析、互动讨论、课堂演示、经验分享等教学方法。例如，在"草地植物生物技术"设备仪器章节，采用了情景教学法，利用草业与草原学院实验室和公共教学平台，将学生的课堂内容搬到实验室中进行，这让学生能够近距离观看或操作各种仪器，了解草地植物生物技术实验的操作过程，对草地植物生物技术有更进一步的了解。这些教学方法的使用，提高了教师的教学水平和教学效果。

第四，该教师积极参与了草学专业相关的研究，并将研究成果转化为教学内容，提高了教学的针对性和实用性。例如，在"草地植物生物技术"转基因检测章节，该教师选取了多个主持或参与的项目案例，通过分享自己实验过程中的经验教训，让学生能够更加深刻

了解如何科学地设置阴性对照，如何在不同水平上进行转基因植物的检测以及如何寻找实验失败的问题等知识。从而提高了学生的实践能力和应用能力。

第五，该教师与国内外相关学科的教师、研究机构建立了联系和合作，开展了多个学术交流活动。例如，参与了北京林业大学组织的短期出国学术交流，赴美国克莱姆森大学学习匍匐翦股颖组织培养及转基因体系，并将该技术体系引回北京林业大学；参加了北京林业大学草业与草原学院组织的"雏鹰计划"，赴中国农业大学、四川农业大学、四川草业研究院、内蒙古农业大学等草领域知名高校及研究院所进行考察学习。与草学领域同行进行有关教学、科研等学术交流活动，并陆续开展了相关科研合作，这些工作积累了丰富的学术经验和学术资源。

这些措施有效地提高了该教师的教学、科研等相关能力：①教学方面：该教师的教学技巧及自信心有了显著的提升。不再因为经验不足而感到不安或紧张，而是通过稳定的教态和丰富的教学经验赢得了学生的信任和喜欢。他的课堂变得更加生动有趣，教学效果显著提升。该教师积极寻找和利用各种教学资源，设计出了更加优质的教学内容和方案，以满足学生的学习需求，并提高教学质量。他开始尝试使用各种创新的教学方法，如案例分析、课堂互动等，使教学方式更加丰富多样，提高了教学的灵活性，同时也满足了学生多样化的学习需求和兴趣。通过参加各种学术会议和研究项目，该教师对草业科学有了深入的理解和掌握，解决了之前的知识盲区，能够为学生提供更加翔实的学科指导，解答学生的各种疑惑，从而提高了学生的学习兴趣和效果。②科研方面：教师通过参加各种科研项目，提高了自己的科研实践能力。他加强了国内、国际学术交流，与国内外相关学科的教师和研究机构建立了广泛的联系和合作，同时，在国内外相关领域期刊发表多篇科研论文，学术研究成果在国际学术圈内得到了认可，提高了自己的国际视野和学术影响力。同时研究成果也被应用到教学中，使得教学内容更加贴近实际，提高了教学的针对性和实用性，可以引入更多国际前沿的知识和理念。③专业技能方面：教师通过参与草坪学、草地植物生物技术、草地植物遗传育种、草地生态学、高尔夫运动技术与规则等领域的实践教学项目，深入了解了草业科学的各个方面，也提升了自己的专业技能，从而能够为学生提供更为全面、深入的教学指导。④人际关系方面：该教师通过积极与学生和同事沟通和合作，建立了良好的师生关系和同事间的合作关系。他能更好地理解并满足学生的学习需求，同时也能从同事那里学习到更多的教学方法和经验，从而促进了自己的成长和发展。

综上所述，这一系列的措施使得该教师在教学方法、学科知识、教学资源、师生关系、科研实践能力、国际学术交流、专业技能和实践教学能力等方面都得到了显著的提升。他已经成为一名优秀的草业科学教师，为草业科学的发展和学生的成长做出了积极的贡献。

五、结　语

本文探讨了草学专业高校教师的能力与发展瓶颈，以及如何提高这些能力和克服瓶颈，强调了教学能力、科研能力、职业发展能力和自我提升能力在草学专业教师的发展过程中的重要性。同时，还提出了5种能力提升途径，包括提高专业知识水平、增强教学能力、提高科研能力、促进教师职业发展和自我提升能力途径。最后，以北京林业大学草业与草原学院某教师为例进行了案例分析，展示了这些能力提升途径的实际效果。

草学专业高校教师需要不断提高自己的能力和水平，以满足学生和社会的需求。同时，学校和教育机构也应该提供必要的支持和帮助，为教师的能力提升和职业发展提供更好的条件和机会。只有通过不断学习和自我提升，草学专业高校教师才能更好地履行自己的教学和科研职责，为草业发展做出更大的贡献。

参考文献

[1]王忠武，格根图，任海燕，等．内蒙古农业大学草学学科发展现状及建设思路：基于第四轮评估结果的探讨[J]．草原与草业，2021，33(4)：59-62.

[2]赵娜，武昕宇，施海帆，等．专业教师在任务型教学中的角色定位探究：以南京农业大学草业学院赴内蒙古社会实践为例[J]．草学，2020，252(S1)：57-60.

[3]拓梅梅．高校教师教学与科研相互提升的意义及探讨[J]．科学咨询（教育科研），2022，792(9)：63-65.

[4]晁跃辉，韩烈保．北京林业大学草业科学专业实践教学改革探索[J]．草业科学，2016，33(11)：2360-2366.

[5]张晓囡．产教融合背景下高校教师职业发展能力提升[J]．人才资源开发，2021，448(13)：60-61.

[6]潘雪珊，李同刚，黄桦，等．高校青年教师自我能力提升的探索与实践[J]．科教导刊，2023，507(3)：90-92.

[7]张晶．高校青年教师科研能力提升的思考与探索[J]．科教文汇，2021，526(4)：12-13.

[8]陆宜新．高校青年教师科研能力现状与提升[J]．南阳师范学院学报，2021，20(4)：73-76.

[9]于毓蓝．高校青年教师职业发展的支持系统构建[J]．人民论坛，2021，727(36)：69-71.

[10]刘诗怡，周贤君．高校青年教师职业发展困境分析[J]．人才资源开发，2021，442(7)：64-66.

[11]黄士国，连清平．高校工会促进教师职业发展的途径：共建高校教师共同体[J]．人才资源开发，2021，449(14)：53-54.

[12]郭薇薇．高校教师职称评审中存在的问题及对策研究[J]．公关世界，2022，539(24)：37-39.

[13]李安桂．高校教师自我素质持续提升与学生创新能力培养[J]．陕西教育（高教），2022，549(7)：1.

[14]肖敏．新时代高校教师心理健康工作融入师德师风建设路径探析[J]．北京教育（德育），2023，988(1)：52-55.

健身健美课程教学团队建设研究

姜志明

（北京林业大学体育教学部，北京　100083）

摘要：本文研究和总结北京林业大学健身健美课程教学团队建设成果和经验。教学团队经过 3 个阶段的建设，创建了"素质健体、塑形美体、素养育体"的健身健美课程新体系。本文在分析传统健身健美课程教学团队建设的问题基础上，总结现代健身健美课程教学团队改革的举措，提炼教学团队的建设特点，提出健身健美课程教学团队建设的建议。

关键词：健身健美课程；教学团队；教师发展；人才培养；改革创新

北京林业大学健身健美课程教学团队建设经历了 3 个阶段。第一阶段是提高专项技能，拓展专项之外 2~3 门健身健美课程专业技能，以此开设丰富的健身健美课程门类，满足学生健身多层次需求；第二阶段是整合健身健美课程教师资源，进行所有健身健美课程教学的评价创新，构建"基础—提高—竞赛"三位一体的课程结构，形成表演、竞赛考核评价模式；第三阶段是提升教师教学能力，创新教学形式与方法，推动健身健美课内外一体化、线上线下混合式、课程思政全覆盖教学，有力提升了人才培养效果。通过教学团队的建设以及推动的系列教学改革，以立德树人为根本任务，推进信息化教育手段与传统教学深度融合，深化思政教育、美育教育、健康教育、特色专业体能教育一体化改革，创建了"素质健体、塑形美体、素养育体"的健身健美课程新体系。

一、 传统与现代健身健美课程教学团队对比分析

（一）传统健身健美课程教学团队问题探析

1. 缺乏统一教学理念

现有的健身健美课程教师虽然从教学管理上统一在了一起，但过去多年的教学实践都显示各课程教师之间缺乏有效的联系和沟通，缺乏技术交流和经验研讨，也没有形成相对统一的教学理念，导致各课程之间也会存在矛盾的观念。例如：因为过去健美操选课仅对女生开放和任课教师的理念灌输与教导，造成许多学生认为健美操只适合女生，而健美课却正好相反，只适合男生；还有大多数课程任课教师都凭借以前的竞技比赛训练经验，以教授动作组合或套路为主，忽视了身体素质训练，丢失了体育课的核心功能。另外，健身健美课程体系的最大特点是将体育与艺术结合，而大多数教师的教学还停留在身体练习层面，在美育和艺术表现方面的教学设计非常欠缺。

2. 业务能力有待提升

健身健美课程体系的课程大多数都是新兴课程，基本都具有项目交叉的特点，内容的发展和更新非常迅速。北京林业大学该课程体系的教师在业务学习和知识更新上没能跟上项目发展的步伐，以至于造成教学内容、教学方法[1]、教学手段、评价方法等多年不变，运动技

作者简介：姜志明，北京市海淀区清华东路 35 号北京林业大学体育教学部，教授，jeramyjiang@163.com。

资助项目：北京林业大学教育教学研究项目"线上线下混合式教学在体育教学中的应用研究"（BJFU2023JYZD033）。

能和项目理念也落后于时代发展，极大地影响了学生对课程的正确认识，从而也直接导致了教学效果不佳的后果。

3. 教学方法急需创新

同样的教学内容，采用不同的教学方法和手段，教学效果会有非常明显的差异，传统健身健美课程教学方法陈旧、单一。任课教师在教学方法和手段的选择上应该加强研究教学的主体——学生以及教学环境，根据不同学生的实际情况以及不同的教学环境经常性地作出调整。同时，随着数字时代的到来，信息化教学方法和手段不断地增多，教师必须跟上时代发展的潮流，增加信息化教材、微课、精品在线课程来辅助课堂教学，推行课内外一体化、线上线下一体化教学。创新教学方法和手段是保证课程对学生的吸引力的基础。

4. 教学管理模式僵化

传统健身健美课程教学管理模式仅限于任课教师单兵作战、单一专项班的管理，缺乏同一专项不同教师之间的沟通，不同专项教师之间的交流。同一专项教师执行教学大纲和考核内容上标准不统一，不同项目的教师把握教学进度和考核标准不统一，这就造成学生成绩的不公平差异。教师只重视课堂教学，学生大量的业余生活并没有成为教学管理的关注点，课堂外并没有给学生布置课外锻炼任务，因此，由于每位教师只关注各自专项班的学生，即使是同一教师教授的同专项学生也因为时间段的不同缺乏交流和互动，形成了相对封闭的教学模式，不利于教师能力的提高和学生兴趣的激发。

5. 教学评价研究不足

健身健美课程教师进行学生学习考核评价的特点是定性指标要多于定量指标。这就出现了评价不全面、指标不合理等问题，尤其体现在哪些指标最能反映真实的教学效果、各指标的权重以及如何将定性评价转化为定量评价等问题。任课教师普遍采用的传统评价方式延续了应试教育的特点，将学期结束时的个人考核作为重点，每个学生的进步改变以及综合素养的提高并没有被引起重视，不同项目的特殊教育意义也没能体现出来。另外，评价指标基本只有横向的比较，教师缺少对每个学生自身纵向发展的关注，这从大学体育以培养学生终身体育习惯的角度看，传统评价方式很难起到正确的引导作用。

（二）现代健身健美课程教学团队特点总结

1. 不断创新理念

现代健身健美课程教学团队强调理念创新的重要性。理念创新一是体现在思政教育，将思政教育融入健康教育、美育教育和特色专业体能教育，突出思政教育在育体、美体、育人功能中的引领作用。二是体现在育人功能，课程在落实增强体质基础上，突出健身健美课程作为通识必修课的思政教育功能、体育与艺术结合的美育教育功能、健身课程的健康教育功能、服务于特色专业人才培养的素质教育功能。三是体现在教学内容，健身健美课程内容和形式具有更新快、手段多、时尚性特点，教学团队需要具备终身学习的意识和能力来保证教学内容和手段的及时更新。

2. 促进资源开发

现代健身健美课程教学团队强调教学资源开发和融合。引入信息化教学资源和"互联网+"教学平台，要求教师通过公众号、网站等关注健身健美最新资讯，储备、制作、使用信息化教学手段和资源。新课程体系要求团队成员合作建设健身健美系列课程信息化教材，建设"健身健美"精品在线开放课程，建设健美、形体、瑜伽微课，建设所有课程的短视频教学资源库，所有课程资源通过"互联网+"平台实现线上教学，内容涵盖思政、健康、美育和素质教育层面[2]。

3. 提升教学质量

现代健身健美课程教学团队强调教学质量的提升。健身健美课程要求教学团队成员运用课内外一体化、线上线下混合方式提高身体素质训练和增肌减脂塑形训练成效，培养大学生良好的健身意识、习惯和生活方式。教学团队在健身健美系列课程中统一身体素质教学大纲，统一进行身体素质和专业技能备课，统一组织健身舞蹈教学比赛，统一设计服务特色专业人才培养的素质发展教学目标和教学内容，统一选拔和组建学校健身健美各项目代表队及训练和参赛，这些手段有效提高了健身健美课程教学质量，提高了大学生保持健康体质、自信展示身体和团队合作的能力。

二、 现代健身健美课程教学团队改革举措

1. 创新理念完善体系

健身健美课程体系包括健美操、形体、健美、瑜伽、艺术体操、体育舞蹈、健身舞蹈、街舞、拉丁健美操、身体素质等 10 个体育项目，分 3 个阶段逐步完善。

第一阶段：在一年级针对男生、女生分别重点开设健身和健美操课程。两项运动都能够很好地改善形体姿态、全面提高身体的素质和机能，对于刚进入大学的新生来说，课程吸引力和课程内容难易度都较为适合。

第二阶段：在二年级开始增设形体、瑜伽、艺术体操、身体素质、街舞、拉丁健美操课程。经过 1 年的学习，大部分学生对自身的能力和综合需求有比较客观的认识。这时为他们提供更多的选择，既能够真正满足学生的学习兴趣，又能够全面地展现课程体系的丰富内容和形式。所有课程都有着改善体质、提升气质身材、提高特色身体素质的目标，各门课程针对 3 项目标均有各项目独特的教学内容和方法。

第三阶段：在大三、大四的全校公共选修课中增加街舞、啦啦操、轻器械健美操、体育舞蹈等课程。这些课程增设有氧健身与运动减肥、科学健康饮食、体适能理论以及功能性训练理论教学，目的是将课程的理论和实践知识与学生的生活联系起来，以便更好地激发学生的学习热情和自主锻炼的意愿。

2. 加强管理提升能力

为了更好地发挥健身健美课程体系的整体优势，体育部将相关专项课教师组织在一个教研室下统一管理。统筹规划与制定统一的教学进度、考核方式、备课安排和学习方案等。每学期都有开课前的准备会议，讨论本学期教学内容和实施细则、学期中的观摩学习和互相评价、每月 1~2 次定期集体备课和学期总结和交流等。尽管项目众多，但在相对集中的二级教学管理机制下，所有项目的特点和优势都获得了更大限度地发挥，相关教师整体的业务水平和认识也得到的较大提高。

健身健美系列课程具有项目特色鲜明和技术更新快的特点，教学团队教师的教学能力提升、教学经验交流、教学方法创新需要借助备课来实现，备课的内容重点放在核心技术练习、教学方法研讨、项目发展前沿理论与实践上。

改革后的备课形式不仅要求团队教师深入研究本专项教学，还要求教师积极研究学校特色专业人才培养要求和学生特点，设计特色身体素质教学内容和标准。除此以外，各专项老师联合设计和拍摄教学视频，进行信息化教学资源储备，建设校级精品在线开放课程。每次备课后都会有检查机制，实际上备课已经变成了教师接受继续教育和全面提升自我的平台。

3. 统筹内容创新方法

改革前健身健美课程教师只根据自己教授的项目特点制订教学计划，选择教学内容。

改革后，课程体系实施整体教学计划。经过教学团队成员统一讨论后，把不同学期各专项重复的教学内容进行删减，各项目共性重要的基础技能被专门提炼出来，让所有专项教师了解和掌握，然后不同成员的专项教学都有了统一的标准。除了一直沿用部分基础理论外，要求定期对各课程技术教学内容进行更新，且要求同类专项教师通过集体创编来实现内容的更新。这样的模式推动了团队教师养成了主动学习、不断更新知识的习惯，业务水平也自然获得提升。

考虑到"00后"大学生的特点，教师必须在教学中改变传统简单的示范与练习的教学方法，要突出并落实学生的教学主体地位，从带有目标性和挑战性的任务出发组成学习集体，充分发挥集体各个成员的积极性和特长，将知识技能教学转化为实际的操作能力，同时又要培养学生的责任感、集体荣誉感以及协作能力。也就是说在技术教学中教学团队要发挥信息化教学手段，包括精品在线开放课程、微课，在APP、微信群中上传教学视频等。

当前以互联网技术为基础的信息化教学成了教育的重要手段。课堂教学不是唯一的学习途径，网络在线学习可以成为教师有力的工具，帮助教师构建课内外一体化的教学训练模式。特别是对于健身健美课程，对教师提出了更高要求，他们不一定能掌握最新的知识和技能，但应该具有较高的欣赏水平和鉴别能力，并能够给学生专业的引导和指导，这些均要运用信息化教学和学习手段。健身健美教学团队建设了信息化教材、精品在线开放课程、微课、教学视频资源库，使用了二维码、大学慕课平台、微信群、教学APP等在线教学工具与手段。

4. 建立多维评价模式

改革前健身健美专项考核大多是任课教师评判学生独立完成动作情况为主，但这样的考核很难全方位实现评价目标。改革后每学年第一学期专项考核由2~3名教师交叉集中考核，考核内容既有个人展示，又有集体编排展示；每学年第二学期组织大型教学比赛，裁判由教学团队成员担任，所有的健身健美专项学生可以自由组队，参加自选或规定动作比赛。这种多维评价模式有效提高了学生的自主学习能力，建立了学生能力展现平台，同时锻炼了团队成员对于不同项目教学比赛的执裁评判能力。健身健美课程团队的成员不一定具备所有项目的高水平技能，但是需要熟知所有项目的竞赛规则和裁判法，且能执裁重大比赛。

比赛评价模式的特点是所有上课学生必须参与，队伍成员自行选出队长，协调训练时间，共同编排比赛套路，自备音乐和服装。比赛由教研室统一安排，涉及赛事报名、编排，赛场布置、秩序维护，播音主持和音乐播放，裁判规则学习与评分标准制定，检录、记录和公告，拍摄和宣传等，教学团队分工明确，有序组织比赛。健身健美教学比赛从2012年开始，至今已经举行了9届，在学校教务处、教发中心和体育教学部的共同努力下，成为学校的品牌赛事之一，每次参赛人员近千人，观众爆满，气氛热烈。

传统评价中教师更多关注学生横向间的比较评价，但这样的评价并不能充分考虑学生先天的身体能力和进入大学前体育教育的差异。改革后的评价体系，教师更加关注学生学习的过程表现和成长经历，鼓励积极努力者而不仅仅是技能优秀者。改革后的评价体系让任课教师重视教学过程，更多地去发现每个学生通过健身健美课程学习发生的变化。比如身体素质、身体形态、自信程度、节奏感、表现力，甚至心理的某项变化等都成为教师教学过程评价的指标。教学团队改革、执行、重视这样的评价体系能让学生感受到努力都是有收获的，意识到运动改善体质、气质、素养的价值，进而逐渐改变观念和行为习惯，达到身体教育的思政教育目标。

5. 思政教育全面覆盖

教学团队根据健身健美课程特点，分项制定任务，充分挖掘"三全育人"背景下的思政教育元素。团队总结健身健美课程思政教育共性特点，突出思政教育在育体、美体、育人功能中的引领作用。团队成员在负责的课程中通过思想引领观念、观念引导行为、行为改善身体、身体服务专业的思路对学生实施有针对性、全过程的思政教育。对于所有健身健美课程教学大纲和教案制定思政模板，修订后融入思政教育目标、内容、元素，并设立思政教育考核指标。将课内外一体化教学模块化，使得课前、课中、课后以及课中的准备、基础、核心、整理部分均有思政教育实施方法、手段以及适合的思政教育内容和案例。

三、 健身健美课程教学团队建设的经验启示

健身健美课程教学团队建设应注重课程研究和课程改革。团队 10 余年来，基于立德树人理念和健康中国思想，立足高素质本科专业人才培养，推进信息化教学及课程体系建设，着力建设信息化教材、精品在线开放课程、短视频微课教学资源，整合和创新课外、校外群众性体育活动和竞赛资源，实现课内外、校内外一体化教学，全面打造锻炼身体、锤炼意志、提升形象、坚持终身的课程氛围和课程结构[3]。

健身健美课程教学团队建设应注重以人才培养成效为目标导向进行教学设计。体育课程的最终目标是服务于一流学科建设和专业人才培养，所以健身健美课程要基于课程本身特点聚焦于大学生体质、气质、素质三方面综合能力的提高。体质体现健康元素，气质体现形象和素养，素质体现服务专业发展的身体能力和思想观念。抓住健身健美个人训练特点和力量心肺塑形训练特征，融合特色专业所需的身体能力，通过创新和设计教学内容，丰富教学形式、手段和方法，发展学生思想、体质、气质、专业素质等综合能力。

健身健美课程教学团队建设应注重教师专业知识、能力的提升。北京林业大学完善的健身健美课程体系强化学生思政教育、美育教育、健康教育、特色专业体能教育一体化，课程目标和任务的实现依赖于团队教师专业知识、视野、技能的不断充实、更新和提高。因此教学团队要重视终身学习、继续教育培训，发挥团队各成员业务优势，建立团队教研机制，分工明确，攻坚克难。

参考文献

[1] 程路明. 健美健身运动对高校大学生体质体型的促进研究[J]. 浙江体育科学, 2019, 41(4)：78-81.

[2] 郑保华. 基于 SPOC 混合教学模式的健身健美课程研究：以江汉大学为例[J]. 江汉大学学报（自然科学版）, 2019, 47(5)：469-475.

[3] 杨薇. 高职高专线上线下混合教学模式改革研究[J]. 黑龙江科学, 2020, 11(11)：62-63.

人才培养能力

生态文明建设背景下"森林经营学"课程教学与人才培养的改革与实践

郝珉辉　陈贝贝　张春雨　赵秀海

摘要：在我国生态文明建设的大背景下，"森林经营学"作为一门专门研究森林生态系统可持续经营理论与实践的课程，对我国林业可持续发展以及现代化林业复合型人才的培养具有重要的作用。本文针对"森林经营学"教学过程中存在的课程教材陈旧、教学理念落后、教学方式单一、实践环节薄弱，以及学生重视不足等影响现代化林业人才培养的问题，提出了深化教材革新、优化课程考核、改革教学方式、强化实践环节等多个方面的课程教学与人才培养模式的改革与实践，以帮助林学专业本科生建立森林生态经营的思维，树立社会主义生态文明理念，培养现代化林业复合型人才，助力国家生态文明建设。

关键词：森林经营学；生态文明；教学改革；林学；一流课程

党的十八大把生态文明建设纳入中国特色社会主义建设"五位一体"的总体布局；党的十九大指出"建设生态文明是中华民族永续发展的千年大计，是实现中华民族伟大复兴和创建美丽中国的重要内容"；党的二十大再次明确了我国新时代生态文明建设的战略任务，指出"中国式现代化是人与自然和谐共生的现代化"，生态文明建设的总基调是推动绿色发展，促进人与自然和谐共生。森林是最重要的陆地生态系统，林业生态建设是生态文明建设的主体，林学是研究森林的生长发育规律以及结构功能特征，并对森林生态系统进行培育、管理、保护以及开发利用的一系列科学的总称。现代林学学科的根本任务是在尊重森林生长发育规律的基础上，探索正确的森林经营技术途径，使森林能够持续不断地提供木材和其他林产品、发挥多种生态系统功能，为人类的生存和发展提供良好的生态保障[1]。

根据研究任务和研究目标的不同以及与其他学科之间的交叉关系，林学又包括"森林培育学""森林保护学""森林经营学""森林计测学""森林生态学""森林采运学"以及"木材学"和"林产化工学"等分支。其中"森林经营学"作为一门主要探讨森林生态系统可持续经营理论与技术的科学是实现森林质量精准提升、森林资源永续利用、森林功能协同增效的关键[2]。尤其是随着林业产业调整与优化以及生态文明建设的持续实施，现代森林经营的目标已经从以木材生产为中心的传统观念转变为更加注重森林生态系统多种功能协同增效的新理念，在此背景下，革新森林经营学的教学内涵、完善教学体系、提高教学水平，培养"知识—能力—素质"过硬的现代化复合型林业人才对于全方位推进生态文明建设、实现美丽中国具有重要的现实意义。

作者简介：郝珉辉，北京市海淀区清华东路 35 号北京林业大学林学院，讲师，haomh0515@163.com；
　　　　　陈贝贝，北京市海淀区清华东路 35 号北京林业大学林学院，高级实验师，chenbei@bjfu.edu.cn；
　　　　　张春雨，北京市海淀区清华东路 35 号北京林业大学林学院，教授，zcy0520@163.com；
　　　　　赵秀海，北京市海淀区清华东路 35 号北京林业大学林学院，教授，bfuz@bjfu.edu.cn。
资助项目：北京林业大学教育教学改革与研究项目"以生态文明建设为导向的'森林生态系统经营'教学探索与资源提升"（BJFU2023JY005）。

一、"森林经营学"的发展历史

"森林经营学"是一门关于提高森林产量与质量、促进森林资源永续利用、实现森林生态系统可持续经营理论与技术的科学。"森林经营学"的研究成果对培育健康、完善、可持续的森林生态系统具有重要的推动作用。在不同的历史时期,"森林经营学"表现出不同的内涵。在 19 世纪以前,以法正林理论为基础的"森林经营学"一直是世界林业科学的代名词,扮演着林业科学之母的角色。围绕"森林经营学"建立起来的森林经理学、森林保护学等专业,再加上原来隶属于植物学科的森林培育学,共同构成了现代的林业科学体系[3]。换句话说正是有了以法正林理论为基础的森林经营学,林业科学才成为一门独立的学科,在世界高等教育研究体系中占据着一席之地。20 世纪以后,以收获木材为中心的法正林理论开始受到世界林学界的普遍质疑,逐渐被"近自然经营""多目标经营""结构化经营"以及"新林业"等理论所代替[4]。这些新理论的共同点是:在森林经营实践过程中更加强调以生态学原理为指导,以实现森林的经济效益、社会效益和生态效益相统一为目标,培育不但能实现森林资源的永续利用,同时也能持续发挥保护生物多样性、改善生态环境等多种效益的森林生态系统[5]。进入 21 世纪以后,随着全球一体化下碳汇交易等生态服务市场的不断发展,"森林经营学"的内涵与任务又发生了新的变化,即在区域或全球尺度下开展森林碳资产的经营与利用,实现全球陆地生态系统的可持续发展。在此背景下森林经营的理念正趋向重构——低碳林业、低碳经营、森林固碳增汇等概念应运而生。

在我国,经典的"森林经营学"主要涉及林地抚育、生长抚育、林分改造以及森林主伐与更新等内容。但随着我国林业科学的进步以及社会经济的发展,"森林经营学"的内涵同样发生了很大的变化,尤其是在我国林业体制改革和生态文明建设持续推进的背景下,以木材收获为核心的传统"森林经营学"理论已经不能适应新时代人们对于林业发展的需求,现代"森林经营学"更加注重森林生物多样性和生态系统多种功能协同增效和持续利用,以服务社会主义生态文明建设为主要目标。

二、"森林经营学"课程教学中存在的问题

(一)教材陈旧, 不能满足现代化人才培养的需求

相比于林学一级学科的其他骨干课程,目前"森林经营学"课程并没有全国统编的教材可以直接使用。各高校所选用的教材,大多比较老旧,不能及时反映林业发展的时代需求,与生产实践和现代化林学人才培养结合不紧密。由于经典的森林经营理论与技术都是围绕木材生产的基本目标而提出的,因此"森林经营学"的教学理念很容易仍然停留在以木材生产为中心环节的传统观念上,内容过度关注森林主伐与木材收获,而忽略了森林生态系统的其他功能的协同增效,例如保护生物多样性、调节气候、涵养水源、保持水土以及固碳增汇等[6]。

缺乏统编教材,已有的教材缺少先进性和系统性,难以助力林学一流学科建设,同时制约了现代化复合型林业人才的培养,不利于我国林业现代化进程的全面推进。以北京林业大学为例,在"森林经营学"课程的开设初期教材较多参考了我国林学家陈大珂教授编著的《森林经营学》一书,以及美国林学家 T. W. 丹尼尔教授等编著的《森林经营原理》一书。尽管这两本教材分别是国内外林学界久负盛誉的高等林业院校教科书,但内容过于陈旧。《森林经营学》一书出版于 20 世纪 90 年代,《森林经营原理》一书则出版于 20 世纪 70 年代。以上两本参考教材均缺乏更新,无法体现近几十年来森林经营领域所取得的研究进展,不能满足现代化林业人才培养的需求。而在生态文明建设背景下,我国林业的发展已经转向以森林生态系统建设为主,迫切需要更加广泛地将国内外森林经营研究领域的先进成果吸

纳进人教材，尤其是如何协调森林生态系统的供给功能、调节功能、支撑功能和服务功能的关系，实现森林生态系统多种功能协同增效与可持续经营，是现阶段我国森林经营学教学与现代化林业人才培养过程中需要格外重视的问题。

（二）教学理念落后，学科间缺乏交叉融合

中华人民共和国成立初期，我国的学者曾把内容涉及森林抚育与主伐更新的俄文名词译为森林经营学，这实际上是对森林经营学的一种误解，并在一定程度上影响了森林经营学的教学理念，因为森林经营学的真实含义要广泛得多，森林在生长发育过程中的培育、保护和利用等各个环节都应包括在内[1]。确切地说，森林经营学是一门涉及植物学、树木学、土壤学、生态学和经济学的多学科交叉科学。由于误译的影响，至今仍有不少人把造林学和森林经营学分别理解为人工造林和天然林培育，森林经营的完整知识体系被人为割裂开来，不同领域之间缺乏交叉融合，限制了现代化复合型林业人才的培养。

欧美的林学家常常将森林经营学定义为："为了持续不断地获得产品和生态服务而对森林进行的管理科学。"因此森林要真正经营得好，必须在经济学和生态学方面都趋于完善，而要做到这一点就意味着森林经营除了必须遵照生态学基本原理外，还要遵照一定的经济学原理[3]。然而，长期以来林学和经济学人才培养都在各自的轨道上发展，缺乏交叉融合的实践。林学本科生在学习该课程时，已经掌握了较为丰富的关于植物学、树木学、土壤学以及森林生态学的基础知识，但对经济学原理的掌握却相对薄弱，对于伴随全球一体化下森林生态系统的价值评估、碳汇交易结算、生态服务市场缺乏深刻的理解和认识。这不仅影响了创新型、复合型林业人才的培养，也制约我国林业科学的发展以及林业改革的实施。

（三）教学方式单一，实践环节薄弱，理论与实践难以统一

现代化林业高等教育的根本任务是培养具有创新精神、实践能力、生态意识和家国情怀的复合型林业专门人才，其中实践教学是培养现代化高级专门人才的重要手段和关键环节。"森林经营学"是一门应用性和实践性极强的课程，强调理论与实践相统一，因此实践教学应占有重要地位。然而由于经费和基地建设不足等问题以及林学学科对实践教学要求（实习场地、实习时间等）的特殊性，森林经营学的教学方式仍然以传统课堂讲授为主要环节，存在教学方式相对单一、实践体系并不完善、实践内容难以实施等问题。本科阶段践行教材中的理论知识与技能难度较大、教学质量难以得到充分保证。此外，林学专业的综合实习以往往以天然林为主要对象，对人工林的重视不足。人工林占我国森林总面积的35%~40%，并且相较天然林，人工林往往需要更多的人为经营措施，由此可知实践教学与林业生产存在着一定的脱节，严重影响了具有实践能力的复合型林业人才的培养。

（四）学生重视不足，考核手段与人才培养目标不符。

作为一门林学专业课，"森林经营学"主要面向三年级本科生，需要学生拥有较强的专业基础。因此，课程的某些内容在其他先修课程，如"森林经营学""测树学""森林培育学"中已有所涉及，可能导致部分学生对课程的认识不足，认为"森林经营学"只是先修课程的简单再重复，从而产生懈怠之情。此外，由于大多数学生并不能获得亲身参与森林经营实践的机会，导致学生的学习热情偏低，对教师所传授的知识很难完全领会，教学内容的平均留存率往往难以达到预期效果，难以实现课程教学和现代化人才培养的目标。

三、"森林经营学"课程教学与人才培养的改革措施

（一）改革教学大纲和课程教材

教学大纲是教师教学过程中的主要依据，是反映课程内容、体系、范围和要求的基本

纲要；教材是学生学习过程中最重要的参考资料，教材质量直接关乎课程教学质量和人才培养效果。鉴于已有教材内容陈旧、难以适应生态文明建设新理念等问题，北京林业大学森林经营教师团队在改革教学大纲和更新教材方面进行了深入的探索。首先是确立了以森林生态系统经营原理为基础的教学大纲。大纲根据我国生态文明建设基本的需求，增加了森林经营过程中关于生态学原理的比重，适当减少了以木材生产为核心的森林主伐与收获等内容。其次是组织编写新的《森林经营学》教材。北京林业大学森林经营团队根据多年一线教学和科研经验，开展了《森林经营学》教材的编写工作，目前新编教材已完成统稿，预期将于 2024 年由高等教育出版社出版。此外北京林业大学森林经营团队还积极开展国际合作，与国际上森林经营领域的著名专家 Klaus von Gadow 教授、Timo Pukkala 教授等合著了《Sustaining Forest Ecosystems》一书。该书从生态学基本原理出发，对森林生态系统可持续经营理论与技术进行了全面的论述，对全球范围内森林经营领域的前沿发现进行了系统性的整理和总结，并在较大程度上吸收采纳了北京林业大学森林经营团队的最新研究成果。该书已于 2021 年由 Spring 国际出版集团出版，可作为"森林经营学"的参考书目或双语教材，为林业教育国际化和人才培养现代化提供必要的补充。

（二）完善考核方式，构建多元评价体系

课程考核往往是本科生学习过程中最重视的环节，本课程的主要改革措施包括加大平时作业和课堂讨论等的考核力度，构建多元评价体系，进而切实提高课程教学和人才培养效果。近年来，"森林经营学"的课程考核主要由平时成绩和期末成绩两部分构成，平时成绩又包括考勤、笔记、平时作业和课堂讨论等部分，各部分所占比例如图 1(a) 所示。其中，平时作业和课堂讨论主要涉及文献的阅读与汇报，要求学生围绕课堂所学内容并结合自身学习兴趣，从《Forest Ecosystems》《Forest Ecology and Management》《Ecology》《Ecology Letters》等国内外森林经营学和生态学权威期刊上选择最新的研究案例，从数据分析、研究结果以及技术应用等方面开展汇报和讨论，提高课程教学的现代化和国际化。从教学效果来看，文献汇报和讨论不仅加深了学生对森林经营领域最近研究成果的认识，还提高了学生自主学习的能力。期末考试则以开卷考试或结课报告的形式进行，考核的重点不在于对知识点的死记硬背，而在于重点考核学生对现代化森林生态经营理念的理解和认识程度。根据近两年课堂表现和期末成绩来看，本课程较好地达到了课程教学和人才培养效果[图 1(b)]。此外，未来教学改革过程中，还应逐步增加对实践技能的考核。

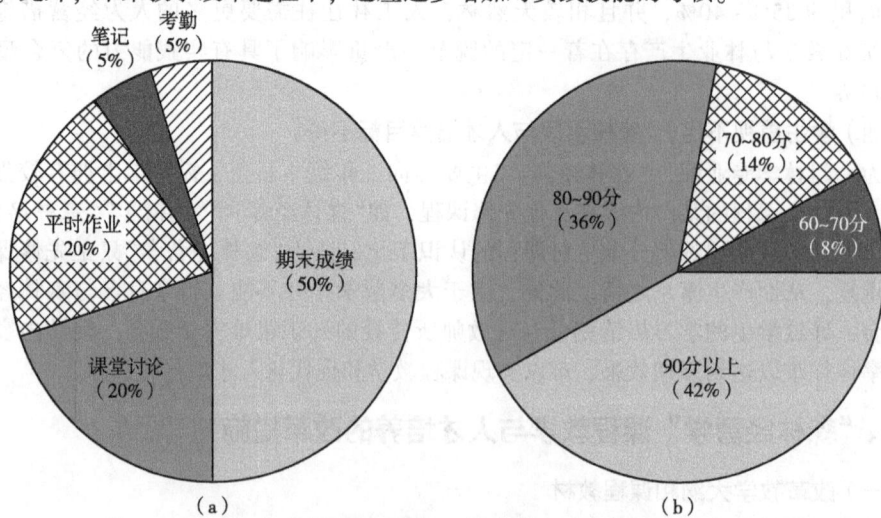

（a）　　　　　　　　　　　（b）

图 1　"森林经营学"多元评价体系和考核结果

（三）改革教学方式、 强化实践环节， 提升理论联系实际的能力

"森林经营学"是一门应用性与实践性很强的课程，培养现代化林业复合型人才，在教学过程中必须强化实践教学环节，以提高学生的综合实践能力。目前实践教学的重要性已受到学校、学院和学科的高度重视。在教学方式改革过程中，通过增加课程设计、强化野外实践等环节，培养学生理论联系实践的能力。首先是增设"森林经营学"课程设计：在原本 32 课时理论教学的基础上，额外增设了 16 课时的课程设计，并创新性地将大数据人工智能系统"数字森林—云计算平台（FSOS-2023）"引入课程设计的教学环节，实现课堂教学与数字教学相结合。"数字森林—云平台"由加拿大森林生态技术有限公司研发，利用大数据、人工智能和虚拟仿真等技术，实现森林经营方案的制定，该平台已被美国和加拿大的多所高校采用，但在国内高校的应用尚属首次。基于课后反馈，通过课程设计学生可以自由模拟森林采伐作业、设计森林经营方案，提高了学生的实践能力，加深了学生对理论课程的理解；同时得益于传统教学与数字教学相结合的授课方式，增加课程设计并没有给学生带来额外的学习负担。其次是增加野外实践教学内容，在近两年的林学本科生综合实习中，涉及森林经营学课程内容的教学实践比重较往年有较大幅度增加，同时还加入了遥感与激光雷达等现代化技术在森林调查与经营中的应用等新的内容。通过强化实践教学，让学生通过野外实践采集实验数据，不仅提高了学生的学习兴趣，同时还锻炼了学生参与林业实际调查的能力。在学生进入"深山老林"进行野外实践的过程中，潜移默化地培养了学生"绿水青山就是金山银山""知山知水，道法自然"的生态文明理念、进一步提高了学生理论与实践相结合的能力，为培养与我国生态文明建设相适应的现代化林业复合型人才奠定了扎实的基础。

参考文献

[1]沈国舫. 从"造林学"到"森林培育学"[J]. 中国科技术语，2001，3（2）：33.

[2]张会儒，雷相东，张春雨，等. 森林质量评价及精准提升理论与技术研究[J]. 北京林业大学学报，2019，41（5）：1-18.

[3]T. W. 丹尼尔，J. A. 海勒姆斯，F. F. 贝克. 森林经营原理[M]. 北京：中国林业出版社，1979.

[4]惠刚盈，胡艳波，赵中华. 结构化森林经营研究进展[J]. 林业科学研究，2018，31（1）：85-93.

[5]罗菊春. 抚育改造是森林生态系统经营的关键性措施[J]. 北京林业大学学报，2006，28（1）：121-124.

[6]刘常富，陆秀君，董胜君."森林经营学"教学中存在的问题及对策[J]. 安徽农业科学. 2011，39（5）：3145-3146.

森林保护专业"野生动物疫源疫病"课程教学模式的探讨

梁 特 石 娟

（北京林业大学林学院，北京 100083）

摘要："野生动物疫源疫病"是北京林业大学林学院森林保护专业新开设的专业选修课，课程内容具有较强的理论性和实践性。本文分析了"野生动物疫源疫病"课程面临的主要问题，结合选课学生的专业背景和野生动物疫源疫病学的特点，从优化教学内容、改进教学方法和手段、完善考核体系等方面对"野生动物疫源疫病"课程的教学模式进行了探讨。以期能够达到提高教学质量、激发学生的学习积极性和主动性、培养学生的创新能力和综合素质的目的。

关键词：野生动物疫源疫病；森林保护；教学模式

森林保护学是以保障森林植物和生态系统健康安全为目标，以森林害虫和病害为主要防控对象，对林业有害生物的生物学特性、危害发生规律及其防治理论和防治技术进行研究的综合性学科[1]，森林保护专业是目前该学科的唯一专业。近年来，森林保护学的范畴不断拓展和外延，野生动物作为森林生态系统的重要组成部分，与之相关的疫源疫病也是森林保护的防控对象，特别是重症急性呼吸综合征（SARS）、中东呼吸综合征（MERS）、H7N9 高致病性禽流感、新冠肺炎、猴痘等与野生动物密切相关的新发传染病的不断出现，许多林业院校的森林保护专业开设了"野生动物疫源疫病"课程[2]。

野生动物疫源疫病学是研究引起野生动物疫病发生、发展和流行的微生物或寄生虫等病原的生物学特性、流行规律、遗传演化和跨种间传播的分子机制，并对其进行监测和风险评估的一门新兴学科[3]。"野生动物疫源疫病"课程具有较强的理论性和实践性。在基础理论知识方面，"野生动物疫源疫病"课程主要介绍野生动物疫病的流行、防控、监测与风险评估，野生动物疫病病原体的生物学特性、遗传演化和致病机理，以及常见的重要野生动物疫病特征；在实践应用方面，"野生动物疫源疫病"课程主要介绍野生动物疫病诊断的方法，涉及病原体的分离培养和鉴定以及野生动物疫病的临床检查、病理学诊断和实验室诊断等一系列内容。因此"野生动物疫源疫病"课程具有信息更新快，内容多且复杂，专业性较强等特点。

一、"野生动物疫源疫病"课程教学面临的问题

（一）缺乏适合高等林业院校本科生学习的教材，教材内容有待更新

目前，针对"野生动物疫源疫病"课程的本科教材较少，20 世纪末王金生先生和华育平

作者简介：梁　特，北京市海淀区清华东路 35 号北京林业大学林学院，讲师，liangte0705@126.com；
　　　　　石　娟，北京市海淀区清华东路 35 号北京林业大学林学院，教授，shi_juan@263.net。
资助项目：北京林业大学教育教学改革与研究项目"'动植物检疫'课程动物疫病检疫部分的教学改革与探索"
　　　　　（BJFU2023JY003）；
　　　　　北京高等教育本科教学改革创新项目"高等学历继续教育林学专业实践教学体系研建"。

先生曾分别主编出版过《野生动物传染病学》和《野生动物传染病检疫学》教材,但因距今时间过久,教材中许多内容有待更新。近年来,与野生动物相关的新发传染病层出不穷,与之相关的新理论、新技术、新现象不断被发现,因此编写出顺应时代且适合高等林业院校本科生学习的教材尤为重要。

(二)理论教学课时占比多, 实验教学课时不足

"野生动物疫源疫病"课程是一门理论与实践紧密结合的课程,涉及消毒、常用实验仪器的使用、病料的采集和处理、病原微生物的分离培养、野生动物疫病的临床检查、疫病的血清学诊断和免疫监测技术、疫病的分子生物学检测技术等一系列实验内容。而"野生动物疫源疫病"课程的实验课时仅为 6 学时,会导致在教学过程中发生重理论轻实践的问题,同时由于缺乏实践应用的支撑,可造成学生对理论知识的理解困难。

(三)学生对课程相关的专业知识储备不足, 学习效果不佳

"野生动物疫源疫病"课程是林学院面向森林保护专业本科四年级学生开设的专业选修课。森林保护专业的学生仅有"动植物检疫"课程的知识基础,大部分学生没有"动物解剖学""兽医微生物与免疫学""兽医寄生虫学""兽医临床诊断学"等兽医学课程的知识储备,会造成学生对"野生动物疫源疫病"课程的基本原理和关键知识点难以理解和掌握,致使学习效果不佳。授课教师应根据这种情况适当设计、调整"野生动物疫源疫病"课程的教学内容,及时补充相关课程的背景知识,使学生对野生动物疫源疫病学的知识更容易理解和掌握。

二、"野生动物疫源疫病"课程教学模式的探讨

(一)优化教学内容, 补充课程相关的背景知识, 及时反映野生动物疫源疫病学领域的新进展

在"野生动物疫源疫病"课程授课的过程中,教师要根据森林保护专业学生兽医学知识背景不足的情况对教学内容进行适当的调整,以科普形式补充"动物生理学""解剖学""兽医微生物与免疫学""兽医寄生虫学""诊断学"等课程相关的背景知识,使"野生动物疫源疫病"课程教学内容更加系统化、合理化,易于学生理解和掌握。同时,"野生动物疫源疫病学"是一门快速发展的学科。与野生动物相关的新发传染病不断出现,而已知的野生动物疫病也在病原体不断变异以及环境变化等条件影响下表现出新的特征。此外,随着科技的进步,野生动物疫源疫病的诊断和监测方法也得到了快速的发展。因此,授课教师需要充分利用数据库和网络资源,及时跟踪野生动物疫源疫病学相关领域的研究进展,补充"野生动物疫源疫病学"的新内容、新理论和新方法。比如,教师在课堂上应补充以往教材中不涉及的猴痘、新冠肺炎等新发传染病内容和研究进展,比较这些新发传染病与牛痘、天花或SARS、MERS 等类似传染病之间在感染宿主、临床症状、诊断方法、病原体特性等方面的区别和联系,让学生快速建立对同一类传染病的知识体系,使学生更容易理解病原体遗传演化与跨种间传播和致病力改变的关系。

(二)采用研究性实验教学模式, 调动学生的积极性和创造性

野生动物疫源疫病学具有很强的应用性和实践性,实验课程不仅可以提高学生的动手操作能力,更有利于学生加深对理论知识的理解,是对理论教学的有益补充,对"野生动物疫源疫病"课程教学质量的提高具有关键作用[4]。传统的实验教学是由教师设计实验内容,准备实验材料,学生按既定步骤将实验完成,缺乏主动思考的过程,不利于培养学生发现问题、分析问题和解决问题的能力。笔者认为可以将学生分为小组,由学生根据实验内容,进行资料查询、小组讨论和实验方案设计,并由教师进行把关,分析方案设计的优点和不

足。学生根据自主设计的实验方案，准备实验材料，完成实验任务，撰写实验报告，最后在课堂上进行分享和讨论。这种实验教学模式以学生为主体，可以充分调动学生的主动性和积极性，鼓励学生独立思考和探索，有利于学生创新能力的培养。

（三）灵活应用各种教学手段和方法，激发学生学习兴趣

"野生动物疫源疫病"课程会涉及病原体的认知、病原体的感染过程和动物机体抗感染免疫过程等方面的内容，涉及微生物、寄生虫和免疫系统等微观对象，相互作用的过程比较抽象，本科学生不容易掌握。因此，笔者认为教师在讲解相关内容时，应注意利用多媒体教学资源，将微观和抽象的内容形象化，便于学生的理解。例如，利用高清图片、显微镜成像、模拟动画等素材展示病原菌感染、增殖以及机体免疫细胞识别和清除病原菌的过程，加深学生对相关过程的直观印象。

优化教学方法是提升课堂教学效果，激发学生学习兴趣的有效手段。笔者认为"野生动物疫源疫病"课程可以采用翻转课堂、案例教学等教学方法来实现教学质量的提高。翻转课堂摒弃了传统的"灌输式"教学方法，让学生在课前利用教师提供的材料进行自主学习，将学习过程中的思考以及遇到的问题带入课堂讨论，增加师生之间的互动交流，提高学生的学习效果[5]。例如，针对禽流感的发生和防治，课前教师可将收集到的相关图片、视频、研究论文等资料发给学生，由学生自主学习后进行整理，并将提炼出的观点和问题带到课堂，进行讲述及集体讨论和学习。案例教学是以现实中的典型案例为素材，由教师组织学生对案例进行交流、分析和讨论的一种教学方法，该方法可有效激发学生主动学习的活力，增加师生之间的互动，提升课堂教学的有效性[6-7]。比如，以全球范围内被人类彻底根除的牛瘟、天花等传染病为素材，由教师提供与这两个传染病防控相关的典型案例，拟定讨论题目和学习要求，引导学生从病原体生物学特性、感染宿主、传播途径、免疫接种等多方面进行思考和讨论，分析这两种传染病能被根除的原因以及对其他传染病防控方面的借鉴价值。

（四）采用更为全面的课程考核体系

考核是检验学生学习情况，评价课堂教学效果的重要手段。笔者认为"野生动物疫源疫病"课程可以根据学生的平时表现（40%）、实验课成绩（20%）以及期末成绩（40%）这3个方面对学生进行考核。平时成绩主要根据学生的纪律表现以及在问题回答、案例分析和讨论情况等课堂表现进行考核。实验课成绩主要根据学生的实验方案设计情况、实验过程中解决问题的能力、实验完成情况以及实验报告质量所决定。在期末课程学习结束后，除采用开卷或闭卷考试的方式考查学生对基本理论和概念的掌握情况外，还可以由教师选定主题，让学生自主查阅资料进行论文撰写，教师根据论文质量进行评分。这种考核体系可以全面地对学生在"野生动物疫源疫病"课程中的表现进行客观评价。

三、结 语

"野生动物疫源疫病"已逐渐成为森林保护专业本科生重要的专业课，只有不断优化教学内容、改进教学方法和手段、探索新的教学模式，才能更好地调动学生的学习积极性和主动性、提升课程的教学效果、发挥本课程在森林保护专业中的作用，为培养更为全面的森林保护专业技术人才提供保障。

参考文献

[1]曾凡勇.中国森林保护学科发展历程研究[D].北京：中国林业科学研究院，2016.
[2]骆有庆，叶建仁，宗世祥，等.中国森林保护学科和专业的发展与展望[J].中国森林病虫，2022，41

（5）：1-6.

［3］何宏轩．野生动物疫病学概论［M］.北京：科学出版社，2014.

［4］马兰婷，秦孜娟，柳洪洁，等.互动式教学在动物传染病学实验课程中的应用［J］.实验室科学，2021，
24（1）：91-93.

［5］韩珊，朱天辉，刘应高，等.新林科背景下"森林保护学"课程教学改革与实践［J］.教育教学论坛，2022
（25）：53-56.

［6］王华荣.以案例教学推动大学课堂教学模式改革的实践与探索［J］.中国大学教学，2011（4）：62-64.

［7］陈磊，田呈明."植物免疫学"课程教学改革的探索［J］.中国林业教育，2017，35（2）：55-58.

BOPPPS 教学法的教学改革探索

——以北京林业大学"3S 技术在林业调查中的应用"教学实践为例

于　强[1]　姜群鸥[2]　艾明思[1]

（1. 北京林业大学林学院，北京　100083；2. 北京林业大学水土保持学院，北京　100083）

摘要："3S 技术在林业调查中的应用"教学过程中包含复杂而广泛的专业知识、学习难点、实际操作。课程兼具理论性和应用性，通过课堂实践表明，传统的教学方式无法取得良好的教学效果。通过分析教学现状，笔者在课堂教学过程中引入 BOPPPS 教学法的教学模式，以提升课堂教学质量和学生的学习能力。课堂实践表明，该教学模式可从多方面有效提升教学效果，实现教学目标，值得深入推广和应用。

关键词：BOPPPS 教学法；教学改革；林业调查

　　"3S 技术在林业调查中的应用"是在 3S 理论[1]指导下，应用遥感、地理信息系统、全球定位系统技术，实现林业的全面定位和调查，确保林业调查设计的实时性和动态性[2]。通过本课程的学习，使学生了解 3S 技术基本知识，理解林业调查的内容，掌握 3S 技术在林业相关领域的应用，能够为今后的林业调查相关研究以及工作奠定基础。

一、 课堂教学现状

（一）传统授课模式下， 学生学习积极性低

　　传统课堂上以教师讲授为主，学生则被动接受。学生课前一般不会预习，对基础专业知识了解不够。基础知识是重难点学习的前提，因而教师不得不在基础知识点讲解上分配大段授课时间。课堂时间有限，更多实践操作，如遥感软件功能展示、案例分析等内容讲授时间不足。另外，传统课堂上是教师讲课，学生听课做笔记。课堂互动少，学生被动接受知识，理解记忆的效果都不太好。

（二）教学内容与产业脱节

　　3S 的科研理论层面及其在林业调查中的生产实践层面都在迅速发展。当前的林业调查规划中应用了大量的新产品，包括遥感技术、外业调查器械、内业处理软件等。而课程的教学大纲、课程课件往往沿用往年的内容，难免与当前的产业脱节。学生掌握的知识系统难以与当前社会工作要求契合。

（三）理论知识占比重， 实践操作不足

　　"3S 技术在林业调查中的应用"课程覆盖面广，涉及遥感、地理信息系统、全球定位系统和林业调查等多方面知识。课程理论内容多，知识点繁杂，学生难以深刻理解掌握所有知识。与此同时，由于课时的限制，学生对项目案例学习不足，难以将所学知识应用到生产实践中。

　　基于以上的课堂教学现状可以发现，传统的课堂已经不能满足新时期学生成长的需求。

作者简介：于　强，北京市海淀区清华东路 35 号北京林业大学林学院，副教授，yuqiang@ bjfu. edu. cn；

　　　　　姜群鸥，北京市海淀区清华东路 35 号北京林业大学水土保持学院，教授，jiangqo. dls@ 163. com；

　　　　　艾明思，北京市海淀区清华东路 35 号北京林业大学林学院，研究生，aimingsi96@ bjfu. edu. cn。

资助项目：北京林业大学研究生课程建设项目"'地理信息科学'课程'线上+线下'融合教学模式改革"（JXGG22051）。

这就要求高校教师跳出原有的教学习惯，不断尝试新的教学方法，在实践中创新，将教学改革落实到课堂中。这样的课堂才能更好地调动学生学习的主观能动性，培养学生的辩证思维和科学探究的精神，提高学生的创新意识，最终达到提高人才培养质量的教育目的。

二、 BOPPPS 教学法的构成

BOPPPS 教学法是近几年国内外推行的一种新型的教学方法[3]。它的理论依据是交际学习法和建构主义原则。不同于传统的教学方式中，教师占主导地位，学生被动接受式学习。BOPPPS 教学模式提倡以学生为中心，强调师生之间的互动[4]。BOPPPS 教学设计模式围绕学习目标展开，首先明确学习目标，然后以目标为导向展开教学，最后在教学完成之后评估目标的达成度。具体到教学实操，课堂包括 6 个环节：bridge-in（导入）、objective（目标）、pre-test（前测）、participatory learning（参与式学习）、post-test（后测）和 summary（总结）。通过每一个环节之间的互相促进，相辅相成，达到更好的教学效果。该教学模式可以帮助学生明确学习目标，提升学习兴趣，提高课堂参与度以及学习效率。

三、 教学实践

（一）课前准备

教师课前准备教学课件，注意不能直接沿用往年的课件，要结合当前学科内容发展，及时更新课件内容。课件内容包括教学大纲要求掌握的相关知识，典型案例以及思维导图[5]。从以往参与结项的项目中，选择 1 份与课堂内容相关的项目案例，进行合理合计，课前 1 周发送到班级群内。要求学生阅读案例，每人提出 3 个问题。教师根据学生的问题的相关程度，按一定人数进行分组（每组以 4~5 人为佳，可适当调整），提出相似问题的学生分在一组。为课上参与课堂讨论做好充分准备。

（二）教学流程

采用 BOPPPS 教学模式，按照 6 个环节依次开展教学，构建一套完整的教学流程体系。课堂上，教师首先导入课程内容，利用与课堂学习内容相关的材料，引起学生的学习兴趣。紧接着明确学习目标，通过恰当的形式给学生展示本堂课的重点学习框架，帮助学生在脑海中留下直观的印象。然后，对本节课课程内容进行前置性测试，提前了解学生知识水平。接下来是参与式学习环节，教师组织学生进行分组讨论，并在必要时为学生提供帮助。讨论结束后，组织学生进行后测，检验学生掌握程度。最后，由教师进行课堂总结，再次带领大家回看复习，提纲挈领。教学实践路径如图 1 所示。

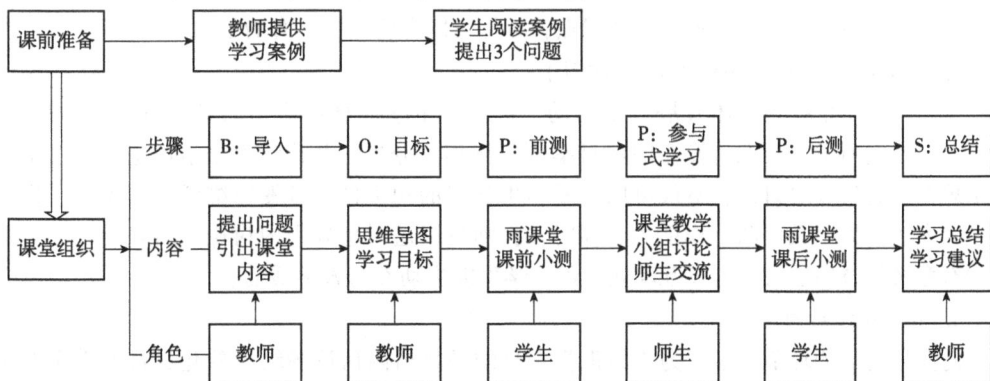

图 1 教学实践路径

（三）具体实施

以"林业遥感信息提取"主题的课堂授课内容为例。课前准备环节的项目案例，选取2020年《巴布亚森林资源调查和可行性支持》报告的重点内容，包括林业政策及基本信息，市场基础数据以及森林资源调查。分享在班级群，要求学生阅读该案例并提出自己感兴趣的3个问题。

1. Bridge-in（导入）

通过展示林业遥感信息获取与提取的视频，吸引学生的学习兴趣，并提出一些引导学生思考的问题，如"你能确定视频中是使用了哪些遥感信息提取的方法吗""你能概括出不同提取方法各自的优缺点吗"等，引导学生自主思考，从而达到导入课程内容的目的。

2. Objective（目标）

展示林业遥感信息提取的思维导图，如图2所示。引导学生明确本次课程需要掌握的知识点，包括光谱分析方法、微波遥感方法、森林参数定量反演等。思维导图能够帮助学生在脑海中对课程内容有架构性的认知，降低接受新知识的难度。同时，思维导图也是学生课后复习巩固重难点和知识点的抓手。

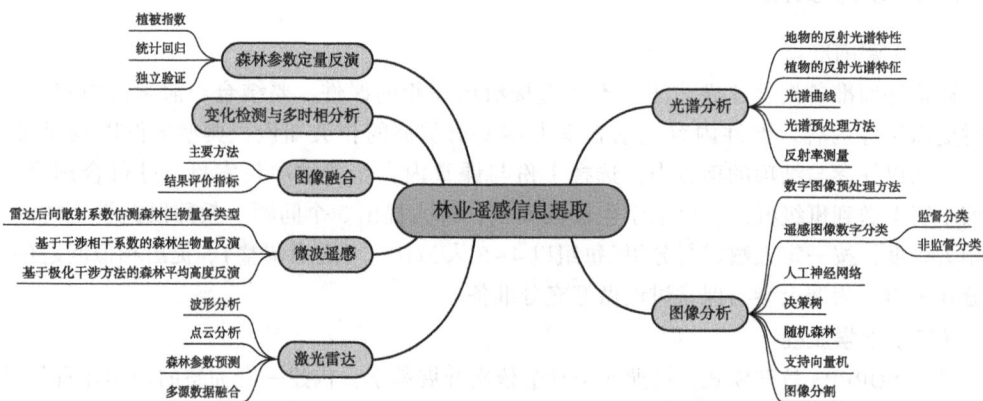

图2　林业遥感信息提取知识架构思维导图

3. Pre-test（前测）

利用教学软件如"雨课堂"[6]发布测试题，测试题可以有主观和客观题，测试目的是帮助教师了解学生对于林业遥感信息提取相关知识的掌握情况。利用软件在后台查看学生答题结果，教师可以灵活调整课堂内容的侧重点，以及授课的节奏。大家掌握得都比较好的部分，可以略讲。对得分比较低的知识点，教师可以有所侧重，有的放矢。

4. Participatory learning（参与式学习）

首先，教师依托多媒体开展教学活动，帮助学生掌握林业遥感信息提取的相关知识。然后结合课上所学，对课前发布的项目案例进行相关分析，并让学生分组讨论，启发学生自主思考。通过分组讨论，不仅可以激发学生学习的积极性，迸发思维活力，还可以促进学生的表达能力以及团队合作能力。同时，教师可以适时指导组内讨论，引导讨论往更加深刻有意义的方向进行。通过互动式学习，学生能主动参与教学活动。

5. Post-test（后测）

此课程的后测环节，形式为小组汇报。目的是将组内讨论的结果外化，督促学生有优质的产出。同时，也能检测学生的学习效果，即经过课堂学习，能否对课前准备环节提出的问题有较为深入的理解。教师对小组汇报的内容进行点评和必要的指导。课前准备，课上学习，分组讨论，小组汇报，这一系列的学习环节，既是在培养学生掌握知识，也是在培养学生的科学性思维和科研探索精神。培养学生善于提出科学问题，并通过一定的学习过程解决科学问题的习惯。

6. Summary（总结）

课堂学习的主体内容结束之后，教师要针对本次课程的重点、教学环节过程中学生表现的亮点以及不足的地方进行总结反馈。一方面，可以帮助学生对本节课的整体框架有更清晰的认知，提高学生对重难点知识点的掌握程度；另一方面，老师的点评，对于学生查漏补缺，提升学习积极性都很重要。而且从侧面向学生传达出信号：学生的参与是重要的，老师是看得到的。这样可以帮助学生和教师之间形成更好的学习氛围，有利于后续课堂师生之间的良好配合，达到好的学习效果。

四、 BOPPPS 教学法在教学改革中的思考

在"3S 技术在林业调查中的应用"这门课程的授课中，笔者引入了 BOPPPS 教学法。经过 1 学年的教学实践，从学生表现和学习效果来看，该教学模式的可操作性以及适用性较强。该教学法同样适用于其他课程教学。推广使用过程中，笔者总结出以下重点内容。

（一）明确教学目标

教师需要了解学生的学习需求和兴趣，然后将教学内容和活动与之相匹配。同时，教师需要清晰地传达课程的预期目标，让学生知道他们将要学习到什么，如何评估他们的学习成果。在传统课堂中，课堂教学目标不明确。往往是老师很清楚自己的授课内容以及授课目标，但学生反而不清楚学习的目标，只知道自己学了一个个知识点。学生没办法站在更高的维度将知识点联系起来，也不知道自己学习这些知识有什么用。长此以往，学生学习的积极性越来越低，对待学习也会应付了事。因此，为避免这样的情况发生，教师应该帮助学生对学习的目标有清晰的认知，让学生走在学习的前面。

（二）设计多样性和互动性的教学活动

教师需要针对不同学习内容的差异，设计多样性和互动性的教学活动。例如，自由学习、小组讨论、案例分析、实践活动、研讨式活动，促进教师与学生之间、学生与学生之间的互动和交流，激发学生的学习兴趣和思考能力。

（三）合理安排教学环节实践， 利用多种教学资源和技术来增强教学效果

教师应该提前准备好教学材料和教学设备，确保教学过程中不会出现不必要的延误和干扰。同时，还需要具备良好的时间管理能力，合理安排教学时间，确保每个环节的时间分配合理。教师需要充分利用各种教学资源和技术，例如多媒体教学、在线教学、实地考察等，以增强教学效果和丰富教学内容。也可以根据课堂教学的需求适当使用一些教学支持类软件，如雨课堂、腾讯课堂等，可以起到事半功倍的作用。

（四）鼓励学生分享观点和想法并适时给予反馈和评估

在 BOPPPS 教学法中，教师要鼓励学生积极参与教学过程，解决问题，分享自己的观点和想法，促进思考和创造力的发展。例如，教师可以设置开放性的讨论环节，让学生有机会表达自己的观点和想法，并尊重和引导学生的思考和创造力。这将有助于激发学生的学习动机和自我发展能力，培养学生的自主学习能力，使他们在课堂之外也能够自主学习并解决问题。与此对应，教师需要及时地给予学生反馈和评估，并根据学生的学习进展进行适当的指导。这可以帮助学生了解自己的学习状态和成果，及时改正学习中的问题，并根据自己的实际情况进行调整和改进。

（五）BOPPPS 的模块可以根据实际需要进行二次设计

熟练掌握 BOPPPS 教学法的核心逻辑之后，我们可以根据不同的课堂需要，进行灵活的调整。可以省略某些环节，比如前测或后测。也可以灵活融入其他教学方法，比如合作学习教学法、启发式教学法、任务驱动教学法、头脑风暴法、案例式教学法等。

参考文献

[1]肖化顺.森林资源监测中林业3S技术的应用现状与展望[J].林业资源管理，2004(2)：53-58.

[2]王雪，卫发兴，崔志新.3S技术在林业中的应用[J].世界林业研究，2005(2)：44-47.

[3]曹丹平，印兴耀.加拿大BOPPPS教学模式及其对高等教育改革的启示[J].实验室研究与探索，2016，35(2)：196-200，249.

[4]周伟，钟闻.基于BOPPPS教学模型的内涵与分析[J].大学教育，2018(1)：112-115.

[5]齐悦，谢泰，沙琨.基于教学立方和BOPPPS改进模型的教学设计：以思维导图课程为例[J].中国教育技术装备，2022(17)：45-49.

[6]张微微，唐龙业，郝建华.基于雨课堂的"数据挖掘"课程混合式教学[J].科技风，2023(5)：115-117，144.

科研成果向本科教学内容转化的案例研究

——以"生态系统观测方法"课程教学为例

刘 鹏 查天山 贾 昕 田 赟 冯天骄

（北京林业大学水土保持学院，北京 100083）

摘要： 教学与科研的融合发展是高校教师的基本素质，也是建设一流学科与培养高质量人才的必由之路。科研成果转化为教学内容是实现教学与科研融合发展的重要途径，然而，当前关于如何转化科研成果为教学内容仍处于讨论与探索阶段。本研究依托北京园林绿化监测网络野外监测站与信息化管理平台，将生态监测相关科研成果引入"生态系统观测方法"课程案例教学与实践教学环节，并通过课后回访对教学效果进行了调查。结果表明，大部分学生认为案例教学引入了前沿知识，让学生对不同观测方法的原理与应用情景有更深刻的理解；而实践教学通过野外科学考察，实地接触观测设备与监测数据，加深了学生对为何进行观测、如何进行观测的认识。此次教学案例研究是科研成果转化教学资源的有益尝试，也证明了信息平台与科研基地能够为科研成果走进教学活动提供良好的媒介，未来教学活动中应加强信息平台与科研基地的应用。

关键词： 科研成果；教学内容；案例教学；实践教学

兼顾科学研究与教学育人是高校的基本职能，也是提升教学质量与科研水平的重要途径[1]。如何处理好教学与科研活动之间的关系一直饱受争议。高校的学术水平主要通过科研活动体现，而科研活动离不开教学活动的支持。在过去，人们常常将科研活动和教学活动视为相互独立的工作，而且许多教师将科研活动视为高校教师的核心技能，而忽视了教学的重要性。这种偏见也导致了科研成果的转化和应用受到限制，同时也限制了教学活动的进步。将科学研究的成果转化为本科教学的内容，不仅能够为本科教学的改革和教学质量的提高提供充足的知识资源，同时也能够让学生接触到最新的前沿知识，有助于有效地将科研成果应用于一流本科教育的建设中。

一、 科研成果转化为教学内容的现状

随着我国高等教育规模的不断扩大，高等教育的质量提升亟需全新的突破。虽然目前已对科研成果转化为技术生产力有较多探索和相对成熟的转化机制，但是如何转化科研成果为教学内容的仍然处于探索阶段[2]。将科研成果转化为本科教学内容是传承和创新"前沿学问"的主要方式，但目前还没有有效的途径将科研成果转化为教学资源，这导致学校、教师和学生都无法充分地受益于科研成果所带来的优势。目前科研成果转化为教学内容的现状主要体现在以下两个方面。

作者简介：刘 鹏，北京市海淀区清华东路 35 号北京林业大学水土保持学院，讲师，pengliu0312@ bjfu. edu. cn；
查天山，北京市海淀区清华东路 35 号北京林业大学水土保持学院，教授，tianshanzha@ bjfu. edu. cn；
贾 昕，北京市海淀区清华东路 35 号北京林业大学水土保持学院，教授，xinjia@ bjfu. edu. cn；
田 赟，北京市海淀区清华东路 35 号北京林业大学水土保持学院，副教授，tianyun@ bjfu. edu. cn；
冯天骄，北京市海淀区清华东路 35 号北京林业大学水土保持学院，讲师，fengtianjiao1991@ bjfu. edu. cn。

一是高校科研成果的利用率和转化率较低，科研产出缺乏连续性和后续研发的支持。21世纪以来，我国高等教育规模迅速扩张，高校科研成果丰硕，但科研成果的集成利用途径不足，后端支持链不完善，导致大量科研成果被束之高阁，无法充分实现其学术价值和社会价值。一项调查显示，约一半的学生认为科研成果转化为教学内容的情况很少，科研成果向教学内容的转化情况不容乐观[3]。二是科研成果向教学资源的转化机制不完善，缺乏相关信息平台促进科研成果的转化应用。近年来，随着国家对科研工作的重视，我国的科研事业取得了长足发展。以论文来说，我国目前已经是世界上首屈一指的论文发表大国，而且在重大领域都取得了举世瞩目的成就，每年发表的论文数量增长很快。但是对于教育工作者而言，高校对教师的约束与激励大多集中在业绩的考核与评估上，对于教学成果的转化和这些论文研究内容的转化则有所忽视。然而，本科教学改革需要不断扩充学科知识体系，以更好地培养具有创新能力的人才。因此，亟须建立充足的知识库存和知识输送机制。此外以互联网信息平台为依托的新型教学模式也需要及时更新前沿知识，不断拓展学科知识外围基础。

二、 科研成果转化为教学内容的途径——"活动型"转化

依托信息平台，将不同类型的科研项目转化为案例教学环节和实践教学环节，是科研教学融合转化的情景之一，即"活动型"转化[4]。案例教学主要是将科研案例作为教学背景，通过引导学生围绕案例进行讨论和分析，或在案例情境下进行模拟体验，接触现实难题，从而激发学生主动思考和创新能力，并提出个人观点和解决方案。案例是案例教学的核心。案例研究是科研领域通用的研究方法，充分利用案例研究成果可以为教学案例的编写提供大量丰富的素材，既节省了高校教师搜集编写相关素材的时间，又充分发挥了科研成果的教学价值。课外实践教学是按照专业培养计划和教学大纲，依托野外科研基地，在特定时间组织的科研实习活动。科研基地包括产学研合作基地和各学科专业项目基地，是集聚科研成果的平台。通过实践教学让已有科研成果走进学生实地研究的范围，在此过程中学生可以以现场场景为背景，结合已有科研成果进行探究。同时教师可以作为本科生毕业设计或创新项目的指导老师，让学生以实习生的身份加入自己的课题组，进一步进行科研创新能力的培养与训练。"活动型"转化途径示意图如图1所示。

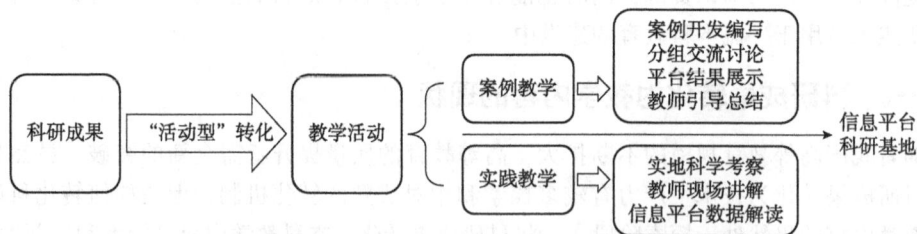

图1　科研成果向本科教学内容"活动型"转化示意图

三、"活动型"转化在"生态系统观测方法"中的应用

"生态系统观测方法"是北京林业大学本科水土保持与荒漠化防治专业的一门专业选修课程。课程内容主要包括生态系统过程的基础概念与理论、监测方法与结果解析，是一门应用性极强与前沿理论和实践结合十分紧密的课程。"生态系统观测方法"的授课对象为梁希实验班大三学生，他们已经学习了"气象学""土壤学""植物学""树木学""生态学""地貌学""水文水资源学"等基础课程，具备一定的生态观测的基础知识。课程设置共32个课时，

安排在第 6 学期初开设。该课程讲授主要以案例教学为主，对课程内容的核心知识点进行重点讲授，加深学生印象。第 6 学期末，对"生态系统观测方法"进行实践课程设计，为期 1 周。本研究依托北京园林绿化生态系统监测网络信息化管理平台，将生态监测网络科研成果引入"生态系统观测方法"课程案例教学，同时监测网络野外监测站包含森林、绿地、湿地、草地等生态系统类型，为实践课程提供了理想的科研基地。

（一）案例教学环节设计

1. 围绕课程核心知识，结合科研成果完成案例设计

围绕课程基本概念与观测方法进行相关素材收集，完成案例设计。以科学问题为导向进行素材搜集、整理与归纳，如城市绿地碳汇特征、森林生态系统植被蒸腾的影响机制等，将相同研究领域的科研项目、成果按照课程知识点进行分类归纳。如"碳循环过程及其观测方法"课程案例设计中，可以从碳循环季节与年际变化，不同空间尺度碳循环特征等科学问题入手，分析涡度相关观测法、箱式法、遥感影像法和清查法等不同观测方法的原理、观测尺度与优缺点。同时结合科研论文，将碳循环观测方法的应用场景与观测结果的解读进行系统梳理，编制完成"碳循环过程及其观测方法"的教学案例。其中可以根据不同生态系统类型特征将观测方法细分，如湿地碳循环同时涉及甲烷与二氧化碳循环过程，城市绿地涉及植被、土壤与人类活动的碳排放过程，按照不同生态系统特征进行观测方法介绍与相关案例编写。

2. 依托信息化管理平台，完成案例教学

案例教学实践共分为两个过程：即教学分组和小组讨论。教学分组目的是便于学生间分组讨论，这是案例教学的基础工作。开课前，将学生进行分组，以 4 个人为 1 组，选定小组长。上课前 3 天下发案例材料，要求学生自我学习并回答作业题。以"碳循环过程及其观测方法"为例，回答"生态系统净碳交换是哪些方法直接测量的""其适用的空间与时间尺度有多大""不同生态系统净碳交换有哪些特征"等问题。小组讨论过程主要是指小组成员结合自身对思考题的理解在组内进行深入交流研讨。首先教师对课程重点知识进行讲授，然后学生按照预先分配的小组进行小组讨论。通过小组讨论，学生可以从不同角度剖析问题、阐述观点，进而对相关理论有更清楚的认识。在此过程，教师通过北京园林绿化生态系统监测网络信息化管理平台，对各监测站不同监测设备、监测数据结果进行实时展示，结合小组讨论结果进行介绍与解读，让学生对不同观测方法的原理、优缺点与应用情景有更深刻的理解，如图 2 所示。

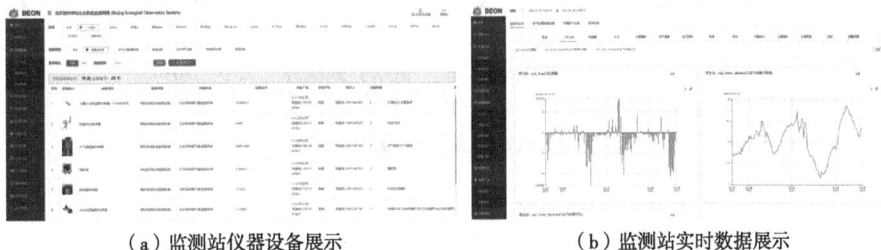

（a）监测站仪器设备展示　　　　　　　　　　（b）监测站实时数据展示

图 2　北京园林绿化生态系统监测网络信息化管理平台

（二）实践教学环节设计

实践教学是"活动型"转化教学的重要环节，其具有如下特点：一是具有很强的情境性与指导性。实践教学在特定的情境中进行，在实践现场同步完成教师"教"和学生"学"，实现学生的深度参与和师生互动。二是组织形式的灵活多样。实践教学在不同的科研成果背

景下，其实践开展途径也因学科而异。"生态系统观测方法"课程要求学生掌握生态系统过程关键观测方法的原理和应用场景。本次实践教学在课程最后 1 周进行，对北京园林绿化生态系统监测网络城市绿地监测站(奥林匹克森林公园监测站)、森林监测站(百花山监测站)和湿地监测站(野鸭湖监测站)进行实地考察，通过现场讲解各监测设备功能与原理，线上访问信息管理平台查看实时数据，课后提交考察报告等形式展开。研究依托北京市园林绿化生态系统监测网络野外监测站，通过野外科学考察实地接触观测设备，结合监测网络信息化管理平台实时解读监测数据，加深了学生对为何进行观测、如何进行观测的理解。

（三）教学反思

本研究以"活动型"转化为途径，对科研成果转化为教学内容进行了探究。根据课后回访学生的结果来看，约90%的学生认为案例教学与实践教学结合的教学模式，加深了对课程知识点的理解，在学习课程的同时也对相关前沿研究有了更深的认识，极大提升了学生的学习积极性。从这个角度看，此次"活动型"转化途径的探究是较为成功的。然而，在学科和科研成果差异化背景下，如何推广"活动型"转化途径将科研成果转化为教学内容面临很大挑战。首先实践要求和开展途径因校而异、因学科而异，将科研项目转化为实践教学环节需要聚焦具体学科专业特点；其次转化实践中规范化难度较大。不同科研项目在转化过程中表现形式不同，缺乏统一的行为范式、系统的转化标准和固定程序，很难进行规范化管理，给"活动型"转化的推广带来一定阻碍。

四、结　语

大学的科研与教学密不可分，科研成果转化为教学内容有利于培养学生科学研究能力。然而，如何转化科研成果为教学内容仍处于讨论与探索阶段。本研究依托北京园林绿化生态系统监测网络野外监测站与信息化管理平台，通过案例教学与实践教学结合的方式，将科研成果引入"生态系统观测方法"课程教学内容，在提升学生学习积极性的同时，将课程内容与前沿研究深度结合，极大促进了学生的科学探究能力。此次教学实践证明信息服务平台与科研基地能够为科研成果走进教学活动提供良好的媒介与平台，然而，在学科和科研成果差异化背景下，还需要更多将科研成果转化为教学资源的尝试，从而促进教学与科研的融合。

参考文献

[1]段忠贤，黄月义.从"案例研究"走向"案例教学"：科研成果转化教学实践的路径[J].教育文化论坛，2019，11(4)：132-136.

[2]黄佳.高校科研成果转化为教学资源的机制研究[D].武汉：武汉理工大学，2014.

[3]谢丹.高校科研成果转化为本科教学资源的研究[D].重庆：西南大学，2018.

[4]李蓉芳.科研成果向本科教学内容转化的机制研究[D].武汉：武汉理工大学，2020.

农林院校工科专业人才培养能力提升实践与探索

——以北京林业大学土木工程专业为例

王京学　　冀晓东

（北京林业大学水土保持学院，北京　100083）

摘要：培养人才是高校的首要任务。工科专业作为农林院校的非优势学科，与农林学科及工科院校同类专业相比，在人才培养能力方面存在一定差距。本文在分析农林院校工科专业人才培养现状及原因的基础上，以北京林业大学土木工程专业为例，在专业理念与特色优势、师资队伍建设与教学能力培养、实践教学环节与协同育人机制方面进行了相关的探索和实践，并根据毕业生及在校生人才培养质量调查统计结果对人才培养取得的成效进行了讨论与分析，对未来人才培养提出了建议。上述人才培养举措对提升农林院校工科专业综合实力、提高人才培养能力具有指导意义。

关键词：人才培养；农林院校；工科；北京林业大学；土木工程

一、　农林院校工科专业人才培养现状及原因

我国很多农林院校都设有工科专业，但由于普遍以"农""林"为办学特色，工科专业的发展一直处于从属地位[1]。与工科院校同类专业相比，农林院校的工科专业发展时间相对偏短[2]，综合实力较弱，在人才培养能力上存在一定差距，主要原因如下。

（一）专业发展相对缓慢

与工科院校同类专业相比，农林院校的工科专业在学科积淀、教学资源、科研平台、师资队伍、专业建设经费等方面存在较大差距，缺少长期、科学的规划，专业发展整体相对滞后。以土木工程专业为例，2022年全国大学土木工程专业排名前275所院校中只有22所农林院校，截至2022年通过土木工程专业认证的高校有119所，其中只有4所农林院校。在如此情形下，如何缩小与工科院校同类专业的差距是农林院校普遍面临和亟待解决的问题。

（二）优质生源吸引力弱

受行业经济效益、毕业生就业状况和社会各方面的认识等因素的影响，农林院校在生源竞争方面常处于劣势[3]。根据《中国大学录取分数排行榜（2020年版）》统计数据，在前317所各类院校（包括综合类、工科类、财经类、语言类、政法类、师范类、农林类）的排名中，农林院校累计只有12所，且前100名中只有1所农林院校——中国农业大学。尤其对于农林院校的工科专业，大多数考生都不会选择将其作为第一志愿。即使最终被该专业录取，入学后转专业的现象比较突出。通过对转专业学生调研发现，部分学生认为在农林院校学工科专业没有前途、就业时会受到冷落。优质生源的短缺与流失对人才培养质量的

作者简介：王京学，北京市海淀区清华东路35号北京林业大学水土保持学院，讲师，jingxuewang@ bjfu. edu. cn；
　　　　　冀晓东，北京市海淀区清华东路35号北京林业大学水土保持学院，教授，jixiaodong@ bjfu. edu. cn。
资助项目：北京林业大学教育教学研究名师专项"土木工程专业工程教育专业认证的定位与路径"（BJFU2020MS020）。

提升提出了巨大挑战。

（三）专业特色不突出

作为非优势学科，农林院校的工科专业在专业发展、课程体系建设、人才培养目标定位等方面推陈出新的速度远远赶不上工科院校。部分院校尝试将农林院校的办学特色融入工科专业，但目前整体情况不太乐观，多数农林院校工科专业的特殊和优势不突出。在"新工科"建设的背景下，如何"扬长补短"，以创新思维及创新模式体现农林院校工科专业的优势特色，提高学生的培养质量，是一系列亟须探索的重要课题。

二、 人才培养能力提升实践与探索

北京林业大学土木工程专业开设于 2001 年，2003 年获批结构工程硕士学位授权点，2019 年获批土木工程一级学科硕士学位授权点，2020 年学科通过土木水利专业硕士授权点评审，2021 年获批北京市一流专业建设点。虽然近年来土木工程专业持续发展并取得了一定的成绩，但相比于其他工科院校的土木工程专业，尚存在较大差距。为不断提升人才培养能力，该专业在专业理念及特色优势、师资队伍建设及教学能力培养、实践教学环节及协同育人机制方面进行了相关的探索与实践。

（一）依托优势平台， 打造专业新理念

北京林业大学土木工程专业隶属于水土保持学院，学院成立于 1992 年，是我国第一个水土保持学院，也是当时世界唯一的水土保持学院。学院秉承"把精彩论文写在祖国大地上"的办学理念，培养出以关君蔚院士、崔鹏院士为代表的一大批高级人才，为我国生态建设和脱贫攻坚做出了突出贡献。学院的水土保持与荒漠化防治学科历史积淀深厚，是首批国家级一流专业建设点，并在国务院学位委员会、教育部正式印发的《研究生教育学科专业目录（2022 年）》中正式升级为农学门类的一级学科。学科在流域治理、林业生态工程、水土保持工程、荒漠化防治方面取得众多科研成果，为我国水土保持与荒漠化防治、生态环境建设做出重大贡献。

为了进一步提升农林院校土木工程专业的综合实力和核心竞争力，北京林业大学土木工程专业紧扣"双碳"战略、生态文明战略、乡村振兴战略等国家发展需求，依托北京林业大学和水土保持学院的优势平台，在优化传统专业知识体系基础上，结合生态工程建设实践，确立了"生态土木"的发展理念；并将"生态土木"理念融入传统的土木工程专业，逐渐形成了以结构工程与岩土工程为主、兼具边坡工程与竹木结构优势的特色专业（图 1）。在"生态土木"理念的引领下，专业教师推进已有专业课程与生态建筑、低碳建材、美丽乡村、绿色设计等的融合，并着力提升生态特色的专业课程的比重与质量，培养低碳土木工程的设计与建设人才。这一专业理念并非对所有农林院校均适用，但一定程度上可为农林院校土木工程专业建设及人才培养提供参考。

（二）优化师资队伍建设， 强化教学能力培养

民族的振兴在教育，教育的振兴在教师。在人才培养过程中，教师始终是关键。专业教师的素质不仅直接决定着专业的实力和水平，还对学生的综合素质和人格魅力等方面的培养具有重要的指导作用。工科专业作为农林院校的非优势专业，师资数量相对工科院校同类专业一般较少。在当前情形下，更应注重师资队伍建设，充分发挥其在人才培养中的指导作用。北京林业大学土木工程专业共有专业教师 19 名，其中以中青年教师为主体。为了进一步优化师资队伍建设，近 5 年来，本专业每年引进青年教师 1~2 人，并为每位入职的青年教师配备指导教师，通过"以老带新"的形式，加强青年教师的培养，实现青年教师的快速成长。同时，实施"筑巢引凤"计划，通过营造优越的科研环境与良好的教学氛围，

吸引一批优质人才加盟，加强人才梯队建设。

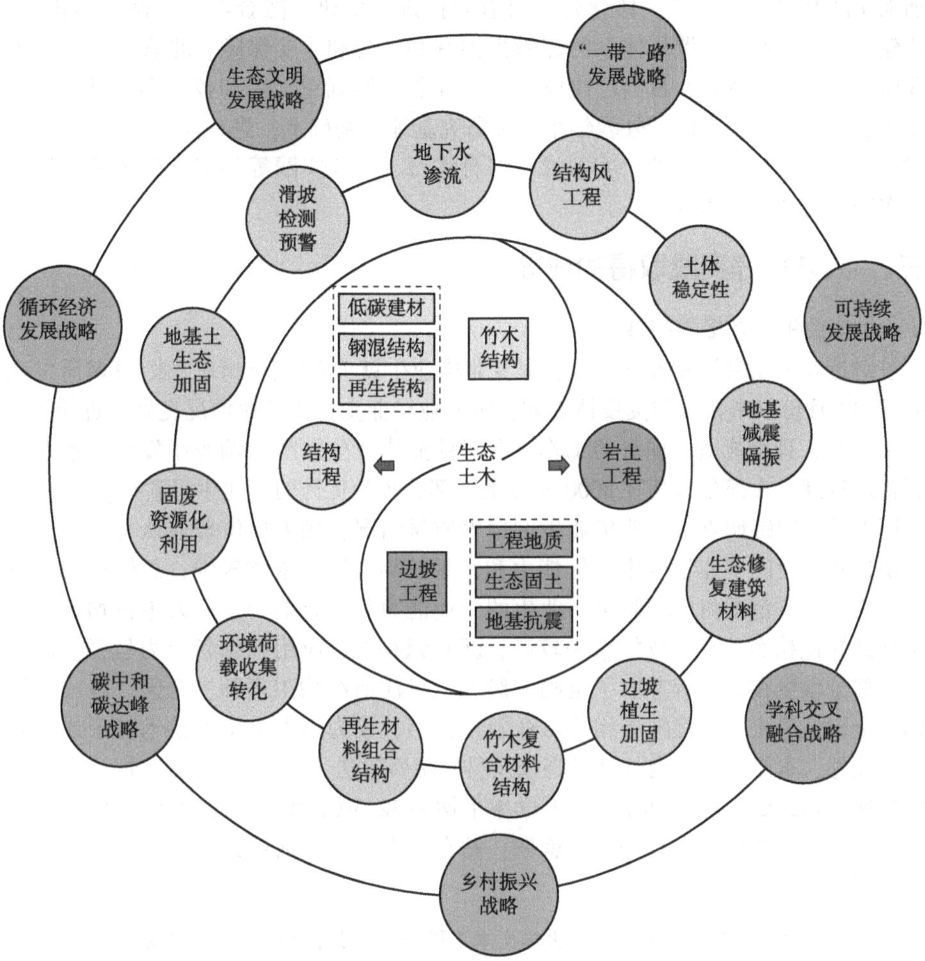

图1　北京林业大学"生态土木"发展理念

为强化教学能力、深化教育教学理念，专业教师苦练教学基本功，积极参加教学基本功比赛，以赛促教，进行教学研讨和教学经验交流；在教学过程中，落实"以本为本"，注重教学内容和方法的改革与创新，实现教学水平提升。针对专业基础课和核心课，实施"双负责人"制，老教师和中青年教师相互配合并教学相长，通过老中青相结合的方式促进教学工作的传、帮、带，形成年龄和学缘结构合理的教学团队。此外，在不影响正常教学活动的前提下，部分专业教师前往国外学习、深造，拓宽教师的专业领域，提高综合素质。

（三）加强实践教学环节，完善协同育人机制

土木工程专业是一个实践性和经验性很强的工科专业。在人才培养过程中，专业教师不仅应加强理论学习、夯实理论功底，还应重视实践教学环节在培养学生工程实践能力方面的作用。如果一味地侧重于对土木工程专业基本理论知识的讲解，很容易导致专业理论与工程实际脱节，学生无法学以致用。鉴于此，北京林业大学土木工程专业教师加强与校外企业的合作与联系，加大企业和人才培养教学环节的深度融合，邀请具有丰富工程经验的企业专家走进课堂，并建立了"企业+高校"双导师制，将企业专家引进学生毕业设计（论文）的指导中，使学生的选题与企业的实际工程项目和当下的行业需求紧密结合。这不仅培养了学生解决实际问题的能力，提高了学生对所学专业知识的应用实践能力，还加深了学

生与企业的联系，为学生高质量就业做好了铺垫。

加强实践基地"产学研"一体化建设可有效推进产学研的融合与教学做一体化的实现，为专业建设、人才培养、课程体系的完善提供有利平台和重要保障。北京林业大学土木工程专业以学科建设为依托，目前已建成本科 BIM 教学实训室 1 个和校企实践基地 5 个。同时，在水土保持学院已有的野外教学平台和研究基地的基础上，进一步拓展实践教学基地，充分发挥其在专业教学实验课、实习课、综合实习、毕业实践等环节中的重要作用，培养学生的实践能力和创新思维。

三、 人才培养实践取得的成效

（一）毕业生人才培养成效

通过对近 5 年北京林业大学土木工程专业毕业生就业（升学）情况（表 1）调研发现，考虑 2019 年 12 月份以来新冠肺炎疫情影响，本专业毕业生整体就业情况良好，近 5 年平均就业率为 92.3%，且均能适应现有的工作。在对就业毕业生薪酬的调查中发现，本专业毕业生月薪普遍较高，大部分月薪在 8000 元以上，部分较为优秀的毕业生月薪在 10000 元以上。通过与用人单位跟踪调查本专业毕业生的培养质量情况，用人单位普遍认为本专业毕业生在同类院校和专业的毕业学生中整体能力和水平较高，综合素质较强，总体评价满意。用人单位在主要业务范围内比较侧重毕业生的专业能力和综合能力，用人单位均认为本专业毕业生基础知识扎实，专业技能水平较高，新知识获取、应用和创新能力较强。同时，也有相当一部分学生在就业后考取了全国一级或二级注册结构工程师、全国一级或二级注册建筑师、全国注册土木工程师等相关从业资格证书，成为用人单位的技术骨干或中高层管理人员。此外，本专业为国内外著名高校及科研院所输送了大量高素质人才，近 5 年升学、继续深造率平均达到 40%，其中境内升学率平均为 32.3%，境外升学率为 7.7%。有部分毕业生深造、完成学业后返回高等院校就职，站在教书育人的前线，为新一代年轻人才的培养做出贡献。

表1　近5年北京林业大学土木工程专业毕业生就业（升学）情况

年份	毕业生人数（人）	升学人数		就业人数（人）	自主创业人数（人）	总就业率
		境内升学人数（人）	境外升学人数（人）			
2022	77	34	7	28	0	89.6%
2021	80	33	5	35	0	91.3%
2020	81	23	8	39	2	88.9%
2019	84	24	5	51	0	95.2%
2018	83	17	6	56	1	96.4%
近5年（占比）	405	131(32.3%)	31(7.7%)	209(51.6%)	3(0.7%)	92.3%

（二）在校生人才培养成效

对于在校的本科生，本专业学生积极参与专业教师的科研课题和项目中，目前人数占专业总人数的比重已超过 40%。值得一提的是，在专业教师的带领下，学生积极参与冬奥会生态保护与建设等相关工作中，用科技手段助力绿色冬奥。学生通过对北京 2022 冬奥会冬残奥会延庆赛区的地质地貌、水文及流域特征等进行详尽的现场调查，为延庆赛区建设的生态保护提供了翔细的本底资料，为后续相关建设项目提供了翔实的设计资料，也为冬奥赛区建设的生态环保事业提供了依据。这不仅有效地推进了科教融合，还激发了学生的科研兴趣，培养了土木专业学生的生态意识和绿色发展理念。

此外，在专业教师的指导下，学生积极申报各类创新创业项目和学术竞赛，并取得了优异的成绩。据统计，近5年本专业学生获批大学生创新创业项目累计40余项，其中国家级和北京市市级项目共20余项。学生作品在全国性BIM大赛、全国木结构设计竞赛、美丽乡村土木工程技术与创意设计大赛等竞赛活动中均获得了奖励，每年均有毕业生获评北京林业大学或北京市优秀毕业论文（设计）。

四、 未来人才培养能力提升的思考与建议

近年来，农林院校的工科专业发展及人才培养已取得一定改善，但相比于学科优势突出的农林专业和其他工科院校的同类专业，仍存在较大差距。人才培养是一个长期的过程，无论是学校、学院还是专业教师层面，均应以行业需求为导向，将学生职业素养的培养贯穿于人才培养的全过程。此外，更应积极对标国际、国内同类一流工科专业，从师资队伍建设、课程体系改革、教学模式创新、教学质量保障等方面着手，加快建设具有农林特色的国内著名、国际知名的工科专业，着力培养具有家国情怀、创新精神并具有较强影响力和竞争力的卓越人才。

五、 结　语

工科专业作为农林院校的非优势学科，在人才培养能力方面与农林学科及工科院校的同类专业相比存在一定差距，因此，采取措施提高农林院校工科专业的人才培养能力是一个亟待解决的问题。北京林业大学土木工程专业依托水土保持学院优势平台，在优化已有专业知识体系的基础上，将"生态土木"理念融入传统土木工程专业，逐渐形成了以结构工程与岩土工程为主、兼具边坡工程与竹木结构优势的特色专业；同时，通过推行"以老带新"的形式及"筑巢引凤"的计划优化师资队伍，通过"以赛促教"打造优秀教学团队，强化专业教师教学能力的培养；此外，通过实施"企业+高校"双导师制及实践基地"产学研"一体化建设，加强实践教学环节，完善协同育人机制。根据毕业生及在校生人才培养质量调查结果发现，北京林业大学土木工程专业在人才培养方面已取得一定的成效。上述人才培养举措对提升农林院校工科专业综合实力、提高人才培养能力具有一定的参考意义。

参考文献

[1]薛金林，戴青华，姚雪霞.高等农业院校新工科建设分析与路径[J].高等农业教育，2019(2)：15-19.
[2]许丽佳，康志亮，王玉超，等.地方农林院校工科专业的工程教育模式探索与实践[J].高等工程教育研究，2021(3)：192-198.
[3]王雄，苏蓉.完善评价体系，提高农林院校生源质量的研究与实践[J].高等农业教育，2004(2)：76-78.

新文科"会计学基础"课程改革探索

何 玥 刘 芳 肖慧娟

（北京林业大学经济管理学院，北京 100083）

摘要： 新时代新文科对会计人才培养提出了新的要求，传统的教学内容和方法无法适应目前大环境对于人才培养的需要。基于对学生和企业的问卷调研分析，会计课程的改革势在必行。基于此，本文首先对新时代新文科背景下对人才培养和学科的新要求进行梳理，之后对"会计学基础"课程内容的现状以及存在的问题进行分析，最后从教学目标、教学内容和教学方法上提出改革的思路，以期提升"会计学基础"在会计学学科中的重要作用。

关键词： 新文科；会计学基础；教学改革

随着新业态新技术模式的不断出现，以 A（Artificial Intelligence，人工智能）、B（Block Chain，区块链技术）、C（Cloud Computing，云计算）和 D（Big Data，大数据）等为代表的新技术正加速渗透各个领域，推动了以新产业、新业态、新商业范式为代表的新经济时代蓬勃发展，企业数字化转型成为新生代企业的必由之路。同样，这也使企业财务处在了一个变革转型的关口，共同谋划财务与商业模式的创新变革之路成为必然。同时 2019 年 4 月，教育部、科技部、中央政法委等 13 个部门启动"六卓越一拔尖"计划 2.0，全面推动了新文科建设，其目标是提高高校人才培养质量和服务经济社会发展能力[1]。新文科建设面对新时代给我国高等会计教育工作既带来挑战又迎来了机遇。除此之外，我国《中国会计教育改革与发展蓝皮书（2020）——应用型本科人才培养》（简称《蓝皮书》）阐明了我国高等会计教育人才培养目标，当务之急是培养适应经济转型、产业升级、企业创新需要的复合型会计人才，加速改变会计人员结构性供需矛盾。《蓝皮书》特别突出社会对数字经济环境下会计人员的能力素质要求。在新时代新文科建设的大环境下，"会计学基础"课程应该使用新技术，优化改进会计理论，立足于社会实践，推进教学改革并提高教学质量。"会计学基础"是会计课程中历史较为悠久的基础课程，是北京林业大学经济管理学院的平台必修课。"会计学基础"作为工商管理和未来会计专业学生的敲门砖，具有举足轻重的作用。通过梳理目前该课程发展的现状，发现该课程教学改革的切入点，同时结合企业和学生需求有的放矢地进行改革，期待对会计专业的招生和未来的就业起到一定的作用。

一、 基于新时代新文科背景下"会计学基础"课程改革的必要性

（一）新时代新文科人才培养的新要求

在党的二十大报告第五部分中提出"实施科教兴国战略，强化现代化建设人才支撑"，

作者简介：何 玥，北京市海淀区清华东路 35 号北京林业大学经济管理学院，讲师，bjfu2011@126.com；
　　　　　刘 芳，北京市海淀区清华东路 35 号北京林业大学经济管理学院，讲师，fangliu@bjfu.edu.cn；
　　　　　肖慧娟，北京市海淀区清华东路 35 号北京林业大学经济管理学院，副教授，bjxhj@bjfu.edu.cn。
资助项目：北京林业大学教育教学改革与研究项目"基于 ACCA 的教学内容创新"（BJFU2019JY036）。

强调了教育是全面建设社会主义现代化国家的基础性和战略性支撑之一。同时教育部于2020年11月发布的《新文科建设宣言》中倡导在日益复杂化综合化的社会环境下，亟须跨学科专业的知识整合。新时代新经济在新文科的建设中要求会计人才培养需要注重学科之间交叉融合，突破传统文科的思维方式，通过继承与创新、协同与共享、交叉与融合，促进学科之间的知识互补。在学习"会计学基础"课程中，围绕这一课程与其他管理学科知识间的关联，学生要学会使用会计思维考虑问题，而不仅仅是会计核算中的具体微观细节工作，进而提升对复杂现象的规律性认知。

（二）网络技术与人工智能对会计学科的新要求

数字化技术和层出不穷的创新型商业模式对传统以核算为中心的财务模式产生了比较大的冲击。以企业会计准则为导向，重复性核算的财务会计工作将会被机器所取代。数字化技术推动了会计学学科的转型，智能财务软件平台和智能财务战略平台意味着标准化的财务会计模式需要与时俱进，智能的会计时代已经到来。基于社会环境要求财务会计进行转型，会计学学科的改革就应随之而来，重构会计课程内容是当务之急。

综上所述，如何培养新型会计人才既是高校会计教育改革的重点难点，也是解决从学校到企业"最后一公里"问题的最佳方案。既然会计学学科改革是当务之急，"会计学基础"作为第一门会计基础课程，修订其课程内容是重中之重。

二、"会计学基础"课程的现状

（一）"会计学基础"课程的内容陈旧

通过比对"会计学基础"课程在国家一流本科教学的内容发现，30年的授课内容变化较小，内容框架基本相同。"会计学基础"课程主要以财务会计为导向，同时与未来学习的中级财务会计内容有一部分重复，可以对财务会计课程进行资源整合。"会计学基础"作为国家一流本科课程，其教材内容主要是从财务会计的角度进行讲解，包括财务会计基本理论、基本方法和基本技能，主要是以会计职能中的核算职能展开讨论和研究的。具体包括会计的含义、基本职能、会计的基本核算方法、会计的基本假设、会计的基本理论和记账方法、以工业组织为例的会计循环、财产清查和财务报告等。目前的"会计学基础"课程体系存在明显的知识陈旧、没有随着经济社会环境的变化与时俱进的弊端。新文科的发展赋予"会计学基础"崭新的内涵，大学生不仅仅需要熟练掌握财务知识，还需要了解业务操作流程，发挥会计的管理职能。具体的"会计学基础"国家一流本科课程见表1。北京林业大学的"会计学基础"课程与哈尔滨工业大学的"会计学基础"课程甚为类似，主要从会计含义和会计背景出发，撰写会计要素和会计等式，之后围绕如何对工业、企业的核算流程进行会计分录的编制，进而登记账簿、编制财务会计报告。通过分析，"会计学基础"课程内容存在知识点陈旧，更新速度较慢，没有涵盖会计学不同学科分支，应该充分优化课程内容体系，增加管理会计和政府会计，同时结合目前企业对于人才的需要进行整改，建设完成名副其实的"会计学基础"课程。

表1 "会计学基础"国家一流本科课程

课程名称	会计学原理	会计学原理	会计学原理	会计学原理	会计学基础	会计学原理	会计学基础
授课大学	清华大学	江西财经大学	福州大学	北京大学	哈尔滨工业大学	复旦大学	东南大学

（续）

课程名称	会计学原理	会计学原理	会计学原理	会计学原理	会计学基础	会计学原理	会计学基础
授课内容	1. 绪论 2. 会计核算基本方法 3. 会计核算实务 4. 会计的概念框架和规范 5. 货币性资产 6. 存货 7. 固定资产与无形资产 8. 长期负债 9. 所有者权益、长期股权投资与金融工具 10. 流动负债和收入费用利润 11. 现金流量表及其合并财务报表、财务报告之审计与内部控制 12. 国际财务报告准则、管理会计基础	1. 总论 2. 账户设置与借贷记账法 3. 账户与复式记账的应用 4. 账户分类 5. 会计凭证 6. 会计账簿 7. 财产清查 8. 财务报表 9. 会计核算组织程序 10. 会计工作组织与管理 11. 信息技术与会计信息化	1. 会计的基本理论 2. 账户与复式记账 3. 借贷记账法的具体应用 4. 会计凭证 5. 账簿 6. 会计循环 7. 会计核算组织程序 8. 财产清查 9. 财务报告	1. 会计对象与会计假设 2. 会计要素与会计恒等式 3. 财务报表及相互勾稽关系 4. 筹资活动 5. 投资活动 6. 经营活动 7. 会计循环 8. 财务成果核算及呈现	1. 会计总论 2. 会计要素和会计等式 3. 会计确认和计量 4. 账户与复式记账 5. 制造业主要经济业务的核算 6. 会计凭证 7. 会计账簿 8. 财产清查 9. 会计报表	1. 会计学的一些基本概念 2. 会计要素 3. 复式记账的基本原理 4. 工业企业经济业务会计核算1 5. 工业企业经济业务会计核算2 6. 会计要素的确认与计量 7. 会计凭证与账簿 8. 财产清查与报表编制	1. 会计的基本概念与理论体系 2. 会计循环：会计的日常循环与方法 3. 会计循环：会计的期末循环与方法 4. 案例：借贷记账法的应用（以制造业经营工程业务的核算为例）

（二）培养目标单一化，与企业需求不符

现在高校对于财会人才的培养目标的设置与以往没有较大的改变，都是要求培养财会人才学会会计系统化的基础性理论知识，而且还要熟悉会计实践的方式方法，能够在未来各类工作岗位上展示自己的能力，熟练进行会计核算与财务管理。在这样培养目标的指导下，很多高校对于专业的能力要求很高，因此往往把课程设置的重点放在会计专业知识上。但是在数字化转型背景下，一个财会岗位不仅要求从业者的专业知识精湛，更要有综合分析决策能力。因此这种单一化的培养目标难以与综合化企业人才需求相匹配。而且在这样目标设置下课程设置会使得学生偏重专业技术课，从而忽略其他相关能力的培养。

根据对企业的调查问卷，使用层次分析方法建立一个数字时代下企业会计人才需要评价模型，如图1。该模型主要从岗位和应届生需求、专业知识与能力、职业证书和综合素质4个方面进行权衡，具体包括了6个层次。根据企业问卷结果，体现其权重由高到低依次是岗位需求（占32%），专业能力（占23%），会计相关的职业证书（占16%），综合素质（占14%），专业知识（占9%），应届生需求（占6%）。企业最需要并不是专业知识，也不需要一定是应届毕业生，更看重的是应聘的岗位、专业能力和职业证书的事项，具体如图2。

对于占据企业人才需求评价模型中最高比例的岗位需求进一步深入研究，发现企业对于岗位需求由高到低依次是管理会计岗位、财务管理岗位、财务会计岗位、审计岗位、出纳岗位，具体如图3。在新时代，众多的会计工作可以被人工智能所取代，但是会计的管理工作是需要专业的人力资源完成。

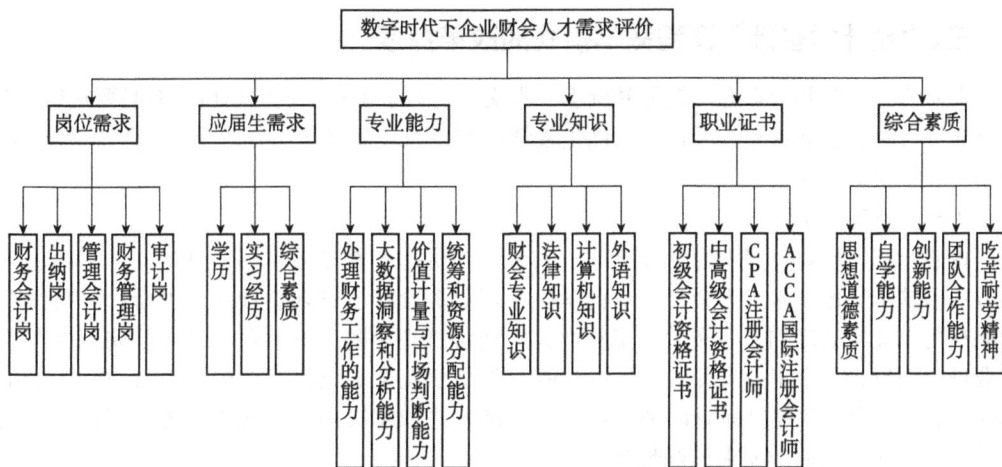

图1　数字时代下企业财会人才需求评价模型

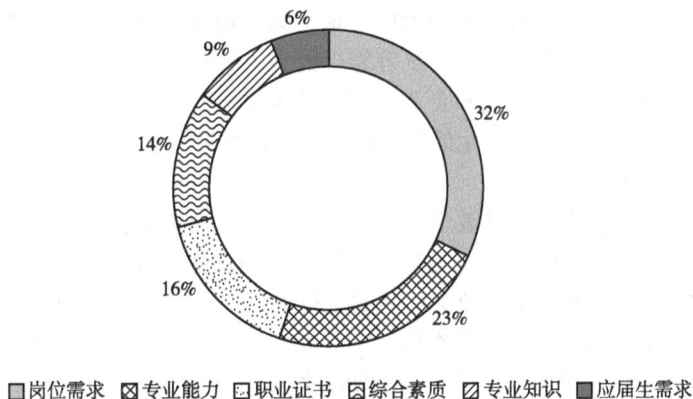

图2　数字时代下企业会计人才需求评价模型

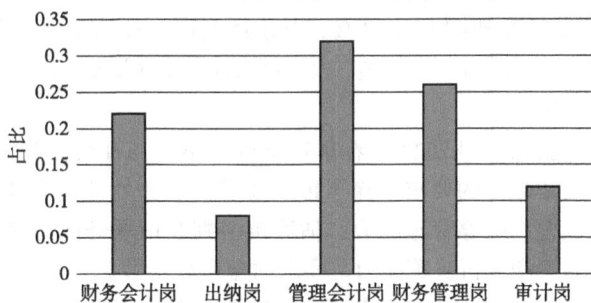

图3　岗位需求占比

（三）智能化时代对传统会计学课程内容带来的挑战

在2022年国家发布的《国家信息化发展战略纲要》中指出，网络化数字化转型步伐正在加快，建设数字中国势在必行。传统核算为中心的财务模式是以规则为导向的、重复性的财会工作。在智能时代，机器所取代的正是传统的财务会计工作。而传统的会计课程目标正是以核算为主、以管理为辅的框架设计的，这势必会导致智能化时代对传统会计学课程内容的挑战，进而有必要推动传统会计课程的转型。

三、"会计学基础"课程教学模式的改革探索

在厘清会计学基础存在问题的基础上，本文通过对学生和企业的调研，有必要从以下 3 个方面进行调整，即重塑教学目标、优化教学内容以及创新教学方法，探索"会计学基础"课程的教学模式的改革。

（一）重塑教学目标

按照"会计学基础"的教学大纲要求，其教学目标是使初学者掌握会计的基本理论、基本方法和基本操作技术，为会计专业的学生学习财务会计、管理会计和成本会计等后续专业课程奠定扎实的基础。本文对北京林业大学经济管理学院工商专业和外语学院商务英语专业进行调研，其中工商专业的学生占 70%，外语学院商务英语专业的学生占 30%，其中 86% 的学生认为该课程目标应该是培养会计思维方式和解决问题的实用能力。值得一提的是学生的想法与企业的要求正好吻合。

本文选择了智联招聘、BOSS 直聘和前途无忧等招聘网站发布的各大企业对财会人才 2022 年春季秋季校园招聘与社会招聘公告信息进行分析，这涉及 202 家企业的 483 条招聘信息，问卷调查结果显示企业对人才能力的要求，除了传统要求的账务处理能力和报税能力之外，大数据洞察和分析决策能力、统筹管理能力、估算价值判断市场等能力对于财会人才来说变得愈发重要。基于学生和企业的调研结果显示，教学目标不能单纯考虑微观的会计核算业务操作，还需要培养学生的会计思维方式和解决问题的实际能力。

（二）优化教学内容

根据教学目标的重新定位，其教学内容根据客观环境和学生企业的需求进行相应的调整。其授课内容不能仅仅依赖于传统的会计核算内容和具体会计分录会计报表的编制，而应结合改革开放以来的行政事业单位会计问题进行展开。在"会计学基础"中有效补充预算会计内容，让学生了解预算会计的基本框架；补充预算会计的基本方法和理论，与现有会计学基础相融合，为政府相关机构提供适合的会计人才。

本文研究现状中提到，该课程主要方向是财务会计，没有融入管理会计的相关内容和理论知识，根据企业的调查问卷，在数字时代下企业财会人才需求的评价体系中，企业对管理会计的需求最高，比重为 32%，财务管理岗位占比 26%，财务会计岗位占比是 22%。在当前新时代新文科的背景下，会计人员的结构会发生重大调整，复合型会计人才日益突显其重要性。

（三）创新教学方法

从企业的调查问卷获悉，即 2022 年春季秋季校园招聘与社会招聘公告信息进行分析，问卷调查结果显示对人才能力的要求，除了传统要求的账务处理能力和报税能力之外，大数据洞察和分析决策能力，统筹管理能力，估算价值判断市场等能力对于财会人才来说变得愈发重要。大数据洞察和分析决策能力是要求财务做到对数据有一定的敏感度和洞察力，收集数据结果，运用数学算法、模型公式逻辑思维并且结合实际业务情况来进行分析决策。价值计量与市场判断能力是指通过数据建模和财务指标分析体系，实现对客户价值分析衡量及业务的未来盈利能力和财务预测分析等，进而找出高价值客户特征，为获取潜力客户，提升客户价值提供有力支持。统筹能力和资源分配能力是指财务部门作为企业资源的统筹与配置者，应转变原有后台支持意识，打破部门壁垒，主动参与前端业务，组织与人员的变革是解锁数字化财务模式下效益创造的关键所在。

在新时代下，由于业务边界和财务边界模糊，会计人员需要具有全局思维的模式，构建"业财融合"的财务思维，进而在企业中发挥更大的价值。传统的会计教学方法是根据已经发生的经济事项进行反映，编制会计分录、登记账簿和生成财务会计报表。这种闭门

造车的教学方法已经不适用于现在经济发展现状。尤其是数字化时代导致了业务边界与财务边界的融合，突破企业中的部门壁垒，达到管理协同的效果。这势必在会计教学过程中必须融入业务与财务关联的意识，树立资金有效管理的意识，避免仅仅关注财务数据而没有考虑到全局。按照创新教学方法的理念，该课程就需要课前在业务层面仿真体验部门业务流转；课中在资金层面和信息层面，利用会计平台进行账务手续并且汇报业务；课后综合提示会计业务的实践操作，达到综合能力的提升。会计的职能就实现从"核算监督"到"管理控制"，从技能到技术的螺旋式提升，进而揭示数据背后的财务问题，锻炼学生的数据思维能力。

另外，以学生知识整合、能力和素质全面提升为中心，积极开展案例教学和课堂讨论，以更好发挥学生的主观能动性、提升课堂教学效果。案例教学的素材主要基于我国企业最新的会计实践或国际案例，通过情境模拟、小组讨论等方式引导学生采取团队合作来探索会计知识在解决现实问题中的运用。

四、 改革措施的效果评价

根据对课程的整体满意度评价，满意指数达到了97.87%，学生对课程的整体情况评价较高(图4)。面对其中的差距，进一步分析各个分项的打分情况，有利于找到未来发展的空间以及努力的方向。具体可以通过雷达图探究存在的问题(图5)。满分是5分，打分低于4分第一项是"会计学基础"课程存在的问题，由于此项在问卷设计的时候其中的一个选择是其他，学生写出差异化的问题导致的打分结果受到干扰，此项排除。低于4分的第二项是目前对于课程的掌握情况，这是学生根据自己的熟悉程度进行的打分，与教师的讲课水平无关，也可以剔除。本人需要改进的是课程内容与案例紧密结合的情况，进而把"会计学基础"课程变得更加鲜活并散发会计的魅力。

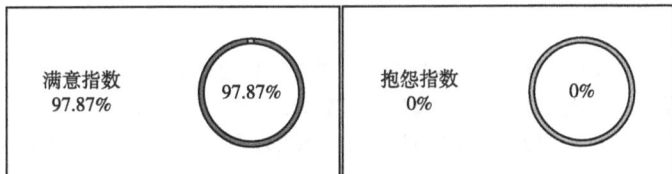

图4　整体满意度指数

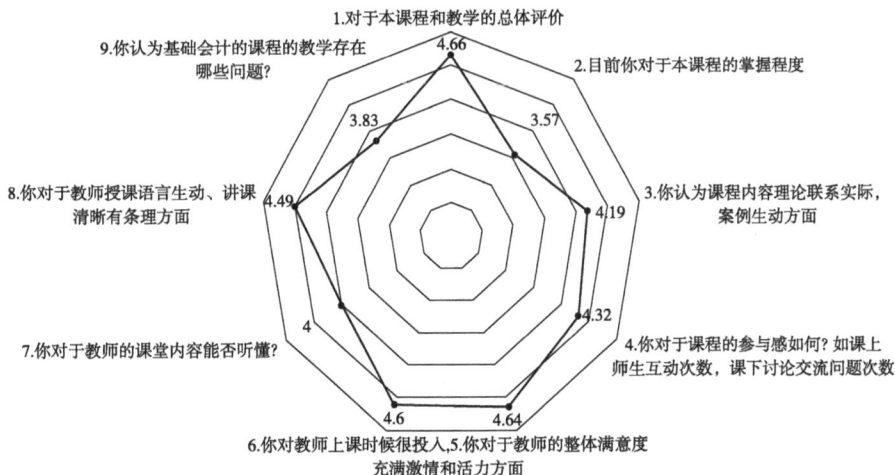

图5　具体分项满意度分数

　　同时按照重要性程度把 11 个分项打分进行聚类划分为 4 个象限，其中重点需要改进并且对整体分数产生重大影响的 B 象限，即通过案例进行会计理论和实际相结合达到传授知识的效果，与上面雷达图的具体满意度打分的结论是相同，进一步印证了案例教学对学生的知识理解起到一定的作用(图 6)。

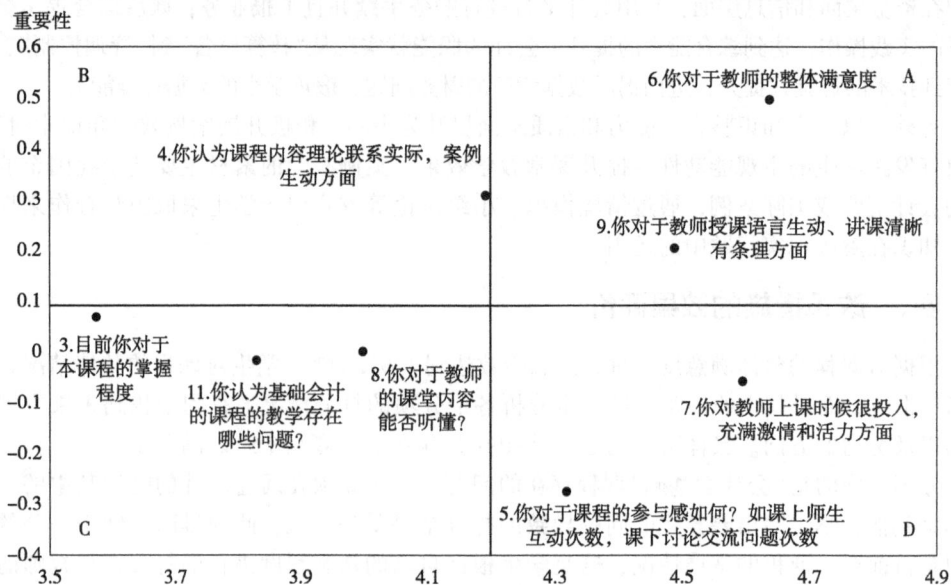

图 6　象限聚类分析

参考文献

[1]王世杰. 新时代新文科基础会计课程内容改革[J]. 商业会计，2022(9)：106-110.

[2]蔡显军. 新文科背景下职能会计人才培养改革与实践[J]. 会计之友，2022(3)：135-140.

[3]张青民. 学科融合教学背景下的资源破界与整合[J]. 教育理论与实践，2021，41(32)：51-54.

智能时代信息管理类人才培养的探索分析

——基于"数据挖掘与商务智能"课程

温继文　李　艳　瞿　华

（北京林业大学经济管理学院，北京　100083）

摘要：本文在分析智能时代信息管理类人才的核心能力以及教育特征基础上，以"任务驱动"为引领，充分利用智慧教育平台、线上教育资源和 ChatGPT 等人工智能技术和工具，对"数据挖掘与商务智能"的教学目标、能力培养、教学方式、教学内容以及考核方式进行教学改革，探索一套基于任务驱动的"线上+线下"的 SPOC 教学模式，培养具备创新能力、数据分析能力和适应智能时代要求的数据挖掘与商务智能人才。

关键词：人工智能；信息技术；教学模式；任务驱动

一、引　言

ChatGPT 大型语言处理模型的发布，迅速在全球范围内引起高度关注，人们更加真切地体验到《国家中长期教育改革与发展规划纲要（2010—2020 年）》提出的"信息技术对教育发展具有革命性影响"。人工智能技术对教育领域带来什么样的影响？如何培养适应智能时代的人才？成为我们每一个教师面临的问题。作为教育改革的践行者，大学教师的角色发生了变化，不再是学生获取知识的唯一来源，也不再是知识的权威[1]。面对智能技术的变迁，教师需要进一步积极主动探索适应智能时代的教学模式，善用 ChatGPT 等新型人工智能工具，变革教育教学方式，培养符合未来新时代需求的大学生。

本文在分析智能时代信息管理人才的核心能力以及教育影响的基础上，以"任务驱动"为引领，充分利用互联网线上教学资源和 ChatGPT 等人工智能技术和工具，对"数据挖掘与商务智能"的教学目标和能力培养等方面进行教学改革，探索一套基于任务驱动的 SPOC 教学模式，培养具备创新能力、数据分析能力和适应智能时代要求的数据挖掘与商务智能人才。

二、智能时代高等教育的教学特征

（一）教学模式的转变

人工智能技术的出现使得教学模式必须适应教育数字化的转型[2]，主要体现在两个方

作者简介：温继文，北京市海淀区清华东路 35 号北京林业大学经济管理学院，副教授，wjwlinda2013@ bjfu. edu. cn；
　　　　　李　艳，北京市海淀区清华东路 35 号北京林业大学经济管理学院，教授，liyan88@ bjfu. edu. cn；
　　　　　瞿　华，北京市海淀区清华东路 35 号北京林业大学经济管理学院，讲师，quhua@ bjfu. edu. cn；
资助项目：教育部教研重点项目"打破学科专业壁垒，探索大数据管理与应用人才培养新模式"（BJFU2019JYZD005）；
　　　　　经管学院"本科人才培养质量工程"建设项目"互联网 +"教学背景下基于任务驱动的"商务智能与数据挖掘"课程教学改革研究（2023JGJX002）。

面：一方面利用人工智能技术提升教学资源的开发能力、教师自身的导学能力、教育数据的分析能力；另一方面借助人工智能提升教学效果，提供更加个性化、定制化的学习方案，为学生提供更加准确、独特的学习支持服务，提升学习效率。

（二）教学考核体系的转变

人工智能技术的发展，使得教学考核逐步从知识测评转向"知识+素养"测评[2]。ChatGPT加速知识传授的过程，让学习者更多地以探索、体验和实践的形式去理解和应用知识。在教学过程中，课堂表现、教学互动、作业测试、小组讨论等过程性学习行为的评价日益受到重视；同时，以动态化的学习过程为代表的过程性评价与以期末考试为代表的总结性评价逐步走向融合。未来的评价体系将不再仅仅是知识本身的评价，而是"知识+素养"的综合性评价。

（三）教学分析方式的转变

随着人工智能技术不断深入教学应用，教学由浅层学习逐步走向高阶的深度学习。在用户画像、知识图谱、智能决策、智能推荐等智能技术的支持下，基于大数据的智能化实时学情分析由理论走进现实，人工和智能相混合的教学分析方式，有利于教师更加客观、科学地调整教学计划，并帮助教学管理者做出合理的教学决策，从而助力混合教学向精准化教学方向发展。

（四）学生学习方式的转变

人工智能技术可以提供更加便利的服务，为学生提供个性化学习[2]：一是知识获取，ChatGPT能够快速生成学习材料，帮助学生复习和学习课程内容；二是自主学习，ChatGPT等智能技术的多轮次对话能够为学生提供良好的互动学习体验，提升其学习投入度；三是学习伴侣，ChatGPT等智能技术能为学生提供多元的学习支持服务。

（五）智能时代信息管理人才能力要求

人工智能技术的发展为教育系统带来了机遇与挑战，需要重塑知识观与教育观。ChatGPT提出了一个重大问题，即当前的教育应当培养具有哪些能力的人才。

(1)有效使用智能工具的能力：ChatGPT强大的撰写文本的能力，说明机械化文本写作已经不再是个体能力的体现，教育应更加关注学生的逻辑思维、批判性思维和创造性思维等高阶能力。同时，有效使用智能工具的能力将成为学生核心素养的重要组成部分。

(2)创新思维与解决问题的能力：在快速变化的信息技术领域中，能够寻找和探索新的解决方案，并应用创新的思维解决复杂问题的能力。

(3)数据分析与处理能力：掌握数据收集、处理、分析、挖掘和可视化方法，帮助企业基于数据进行商务决策的能力。

(4)编程实践能力：掌握编程语言并能够构建简单的应用程序或软件的能力。

(5)项目管理和团队合作能力：信息技术人才不仅需要具备良好的项目管理能力，能够有效地组织、规划、协调和监督信息技术项目的执行，还需要具备良好的沟通和团队合作能力，能够与他人合作完成复杂的任务。

三、 适应智能时代要求的"数据挖掘与商务智能"课程的教学模式

（一）"数据挖掘与商务智能"课程的重要性

在移动计算、云计算、物联网迅速发展的背景下，大数据已经成为企业、社会和国家关注的重要战略资源，数据分析师成为21世纪最热门的职业之一[3]。利用先进的商务智能和数据挖掘技术，深入分析企业业务数据，帮助企业提升决策的智能性正逐渐成为企业追逐的热点，市场对商务智能和数据挖掘的人才需求也逐渐扩大。"数据挖掘与商务智能"逐

渐成为高校经管学院、商学院以及信息学院的重要课程，并且成为"新工科""新商科"建设中的核心课程之一，在高校中越来越受到学生的欢迎和重视[4]。

"数据挖掘与商务智能"是一门理论与实践相结合的课程，要求学生能够在接近真实企业环境下，深入理解企业业务需求，分析企业业务流程和企业内部与外部网络数据，使用商务智能和数据挖掘的方法和工具，协助企业完成数据集成、数据转换、数据建模、数据分析、数据挖掘与数据展现的商务智能解决方案，改善企业的商务决策水平[5]。要求高校培养的商务智能和数据挖掘人才必须具备业务理解、数据分析、数据挖掘、编程实践以及独立思考和分析解决问题的能力。

为适应智能时代对信息技术类人才能力的要求，"数据挖掘与商务智能"课程的教学模式主要采用基于任务驱动的 SPOC 混合教学模式[6]，基于逆向教学设计理论，立足课程教学目标，设计能力培养、教学方式和教学内容，思路如图 1 所示。

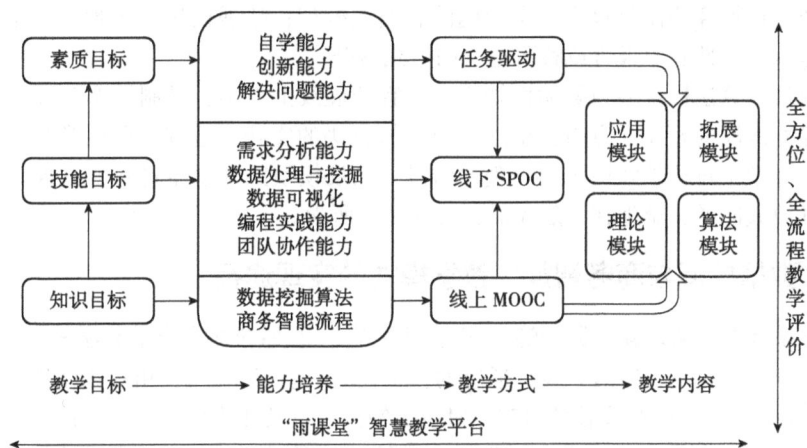

图 1　基于任务驱动的 SPOC 教学模式

（二）教学目标与能力培养

课程贯彻高素质创新型人才的培养目标，围绕 21 世纪核心素养发展要求以及人工智能快速发展对人才的需求，设置知识目标、技能目标与素质目标。其中，知识目标是培养学生系统掌握数据挖掘与商务智能的知识体系，以及商务智能、数据仓库、联机分析处理（OLAP）和数据挖掘算法等；技能目标是培养学生深入理解企业业务需求，分析企业业务流程和企业内部与外部数据，协助企业完成数据集成、数据转换、数据建模、数据分析、数据挖掘与数据展现的商务智能解决方案；素质目标是提升学生的科技创新、数据分析与处理、独立分析与解决问题、团队协作的能力，使其具备"诚信、专业、创新"的职业操守和"敢于担当，勇于奉献"的社会责任感。

知识目标通过识记性任务与操作性任务，以测验、提问的方式实现；技能目标通过分析性任务、表达性任务和思考性任务，以数据分析、数据可视化、图表解读与推理等形式实现；素质目标依托综合性任务，以小组讨论、方案制定的形式实现。

（三）教学方式的组织

基于布鲁姆认知层次理论，学生在课下自主完成知识的学习和理解；高层次的分析、评价、应用与创新则以"任务"为载体，在课堂上进行。整个教学过程围绕任务展开，具体分为 3 个阶段。

任务前阶段，以传递知识技能为目标，根据课程目标组织学生在课前进行线上自主学习、设置测试题检验学习效果，并对学生自主学习情况进行教学总结，发现课前学习中存在的共性问题。

任务阶段，以内化知识技能为目标，采用小组合作学习的方式进行教学。学生通过课前自主学习掌握了基本知识，在课中根据课前自主学习中存在的问题与老师、同学进行讨论，并在任务的驱动下，应用知识并提升技能。

任务后阶段，以固化和拓展知识技能为目标，依托课堂实验或课程实践形式进行。教师对学生在课内任务实践中存在的共性问题进行归纳总结，帮助学生查缺补漏，同时向学生发布拓展性任务，实现知识的创新与升华。

（四）教学内容整合

基于模块化设计思想，将教学内容划分为理论模块、算法模块、应用模块和拓展模块。其中，理论模块主要包括数据挖掘与商务智能的基本概念与基础理论；算法模块主要涉及数据挖掘中的分类、聚类和关联规则主要算法模型；应用模块强调商务智能中数据仓库的构建以及数据挖掘算法需要解决现实问题的思路或框架；拓展模块则包含实践拓展与科研拓展，具体以综合性实验报告或科研论文的形式展开。

理论模块与算法模块多为陈述性知识，适宜开展线上教学，录制微课并提供对应的慕课资源，建立匹配的题库；应用模块强调知识与方法的实践，适宜开展课堂教学，通过任务驱动，引导学生将所学知识应用于现实情景；拓展模块鼓励学生进行实践探索与科研创新，设计开放式问题，学生在课后完成，巩固课堂所学。

四、"数据挖掘与商务智能"教学模式的实现途径

（一）设计能够实现教学目标的、难度适中的、反映技术发展的教学任务

根据教学目标及学情特点，设计适宜的教学任务。基于任务驱动的"数据挖掘与商务智能"课程教学设计，根据章节教学内容、对应的知识点以及能力培养目标，设计了十大教学任务（表1），这10个教学任务都是课题组成员结合科研课题、企业需求设计的绝大部分都已代码实现的任务，为课堂教学和学生完成任务的指导奠定了很好的基础。

表 1　教学任务、章节、知识点与能力培养目标

序号	教学任务	教学章节	任务涉及知识模块	能力培养目标
任务 1	基于大数据的贫困大学生助学贷款决策模型	绪论	商务智能、数据挖掘、大数据、机器学习	查阅资料能力、自主思考与辨析能力、举一反三能力
任务 2	某汽车经销商的销售数据预处理	数据预处理	数据清洗、数据集成、数据转换、数据归约（特征选择、主成分分析）	查阅资料能力、分析与解决问题能力、编程实践能力
任务 3	某汽车经销商销售产品价格影响因素的分析	数据探索性分析	单个特征的可视化分析、描述性统计分析、分类统计、相关分析、方差分析	自学能力、理论与实践相结合能力、编程实践能力、独立解决问题能力、创新能力
任务 4	某自行车全球销售商的商务智能系统；国有林区林场智慧管理决策系统	数据仓库与OLAP 分析	数据仓库、事实与维度、星型模式、指标设计、上卷与下钻、多维分析	自学能力、理论与实践相结合能力、需求分析问题能力和数据可视化能力、陈述发言能力、报告撰写能力
任务 5	某超市的购物篮分析	关联规则与序列模式	频繁项集、支持度、置信度、增益度、关联规则、序列模式	自学能力、理论与实践相结合能力、编程实践能力、独立解决问题能力

（续）

序号	教学任务	教学章节	任务涉及知识模块	能力培养目标
任务6	基于多因素的房地产价格预测模型	预测模型	简单线性预测、梯度下降法、多元线性预测、预测模型评估	自学能力、理论与实践相结合能力、编程实践能力
任务7	基于餐饮业用户评论数据的情感分析模型	分类模型	分类、决策树、贝叶斯、SVM、Logistic 分析、KNN、词向量、不平衡样本、灵敏度、ROC、混淆矩阵等	文本分析能力、理论实践相结合能力、编程实践能力、创新能力、报告撰写能力
任务8	基于主题挖掘的开放政府数据研究的文本分析模型	聚类模型	聚类、欧几里得距离、基于层次的聚类、基于密度的聚类、基于划分的聚类	查阅文献的能力、数据分析能力、编程实践能力、创新能力、陈述发言能力
任务9	电子商务平台中的商品推荐模型	推荐系统	基于内容的推荐、基于用户的推荐、协同过滤推荐	理论与实践相结合能力、编程实践能力、报告撰写能力、陈述发言能力
任务10	基于图片检索的可视化商品推荐模型	深度学习	神经网络、感知器、MP 模型、BP 模型、梯度下降法	查阅文献能力、理论与实践相结合能力、编程实践能力、报告撰写能力

（二）构建与教学任务、 教学内容配套的线上资源

网络教学资源是帮助学生学习教学内容和知识点的关键要素。网络上有各种各样的海量资源，课题需要选出紧扣教学任务和内容、优质经典、形象生动而且反映技术前沿的教学资源，进一步确定相关讲义、视频、微课、B 站视频等，帮助学生学习基本知识点、理清学习思路，并提供及时、有针对性的指导和帮扶，帮助学生攻克重点难点。

（三）设计基于任务驱动的混合的 SPOC 教学方式

基于任务驱动的课堂教学是"教师的教"和"学生的学"围绕教学任务开展的双边活动，进行教学设计要处理好"任务、教师、学生"三者的关系。教学设计中要以教学任务为主线，师生围绕任务开展课堂教学活动。教师和学生在课堂教学中紧紧围绕教学任务逐步推进：①设计任务——创设情景，激发兴趣。②分析任务——厘清思路，确定方案。③完成任务——深入探究，编程实现。④评价任务——成果展示，综合评价。任务驱动教学法将填鸭式教学转变为探究式学习，将课堂还给学生，学生参与课堂活动，积极主动完成学习任务，从中掌握知识与技能。

（四）构建全方位、 全流程的学习考核和评估方式

为了能更加科学、公正地评价和评估学生的学习情况，构建一种全过程、全方位的评价模式。课程的考核与评估不仅要注重教学过程中线上资源的点击学习、课堂表现、教学互动、作业测试、小组讨论等过程性学习行为，还要将学生的自我评价、小组评价、学生互评与教师评价相结合，形成混合式评价；同时，将动态化的学习过程为代表的过程性评价与以期末考试为代表的总结性评价进行融合，考查学生课堂活动的参与度、编程实践任务的完成度，以及学生的创新思考、团队合作、陈述表达、报告撰写和运用知识解决现实问题的能力，力争构建一种更加科学、公平和合理的教学考核与评估方式。

五、 结论及展望

人工智能技术的发展为教育系统带来了机遇与挑战。本文基于"数据挖掘与商务智能"课程的教学模式的分析，依托智慧教育平台、线上教育资源和 ChatGPT 等人工智能技术和工具，通过技术赋能教育、技术创新教育、技术重塑教育，探索一套基于任务驱动的 SPOC 教学模式，完成教学目标、能力培养、教学任务和教学内容的设计，以期实现培养具备创新能力、数据分析能力和适应智能时代要求的数据挖掘与商务智能人才。目前正处于探索阶段，后续需要进一步结合教学任务和能力要求，评估这种教学模式的效果。

参考文献

[1]顾小清，李世瑾.人工智能促进未来教育发展：本质内涵与应然路向[J].华东师范大学学报(教育科学版)，2022，40(9)：1–9.

[2]张绒.生成式人工智能技术对教育领域的影响：关于 ChatGPT 的专访[J].电化教育研究，2023，44(2)：5–14.

[3]李爱华，续维佳，石勇.基于数据融合的商务智能与分析架构研究[J].计算机科学，2022，49(12)：185–194.

[4]萧文龙，王镇豪，陈豪，等.国内外商务智能及大数据分析研究动态和发展趋势分析[J].科技与经济，2020，33(6)：66–70.

[5]吴江，邹柳馨，胡忠义.大数据环境下电子商务学科的智能化转型和商务智能研究[J].图书情报知识，2020(5)：94–103.

[6]秦波，杨建.探索课程建设中的 SPOC 教学模式[J].中国大学教学，2021(3)：32–37.

党的二十大精神融入高校 "微观经济学"课程的路径探索

摘要：党的二十大是在中国进入全面建设社会主义现代化国家、向第二个百年奋斗目标进军新征程的重要时刻召开的重要会议。如何将党的二十大精神融入高校教学内容是当前的重要任务，也是推动课堂思政的内在要求。基于在北京林业大学"2023年寒假教师研修"相关课程的学习和"微观经济学"教学中的实践经验，本文探讨了党的二十大精神融入高校"微观经济学"课程建设的必要性，以及将党的二十大精神融入"微观经济学"课堂的切入点和路径，对进一步提升经济学课程思政教学改革提出了思路和建议。
关键词：党的二十大精神；微观经济学；课程思政；教学

一、 引 言

党的二十大是在中国进入全面建设社会主义现代化国家、向第二个百年奋斗目标进军新征程的重要时刻召开的重要会议，为开启社会主义新征程的指明了方向。党的二十大报告系统地总结了新时代中国特色社会主义取得的伟大成就，科学地阐述了习近平新时代中国特色社会主义思想的科学内涵，因此，如何将党的二十大精神融入高校教学内容是当前的重要任务，也是推动课程思政的内在要求。

为深入学习贯彻党的二十大精神，贯彻落实习近平总书记关于教育的重要论述，本文作者参加了北京林业大学"2023年寒假教师研修"相关课程。其中，"学习宣传贯彻党的二十大精神"的课程主要分为3章，包括"专家解读党的二十大精神""二十大代表谈教育""让历史告诉未来：学习百年党史，坚定历史自信"。通过学习专家的理论解读和多位教育一线工作者的实践经验，更深入地理解了党的二十大报告中提出的"实施科教兴国战略，强化现代化建设人才支撑"的重要意义，并认真思考了如何将党的二十大精神融入"微观经济学"课程的路径，为进一步提升经济学课程思政教学改革提出了思路和建议。

二、 高校教师应以"四有好教师"为准则， 不断提升立德树人和课堂思政水平

北京林业大学"2023年寒假教师研修"的课程中都明确强调了高校教师应以"四有好教师"为准则。党的二十大报告中也特别指出，培养什么人、怎样培养人、为谁培养人是教育的根本问题，这也是对高校教师提出的重要要求。为培养高质量人才，高校教师要按照习近平总书记提出的"三个牢固树立""四有好老师""四个引路人""四个相统一"的殷切希望，把敬业爱生作为教育工作的根本准则，以德施教、以德立身、以身作则[1]。要在课程建设中重视课堂思政建设[2]，"坚持不懈用党的创新理论最新成果武装头脑、指导实践、推动工作"[3]，将

作者简介：于 畅，北京市海淀区清华东路35号北京林业大学经济管理学院，教授，changyu@bjfu.edu.cn。
资助项目：北京林业大学研究生课程建设项目"'中级微观经济学'教学中课程思政的探索和实践"（KCSZ22010）。

习近平新时代中国特色社会主义思想、党的二十大精神切实融入高校课堂教学的各个环节，结合教学内容思考如何切入思政教学点，并注重从中国自身实践中总结经验和理论阐释。

三、 党的二十大精神融入高校"微观经济学"课程建设的必要性

"微观经济学"是所有经济管理专业的核心必修课程，也是经济管理类专业学习的起点，对学生在经济学基础理论的学习起到引领作用。"微观经济学"课程理论性较强，基本理论是基于西方理论分析背景，与我国当前经济发展和经济制度的实际情况具有一定差别，在客观上容易造成实践和理论上的脱节，仅依靠书本内容无法让学生更好地理解和认同中国特色社会主义经济理论体系本质。我国作为社会主义国家，发展经济的目的在于实现全体人民的共同富裕，中国制定相关经济政策的出发点和落脚点是广大人民的根本利益，这与西方经济学的本质不同。因此，在授课过程中不能简单地照搬西方经济学的理论范式，更需要在"微观经济学"课程内容中融入思政元素[4]，介绍中国经济建设和改革中的优秀成果，并指导学生思考和凝结符合中国自身发展实践和规律的经济学理论体系。

四、 党的二十大精神融入"微观经济学"课程内容的融入路径

党的二十大报告中阐述了过去 5 年的工作和新时代 10 年的伟大变革，为全面开启建设社会主义现代化国家的新征程提供了思想指引。"微观经济学"的主要章节都可以将党的二十大精神融入教学知识点，可以在教学内容中加入中国改革开放 40 多年的伟大成就、中国式现代化的内涵和实践、中国实现共同富裕和脱贫攻坚战的伟大壮举、中国推动经济全球化造福世界各国人民的具体行动等，强调传递中国智慧、中国主张、中国方案。图 1 展示了党的二十大精神如何融入"微观经济学"的主要章节以及融入路径和融入形式。

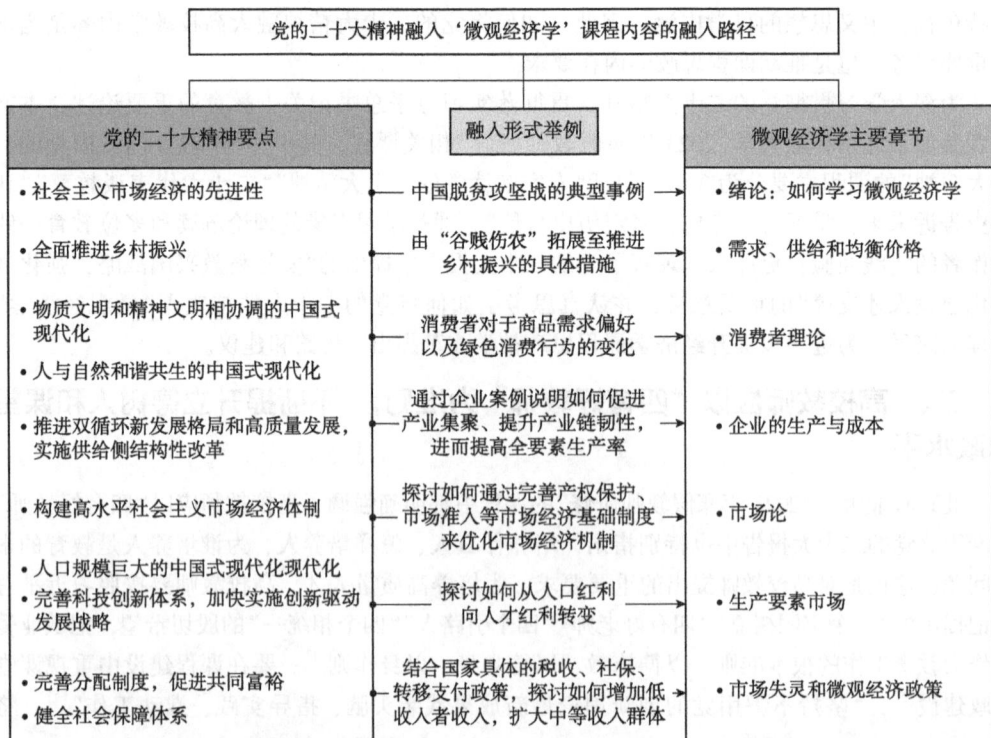

图 1　党的二十大精神融入"微观经济学"课程内容的融入路径

（一）绪论

该章节总体介绍了全课程的主要结构以及将要学习的重点理论。其中，在介绍经济学的演变和学习主线时，要特别强调学习经济学要紧密联系中国特色社会主义的实践，树牢"四个意识"，坚定"四个自信"，坚决做到"两个维护"。强调社会主义市场经济的根本目标是实现共同富裕，这是由社会主义性质决定的。社会主义市场经济是市场经济和社会主义制度结合在一起而形成的经济体制，它使市场在国家宏观调控下对资源配置起决定作用，可以有效解放和发展社会生产力，逐步实现共同富裕。融入路径可结合《中国减贫奇迹》《中国经济增长奇迹》等视频素材，生动地介绍中国经济增长和社会主义市场经济的模式和经验。

（二）需求、供给和均衡价格

该章节主要介绍价格控制和税收，价格上限和价格下限，弹性与税收归宿等。本章中"谷贱伤农"的经典议题，可以扩展至中国为实现脱贫、全面推进乡村振兴所出台的具体措施，讲解如何通过市场机制巩固拓展脱贫攻坚成果，增强脱贫地区和脱贫群众内生发展动力。通过讲解政府对农业市场的促进政策，引导学生理解党的二十大报告中提出的"健全种粮农民收益保障机制和主产区利益补偿机制，确保中国人的饭碗牢牢端在自己手中"。

（三）消费者理论

该章节主要介绍消费者的效用最大化原则，以及如何从消费者均衡推演到提出的需求曲线。本章在举例介绍需求价格弹性时，可以用医用防护服和口罩作为例子，来说明同一商品在不同情景下需求弹性会发生变化，进一步地引入中国在抗击新冠肺炎疫情中的伟大成就，坚持人民至上、生命至上，统筹疫情防控和经济社会发展取得重大积极成果，以及全国人民团结一心、共同抗疫的感人事例。另外，关于消费者偏好的变化，也可以引导学生讨论近年来消费者对于商品需求偏好的变化，可以体现中国式现代化中物质文明和精神文明相协调的进步性。另外，当前绿色消费理念逐步普及，政府通过政策引导消费者逐步选择绿色消费，体现了我国促进绿色消费工作取得的积极进展，激发和释放了绿色消费需求，这也体现了人与自然和谐发展的中国式现代化发展模式。

（四）企业的生产与成本

该章节主要介绍企业实现利润最大化的途径，如何实现技术约束下产量最大、成本最小，并通过厂商利润最大化的选择推演到供给曲线。本章可重点结合政府如何通过一系列的环境规定引导企业进行低碳技术和环保技术的改进和创新，进而实现经济社会和产业部门的绿色转型，广泛形成绿色生产生活方式。将双循环新发展格局和需求侧、供给侧改革融入本章知识点，向学生介绍我国如何促进产业集聚、构建和提升产业链韧性，进而提高全要素生产率。

（五）市场论

该章节主要介绍完全竞争市场和非完全竞争市场，要求学生掌握如何根据利润最大化原则确定产量、厂商的短期均衡和长期均衡，并对市场的经济效率做出评价等。本章可重点结合党的二十大报告对"构建高水平社会主义市场经济体制"的指导精神，探讨如何通过完善产权保护、市场准入、公平竞争、社会信用等市场经济基础制度，来优化市场经济机制。具体可以结合国家对市场反垄断和反不正当竞争的案例，如市场监管总局对阿里巴巴的反垄断调查等，体现了国家为破除市场垄断和引导资本健康发展的决断力。

（六）生产要素市场和收入分配

该章节主要介绍生产要素的供给原则，理解不同要素的供给曲线的特征。在授课过程中，向学生介绍我国如何充分发挥市场配置资源的决定性作用，疏通要素流动渠道，推动要素配置依据市场规则、市场价格、市场竞争实现效益最大化和效率最优化。在此可介绍中国特色社会主义市场经济的本质和特征，即以公有制为主体，多种所有制经济共同发展。确立劳动、资本、技术和管理等生产要素，按贡献参与分配的原则，完善按劳分配为主体，多种分配方式并存的分配制度。坚持效率优先、兼顾公平的原则，正确认识和有效调控收入差距。引导学生特别注意效率要通过市场来实现，初次分配为主要效率；公平要通过政府调控来实现，再分配注重公平。扩大中等收入者比重，健全社会保障体系。

（七）市场失灵和微观经济政策

该章节要求正确认识市场调节的有限性，理解市场失灵的主要原因，分析其如何导致市场失灵，并且了解校正市场失灵的主要方法。本章可以引导学生讨论如何通过政府经济政策来减少无谓损失，比如为实现共同富裕目标，要扎实推进基本公共服务均等化，防止落入福利主义的陷阱。要构建初次分配、再分配、三次分配协调配套的基础性制度安排，加大税收、社保、转移支付等方面的调节力度，扩大中等收入群体、保障低收入群体的利益，形成中间大、两头小的橄榄形分配结构。可以使用"学习强国"等APP进行课堂现场答题，加强学生对国家最新经济政策的敏锐性和理解力。

五、 党的二十大精神融入课堂教学要在考核中有所体现

对于党的二十大精神的领会和学习是一项长期的、系统的课程建设过程，需要通过相应的考核机制不断检验和调整教学效果。可以通过满意度问卷调查、座谈访谈的形式，来了解学生对党的二十大精神融入课堂内容的接受程度，让教师可以及时了解学生在学习过程中的难点，而且通过满意度调研也可以拉近师生距离[5]，更好地了解当代大学生对社会问题、国家政策的理解，引导学生增强家国意识和认同感。

党的二十大精神融入经济学课堂是必然要求，要在深刻领会党的二十大精神内容的基础上进行系统地、全面地、有效地融入。融入的教学形式要有理有据、有所创新，推进马克思主义中国化时代化，体现社会主义市场经济体制的先进性。中国共产党历来重视经济理论创新，在革命、建设和改革过程中通过不断创新的经济理论指导经济实践，推动中国经济取得举世瞩目的成就。在经济学教学过程中，要深刻领会习近平经济思想，立足国情、放眼世界，反映中国特色社会主义面临的时代问题，以此推动经济学的中国化构建进程。

参考文献

[1]习近平.思政课是落实立德树人关键任务的关键课程[J].奋斗，2020(17)：4-16.

[2]习近平.在北京大学师生座谈会上的讲话[N].人民日报，2018-05-03(2).

[3]习近平谈治国理政(第四卷)[M].北京：外文出版社，2022.

[4]李烨红.新时代高校思想政治理论课教学话语体系构建研究[J].学校党建与思想教育，2021(11)：27-29.

[5]马其南.着力构建高校思想政治理论课优质课堂生态的思考[J].思想理论教育导刊，2022(7)：107-113.

新工科背景下林业院校机电专业人才培养质量体系建设

文 剑 赵 东 赵 健 李艳洁 张 戎

（北京林业大学工学院，北京 100083）

摘要：当前，我国高等教育已步入普及化阶段，提升高等教育质量成为高等教育改革发展的重点，而"新工科"教育是在我国传统工程人才教育基础上提出的新的工程教育改革方向。本文以工学院机电人才培养实际为基础，采用了新工科教育理念，利用工程教育专业认证作为平台，通过校企共同参与人才培养顶层设计，在建立明确且可衡量的毕业要求、设计编排课程体系和实施课堂教学改革、持续改进教学质量保障机制、构建专业化师资队伍以及完善支持条件等方面进行了实践探索。通过探寻适合林业院校机电专业的创新应用复合型人才培养模式，以及新工科专业人才培养质量保障闭环体系的构建方案，旨在提升林业院校机电专业人才培养质量。

关键词：人才培养质量；新工科；OBE 理念；闭环体系构建

高等教育的质量是发展高等教育的基石，而提升人才培养质量则是其根本任务。"新工科"教育是以立德树人为核心任务，以应对变化、塑造未来为建设理念。通过继承与创新、协调与共享、交叉与融合等方式培养多元化、创新型卓越工程技术人才。使人才具有战略型、创新型、系统化、开放式的特点[1—2]。"新工科"人才具备较强的创新实践能力，同时也具备较高的国际竞争力。工程教育专业认证是国际通行保障工程教育质量的制度，为实现工程教育国际互认和工程师资格国际互认提供了重要基础[3]。通过工程教育专业认证可以展示学校办学实力，提升学校竞争力，并增强吸引优秀生源和推动国际化办学活动的能力。

工学院从 2017 年起开展工程教育专业认证工作和一流专业建设工作，构建了以"专业人才培养目标、专业人才培养方案、专业教学资源配置、专业教学组织、人才质量评价诊断"为主线的专业内部质量保证体系，依据工程教育专业认证的"学生中心，产出导向，持续改进"的核心理念，建立有效的质量监控和持续改进机制，全面覆盖教学质量监控的全过程和参与质量活动的全体人员，逐步形成一目标、两主线、三改进的三闭环人才质量保障体系[4]。一目标是质量保障目标；两主线分别是培养目标的合理性和达成情况与毕业要求的合理性和达成情况；三改进是培养目标、毕业要求和课程教学的持续改进。持续改进通

作者简介：文　剑，北京市海淀区清华东路 35 号北京林业大学工学院，教授，wenjian@ bjfu. edu. cn；

赵　东，北京市海淀区清华东路 35 号北京林业大学工学院，教授，zhaodong68@ bjfu. edu. cn；

赵　健，北京市海淀区清华东路 35 号北京林业大学工学院，副教授，zhaojian1987@ bjfu. edu. cn；

李艳洁，北京市海淀区清华东路 35 号北京林业大学工学院，教授，liyanjie@ bjfu. edu. cn；

张　戎，北京市海淀区清华东路 35 号北京林业大学工学院，副研究员，rongyi@ bjfu. edu. cn。

资助项目：北京林业大学教育教学改革项目"基于 OBE 理念的新工科背景下林业院校工科专业人才培养质量保障闭环体系构建"（BJFU2022JYZD004）；

北京林业大学教育教学改革项目"新工科背景下林业装备虚拟仿真实践教学体系建设研究"（BJFU2021JYZD006）。

过外环、内环和成果环三个闭环来实现：外环为培养目标的持续改进，内环为毕业要求的持续改进，成果环为课程教学的持续改进。持续跟踪改进教学培养质量并收集过程信息，形成"达成评价—反馈—改进—合理评价"的闭环管理体系，形成动态循环不断提升教育质量。

一、 人才培养质量闭环体系构建目标

以工程教育专业认证为平台，面向新工科教育，持续推进"四个回归"。加强本科教学的中心地位。将工程教育专业认证的理念和方式融入高校教学质量保障体系建设中，构建坚实的教学质量保障体系。逐步形成由全员质量保障(教师、在校生、校友、企业和行业专家等)、全过程质量保障机制(质量目标、机制、评价、实施、反馈和改进等)和工程人才培养全方位要素(培养目标、毕业要求、课程体系、学生、师资队伍、持续改进和支持条件等)构成的三维立体模式。全面加强对工程教育质量的把控和改进，构建由决策机制、执行监控机制、检查与评价机制、反馈与改进机制、外部保障机制构成的"五位一体"的工程人才培养质量闭环保障体系。

二、 人才培养质量闭环体系构建

（一）基于工程教育专业认证的教学质量标准和教学规范

根据国家本科专业类教学质量标准要求，将专业设置的要求、人才培养和专业建设要求以及人才培养质量评价集成到一个标准体系中[5]。结合工学院实际情况，在新工科背景下，基于 OBE 理念制定本科专业类教学质量标准。

为符合国家标准和结合北京林业大学办学定位，通过走访和调研相关高校、行业和职能管理部门，制定了工学院 4 个本科专业教学质量管理体系，重新修订了 4 个本科专业的人才培养方案，包括人才培养目标、毕业要求和"平台+模块+课程群"的课程体系。以学生的学习、发展和效果为核心，依据学生个性发展和学校共性发展需求，研究定性评判与定量考核、短期绩效目标与长期质量目标之间的关系，在此基础上，建立覆盖学生培养全过程的科学合理的教学管理质量标准。

建立以学生能力达成为中心，完善全过程、全方位的教学管理质量监控机制，具体包括：①制定明确合理的培养目标和毕业要求。经过教师、学生、企业和行业专家讨论，结合专业特点明确学生应具备的知识、技能和素养，并将其转化为具体的培养目标和毕业要求。②设立有效的合理性评价和达成性考核制度。依据毕业要求与课程目标之间的对应关系，并在教学大纲中明确教学要求和考核评估方式，确保每门课程都有明确的评估方式来衡量学生在各项能力上的实际水平。设立合理性评价和达成性考核制度并进行有效监测。③完善规划的教学大纲，修订完善办法，建立规范化、制度化的教学大纲修订流程。包括广泛征集意见、专家评审等环节，并持续更新，确保与行业需求和发展趋势保持一致。④加强毕业生跟踪和社会评价管理。建立毕业生跟踪评估系统，通过收集毕业生就业、职场表现和用人单位满意度等信息，同时引入社会评价机制，邀请行业专家、雇主和校友参与对毕业生的能力评估，用于评价培养目标达成情况。⑤完善学生学业预警保障机制。建立学生学情检测系统，定期跟踪学生成绩、出勤率以及其他相关指标。对于出现的问题和困难，及时提供支持和帮助，在适当时机采取措施进行有效干预。⑥强化过程考核、实习实践能力素养达成评价方法。规范教师在课程教学中的多元化形成性评价方式，注重对学生思维能力、创新能力、解决问题能力和工程师素养的培养。加强实习实践环节中的督导与反馈机制，确保学生具备独立思考，独立完成解决实际问题的能力。

通过以上改进措施，通过"两合理、三达成"的持续改进机制，不断完善以学生为中心的形成性评价体系。促进教育质量提升，确保培养出具备专业要求的知识、能力和素养的合格的工程师人才。

（二）构建闭环反馈的教学质量保障模式

依据学校检查、分析、反馈、改进的运行机制总体要求，包括期初教学检查、期中教学检查、期末教学检查、专项检查和评教、评学、评考、评管，以及向相关职能部门反馈、向院（系）反馈、向教师反馈的质量保障体系。研究考虑从目标、过程、反馈3个环节入手，分析影响工程教育教学质量的关键因素和院级质量保障体系的关键运行环节，研究如何将收集的教学质量反馈信息用于人才培养目标的修订、教学计划的调整、课程体系的制定和教学过程的指导，形成"达成评价—反馈—改进—合理评价"的闭环反馈机制（图1）。具体包括：

①开展讨论座谈。以教研室、系、专业为单位，定期开展人才培养质量提升讨论，分别组织召开毕业生、在校生座谈会，共同制订、修改和完善教学质量监控制度，形成科学规范的教学管理制度体系。②强化制度管理。以制度强化管理，确保各项制度的贯彻和落实。③邀请外部专家参与研讨会。不定期邀请用人单位、校友、企业行业专家，组织召开林业院校工科专业教学质量研讨会，参加国内外专业建设培训会，借鉴其他高水平院校或者行业先进经验，不断完善和调整教学内容、方法和手段。④构建闭环保障体系。建立多级人才培养质量闭环保障体系，包括行业企业专家、用人单位、毕业生、教学指导委员会、专业教师以及在校生等各方的参与。通过全方位的协作，确保人才培养过程中每个阶段都得到有效监督和支持。

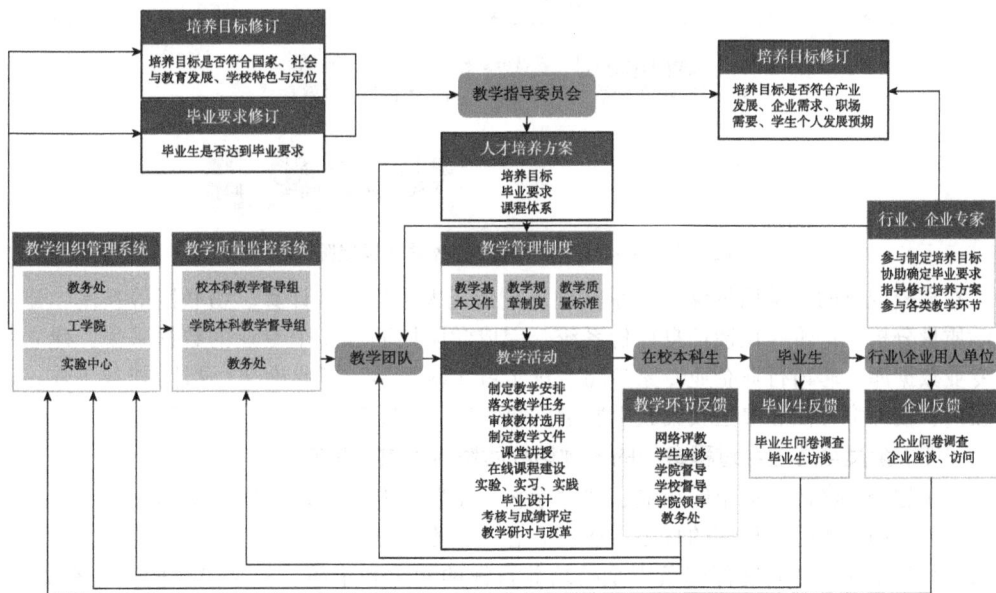

图1　全方位多级人才培养质量闭环保障体系

在课程质量考核监控环节，将学生学习效果，学习的知识、能力和素养的达成纳入教学质量监控环节。由授课教师在课程结束时完成课程达成分析报告，评价和反思学生的学习效果，并提出下一轮教学持续改进的方案；同时，教研室主任、专业负责人和教学指导委员会负责审核教师授课效果以及过程性评价的合理性，并给出意见反馈，对授课教师提出的持续改进方案进行审查并提供建议。

（三）建立工程教育教学质量保障和改进的有效机制

教学管理制度的合理制定与有效实施是为了提高教学质量和确保学生学习效果。构建基于 OBE 理念的学校—学院—专业三级教学质量保障体系，并建立全链式持续改进机制，以评价和反馈指导教学质量持续改进(图 2)。

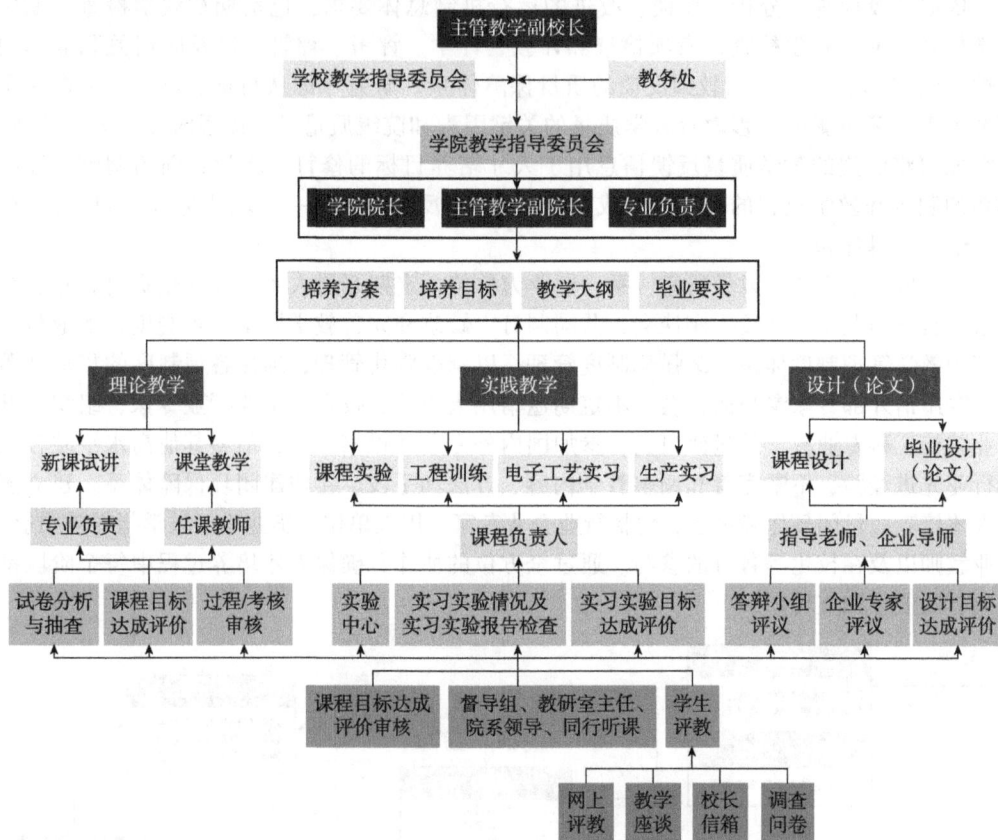

图 2　学校—学院—专业三级教学质量保障体系

在学校现有的教学质量保障体系基础上，依托大数据、云计算、物联网等技术，建立教学质量分析—评价—反馈信息评价系统。完成学院层面和 4 个专业的数据采集，建立院内专业数据库。聘请行业企业专家参加本科实习实践教学、毕业论文(设计)指导工作。通过校内、校外多方面和渠道收集教学质量反馈信息，促进教育质量不断改进与提高。

（四）全员全方位全过程参与的人才培养质量持续改进机制

为了健全持续改进的组织机制，建立学校—学院—专业三级双向互动的质量监控保障体系，并明确各级组织机构的权限、职责和相互关系。学校层面的教学指导委员会与教务处及本科教学相关各职能部门负责全校培养目标的制定和审核，教学过程的运行和监控，以及各专业人才培养方案修订的指导和审核，还包括处理教学过程中出现的问题并提供改进建议。在学院层面，设立学院教学指导委员会，由学院院长、教学副院长、专业负责人以及专业资深教授担任成员，负责全院范围内教学过程的运行、监督和检查工作，组织和管理全院各专业人才培养方案的修订工作，并评价、反馈和对专业人才培养目标、课程体系等方面提供改进建议。在专业层面，专业教师协助专业负责人，教研室主任以及专业骨干教师组成课程群组，负责专业内课程教学过程的运行、监督和检查工作，修订专业人才培养方案，并评估、反馈和持续改进关于专业人才培养目标和毕业要求的达成情况。

在人才培养质量持续改进机制实施过程中，涉及的校内人员包括学校主管领导、学校教学督导、职能部门主管领导、学院领导班子全体成员、学院教务管理人员、专业负责人、教研室主任以及所有任课教师和在校生等。校外人员包括行业企业专家、兄弟院校同行、用人单位主管领导、毕业生和第三方评价机构，真正实现以学生为中心，以产出为导向，教学质量全方位全过程、全员参与为基础的质量监控保障体系。

（五）探索新工科创新人才培养新路径

工程实践能力是工科专业人才培养的核心。为持续满足新兴产业对人才的新要求，需要通过不断优化学科专业布局、深化产教融合来推动新工科理念的发展。同时，加强校企合作，打造工程实践教育平台，并积极组织学生参加各种创新创业竞赛和讲座等活动，有目的性地锻炼学生的创新能力，培养学生的实践能力，提高人才培养质量。

面对新形势下国家林草行业以及生态文明发展中出现的新需求，需要在不断改革和创新新工科和新林科专业发展与人才培养方面做出持续努力。升级改造学院内传统工科专业，包括机械设计制造及其自动化、电气工程及其自动化、车辆工程和自动化4个专业。聚焦科技前沿领域，并与生态文明建设和林草行业重大需求紧密对接，加强产学研合作和科教融合。

优化课程体系并引入前沿技术模块，如人工智能、智能制造、大数据以及机器人技术等，使其融入传统专业课程体系。探索多学科交叉型专业模式，培育"智能+"生态文明的新兴领域发展的增长点，并致力于培养具备工程技术能力和科学发现能力的未来创新应用复合型卓越人才，进一步优化多维复合型人才培养模式。持续推动新工科和新林科专业的发展与提升人才培养质量，促进学科专业一体化发展，以更好地适应国家林草行业和生态文明建设发展的新形势和需求。

三、结　语

本文在构建林业院校机电专业人才培养质量保证体系过程中，开展了适应新工科教育背景和结合学校实际的本科教学质量标准和保障体系建设工作。同时，融入国际工程教育认证理念，以培养学生核心能力为主要目标，制定了教学质量标准和一系列教学规范，构建了适合林业院校工科专业的人才培养质量保障闭环体系，建立多元评价体系和教学诊断改进机制，确保人才培养质量。

参考文献

[1] 黎一强，林彩梅. 用OBE理念引领专业人才培养质量保证体系建设[J]. 大学教育，2021(5)：160-162.

[2] 徐华东，陈能志，徐国祺，等. "双一流"建设背景下森林工程专业人才培养质量评价体系研究：以东北林业大学为例[J]. 佳木斯大学社会科学学报，2021，39(2)：187-188.

[3] 王力. "新工科"背景下高校专业人才培养质量评价体系研究[J]. 工业安全与环保，2020，46(7)：42-44.

[4] 李志义. 对我国工程教育专业认证十年的回顾与反思之一：我们应该坚持和强化什么[J]. 中国大学教学，2016(11)：10-16.

[5] 巨能攀，许强，陈礼仪，等. 传统优势工科专业人才培养质量体系的构建与实践[J]. 成都理工大学学报（社会科学版），2008，16(4)：97-100.

"双一流"背景下林业院校机电学科专业及课程一体化建设

——以北京林业大学工学院为例

赵　东　赵　健　吴　健　文　剑　张　戎

摘要：在"双一流"建设的背景下，为更好地做强一流本科、建设一流专业、培养一流人才，全面振兴本科教育，学校提出"以本为本"十项举措。对学校的工科来说，如何融入学校的"双一流"建设，是一个新的挑战和机遇，林业院校机电学科要想取得长足发展，进行"学科—专业—课程"一体化建设势在必行。基于此，本文阐述了工学院"学科—专业—课程"一体化建设的意义，并从多个方面详细论述了工学院如何实现"学科—专业—课程"一体化建设的相关策略。

关键词："双一流"；学科建设；林业院校工科；一体化建设

"双一流"建设方案的提出，为高校的发展提供了更多的机会，作为"双一流"建设高校，北京林业大学提出了"雁阵式"学科发展体系[1]，机械工程等学科成为支撑学校一流学科建设的主要组成部分。为此，机电学科紧抓国家生态文明建设和产业结构调整的战略机遇，以生态建设、林草业高质量发展、乡村振兴和传统产业升级改造对新型人才的需求为目标，加强学科专业建设，明确学科特色，重点是打造一流学科、一流专业和特色课程，这些工作的好坏直接决定了林业院校机电学科专业未来的发展。同时，林业院校工科学科专业也需要明确自身定位，由此来构建学科、专业和课程的一体化建设，三者需要共同进步，这样才能在多学科协同发展中走出一条具有自身特色的发展道路，促进学科交叉融合，充分激发学科内生动力和建设活力。

一、 学科专业及课程一体化建设的意义

林业院校的学科建设多由发展规划处负责，专业和课程的设计建设由教务处负责，同时科技处、研究生院和人事处等行政部门也参与其中。这些部门之间相互平行，如果各部门在学科建设、专业建设和课程建设的规划制定、落实执行、评估检查等方面互不联系，缺乏有效的沟通协调，各自独立运行，会造成令出多门，下属各学院无所适从的现象。此

作者简介：赵　东，北京市海淀区清华东路35号北京林业大学工学院，教授，zhaodong68@bjfu.edu.cn；
　　　　　赵　健，北京市海淀区清华东路35号北京林业大学工学院，副教授，zhaojian1987@bjfu.edu.cn；
　　　　　吴　健，北京市海淀区清华东路35号北京林业大学工学院，高级实验师，wujian198908@163.com；
　　　　　文　剑，北京市海淀区清华东路35号北京林业大学工学院，教授，wenjian@bjfu.edu.cn；
　　　　　张　戎，北京市海淀区清华东路35号北京林业大学工学院，副研究员，rongyi@bjfu.edu.cn。
资助项目：北京林业大学教育教学改革项目"新工科背景下林业装备虚拟仿真实践教学体系建设研究"
　　　　　（BJFU2021JYZD006）；
　　　　　北京林业大学教育教学改革项目"基于OBE理念的新工科背景下林业院校工科专业人才培养质量保障闭环体系构建"（BJFU2022JYZD004）。

外，林业院校的经费大多紧张，工科学科专业的经费更紧张，没有足够的资金投入学科建设、专业建设和课程建设当中，严重制约了建设的进度，也影响了建设质量。因此，必须根据实际情况，既看到三者的区别，更要重视三者的联系，采取科学有效的办法，让学科建设、专业建设和课程建设三方面实现一体化。在学科建设中，优化学科战略布局，强化学科优势特色，构建多样化的交叉学科体系；在专业建设中，按照社会和行业需求[2]，体现"新工科"建设要求；在课程建设中，要遵循学生的认知规律，坚持以学生为中心，以OBE 为导向，以培养一流人才为目的。

二、 学科专业及课程一体化建设的策略

（一）发挥一流学科优势， 形成学科专业一体化新理念

北京林业大学是以生物学、生态学为基础，以林学、风景园林学、林业工程、草学和农林经济管理为特色，是农、理、工、管、经、文、法、哲、教、艺等多门类协调发展的大学。学校的资源相对较为有限，因此在学科建设中，在集中资源重点发展优势学科的同时，也要加大对其他学科的支持力度。核心原则是要做增量改革，而非厚此薄彼。国际通用的优先发展学科领域原则有 3 条：一是学术卓越原则，二是社会需求原则，三是跨学科原则[3]。学科建设发展的主体是院系等基层学术组织，注重院系规划同样重要，要强化学院院长、学科负责人对学科建设的规划、组织、实施、协调等作用，按照一流学科、一级学科和交叉学科，实行学校、学科群(学院)、学科三级组织两级管理制度。在院系规划过程中，要向世界一流大学的优势学科学习，通过不断学习进行改进和创新，实现一流学科带动支撑学科共同发展的目的。

林业院校机电学科专业一体化的建设要打破学院、学科壁垒，构建有利于深度交叉融合、孕育新学科(方向)的机制，要将不同学科之间的知识和技能进行整合，形成强调跨学科的交叉和融合的新模式、新理念，学科之间能够相互促进和补充，并注重学生的实践能力和创新能力的培养。目前，工学院拥有机械工程一级学科(含 4 个二级学科)和林业工程一级学科下的两个二级学科(林业装备与信息化和林业电气化与自动化)，以及 4 个机电类的本科专业。通过"工学+"林学、风景园林学、林业工程、草学和水土保持与荒漠化防治学等，构建新的交叉学科，打造具有林业院校特色的一流本科专业。工学院的 4 个本科专业定位为：致力于构建符合"新工科"发展需求的人才培养体系，培养具有机电类专业基本技术和专业知识、具备现代科技理念和创新精神、能解决机电工程及与林草业、生态等交叉领域复杂工程问题的复合型创新人才，建成国内一流本科特色专业。

（二）创新教育理念， 建立工程教育专业认证的评价体系

工程教育专业认证和学科评估是工程教育质量保障体系中的两个重要组成部分，目的都是提升人才培养的质量。在实践中发现，以教师为中心，以课本为中心，以课堂为中心的知识传授型的大学教学模式，越来越不利于创新人才的培养。2018 年全国教育大会提出了"以本为本，四个回归"的根本目标，建立与之相适应的专业教育模式，响应创新驱动发展战略，成为高校教育改革新的方向。在这一大背景下，高等教育为了培养学生创新意识和创新能力，必须与时俱进，对教育理念进行创新，建设以学生为中心的专业教育模式。这种专业教育模式主要体现在：一是强调以学生为本，面向全体学生，将学生作为首要服务对象，学生和用人单位对学校或专业所提供服务的满意度是重要指标；二是强调以学生为中心，以学生学习产出为导向，对照毕业生核心能力、素质要求，评价专业教育的有效性；三是强调质量持续改进，这是工程教育专业认证的主要任务。

工学院面向新工科教育，以工程教育专业认证和学科评估为平台，适应机械与自动化

行业的最新发展需求，与林业、生态等北京林业大学优势领域有机结合，构建"特色—融合—发展"的协同育人模式，逐步完善学科专业交叉人才培养体系。机械设计制造及其自动化是国家级特色专业，也是国家级一流本科专业建设点。

（三）科教融合，探索林业院校机电人才培养新模式

创新人才培养模式必须重视教学方式方法的变革，科教融合和产教融合是培养拔尖创新人才的两种方式。教学和科研又是高等院校两大基本职能，要在教学与科研实践中不断认识科研和教学的本质，从科研反哺教学角度寻求两者之间的联系并使其相统一，树立教研一体化意识，逐步形成理论研究反哺教学、应用研究反哺教学、技术开发反哺教学等模式。

林业院校机电学科专业的特色是以工业新技术、新装备服务于林草生产建设，由于林草装备大多需要特定的作业环境、操作难度大，很难直接应用于教学。为此，工学院整合优化配置林草装备的北京市实验教学示范中心、国家林草局重点实验室、工程技术研究中心等教研平台，开展林草装备作业虚拟仿真实践教学研究项目，获批"人工林抚育作业及造材控制虚拟仿真实验"国家级虚拟仿真一流本科课程，形成了具有林业特色的新工科内容，加大了科教融合。

同时，学院对已构建的"六位一体"的实践教学体系（参观实习—课程实验—综合实习—科研训练—毕业论文—毕业实习）进行优化，确保科研对教学的积极促进作用。同时，积极与企事业单位谋求合作，扩展、新建创新创业实践基地，统筹规划校内实习基地建设方案，推动大学生创新创业项目和学科竞赛，大力推进产教融合，引入企业优势资源，提升学生的实践能力和创新能力，助力专业建设。

（四）重视课程建设，创新支撑学科专业发展的课程体系

质量是高等教育办学的生命线，要提高教学质量，就要从教学的基本建设——课程建设做起[4]。要做好课程建设，课程的地位和作用、课程的特点和学科的横向联系是需要思考的问题，这就要求课程必须达到高水平的精品课程，而且具有特色。教学改革也是以专业为基础的课程体系改革，在课程建设中，一个不可回避的问题是如何优化设计一个专业的课程体系。

在课堂教学中，工学院打破以往的灌输式教学，教师根据课程特点，在教学运行中积极采用"线上互动式教学"或"线上线下混合式教学"模式，利用网络 APP 组建小规模学习组织，即时解决学生学习过程中遇到的问题，实现学生随时随地登录终端，参与教学活动。学生可将遇到的问题提交到网络群组中讨论并得到老师和同学的帮助，教师可以在不同的群组提供不同层次、不同内容的教学内容，充分调动师生的积极性，采用"教学协同"的新型高等教育模式。此外，积极引进和使用国内外优质在线开放课程，推进专业精品资源共享课的建设。

在课程建设中，以两性一度为标准，通过教学模式、教学内容、教学方法及教学评价探索"金课"建设思路，例如工学院建设的以"材料力学""机械原理"等课程为主的课程群，以设计为主线重构教学内容，明确学生学习目标，融入课程思政，突出高阶性；采用"螺旋教学模式+习题/文献+思维导图"的教学策略，强调参与式学习，锻炼学生创新设计能力，体现挑战度；将现代信息技术、林业工程、风景园林等学科发展前沿与机械工程融合，强化课程的创新性，注重过程化考核，建立多元评价体系。

（五）引育并举，建设学科专业及课程一体化的师资队伍

拥有一支师德高尚、治学严谨、学术水平和教学水平"双高"的教师队伍是保证学科、专业和课程一体化高质量建设的关键。

为进一步优化师资结构、强化师资力量，工学院采取"高层次人才+青年博士"模式，从国内外知名高校引进青年教师，优化教师年龄结构，并引进一批具有高学术水平或丰富工程经验的专家学者作为校外导师、北林学者，或短期柔性引进国内著名专家承担兼职工作，如授课、学术讲座、毕业设计指导等工作。学院内部建立了"学科负责人—专业负责人—主讲教师"的岗位分工协调制，进一步明确岗位职责，做到各司其职、通力合作，做好学科、专业和课程一体化建设。不断强化"系主任—教研室主任—实验室主任—教辅人员"四位一体的教学队伍建设，从理论教学、实践教学保障教学团队的课程运行效率及教学效果。另外，以"本科导师+课题负责人"为载体，积极推进本科生科研训练、学生管理、项目实施、技能培养工作，全面提升教学及育人质量。

三、结 语

林业院校工科专业、课程一体化建设应致力于培养林草行业创新人才，能够解决林草业领域中的工程技术问题，服务国家生态文明建设、美丽中国建设、绿色发展和乡村振兴等重大战略。同时，紧密围绕学校"双一流"学科发展的主要目标进行专业建设，实现人才培养一流、教师队伍一流和专业建设一流，提升学科的竞争力。要利用好资源，最大程度地发挥资源的作用，为行业、领域和区域经济发展贡献力量，反之，行业、领域和区域经济的发展又会增加新的资源，由此实现林业院校工科专业长期稳定的高质量发展。

参考文献

[1]北京林业大学.北京林业大学事业发展"十四五"规划(2021—2025)[Z/OL].(2022-12-08)[2023-08-10].http://fzghc.bjfu.edu.cn/test6/ghwb2/394591.html.

[2]陈贝贝，张艺潇，范凌云，等.一流学科建设背景下强化本科专业建设的探讨[J].科教导刊(上旬刊)，2019(4)：34-36.

[3]周光礼."双一流"建设中的学术突破且论大学学科、专业、课程一体化建设[J].教育研究，2016，37(5)：72-76.

[4]徐秀伟.高校课程建设与教学质量关系之比较[J].建材高教理论与实践，2001(3)：85-86.

"植物资源化学"课程思政元素"内生式开发"初探

边 静 吕保中 马明国 袁同琦 宋先亮

（北京林业大学材料科学与技术学院，北京 100083）

摘要：课程思政是落实立德树人根本任务的重要抓手。党的二十大报告进一步强调了课程思政在人才培养中的地位和作用。通过对"植物资源化学"课程本身思政资源的"内生式开发"，进而精心设计融入课堂教学，鼓励学生肩负起时代赋予的责任和使命，激发爱国热情和民族自豪感，激励学生勇于创新和突破，培养科学分析和解决问题的能力，拓展学习深度并提升科研敏感度，有效推进课程内容与课程思政融会贯通，实现全程育人、全方位育人。

关键词：植物资源化学；课程思政；思政元素；内生式开发

党的二十大报告指出，"教育是国之大计、党之大计。培养什么人、怎样培养人、为谁培养人是教育的根本问题。育人的根本在于立德"，要"全面贯彻党的教育方针，落实立德树人根本任务，培养德智体美劳全面发展的社会主义建设者和接班人"[1]。习近平总书记在全国高校思想政治工作会议中也强调，"我国高等教育肩负着培养德智体美全面发展的社会主义事业建设者和接班人的重大任务，必须坚持正确政治方向。高校立身之本在于立德树人"[2]。这些重要论述为新时代高校教育，尤其是课程思政工作提供了根本遵循，也揭示了课程思政在人才培养中的地位和作用。

高校作为青年学生教育的主阵地和主战场，课程教学是实现知识传授和人才培养的主要途径。在此过程中，专业理论课程作为核心载体，结合专业特点、思维方式和理念价值，有机地融入思政元素，将思想政治工作贯穿于理论知识传授的全过程，是实现全程育人、全方位育人，并在潜移默化中引导广大青年学生形成正确的世界观、人生观、价值观的重要手段[3]。

一、"植物资源化学"课程思政建设的重要意义

"植物资源化学"是以四大化学及植物学等课程为基础，研究植物纤维及各化学组分（纤维素、半纤维素、木质素和抽提物）的结构、性质及利用的科学，是北京林业大学林产化学加工工程学科重要的专业基础必修课，也是硕士研究生入学考试的专业课。该门课程

作者简介：边 静，副教授，北京市海淀区清华东路35号北京林业大学材料科学与技术学院，bianjing31@ bjfu. edu. cn；

吕保中，北京市海淀区清华东路35号北京林业大学材料科学与技术学院，讲师，lvbaozhong@ bjfu. edu. cn；

马明国，北京市海淀区清华东路35号北京林业大学材料科学与技术学院，教授，mg_ma@ bjfu. edu. cn；

袁同琦，北京市海淀区清华东路35号北京林业大学材料科学与技术学院，教授，ytq581234@ 163. com；

宋先亮，北京市海淀区清华东路35号北京林业大学材料科学与技术学院，教授，sxlswd@ 163. com。

资助项目：北京林业大学研究生课程思政建设项目资助（KCSZ23043）；

北京林业大学教育教学研究重点项目"打造一流课程体系，培育卓越拔尖人才"（BJFU2021JYZD007）。

贯穿于林化专业的本科和硕士阶段，具有课程内容丰富、理论性强、与社会生活生产联系紧密等特点，决定了"植物资源化学"课程蕴含着丰富的课程思政资源。

"植物资源化学"的初次授课对象是林业工程大类招生中选择林化专业的学生。在刚刚结束大一、步入大二开始接触专业核心课的阶段，学生对该课程重视程度和学习积极性均较高。此外，该课程也是后续"生物质清洁分离与绿色转化技术"及"生物炼制产业发展概论"等课程的先修课，对有意在本专业继续深造的学生而言，也起到非常关键的科学入门指引作用。因此，如何拓展课程的深度、广度和温度，有效调动和激发学生的学习热情、提高学习效果和专业兴趣；如何引导学生形成健全的人格，以及正确的世界观、人生观和价值观；如何引导绿色学府的学子树立和积极践行"两山"理念，激发科技报国的家国情怀和使命担当；如何培养专业过硬及品德优良的新时代创新人才，对实现立德树人的根本目标至关重要。因此，应当注重"植物资源化学"课程思政的"内生式开发"，即着眼于课程和教学方式本身思政资源的挖掘；不断探寻课程思政的教学规律，精心设计引入课堂教学，并在此基础上，促进专业课与课程思政同向同行，增强知识传授与价值引领的有机融合，在这门课程中"守好这段渠、种好责任田"，在润物无声中实现立德树人[3]。

二、"植物资源化学"课程思政的"内生式开发"思考

教育部在《高等学校课程思政建设指导纲要》中明确要求，要深入挖掘各类课程和教学方式中蕴含的思想政治教育资源[3]。"植物资源化学"是植物资源与植物化学相互交叉融合的一门基础科学，不仅课程内容丰富，而且与人类的生活和生产有着非常紧密的联系。其中，通过运用现代科学技术，高效地开发利用植物资源这一可再生资源，既是促进人与自然和谐共生的有力手段，也是人类长期以来追求的目标。因此，该课程的特点决定了其思政元素原本就蕴含在课程内容中，而不是在专业课的基础上去额外添加、生搬硬套，为授课教师从课程思政融合点的"外引式开发"转向"内生式开发"提供了有力支撑。与此同时，对专业授课教师在政治、文化及专业素养等方面也提出了更高的要求。授课教师既要深入掌握本门学科知识的内在逻辑，梳理课程发展脉络，优化设计课程内容，也要关注当下时政热点，熟悉国家及行业最新政策，密切跟踪科技前沿动态，总结提炼学科发展史中的榜样精神，及时了解当代青年学生的学习状态和思想动态。在此基础上，尊重学科规律，全方位、多层次地深入发掘专业课程内容中蕴含的德育知识，运用思政教育思维，创造性地与专业知识融会贯通[4]。

三、"植物资源化学"课程思政的"内生式开发"设计

基于"植物资源化学"的特点，本门课程集知识传授、能力培养、价值观引领于一体，通过问题式教学、启发式教学、项目驱动式教学、案例式教学、探究式教学等多种方法相结合，从肩负时代使命、厚植爱国情怀、践行可持续发展理念、运用科学理论解决问题、勇攀科学高峰等多角度融入思政元素，开展"内生式开发"设计。"植物资源化学"课程内容所融合的部分课程思政教学设计见表1。

表1　课程教学内容融合的思政元素设计

章节	思政元素融入点	课程思政教学设计	预期成效
植物纤维的生物结构和细胞形态	不同植物纤维原料之间的差异	问题教学法：棉纤维衣物为何比合成纤维更受消费者的青睐	培养学生思考问题、解决问题的能力及认真钻研的科学精神

（续）

章节	思政元素融入点	课程思政教学设计	预期成效
植物纤维的物理性质和化学成分	1. 不同树种的木材物理性质的差异； 2. 木材的性能如何影响其应用	启发式教学：木材资源高效、合理利用对解决资源供需矛盾产生的影响	宣传贯彻我国林业资源现状和国家政策；鼓励学生树立尊重自然、保护自然的生态文明理念
提取物	1. 我国在提取物研究领域的巨大贡献； 2. 我国特色资源介绍及对提取物的高值化利用	1. 案例式教学：介绍我国科学家屠呦呦的学术成就与爱国奉献精神； 2. "项目驱动"法教学：我国提取物高值化利用途径	增强学生的民族自豪感和专业自信，调动学习热情；培养学生脚踏实地的科学研究精神和实践创新意识
木质素	1. 工业木质素的来源及性质； 2. 木质素的利用	1. 案例式教学：介绍我国制浆造纸企业在木质素处理和产品开发现状；介绍授课教师在木质素基胶黏剂及可再生地膜开发方面的成果； 2. 探究式教学：鼓励学生检索文献，查找木质素功能材料和产品研究最新进展	强调绿色发展、循环发展、低碳发展，平衡发展和保护的关系，引导学生树立"绿水青山就是金山银山"的发展理念；增强学生的专业认同感，提升学习热情和效果
纤维素	1. 纤维素概述； 2. 纤维素溶剂； 3. 纤维素的利用	1. 案例式教学：介绍"安塞姆·佩恩奖"及我国纤维素化学家陈国符教授和张俐娜院士生平事迹； 2. 探究式教学：纤维素改性利用及前沿进展	引导学生以科学家为偶像，领略科学家们远见卓识及严肃、认真、细致的工作作风，激发学生的学习兴趣；提高和增加学习使命感和责任感
半纤维素	1. 半纤维素基本概念； 2. 半纤维素的利用	1. 启发式教学：半纤维素概念提出的历史发展； 2. 案例式教学：介绍对玉米芯"吃干榨净"式的综合利用	培养学生脚踏实地的科学研究精神，开阔科学思维和视野；树立绿色循环、低碳环保的理念

（一）践行绿色发展理念，鼓励肩负起时代使命和责任

我国农业生产的体量巨大，每年会产生大量的废弃物，因森林采伐、林木加工所产生的废弃物也量大面广。传统模式下，农作物秸秆等将粉碎还田或者直接进行露天焚烧，不仅破坏了生态环境、浪费了宝贵资源，也严重阻碍了"美丽中国"的建设和发展。在全国资源紧张、生态恶化的趋势背景下，我们党很早就提出了绿色发展理念，要求推进生态文明建设。党的二十大报告也进一步强调，要"推动绿色发展，促进人与自然和谐共生。大自然是人类赖以生存发展的基本条件。尊重自然、顺应自然、保护自然，是全面建设社会主义现代化国家的内在要求。必须牢固树立和践行'绿水青山就是金山银山'的理念，站在人与自然和谐共生的高度谋划发展"[1]。植物纤维资源作为地球上分布广泛、种类丰富的可再生资源，其年产量为1700亿~2000亿t，可通过各种转化获得国民经济发展所需要的能源、材料及化学品，助力实现"碳达峰、碳中和"目标[5]。在讲授纤维素、半纤维素和木质素三大素的转化利用过程中，可以激励学生勇担时代使命，肩负历史重任，树立勇攀科学高峰的初心。同时，将"草木植成，国之富也"等生态文化理念融入课程中，突出绿色、循环、低碳的发展思路，平衡好发展中保护、保护中发展，引导广大学生建立起人与自然和谐共处的意识，树立起"绿水青山就是金山银山"的可持续发展理念。

（二）坚定信念自信自强，激发爱国热情和民族自豪感

习近平总书记在庆祝中国共产党成立 95 周年大会上强调，"要坚定道路自信、理论自信、制度自信和文化自信。文化自信，是更基础、更广泛、更深厚的自信"[6]。我国著名教育家徐特立先生也说："教育的核心是培养自信。"因此，新时代高校教育应肩负起培养广大青年学生民族自信与自豪感的历史使命。充分挖掘专业课的丰富资源，全面梳理课程发展历程，以及我国在该领域所取得的辉煌成就，对增强民族凝聚力、提升民族自豪感及进行爱国主义教育具有重要作用。例如，造纸术是中国四大发明之一，和"植物资源化学"课程内容关系密切，是我国古代劳动人民开发和利用植物纤维资源的智慧结晶。造纸术在五大洲的传播，不仅有力推动了世界科学文化的相互交流，也极大影响了世界文明的历史演进，是中华文明为人类文明进步做出的重大贡献。目前，我国造纸技术仍居全球前列。此外，我国的提取物资源，尤其是药用植物资源以及树木提取物产量巨大、品类丰富，因其卓越的化学、生物活性，已经广泛应用于医药、化工、农药、食品等行业。同时，需要进一步指出，我国仍然面临着资源保护与经济发展的矛盾，技术创新、产业升级与产品深加工等的迫切需求，以此更好地激发学生积极进取的强烈欲望，以及脚踏实地的科学研究精神和科技报国的家国情怀。

（三）传递先进榜样力量，激励学生勇于创新和突破

科学知识的产生和发展都离不开科学家们的辛勤耕耘和积极探索。习近平总书记在科学家座谈会上指出，"科学成就离不开精神支撑。科学家精神是科技工作者在长期科学实践中积累的宝贵精神财富"[7]。科学家们对科学原理的不断探索，蕴含着充满正能量的思政元素。科学家们勇于创新、坚韧不拔的拼搏精神，以及坦荡无私、乐于奉献的高尚品德，都可以激发学生热爱专业、热爱科学的热情。在本课程的绪论部分，可引入我国纤维素化学奠基人陈国符教授的生平事迹。陈先生 1942 年从德国获得博士学位后，婉拒导师挽留，冒战火辗转回国受聘于西南联大，将植物纤维化学引入我国，填补了国内本学科的空白[8]。陈先生治学严谨，为我国培养了一大批植物纤维化学和造纸行业的教学和科研人才，为植物纤维化学领域做出了卓越贡献。在讲授提取物章节时，可以引入我国药学家屠呦呦发现青蒿素的艰辛历程。屠呦呦带领团队在翻阅了海量的古籍、药方，经过大量反复的筛选工作之后，最终聚焦于中药青蒿，然后又历经多次失败，终于获得青蒿乙醚中性提取物，成为发现青蒿素的关键。通过屠呦呦围绕重大科学问题，打破思维禁锢攻关的案例，培养学生不畏困难、坚持不懈、积极探索的精神。在讲授纤维素溶剂时，可介绍我国首位"安塞姆·佩恩奖"得主张俐娜院士。面对国内生产人造丝和玻璃纸过程中大量使用 CS_2/NaOH 溶液，张院士暗下决心，要找到环保的溶剂代替有毒的 CS_2。终于在历经了数千个日日夜夜的探索，找到了低温快速溶解纤维素的方法，为再生纤维素纤维的绿色生产奠定了基础，因此获得了国际纤维素与可再生资源材料领域的最高奖。她常告诫学生，科研没有捷径可循，要热爱科学，乐于奉献，这样才能实现重大的创新突破[9]。

（四）坚持理论联系实际，培养科学分析和解决问题能力

理论联系实际是我们党在百年奋斗实践中积淀下来的宝贵财富，也是我们党的三大优良作风之一。"植物资源化学"课程内容与社会生活、生产关系密切，在课程学习过程中，弘扬党的优良传统，坚持理论学习与实际生活、生产相结合，一方面可淡化纯理论知识的说教，增强课程的趣味性，引导学生探究科学原理，运用科学理论去发现问题、分析问题和解决问题；另一方面，能让学生深刻体会到学科知识如何推动科技进步，有效培养学生以问题为导向的思维方式，充分感受到解决实际问题的成就感。在讲授植物纤维的生物结构这一章时，引导学生从纤维的形态结构等角度去比较植物纤维与合成纤维的差异，从而

解释生活中人们在选购贴身衣服的时候，纯棉衣服比涤纶、腈纶等化学纤维做成的衣物更受消费者青睐的现象。在讲授纤维素酯化反应时，引导学生去思考为何用聚丙烯代替纤维素醋酸酯用于香烟过滤嘴会对人们的健康造成隐患。

（五）学术前沿反哺教学，提高理论深度和科研敏感度

大学阶段是广大青年学生构建知识体系、培养科学思维及提升学习能力的关键时期。在课堂教学过程中，引入与课程相关的具有前瞻性、创新性或趣味性的科研成果，让学生充分了解所学专业知识、技术手段在科学研究领域中的应用，一方面可以激发学生的学习兴趣和科研热情；另一方面，可以提高学生的科研认知水平，为科学思维的培养及创新能力的提升打下坚实基础。在学习植物纤维原料的生物结构与化学组成时，可介绍拉压弯强度、韧性、硬度和抗冲击性能优异的"超级木材"及功能各异的"透明木材"。在纤维素这一章节中，可介绍纤维素基材料的最新研究进展，如轻质、坚固、可回收及可降解的 3D 石墨—纤维素泡沫材料、极端环境高耐受的云母—纤维素基纳米纸张、纳米纤维素—羧甲基纤维素水凝胶电解质及可食用的细菌纤维素基吸管等。在木质素章节讲授中，可介绍其在农药缓释剂、土壤改良剂、染料分散剂、活性炭和碳纤维等方面的研究进展。这些前沿成果及科研动态的介绍，不仅拓展了课程的深度与广度，对学生参与大学生创新创业项目等科研活动具有引领作用，而且可以帮助有志于继续深造的学生提前了解科研方向，增强科研敏感度。

四、结　语

党的二十大报告强调，要"实施科教兴国战略，强化现代化建设人才支撑""着力培养担当民族复兴大任的时代新人"。这为高校人才培养指明了行动方向，也对课程思政提出了更高要求。本门课程应从肩负时代使命、厚植爱国情怀、践行可持续发展理念、运用科学理论解决问题、勇攀科学高峰等方面融入思政元素，集知识传授、能力培养、价值观引领于一体，落实立德树人根本任务，助力学生全面发展，为培养可担当民族复兴大任的时代新人贡献力量。

参考文献

[1]习近平.高举中国特色社会主义伟大旗帜为全面建设社会主义现代化国家而团结奋斗[N].人民日报，2022-10-26(1).
[2]习近平.在全国高校思想政治工作会议重要讲话[N].人民日报，2016-12-9(1).
[3]教育部.教育部关于印发《高等学校课程思政建设指导纲要》的通知[EB/OL].(2020-05-28)[2023-07-20].http://www.moe.gov.cn/srcsite/A08/s7056/202006/t20200603_462437.html.
[4]李倩，刘万海.课程思政的视域转向与境界提升：基于"两化"理论的思考[J].黑龙江高教研究，2023，41(3)：149-154.
[5]刘志成，伊晓东，高飞雪，等.绿色碳科学：双碳目标下的科学基础：第292期"双清论坛"学术综述[J].物理化学学报，2023，39(1)：93-101.
[6]习近平.在庆祝中国共产党成立95周年大会上的讲话[J].求知，2021(5)：4-12.
[7]人民日报评论员.大力弘扬科学家精神：论学习贯彻习近平总书记在科学家座谈会上重要讲话[N].人民日报，2020-9-15(1).
[8]黄坤.纪念我国植物纤维化学奠基人陈国符教授诞辰一百周年[J].纤维素科学与技术，2015，23(1)：77-78.
[9]杨冬梅，李淑君，钱学仁，等.思政融入"植物纤维化学"课程中的实践与探索[J].纸和造纸，2022，41(4)：36-39.

以创新人才培养为导向的教学改革探索与实践

——以北京林业大学"能源材料"课程为例

吕保中　边　静　刘　佳　彭　锋

（北京林业大学材料科学与技术学院，北京　100083）

摘要：培养拔尖创新人才是"双一流"建设的重要任务，也是高质量本科教育的主要目标之一。北京林业大学"能源材料"特色课程建设的核心就是创新能力的培育，然而，目前课程教学内容、教学模式及评价方式不利于培养创新能力。笔者以创新人才培养为导向对"能源材料"课程建设进行改革与实践，并取得了一定成效。通过整合网络教学资源、构建特色课程资源库、建立大量前沿创新案例"科教融合"改革教学内容，通过"翻转课堂""参与式"教学理念改革教学模式，通过随堂讨论、期末研讨答辩改革考核评价方式，注重新能源材料与林业特色领域的融合交叉，提高专业契合，提升创新能力培育效果，服务北京林业大学"双一流"建设目标。

关键词：能源材料；教学改革；拔尖创新人才；林业特色；"双一流"建设

2018年9月10日，习近平总书记在全国教育大会上指出，要加快一流大学和一流学科建设，推进产学研协同创新，积极投身实施创新驱动发展战略，着重培养创新型、复合型、应用型人才。培养创新型人才是国家、民族长远发展的大计。在"双一流"建设和创新型人才培养的战略背景下，北京林业大学高度重视"双一流"建设工作，提出要抓住"双一流"建设的宝贵契机，强化一级学科建设，优化学科布局，提高人才培养质量和科技创新能力的建设目标。

2019年，北京林业大学"林产化工"专业入选国家级一流本科专业建设点。"能源材料"是林产化工专业（生物质能源科学与工程方向）的核心专业课程之一，在阐述各类能源材料的基本理论、技术进展、结构组成、性能应用和发展趋势的同时，培养学生保护环境、节省能源的意识和开发新能源材料的创新精神，为学生毕业后工作、升学从事相关领域的生产、科研工作奠定基础[1]。"能源材料"面向大三本科生，这个阶段学生已经掌握了本专业基础专业知识，对国际前沿能源材料和应用领域求知若渴。尤其是在"碳达峰碳中和"目标大背景下[2]，提升"能源材料"课程的创新能力培养效果，培养拔尖创新型生物质能源专业人才，是推动"双一流"建设的有效途径。笔者结合"能源材料"的教学经验，分析授课特点

作者简介：吕保中，北京市海淀区清华东路35号北京林业大学材料科学与技术学院，讲师，lvbaozhong@ bjfu.edu.cn；

　　　　　边　静，北京市海淀区清华东路35号北京林业大学材料科学与技术学院，副教授，bianjing31@ bjfu.edu.cn；

　　　　　刘　佳，北京市海淀区清华东路35号北京林业大学材料科学与技术学院，讲师，liujia89@ bjfu.edu.cn；

　　　　　彭　锋，北京市海淀区清华东路35号北京林业大学材料科学与技术学院，教授，fengpeng@ bjfu.edu.cn。

资助项目：北京林业大学教育教学研究项目"以创新人才培养为导向的'能源材料'教学改革"（BJFU2023JY062）；"基于研究导向理念的'能源材料'课堂构建与实践"（BJFU2022JY067）。

及过程中的问题和难点，通过改革教学内容、教学模式以及考核评价方式，以培养创新能力为导向进行教学改革探索与实践。

一、"能源材料"课程教学现状分析

"能源材料"课程依托于北京林业大学林产化工专业，承接了基础知识与专业前沿，对实现本专业本科生培养目标具有显著推进作用。目前课程使用的教材是朱继平等主编的《新能源材料技术》[3]，课程主要包含锂离子电池、太阳能电池、燃料电池、生物质能、核能及其他新能源材料(风能、地热能及海洋能)六大教学板块。课程内容面广，知识点多，与前沿科研及生产联系紧密，知识迭代速度快，导致教学难度高。"双一流"建设战略背景下，对人才创新能力的培养要求达到了新的高度，加快了该课程教学改革的步伐，以创新人才培养为导向的教学改革可以说既是挑战，又是重要的契机。然而，与该课程相关的创新能力培养教学研究匮乏，因此亟须从教学内容、模式、考核方式等方面对课程进行教学改革，使课程能够与时俱进，服务于国家战略及"双一流"建设目标。

二、"能源材料"课程教学面临的问题

（一）课程教材陈旧， 契合度低

目前使用的教材出版于2014年，虽然能满足基础教学需求，但内容陈旧，特别是其涉及的前沿领域来自10年前的参考资料。如果以教材为主，学生无法感受诸多清洁能源的尖端前沿进展，其影响轻则导致学生获得落后的信息，重则导致学生失去该课程的学习兴趣及动力。

教材适用性和针对性同样存在问题。这门课程主要针对能源化学、材料科学与工程等工科类专业。一旦授课对象为具有鲜明林业特色的林产化工专业或者其他特色专业，将导致教学与专业实际需求脱节，造成学习被动、学习过程枯燥、知识点晦涩难懂等不良后果。课程内容与林产化工学科融合的欠缺又将进一步脱离学生先修专业知识，并影响后修专业课程，引起连锁不良反应，严重影响学生创新能力的培养。

（二）教学模式单一， 教学效率低

"能源材料"课程目前主要采用单一的灌输型教学模式，这种"满堂灌"的教学方式，缺乏教师与学生间的互动，无法调动学生积极性及发挥学生主体作用，教学效率低下。教学课件满屏幕都是文字，讲解枯燥，内容晦涩，尤其不利于强调学生参与感和主动性的创新能力培养。这种教学方式忽略领域最新动态和前沿研究热点，无法让学生领略最新科学进展和课程魅力，难以培养学生创新思维，不能满足林产化工专业对高拔尖创新人才的培养需求。

很多学生缺乏学习的自我管理能力，单一的教学模式也会助长学生的厌学情绪，有的学生在上课时干其他事情，甚至干脆逃课。传统教学模式很难对这些问题做到有效监管和制止，这样课程成绩难以保证，教师的教学得不到应有的效果，学生也白白荒废了光阴。

（三）评价考核方式不合理， 针对性低

传统"能源材料"课程评价考核主要以平时出勤成绩和期末考试成绩进行加权综合，期末考试也有采用课程论文的方式考核，这也是目前高校多数专业课程使用的评价考核方式。一旦根据出勤考核，如果存在上述教学内容和教学模式问题，学生没有参与感和融入感，出勤往往也是"身在曹营心在汉"，无法把握学生真正的学习动态和创新能力的提升程度。期末考试的考核方式偏重对知识的记忆，难以培养学生的积极性和创新性，不能够准确衡量学生对理论和实践知识的掌握程度。课程论文也无法真实反映学生成绩，存在许多不确定因素。目前考核方式的缺陷不利于完成课程的教学目标，难以检验教学及创新能力的培

养效果。

三、 以创新人才培养为导向的"能源材料"课程教学改革探索与实践

针对"能源材料"课程教学现状及问题分析，本课程对教学内容、教学模式、评价体系3个方面进行改革与探索（图1）。

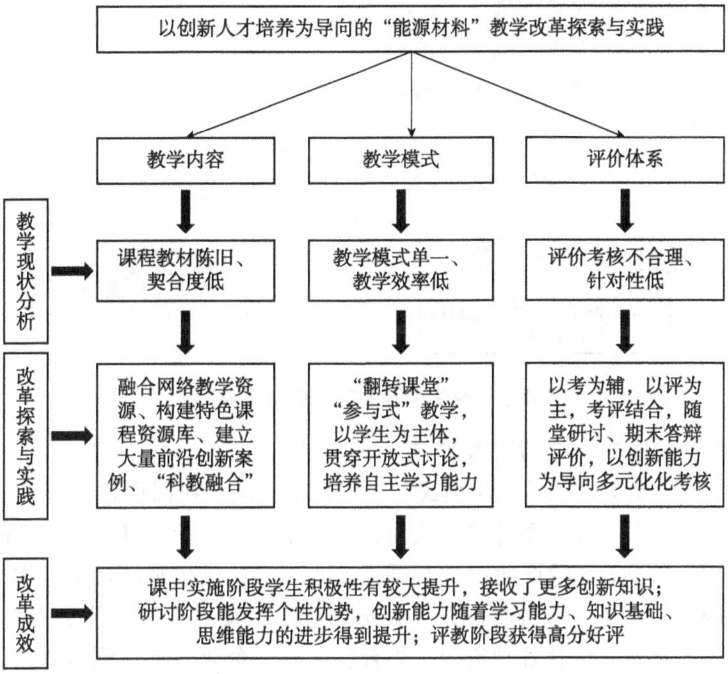

图1　以创新人才培养为导向的能源材料教学改革

（一）紧跟创新前沿，加强专业契合

笔者重新编排了课程内容，整合了各类网络教学资源，构建特色课程资源库，设计了精美的演示课件并配备了相关动画和视频演示内容。设计生物质材料在新能源领域应用的典型案例分析，突出林业特色的同时，优化了教学结构体系。比如介绍生物质能转化从原来的直接燃烧到现在经酶解发酵形成生物乙醇，其中的专业创新知识不仅可使我国减少对石油的依赖，保障我国能源安全，又可减少大气污染及抑制碳排放，助力我国实现"双碳"目标，培养创新能力的同时了解国家重大战略方针，与时俱进。

利用抖音、哔哩哔哩等网络平台，精选工厂加工生产、能源转化原理、器件结构剖析等视频，将所学内容立体化，拓宽学生的学习视野，增强感官认识。总体教学内容从3个方面进行改革：第一个方面，压缩太过专业的理论知识，拓展新能源材料与生物质材料的交叉部分，契合本专业学生知识背景；第二个方面，突出重点，侧重讲解应用广泛且与实际生产生活联系紧密的能源材料，例如和学生探讨新能源汽车的发展趋势，大家积极研讨，激发学生学习热情；第三个方面，增加前沿知识，课堂预留部分时间以学术讲座方式分享最新发表的学术论文，学生随堂提问及讨论。笔者自身做到研教并举、以研促教、寓教于研，旨在培养学生科技创新能力。比如笔者从事金属有机骨架材料（MOF）研究，MOF材料的构建和应用是广大科研工作者科研创新的智慧结晶。笔者在课件设计上突出创新性和前沿性，加入精美的动画和视频演示，重点介绍这一国际前沿热点研究材料在锂离子电池、太阳能电池、燃料电池等方面的应用和发展前景，并附上相关参考文献供学生课后查阅资

料及学习，使科教有机融合（图2）。拓展学生的知识广度和深度，让学生能从理论联系到科学前沿，满足学生的求知欲和探索欲，培养学生的创新思维。

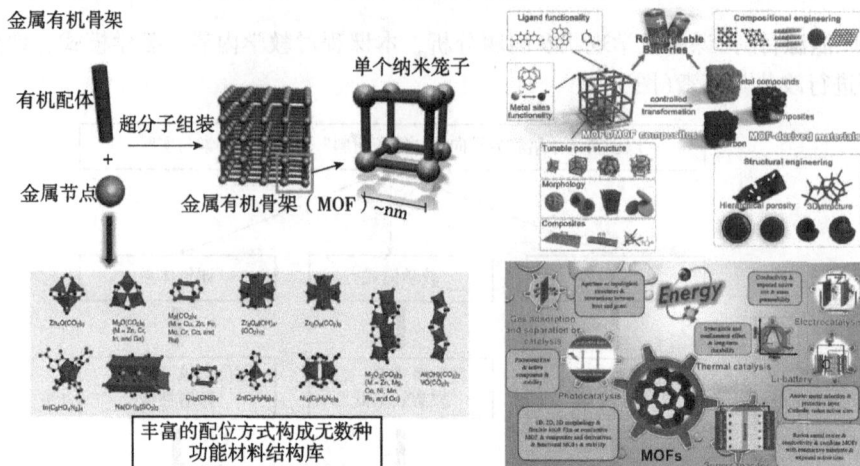

图2 教学内容改革培养创新能力

（二）创新教学模式，丰富教学方法

以创新人才培养为导向改革教学模式、丰富教学方法。在课程教学中引入"翻转课堂""参与式"教学模式，课程全程贯穿开放式讨论，使学生积极参与其中，学生的参与作为期末考核的重要指标之一。现阶段使用PPT课件流水线式让学生被动接受知识，难以调动学生的积极性。因此，在课前准备阶段，笔者站在学生角度思考怎么让学生喜欢课程教学。以创新人才培养为导向，整合各种资源，集合各高校、企业、研究机构资源，邀请各行业专家给学生授课，比如笔者曾去过北京玻璃钢研究院调研实习，那里是大型风力发电机叶片生产基地，眼见为实，笔者搜集相关图片及视频资料在授课时配合讲解（图3）。

（a）风力发电机叶片生产及运输 视频演示，对应风能章节教学

（b）利用慕课资源，拓展教学 时间和空间

（c）钢铁侠之心——方舟反应堆，对应核能材料章节教学

（d）世界著名温泉景区鉴赏，对应地热能章节教学

图3 教学模式改革培养创新能力

同时，慕课等开放式网络课程平台也提供了各类优质资源，笔者挑选部分精品内容分享给学生，拓展教学的时间和空间[4]，让学生分享学习心得体会。教学方法上，在课上播放电影片段或以我国发展战略举例引出问题，如笔者在讲述核能材料这一章节时从美国电影《钢铁侠》入手，钢铁侠胸前的灯，电影里设定为一种能源装置，可瞬间释放巨大能量，这时候提出教学问题：什么能源最有可能满足这样的条件，原理是什么以及电影情节是否真实合理？笔者发现这样能迅速吸引学生眼球，他们表示平时看电影往往会忽视这些细节，让学生带着问题和思考进入学习，更能培养其创新能力。讲述地热能时从温泉出发，笔者会介绍世界各地著名的温泉景区，以沉浸式教学讲解地理位置对地热能的影响，进而讲述地热能的来源和能源利用方式。课后要求学生自行收集学习资料，养成自主学习的习惯，并在课程交流群分享资源，补充课程资源库，通过平时积累培养创新意识，本环节也将作为期末考核的重要指标。

（三）改革考核方式、完善评价体系

考核评价是教学的关键环节，是检验教学效果和提高学生学习动力的重要手段。传统的期末考核方式为授课—作业—考试模式，简单而线性的特点致使学生死记硬背，创新能力难以提高，重要知识点难以深度掌握。"能源材料"课程的特点是知识点多且杂，综合性强，实用性高，传统的考核与这门课程高度不契合。因此，本课程考核改革坚持以创新为导向，首先减小考试权重，设置开放式题目，增加开放研讨和随堂讨论考核评价方式，重视成绩的同时更重视创新能力的培养过程，进行多元化考核。平时考核中增加课程研讨部分，学生自主完成选题报告，涉及前沿文献查阅及解读、资料搜集及解析等环节，学生自由发挥，教师积极引导，既锻炼学生表达及演讲能力，又培养学生自主创新能力，在随堂交流过程中做到自我提升。期末考核采取课程研讨答辩方式，课程开课阶段就和学生传达考核规则，让学生能充分准备，平时课程学习中就可以搜集答辩素材。让学生选择感兴趣的研讨内容，根据学生讲述进行提问，依据学生研讨表述及回答进行全面评价。多元考核能让学生主动思考，在感兴趣的前提下提高学习效率，促进学生个性化进步和创新能力的培育。通过这种考核方式，构建多元评价体系，改掉学生考前"突击"的坏习惯，提高学生创新能力。

四、"能源材料"课程教学改革初步成效和展望

以上教学改革实践面向 2019 级、2020 级林产化工专业大三本科生。结果表明，学生对改革后的教学资源非常感兴趣，课堂中针对热点问题积极发言，发表看法，积极性有较大提升。新的课程资源库契合林业特色，很多学生反映学习到了更多前沿知识，激发了他们课堂参与的意愿，促使他们主动查阅资料和文献，自由探索，无形中培养了创新能力。许多学生对前沿文献授课非常感兴趣，笔者在讲解文献时深入浅出，结合现阶段能源材料面临的困境，讲解科学家们怎么利用新材料进行突破和创新。有学生反馈经过教师讲解晦涩难懂的文献瞬间通俗易懂，对英文文献也不再有畏惧心理，反而渴望接受更多的创新知识。

课程研讨是评价学生创新能力提升效果的有力手段，此环节中，学生的表现给了笔者诸多惊喜，效果超过预期。在主动性方面，每位学生的研讨准备均非常充分，研讨内容发挥个性优势。如有来自山西的学生结合山西煤矿资源枯竭问题围绕家乡新能源发展展开讨论，理论联系实际；有些学生拨打比亚迪和特斯拉等新能源车企的客服电话咨询新能源汽车问题，通过自主的"做"与"悟"，培养了创新能力。实践是创新的源泉，在实践性方面，有学生围绕自己的"大创"项目及参与的实验室项目，聚焦本专业生物质能源背景，探讨本专业生产实践对新能源领域的贡献及作用。协作影响创新潜能的发挥，在协作性方面，如学院有老师从事盐差能发电研究，学生就积极与该课题组师生交流，完成研讨。从发展性

方面，本门课考核评价以及课程研讨答辩过程可以看出学生的创新能力随着学习能力、知识基础、思维能力的进步而得到了提升(图4)。

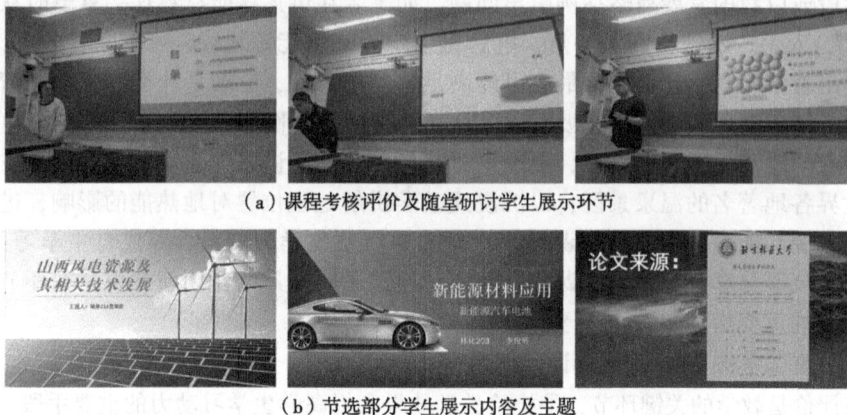

(a)课程考核评价及随堂研讨学生展示环节

(b)节选部分学生展示内容及主题

图4　以创新人才培养为导向的教学改革学生评价结果

　　课程结束之后，期末学生评教环节，本门课程得分高达93分，带留言的评价全部为"非常满意"，学生在"老师能将现代信息技术与课堂教学有机融合""老师善于与我们交流，启发我们思考，耐心给予指导""这门课程激发了我学习相关知识的兴趣和热情"等方面给出了近乎满分的高度评价，充分说明本次教学改革与实践成果显著。

　　以上改革实践也同样发现了一些问题，需要进一步完善。有少量学生不适应新的模式，具体表现在研讨过程中不敢展现，害怕出错，这就要求教师进一步引导，单独沟通，甚至要做到课下辅导，给学生梳理研讨内容，鼓励学生，积极参与课堂教学。如今，在后疫情时代，笔者认为可对课程再进一步深化改革，在教学过程中设计实地参观、考察环节，让学生走出校门，与相关企业和单位面对面交流，进一步提升创新能力培育效果。

五、结　语

　　教师应有决心解决"能源材料"课程固有问题，以"双一流"建设为契机融入创新型教学方式，进行深度教学改革提升教学效果。以北京林业大学林产化工专业本科生教学为例，本文以创新人才培养为导向对"能源材料"进行教学改革探索与实践。立足林业特色背景，课程内容上重新编排课程内容，整合各类网络教学资源，构建特色课程资源库，建立大量前沿创新案例；教学模式上引入"翻转课堂""参与式"教学方式；考核评价方法上坚持以创新为导向，通过随堂讨论、期末研讨答辩进行多元化评价考核，旨在培养学生创新能力。通过对"能源材料"教学进行改革探索与实践，可助力北京林业大学"双一流"建设背景下的拔尖创新人才培养。

参考文献

[1]刘佳，王西鸾，袁同琦，等."双一流"背景下"能源材料"课程建设初探[J].广州化工，2021，49(5)：157-159.

[2]徐以祥，刘继琛.论碳达峰碳中和的法律制度构建[J].中国地质大学学报(社会科学版)，2022，22(3)：20-31.

[3]朱继平，罗派峰，徐晨曦.新能源材料技术[M].北京：化学工业出版社，2020.

[4]王志军，李馨，赵云建.开放教育资源：创新、研究与实践——访阿萨巴斯卡大学罗里·麦格雷尔教授[J].中国电化教育，2014(11)：1-6.

高校教师人才培养能力的
制约因素与支持体系

张双保　　杜珂珂　　陈政豪

（北京林业大学材料科学与技术学院，北京　100083）

摘要： 高校教师是为国家科技进步和社会发展培育可用之才的主力军，其人才培养能力关乎我国人才强国战略目标的实现。本文通过分析主、客观条件，探究了高校教师人才培养能力的制约因素，并为当前高校在人才培养方面的制度体系建设提供了一定建议。受主观意识、环境氛围以及制度体系等诸多因素的影响，高校教师的人才培养能力不尽相同，为此，教师应持续加强自我认知，顺应时代发展，提升个人能力；高校应不断优化制度设计，发挥制度体系和评价机制的引导作用，激励教师更多地参与教学与人才培养，注重团队建设，打造高素质教学队伍，为持续输出人才奠定基础。

关键词： 高校教师；人才培养；育人能力；制约因素；支持体系

一、引　言

人才培养是高等院校的根本任务，教师则是高校培养人才的主要力量。作为教学、科研、思想建设与文化传承的直接参与和实施者，高校教师肩负着为科技进步和社会发展培育可用之才的重任，是高等院校乃至国家保持核心竞争力的关键要素[1]。2021年，教育部等六部门发布《关于加强新时代高校教师队伍建设改革的指导意见》，指出要"通过一系列改革举措……建设一支政治素质过硬、业务能力精湛、育人水平高超的高素质专业化创新型高校教师队伍。"不断提高高校教师的人才培养能力，尤其是在中国特色社会主义进入新时代的历史背景下对于更好地推进世界一流大学、一流学科的建设，实现人才强国的战略目标，走好"双碳"发展的绿色必由之路至关重要[2-3]。

本文以高校教师人才培养能力为关注对象，通过结合自身，分析主观与客观条件，探究了高校教师人才培养能力的制约因素，并提出增强教师人才培养能力的支持保障体系（图1），旨在为提升教师育人能力及与此相关的高校教育教学改革提供一定的参考。

二、教师人才培养能力的制约因素

当前，伴随我国社会的高质量转型发展，高素质人才的需求日益紧迫，教师的人才培养能力愈加受到社会发展及科技进步的考验；与此同时，高校教师人才培养能力的发展受到多方面的制约作用，主观意识、环境氛围以及制度体系等是影响高校教师人才培养能力的重要因素。

作者简介：张双保，北京市海淀区清华东路35号北京林业大学材料科学与技术学院，教授，shuangbaozhang@163.com；

杜珂珂，北京市海淀区清华东路35号北京林业大学材料科学与技术学院，博士研究生，dkk2210146@bjfu.edu.cn；

陈政豪，北京市海淀区清华东路35号北京林业大学材料科学与技术学院，博士研究生，zhenghaochenbjfu@foxmail.com。

资助项目：北京林业大学教育教学改革与研究项目（BJFU2023KCSZ07）。

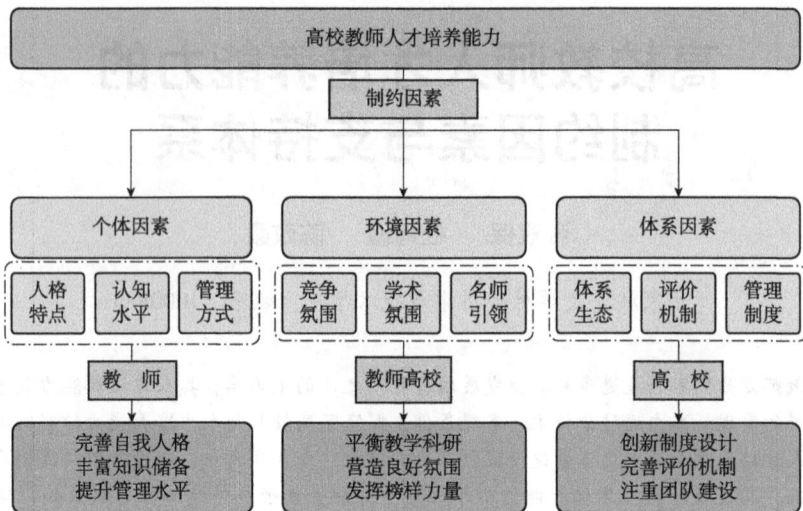

图1   高教教师人才培养能力的制约因素与支持体系

（一）个体因素

高校教师的人才培养能力因个体差异而不同，主要表现在人格特点、认知水平以及管理方式等方面。人格特点对于高校教师在培养人才的过程中相当重要，正向的价值观、良好的情绪控制、负责任的态度、富于同理心等个人特点不仅能使人才培养更加有效地开展，更能在潜移默化之中感染学生，令其具备相似的性格特点，将积极能量发散并向下传递。高校教师的认知水平在一定程度上决定了学生的上限，丰富的社会经验和科研经历对于提升学生的社会服务和实践能力等具有非常重要的作用，开阔的思维和全球视野则能够加强学生的政治素养和创新意识，帮助学生成长为高层次的国际化人才。管理方式对学生的行为模式具有深刻的影响，正所谓"教不严，师之惰"，无论是"粗放式"还是"精细化"的管理模式都应以严格要求为前提，注重培养学生的学习和行为习惯；除此以外，良好的管理方式亦有益于学生的精神健康和心理发展，从而增强其应对挫折的能力。

受限于个人先天基因条件与思维模式，高校教师的人才培养能力参差不齐，主观制约作用使得其在人才培养过程中几乎无法做到尽善尽美。因此，随着年龄的增长和阅历的增加，教师应不断调整，及时自我评估与修正，提升人才培养能力，持续为国家和社会发展输出高素质人才。

（二）环境因素

高校教师个体的心理与行为有时会受到群体影响，校园环境和文化氛围对教师在人才培养过程中的心理和行为十分重要[4]。良性竞争氛围能够锻炼并提升教师的心理素质，充分挖掘教师潜能，提高其人才培养能力，除此以外，良性竞争氛围还可以形成一种健康发展、共同进步的教育生态，实现学校、教师、学生多方共赢的局面。融洽的学术氛围不仅有助于教师之间人际交往的和谐，还有利于形成共同的价值观，避免了教师疲于应对复杂的人际关系，使教师能够在教育教学和科学研究方面聚焦更多的精力，从而更好地融入人才培养的过程以及优良团队的建设。资深名师示范引领对于提升高校整体教师队伍的水平具有正向作用，名师以身作则可以促使青年教师约束自身行为、树立远大目标，同时，名师对教育发展趋势的把握、丰富的知识储备以及处理学生问题的经验等对提升青年教师的人才培养能力亦是必不可少的。

"入幽兰之室，久而不闻其香。"良好的环境氛围能够带来好的群体效应，形成不同个体齐头并进的态势，增强个人能力并提高工作效率，更有益于提升教师的人才培养能力。因此，高校应积极营造健康的学术和文化氛围，构建交流平台，实现教师之间的良好沟通与合作，避免恶性竞争，为培养高层次人才共同努力。

（三）体系因素

制度体系对于校园整体环境的塑造以及教师个体的心理和行为发展具有重大影响，公平正义的制度环境和良好健康的体系生态是激发教师积极性和创造力的不竭动力源泉。行政权力和学术权力、党政机关和教研单位协调统一，行政权力回归服务教学科研的本位，学术组织避免行政官僚化，充分尊重教学和学术权力，对于高校教师确立价值取向、打破能力发展的桎梏意义深远。健全完善管理制度，利用现代化信息平台减少教师烦琐的程序性工作，优化学术平台、交流平台促进产教深度融合，同时坚持"以人为本"降低平台使用门槛，对于充分解放高校教师在教学、科研等方面的生产力，提高人才培养质量十分重要。一体多面的评价机制以及合理的晋升体系，不仅能够防止教师掉入职称评定的陷阱，还能激励教师提升自身的综合实力，促使教师提高对人才培养的重视程度，避免"重科研，轻教学"不良风气的形成。

制度设计往往决定了校园整体氛围和教师行为模式，高校应不断改革创新，及时听取教师及学生的意见建议，摒弃束缚人才发展的旧体系，坚持新的发展理念，利用制度的导向作用提高教师的综合能力，特别是人才培养能力。

三、 教师人才培养能力的支持体系

良好的制度设计和完备的支持体系对于提升高校教师的人才培养能力是不可或缺的，高校应建立健康高效的管理体系和多元化评价机制，引导教师注重人才培养，同时重视各类交流平台和服务平台的建设，打造高素质教师队伍，扩大人才培养规模。

（一）优化制度设计

制度体系往往决定了校园的环境和文化氛围，从而对教师在人才培养过程中的心理认知和行为模式产生巨大影响，因此，提升教师的人才培养能力根本上要从制度设计入手。高校制度设计首先需要保证公平正义，不以单一问题为导向，不受个人话语影响，广泛倾听吸纳在校师生的意见，确立教育教学质量认证制度、人才培养评价制度等，激励教师在人才培养方面投入更多精力；其次，还需要积极创新改革，遏制"轻教学"的不良风气，例如当下我国高校普遍实行的"非升即走"制度虽然在相当程度上可以激发青年教师的工作活力、优化师资队伍，但也无意提升了行政组织的话语权，加剧学术与行政的矛盾，从而弱化了青年教师对学校的归属感，降低了其长期参与人才培养工作的积极性[5-6]。高校宜在利用制度设计刺激科研产出的同时，改进功利性的绩效考核，注重对青年教师的人文关怀，突出教师的差异化发展，例如在"非升即走"制度的基础上，纳入科研和教学两套评价机制，满足其一即视为完成考核指标。

在现有制度体系中高校人才培养的文化氛围并不浓厚，因此，高校要勇于突破旧有的限制人发展的制度框架，打破阻碍提升教师综合能力的制度性壁垒，强化制度执行力，确保制度对教师人才培养能力提升方面的引航作用，切实创造人才培养的良好氛围。

（二）完善评价机制

评价机制对于高校教师的自我发展有重要的导向作用[1,7]，多元化评价机制有利于教师的全面发展。在国家政策等不同因素影响下，高校内部一般会存在多个评价标准和体系，这些体系虽然存在一定关联，但相互作用并不明显，这种"表面的多元化"造成不同行政部门在评价过程中对教师提出不同的标准，从而导致教师被功能性分割，同时也影响了评价机制的公平性[8]。如图2所示,半数以上青年教师认为当前评价体系具有有违公平的因素[9]。除此之外,在高校的多个评价体系当中,基于自然科学的学术评价标准往往具体、明晰,而基于人文社科的教育教学标准则较为模糊,停留在"全面提高""加强管理"等笼统描述的阶段,无法量化考核,同时教育教学成果体现具有滞后性,无法满足日常考核即时性的要求,造成教师内部形成"重研究生培养,轻本科生教育"的风气,不利于复合型人才培养。

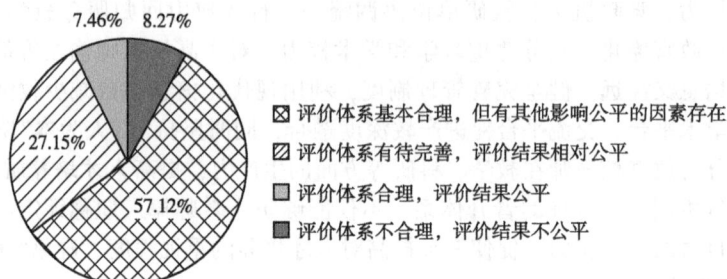

7.46% 8.27%

27.15%

57.12%

☒ 评价体系基本合理,但有其他影响公平的因素存在

▨ 评价体系有待完善,评价结果相对公平

▨ 评价体系合理,评价结果公平

▨ 评价体系不合理,评价结果不公平

图2　高校青年教师群体对当前职称评价体系的态度[9]

由于具有科研创新、人才培养、社会服务等多个属性,高校无法使用单一的标准体系对教师进行评价,因此,高校宜结合实际完善评价机制,建立多个评价体系并增强之间的相互关联性。例如,将大学生创新创业训练、本科生毕业论文(设计)指导、学科竞赛等有利于人才培养的项目纳入科研成果评定体系,量化教育教学考核标准,加强教师对人才培养的认同感和责任感,提升教学任务在评价机制当中的比重,平衡教学与科研,利用机制的导向作用促进教师人才培养能力的提升。此外,高校还应建立合理的荣誉性激励体系,对于积极参与教学的青年教师和长期从事教学岗位的教师给予颁发证书等奖励[10]。

(三)注重团队建设

团队建设是高校提高专业水平建设和人才培养质量的关键举措,加强团队建设不仅有利于活跃学术氛围,更有助于教师之间的协同发展和共同进步。目前,国内高校的团队建设面临各种障碍:物理上的阻隔和学科归属不同使得教师之间缺乏合作,在教学育人方面无法进行深度交流,同一学科和教研室的教师则由于专业过于细化,知识技能和思维模式趋于单一,教师个体之间的联系逐渐弱化,无法满足复合型人才培养的需要[11];各个"小团体"之间的内部认同以及对外部无形的心理防御造成组织文化和学术文化过于封闭,缺乏良好的人际交流及氛围,难以实现思维观念和专业技能的有效传递,使得人才培养模式片面单一;学术和文化交流浮于表面,注重过场与框架,忽略长效合作的机制,无法形成特定的团队文化,不利于人才的深度培养。

高校要创新管理模式,倡导教师合作文化,加强不同学科(如思政与理工科)之间的交流合作,定期组织不同学科的教师、学生进行对话,探讨教学过程中的不足,促进教师人才培养能力提升的同时培育出全面发展的人才。高校还应利用制度设计和评价机制激发合作意愿,出台内部知识保护机制,例如模仿专利申请机制构建创意平台,新的科研和教学创意可以先行在平台登记、内部公开,他人使用须发布者书面同意,促进各个"小团体"的开放,在交流中加强合作,各取所长,逐渐形成强大的科研教学队伍。此外,高校需要持续关注团队氛围,规避因利益分配等内部矛盾而追求个人主义的问题,防止优秀教师与人才的流失。

四、结　语

人才培养是一项长期的、艰苦卓绝的基础工程，不能一蹴而就，不断提高高校教师的人才培养能力是新时代背景下的重大任务。然而，受限于主观意识、环境氛围以及制度体系等因素，高校教师的综合素质不尽相同，人才培养能力亟待提高。为此，教师应充分发挥主观能动性，提高自我认知，增强个人实力，与时俱进为社会发展和科技进步培育可用之才。更重要的是，高校应不断优化制度设计，强化制度在提升教师人才培养能力方面的执行力，同时发展多元化评价机制，发挥评价体系的导向作用，激励教师长期参与教学工作的积极性，此外还应注重团队建设，促进教师之间协同合作发展，打造高素质教师队伍，为大量输出高层次综合型人才奠定坚实的基础。

参考文献

[1]曹瑞明，杨镰鸣.高校教师创新能力发展的制约因素、价值转变与制度保障路径[J].现代教育管理，2023(2)：54-61.

[2]杨洪英，陈国宝，刘承军，等."双一流"高校国际化人才培养的逻辑依归、问题表征与应然路向[J].现代教育管理，2023(3)：47-57.

[3]李卓，井贺然，周婷月，等."双碳"愿景下碳中和领域创新型人才培养路径探索[J].未来与发展，2022(7)：83-86.

[4]毛建平.治理导向下校园环境建设的问题审视与优化路径[J].黑龙江高教研究，2019(11)：62-65.

[5]夏莉艳.高校"非升即走"制度的效用、风险与优化路径[J].黑龙江教育(理论与实践)，2022(12)：18-22.

[6]田贤鹏，姜淑杰.为何焦虑：高校青年教师职业焦虑调查研究：基于"非升即走"政策的背景[J].高教探索，2022(3)：39-44，87.

[7]解飞厚，龚雪.高校创新人才培养：制度的视角[J].江汉大学学报(社会科学版)，2011(4)：86-91.

[8]张务农.国家政策重的高校教师学术评价规则审视及启示[J].西北工业大学学报(社会科学版)，2023(2)：35-46.

[9]李思琪.当前高校青年教师群体思想观念调查报告[J].国家治理，2019(15)：12-23.

[10]荀学珍.激励性法律规制：面向要素市场化的高校教师流动治理策略[J].中国高教研究，2021(8)：92-99.

[11]胡保玲.高校教学团队建设研究评述与展望[J].理论与方法，2021(5)：49-52，48.

高校实验室安全文化建设的研究与思考

——以北京林业大学材料科学与技术学院实验室为例

张宗玲　胡传坤　朱莉伟　尹丽丽　安大昆

（北京林业大学材料科学与技术学院，北京　100083）

摘要：实验室是实践教学和科研创新成果的摇篮，保障实验室安全是开展实验室各项工作的基础条件，实验室安全文化建设是提升师生安全观的重要途经。笔者从高校实验室安全文化研究现状出发，结合北京林业大学材料科学与技术学院实验室安全文化的现状，总结在实验室层面的安全文化建设难点，提出借助信息化技术手段进行实验室安全文化信息化、培训资源数据化、培养师生"主人翁"意识等建议，旨在进一步优化实验室层面安全文化建设，构建更加丰富而完善的实验室安全文化体系，助力打通安全教育"最后一公里"。

关键词：高校实验室；安全文化；信息化；安全教育

一、引言

实验室作为高校教学和科学研究的重要组成部分，其安全事故的发生，对社会、学校、家庭和实验者本人都带来严重的伤害和影响。对近年来高校实验室安全事故原因进行分析，结果表明，人为因素占约98%，主要是实验室管理粗放、安全意识薄弱、法律意识淡薄、实验操作不当等主观因素[1]。实验室安全文化是影响师生们安全观的有效手段，其建设是预防和减少实验室安全事故的重要途经[2]。而由于各实验室使用功能和课题项目不同，安全风险不同，想要建立唯一的安全文化存在很多困难。分析研究高校实验室安全文化建设现状，结合材料科学与技术学院（以下简称"材料学院"）实验室安全文化建设现状，建立实验室层面的安全文化建设，可以帮助师生落实安全管理规范、提高全员安全素质、创造更加和谐稳定的校园安全环境。

二、高校实验室安全文化研究现状

安全文化是安全管理理念的内核，其氛围和特征决定了安全管理模式[3]。安全文化最

作者简介：张宗玲，北京市海淀区清华东路 35 号北京林业大学材料科学与技术学院，高级实验师，clxyzzl@ bj-fu. edu. cn；

　　　　　胡传坤，北京市海淀区清华东路 35 号北京林业大学材料科学与技术学院，副研究员，hckun@ bj-fu. edu. cn；

　　　　　朱莉伟，北京市海淀区清华东路 35 号北京林业大学材料科学与技术学院，教授级实验师，13683064890@163. com；

　　　　　尹丽丽，北京市海淀区清华东路 35 号北京林业大学材料科学与技术学院，工程师，yinlili@ bj-fu. edu. cn；

　　　　　安大昆，北京市海淀区清华东路 35 号北京林业大学材料科学与技术学院，实验师，adkins@ bj-fu. edu. cn。

资助项目："卓越实验师"培育专项基金"材料学院实验室安全管理信息化建设与应用"（BJFUSY20220709）。

早被国际核安全咨询组（INSAG）提出，指存在于单位和个人中素质和态度的总和。也指组织对工作场所安全的共同价值观、假设和信念[4]，核心是"以人为本，以文化人"。Ayi 等通过对加拿大高校的研究，发现安全文化的缺失是导致实验室事故的重要因素[2]。安全文化包括安全观念文化、安全行为文化、安全制度文化和安全物态文化。安全观念文化是安全文化的精神层，安全行为文化和安全管理文化是安全文化的制度层，安全物质文化是安全文化的物质层[5-6]。近年来，国内外高校关于实验室安全文化的建设得到越来越多的重视。

不少高校从安全文化的观念文化、制度文化、行为文化和物态文化 4 个方面进行了实验室安全文化建设。彭华松等从分析高校实验室安全文化建设中存在的主要问题，围绕培训体系、管理模式和运行机制 3 个方面，探讨了上海交通大学加强实验室安全文化建设的方法和举措，提升了学校实验室安全管理水平[7]。范强锐等在 2007 年围绕安全意识的培养、安全管理方式的转变、安全激励机制的建立和安全活动的提高 4 个方面对北京理工大学进行安全文化建设[8]。谭小平等针对中南大学实验室提出了从"全员育人、全过程育人、全方位育人"新视角，以信息化建设为手段构建一套符合高校特色和当前发展需求的实验室安全文化新体系[9]。Walters 指出，为了营造一个全员参与的安全文化氛围，必须明确学生的职责，并加强危险辨识和风险评估的培训，通过安全教育提升个人安全意识的效果越强，实验室工作人员越有可能采取有效的防护措施[10]。修景海等以化工专业实验室为代表，通过安全教育培训、安全制度建设、安全标识建设 3 个层次进行大连理工大学的化工实验室安全文化建设[11]。张苏等根据"2-4"模型理论，对福州大学环境与资源学院的实验室安全文化建设水平进行了综合评价，为高校实验室安全文化建设水平评价提供了参考[12]。

综上可知，现有实验室安全文化建设多集中在学校层面或某一类型实验室上，针对不同类型的实验室层面安全文化研究涉及较少，本文分析材料学院实验室安全文化建设现状，总结实验室层面安全文化建设难点和建议，进一步优化实验室层面的安全文化建设，促进实验室安全管理"最后一公里"的落实。

三、 北京林业大学材料学院实验室安全文化建设现状

北京林业大学材料学院实验室类型多，包含化学类、机械电子类、生物类、其他类4 种类型生物实验室，存在危化品安全、设备安全、气瓶安全、生物安全等风险源，风险源多，管理难度大。学院在安全文化的建设上做了很多努力。

在安全观念文化上，学院积极配合学校开展"实验室安全月"系列活动（包括实验室安全风险排查、院级实验室安全事故应急演练、安全管理制度和典型专题学习等），在全国"安全生产月"组织师生参加学院路街道主办的"学安杯"云上安全知识竞赛，及时发送教育部及学校的安全培训信息，如师生入校实验室安全第一讲——"实验室安全知识培训"公开课等。全面宣传实验室安全知识，培训实验室安全技能。

在安全行为文化上，部分实验室师生共同创造了良好的安全文化，每天都有老师负责检查实验室，每日早中晚共 4 次，并记录在案，记录表格如图 1 所示。将每台设备的每项安全检查工作责任到人，如图 2 所示，方便管理、追踪。

日期：　　年　月　日

检查项目	9：00	12：00—14：30	17：30	20：00—22：00
加热设备及通风橱运行情况	（签名）问题及整改情况	（签名）问题及整改情况	（签名）问题及整改情况	（签名）问题及整改情况

（续）

检查项目	9：00	12：00—14：30	17：30	20：00—22：00
试剂柜	（签名） 问题及整改情况	（签名） 问题及整改情况	（签名） 问题及整改情况	（签名） 问题及整改情况
旋转设备	（签名） 问题及整改情况	（签名） 问题及整改情况	（签名） 问题及整改情况	（签名） 问题及整改情况
垃圾、废液	（签名） 问题及整改情况	（签名） 问题及整改情况	（签名） 问题及整改情况	（签名） 问题及整改情况
冰箱	（签名） 问题及整改情况	（签名） 问题及整改情况	（签名） 问题及整改情况	（签名） 问题及整改情况
台面、地面、 办公室卫生等	（签名） 问题及整改情况	（签名） 问题及整改情况	（签名） 问题及整改情况	（签名） 问题及整改情况
其他 （一切有安全隐患的问题）	（签名） 问题及整改情况	（签名） 问题及整改情况	（签名） 问题及整改情况	（签名） 问题及整改情况

图 1　材料学院森工楼 402 实验室自查记录表（由许阳蕾老师制作）

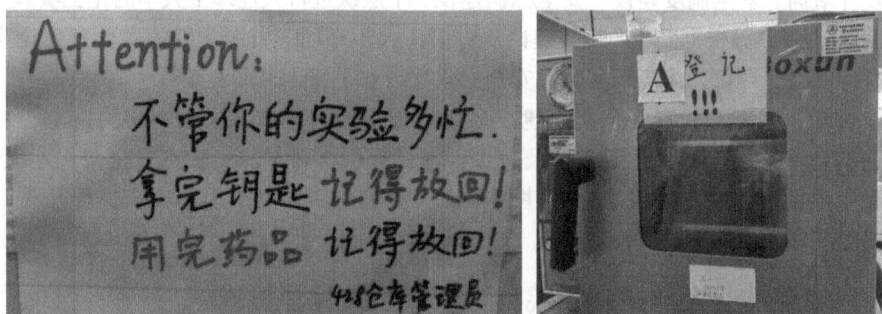

图 2　材料学院部分实验室提醒标语

在安全制度文化上，建立了完善的实验室安全管理体系组织结构，以层层签约实验室安全责任书的形式，将安全责任落实到每一个人（包括学院负责人、分管院领导、实验室安全责任人、导师、学生），使大家主观上重视安全。学院要求各实验室制定相应的实验室准入条件、使用规范、安全管理制度、风险自查等。实验室安全责任人自查内容主要包括：危险化学品和气瓶购买、储存、使用、废物处理、危险标识、安全操作规程等规范要求的落实情况；环境卫生、值日制度、防护品和消防器材的落实情况；仪器设备台账、接地、安全操作规范落实情况。为每个实验室配备纸质版实验室安全手册，2022 年在材料学院官网上线电子版实验室安全手册，同步公布了管理工作需要的材料模板和相关制度，如图 3 所示。建立了由实验系列教师组成的院级实验室安全督导队伍，根据实验室风险级别确定督查频次，分别为：四级实验室、BSL-2 实验室（2 周 1 次），三级实验室（1 月 1 次），二级实验室（2 月 1 次），一级实验室（1 学期 1 次）。在"北京林业大学实验室安全检查系统"上下发督查任务，并将督查任务及时发送至实验室安全责任人，要求整改并获得整改反馈，实现检查—反馈的管理闭环。一方面督促实验室内师生落实实验室管理规范，另一方面促进提升实验系列老师的业务能力，达到"以督促改、以督促学"的效果。

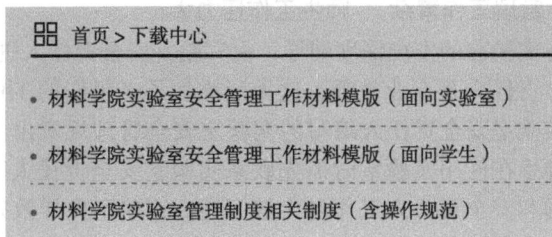

图3　材料学院官网上公布的相关材料

在安全物态文化上，学院在森工楼和科研实验楼设置了楼宇通风系统、逃生通道等设施，在公共区域配置了喷淋设施、洗眼装置、消防设施和救药药箱等，如图4所示。为各实验室配置必要的防护用品，如洗眼器等；使用学校安全教育及智慧实验室管理系统指示牌，包含实验室基本信息、准入人员信息、实验室安全警示标识等；为了保证气瓶使用安全，建立了户外气瓶存放处，根据需要建设气路，保证气瓶使用安全。此外，随着林木资源高值化平台建设的实施，学院在硬件设施上得到了不断改善。

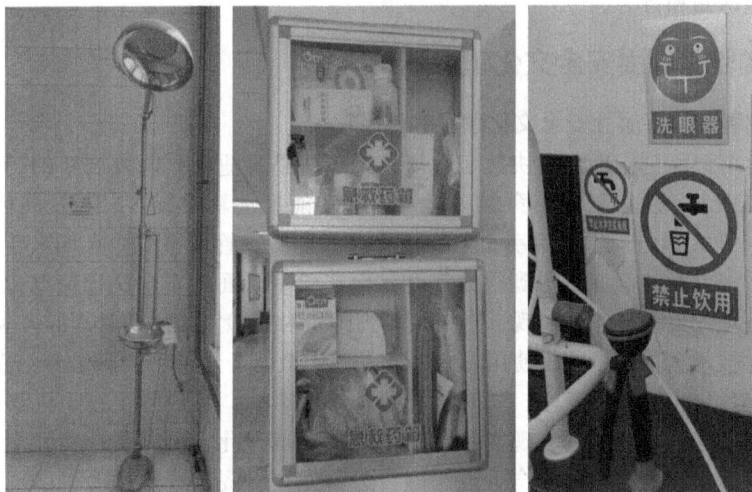

图4　材料学院配备的各种安全防护用具

学院在安全文化的观念、行为、制度、物态上都做了相应的建设，但目前仍然存在部分实验室卫生混乱、安全督查整改闭环反馈管理困难、安全事故偶有发生等问题。分析原因可知学院实验室安全管理存在以下难点。

四、 实验室层面安全文化建设存在的难点

（一）多学科交叉融合加大实验室安全管理难度， 且安全制度要求多， 查找复杂

在"新工科"建设背景下，要求多学科交叉融合，使得研究方法、研究技术手段等存在复杂性和多样性，师生需要进入不同类型的实验室完成实验，实验风险源增多，相应的实验风险增加。让师生在快速、高效地了解风险源、了解实验室的使用规范是减少实验风险的有效途径，这无疑为实验室的管理提出了新的要求。

因实验室安全管理内容多，制度要求庞杂，目前学院的管理汇编和安全手册公布在官网上，学生可以在网上自行下载阅读，但仍存在内容多、查找不便的不足。师生进入实验室需要填写登记的表格繁多，在没有明确指示的情况下，容易漏填。

（二）实验室安全管理工作繁杂，师生工作压力大

由课题组老师进行实验前的安全深度辅导，由实验室安全责任人进行实验室安全培训，很多科研实验室的安全责任人是专业教师，这无疑增加了老师们的工作量，会出现力不从心的现象。此外，各实验室安全责任人编写的实验室安全管理规章由各位实验室安全责任人管理，课题组外的师生在使用实验室时需先联系实验室安全责任人获取相关材料，存在师生获取材料难，导师和安全责任人工作量大等问题。这些不便导致师生面对实验室安全管理感受更多的是约束而非关爱，更多的是抵触使用，应用价值大大降低，不利于师生安全意识的提升。

（三）师生主观抵触心理强，安全意识仍需加强

在实验室督查中发现实验老师、实验学生主观上把实验室的安全检查当成一种负担，被动应付，且师生安全意识不足，导致不少安全隐患被忽视，通常卫生混乱的实验室往往更容易发生事故。

笔者认为思考如何利用现有技术为师生使用和管理实验室提供安全、便捷、高效的服务是改善现存问题迫切有效的方式。只有让师生们感受到便利和关爱，才能从根本上催生师生们的安全认知和行为。

五、 实验室层面安全文化建设建议

（一）完善实验室层面安全文化建设的信息化

习近平总书记深刻指出，加快数字中国建设，就是要适应我国发展新的历史方位，全面贯彻新发展理念，以信息化培育新动能，用新动能推动新发展，以新发展创造新辉煌。2021 年北京林业大学引入了实验室安全教育及智慧实验室管理系统，在准入管理、教育培训和安全监管等方面的信息化得到很大提升。而实验室层面的安全文化信息化，是需要学院和实验室管理人员参与才能实现，直接关系到师生对实验室使用和管理的体验和感受。

在信息化技术上，紧跟师生使用习惯，开发使用微信公众号、视频号等信息公布途径，将管理制度碎片化，增加可读性，同时将其归类方便查询，实现师生在手机移动端高效快速获取相关制度表格和知识。实现实验室安全制度的信息化，可以帮助实验室安全责任人高效便捷地制定、修改实验室安全管理制度，为师生查看提供线上平台，体现学院对实验室安全管理的重视和人性化，可以有效改善师生对实验室的使用感受和使用安全，有助于学院对实验室安全的管理，提高学院安全文化建设。

同时，加强实验室优秀典型案例的宣传推广。学院部分实验室已经建立了良好的实验室安全行为文化，将这些实验室树立为"榜样"，利用榜样的力量影响更多的师生行动起来。并在学院层面设置同类型实验室安全提示标识，如洗眼器定期检查、实验废弃物处理登记、设备使用登记、危化品使用登记等提示牌，以及实验内容信息牌等，用统一标识提示学生规范相应行为。

此外，加强学院内安全问责和安全风险信息化通报，各实验室虽建立了实验室安全管理制度和使用规范，但学生违反规定后的处理仅限实验室内部通报，可适当加大宣传和教育力度，整体遵循以奖励引导为主、警示为辅的原则。

（二）安全教育资源数字化

党的二十大报告首次将"推进教育数字化"写入报告，赋予了教育在全面建设社会主义现代化国家中新的使命任务。实验室安全教育和安全培训作为实践教学和科研安全的基础，推进实验室安全教育的数字化是提升实践教学科研服务水平的重要途径，可以实现实验室安全线上线下混合式教学，有利于减少实验室管理人员重复性工作，帮助学生复习实验室培训知识。

（三）培养师生的主人翁意识

基于"以人为本"的理念，学院需开发更多实验室安全活动，让师生更多参与到实验室安全检查和管理工作中，充分调动其积极性，培养和激发师生们在实验室安全中的主人翁意识和内在动力，实现"要我安全"到"我要安全"的转变。

六、结　语

实验室安全是高校实践教学和科学研究的基础和保障，长期的实验室安全文化建设是从根本上减少实验室事故发生的重要方法，而随着时代进步和社会发展，新的安全形式对实验室安全文化建设也提出了更高要求。基于实验室层面的安全文化信息化和安全教育资源的数据化，以及培养师生在实验室安全上的主人翁意识，有助于实验室安全管理内容和方法更加高效的宣传和实施，为实验室的安全管理注入新动能，进一步推进师生将实验室安全"内化于心，外化于行"。

参考文献

[1] 刘景超，袁泽华."新工科"背景下高校实验室安全管理体系建设探讨[J].实验室研究与探索，2022，41(8)：327-332.

[2] AYI H, HON C. Safety culture and safety compliance in academic laboratories：A Canadian perspective[J]. Journal of Chemical Health and Safety, 2018, 25(6)：6-12.

[3] 范强锐，郑平.以安全文化建设提升实验室安全工作水平[J].实验技术与管理，2007，24(10)：146-149.

[4] 李冰洋，黄开胜，艾德生.世界一流大学实验室安全管理理念及清华大学实践[J].实验室研究与探索，2022，41(1)：299-305.

[5] 李志红.100起实验室安全事故统计分析及对策研究[J].实验技术与管理，2014，31(4)：210-213.

[6] 陆文宜，沙锋.高校实验室安全文化建设探索与实践[J].实验室研究与探索，2021，40(11)：305-309.

[7] 彭华松，谢亚萍，刘闯，等.基于安全文化建设的实验室安全管理探索[J].实验室研究与探索，2018，37(9)：305-309.

[8] 范强锐，赵平.以安全文化建设提升实验室安全工作水平[J].实验室技术与管理，2007，24(10)：139-142.

[9] 谭小平，师琳，李会芳.新形势下现代高校实验室安全文化体系构建[J].实验技术与管理，2021，38(2)：269-284.

[10] WALTERS A U C, LAWRENCE W, JALSA N K. Chemical laboratory safety awareness, attitudes and practices of tertiary students[J]. Safety Science, 2017(96)：161-171.

[11] 修景海，张艳.通过专业认证促进化工实验室安全文化建设[J].实验室科学，2017，20(2)：212-215.

[12] 张苏，王雅先，王金贵.基于"2-4"模型的高校实验室安全文化建设水平模糊综合评价[J].实验室技术与管理，2021，38(7)：291-296.

尊重创造性心理规律， 培养创新型人才

——基于高校人才培养的反思与策略

孙世月

（北京林业大学人文社会科学学院，北京　100083）

摘要： 提升人才培养质量，提升科技自主创新能力，培养创新型人才是高等教育的重要使命。本文基于心理学理论和脑认知科学进展，从需求动机、认知基础、脑神经机制3个层面揭示个体参与创新性思维活动的心理规律，分析高校人才培养工作中，在就业导向、学习目标和激励机制设置方面可能存在的问题。在此基础上提出提升高校创新型人才培养能力的具体实施路径，即扩大创新"水源"，充分发挥大学生在创新中的主体性作用；深耕创新"土壤"，持续推进"三全育人"理念落地落实；厚植创新底蕴，优化创新型人才成长的激励策略，以期多措并举，形成创新的生态系统，助力教育强国、科技强国、人才强国战略。

关键词： 人才培养；创造性；学生主体性；"三全育人"；激励策略

党的二十大报告强调，教育、科技、人才是全面建设社会主义现代化国家的基础性、战略性支撑，要"深入实施科教兴国战略、人才强国战略、创新驱动发展战略""加快建设教育强国、科技强国、人才强国"。全面提升人才自主培养质量，全面提升科技自主创新能力，培养创新型人才是高等教育的重要使命。教育强国、科技强国、人才强国深度关联、不可分割，三者统一于创新[1]。大学生是创新活动的主体，他们成长于建设创新型国家的过程中，未来也将成为建设世界科技强国的主力军。对于大学生个体而言，学习不应该仅停留在理解过往对人类社会发展起重要推动作用的社会文化和科学技术，还应在已有知识基础上不断质疑和创新，创新依赖于学生高质量的主体性学习[2]。对于教育者而言，唯有充分理解和尊重作为学习主体的大学生如何创新的内在心理规律，才能真正提升创新型人才培养能力。本文从创造性思维的心理规律出发，反思当前高校人才培养可能存在的问题，并提出提升高校创新型人才培养能力的教育策略。

一、 个体创造性思维活动的内在心理规律

创造性是人类智慧的重要体现。从心理学和脑科学的视角看，创造性思维活动以高层次心理需求为动力，以高功能认知表征和操作为特征，以多个脑区之间的复杂相互作用为神经基础。只有充分理解并尊重创造性思维活动的心理规律，才能真正提升创新型人才培养能力[3]。

（一）创造性思维活动的内生动机——马斯洛需求层次理论和激励理论

马斯洛需求层次理论提出，人的需求一般按照生理需求、安全需求、社交需求、尊重需求和自我实现需求5个层次排序，从低到高形成一个阶梯，只有每一种较低层次的需求

作者简介：孙世月，北京市海淀区清华东路35号北京林业大学人文社会科学学院，副教授，sunsy@ bjfu. edu. cn。

资助项目：北京林业大学教育教学研究项目"大学生学习投入视角下'实验心理学'课程学习模式研究"（BJFU2021JY061）。

得到满足以后，较高一级的需求才会产生[4]。

教育和管理实践中，马斯洛需求层次理论均得到广泛应用，并产生了富有影响力的激励理论。根据激励理论，在创新人才培养中，教师和教学管理者不应忽视学生的需求，唯有充分了解学生进行创造性活动的心理需求，继而设定合理目标满足其需求，才能真正达到激发大学生创新潜能的目的。

（二）创造性思维活动的认知表征——解释水平理论视角

21 世纪以来，认知心理学领域的解释水平理论产生了广泛的影响。该理论认为，心理表征具有不同解释水平，解释水平越高，心理加工中所表征的事物越趋抽象。具体而言，低解释水平的心理表征下，人们更容易思考"是什么""怎么办"等具体问题，而高解释水平心理表征则更擅长提出和思考"为什么"之类的问题。此外，解释水平还与心理距离密切相关，心理距离是指以此时此地真实体验到的"自我"为参照点的时间、空间、社会距离和假设性 4 个维度，人们倾向于应用高解释水平来表征心理距离遥远的事件[5]。

从解释水平理论视角分析，创造性思维活动通常以直击现象背后的本质为前提，依赖于一系列对"为什么"之类问题的探索与回答。同时，创造性思维活动通常以"举一反三"式长距离知识迁移为表现，具有创造力的个体在问题解决中不容易被眼前的、局部的现状或属性所限制，不局限于自己的知识背景，更容易采取开放而多元的视角。可见，高解释水平的心理表征和心理操作也正是支持创造性思维活动的重要认知基础。

（三）创造性思维活动的大脑功能网络基础和全脑整合观

近年来，人脑连接组学迅猛发展，2022 年 11 月上旬，《Science》以特刊形式发表了 4 篇主题为"没有任何一个神经元是座孤岛"的论文，再次讨论并强调大脑连接的重要性。基于人脑连接组学的理论框架，结合心理学和认知神经科学领域的创造性研究，目前学界对创造性的认知神经机制已经有了更直接的观察和更深入的理解。按照创造性的双加工模型，创造性思维包含想法产生和想法评估两个主要认知过程，前者依赖于自发性的思维过程，基于记忆系统所存储的已有知识产生大量探索性想法；后者则主要以控制加工的方式对想法的新颖性和适宜性进行评价和修正，两个过程循环往复，共同支持创造性思维活动[6]。

创造性思维活动需要复杂的认知加工参与，依赖于多个脑区的相互作用而非仅受某些单一脑区的调控，脑成像研究从个体差异角度直接揭示了高创造性个体脑自发性神经活动的灵活多变性。在脑网络连接层面，默认模式网络、突显网络、额顶控制网络的协作模式在人类创造性思维活动的各个阶段发生着动态变化。其中，默认模式网络主要通过自发性联想在记忆系统中检索和提取新颖信息，特别是远距离概念的检索生成。控制网络负责根据任务要求对当前观点进行组合评估和选择，突显网络可能根据联想内容的新颖性负责默认网络和控制网络之间的灵活转换，体现了创造性认知加工过程中脑功能网络连接模式的动态变化[6-7]。

二、 高校创新人才培养的问题反思

（一）警惕过度就业导向， 避免大学教育职业化

人类社会信息技术增速发展，形成了信息海量且快速迭代的数字化时代，高校需要培养面向未来的人才，培养具有可持续性发展潜力和学科交叉融合特征的人才，培养具有强大学习力的人才[7]。扩招 20 年以来，高校毕业生规模逐年增加，尤其近 3 年，由于疫情和经济发展速度趋缓的影响，大学生就业竞争激烈，高校毕业生"慢就业"现象普遍。但是，出于全面反映高校毕业生就业状况和提升毕业生就业质量的初衷，教育部自 2013 年开始要求高校编制毕业生就业质量的年度报告。在就业形势严峻的现实背景下，社会各界对高校

就业状况的关切必然传导至学校就业指导工作，一定程度上进一步加剧了学生所感知的就业压力。当学生的眼光局限于为了找到一份工作而学习时，学习行为主要由生存和安全需求所驱动，习惯于低解释水平认知表征。缺乏着眼于自我实现的长远驱动力，导致大学生极容易丧失广泛探索更多可能性的勇气。在这种过度就业期望的关注之下，大学教育也容易囿于当下，难以长计远虑地改革优化教育教学。

（二）警惕学习目标误区，避免"考试"思维对大学生创造性思维的阻滞

20世纪50年代，教育心理学家布鲁姆提出了教育目标分类，将学习目标由低阶到高阶划分为6个阶段：知识、领会、应用、分析、综合与评价。2001年，修订后的布鲁姆教育目标分类补充了"创造"这一新维度，且将创造力的获得作为教育和学习的最顶层目标[7]。然而，创造性活动本质上是自主探索的过程，没有任何大学课程能直接教导学生如何创新。在掌握和理解学科知识的基础上，学生必须付出更多认知努力，反复进行复杂逻辑推理和现实问题解决训练，形成以高解释水平为主要认知表征方式、以脑内神经活动的长距离联系和全脑整合方式为生理基础的独特知识组织网络，才可能实现创造力的提升。现阶段，仍然有一部分大学生不能顺利适应从中学到大学的身份转化，大学阶段的学习仍然继续受到应试教育的束缚，习惯于寻求标准答案，片面追求考试分数。当学生对学习高阶目标缺乏追求时，高校创新型人才培养目标的实现必将遥不可及。

（三）警惕激励走向歧途，避免"唯论文"不良学风影响下的假创新

关键核心技术创新是推动我国高质量发展和实现第二个百年奋斗目标的题中之义，扎扎实实从事真正的科学问题研究才能导向关键核心技术创新突破。一段时期以来，学术评价单一，受"唯论文"等不良学风影响，在不合理的激励机制下，一些教师投入大量时间、经费、精力进行低水平高重复性科研活动，为学生树立了坏榜样，给高校创新人才的培养造成了较大的负面影响。在"破五唯"的指导背景下，高校在教师职称聘任量化评价等环节开展了大范围大幅度的改革和改善[8]。然而，不良学风的影响很难快速清除，在人才培养各环节，推动大学生创新能力培养的进程和综合素质提升，形成相适应的大学生尤其研究生发表学术论文的要求和科学评价体系，仍然是现阶段高校教育改革的一个重要任务。

三、 提升高校创新人才培养能力的策略分析

（一）扩大创新的"水源"： 充分发挥大学生的主体性

马斯洛需求层次理论以人本主义为基础，人的主体性是关键。大学生主体性学习模式的转型与创造性思维习惯之间存在循环促进[2]，激活大学生作为创新活动主体的作用，将创新的种子从校园播撒到各行各业。

1. 尊重当代大学生的个性化发展需求，助力学生个性化成长

尊重学生的个性化发展需求，高校教学管理和教师应转变观念。创新型人才本身具有多样性，避免用单一标准去评价即将面对未来的新一代创新型人才。尊重学生自身发展需求，既要鼓励对科研真正有兴趣和热情的学生在专业领域内深耕，按照"本研一体化"教学模式为学生提供个性化的贯通制选课系统、配备学业和科研导师等，也要积极推动"产学研"综合性人才培养模式，为有志于创业实践的学生提供学业和行业导师，创新形式，加大科技孵化支持力度和广度。对于更多尚处于自我探索阶段的学生，也应适度为其保留试错机会。

2. 尊重当代大学生的需求层次特点，注重学生在创新活动中的积极体验

当代大学生成长于国富民强的新时代，普遍缺乏对生存资源不足的直接体验。因此，相比生理和安全需求，当代大学生的行为更倾向于源自社交、尊重和自我实现需求的动力

作用。对于高校和教师而言，需要注意跳出自身思维局限，避免用老一代的眼光评价新一代创新型人才。从思想引领的角度，向当代大学生强调不怕苦不怕累勤学苦练，很可能无法引起大学生的认同，应着力增强积极体验塑造，帮助学生发展"我想学习、我想创新"的主动性，培养学生"我会学习、我会创新"的能动性，使学生从苦学转变为乐学。例如，实际教学活动开展中，教师帮助学生形成清晰、合理的学习目标，采取积极鼓励和及时反馈等措施，均有利于帮助学生提升自我效能感，进而促进其进一步参与创新活动的热情，使创新型思维活动得到反复锻炼。

（二）深耕创新的"土壤"： 持续促进"三全育人"理念的落地落实

学校教育旨在培养完整的人，学生学习旨在看见更大的世界。只有在富有创新性营养的教育教学支持环境下，学生得以发现自身的价值，创新的种子才能生根发芽。

1. 改善教育支持环境，传递注重多学科交叉融合和终身可持续学习的人才培养理念

创新本质上是在特定时空背景下为了解决特定问题，对不同来源的信息进行有效组合的过程，跨学科的思维能力是"组合式创新"的重要基础[3,7]。在"三全育人"教育理念的指导下，高校应以开放的心态大力改善教学支持环境，为学生提供有助于构建有深度、有广度的知识网络基础的，有助于训练综合分析和创新能力的教学活动。从创造性思维活动的脑功能网络和全脑整合观出发，高校人才培养工作既要重视专业教育，也要进一步加强通识教育，以扩充学生创造性思维活动在头脑中进行检索的信息库，并提升学生对新想法进行高质量评估的信息筛选能力。同时，高校人才培养还应重视帮助大学生透过书本和课堂在实践活动中看到学校、家庭和社会的需求。一份排满了的课程表将使学生终日自顾不暇，眼光和时间都停留在当下。因此，大学教育也应适当"减负"，从课程安排进行优化，为大学生留出更多自主时间，支撑学生有时间去广泛阅读经典和深入思考，丰富人生经历和社会感悟，养成终身学习的习惯。

2. 师生深度互动，助力学生尽早完成从知识的被动接收者向有独立见解的思想创造者转变

创造性思维活动依赖于高解释水平心理表征，高校培养创造性人才尤其应重视"大"视野，应鼓励大学生在日常生活和学习实践中养成善于放眼将来、兼听家国全球、心系他人、开放迎接多种可能性的认知习惯。快速发展的信息化、数字化时代，社会期待毕业生能够识别、解决问题，并且终身为社会做出贡献，高等教育必须直面"在流水线上批量生产产品"的比喻和批评。这要求教师能真正看见每一个学生，了解学生知道什么、关心什么、能做什么、想要做什么，才能帮助学生以已有知识经验为基础，以高解释水平心理表征为沃土孕育创新性思维活动，完成从知识的被动接受者向新问题的发现者、新思想的创造者转变。

（三）厚植创新的底蕴： 系统优化创新型人才成长的激励策略

创新型人才成长的过程中，各类激励措施如同促进小树苗茁壮成长的阳光雨露。为了保护创新的活力，高校有必要系统性地优化激励措施。一方面，创新校园文化建设和课程思政融入专业课教学的方式方法，引导大学生长计远虑，深度认同读大学不仅仅是为了找一个好工作，而是为了满足自我实现需求，为社会创造价值，培养有理想的大学生。在课程教学中结合教学评价改革，引导大学生不迷信考试成绩，激励学生从寻求标准答案转向提出创新问题，培养不仅会批判，还能有建设思想的大学生。另一方面，教师言传身教塑造学生价值观，高校应进一步改革评价机制，促进教师在教学和科研活动中敢于发现真问题、勇于进行真创新。切实推进"破五唯"，教师不盲目追求热点问题、追求短平快成果，

才能培养出对什么是真创新具有鉴别力的学生。最后,创新来源于需求,进一步推动产学研协同育人,鼓励学生在社会实践中积极感悟社会现状和国家需求,不将自己的发展脱离于社会,不冷眼旁观社会发展和人民群众的生产生活,助力大学生将其心底的远大理想转化成为促进其持续创新的蓬勃动力。

四、结 语

培养创新型人才是高等教育服务国家战略的重要使命。在尊重个体从事创造性思维活动的心理规律的基础上,高校创新型人才培养工作应反思就业导向、学习目标、激励机制的合理性和长效性。充分发挥大学生在创新中的主体性作用,持续推进"三全育人"理念落地落实,优化创新型人才成长的激励策略,多措并举,扩大创新"水源"、深耕创新"土壤"、厚植创新"底蕴",形成创新的生态系统,提升创新型人才培养能力。

参考文献

[1]周洪宇,李宇阳.习近平总书记教育重要论述的新发展:党的二十大报告关于教育的系列新论述研究[J].国家教育行政学院学报,2023(2):7-15,70.

[2]史静寰.中国大学生主体性学习:在全球视野下研究本土问题[J].中国高教研究,2022(3):99-101.

[3]庞维国.创造性心理学视角下的创造性培养:目标、原则与策略[J].华东师范大学学报(教育科学版),2022,40(11):25-40.

[4]张虹,杨海文.浅析科研创新中的人性管理:基于马斯洛需求层次理论的分析[J].科技管理研究,2013,33(22):148-51.

[5]LIBERMAN N,SAGRISTANO M D,TROPE Y.The effect of temporal distance on level of mental construal[J].Journal of Experimental Social Psychology,2002,38(6):523-34.

[6]何李,李彧,庄恺祥,等.创造性的大脑网络连接特征与研究展望[J].科学通报,2020,65(1):25-36.

[7]陈立翰.学习力脑科学[M].北京:中国人民大学出版社,2023.

[8]王文礼.在"破五唯"语境下高校如何进行职称评价体系改革[J].高教探索,2022(5):30-36.

基于"三位一体"的"软件设计与体系结构"课程思政改革

崔晓晖 牟 超 陈志泊 杨 波

（北京林业大学信息学院，北京 100083）

摘要： 智慧林草领域亟须积极参与生态文明领域复杂系统研发且德才兼备的信息化人才。为此，依托电子信息领域专硕的"软件设计与体系结构"研究生课程，开展课程思政改革，构建了"坚定信心、树立志向、能担大任"三位一体课程思政体系，凝练了分析类、设计类、方案类思政元素，探索了各类思政元素与授课内容有机浸润的实施方法。通过定性问卷调研，学生反馈改革工作有助于提升学生分析和解决复杂领域问题的能力。同时，毕业要求达成度计算和调研结果表明：改革工作对提升学生技术自信，激发学生积极开展领域建设具有重要意义。

关键词： 课程思政；三位一体；软件设计与体系结构；思政元素

随着中国制造业发展，林草领域高质量建设亟须积极参与文明建设的高素质、信息化人才。"软件设计与体系结构"是一门讲授软件规范性设计方法、设计模式和关键软件体系结构等内容的专业核心课程。依托"软件设计与体系结构"，开展课程思政改革对提升学生林草领域复杂软件开发、系统设计和实现能力具有重要意义[1-3]。

在北京林业大学"扎根中国大地的世界一流林业大学"总体教育方针基础上，"软件设计与体系结构"的课程思政改革目标是以教学内容为载体，构建"信心—志向—责任"课程思政体系，设计与课程思政体系配套的分析类、设计类和方案类思政元素及教学实施方案。拟通过课程思政改革工作，全面提升学生从事复杂林草领域系统分析和设计能力，激发学生建设林草信息化领域的热情，为"生态文明建设"培养复合型、高素质人才。

一、课程思政体系与育人目标

（一）课程思政体系

课程组在调研了哥伦比亚大学、伊利诺伊大学香槟分校、北京航空航天大学、南京大学等国内外知名大学"软件体系结构""软件架构设计"和"软件设计"等相关课程[4-5]后，通过系统分析方法，将"软件设计与体系结构"课程思政体系划分为思政改革基础平台和思政平台两部分，如图1所示。

思政改革基础平台为课程思政改革的基座，有助于明确课程思政改革的内容主线、组织形式和考核形式。其中，课程主线涵盖教育部高等学校教学指导委员会发布的课程核心知识点和能力目标，主要包括"软件规范化设计方法""软件设计模型"和"常用软件架构"。

作者简介：崔晓晖，北京市海淀区清华东路35号北京林业大学信息学院，副教授，cuixiaohui@bjfu.edu.cn；

牟 超，北京市海淀区清华东路35号北京林业大学信息学院，讲师；

陈志泊，北京市海淀区清华东路35号北京林业大学信息学院，教授；

杨 波，北京市海淀区清华东路35号北京林业大学信息学院，副教授。

资助项目：2022年，北京林业大学校级研究生课程思政建设项目——基于"三位一体"的"软件设计与体系结构"课程思政建设项目（KCSZ22024）。

组织形式表现为课程思政的实施方法，主要包括"融合式授课+团队实训+开放式研讨"。考核形式表现为课程思政实施后的恰当考核手段，主要包括"过程化考核+专题实践案例分析"。

思政建设平台为课程思政改革的核心，有助于明确课程思政的涉及元素及不同元素的建议性实施方案。围绕课程主线，构建了"坚定信心、树立志向、能担大任"三位一体的课程思政体系。配套课程思政体系，设计了"分析类+设计类+方案类"课程思政元素及各类思政元素与课程知识浸润的方式。

通过课程思政改革基础平台和思政建设平台的相互支撑，使学生在掌握复杂领域软件设计的必要知识和相关技能基础上，提升学生积极从事我国林草领域软件服务的荣誉感和自信心。

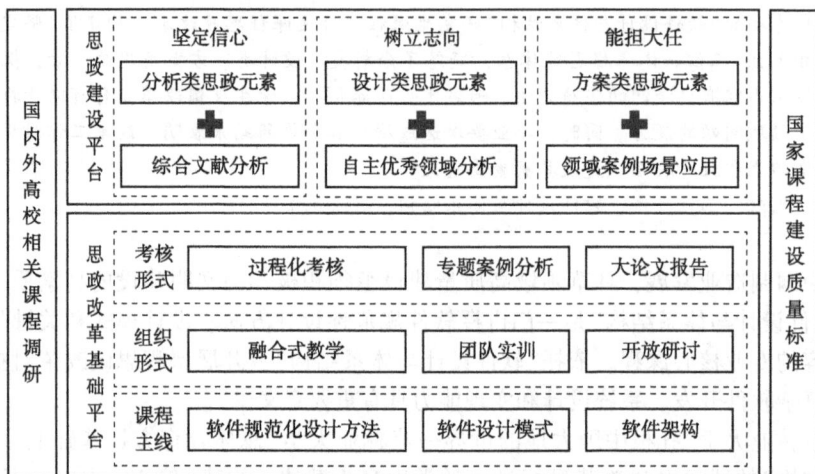

图1 "软件设计与体系结构"课程思政体系

（二）课程教学目标

围绕构建的课程思政体系，优化教学知识、能力和工具教学目标，补充素质目标。

(1)知识目标。通过文献分析，使学生掌握规范软件设计方法及统一建模语言中用例图、类图、序列图和状态转换图等主要建模图形的图元要素和使用规则；借助领域案例，让学生理解不同设计模式的结构特点和适用场景。

(2)能力目标。培养学生熟练运用规范性软件建模的方法完成林草领域业务需求分析、静态建模和动态建模的能力；通过自主研发优秀代码分析工作，学生将利用对比分析等方法，优化设计好的领域软件架构，构建针对性强、满足"低内聚、高耦合"的高质量解决方案。

(3)工具目标。学生能够结合软件建模需要，选择并熟练运用建模设计工具开展软件体系结构设计和方案验证工作。

(4)素质目标。围绕职业道德、自主学习和终身学习等素质养成目标，依托课程"三位一体"思政元素，培养学生"树立志向、坚定信心、能担大任"的品质。

（三）思政育人目标

围绕课程教学目标，以习近平新时代中国特色社会主义思想为指导，立足北京林业大学绿色使命，从"树立志向、坚定信心、能担大任"三位一体角度进一步凝聚课程思政育人目标(图2)。

(1)树立志向。将国家林草行业发展规划、行业报告和前沿信息技术进展等资料与业务静态建模教学过程相结合，锻炼学生规范运用建模方法分析、整理、归纳相关资料的能力，让学生深刻理解我国领域软件的成就、现状和挑战，激发学生积极投身领域服务建设的志向和热情。

（2）坚定信心。将国家自主研发的优质开源软件和软件动态建模教学过程结合，让学生深刻体会我国自主研发软件在国际开源软件中的贡献和研发实力，坚定学生的技术自信。

（3）能担大任。将"智慧林草""生态建设"和"森林健康"等典型领域场景与常见软件架构授课过程相结合，以小组为单位，锻炼学生开展复杂软件架构协同设计建模、方案构建和方案对比分析的能力，提升学生胜任复杂业务场景建模的能力，培养团队协作意识。

（4）课程教学目标与育人目标的关系。课程教学目标从知识、能力、素养等角度形成人才培养外循环，强调培养后学生知识水平和领域场景胜任能力。思政育人目标从"三位一体"角度形成人才培养内循环，突出培养后学生和工作态度。两套目标相辅相成，共同促进高素质领域软件人才培养。

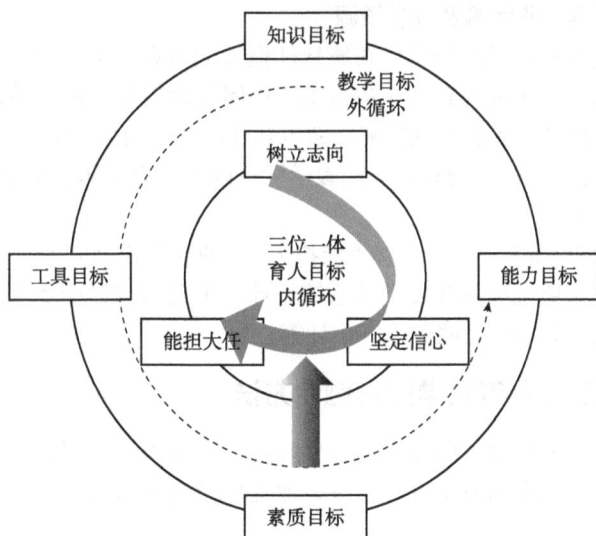

图2　"软件设计与体系结构"课程教学目标和思政育人目标间的关系

二、 课程思政元素和教学资源

围绕"树立志向、坚定信心、能担大任"课程思政目标，从课程思政元素支撑目标的角度，构建配套的课程思政元素和相关教学资源。

（一）分析类课程思政元素及教学资源

分析类课程思政元素用于培养学生软件建模和设计工具使用的能力。通过分析类课程思政元素，学生将运用静态建模工具和动态建模工具，分析我国领域软件建设取得的成果、面临的挑战和继续开展的工作，引发学生深入思考领域软件建设的迫切性和必要性，为后续深入开展领域建设工作奠定基础。

（1）思政元素。分析类课程思政元素资以各类政策性文件为主体，具体包括国家软件产业政策引导性文件、发展报告、计算机协会和相关产业协会发布的技术进展以及国家林业和草原局发布的信息技术发展规划。

（2）教学资源。围绕课程教学内容和"树立志向"的课程思政目标，分析类课程思政元素选择的教学资源包括：《"十四五"软件和信息技术服务业发展规划》《林草生态网络感知系统建设》《生态保护和修复支撑体系重大工程建设规划(2021—2035年)》和《数字中国建设整体布局规划》等。

（二）设计类课程思政元素及教学资源

设计类课程思政元素用于培养学生软件设计模式和常用架构的运用能力。通过设计类思政元素，学生将掌握我国优质开源软件的设计思路、核心架构和组件交互方式，体会我国自主研发软件在国际和林草行业上的影响力，坚定学生利用自主研发软件开展林草领域研发的自信和决心。

(1)思政元素。设计类课程思政元素的教学资源以Github上国产优质开源软件为主体，涵盖Web框架类软件、科学计算类软件、林草领域建设类软件。

(2)教学资源。围绕课程教学内容和"坚定信心"的课程思政目标，设计类课程思政元素选择的课程资源包括：国内知名IT企业自主研发的B/S框架、由中国科学院等科研机构自主研发的特征计算类软件工具包以及由林草知名公司研发的领域软件框架等。

（三）方案类课程思政元素及教学资源

方案类课程思政元素用于培养学生领域软件设计能力和方案迁移能力。通过方案类思政元素，学生将根据复杂领域的软件业务需求，以团队为单位，构建满足复杂业务场景需求的有效软件架构，提升学生日后胜任复杂领域软件研发的能力，增强团队协作意识。

(1)思政元素。方案类课程思政元素的教学资源以案例为主体，包括"智慧林草""生态建设"和"森林健康"等。

(2)教学资源。围绕课程教学内容和"能担大任"的课程思政目标，设计类课程思政元素选择的代表性案例主要包括高并发领域系统设计、生态监测异构数据集成和治理系统设计、森林康养多终端、公共惠民服务系统设计等。

三、 课程思政元素与教学内容融合方法

为实现课程思政内容与教学内容之间的"盐与水"的关系，基于已经构建的分析类、设计类和方案类课程思政元素和教学资源，探索课程思政元素与教学内容的融合及实施方法(图3)。

（一）分析类课程思政元素与课程融合方式： 业态发展分析和讨论

(1)具体融合方案。将分析类元素的教学案例与复杂业务分析和建模等教学过程融合，引导学生过通过建模工具规范化分析案例内部和外部的关键要素——成就、挑战、机遇。然后，开展业态发展讨论，鼓励学生自主探讨"卡脖子"技术对林草行业发展的影响，引导并培养学生积极投身领域软件服务建设的热情。

(2)教学方法。教师可采用模型串讲、案例导读和问题引发等方式，至少开展一次主题为"基于静态建模分析的我国软件服务发展态势分析"的分析类讨论活动。讨论后要求学生形成总结报告。授课教师可根据报告中静态建模图和动态建模图的规范性、合理性和完备性，分析学生的学习效果并开展针对性的持续改进工作。

（二）设计类课程思政元素与课程融合方式： 国产优质自主研发的开源软件分析和讨论

(1)具体融合方案。组织学生以小组为单位，围绕课程讲授的设计模式和软件建模知识，分析各类国产优质开源软件的关键设计模式和系统模块划分方法，让学生体会我国自主研发软件在国际开源软件中的贡献和影响力，坚定学生的技术自信。

(2)教学方法。教师可采用典型设计模式串讲、架构分析和探索等方式，至少开展一次主题为"国产开源软件的架构和设计模式分析"的研讨类实践性活动。讨论后要求学生形成

总结报告。授课教师可根据报告中开源软件的复杂性、设计模式的实用性以及整体架构描述情况判断学生的学习效果并开展针对性的持续改进工作。

（三）方案类课程思政元素与课程融合方式：林草领域软件架构设计方案构建和讨论

（1）具体融合方案。组织学生以小组为单位，依托具体"智慧林草""生态建设"和"森林健康"等领域实际业务需求进行训练，提升学生胜任复杂业务场景建模的能力，增强团队协作意识。

（2）教学方法。教师可采用典型案例串讲、领域场景分析和架构方案迁移引导等方式，并至少开展一次主题为"基于典型生态建设场景的复杂软件架构方案讨论"的研讨类实践性活动。讨论后要求学生形成总结报告。授课教师可根据报告中业务分析的有效性、设计方案的实用性以及方案的泛化能力判断学生学习的效果并开展针对性的持续改进工作。

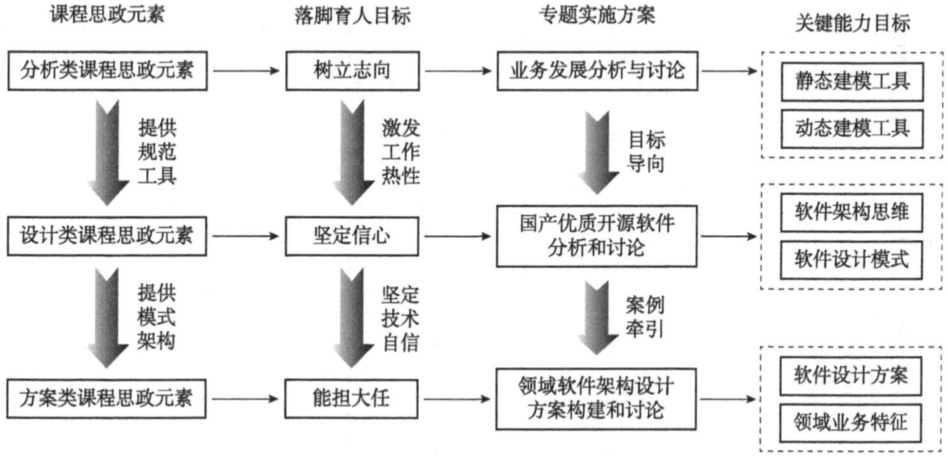

图3　"软件设计与体系结构"课程思政元素与课程融合方式

四、课程思政改革效果分析

为验证课程改革效果，分别从问卷定性反馈和毕业要求达成度定量计算等角度进行分析。

（一）改革效果调研对象

选取选修课程的2017级、2021级、2022级3个年级的80名研究生为调研对象。其中，2017级研究生使用的是旧版"软件体系结构"培养方案，该培养方案符合国家标准且相关授课知识与后续培养方案基本相同，但知识点未按照主题进行归纳和总结；2021级研究生的培养方案是在2017级培养方案的基础上，将授课内容按照"软件分析、软件设计和软件方案"等主题进行了划分后形成的，但是2021级培养方案不包含课程思政元素；2022级研究生的培养方案是在2021版培养方案基础上，增加了课程思政改革内容形成的。

（二）问卷定性分析

对2017级、2021级和2022级学生进行了问卷调研，从分析工具的运用能力、系统架构的设计提升、设计模式的运用提升、业务方案的构建提升、前沿软件技术掌握等角度设置5分评级量表，分数越高代表评价越好。调研结果统计见表1。

表 1　调查问卷统计结果（选项人数）

	5 (2017级)	5 (2021级)	5 (2022级)	4 (2017级)	4 (2021级)	4 (2022级)	3 (2017级)	3 (2021级)	3 (2022级)	2 (2017级)	2 (2021级)	2 (2022级)	1 (2017级)	1 (2021级)	1 (2022级)
分析工具的运用能力	15	16	22	5	1	17	5	2	1	0	0	0	0	0	0
系统架构的设计提升	18	16	25	3	1	12	4	0	1	0	0	0	0	0	0
设计模式的运用提升	16	15	26	6	2	11	3	0	1	0	0	0	0	0	0
业务方案的构建提升	17	16	21	4	1	15	0	0	2	0	0	2	0	0	0
前沿软件技术掌握	15	14	24	8	11	12	8	1	2	0	0	0	0	0	0

结果表明，改革后的授课内容在各项问卷问题中均获得了较高的学生认可。其中，系统架构设计和前沿软件技术掌握能力两项反馈较高。其他指标也综合反映了课程内容改革和课程思政建设效果。经过横向数据比较，2022级培养方案中加入课程思政改革内容后，育人效果较2021年更为显著。综合上述结果，"软件设计与体系结构"课程的定性反馈体现了课程教学内容和课程思政建设效果。

（三）毕业要求达成度定量分析

为量化分析教学改革对毕业要求达成程度的提升效果，构建"考核—培养"目标支撑关系矩阵，赋权不同考核方式对毕业要求的支撑权重。支撑关系矩阵见表2。

表2　"考核—培养"目标支撑关系矩阵

	知识层面	能力层面	工具层面	素质层面
日常表现	0.4	0	0.3	0.3
专题讨论	0.1	0.4	0.2	0.4
大论文报告	0.2	0.3	0.1	0.4

在表2中，第一行为培养目标，第一列为考核方式，表中每一项数值体现考核方式对目标的支撑程度。对于每位学生，将各种考核分数与权重相乘，然后通过加权方法，将所有加权后的考核分数累加，计算学生成绩对毕业要求的总体达成程度，再定量分析2017级、2021级和2022级学生毕业要求达成度的变化趋势，分析结果如图4所示。

图4的分析结果表明，2021级和2022级课程对毕业要求达成度均高于2017级，即教学改革有助于提升课程对培养目标的总体达成度。同时，2021级和2022级数据分析表明，引入课程思政元素、开展课程思政融合工作对提升达成度具有推动作用。

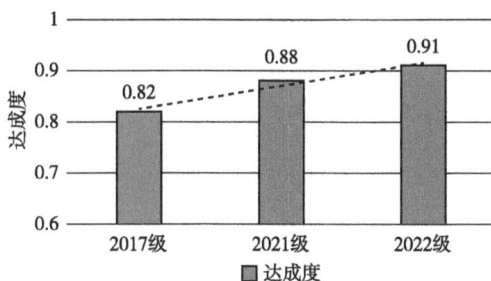

图4　课程对毕业要求达成度分析

（四）研究生参与林草领域系统研发情况统计

对2017级、2021级和2022级研究生主持或参加与林草领域系统研发、规划设计和专著编写等情况进行调研。结果显示，2017级学生中，51%的学生运用所学的软件建模工具、软件设计模式等知识从事生态监测、森林健康评价、林草资源管理等具有领域特色的复杂系统建模和研发工作。而2021级和2022级学生中，72%的学生深入"智慧林草"领域，开展复杂系统研发和设计工作，部分学生围绕研发工作，申报获批软件著作权及专利等领域特色鲜明的研究成果。上述调研数据综合反映出课程思政教学改革对引导学生积极投身生态文明领域建设的显著效果。

五、结语

围绕北京林业大学"扎根中国大地的世界一流林业大学"的教育方针，立足研究生课程"软件设计与体系结构"，开展了课程思政建设工作，形成了"坚定信心、树立志向、能担大任"的三位一体课程思政体系，配套凝聚了"分析类+设计类+方案类"课程思政元素，探索了思政元素与课程主线的融合及实施方式。经定性和定量分析，课程思政改革效果反馈良好，有助于促进学生积极从事我国林草领域软件服务和建设的志向及技术自信，对传承北林绿色文化、赋能林草领域高质量发展具有重要意义。

参考文献

[1]张建,刘博,朱青,等.软件设计与体系结构课程内容建设及创新探索[J].计算机教育,2022(7):62-66.

[2]武怡琼,房爱青,张鹏,等.课程思政框架下软件需求工程教学模式探索与实践[J].计算机教育,2022(5):51-54.

[3]雷刚,王文乐,蒋长根,等.专业认证背景下引入课程思政的软件专业人才培养模式[J].计算机教育,2022(2):4-8.

[4]张泳,颜晖,张高燕.以应用能力培养为核心的程序设计课程教学全面重构[J].计算机教育,2021(1):70-74.

[5]黄佳佳,李鹏伟.贯穿式案例实践教学法在软件体系结构课程中的应用[J].软件导刊,2020,19(11):249-251.

面向"四新"要求的人才培养方式改革探索

付 慧 李 群 李 维

（北京林业大学信息学院，北京 100083）

摘要： 当前国家之间的竞争日渐凸显为科技实力的竞争，2023 年《政府工作报告》指出，要推进高等教育创新。教育部也提出了推进"四新"建设，全面提高高等教育人才培养质量的要求。高校作为高水平人才的摇篮，应积极响应国家的发展需求进行创新人才培养并进行改革。本文主要致力于解决课堂教学内容陈旧、学生学习动力不足、学生就业能力不够三方面问题。本文给出的方案包括教师、学生、教务处 3 个主体，分别从授课方式、学习模式以及学期设置上进行改革，为培养面向"四新"要求的人才进行改革探索。

关键词： "四新"建设；人才培养；授课方式；学习模式；学期设置

一、"四新"建设背景下的人才需求特点

"四新"是由教育部提出的有关新时代全面振兴本科教育、打造高等教育"质量中国"的重要内容，包括"新工科、新农科、新医科、新文科"。要层层递进、环环相扣、久久为功推进"四新"建设，从教育思想、发展理念、质量标准、技术方法、质量评价等人才培养范式进行全方位改革[1]。国家未来现代化建设需要打破旧产业的桎梏，开创新的产业增长点。在人才需求方面需要大量的具备高新专业知识、拥有自主探究问题的能力、眼界开阔、个性化突出的人才。

这样的人才储备得越多，我国的科学技术创新才越可能取得突破性进展。未来国家人才应具备的特点有：①具有高度专业化的学识能力。②具有自我管理、自我发展的通用能力。③具有沟通协作的管理能力。

新时期，高等教育人才培养定位由传统意义上的知识型人才转向创新能力型人才[2]。当前我国高等教育在对学生的学识能力培养上非常重视，但是在学生的通用能力培养和管理能力培养方面比较欠缺。而这两种能力是学生在未来个人发展道路上走得更远的有力支撑。

二、 当前的教育环境特点

在当前的移动互联网时代，信息的获取变得便捷、迅速，同时人们每天能够获取到的信息是海量的。各大直播平台、电商平台、新闻媒体平台等成为人们日常生活的需要。在信息量爆炸的环境里，学生学习呈现 3 个特点：①无法专心学习，易受外界环境干扰。

作者简介：付 慧，北京市海淀区清华东路 35 号北京林业大学信息学院，副教授，fuhuir@bjfu.edu.cn；

　　　　　李 群，北京市海淀区清华东路 35 号北京林业大学信息学院，副教授，liqun@bjfu.edu.cn；

　　　　　李 维，北京市海淀区清华东路 35 号北京林业大学信息学院，讲师，liwei91@126.com。

项目资助：北京林业大学教育教学研究项目"'流媒体技术'课程考试改革与教学方法研究"（BJFU2013JG032）。

②学习毫无章法，海量的信息干扰学习的效率。③无法调和在校学习和外出实习的矛盾。

移动互联网不仅带来了不良影响，也带来了优质的教育资源。网络上出现了大量的教育类视频，在哔哩哔哩网站、知乎 APP、大学慕课网站等网络平台，学生可以免费地获取大量的与课程内容相关的视频资源。学生不再局限于课堂内学习的课程内容，可以更加自由地选择网络上相关内容进行自学。在高等院校普遍开展的线上线下混合教学就是对网络优质资源的有效利用。

疫情三年，很多高校也已经构建了可以在线授课、录制视频、线上考试的网络平台环境。这些基础硬件和软件条件的改变使高校课堂可以不再局限在同一时间、同一地点，而是给学生提供更大的自由度和选择性。

在这个移动互联网时代，既有海量知识资源的免费供给，又有大量游戏、直播的诱惑，因此学生的自我管理能力和自主学习能力变得非常重要。只有具备这两项能力，学生才能更好地利用网络资源，提升专业技能。英国的 BTEC 人才培养模式[3]中，在培养目标的设定上，除了规定学生在毕业时具有一定的专业能力，还特别强调通用能力，即可从事任何职业的核心能力，包括自我管理和自我发展、与他人合作共事、安排任务和解决问题、科技的应用、设计和创新等方面的能力。

三、 高校现行人才培养方案存在的问题

高校现行的人才培养方案，主要是依据学科专业的需要，梳理出通识类和专业类课程科目，安排学时和学分，再划分到各个学期。为了加强学生的实践能力的培养，目前在学时分配上大大增加了实践类课程的比例。本科专业人才培养方案一般 2~3 年做一次大的修订，每年都可以小修，如此增加了培养方案修订的灵活性和对新的专业需求的适应性。但是仍然存在以下 4 个方面的问题。

（一）依据教学大纲授课不够灵活

教师授课的依据是教学大纲。教学大纲是按照学科专业的需要设置的，但是撰写教学大纲时，教师无法预见每一届学生的知识构成和领域新技术的进展。因此教学大纲只能是最基本的内容框架。例如，"线性代数"是工学专业的必修课，计算矩阵的特征值和特征向量是必学内容。在 2019 年 11 月 18 日，陶哲轩和 3 位物理学家发表了计算特征向量的新方法[4]。只需要列一个简单的方程式，就可以求出平方赋范特征向量。这些最新的科技进展通过网络被大众所知，教师无法在授课前做出这样内容的准备。同时每一届学生都不相同，他们的知识结构、眼界见识都随着社会的发展而进步，在现有的授课模式下，教师无法灵活地基于学生的特点来调整授课的内容，这也导致部分学生认为课程内容陈旧，毫无新意。

（二）人才培养方案的学分设置重数量轻质量

目前的人才培养方案的学分设计不够合理，学生需要修的学分过多，这种看重数量而不重质量的学分设置方法，使得学生为了学分而学习课程，满足于及格得到学分即可。对于有难度的选修课程采取回避的态度，只愿意选修容易及格的课程。甚至有些课程就是为了让学生凑够学分而开设的。

为了进一步加强专业能力的培养，在学分设置上应该进行改革。提高有难度的专业必修课和选修课的学分，而不是仅仅依据学时来规定学分。同时可以根据学生的成绩，折算其获得的学分数，而不是只要课程及格就获得完整的学分。只有将学习质量和学分数量结合起来，才能够使学生学有所成。

（三）学生在校学习与外出实习产生冲突

部分学生为了在大四有时间外出实习、找工作，在大学前 3 年的时间内基本修完 4 年

要求的学分，导致前3年部分学期的学习任务重，课程掌握的质量下降。平衡在校学习和外出实习的时间问题，也是在制订人才培养方案时需要认真思考的。

（四）课程考核标准过于单一

目前课程的考核方式大多是"平时+期末"的形式。考核的内容也主要是知识的掌握情况，而这种考核标准过于单一。未来需要学生具备的能力包括专业能力、通用能力和管理能力。考核标准的单一性不利于促进学生的个性化发展，不利于学生认识到发展自身通用能力和管理能力的重要性。因此期末评价的内容不应只包含专业知识，还应该包含对学生自我管理、自我激励、团结协作能力的考核。而这种考核不是为了让每个学生都成为千人一面的全才，而是允许学生在三方面的考核中发挥自己所长。在更加合理与多样化的考核标准下，学生才能凸显个性化的特点，成为适应未来国家科技和产业发展需要的多样性人才。

四、 人才培养方式改革框架

鉴于上面所述的人才培养方式存在一定问题，本文给出了一种改革方案。包括学生、教师和教务处三方主体，以及企业和网络环境两个外部主体。整体框架如图1所示。

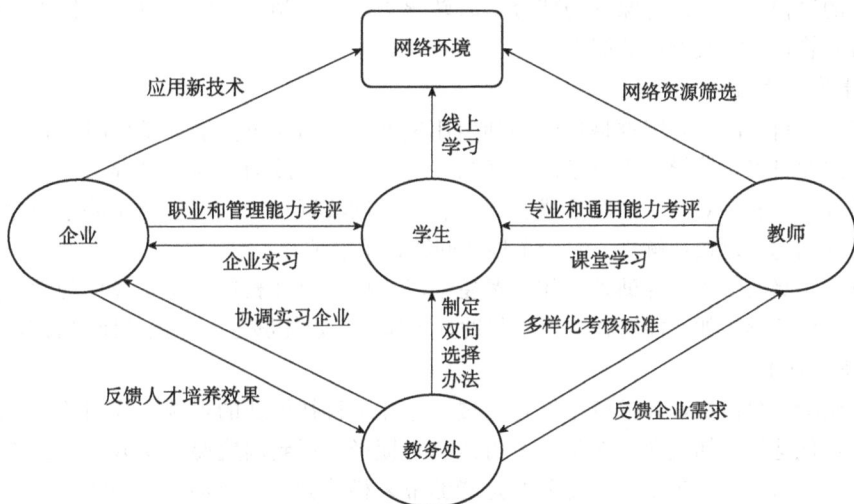

图1　人才培养改革框架

以学生为中心，学生在教师的课堂上学习专业知识，培养专业能力。学生在企业中学习职业经验、沟通及协作的能力，在网络环境里学习前沿技术，培养自我管理和自我激励的能力，教务处负责协调实习企业，制定企业与学生的双向选择办法，负责审核教师对学生的多样化考核标准。同时企业向教务处反馈人才培养的效果，教务处向教师反馈企业的需求，形成一个包含学生、教师、企业、教务处的四方主体的教育闭环，能够不断地更新和反馈培养情况，从而促进整个系统的运行和良性发展，有助于不断提高人才培养质量。

五、 三个主体的具体改革举措

（一）教师主体改变授课方式为"课堂+自学引导"

每一届学生的知识基础存在差异性，而同一届学生的知识基础也大不相同。随着信息技术的普及，很多学生已经在高中阶段或者初中阶段就已经接触了编程语言，或者一些常用的软件，已经了解部分信息类基础知识。而由于我国地区发展的不均衡性，某些学生在大学阶段才开始接触计算机和工具软件，相应的基础知识比较欠缺。存在着巨大差异的学生主体，给教师授课造成了很大的困难。讲的难了不行，简单了也不行。因此现有的授课模式已经不适合当前的学生主体的特点。可以通过以下3个方面的设计，将授课方式转变为"课堂+自学引导"。

1. 教学内容分割

教师将整体的课程内容划分为基础知识、进阶知识和前沿知识三类模块。第一，给出基础类知识模块的资源链接，例如大学慕课平台上的一些课程视频，或者其他平台的相关资源，由教师进行收集，或者由教师自行录制这部分视频。教师将基础知识部分的资源在假期就发送给学生用于学生自学，帮助学生在课前将水平基本拉齐。

第二，课堂上主要用于教授进阶知识和介绍前沿知识。前沿知识的详尽部分留给学生自由探索，教师负责整理出这部分内容的资源链接并发送给学生，然后进行一定的辅导，对于那些能够自学好前沿知识的学生可以组织其申请"大创"项目或者学科竞赛，进一步锻炼其对前沿知识的运用。

第三，分割了部分内容用于学生进行自学，教师可以高效地利用课堂时间对进阶知识进行细致的讲授，也可以将课堂的部分学时转化为辅导自学的学时。自学可以更好地锻炼学生的自我管理和自我发展的能力。

2. 辅导学生自学

辅导学生自学的主要困难是目前的师生比过低，教师在单独辅导学生时花费的时间成本巨大。因此可以将辅导学生自学的模式从一对一辅导，改为一对多辅导。通过设置答疑课，由教师或助教针对学生的问题进行答疑，并录制答疑视频，用于学生课下自学。如此对于共性的问题可以快速解决，对于个性的问题再单独辅导。

鼓励高年级的学生参与助教工作。费曼学习法提示教师教授知识是最佳的学习知识的手段。高年级的学生如果能够普遍地参与助教工作，一定能够进一步提升他们的学习质量。

3. 评价标准多样化

要鼓励学生自由探索和进行个性化发展，这才是科技创新的根源。我们的教育常常鼓励学生做最优选择，如此学生在学习上可能会走捷径，遇到问题愿意绕开问题，不愿意花费更大的力气研究它。未来国家需要的是能够带来科技创新，能够在关键领域有突破的人才。就像大自然的物竞天择，足够数量的多样化和个性化人才才能实现科技创新。因此在专业知识、通用能力和管理能力等方面的考核标准要尽量满足多样化的需求，充分鼓励学生找到适合自己的学习方式和能力优势。

（二）学生主体改变学习模式为"课堂+线上+实习"

学生作为人才培养的主要对象，其知识结构和能力结构的养成主要来自日常的学习和生活。因此，为了提高学生的通用能力和管理能力，将学习模式转变为"课堂+线上+实习"。

线上自学是在教师给出的网络资源链接或自学指导资料下进行学习。疫情三年的时间，学生们已经基本养成了在线学习的习惯，但是由于自我管理能力不足，导致部分学生学业预警。但是学习是一个终身的过程，在学生阶段养成良好的自我管理和自我发展的通用能力至关重要。教师可以通过一些监督和阶段性检查的手段帮助学生培养这一重要的能力。

在公司实习常常是本科生在大四时迫切需要的一个阶段。在实习阶段可以培养学生的沟通协作类的管理能力。实习的时间和课程的上课时间存在冲突是最常见的困难。这个问题可以由教务处在制订人才培养方案时设置实习学期进行解决。

（三）教务处改革学期设置为"课程学期+实习学期"

人才培养的目标是使人才有建设国家、服务社会的能力。而目前在国际经济下行压力巨大，美国与中国在高科技领域展开激烈竞争的大环境之下，大型企业缩减用人规模，大量裁员，中小企业不再招人，甚至停产。为了能够让学生适应社会的需求，培养其职业能力和管理能力，让学生在本科生阶段进行多次实习非常有必要。因此可以仿照加拿大滑铁卢大学的学期安排机制，他们的 Co-op（C，o-operative Education）项目允许学生在线上课，同时安排整个学期进行实习。其学期安排见表1。

表1　Co-op 项目本科阶段安排

	秋季学期(9—12 月)	春季学期(1—4 月)	夏季学期(5—8 月)
大一	学期	学期	自定计划
大二	学期	工作	学期
大三	工作	学期	工作
大四	学期	工作	学期
大五	工作	学期	空

表中的"学期"代表在校上课的学期，滑铁卢大学的学期长度是4个月。由于学生需要参与实习，因此滑铁卢大学的学生需要接近5年才能毕业。而在整个本科阶段有5个学期需要参与工作。申请参与 Co-op 项目的学生需要缴纳一笔 Co-op 费用，这有助于支付运行 Co-op 项目的成本。

教务处可以在暑假学期安排授课内容，同时春季和秋季学期可以安排实习。实习是学生必须完成的学习任务，且有学分要求。教务处对于实习单位与专业的匹配度要进行把关，必须是让学生去专业对口的单位进行实习，实习单位可以在外地。在实习学期内学生也可以完成部分课程的学习，可以通过在线学习课程的方式完成。这样可以避免学生在大四扎堆进行实习，同时也可以在低年级就对专业领域有一定的了解，更加有助于后续的专业学习。

教务处要搭建企业与学生双向选择的平台，引导企业在校内进行宣传并及时获得企业对学生的工作情况反馈。同时搭建教师与企业交流的平台，根据企业反馈的相关需求，教师对授课内容进行调整，使其更加符合企业需求。通过学期的设置解决了在校学习与外出实习的基本矛盾，通过学生在企业的实习构建起良好的校企相互促进的专业环境，必将培养出适合社会发展的有用之才。

六、结　语

本文立足于"四新"建设背景下，分析了当前教育环境的特点以及目前人才培养方案的缺点，给出了包括教师、学生和教务处3个主体的人才培养改革方案。通过将教师授课方式变为"课堂+引导自学"，学生学习模式变为"课堂+线上+实习"，教务处学期设置模式变为"课程学期+实习学期"，期望能够培养出具备高水平专业知识能力、自我管理、自我发展的通用能力和协调沟通管理能力的人才，实现国家自主培养高水平人才的目标。

参考文献

[1]教育部高等教育司.历史性成就,格局性变化:高等教育十年改革发展成效[EB/OL].(2022-05-17)

[2023-09-20]. http：//www. moe. gov. cn/fbh/live/2022/54453/sfcl/202205/t20220517_627973. html.

[2]戴其文，蒙志明，姚莉，等."双万计划"背景下一流本科专业创新型人才培养模式研究[J]. 教育观察，2022，11(28)：1-4.

[3]邱欣，刘何音，童卫丰，等. 浙江省交通领域高素质本科人才培养模式研究[J]. 高教学刊，2022(1)：148-151.

[4]PETRB B. DENTON, STEPHEN J. PARKE, TERENCE TAO, et al. EIGENVECTORS FROM EIGENVALUES：A SURVEY OF A BASIC IDENTITY IN LINEAR ALGEBRA[J]. Bulletin of the American Mathematical Society，2022，59(1)：31-58.

新工科背景下"操作系统"课程教学改革

杨 锋 田 萱 张海燕 曹 佳

（北京林业大学信息学院，北京 100083）

摘要：随着新工科的发展和应用，"操作系统"课程作为计算机专业的重要课程之一，需要不断进行教学改革，以适应新的需求。本文分析了新工科的特点和"操作系统"课程现状，并结合实践经验提出了一些改革建议，包括基于教学理念确定教学目标、课堂教学模式改革、实验教学改革等。这些改革措施将有助于提高学生的实际能力和创新意识，满足新工科时代对操作系统人才的需求。

关键词：传感器原理；思想政治教育；教学设计；教学实践；教学改革

新工科是指适应信息化、智能化时代需求，通过面向现代工程问题的综合性教育培养具有创新精神、系统思维和团队协作能力的高素质工程人才。新工科注重跨学科和实践性，涉及计算机科学、电子信息工程、控制科学与工程、材料科学与工程、环境科学与工程等多个专业领域。新工科要求工程人才在解决实际工程问题时不仅具备深厚的专业知识，还需要具备较强的综合能力和创新能力[1]。

"操作系统"作为计算机科学技术及相关专业的基础课程，是新工科建设中的重中之重。操作系统涉及复杂的计算机系统原理、设计方法和实现技术，与其他学科如电子信息工程、控制科学与工程、材料科学与工程等紧密关联[2]。通过学习"操作系统"课程，学生可以全面、深入地了解计算机系统的各个方面，增强跨学科综合能力，并提高创新能力和实际应用能力，为未来的职业发展打下坚实的基础。在新工科背景下，"操作系统"课程教学改革具有重要的意义。通过提高教学质量，拓宽知识领域，培养创新型人才，适应行业需求，可以更好地促进高等教育教学改革与学科发展，为培养高素质工程人才提供坚实支撑。

一、"操作系统"课程教学中存在的问题

理论与实践脱节，"操作系统"课程涉及复杂的计算机系统原理、设计方法和实现技术，需要结合实际问题进行案例分析和编程实践。然而，传统的"操作系统"课程注重理论讲解，缺乏实践性的教学方法和手段，导致学生理论知识与实际应用脱节。

第一，教学方法单一。传统的"操作系统"课程多采用讲授式教学方法，缺乏交互性和灵活性。这种单一的教学方法很难激发学生的学习兴趣，也无法满足不同层次学生的学习需求[3]。

作者简介：杨 锋，北京市海淀区清华东路35号北京林业大学信息学院，讲师，fengyang@ bjfu. edu. cn；

田 萱，北京市海淀区清华东路35号北京林业大学信息学院，副教授，tianxuan@ bjfu. edu. cn；

张海燕，北京市海淀区清华东路35号北京林业大学信息学院，副教授 mzhyzml@ bjfu. edu. cn；

曹 佳，北京市海淀区清华东路35号北京林业大学信息学院，副教授，caojia@ bjfu. edu. cn。

项目资助：国家重点研发计划项目"长航时无人机森林大型动物智能监测识别技术"（2022YFF1302700）。

第二，缺少实践环节。"操作系统"课程的实验部分是非常重要的一环，通过实验可以帮助学生更好地理解和掌握课堂上所讲授的知识。然而，由于设备条件、实验平台等原因，很多学校在操作系统实验方面存在较大的困难，导致学习过程缺乏实践环节。

总体来说，在"操作系统"课程的教学中，需要关注教材的更新和优化、增加实践环节、引入行业应用案例等方面，并采取灵活多样的教学方法，提高教学效果和学生学习积极性。同时，加强师资力量的建设，不断拓宽课程的知识范围和教学手段，以适应新工科发展和行业需求的要求。

二、 新工科背景下"操作系统"课程教学改革

"操作系统"课程教学改革主要围绕上述 3 个方面的问题展开：

（一）基于教学理念确定教学目标

教学目标要遵循成果导向、以学生为中心的教学理念，突出实践性、强化理论与实践的联系、培养创新能力等。第一，需要强化核心概念和技能的掌握。学生需要掌握操作系统的核心概念、架构、算法和数据结构等基本知识，理解操作系统的内部工作原理和机制。第二，加强实践操作和项目设计。"操作系统"课程需要紧密结合实践操作和项目设计，以帮助学生将理论知识转化为实际操作技能[4]。通过实验操作和项目设计，学生可以更好地理解操作系统的功能和应用场景，并提高自己的实践能力。第三，培养创新能力和研究能力。随着互联网和信息技术的不断发展，操作系统也在不断演化。教学目标应该注重培养学生的创新能力和研究能力，使其能够关注最新的操作系统技术和趋势，并有能力进行研究和开发。第四，注重团队合作和沟通协作。操作系统涉及多个领域和知识点，需要学生具备团队合作和沟通协作的能力。

总之，在"操作系统"课程教学改革中，基于教学理念确定教学目标是一个非常重要的环节。教师应该结合行业需求和学生特点，明确核心技能和知识点，划分教学阶段和目标层次，并关注评估和反馈，以确保教学目标达到预期效果。

（二）课堂教学模式改革

结合新工科的实际情况，采用翻转课堂教学模式，以强化学生的主体地位。翻转课堂包括课堂前传递阶段、课堂内内化阶段和课堂后巩固阶段，其结构关系如图 1 所示。

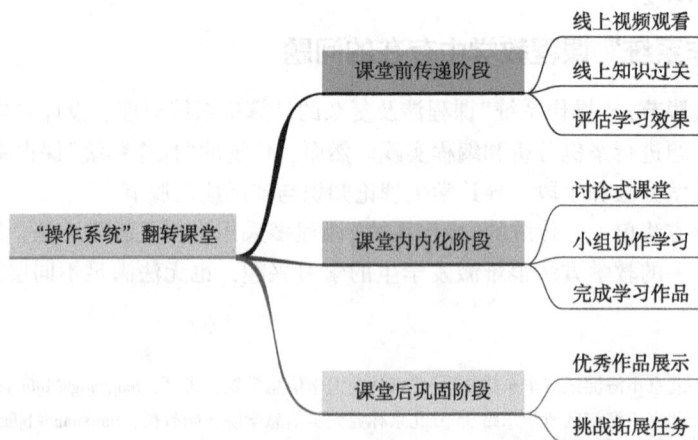

图 1　操作系统翻转课堂的 3 个阶段

1. 课堂前传递阶段

在课堂前传递阶段，主要目标是为学生提供必要的预备知识，使他们进入课堂具备一定的预习效果。具体改革内容包括：

(1)提供在线课程资源：可以将操作系统相关的教材、讲义、视频等资源放到网上，供学生自主学习预习，以便更好地理解课程内容。

(2)设计预习作业：结合课程内容，设计一些预习作业，引导学生对相关知识点进行思考和探究，从而促进学生的主动学习和思考。

(3)组织研讨会、专题讲座等活动：可以邀请相关领域的专家或者其他老师来参加研讨会、专题讲座等活动，引导学生了解最新的操作系统技术和趋势，从而提高学生的兴趣和积极性。

2. 课堂内内化阶段

在课堂内内化阶段，主要目标是让学生更好地理解和掌握课程内容，并培养其实践能力。具体改革内容包括：

(1)采用互动式教学方式：可以采用小组讨论、案例分析、演示模拟等互动式教学方式，激发学生的思考和创新能力，提高课程参与度和效果。如在时间片轮转调度算法中，可以结合特定问题让学生讨论：一个进程在给定时间片内提前运行结束了，处理机要在那儿等着时间片结束还是直接调度下一个进程？

(2)开展案例研究和项目设计：通过案例研究和项目设计，引导学生将操作系统相关的理论知识应用到实际问题中去，并逐步提高其实践操作能力和解决问题的能力。比如，在学生掌握首次适应分配算法的原理、技术方法后，可以要求学生尝试完成最佳适应分配算法的分配以及回收的设计。

(3)鼓励学生多做实验：操作系统课程讲解的内容较为抽象，需要通过实验来帮助学生深入了解和领会相关概念和原理。因此，可以设置一些实验项目，鼓励学生多做实验，加强对课程内容的理解和掌握。

3. 课堂后巩固阶段

在课堂后巩固阶段，主要目标是让学生进一步巩固和加深对课程内容的理解和掌握，并加强应用能力和创新能力的培养。具体改革内容包括：

(1)提供个性化辅导：针对学生在学习过程中遇到的问题和困难，可以提供个性化的辅导，帮助学生进一步理解和掌握相关知识点。

(2)鼓励学生独立思考和创新：通过作业、综合实践等方式，鼓励学生独立思考和创新，培养其解决问题的能力和创新精神。

(3)开展科研或实践项目：可以开展一些科研或实践项目，让学生将所学的操作系统知识应用到实际问题中去，并加强其实际操作和创新能力的培养。

综上所述，在"操作系统"课程教学改革中，通过课堂前传递阶段、课堂内内化阶段和课堂后巩固阶段的改革，能够有效提高学生的学习兴趣与积极性，更好地促进学生的知识掌握和实践能力的培养。同时，在具体的改革过程中，也需要根据学生的特点和需求，制定出符合实际情况的改革措施，不断调整和完善教学方法和手段，提升"操作系统"课程的教学质量和效果。

（三）实验教学改革

实验教学是"操作系统"课程的关键内容，本次实验教学改革具体围绕构建实验知识体系、改进实验内容、将虚拟仿真引入实验三方面进行。

1. 构建实验知识体系

实验知识体系是指操作系统实验所涉及的知识和技能内容。在实验教学改革中，需要对实验知识体系进行构建和调整，以确保其与"操作系统"课程的核心知识点紧密结合、相互支持[5]。具体改革内容包括：

(1)明确实验目标和要求：通过明确实验目标和要求，帮助学生更好地理解和掌握操作系统相关的知识和技能，并加强其实践操作能力。

(2)梳理实验知识链条：将操作系统实验所涉及的知识点按照主次关系进行梳理，建立起系统化的知识体系，方便学生逐步深入理解和应用相关知识点。

(3)设计实验模块：将操作系统实验分为多个模块，并根据不同模块的特点和要求，为每个模块制定相应的实验设计和实验任务，提高学生的实践操作能力和综合素质。

2. 改进实验内容

实验内容是操作系统实验教学的重要组成部分，直接影响实验教学效果。在实验教学改革中，需要对实验内容进行改进和完善，使其更加贴近操作系统的实际应用和工作场景。具体改革内容包括：

(1)设置真实场景实验：结合实际操作系统的使用场景和需求，设计一些真实场景的实验，让学生通过实际操作了解操作系统的功能和应用。

(2)引入新技术、新方法：随着互联网和信息技术的不断发展，操作系统也在不断演化。教学改革中应该引入一些新技术、新方法，帮助学生了解最新的操作系统技术和发展趋势，并提升能力进行研究和开发。

(3)增加创新性实验：为了培养学生的创新能力，可以增加一些创新性实验，让学生自主思考和提出问题，并尝试解决问题，从而提高其独立思考和解决问题的能力。

3. 将虚拟仿真引入实验

将虚拟仿真技术引入实验教学中，可以有效地减少实验成本，提高实验效率和安全性。具体改革内容包括：

(1)使用虚拟机技术：利用虚拟机技术，建立虚拟实验环境，提供安全、可控的实验平台，同时也有利于学生远程操作和管理。

(2)使用仿真软件：使用操作系统仿真软件，模拟操作系统运行和管理过程中的各种情况和问题，让学生通过仿真实验了解操作系统的功能和应用，从而加深对相关知识点的理解和掌握。

(3)开展网络虚拟实验：在教学改革中，可以通过开展网络虚拟实验，帮助学生了解网络操作系统的概念和应用，增强其实践操作能力和应用能力[6]。

综上所述，在操作系统实验教学改革中，围绕构建实验知识体系、改进实验内容、将虚拟仿真引入实验3个方面进行改革，能够有效提高学生的实践操作能力和综合素质，促进其对操作系统知识的深入理解和掌握。同时，在具体的改革中，也需要根据学生的特点和需求，制定出符合实际情况的改革措施，不断调整和完善教学方法和手段，提升操作系统实验教学的质量和效果。

三、教学改革效果

通过对2021级、2022级两个年级的"操作系统"课程改革教学效果进行对比，实施课程改革的班级期末考试80分以上的学生比例分别高于传统教学班级23个和37个百分点，学生对知识的掌握程度和分析解决问题的能力也明显高于未改革班级，两个年级期末考试成绩对比如图2所示。

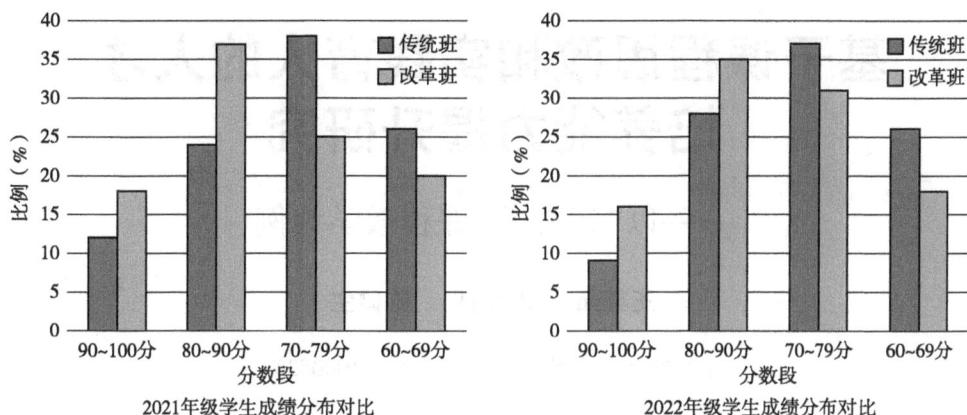

图2　传统教学班与改革教学班成绩分布对比

四、结　语

本文提出以实践为中心的教学综合改革，包括采用成果导向、以学生为中心的教育理念确定教学目标，利用翻转课堂提高教学质量，以及采用"教学做"一体化教学法突出学生动手能力和专业技能的培养。在新工科建设的大背景下，只有不断探索总结经验，才能提高高等教育的教学质量、满足学生求知的需求，为新工科建设奠定扎实基础。

参考文献

[1]吴爱华，杨秋波，郝杰.以"新工科"建设引领高等教育创新变革[J].高等工程教育研究，2019(1)：1-7，61.

[2]张美华.探究式课堂三要素的优化策略[J].湖北教育，2020(1)：29-30.

[3]李昕.高校 Linux 操作系统教学改革探讨[J].高教学刊，2017(20)：152-154.

[4]刘建伟，李大伟，高莹，等.面向网络空间安全人才培养的 PRIDE 教学模式探索与实践[J].网络与信息安全学报，2021，7(4)：183-189.

[5]王秀珍，王粉梅，周丽媛，等.混合教学模式下的计算机专业课程资源建设[J].计算机教育，2022(2)：61-66.

[6]沈克永，邱震钰，胡荣群，等.创新产教融合模式，突出职业接口课程特色：以"嵌入式系统及应用"课程规划与建设为例[J].职业教育(汉斯)，2022(3)：328-333.

基于课程思政和实践育人的人才培养能力提升研究

——以"运筹学"课程教学为例

王荟茹　邵风侠　陈俊生

（北京林业大学理学院，北京　100083）

摘要："运筹学"课程是数学与应用数学专业的必修课程，具有很强的应用性和实践性。本文从"运筹学"起源、算法设计、大师级人物、应用4个方面设计课程思政案例，将专业课程与思政内容深度融合；以"最小树问题"为例，从问题引入、定义与性质、解法、溯源与拓展、应用方面设计，将课程思政元素融入"运筹学"课堂教学。鼓励学生查阅"运筹学"相关大师级人物生平，激发爱国情怀；结合北京林业大学理学院数学本科生党支部"红色1+1"实践活动，提高学生解决实际问题的能力，增强使命担当。

关键词："运筹学"教学；课程思政；实践育人；人才培养

习近平总书记指出："'大思政课'我们要善用之，一定要跟现实结合起来。"本文结合"运筹学"课程教学特点，聚焦立德树人根本任务，推动思政小课堂与社会大课堂结合，在教学实践中调动一切育人主体、挖掘一切育人资源，创新实践教学，利用北京林业大学理学院数学本科生党支部"红色1+1"共建活动，将理论与实践结合，充分挖掘数学学科优势，助力乡村振兴，强化学生的理学素养和责任担当。

一、"运筹学"课程教学的特点

（一）课程教学内容丰富，具有很强的实践性

"运筹学"是20世纪30年代初发展起来的一门新兴学科，也是数学和应用数学专业学生的必修课程。其主要目的是在决策时为管理人员提供科学依据，为实现有效管理、正确决策和现代化管理提出重要方法。该学科应用于数学和形式科学的跨领域研究，利用统计学、数学模型和算法等方法，去寻找复杂问题中的最佳或近似最佳的解答。它主要运用数学方法研究解决经济管理、工程技术等各领域内的管理和决策问题。

通过该课程的学习，要求学生掌握线性规划、整数线性规划、动态规划、图与网络分析、排队论、对策论及决策论的基本理论和方法，培养学生应用运筹学方法来解决实际问题的能力，理解如何从实际问题出发建立相应的模型。通过介绍基本的实用软件，如Matlab、Lingo、Python等的使用方法，使学生具备运用计算机软件工具对各类运筹学模型进行求解和分析结果的能力，达到学以致用的目的。通过课程学习，培养学生科学管理的思想意识和严谨求实的科学精神。

作者简介：王荟茹，北京市海淀区清华东路35号北京林业大学理学院，讲师，whr2019@bjfu.edu.cn；
　　　　　邵风侠，北京市海淀区清华东路35号北京林业大学理学院，党委副书记、副院长，fengxia4@126.com；
　　　　　陈俊生，北京市海淀区清华东路35号北京林业大学理学院，团委书记，chenjunsheng@bjfu.edu.cn。
资助项目：北京林业大学课程思政教研教改专项课题"运筹学"（2022KCSZ21）。

（二）课程思政元素丰富， 可实现教书、 育人、 育才的有机统一

"运筹学"课程自带课程思政元素。"运筹学"最开始音译为作战研究，许国志和钱学森等学者是中国"运筹学"和系统工程的开山之人，他们放弃了海外优渥的生活，义无反顾地投身建设祖国的历史进程中，筹建了国内首个"运筹学"小组，认为将其翻译为"运筹学"，取其"运筹帷幄之中，决胜于千里之外"之义，更能体现中华文字的博大精深。

"运筹学"领域有非常多的大师级人物，有的还被拍成了电影，例如美丽心灵的原型是诺贝尔经济学奖的获得者纳什，他们的人生经历十分令人震撼，是非常精彩的思政元素[1-2]。"运筹学"与应用数学、工业工程、计算机科学、经济管理等专业相关，已被广泛应用于解决工商企业、军事部门、民政事业等研究组织内的统筹协调问题，与国计民生息息相关，在解决这些问题的过程可以挖掘出大量的思政元素。将这些思政元素融入"运筹学"课程教学，可以有效激发学生学习兴趣，提高学习积极性，提高学生的思想政治素质和社会责任感，通过价值引领、知识传授、能力培养、实践创新的融入，从而实现教书、育人、育才的有机统一。

二、 课程思政和实践育人在"运筹学"课程教学中的应用

基于"运筹学"课程具有强应用性、强实践性、思政元素多样化的特点，笔者落实以学生为中心的教学理念，推行多元化教学模式探索，取得了阶段性成效。

（一）模块化构建课程体系， 多元化开展教学

将"运筹学"课程划分为规划论、图论、排队论、博弈论和决策论五大部分内容，共5个模块教学内容(图1)。其中规划论的内容设计最多，包含线性规划、整数规划、非线性规划、动态规划和多目标规划，层次上具有递进关系。5个模块的内容相互独立又有联系，例如运输问题既可以看作线性规划问题，又可以利用图论的知识求解。因此，在教学模式上，笔者选择了多元化教学[3]，在讲授基本的理论之后，开展课堂研讨、小组讨论，并设置课程大作业，让学生充分查阅资料，进一步了解、总结各类实际问题的求解方法。

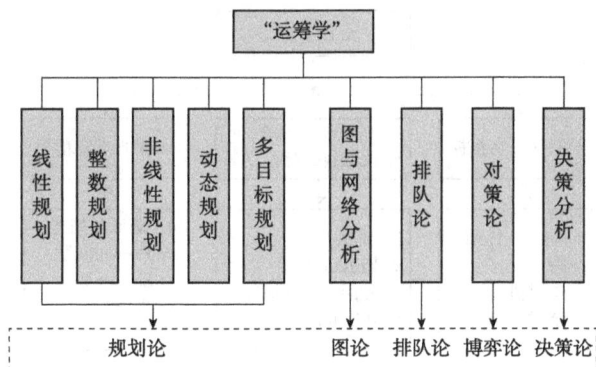

图1　"运筹学"课程模块化教学内容体系

（二）强化育人功能， 全过程融入思政元素

本课程针对不同的算法，笔者主要从以下4个方面进行课程思政的教学设计，如图2所示。

第一，从"运筹学"的起源讲解二战期间，采用运筹思想取得战争胜利的经典案例，让学生意识到"运筹学"是如何在军事领域发挥重要作用的，从而激发学生强军兴国意识。

第二，课堂讲授算法的同时，让学生简要了解提出这些算法的大师们的传奇人生经历，

在无形之中开阔学生眼界，激发他们学习的动力，从而树立正确的人生观、价值观。

第三，作为一门核心科学，中国学者也在"运筹学"的发展历史上做出了突出的贡献，而且是领先西方学者做出了卓越的贡献，引导学生不要妄自菲薄，增强文化自信与民族自信。

第四，进入21世纪，以深度学习为代表的人工智能理论与系统在多个领域掀起浪潮。"运筹学"的开设与教学版图不仅仅局限在经济、商业、管理等领域，它与人工智能的关系十分密切，且多个人工智能方面的学者，例如 Michael I. Jordan、姚期智等院士表示"运筹学"十分重要。在"运筹学"的课堂教学中赋予其时代特征有利于激发学生兴趣，促进学生成长。

笔者针对第一方面的教学设计，以"最小树问题"为例，将勤俭节约、科学务实精神、爱国主义精神、民族自豪感、关心国家大事等德育元素融入教学过程，如图3所示。

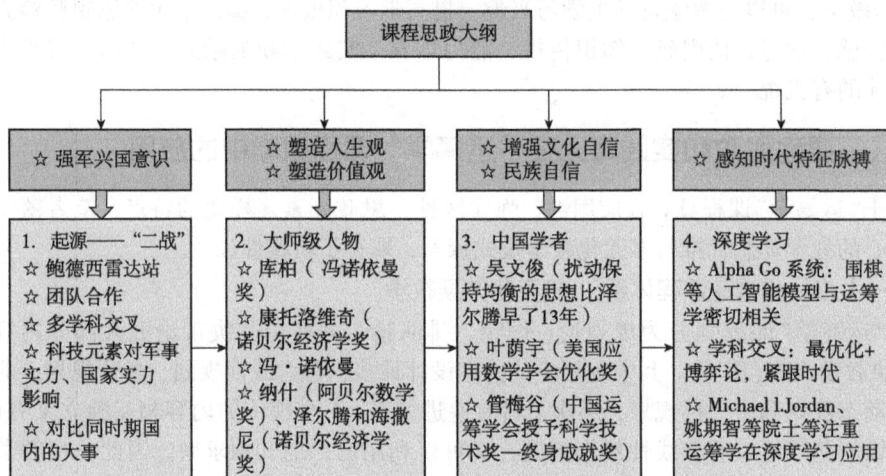

图 2 "运筹学"课程思政大纲

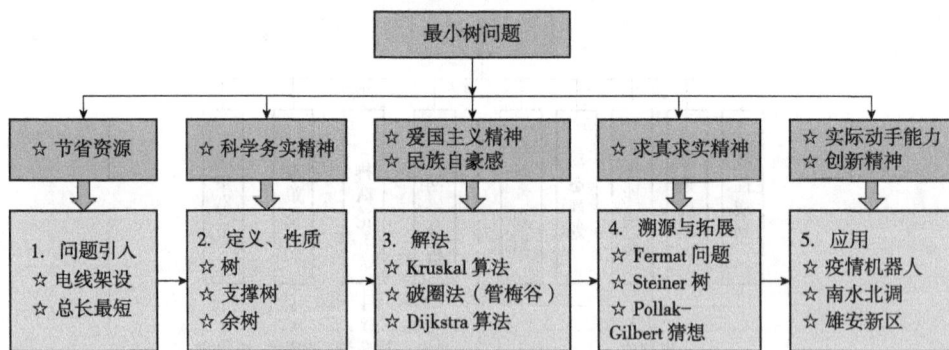

图 3 基于最小树问题的思政元素融入流程图

1. 以高校间布线为切入点，引入主题

架设电线问题是生活中特别常见的问题，将多个高校间架设电线问题抽象为一个图问题。研究如何布线，使得电线总长最短。由此引入勤俭节约的思政元素。

2. 回顾树的相关概念，介绍最小树的定义及性质

树是连通而且无回路的图，图由点和边构成。复习树、支撑树、余树的相关概念，在边上赋予权值，具有最小的权的支撑树即为最小树，并介绍最小树的两个性质，这两个性质是最小树解法设计的来源。培养学生严谨的态度、科学务实的精神。

3. 介绍最小树的解法

介绍最小树的 3 种解法：Kruskal 算法、破圈法、Dijkstra 算法，这 3 种解法分别由 Kruskal、管梅谷、Dijkstra 3 位科学家提出来的。着重介绍我国学者管梅谷先生，他因在运筹学上的突出成就，中国运筹学会在 2016 年授予其科学技术奖—终身成就奖。培养学生的爱国主义精神、民族自豪感，以我国科学家为榜样，激发学生进行科学创造的能力。

4. 溯源与拓展

从不同的角度入手会得到不同的算法，最小树的 3 种解法着重从最小边、最长边入手，其实也可以从点入手设计算法。这种从点入手的方法最早可以追溯与 16 世纪的费马问题。19 世纪初，瑞士数学家 Steiner 又将费马问题拓展，1941 年 Courant 和 Robbins 在《什么是数学》一书中对 Fermat 问题进行了一种更有意义的推广，后来这一问题被称为经典的 Steiner 树问题。1968 年，Steiner 树问题引起了贝尔实验室的科学工作者 Pollak、Gilbert 的极大兴趣，他们提出了一种大胆的 Pollak-Gilbert 猜想。很可惜，他们并不能证明这个猜想。一直到 1990 年，这个猜想被我国的数学家堵丁柱所证明！这是中国人在继管梅谷先生之后取得的又一重大成果。该环节重在培养学生的求真、求实精神，爱国主义精神。

5. 应用

疫情期间出现了各种不同的机器人，它们负责测温、送药、送餐、消毒、回收医疗垃圾等工作。如何设计机器人以最少的时间、最短的路径到达各个病房、手术室、问诊台，就是最小树问题。疫情期间省时，就是挽救生命！我们国家一些重大的战略规划，南水北调中水网的布线、西气东输工程中天然气管道的布局、千年大计雄安新区地下及地上的交通、电网的布线都可以用最小树方法来解决。应用最小树算法，可以省水、省气、省电、省财、省力，节约国家资源，解决国际民生的问题。此环节注重培养学生关心国家大事，培养学生的社会责任感。

课程的最后，留给学生讨论和思考：我们生活中还有什么问题可以用最小树来解决？并让学生课下练习用软件实现最小树的过程，找到生活中可以用最小树解决的问题并建模求解。让全过程的课程思政融入直击学生心灵，使他们有获得感！

（三）强化教、学、练三者结合，注重实践过程中的人才培养

实践育人是高校德育工作中的重要环节，需要创新教学理念、模式和方法，开展课程实践活动[4—5]。习近平总书记指示涉农高校要"以立德树人为根本，以强农兴农为己任，拿出更多科技成果培养更多知农爱农新型人才"。为乡村振兴培育知农爱农人才，需要充分发挥课程思政的关键育人作用。本课程注重构建理论课程与实践课程相结合的育人课程体系，课程思政不仅仅局限于校内理论课程，还要鼓励学生积极参与社会实践、党支部活动等。例如，课程思政围绕"伟大科学家精神、伟大抗疫精神、北京冬奥精神、党的精神谱系"等方面展开，培养学生直面问题、迎难而上、勇于创新、顽强拼搏、自信开放等精神；鼓励学生参与"讲述科学家入党故事"线上接力活动，坚定理想信念，厚植爱党爱国情怀，在学思践悟中传承红色基因，在奋发有为中赓续奋斗精神。在课程实践环节，鼓励学生积极参与北京林业大学理学院数学本科生党支部与延庆区康庄镇刁千营村党支部开展的"红色 1+1"共建活动。课程思政结合社会实践，围绕"三农问题"、乡村振兴战略、生态问题展开，帮助学生树立正确的世界观、人生观、价值观，促进学生了解社会、了解国情、了解乡村民俗风情，带领学生走进农村，走进农民群众，走进果农，培养奉献社会的精神，锻炼实践能力。笔者指导学生充分发挥数学学科优势，做好资源共建与融合，结合"运筹学"与人工智能，健全"党建+专业"实践育人新机制，凝练、打造具有多学科交叉融合的涉农特色课程思政体系，助力乡村振兴建设，将"读万卷书与行万里路"相结合，培养具有"三农"情

怀、能实现农业现代化的社会主义事业接班人，把论文写在祖国大地上。

三、 实施效果

（一）提高了学生的参与度

课程结束后，笔者发现两个教学班的学生全员参与，共整理了许国志、管梅谷、越民义、叶荫宇、徐泽水、George Bernard Dantzig、Delbert Ray Fulkerson、John Nash、Edsger Wybe Dijkstra、John Forbes Nash Jr.、Richard Manning Karp、Ralph Gomory、Oskar Morgenstern 等国内外 40 多位运筹学大师的生平、学术贡献以及推荐理由，部分内容如图 4 所示。该过程让学生们充分感悟了运筹学大师们的风采，进一步弘扬科学家精神。

(a) 管梅谷　　　　　　　　　　(b) 越民义

(c) 拉尔夫·戈莫里　　　　　　　(d) 莱昂哈德·欧拉

图 4　部分"运筹学"大师介绍（学生整理）

（二）提高了学生处理实际问题的能力

在分组大作业中，学生们针对实际问题——军事基地派遣军机执行任务中，基地指挥中心常常需要考虑派遣哪种型号的军机、规划侦查路线以及优化军机占用垂直高度层和水平调向问题，本着"发现问题，建模分析问题，解决问题"的思路，合理运用运筹学的相关知识，分别将上述问题归为决策问题、动态规划问题、0-1 规划问题以及非线性规划问题。采用层次分析法、粒子群优化算法分别解决了决策问题和动态规划问题，而且构建物理模型并合理地将其简化为非线性规划模型求解，如图 5 所示。从起始点选飞机到选路径再到解决实际飞行过程中的问题——冲突解脱，每一个问题环环相扣，具有广泛的研究意义和实际应用意义。

（三）提高了学生的使命担当

学生们践行科技助农初心，为经济主导产业赋能，充分发挥数学专业优势，基于"运筹学"所学，研发了集病虫害识别与宣传功能为一体的增产增效小程序——识果拾果食果，如图 6 所示。"识果"应用深度学习算法、点云识别系统，存储 1.5 万余张样本图片，可精准甄别 35 种病虫害，为防虫、保产提供支撑。"拾果"搭建"果农—专家"交流云平台，解决果农养护技术问题。"食果"搭建"果农—厂商"销售云平台，为农产品树口碑、通销路。通过此次"红色 1+1"助农活动，培养了学生的创新意识和敢于担当的精神，极大地增强了学生的社会责任感。

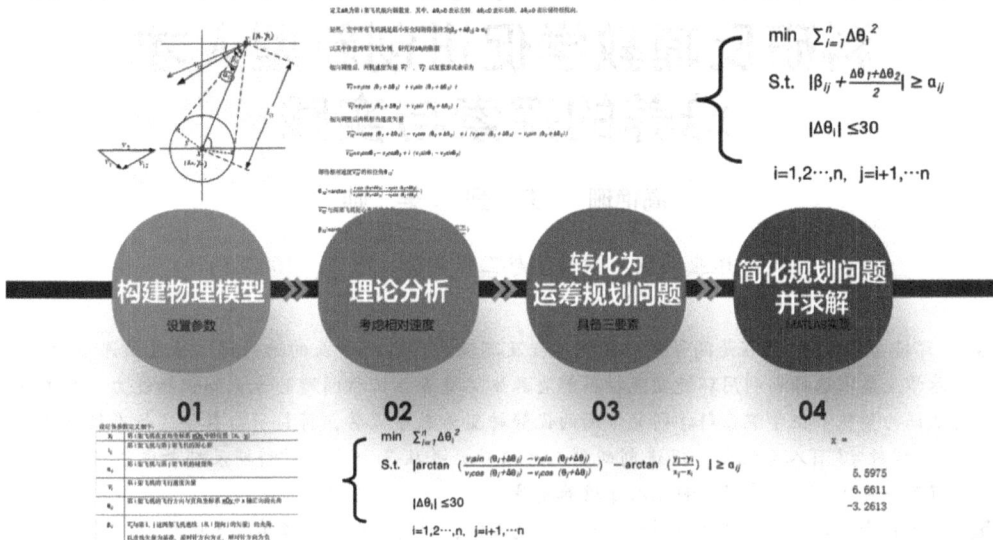

图 5　基于执行飞行任务的决策规划问题

精准甄别35种病虫害　　　　　搭建"果农—专家"　　　搭建"果农—厂商"
　　　　　　　　　　　　　　交流云平台　　　　　　销售云平台

图 6　"识果""拾果""食果"小程序

四、结　语

总的来说，"运筹学"课程教学过程中结合课程思政与实践育人，不仅可以有效提升教学效果，提高学生参与度，培养学生解决实际问题的能力，进一步增强当代新青年的使命担当精神，更有利于培养专业素质过硬、理论功底深厚、创新能力突出的应用型人才。

参考文献

[1]马满好，刘进．运筹学类课程教学中的课程思政研究[J]．高教学刊，2020(35)：176-179.
[2]刘珊，沈雯萱．"运筹学"课程思政建设的教学设计[J]．江西科技师范大学学报，2022(1)：110-115.
[3]党元晓，薛莲，王晓宁．以课程思政促进人才培养能力全面提升的研究：以"机械制图"课程教学为例[J]．时代汽车，2022(16)：84-86.
[4]段洪君，郭戈．提升本科教育水平与人才培养能力的路径[J]．中国现代教育装备，2022(9)：105-107.
[5]刘楠，陈凯航．基于"课程思政"与协同育人深度融合的人才培养能力提升研究[J]．吉林工程技术师范学院学报，2021(11)：13-15.

专业认证背景下"环境功能材料"课程科研反哺教学促进创新型人才培养的探索与实践

高艳珊　王　强　梁　帅

（北京林业大学环境科学与工程学院，北京　100083）

摘要："环境功能材料"课程是高等学校环境工程及环境科学本科专业的选修课。通过该课程的学习，旨在培养学生具有选择和利用环境功能材料解决具体环境专业工程问题的专业知识和能力。本文以工程教育认证为契机，把学院在科学研究方面的优势转变为教学优势，将科研与教学进行有机结合，推动"科研反哺教学"育人新机制，促进创新型人才培养。并从 3 个方面对科研反哺教学进行了实践探索，取得了一定成效，提高了本科生人才培养质量。

关键词：工程专业认证；环境功能材料；科研反哺教学；创新型人才；教学模式探索

一、引　言

培养人才是高校的第一使命，科研与教学是高校的两大重要职能，两者需要发挥各自优势、协同育人，才能更好地培养一流人才。2019 年 10 月，教育部印发了《教育部关于深化本科教育教学改革 全面提高人才培养质量的意见》，意见中明确指出要推动科研反哺教学[1]。科研反哺教学是一种能够有效将科研与教学有机联结起来、在较大程度上缓解高校教研发展不平衡问题的教学方法。其主要利用学科专业的学术前沿有效带动教学活动，推动高校及时将最新科研成果转化为教学内容，达到强化科研育人功能，激发培养学生创新思维和创新能力的目的。

"环境功能材料"是高等学校环境工程和环境科学本科专业的选修课。该课程系统阐述了环境功能材料的结构、性能、分类等基础知识，涉及金属材料、无机非金属材料、高分子材料、复合材料等不同材料的结构和性能特点以及各类环境功能材料在大气污染治理、水污染治理等领域的应用现状及发展趋势。通过该课程的学习，旨在培养学生具有选择和利用环境功能材料解决具体环境专业工程问题的专业知识和能力。具体包括 3 个方面：一是能够对各类环境功能材料的主要用途进行识别，判断其关键环节和参数，并对复杂工程问题中涉及的材料进行有效分解的能力。二是针对复杂的环境问题，能够利用科学原理选择合适的环境功能材料来解决环境污染问题的能力。三是使学生针对目前复杂环境工程问题，具备能够解决实际环境工程问题的能力。

作者简介：高艳珊，北京市海淀区清华东路 35 号北京林业大学环境科学与工程学院，副教授，yanshan_gao@ bjfu. edu. cn；

王　强，北京市海淀区清华东路 35 号北京林业大学环境科学与工程学院，教授，qiangwang@ bjfu. edu. cn；

梁　帅，北京市海淀区清华东路 35 号北京林业大学环境科学与工程学院，教授，shuai_liang@ bjfu. edu. cn。

资助项目：北京林业大学教育教学研究项目"'环境功能材料'课程科研反哺教学模式的研究与实践"（BJFU2021JY088）。

　　为了使学生及时了解目前我国环境功能材料日新月异的发展，结合环境科学与工程学院在环境功能材料方面的科研优势，积极推动"科研反哺教学"模式，可以加强"环境功能材料"课程对培养本科生学习能力的支撑。通过将科研精神融入教育理念，将科研工作的思路、方法和进展带入教学领域，将科研方法转化成教学手段，可以使学生接触学科前沿，为开展科研实践、培养学生的创新思维和创新能力创造条件。

二、科研反哺教学的内涵和意义

　　"学生为中心"的新型教学模式和理念虽然在一定程度上提高了学生学习的积极主动性，加强了学生对知识点的理解，但是他们对理论知识实际应用前景的认识仍然不清楚。科研反哺教学则是以成果为导向，借助典型的科研成果对现有的教学模式进行改革。在"反哺"的过程中，需要将科研中应用到的理论知识与课本中的知识点相结合，真正做到科研和教学协同育人。科研反哺教学主要可以体现在两个方面：一是科研方法反哺教学，在授课过程中，教师可以先抛出问题，让学生进行自主思考，促进学生独立思考能力和发散思维的培养。同时，在教学过程中注重学生团队合作能力的培养，通过课堂讨论等环节，促进学生团队协作意识。二是科研成果反哺教学，将科研中最新研究进展进行归纳整理，并以通俗易懂的方式融入课程的知识点中呈现给学生，使学生能够在课堂中实现和科学研究的对接[2]。

三、科研反哺教学实践

　　（一）将科研成果编制为教学案例，用科研成果拓展教学内容，使课程教学保持前沿性

　　"环境功能材料"课程的主要内容涉及各类材料在大气污染治理、水污染治理等领域的应用现状及发展趋势。而环境科学与工程学院则具有一支由"国家杰青""国家优青""北京市科技新星""北京市优秀人才"等组成的环境功能材料研发与应用方向的雄厚师资队伍。在教学过程中，通过整理环境科学与工程学院及国内外先进的水污染控制和大气污染控制功能材料研究进展，每章节编制教学案例4~5个，将优秀科研成果以文献研讨及教学案例的形式融入本科生课程的课堂教学，弥补课程教学内容与最新科研成果之间的断层，不断更新并完善教学内容，提高教学质量。将相关的科技前沿、最新研究成果和实践经验有机融合到教学中，可以增强课堂教学内容的前瞻性、趣味性和实用性，拓宽学生的知识视野[3]。让学生在充分掌握材料的结构、性能等特点的基础上，深入理解不同类型的环境功能材料在环境治理中的应用现状及前景，拓展并丰富了教学内容。同时，使学生通过科研案例，从研究目的、研究内容、研究方法等科学研究角度理解和应用专业知识，从而与前沿知识接轨，同时提高学生的发散思维和创新意识。

　　（二）将科研成果融入实践教学，推进课程教学模式的改革，提高专业兴趣

　　通过科研案例的引入，推进"案例式"和"启发式"教学模式的应用，在授课过程中，结合自身科研实践经历以及最新科学研究进展，使学生对本课程相关知识的具体应用具有更加清晰的认知，从而激发学生对专业的学习兴趣，提升专业认同感以及作为"环境人"的责任感和使命感。例如，在讲到第三章金属材料和第四章无机非金属材料章节，通过以与日常息息相关的机动车尾气污染问题为切入点，介绍了用于汽车尾气处理的催化剂组成、特点及作用原理；同样，对于大气污染另一主要来源工厂尾气排放，通过典型研究成果介绍了不同材料在工业烟气治理中的应用现状及前景（图1）。通过常见大气污染问题和相关科研成果的引入，提高学生的专业兴趣，拓宽学生的科学视野，有意识地引导和培养了学生

的科研思维[4]。

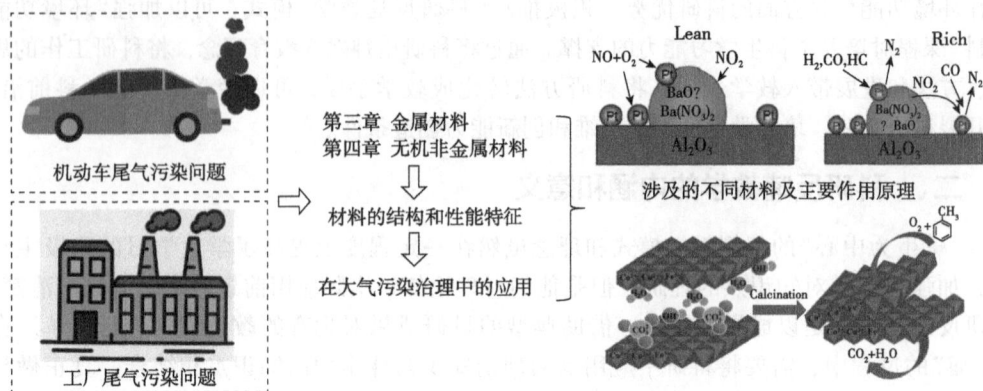

图1 环境功能材料在 NO$_x$ 存储再还原催化剂中的应用案例

(三)搭建课外科研平台，鼓励学生参与科研实践，提高学生创新能力

除在课堂内将科研融入实践教学外，同时，贯彻"以能力目标为导向"的教学理念，结合"以学生为中心"的教学模式，扎实推动实践育人，加强科研育人效果。以实践项目、科研训练、学科竞赛为抓手，采用赛教结合的培养模式，实现创新型人才培养（图2）。如通过前沿专题讲座拓展学生的科研视野，结合各类专业竞赛，培养学生的创新能力、实践操作能力、分析问题能力和解决问题能力。通过推广大学生创新创业训练计划项目，鼓励学生参与科研实践，支持学生早进实验室、早进项目、早进科研团队，通过项目的申请—实施—结题等一系列环节激发学生参与科研的积极性和科研思维，通过创新创业训练计划项目的实施和科研实践，加强学生的创新意识、创新思维和创新能力。同时，在撰写项目结题报告或科研论文的过程中，学生的团队合作意识和科研素质也能得到明显的提升。

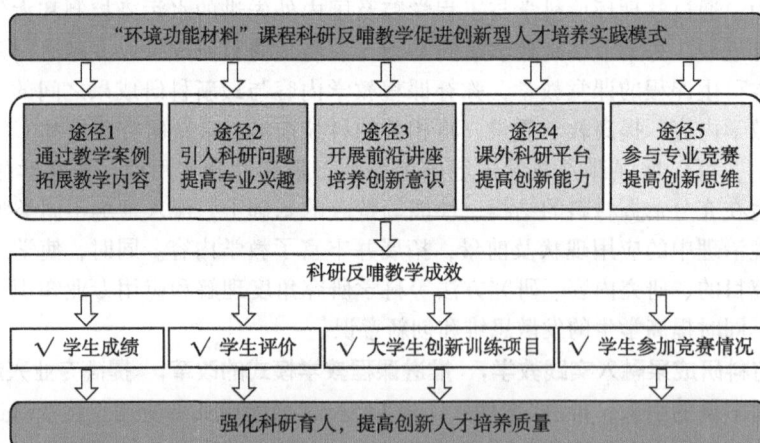

图2 "环境功能材料"课程科研反哺教学促进创新型人才培养实践模式

四、 科研反哺教学成效

通过科研反哺教学创新培养模式的实践，"环境功能材料"课程取得了一定的教学成果，主要体现在3个方面。

（1）学生成绩明显提高。2020—2021学年该课程的期末考核平均分为73.6分，通过科研反哺教学实践，2021—2022 学年和 2022—2023 学年该课程期末考核平均分分别为 83.0 分和 81.1 分，学生成绩显著提升，也反映出通过教学实践使学生更好地掌握了课程知识。

（2）学生评价结果优秀。学生课程评价结果显示近 3 年对该课程的评价分数依次为 92.37 分、93.21 分和 91.36 分，表明学生对于科研反哺教学课程模式具有一定的认可度。

（3）学生参与大学生创新创业训练计划项目和学科竞赛情况有所提升。科研反哺教学实施后，学生主持国家级、北京市级、校级大学生创新创业计划项目多项，获"六百光年杯"第十五届全国大学生节能减排社会实践与科技竞赛三等奖 3 项，第四届全国大学生市政环境类创新实践能力大赛一等 1 项、二等奖 2 项、三等奖 5 项等，表明通过教学实践使学生的创新思维和创新能力得到了提升，实现了本课程创新人才培养质量提升的目标。

五、结　语

将科研成果融入本科课程的实践教学，建立科研—教学相结合的育人体系，对提高创新型人才培养质量具有重要意义。科研反哺教学既可以发挥科研资源在人才培养中的作用，又可以激发学生学习的积极性和主动性，鼓励学生勇于创新。推动实现科研反哺教学，探索以高水平科学研究支撑高质量创新型本科人才培养的新模式仍将是当前"双一流"建设的必然趋势。

参考文献

[1]教育部.教育部关于深化本科教育教学改革　全面提高人才培养质量的意见[EB/OL].（2019-10-08）[2023-09-08]. http://www.gov.cn/xinwen/2019-10/12/content_5438706.htm.

[2]陈佰满，林有胜，何清，等.高校科研反哺教学的路径探索与分析[J].创新创业理论研究与实践，2021，4（3）：114-117.

[3]刘玉荣，胡荣，王锦标，等.基于高校科研平台反哺教学的探索与实践[J].高教学刊，2022，8（34）：91-94.

[4]曲丹，邱斌，刘永泽，等."科研反哺教学"理念在硕士研究生课程教学中的贯彻落实：以"污染水体修复技术与工程"课程为例[J].中国林业教育，2020，38（5）：30-33.

跨学科视野下的信息可视化设计教学研究

——以林业高校艺术设计类专业为例

董瑀强

（北京林业大学艺术设计学院，北京　100083）

摘要：随着近年信息数据应用范式、聚合存储、管理技术的迅速提升，信息可视化设计作为我们理解信息的重要手段，同样面临着巨大转变。这导致了有关课程的教育方式与教学内容必须容纳跨学科思维，做出有效回应。基于林业高校艺术设计类专业的特点，笔者在教学过程中进行了新的探索与尝试，构建了从"多步骤推演"到"有机形态融入"的方法。本文结合笔者切身案例，进行相关的理论研究与实践阐述。

关键词：信息可视化；可视化设计教学；林业高校；有机设计

一、背　景

信息可视化致力于对抽象概念、抽象数据做直观视觉上的表达，从英文词汇语意上而言，"可视化"可借由单词"Visualize"作出诠释，意为"生成符合人类视觉感知"的图像。该释意强调了可视化作为信息传递媒介的特有属性。信息可视化综合了图形设计、社会科学、统计学、人机交互、计算机算法等多领域融合的知识内容，这决定了信息可视化设计的教学工作需要明确的跨学科思维和方法。而在当前的大数据时代，诸如新闻数据、信息图表、环境监测、管控系统等，均通过特定的可视化形式借由短视频、手机界面、图文推送、数字大屏等载体予以实时呈现，可以说我们在自身未察觉的情形下已被信息可视化所包围。面向具体的创作实践而言，可视化设计类似于文字翻译的过程。在教学中，教师需引导学生将"数据语言"转译为"视觉语言"。基于"信、达、雅"的原则[1]，既要遵循数据和信息自身的客观性与真实性，又要做到清晰明了、赏心悦目，保证形式与内容的高度统一。

二、面临问题

在当前信息可视化适用场景、应用领域、发展态势不断扩展和日益增叠的前提下，林业高校艺术设计类专业的信息可视化设计教学面临着诸多挑战。首先，我们每个人都是信息的生产者和使用者。日常生活中大量可视化设计模板化的应用和重复、雷同的视觉呈现难免让人产生审美疲劳，亟须创新与变化。其次，可视化设计是典型的交叉学科产物，不仅需要视觉设计、图形表达等方面的创作能力，亦要对信息、数据进行有效的采集、挖掘、处理，包含技术手段的合理应用[2]、人文素养的敏锐感知，这对于艺术设计类学生相对单一的学科背景而言，难度不言而喻。除此之外，作为林业高校，应积极响应国家生态文明建设需求，对生态议题进行有效关注。同时结合自身学科背景特色，在美术院校和综合性大学普遍开展相关课程的前提下，走出一条特色鲜明的创新之路，是我们作为教学从业者的使命担当。

作者简介：董瑀强，北京市海淀区清华东路 35 号北京林业大学艺术设计学院，讲师，378630042@qq.com。

资助项目：中国青年创业就业基金会"青年科研诚信建设"项目"基于林业高校就业现状的数据分析及可视化研究——以北京林业大学为例"（2023A02-03）。

三、 从多步骤推演出发

美国密歇根州立大学教授阿尼尔·贾因(Anil Jain)曾指出大数据的 5V 特点:即 Volume(大量)、Velocity(高速)、Variety(多样)、Value(低价值密度)、Veracity(真实性)。教学过程中引导学生在海量庞杂的信息洪流中做有效的发掘、整理,从而深入创作研究,是破局之策。这有赖于在可操作性层面上具体、明晰的步骤推演。而视觉艺术中的高效转化,是构建于该基础之上与用户感性共鸣的"点石成金"。

信息可视化创作包含了问题引出(数据来源)、数据采集、数据清洗、数据变换与数据抽象、可视化表现与动态表达、人机交互、用户感知七大步骤(图 1)。该过程可被视作数据流历经一系列处理模块得到转化的过程,最终实现用户通过可视化获取知识与灵感。需指出的是,整体流程的各模块之间,并不单纯是线性逻辑关系,其中任意两个模块均可完成跨越式连接。

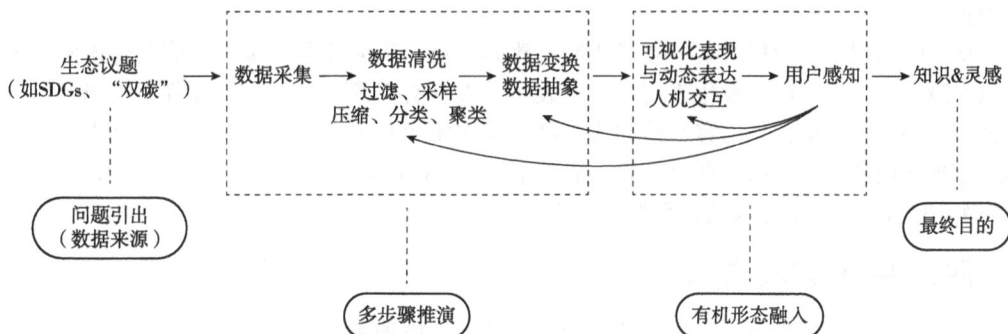

图 1　可视化设计基本流程

在逐一细化的推进前,学生需知晓 4 个方面的内容:①收集数据要考虑面向什么样的客观对象,根据该对象所采集的数据对其特征做出研判。②数据可能具备不确定性,需框定合理范围确保数据的限度和数据之间的关联。③思考作品的可视化呈现形式将如何令受众自主、直观地进行数据分析与推理,以此确立数据变换的有效方式。④可视化内容在借由视觉表现的过程中,要时刻注重信息真实性与审美性之间的平衡,切勿顾此失彼。

对于生态议题的关注是近 3 年来笔者指导学生进行可视化设计的明确方向。2021 年、2022 年分别以 SDGs(Sustainable Development Goals)联合国可持续发展 17 项目标与碳达峰碳中和作为主题,并要求学生借由问题意识驱动探寻数据来源。由于研究议题涉及跨学科性质,对学生而言相对陌生,在数据来源的破题上有效激发学生的学术志趣尤为关键。如"双碳"议题中,学生作品《牲气勃勃》聚焦在了畜牧业二氧化碳排放量和有关的减缓可能性问题。笔者带领学生将畜牧业环境评估模型与肉类饲养过程中的温室气体排放情况进行有效关联,将认知门槛较高的专业性问题与贴近日常生活的切入点加以结合,拉近了跨学科领域间的距离,以志趣引领凝聚了研究主线。第一步"问题引出"之后,采集数据的工作更是奠定了整体可视化设计的基础。现如今获取数据的方式多种多样,包含问卷收集、访谈调研、爬虫抓取、实验测量等手段。借由问题意识的牵引,学生采集数据的目标性、策略性得以明确,以此笔者在教学实践中鼓励学生通过多手段综合的方式完成采集。如 2022 年作品《迹算——北京市碳足迹可视化表现与个人碳足迹定制》中笔者带领学生搜集了中国碳核算数据库(carbon emission accounts and datasets, CEADs)中的碳排放情况数据信息,并以"衣食住行用"五类贴近个体生活的分支进行了详尽的问卷采集和数据访谈,以保证所得数据的客观性、真实性。接下来在数据清洗的环节里，培养学生利用过滤、采样、压缩、聚类的方式，去除已采集到数据中的噪声，提炼、提纯数据的价值密度。该环节是服务于数据有效性的关键动作，但维系信息数据的诚实性(Integrity)同样尤为重要。笔者引导学生在此环节中克制艺术表现手法中的夸张、美化、粉饰性因素，尝试以理工科思维模式进行推进，秉持严谨、客观的原则将图形中有可能出现的谎言因子(即 Lie Factor，指代衡量可视化中所表达数据量与客观数据之间夸张程度的度量方法)降到最低，并使数据信息内容维系在其可视化的上下文语境之内。在数据变换、数据抽象的步骤里，带领学生进行数据不同属性类别(categorical)以及定序(ordinal)、定量(quantitative)、定距(interval)、定比(ratio)的合理区分，明确其中的数量通道(magnitude channel，即数据的数值属性)与标识通道(identify channel，即数据的分类属性)，尤其针对部分自然类、生态类指标无结构的信息内容进行有针对性的结构化转换。在以上步骤的推演中，培养学生逻辑性、结构化的应变思考与解析能力，培养艺术设计专业学生在信息可视化创作中遵循数据信息客观实际、严谨规范的工作习惯。

历经问题引出—数据采集—数据清洗—数据变换—数据抽象的步骤；信息传递的性能得以保障。在下一阶段可视化表现、动态表达、人机交互的环节中，笔者着力于指导学生将冰冷、理性的数据信息内容与前期成果结合更多审美性因素，突出数据、信息内容和可视化呈现之间的美学关联。有鉴于此，笔者充分考量林业高校自身特色，采取了以"有机形态"做启发引导、有效融入的课程教学思路。

四、 将有机形态融入

有机，是自然界生命体的产生条件和重要特征，该词源于生物学，释意为各个生命体之间的彼此关联，周而复始，以及动态永续。有机性作为生命的内在特性是可视化作品视觉创作、动态表达、交互呈现的创意源泉。诚如《未来简史》作者尤瓦尔·赫拉利所言："生物都是算法，生命则是在进行数据处理。"由于数据本身正是一种源源不断且流动着的存在，可视化作品中数据的有机性呈现，恰恰是对自然界本源的一种反映与印证。在有机特性的加持下，数据与信息也将更具生命力、跃动感，从而消解数据与信息所固有的机械与呆板。由此，观众的感知与互动过程将变得更为亲切、友好。

"有机形态"包含了生命有机体以及无生命体在顺应自然法则之下呈现的形态，如植物生长的姿态样式，例如树木因吸取养分之需呈现的根部生长之姿，亦如卵石在水流反复冲刷下形成的光滑有机曲面。在设计创作中，对于自然有机形态的模拟自工艺美术运动时期与新艺术运动时期即初见端倪，彼时以家居设计为首的作品摆脱了纯粹几何形态的束缚，融入了自然界物象的生命感，如维克多·霍塔创作于 1890 年的"比利时线条"即具有卷曲缠绕的生命旋律和植物藤蔓的装饰动机。"有机形态"运用于可视化表现之中意味着摆脱纯粹的几何形构成，是对苏格兰政治学家威廉·普莱费尔(William Playfair)所开创的标准化数据可视形式(即传统线形图、饼状图、条形图)的更迭和跃迁。在形态上笔者要求学生不追求绝对意义的对称和分割，鼓励学生走出校园去观察自然，在创作中合理、恰当地使用曲线、曲面、有机形态，以再现自然样态和自然动机，强调可视化表现与自然衔接的流畅感与一体性。与此同时，有机形态的表达可带给受众更为亲近自然的情感体验，唤起人们对自然的向往。所谓"达自然之性，畅万物之情"，对自然情感融入的审美方式体现了"推己及物"的特性，从而更好地引导受众将自身代入于对生态议题的关注与反思，彰显了艺术设计专业对于其他学科的赋能性作用和林业高校的使命担当。除此之外，由于有机形态、有机体彼此关联、构成统一整体[3]的天然属性，在设计表现中笔者要求学生需时刻注重可视化设计的整体关系。视觉元素之间需产生联系，避免要素的彼此孤立，强调可视化设计中局部与局部之间紧密联系的构成整体。借此亦将协助观者对于作品信息内容进行通盘把握，产生全面认知。而整体画面布局围绕有机形态的视觉主体进行安排布置，能够更好地维系均衡与稳定、疏密与节奏、整体与局部的和谐统一。

2021年笔者指导学生完成的作品《暗潮·晕染》通过可视化交互界面的形式表现了防晒霜对不同深度层级海洋污染的影响（图2）。该作品以联合国可持续发展17项目标中的第14项"水下生物"为创作蓝本，在2021年举办的第九届全国高校数字艺术设计大赛中取得了全国一等奖的成绩（图1），并由中共中央宣传部的"学习强国"学习平台转载发布。作品主旨界面表现了防晒霜的5种主要成分在每层海水中的污染面积数值比例以及对不同深度层级海洋生态、海洋物种的量化影响，以可视化的形式探究了防晒霜对环境所造成的潜在风险。作品次级界面着重表现并分析防晒霜在海洋中的迁移、转化、挥发的环境行为。《暗潮·晕染》以有机形态的海洋层面与海洋生物为视觉重心，生动还原再现了防晒霜这一海滩度假的日用品，如若被人们遗弃丢进海水中所造成的污染过程、污染成分扩散比以及在生态圈食物链中的循环。可点击的交互形式与模拟海水运动的动态表达营造出一种切实的临场感，给予观众更直观的情感冲击并形成独特记忆点。

恰如自然界的万事万物时时刻刻处于运动之中，可视化创作中的"有机形态"不能仅仅局限于静态图形的表达，更要注重对生态、生物运动规律、运动秩序的巧妙再现。德国设计大师Luigi Colani（路易吉·克拉尼）曾指出："设计的基础应源于诞生在大自然生命所呈现的真理之内。"自然界中的有机特性一直处于跃涌流变之中，在教学环节，笔者积极引导学生观察并利用数字媒体工具进行模拟、练习，还原自然界中万有引力、阻力、反弹力、惯性力等自然规律，以期为可视化作品的动态韵律表达奠定基础。与此同时，动态的有机表达和作品中以有机形态为主体的视觉形式相得益彰、彼此呼应，构建了作品呈现中的逻辑闭环。

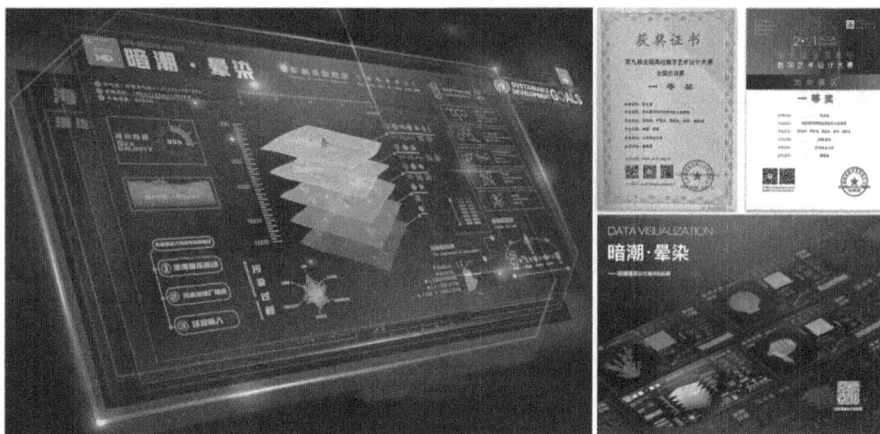

图2　笔者指导学生数据可视化作品《暗潮·晕染》局部截图及获奖奖状

五、结　语

信息可视化设计教学由于自身性质和特点导致了其天然的跨学科属性，而该属性已经渗透在了创作选题、主旨要义、创作步骤、表现形式与思维方法之中，为此笔者结合林业高校的特点，试图构建从"多步骤推演"到"有机形态融入"的教学新模式。"多步骤推演"的流程中注重学生对生态议题的关注、志趣的引领、理工科思维的缜密以及面向信息数据处理的严谨规范。而在"有机形态融入"的环节里重点引导学生利用对有机形态的充分理解与表达再现，逐步掌握设计美学特征并兼顾对自然意境、生态议题的延伸与反思。通过教学过程中方式方法的积累与面对专业特性的思考，本文试图对跨学科性质的信息可视化设计教学做出一定的经验总结，希望能借此促进林业高校艺术设计专业教学工作的深入研究与进一步发展。

参考文献

[1]付心仪，刘世霞，徐迎庆.信息可视化的发展与思考[J].装饰，2017(4)：16-19.

[2]袁晓如，张昕，肖何，等.可视化研究前沿及展望[J].科研信息化技术与应用，2011，2(4)：3-13.

[3]肖清风.有机设计：中国古代设计的特征之一[J].设计艺术研究，2013，3(6)：83-88.

中国优秀传统文化的育人功能探索

——以传统工艺为例

李睿 陈宸

（1. 北京林业大学艺术设计学院，北京 100083；

2. 北京市工艺美术高级技工学校，北京 102200）

摘要：传统工艺是我国传统文化中的一朵奇葩，是中华儿女智慧与勤劳的直观体现，蕴含着丰厚的中国优秀传统文化。随着现代化进程的加快，传统工艺正面临着消失的风险。本文总结分析了传统工艺的艺术特点，深入挖掘其文化价值，提出了传统工艺在培养工匠精神、彰显文化自信、丰富育人体系等方面的实践功能，为高校育人提供新的思路。此外，焕发传统工艺在新时期的活力，促进其传承与发展。

关键词：传统文化；传统工艺；育人

一、引 言

中华民族具有五千年的悠久历史，在漫长的历史进程中演变出了灿若星河的优秀传统文化。习近平总书记曾就传统文化的重要意义做出阐释：中华优秀传统文化是中华民族的精神命脉，是涵养社会主义核心价值观的重要源泉，也是我们在世界文化激荡中站稳脚跟的坚实根基。作为担负人才培养重任的高校，应牢记立德树人的根本任务，明确培养什么人、怎样培养人、为谁培养人的根本问题，积极探索中国优秀传统文化的育人功能与实践路径。本文以传统工艺这一传统文化的典型代表为例，发掘其文化内涵、研究其育人功能，为弘扬传统文化、彰显文化自信贡献力量。

二、传统工艺概述

挖掘传统工艺的育人功能，首先要对传统工艺的特点、发展历史及教学现状进行研究，对传统工艺进行系统性的认识，并积极探索其与高校育人的契合点。

（一）传统工艺的概念与特点

传统工艺是指以天然材料制作，具有民族风格和地方特色的工艺品种和技艺。我国传统工艺通过民间传承世代承接，往往有着百年甚至千年以上的历史渊源。我们可以从工艺实体、工艺内核、工艺价值3个维度对传统工艺进行全方位的认知。工艺实体是指传统工艺的实体表现形式。传统工艺种类繁多，根据传统工艺师的国家职业技能认证相关规定，我国现有工具器械制作、传统饮食加工、传统建筑营造、雕塑、织染、编织扎制、陶瓷制作、金属冶锻加工、髹漆、家具制作、文房用品制作、印刷、刻绘、特种工艺等十四大类[1]。中国传统工艺的内核在于"技"和"艺"，"技"体现在传统工艺的实用性，其涉及人民

作者简介：李 睿，北京市海淀区清华东路35号北京林业大学艺术设计学院，高级实验师，443103919@qq.com；

陈 宸，北京市昌平区马池口镇白浮村3号北京市工艺美术高级技工学校，教师，503169623@qq.com。

群众衣、食、住、行等方方面面，如传统建筑营造、造船等技术。"艺"体现在传统工艺的审美性，其代表着中华儿女对美的追求，如刺绣、玉雕等工艺。传统工艺在演变过程中，逐渐完成了"技"与"艺"的有机统一，同时兼顾实用性与审美性(图1)。工艺价值则是指传统工艺体现了中华人民的精神世界，具有一定的文化价值及教育价值。传统工艺来源于人民的日常生活，是数千年来我国先辈征服自然、改造自然、与自然和谐共生的见证者，是中华民族优秀传统文化的具体表现。而当代年轻人学习和继承传统工艺，有助于其感受中华儿女真善美的内心世界、体会中华文化之美。

图1　常沙娜先生创作的景泰蓝工艺品(北京市珐琅厂拍摄)

（二）传统工艺的发展与传承

传统工艺伴随着中华文明的发展传承，从原始部落时代、奴隶时代、封建时代一直发展演变至今。根据考古发现，我国在距今两万年前的新石器时代便已经拥有制陶工艺，春秋战国时期的《考工纪》更是对我国古代手工业的规范及工艺有了系统性的记载，这证明了传统工艺的悠久历史。而随着现代化浪潮的兴起，农业社会向工业社会转变的进程加快，科学技术推动现代化技术迅猛发展，众多传统工艺渐渐被取代，传统工艺受到了前所未有的冲击。1988年，华觉明先生首次提出《中国传统工艺保护开发实施方案》，呼吁对传统工艺进行抢救性保护。而随着对传统工艺重要意义认知的不断加深，我国于2006年公布了第一批国家级非物质文化遗产名录，其中25%属于传统工艺。了解传统工艺在我国的发展与现状，有助于促进社会各界进行针对性的保护，促进传统工艺焕发新的活力。

（三）传统工艺的教学现状与不足

在我国大力提倡保护传统工艺的政策指引下，结合传统工艺的"技"与"艺"，我国各级院校已经陆续开设传统工艺相关课程，致力于传统工艺的传承与创新性发展。笔者总结了目前我国传统工艺的教学工作，其主要从两个方面进行开展。一方面是传统工艺的实践教学，主要对传统工艺制作技巧、技术规范、操作方法、口诀等进行教学，如景泰蓝工艺、陶瓷工艺、编织工艺、扎染和蜡染工艺等，通过教学使学生具备传统工艺实践能力，促进传统工艺的传承。另一方面是传统工艺装饰图案设计的实践教学，通过发掘传统工艺中极具审美价值的经典图形元素，将其在现代设计中进行应用。如贵州、云南等少数民族装饰图案(图2)等，将这些极具地域民族风情与特色的元素融入现代设计中，促进传统工艺的创新性发展。在上述两条教学路径的实施下，传统工艺教学已经取得了一定的成绩，推动了传统工艺实体、工艺内核在新时期的延续。然而，目前的教学过程中对文化价值的挖掘不深，导致了传统工艺的传承得其形而不得其神。高校育人应注重知识传授、能力培养与价值引领的协调统一，帮助学生塑造正确的世界观、人生观、价值观。因此，传统工艺教学的下一步工作重点便是以其文化价值为依托开展教学改革工作，充分开发育人功能，使传统工艺的传承神形兼备。

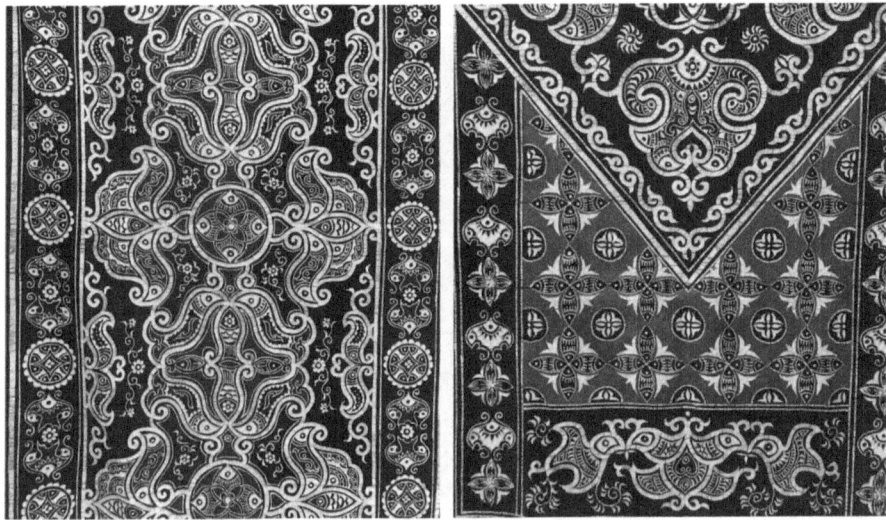

图 2　贵州少数民族蜡染作品（李睿拍摄）

三、传统工艺育人功能

基于对传统工艺概念特点、发展传承、教学现状的了解以及研究教学过程中存在的不足，本文总结了传统工艺教学应注重文化价值挖掘、开发育人功能的未来发展趋势。研究传统工艺的育人功能，有助于教师在课程设置中融入育人元素，全方位提升高校传统工艺课程的育人能力。

（一）以传统工艺培养工匠精神

传统工艺的育人功能包括了工匠精神的培养，通过教学培养学生敬业、精益、专注、创新的精神品质。高校是培养人才的重要阵地，高校的育人模式影响甚至决定了所培养人才能否担任社会主义建设的重任、国家的可持续发展、中华民族的伟大复兴。工匠精神是从业者职业道德、职业能力、职业品质的全面体现，这和高校育人的目标完全吻合。因此，在教学中挖掘传统工艺中的工匠精神是大势所趋。

传统工艺中的敬业精神体现在民间非遗传承人数十年如一日的职业坚守，如客家凉帽技艺，其属于传统工艺中编织扎制工艺，从清代有记载以来至今有 300 余年的历史。客家凉帽技艺传承人朱冠玉、陈瑾瑜母女二人，女承母业，在两代人数十年的工作中坚守传统工艺并致力于客家凉帽的创新及推广。教师在传统工艺教学中为学生讲述非遗传承人的故事，潜移默化间坚定学生信念，树立学生全心投身传统工艺事业的敬业精神。传统工艺中的精益及专注精神体现在传统工艺师在作品制作过程中的一丝不苟，如传统风车的制作，其采用全天然材料手工制作，制作工艺包括了竹、木、毛、泥、油、布、纸等"七技"，共有选材、裁剪、染色、分粘、绑圈、扎圈等 20 多道工序。复杂的技巧、繁多的工艺要求工艺师对每一制作环节进行严格把控，一个环节的差错就会导致前功尽弃。学生在学习过程中体会传统工艺细节的精益求精，塑造其工匠精神。而对传统工艺中的美学元素进行创新并将其运用到现代化的设计中则是创新这一工匠精神的最好诠释。

以敦煌石窟为例，其汇聚了大量的壁画、彩塑、建筑，是对传统工艺美学的一次集中展示，崇高与优雅、对称与和谐、阳刚与柔美、庄严与浪漫并存于此。2018年，笔者参加北京市珐琅厂举办的国家艺术基金项目，尝试以敦煌元素为题材结合景泰蓝传统工艺制作特点，设计具有传统工艺特色与敦煌风格特点结合的创新型作品（图3），深刻体现了创新的工匠精神[2]。

图3　李睿创作的《凤舞鸾翔》景泰蓝工艺品

（二）以传统工艺彰显文化自信

彰显文化自信、激发爱国情怀是传统工艺育人功能的另一直观体现。通过对传统工艺文化价值的深入挖掘，使学生在学习中领会中华文化魅力，激发其爱国情怀，促进中华文化在新时期的繁荣。传统工艺是我国从古至今不断传承的造物文化，承载了中华民族千百年来的生产生活经验和对美的不懈追求，哺育和维系着一代代人的生活之美。习近平总书记曾指出："一个国家、一个民族的强盛，总是以文化兴盛为支撑的。要讲清楚中华文化积淀着中华民族最深沉的精神追求，是中华民族生生不息、发展壮大的丰厚滋养。"在提倡文化自信的社会大环境下，以传统工艺教学为手段进行文化熏陶，是一个重要路径。

传统工艺之所以能提升文化自信，培养学生的爱国情怀，主要是因为传统工艺见证并促进了我国的社会发展历程。以传统工艺为切入点，引领学生感悟我国灿烂的古代历史。我国的编织工艺有七千多年的历史，浙江余姚河姆渡遗址就曾出土苇席，是我国古代工艺历史的见证。此外，我国丝织工艺有五千多年的历史，造纸工艺有两千多年的历史，瓷器更是在唐宋时期便远销海外，成为欧洲贵族的珍藏。在教学中带领学生了解并深入研究传统工艺背后的中国古代历史，有助于提升其民族自豪感。同时，还有很多传统工艺在现代社会中仍然占据着重要地位，如丝绸，我国早在新石器时代便掌握了种桑、养蚕并制作丝织品的工艺，在此后的历史进程中，陆上丝绸之路、海上丝绸之路的先后开拓，丝绸享誉中外。时至今日，丝绸仍然受到国内外民众的广泛喜爱。丝绸这一数千年传承不断且历久弥新的传统工艺，体现了中华文明的厚重历史与发展活力。在全球化进程日益加快的今天，年轻人受到西方主流价值观及不良思潮的冲击，民族认同感越来越弱。"文化认同是最深层次的认同"，以传统工艺蕴含的文化价值，唤醒年轻人对传统生活方式和文化的记忆，渲染出浓厚的民族文化情节。

（三）以传统工艺丰富育人体系

传统工艺有着丰富高校育人体系、培养全面发展的新时代人才的功能。育人的目的是使教育对象能够多方并举、协调发展，获得专业能力、精神品质的综合提升。高校作为育人的主阵地，有责任为社会主义建设培养创兴型、知识型、技能型、创新型的复合型人才，应响应当今时代的教育理念，将传统工艺融入育人体系，从育人理念、育人内容、育人方式3个维度进行育人改革。

首先，传统工艺中蕴含着丰富的教育理念，与高校培养创新型人才的目标相契合。创新是推动人类社会的第一动力，教育领域的创新是引导学生建立发散思维，塑造创新意识的重要手段。传统工艺在深厚的历史底蕴积累中没有故步自封，而是深入与现代审美特点进行有机结合，以守正创新的态度积极融入时代的发展。尤其是在传统工艺装饰图案设计的实践教学中，古为今用、洋为中用、古老与现代、传统与新潮交相辉映。高校育人应吸纳传统工艺的创新思维，革故鼎新，构建符合时代变迁的育人理念[3]。

其次，传统工艺能够有效扩充高校育人体系的具体内容，通过高校教育平台对传统工艺文化内涵进行进一步的提炼与阐释，促进育人内容的丰富。传统工艺中饱含着中华民族的文化传统，有助于培养爱国情怀。例如，2022年，贵州黔东南州丹寨县的50位蜡染传承人，以党的二十大精神为创作内容，用苗族传统蜡染技艺联手绘制了一幅20米蜡染长卷，抒发传统工艺师对祖国的热爱。这给传统工艺的育人提供了思路，在具体的教学实践中，教师可以引导学生将工艺制作与爱国元素进行结合，在教学中融入浓厚的思政元素。传统工艺来源于民间生活，是民间智慧的聚合体，通过传统工艺，可以将"重民本、尚和合"等中华民族传统美德传递给学生。

最后，传统工艺有助于拓宽高校育人方式。当下的高校育人仍然以思想灌输为主要手段，教师通过口传心授对学生进行教育。刻板的师生关系、枯燥的学习过程，难以激发学生的学习兴趣，育人工作效率低下且成果不多。传统工艺的教学讲究知行合一，学生在学习理论知识的同时也要进行大量的实践操作，达成被动接受和主动实践的辩证统一。以景泰蓝的工艺制作为例，学生须先进行理论学习，熟悉景泰蓝制作工艺和原材料，并深刻了解景泰蓝艺术的特征，在这一过程中深刻感受传统文化的博大精深，接受传统文化熏陶。而后通过设计、制胎、制丝、膘丝、掰花、平活、点蓝、烧蓝、镀金、打磨等流程进行实践制作，在这一过程中培养学生敬业、精益、专注、创新的工匠精神（图4）。以传统工艺为手段，对高校育人体系进行理念、内容、方式的全面改革，切实践行传统工艺的育人功能[4]。

图4　李睿景泰蓝工艺实践制作

四、结　语

传统工艺是中华民族弥足珍贵的资源宝库，自进入 21 世纪以来，我国高度重视其传承现状与未来发展。在社会各界为传统工艺的保护与发展积极努力的背景下，高校应拓展思路，深度挖掘传统工艺的育人功能并予以实践，将传统工艺与高校育人进行有机结合，以中华民族优秀传统文化促进育人工作再上新台阶。同时，传统工艺育人功能的开发亦可使这一古老的技艺以新的生机面貌和更饱满的姿态融入时代发展的浪潮中，继承传统、发展创新、走向未来。

参考文献

[1]王潇.传统手工艺的再生产研究[D].西安：西安美术学院，2016.

[2]李砚祖.物质与非物质：传统工艺美术的保护与发展[J].文艺研究，2006(12)：106-117，168.

[3]徐小宁.基于文化空间视角下的传统工艺美术的保护与传承[J].天工，2023(1)：44-46.

[4]张静.工匠精神融入中国传统工艺教学的探索[J].西部皮革，2022，44(21)：81-83.

从知识灌输转向人才培养：
课程思政创新与发展

——以"中国共产党党史专题"为例

刘芮杉 赵 亮 周景勇

（北京林业大学马克思主义学院，北京 100083）

摘要："中国共产党党史专题"是一门重要的"党史类"课程，与"思政课"一同承担着培养德智体美全面发展的中国特色社会主义事业建设者和接班人的任务。但与"思政课"不同的是，这类课程思政更强调提升思想政治教育质量和人才培养能力。而如何提高其人才培养能力是该类课程思政的核心挑战。基于此，本论文专注于解决这类课程思政的三重矛盾，采用专题教学系统化、智慧教学普及化、教学资源多样化和教学方式多维化等理论与实际相结合的教学改革创新措施，以期构建出新型的人才培养创新模式。

关键词：高校；人才能力培养；课程思政；课程创新

一、 提升高校课程思政人才培养能力的现实需要

党的十八大以来，党和国家高度重视立德树人工作。党的二十大报告明确提出，要"落实立德树人根本任务"[1]。高校作为人才培养的主阵地，应大力拓展育人新路径，把立德树人内化到高校教学、建设和管理各领域、各方面、各环节，做到以树人为核心，以立德为根本，全面提高人才培养质量。课程思政作为落实立德树人根本任务的重要举措，是近年高校教育教学改革的热点。目前，各学科围绕课程思政的实现路径、教学设计与资源建设开展了广泛的实践创新活动，取得了宝贵成果和有借鉴意义的经验。但在课程思政建设过程中，尤其"中国共产党党史专题"包含思政性质的课程还存在着内涵认识不清、方法路径不明、体制建设不全等问题，偏离了课程思政建设的初衷。课程思政是新时代围绕立德树人中心环节，在课程中实现价值塑造、知识传授和能力培养有机统一的教育理念，是把思

作者简介：刘芮杉，北京市海淀区清华东路 35 号北京林业大学马克思主义学院，讲师，924589862@ qq. com；

　　　　　赵 亮，北京市海淀区清华东路 35 号北京林业大学马克思主义学院，副教授，07forest@ 163. com；

　　　　　周景勇，北京市海淀区清华东路 35 号北京林业大学马克思主义学院，副教授，zhoujingyong@ bj-fu. edu. cn。

资助项目：马克思主义学院首届基础教学团队建设项目和思政课教学重难点问题研究项目"将'坚持党的领导'贯穿'中国近现代史纲要'课教学的重难点思考"（JXZNDWTYJXM202207）；

　　　　　北京林业大学校级青年项目"延安时期中国共产党构建马克思主义中国化党建理论的历程与经验研究"（BLX202159）；

　　　　　北京林业大学教育教学改革与研究项目"百年党史经典文献与'中国近现代史纲要'课程'史''论'结合的教学研究"（BJFU2023JY101）；

　　　　　北京林业大学校级教改项目"高校思想政治理论课数据库建设研究——以'中国近现代史纲要'课程为例"（BJFU2019JY109）；

　　　　　马克思主义学院首届基础教学团队建设项目"中国近现代史纲要"教学创新团队（JXTDJSXM202205）。

想政治工作体系贯通人才培养体系，形成高水平人才培养体系的最基础手段。高等学校人才培养是育人和育才相统一的过程，建设高水平人才培养体系，必须紧紧抓住全面提高人才培养能力这个核心点。

第一，从知识灌输转向人才培养。传统授课方式注重以"教"为中心，"学"围绕"教"。提升人才培养质量，需要全面推进课程思政建设，构建出由窄变专、由粗变宽的知识主渠道，从专业知识到价值塑造相互渗透、互相融合，从而将育"智"作为育"志"的基石，让学生既善"术"也通"道"，帮助学生增长才干、形塑价值。第二，开辟多样化的人才培养路径。不同的人才有不同的培养模式，应当在当前的通识性教育之外构建多学科的交叉融合和素质能力全面发展的培养通道。在教学内容上强调基础知识、学术能力的综合性学习，在教学目标上注重理论与实践相结合，突破传统人才培养模式的边边框框，倡导融合式发展，鼓励更多的专才、怪才脱颖而出。第三，以系统思维推进人才培养。STEAM 教育理念融合科学、技术、工程、艺术和数学，以系统性思维为核心，推动跨学科教学。在培养学生综合素质的过程中，STEAM 通过实践探索引导学生运用系统思维解决复杂实际问题，促使学科之间有机交互，强调跨界合作的重要性。在人才培养方面，STEAM 围绕基础学科转向多学科交叉融合，培养学生在解决实际问题时能够运用多学科知识。通过创新的"订单式"培养模式，STEAM 教育精准培养符合企业需求的复合型、创新型、应用型高素质人才。同时，统筹基础学科、交叉学科建设，通过"强基计划"等，培养具备系统性思维的学生，使其在不同领域具备综合性的素质。

二、 厘清"中国共产党党史专题"人才培养的本质要求

北京林业大学"中国共产党党史专题"课程自 2019 年开设以来，秉持着"立德树人、为国育才"的理念，致力于打造一门面向所有专业的党史精品课程。但在实际教学过程中，课程设置过于偏重教师所长，忽视党史教学系统性和整体性的问题愈发突出；教学方式仍然以教师讲授为主，未激发学生更多学习兴趣与学习热情的问题也日益凸显。在中共党史党建一级学科成立的大背景下，在党史学习教育常态化长效化的实践要求下，提高课程思政的人才培养能力，改革"中国共产党党史专题"课程，具有重要的理论与现实意义。

基于此，本课程需要着重解决党史类课程的三重矛盾。

（一）区分本课程与"思政课"异同的矛盾

有学生反映，由于"中国共产党党史专题"在内容上与"思政课"，尤其与"中国近现代史纲要"课有重合之处，导致部分学生放弃选修本课程；而选择本课程的学生则希望听到主流历史叙事之外的细节与故事。因此，"党史类"专业课与"思政课"的矛盾，某种程度上是有限课时内历史主流与历史细节的矛盾。把握党史主题主线与主流本质是党史学习的根本要求，同时，展现更加丰富的历史细节与矛盾，也是党史学习常态化、长效化的内在要求。如何更好地在有限的时间内，以更加生动而严肃的历史复杂性展现历史潮流的必然趋势，是本课程的改革重点。

（二）学生视野下思政教育与专业知识的矛盾

本课程囊括中国共产党建党百年来的伟大成就与历史经验，全景式地回顾了中国共产党人百年来的奋斗历程。教师着眼于中华民族五千多年的文明史、立足世界社会主义 507 年的历史、立足 1840 年以来中国近代史 183 年的历史、立足中国共产党成立 102 年的历史、立足中华人民共和国成立 74 年的历史、立足改革开放 45 年的历史、立足新时代 11 年的历史，深刻厘清阐明"中国共产党为什么能""中国特色社会主义为什么好""马克思主义为什么行"等一系列命脉性问题。但选修本课程的学生往往排斥单纯的意识形态灌输，对历史细

节抱有极高的期待，甚至有的追求所谓的"稗官野史"，单纯希望在历史中寻找乐趣。由此也可以看出，学生对"价值观认同"浮于表面。

（三）重专业知识欠育人价值的矛盾

本课程由教师从党史发展脉络、党史人物解析、党史专门问题的角度阐述百年大党的奋斗历程，视角多样，资料翔实。但是实践证明，仅寄托于理论知识直接达成育人的功效，某种程度上还存在着一定弊端。教师在本课程的教学中，如果只遵循传统基础学科的教育教学实践，即注重党史知识的讲授，忽视价值引领与实践指导，学生便只能从某一特定历史节点或某几个历史事件看待和理解党史，无法形成"四个正确认识"（正确认识世界和中国发展大势；正确认识中国特色和国际比较；正确认识时代责任和历史使命；正确认识远大抱负和脚踏实地。），不能将理论知识升华为价值观念上的指引。这不仅会导致党史教育的育人功能有所欠缺，文化素养教育也会稍显乏力。

三、 提升"中国共产党党史专题"育人能力的实施方案

上述三重矛盾不仅存在于本课程之中，更存在于其他"党史类"包含思政性质的课程思政之中。提高课程思政的人才培养能力，就需要从课程建设的实际出发，从理论视野到实践路径全方位把握课程思政之钥。

（一）理论导向与教学理念

第一，从信、融、理、实、全5个方面解决本课程育人观念的落地。"信"是指要以唯物史观而不是历史虚无主义为指导，让学生学而信，内化于心外化于行。"融"是指推动本课程与思政课有机融合，将价值观培养和塑造"基因式"融入教育教学全过程，体现"思政味道"而不是复制"思政内容"。"理"是指与学生通情理，让学生知原理，引导学生悟道理，运用历史说清楚道理、讲清楚逻辑。"实"是指将现实引入历史，让学生知道当代中国从哪里来、将往哪里去。"全"是指历史的必然性与党的理论不是仅体现在某几堂课或某些历史故事中，而是全面布局，用接地气、通人心的讲授，将中国的历史、传统理论、革命、建设、改革的实践体现在本课程教学之中。

第二，须融入大历史观解决历史主流与历史细节的有机结合。习近平总书记多次提出"历史、现实、未来是相通的"，并在党史学习教育动员大会上指出"要树立大历史观，从历史长河、时代大潮、全球风云[2]中分析演变机理、探究历史规律"。大历史观的基本内涵是在贯通古今、环顾中外的大视野中考察历史事件，揭示历史发展趋势[3]。大历史观强调要更进一步用联系、整体和发展的眼光看待主题主线、总结历史规律、深化对历史本质的认识。因而，本课程应采用联系的方法分析历史事件的深层原因和深远影响。同时，用对比的方法分析不同历史事件的共性，体现历史发展的趋势；分析不同事件的差异，彰显历史事件的独特性。

第三，运用沉浸式教学方法引导大学生自发对"四个正确认识"的入脑入心。有别于以往"党史类"课程思政重视单学科、重视书本知识的教育理念，本课程采用STEAM教育理念，着重培养学生对党史的深度学习兴趣与学习能力。STEAM教育模式是科学（science）、技术（technology）、工程（engineering）、艺术（arts），以及数学（mathematics）多学科之间有机融合的综合性教育，其目的在于培养创新性、综合性人才。在本课程的教育教学中，融入STEAM教育理念，是指从交叉学科的角度分析和解读历史。例如，从武器装备的技术演变分析人民军队由弱到强、中华民族从站起来富起来再到强起来的复杂历程；从延安时期大众文艺的流行趋势分析新民主主义文化相较于封建文化的民族性、科学性与大众性；从人力资源和管理学的角度分析中国共产党基层党员的"职业前景"与"KPI构成"。交叉学科教

育理念的根本目的是提升学生的课堂沉浸感，引导学生沉浸式体验历史人物的所思所想、社会发展的激荡与奔流。

（二）教学组织与课程设计

第一，在教学模式上，本课程采取线上慕课教学、线下互动式教学、课外教学参观相结合的混合式教学模式。慕课式教学注重理论深度与知识的系统性，如图 1 所示；线下互动式教学包括教师的二次阐释、课堂讨论与展示，以及"剧本杀"、舞台剧式的沉浸式体验教学；课外教学参观则注重历史氛围与历史情境，如图 2 所示。通过课堂讲授、课堂研讨与课外实践相结合的立体教学模式，将知识传授与共情理解结合起来，将历史学习与现实思考结合起来。

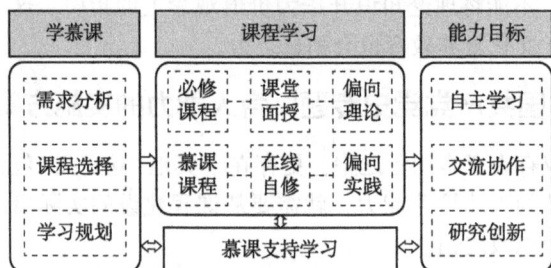

图 1　慕课式教学模式

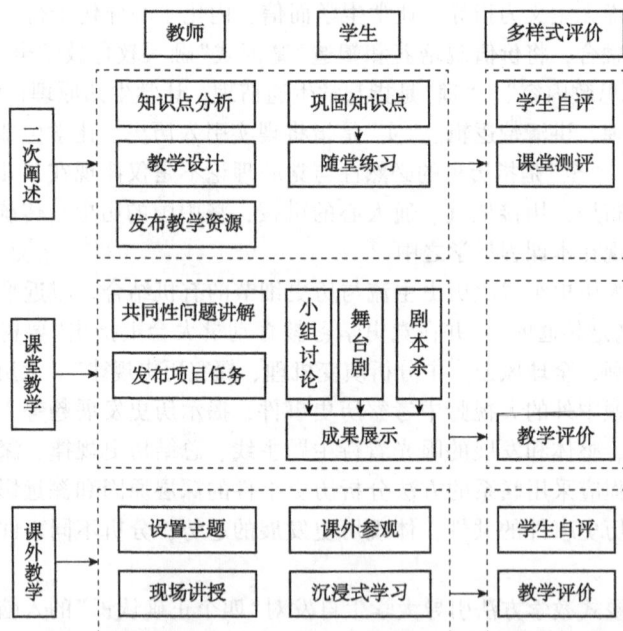

图 2　线下互动式教学模式

第二，在教学内容上，将专题教学与通史教学相结合。对党的百年奋斗历程、党的历史决议进行深入研究，根据党史学习的规范划分为"5+5"共 10 个专题，如图 3 所示，前5 个专题依照历史时段进行通史性讲授，后 5 个专题根据细分领域研究总结党的历史经验。将百年党史熔炼成线索清晰、内容丰富的教学体系。

第三，在教学设计上，教师应当成为学生学习研讨全过程的"导演"，注重引导而非命令，依靠渊博的知识储备与精心设计的教学环节，贯彻"STEAM"理念。在课前阶段，了解学生的党史知识储备，调查学生关注的历史问题，分享后续学习所需的学习资源。在讲授阶段，通过跨学科、多视角的知识教学，引导学生对有关知识进行更深入的研究与思考。在互动阶段，组织学生进行指向性讨论与体验，针对学生的互动及反馈提出针对性的观点，避免填鸭式教学带来的认知疲劳。在课外实践阶段，利用鲜活的历史场景与文物作为教具，巩固和加深学生对于党史知识的了解与认知，引导他们了解宏大历史背后的"细枝末节"，如图4所示。

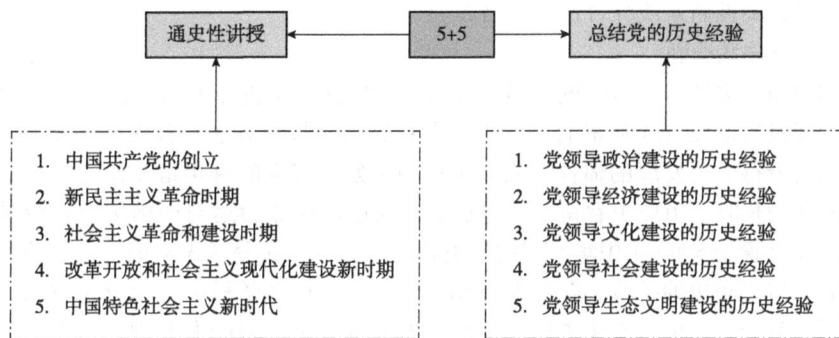

图3　教学内容

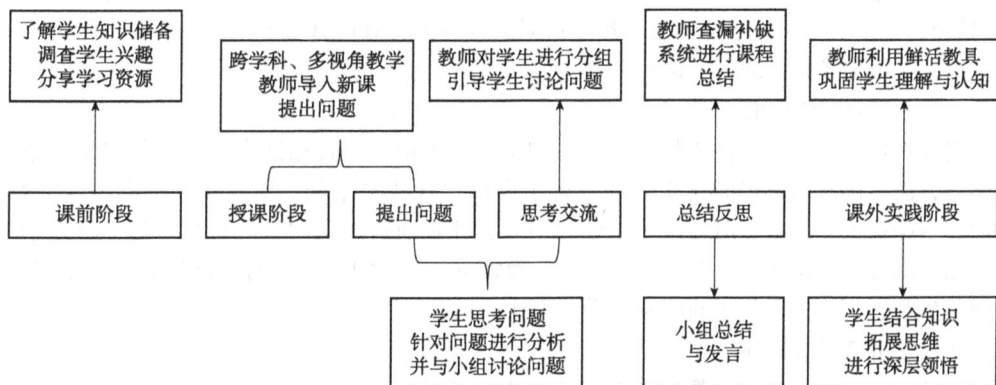

图4　教学设计

第四，在教学手段上，采取多种教学手段并行的方法，重在培养学生的正确历史观与党史学习兴趣，将党史学习常态化落实在学生的日常学习中。①课外参观：组织大学生走出课堂，到纪念馆、博物馆、档案馆、历史遗址开展实践教学。通过无数革命英烈可歌可泣以及千千万万普通党员奋斗奉献的感人故事，激励大学生增强"四个意识"、坚定"四个自信"、做到"两个维护"。②课外调查：要求大学生通过调查、采访等方式，使大学生犹如"身临其境"般领会党史精神。③课堂讨论：围绕中国共产党领导人民进行的革命、建设、改革的历史进程、历史变革、历史成就、内在规律等方面设计问题，通过分组阅读、教师或助教指导、小组讨论、课堂报告等多种方式，培养学生通过阅读原典来分析和解答问题的能力。④课堂展示与表演：利用"剧本杀"、舞台剧中"角色扮演"的特点，通过让学生扮演相关角色，引导学生沉浸式体验特定历史时期、特定历史人群的特定行为逻辑，以便更加理解党的领导对于中国革命和社会变革的决定性意义。

第五，在考核评价上，知识考核并不是本课程的重点，认知提升才是本课程的目的。本课程考核更加注重过程性评价，①通过观察学生课堂中的关注度、课堂讨论与随机提问等方式，判断学生在本节课教学过程中的投入程度。②通过结课论文掌握学生对于厘清党史主流主脉、发展轨迹与趋势的能力。

四、 探索"党史类"课程思政人才培养新模式

本课程以理论与实践相结合的分专题教学、线上慕课教学、线下互动式教学、课外教学参观等实践工作开展了教学改革创新，着重提高学生综合思政能力。经过一段时期的改革实践取得了一定的教学创新成效，以期对同类型"党史类"课程思政的教育教学工作能有所启迪与帮助，助推高素质综合性人才培养。

（一）知识体系层面

通过多视角、多学科、多领域、多维度讲授，阐释百年奋斗锻造中国共产党的伟大意义。本课程通过贯彻"STEAM"教育理念创新课程思政的教学方法，首先，打破了以往学生运用单一视角看待党史发展的惯性，从大历史观出发，将党的百年奋斗作为一个整体置于近代180多年的长时段历史中看待。充分认识其对中华民族命运与中国历史发展带来的改变和转折，将其置于5000年中华文明的历史长河中看待，充分认识党的历史奋斗、历史创造对中国自古以来历史的接续、延续和继承。其次，引用多学科的理论分析方法，从政治学、经济学、社会学、思想文化类以及生态文明类等多个学科的专业理论出发，分析我们的现代生活从何而来，分析中国共产党如何扭转中华民族和中国人民的命运。最后，本课程吸收融入党的二十大会议精神及《中共中央关于党的百年奋斗重大成就和历史经验的决议》精神，将中共中央关于党的最新历史成果融入其中，概括总结了党领导人民百年奋斗的伟大意义与历史经验，满足了课程思政立德树人根本任务的现实需要。

（二）学习方法层面

引导学生形成了教师讲述与自主学习相结合、理论与实践相结合、历史与现实相结合的学习方法。选修本课程的学生大都具备了中国近现代史基础，对党史梗概有一定了解。因而，本课程更加注重课前与课后的学习引导，注重通过课前阅读与课堂研讨，启发学生自主拓展已有的知识体系。在这一过程中，教师秉承"授人以鱼不如授人以渔"的教学理念，引导学生掌握唯物史观与正确的党史学习方法。

（三）价值塑造层面

价值观的塑造不能仅仅是理性知识的填充，还需要通过感性的熏陶活动加以升华。本课程借由沉浸式的教学方法引导学生对党史特定事件、人物、历史背景等感同身受，进而指导学生形成正确的世界观、人生观、价值观。通过贯彻"STEAM"教育理念，发挥交叉学科的方法论优势，阐述共产党人价值观的深层逻辑与形成里路。同时，借助课外参观、课外调查、课堂展示与表演等沉浸式的教学手段，带领学生更加深入地理解特定时期中国共产党人的立场、信仰与革命路径，在体验式教学活动中感悟、理解、内化、巩固社会主义核心价值观。

（四）教学模式层面

同类型课程应有机融合专业知识与思政理念。"党史类"课程思政在展现思政理论和内涵方面具有独到的优势，但目前这类课程或多或少存在偏重专业知识、忽视价值观的培育等问题，有的教师甚至宣扬历史虚无主义。因而，"党史类"课程贯彻课程思政的教学理念，首先，应当坚持马克思主义的理论指导，坚持唯物史观，提高教师的思想理论修养和科学历史观修养，保证"党史类"课程思政坚持正能量的价值导向，决不以稗官野史吸引眼球，决不打着"反思历史"的旗号翻案。深入学习习近平总书记有关党的历史的相关论述，引导学生坚定历史自信，增强历史主动。其次，应当增强学生在课程中的参与互动，增强"党史类"课程的临场感与沉浸感，将正确的价值导向融入课堂互动当中。在"党史类"课程中践

行课程思政理念，应当着重培养学生的认知观念与价值观念，不能采取单方面输出的灌输式教学方法。通过适应青年学生社交习惯的互动方式，使教师成为广大学生学习历史的启蒙者与领路人，在润物细无声的价值观教育中，帮助学生在全新的教学体验中逐渐形成和确立自己对于历史富有个性但符合唯物史观的认知。最后，应当注重历史主流与历史细节、整体与局部、宏观与微观的结合。"党史类"课程思政应当更加注重课程设置与谋篇布局，将大历史观融入课堂教学中，错落有致、详略得当地安排教学内容，将通史性教学与专题性教学有机结合，帮助学生形成对于一段历史的整体性认知，同时，针对教师所长与学生关注的问题加以阐释。

五、结　语

党的二十大报告明确指出，"人才是第一资源""教育、科技、人才是全面建设社会主义现代化国家的基础性、战略性支撑"[1]。明确了人才强国是强国第一战略。没有高质量的教育教学也就无法培养更多高质量人才，实现人才强国战略目标。"没有高质量的课堂教学就没有高质量的高等教育，也就没有高等教育的现代化。[4]"课堂思政实际上就是围绕立德树人这一根本目标，以建设高质量教学为根本动力进行的全方位教学改革，它既需要从教师的视角出发，落实"言传"，同时也要关照学生的视野，践行"境教"，将"灌输"式的理论填鸭转化为"活"的对理论转化的应用指导，唯有这种教学改革，才能提升课程思政人才培养能力的实效，符合人才发展的本质诉求。

参考文献

[1]习近平. 高举中国特色社会主义伟大旗帜为全面建设社会主义现代化国家而团结奋斗——在中国共产党第二十次全国代表大会上的报告[N]. 人民日报，2022-10-26(2).
[2]习近平. 习近平谈治国理政(第一卷)[M]. 北京：外文出版社，2018.
[3]习近平在党史学习教育动员大会上强调：学党史悟思想办实事开新局 以优异成绩迎接建党一百周年[N]. 人民日报，2021-2-21(1).
[4]瞿振元. 着力向课堂教学要质量[J]. 中国高教研究，2016(12)：1-5.

小组合作学习对实现高校思政课教学目的的作用

——基于"毛泽东思想和中国特色社会主义理论体系概论"的组态研究

钟爱军　　高兴武　　朱洪强

（北京林业大学马克思主义学院，北京　100083）

摘要：科学认识小组合作学习对于实现高校思政课教学目的的作用，是用好小组合作学习教学方法的前提。课题组以帮助大学生奠定科学思想基础为核心教学目的，以小组合作学习为主要教学方法，在"毛泽东思想和中国特色社会主义理论体系概论"课的 A、B 两个课堂进行实验教学，并采用组态方法（fsQCA）对获得学习高分的小组进行路径分析。结果表明：小组合作学习并不能直接和必然导致小组获得高分，而是和学生自主学习能力、教师指导作用联动协同形成"生师配合型""小组合作型"路径获得高分。因此建议，改进小组合作学习，既要在改进教师教学指导上下功夫，也要在帮助学生树立正确合作观念、提高合作能力与水平上下功夫。

关键词：高校思想政治理论课；教学目的；小组合作学习；作用；组态方法（fsQCA）

一、 问题的提出

高校思想政治理论课（以下简称高校思政课）的教学目的是什么、怎么实现，这是思政课教师需要解决的前提性和基础性问题。

对于高校思想政治工作和思政课教学目的，习近平总书记有深刻阐述。2016 年 12 月 8 日，习近平总书记在全国高校思想政治工作会议上提出，中国特色社会主义高校"要坚持不懈传播马克思主义科学理论，抓好马克思主义理论教育，为学生一生成长奠定科学的思想基础。要坚持不懈培育和弘扬社会主义核心价值观，引导广大师生做社会主义核心价值观的坚定信仰者、积极传播者、模范践行者"[1]。2019 年 3 月 18 日，习近平总书记在学校思想政治理论课教师座谈会上再次对高校思政课的教学目的进行阐释："思政课教学……无论怎么讲，最终都要落到引导学生树立正确的理想信念、学会正确的思维方法上来。[2]"根据习近平总书记上述思想，我国高校思政课的教学目的可以归纳为两点：一是帮助大学生奠定科学的思想基础或者学会正确的思维方法；二是帮助大学生树立正确的理想信念，引导大学生信仰、传播和践行社会主义核心价值观。

奠定科学思想基础怎么理解？习近平总书记在学校思想政治理论课教师座谈会上指出："任何社会任何时期都会有各种问题存在，要教育引导学生正确看待、辩证认识、理性分析

作者简介：钟爱军，北京市海淀区清华东路 35 号北京林业大学马克思主义学院，副教授，zhongaijun@126.com；
　　　　　高兴武，北京市海淀区清华东路 35 号北京林业大学马克思主义，副教授，gaoxingwugao@sina.com；
　　　　　朱洪强，北京市海淀区清华东路 35 号北京林业大学马克思主义学院，副教授，zhuhongqing@bjfu.edu.com。
资助项目：北京林业大学教育教学改革与研究项目（BJFU2022JY107）。

现实问题，辨明大是大非、真假黑白，在对社会假恶丑现象的批判中弘扬真善美"[3]。怎样才能引导学生正确看待、认识和分析现实问题，辨明是非黑白和真假美丑？2015 年 1 月 23 日，习近平总书记在中共十八届中央政治局第二十次集体学习时指出，"辩证唯物主义是中国共产党人的世界观和方法论"[4]。并引用江泽民同志的话进行阐释："如果头脑里没有辩证唯物主义、历史唯物主义的世界观，就不可能以正确的立场和科学的态度来认识纷繁复杂的客观事物，把握事物发展的规律"[5]。根据习近平总书记这些重要阐释，我们可以将奠定科学思想基础理解为：学会将马克思主义方法作为认识事物本质和发展规律、按照规律处世办事的基本方法。

奠定科学思想基础和树立正确的理念信念、信仰传播践行社会主义核心价值观是什么关系？习近平总书记对此也有透彻阐释："学懂了(历史唯物主义)这一认识和研究社会历史发展的科学世界观和方法论，我们就能坚定理想的主心骨、筑牢信念的压舱石，保持强大的战略定力"[6]。换言之，学会马克思主义方法特别是历史唯物主义，我们就能够坚定社会主义的理想信念和核心价值观。所以，帮助大学生奠定科学思想基础不但是高校思政课的重要教学目的，而且是核心教学目的。

高校思政课教学怎样实现帮助大学生奠定科学思想基础的教学目的？近年来，很多思政课教师在教学中采用了小组合作学习(或小组研学)的方法。小组合作学习方法对于帮助大学生奠定科学思想基础究竟有多大作用？又怎样发生作用？搞清楚这些问题，是用好小组合作学习教学方法的前提。

二、 高校思政课小组合作学习研究简述

一般地，小组合作学习方法指教师按照一定原则将班上学生分成数个学习小组，并指导学习小组以团队合作研学方式完成特定学习任务，达到培养学生思维、动手和合作能力的教学目的[7]。

和当前相当普遍的教学实践相比，关于高校思政课小组合作学习的研究并不多。笔者以"高校思想政治理论课 * 小组合作学习"进行主题检索，仅得到 9 个结果。

这些成果数量虽少，但所提观点来源于实践，对于进一步运用和研究小组合作学习方法具有重要参考价值。例如，对于教师在小组合作学习中的角色，提出要将教师的指导贯穿整个合作过程，既不要干预过多也不要放任自流[8]。对于小组的管理，提出要选好组长、发挥出组长的带头作用[9]。对于小组的构成和人数，建议采用组内异质、组间同质原则建组，以 4~6 人为宜[10]。对于组员的合作技能，强调良好的听辨、表达、交流和合作能力是合作成功的基础[11]。对于任务设计，主张结合教学大纲和教材，整合相关学习内容和资源[12]。对于考评体系，认为要建立既考虑个人表现又考虑集体表现，教师评价与组内自评及组间互评相结合的评价体系[13]。然而比较遗憾的是，这些建议都是从经验总结的角度提出的，并没有从实证角度就小组合作学习对于实现思政课教学目的有何作用及如何作用进行研究，使得人们难以从实证角度对小组合作学习的实际作用一窥究竟。

鉴于以上原因，本课题组设计了"以帮助大学生奠定科学思想基础为核心教学目的、以小组合作学习为主要教学方法、以'毛泽东思想和中国特色社会主义理论体系概论'实验教学为研究对象、以组态方法为研究方法"的研究课题，希望借此研究清楚小组合作学习对于实现高校思政课教学目的究竟有何作用及如何作用，为思政课教师运用和改进小组合作学习方法提供实证依据。

本研究之所以以组态方法作为研究方法，原因主要是：第一，传统定性方法主要通过对经验进行归纳和总结而推知事物的性质及事物间的联系，其过程比较主观，其结论比较

抽象，提出的对策也难以把握；第二，运用小组合作学习方法取得的教学效果实际是多因素共同作用的结果，传统的基于相关性、对称性和净效应累加的定量方法难以对小组合作学习的作用进行合理解释；第三，组态方法被认为结合了传统定性和定量方法的长处又避免了两者的短处，可以较好地辨识出复杂因果关系特定结果的发生路径，是研究复杂因果关系更好的方法。

三、 实验设计

1. 教学目的

本次实验的教学目的，是引领学生通过"复盘"和解读中国共产党人运用马克思主义方法分析中国革命建设改革具体问题、形成毛泽东思想和中国特色社会主义理论体系基本理论的过程，初步学会马克思主义方法，形成马克思主义思维能力。

2. 实验目的

本次实验的目的，是弄清楚当前情况下，在"毛泽东思想和中国特色社会主义理论体系概论"课堂运用小组合作学习方法，对于实现前述培养学生马克思主义思维能力的教学目的究竟能起到什么样的作用以及如何起作用。

3. 教学对象

教学对象为北京学院路某高校学习"毛泽东思想和中国特色社会主义理论体系概论"A、B两个中班课堂的本科学生。根据课前调查，他们在高中阶段大多选择理科，政治理论基础整体偏弱；在大学阶段已学完"思想道德与法治""中国近现代史纲要"和"马克思主义基本原理概论"课程，但对马克思主义方法普遍存在记忆不清、理解不深、不会运用的问题。

4. 实验时间

本次实验教学在2022年上学期进行。因恰逢北京举办2022年冬季奥运会和首都高校新冠肺炎疫情防控措施调整，整个学期都按要求进行线上教学，分散在全国各地的学生也是全程在线上进行讨论交流。这样的线上教学环境，一方面为教师组织教学带来不便，另一方面也统一了教师与学生、学生与学生的互动方式，为控制实验过程，简化测量变量，比较各小组的合作情况带来了方便。

5. 小组分组

因为本研究拟用组态方法研究小组间成绩差异的原因，故采用自由组合的方式而非一般主张的组内异质、组间同质的方式进行分组。要求各行政班按照自由组合原则建立数个5~6人的合作学习小组，每个小组自选1~2名组长。按此原则，A课堂81人分为15个小组，B课堂108人分为19个小组，共34个小组。在实验后半段，A课堂有3个小组因意见不合解散，同时又新成立1个组。最终，A课堂保有13个组，60人入组；B课堂保持19个小组，108人入组。A、B两个课堂共32个小组完成实验。

6. 小组学习任务

总的任务是，在教师的引领下，通过"复盘"毛泽东思想和中国特色社会主义理论体系基本理论的得出过程，既加深对毛泽东思想和中国特色社会主义理论体系理解，又由此掌握马克思主义方法的用法。具体任务设计为：

(1)马克思主义方法究竟是何方法？

(2)毛泽东思想是怎样运用马克思主义方法来认识中国近代社会性质、前途目标、革命步骤、革命道路并得出结论的？

(3)邓小平理论是怎样运用马克思主义方法来认识中国社会主义所处阶段，提出和回答什么是社会主义、怎样建设社会主义的？

(4)"三个代表"重要思想和科学发展观是怎样运用马克思主义方法得出"三个代表"和科学发展观重要观点的？

(5)借鉴毛泽东思想和中国特色社会主义理论体系的用法，运用马克思主义方法分析某一重要又感兴趣的社会问题并得出恰当结论。

在5项具体任务中，第1项任务意在引导学生通过小组合作学习深化对马克思主义方法的理解；第2~4项任务意在引导学生通过小组合作学习领会毛泽东思想和中国特色社会主义理论体系中马克思主义方法的用法；第5项任务意在引导学生通过小组合作学习把马克思主义方法用起来，初步形成马克思主义思维能力。

对于上述任务，要求学生小组通过听课、阅读教材、学习指定原著、开展讨论、寻求教师帮助和进行课堂展示交流来完成。在完成形式上，第1~4项任务要求以思维导图完成，第5项任务要求以研究论文完成。

7. 考核方案

通过思维导图完成情况，检查学生对"毛泽东思想和中国特色社会主义理论体系"基本理论和马克思主义方法的理解；通过研究论文完成质量，检查学生运用马克思主义方法的能力。具体方法是：①小组在提交每次任务的完成成果时，要附上全体组员参加合作学习的记录(包括参加讨论次数、有效建议条数及具体负责内容)，并要就每个人的贡献和合作表现做出文字描述与量化评价。②教师先根据小组任务完成情况给出小组分，再根据小组记录和评价确定个人的合作表现分，最后综合小组分和个人合作表现分，计算出个人得分。③将完成第1~4项任务的得分作为过程分，完成第5项任务的得分作为结果分，过程分和结果分各占最终成绩的50%。④容许学生在结课前对所交成果进行修改和二次提交，并依据二次提交成果重新评分计分。考核方案在开学之初即向学生解释清楚。

四、 组态模型构建与数据准备

1. 组态模型构建

从组态视角看，复杂性结果的产生是由多个前因形成条件组态或路径导致[14]。因此，确定导致小组合作学习结果发生的可能性前因是构建组态模型的关键。本研究根据课题组教学经验，参考前述学者的研究成果，认为学生小组合作学习的成绩是由教师的教学指导、组长的组织协调、组员的自主学习能力和小组的合作情况4个方面的前因形成条件组态的结果。

在设置前因变量时，将教师的教学指导设为"教师指导"变量，将组长的组织协调设为"组长作用"变量，将组员的自主学习能力设为"前三学期学分绩"和"对任务和考核的理解与执行"两个子变量，朱祖德等人提出，自主学习能力包括学习动机和学习策略[15]。本文同意并认为在目前条件下，可将前期学分绩视为体现学生自主学习能力的基础指标，将理解和执行本次小组学习任务与考核方案的能力视为补充指标；如果两个指标都满足，可视为自主合作能力强，否则视为自主学习能力不强。将小组的合作情况设为"组员社交意愿与协调能力"和"小组有效研讨次数"两个子变量，小组的合作情况可以从组员的合作意愿与能力、合作频次与质量两方面来考查。本文认为，设置"组员社交意愿与协调能力"可较好地反映组员合作意愿与能力，设置"小组有效讨论次数"可较好地反映组员的合作频次与质量；如果两个条件都满足，可视为小组合作好，否则视为小组合作不好。因本研究将小组视为研究样本，故将小组成员在上述6个前因变量上得分的平均分作为小组得分。

在设置结果变量时，为使模型更简洁也更便于测量，仅将学生在马克思主义方法运用上的得分也就是"论文成绩"设为结果变量。之所以这么处理，是因为论文完成质量足以反映学生掌握和运用马克思主义方法的能力和水平。

综上所述，本研究建立的小组合作学习因果关系组态分析模型是：教师指导、组长作用、前三学期学分绩、对任务和考核的理解执行、组员社交意愿与协调能力和小组有效研讨次数6个前因变量协同作用，形成条件组态，导致小组合作论文成绩产生(图1)。

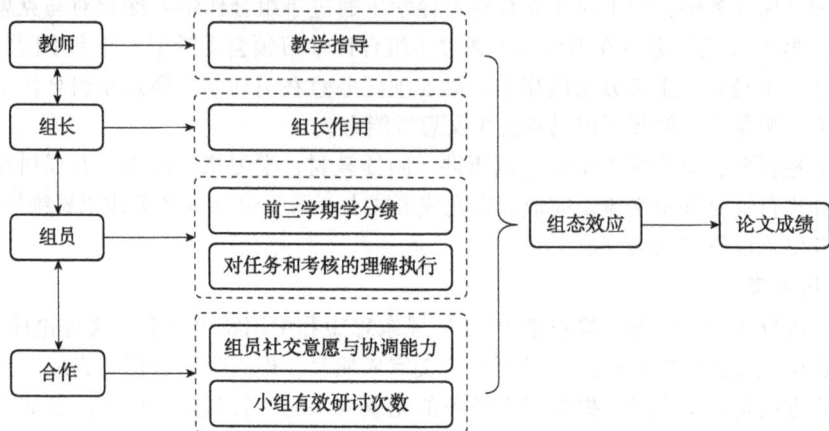

图1 小组合作学习前因结果组态分析模型

2. 数据准备

(1)前因变量。教师指导、组长作用、对任务和考核的理解执行、组员社交意愿与协调能力4个前因变量的数据通过问卷星调查学生获得；前三学期学分绩的数据通过学生所在学院获得；具体是，教师指导的数据来源于学生对"老师的教学和指导对你完成论文有多大帮助"的回答；组长作用的数据来源于学生对"组长对于小组完成论文起了多大作用"的回答；对任务和考核的理解执行的数据来源于教师对小组论文在理解和执行论文要求上的评分，及学生对"你对将个人得分与小组成绩挂钩的考核方案有多少了解"的回答；组员社交意愿与协调能力的数据来源于学生对"你喜欢与人打交道吗""你觉得自己协调人际关系的能力如何"的回答。小组有效研讨次数的数据通过小组讨论记录获得，内容主要包括小组讨论次数、组员参与次数和组员对讨论质量的评价。

(2)结果变量。小组论文成绩的数据通过对小组论文进行评分获得。评分内容主要包括，是否明确将马克思主义方法(历史唯物主义或辩证唯物主义)作为基本方法来分析问题，是否将方法和问题进行有机结合、避免了"两张皮"的问题，是否依据所用方法得出恰当结论，全文逻辑和结构是否合理，文字表达是否清楚等。

通过上述工作，本研究获得进行组态分析所需的全部数据。

五、 数据分析与实证结果

在完成数据核验后，用组态分析软件 fsQCA3.0 进行校准、单个前因的必要性分析和前因组态的充分性分析，并对结果进行解释。

1. 数据校准

数据校准分3步。第1步，对百分制的前三学期学分绩和论文成绩，分别以90分、85分和80分作为高分、交叉点和非高分的阈值进行校准。第2步，对其余前因变量数据，分别以0.95、0.5、0.05作为条件完全符合、交叉点和条件完全不符合的阈值进行校准。第3步，将校准值处于交叉点的修改为0.499。

2. 单个前因的必要性分析

进行单个前因的必要性分析的目的，是求证6个前因中是否存在单个前因构成结果产生的必要条件。如果单个前因的一致性大于等于0.9，就应被视为结果产生的必要条件。经软件计算，6个前因及其非集对于小组合作论文获得高分的一致性都小于0.9(表1)，说明6个前因中不存在导致小组论文获得高分的必要条件。或者说，对于论文获得高分，所有前因都不是必要的，而是可以替代的。

表1 小组合作论文高分必要条件检验结果表

小组合作论文高分		一致性	覆盖度
前因			
教师	教师指导好	0.731472	0.847005
	教师指导不好	0.470175	0.569501
组长	组长作用大	0.648068	0.739757
	组长作用不大	0.539854	0.663918
组员	前三学期学分绩高	0.669183	0.765519
	前三学期学分绩不高	0.518739	0.636464
	对任务和考核的理解执行优	0.730997	0.841824
	对任务和考核的理解执行不优	0.506546	0.617106
小组	组员社交协调能力强	0.565667	0.699569
	组员社交协调能力不强	0.610642	0.693442
	小组有效研讨次数多	0.549303	0.767517
	小组有效研讨次数不多	0.646009	0.663594

3. 前因组态的充分性分析

进行前因组态充分性分析是组态研究的重点，目的是检验在由6个前因构成的条件组态中是否存在导致结果产生的充分条件。其步骤主要包括建立真值表和标准化分析。

在建立真值表时，本研究将案例频数设为1，将原始一致性阈值设为0.8，PRI一致性阈值设为0.75，共获得12行可导致论文高分的前因组合。再对12行前因组合所对应的论文成绩校准值进行复查，将校准值小于0.5的2行结果修改为论文高分不成立，最后得到10行导致论文高分的前因条件组合真值表。

然后，通过标准化分析获得复杂解、简约解和中间解3种解。按照查尔斯·拉金等人的建议以中间解为主、简约解为辅对3种解进行解释并画图[16]，结果见表2。

表2 小组合作论文高分前因组态表

前因	生师配合型		小组合作型	组长主导型	
	解一	解二	解三	解四	解五
教师指导好	●	●		⊗	
组长作用大		⊗	●	●	
前三学期学分绩高	●	●	⊗		⊗
对任务和考核的理解执行优	●	●	⊗	●	●
组员社交协调能力强	●	●	●	⊗	⊗

（续）

前因	生师配合型		小组合作型	组长主导型	
	解一	解二	解三	解四	解五
小组有效研讨次数多		●	●	⊗	⊗
解的一致性	0.923506	0.937333	0.944097	0.960971	0.960535
原始覆盖度	0.402133	0.371094	0.151552	0.233953	0.231261
唯一覆盖度	0.090741	0.051256	0.015361	0.013777	0.036951
总体解的覆盖度	0.608214				
总体解的一致性	0.920067				

注：●和⊗表示该条件为核心条件；●和⊗表示该条件为边缘条件；●和●表示该条件存在，⊗和⊗表示该条件缺失；空白表示条件可存在也可缺失。

4. 路径解释

通过表2可知，本次小组合作论文获得高分有5条路径。5条路径和总体解的一致性都大于0.9，说明5条路径和总体解对于小组论文获得高分具有较高水平的解释度。从5条路径的构成特点看，路径1和路径2可命名为"生师配合型"路径，路径3可命名为"小组合作型"路径，路径4和路径5可命名为"组长主导型"路径。具体来说：

（1）"生师配合型"路径。其构成特点是，教师指导好和学生自主学习能力强是核心条件，小组合作方面的条件是边缘条件。说明这一类型路径形成的关键，是教师教学指导好和学生自主学习能力强，学生的学和教师的教形成了配合协同，故将其命名为"生师配合型"路径。其中，路径1可以理解为，由于生师配合好，加上有一定的小组合作（组员社交意愿与协调能力强），即获得论文高分，而无论组长发挥作用大小、小组有效研讨次数多少；路径2可以理解为，由于生师配合好，加上有一定的小组合作（小组有效研讨次数多），即获得论文高分，而无论组长发挥作用大小、组员社交意愿与协调能力强弱。路径1的原始覆盖度为0.402，表明有40.2%的小组论文高分可用路径1解释；路径2的原始覆盖度为0.371，表明有37.1%的小组论文高分可用路径2解释。

（2）"小组合作型"路径。其构成特点是，在4个核心条件中，小组合作方面的两个条件都存在，但"组长作用大"和"前三学期学分绩高"都缺失。说明这一路径形成的关键在于小组合作好，故将其命名为"小组合作型"路径。这一路径可以理解为，由于小组合作好，加上教师指导好，学生小组内部及与教师之间形成了配合协同，即便小组自主学习能力弱，组长作用小，仍然可以获得论文高分。这一路径的原始覆盖度为0.152，表明有15.2%的小组论文高分可用路径3解释。

（3）"组长主导型"路径。其构成特点是，只有"对任务和考核的理解执行优"和"组长作用大"两个条件存在，其余条件缺失或可存在也可缺失。说明这一类型路径形成的关键是小组对任务和考核的理解执行优及组长发挥作用大。和前述两个类型的路径比，"组长作用大"在此类路径中起边缘条件作用，故将其命名为"组长主导型"路径。路径4可以理解为，在小组合作不好和教师指导帮助不大的情况下，由于对任务和考核有好的理解执行、组长发挥作用也大，小组即获得论文高分，而无论前三学期学分绩如何；路径5可以理解为，在小组合作不好和前三学期学分绩不高的情况下，由于对任务和考核有好的理解执行、组长发挥作用也大，小组即获得了论文高分，而无论教师指导帮助大不大。路径4的原始覆盖度为0.234，表明有23.4%的小组高分论文可用路径4解释。路径5的原始覆盖度为

0.231，表明有 23.1% 的小组论文高分可用路径 5 解释。

六、 讨论和建议

1. 讨论

（1）小组合作学习对实现思政课教学目的、帮助大学生奠定科学思想基础确能起到重要作用。在本次实证发现的高分路径中，小组合作学习虽不直接和必然导致小组获得论文高分，但可以与其他变量构成条件组态来获得论文高分。在"生师配合型"路径中，小组合作变量起边缘条件作用，和教师指导好、学生自主学习能力强构成论文高分的条件组态；在"小组合作型"路径中，小组合作起核心条件作用，和教师指导好构成论文高分的条件组态。特别是，自主学习能力弱的学生可以通过"小组合作型"路径获得论文高分，更体现出小组合作学习的价值。

（2）以学生与教师配合为基础的传统型路径仍然是学生获得学习高分的主要路径，以小组合作为基础的新路径处于次要位置。"生师配合型"路径的构成基础是学生自主学习能力强和教师指导好，这在本质上仍属于传统的学生会学、教师会教、学生与教师配合的路径。在本次实证中，"生师配合型"路径的原始覆盖度是 3 个类的型路径中最大的，"小组合作型"路径的原始覆盖度是最小的，说明即使教师反复强调、想方设法推动小组合作，学生仍然主要通过传统的生师配合而较少通过小组成员的合作获得小组论文高分。

（3）组长在小组合作中的作用有待进一步研究和分辨。以往的研究认为组长的作用很重要。但本次实证发现，"组长作用大"只在"组长主导型"路径中起边缘条件作用，在其他路径中要么可有可无，要么条件缺失。说明组长作用对结果确实能够产生影响，但总的影响并不大。另外，在"组长主导型"路径中，仅凭组长作用大、对任务和考核的理解执行优就可以获得论文高分，从课题组的经验来看，这可能是能力强的组长包办、小组成员出力不多的情况下产生的。因此组长对于小组合作学习的实际作用，还有待于进一步研究。

2. 建议

（1）目前情况下，要将小组合作学习方法视为实现高校思政课教学目的的重要变量而非立竿见影的"灵丹妙药"。在运用这一方法时，要清醒认识到最终教学效果是教师教学指导、学生自主学习能力、组长作用和小组合作多方面因素协同作用的结果。因此，在评价小组合作学习教学效果时，既要看到小组合作学习的作用，也要看到教师教学指导、学生自主学习能力和组长组织协调的作用。改进小组合作学习教学，在学生前三学期学分绩既定的情况下，要在改进教师教学指导，引导组长正确发挥作用，提高学生小组合作能力和水平上下功夫。

（2）要将帮助大学生奠定科学思想基础这一教学目的体现到教学内容、小组学习任务和考核方案当中去，引导学生认清"毛泽东思想和中国特色社会主义理论概论"的学习目的。现有教材较多强调理论知识的学习而较少重视马克思主义方法的学习，考核也是较多考虑理论知识的掌握、较少考虑马克思主义方法的运用。这需要教师在将教材体系转化为教学体系，设计教学内容、小组合作任务和考核方案时做出合理调整和优化，将马克思主义方法教育凸显出来。同时，也要注意把握好教学内容和小组任务的难度。难度过大，会使自主学习能力较弱的学生对合作学习产生畏难情绪和逃避心理；难度过小，则会使合作学习停于表面，难以深入。

（3）要引导组长正确发挥作用，帮助学生改变不当合作观念，提高合作能力。引导组长正确发挥作用，要对组长进行适当培训，教给他们一些主持、组织和协调小组合作的基本方法。帮助学生改变不当合作观念，要通过思想教育和考核方案设计改变学生当中存在的

"与成绩不好的同学合作会被拖累""与成绩好的同学合作可以搭便车"等错误观念，形成正确合作的学习观。帮助学生提高合作能力，要教会学生进行思想交流的恰当方法，正确对待不同意见，合理分配和整合任务，变不善合作为善于合作。

此外，还要对小组合作过程中可能出现的问题提前做好准备，对个别学生可能不愿合作、少数小组可能勉强应付或半途而废等情况要有包容心和应对之策。

参考文献

[1]习近平. 论党的宣传思想工作[M]. 北京：中央文献出版社，2020.
[2]盛群力. 小组互助合作学习革新评述（上）[J]. 外国教育资料，1992(2)：1-7.
[3]彭付芝. 合作学习在高校思想政治理论课大班教学中的实践探索[J]. 北京教育（德育），2012(11)：44-46.
[4]王莉. 高校思想政治理论课教学中小组合作学习探析[J]. 浙江科技学院学报，2016，28(2)：163-166.
[5]王秀萍. 思想政治理论课中小组合作教学存在的问题及其对策研究[J]. 教育教学论坛，2016(44)：209-210.
[6]钟雪生. 合作学习在高校思想政治理论课大班教学的探究与运用：以思想道德修养与法律基础为例[J]. 中国劳动关系学院学报，2016，30(1)：104-107.
[7]张少兰. 基于合作学习的高职思想政治理论课教学改革[J]. 思想理论教育导刊，2011(11)：68-71.
[8]贝静红. 小组合作学习教学法的实践与探索[J]. 吉林教育学院学报（学科版），2009，25(6)：89-90.
[9]伯努瓦·里豪克斯、查尔斯C·拉金. QCA设计原理与应用：超越定性与定量研究的新方法[M]. 杜运周，李永发，译. 北京：机械工业出版社，2019.
[10]朱祖德，王静琼，张卫等. 大学生自主学习量表的编制[J]. 心理发展与教育，2005(3)：60-65。
[11]RAGIN. C. C., P. C. FISS. Net Effects Analysis versus Configurational Analysis：An Empirical Demonstration [M]. Chicago：University of Chicago Press, 2008.

"新农科"建设背景下农林院校"土壤学实验"课程教学改革途径探索

崔晓庆 刘雅莉 杨秀春 董世魁

（北京林业大学草业与草原学院，北京 100083）

摘要："土壤学实验"是农林类相关专业的重要课程，是学习理论课程的基础，是一门将理论知识和实践应用有机结合的重要课程。本文梳理了目前农林院校"土壤学实验"课程教学现状，指出目前"土壤学实验"课程教学中存在的教学内容陈旧、教学模式单一、教学手段单一、考核方式单一、学生重视程度不够、教学效果差等问题。在"新农科"建设背景下，以"立德树人"为根本，以"强农兴农为己任"，结合教育教学实践，探索"土壤学实验"课程教学改革途径，加强理论和实践融合、充实教学内容、丰富教学手段、优化课程考核等，不断提高教学质量，提升学生的实践能力，将农业现代化、乡村振兴和农林院校人才培养有机融合，以期为农林院校实验课程改革提供参考，从而为党和国家培养出更多的知农爱农高质量人才。

关键词："新农科"；"土壤学实验"课程；人才培养；现状；改革途径

党的二十大报告提出要全面推进乡村振兴，全面建设社会主义现代化国家，最艰巨最繁重的任务仍然在农村。坚持农业农村优先发展，坚持城乡融合发展，畅通城乡要素流动。加快建设农业强国，扎实推动乡村产业、人才、文化、生态、组织振兴。农业是我国第一产业，支撑着国民经济的建设与发展。实现乡村全面振兴和农业农村现代化的关键在于科技的发展、人才的培养，因此高等农林院校必须加快"新农科"建设，推进农林类紧缺专业人才的培养，为我国实现强农兴农提供重要的人才支撑[1]。2019 年 6 月全国涉农高校的百余位书记校长和农林教育专家在浙江安吉共同发布的《中国新农科建设宣言》（即《安吉共识》），拉开了我国"新农科"建设的序幕，推动了我国高等农林教育的改革和发展[2]。同年 9 月，习近平总书记在给全国涉农高校的书记校长和专家代表的回信中，肯定了高等农林院校在农林教育方面作出的重要贡献，同时希望在"新农科"建设背景下高等农林院校继续以立德树人为根本，以强农兴农为己任，培养更多的知农爱农新型人才[3]。

"土壤学实验"是农林类相关专业（如资源与环境、林学、草学、园林、园艺、水土保持等）的重要课程，是学习土壤学、生态学、土壤微生物学、环境土壤学、植物营养学等理论课程的基础。"土壤学实验"课程是一门将理论知识和实践应用有机结合的重要课程，有助于学生巩固和加深土壤学理论知识的学习，同时培养学生开展土壤学及相关专业技术和科学研究的实验技能。"土壤学实验"课程的理论和实践知识在绿色农业、粮食安全、耕地

作者简介：崔晓庆，北京市海淀区清华东路 35 号北京林业大学草业与草原学院，讲师，cuixq111@ bjfu. edu. cn；

刘雅莉，北京市海淀区清华东路 35 号北京林业大学草业与草原学院，讲师，liuyali@ bjfu. edu. cn；

杨秀春，北京市海淀区清华东路 35 号北京林业大学草业与草原学院，教授，yangxiuchun@ bjfu. edu. cn；

董世魁，北京市海淀区清华东路 35 号北京林业大学草业与草原学院，教授，dongshikui@ sina. com。

资助项目：北京市教委教改项目"新农科背景下草业科学核心课程在线教学体系构建与创新"（202010022003）；

北京林业大学重点教改项目"新农科背景下草业科学一流专业建设"（BJFU2022JYZD015）。

保护、土壤质量提升、土壤健康、生态环境安全和可持续发展等农林热点研究领域有着广泛的应用，然而传统的"土壤学实验"课程教学实践中仍存在一定的问题，阻碍了"新农科"建设背景下高质量农林专业人才的培养。本文针对当前"土壤学实验"课程中存在的问题，系统梳理了教学内容、教学模式、教学手段和考核方式等改革途径，旨在提高"土壤学实验"课程教学的效果和质量，从而为"新农科"建设和乡村振兴战略培养出更多的高质量应用型人才。

一、 当前"土壤学实验"课程教学中存在的问题

（一）教学内容陈旧， 以单一的验证式实验为主

目前，各高等农林院校中均开设了"土壤学实验"这一基础课程，然而纵观各个学校的教学大纲内容大体一致，土壤学实验教学知识较陈旧，均是围绕着土壤样品的采集、处理和保存，土壤理化性质的测定、土壤养分含量的测定等方面设定，未能与专业背景更好地结合，未能学生与学生的理论知识系统融合，不能从真正意义上理解并学以致用，阻碍了理论和实践相结合。土壤学实验教学多以封闭的演示性和验证性实验为主，缺乏开放性、综合性、设计性、探索性的实验内容；在实验方式上大多是在固定的时间和室内开展教学实验，不符合学科专业的发展水平，也难以符合生产的实际需要。同时，近年来，由于大学扩招，学生人数提升和实验设备严重不足的矛盾加剧，只能通过分组和多媒体演示的形式来解决，严重制约了每个学生的动手实验能力、创新能力和协调能力的培养。此外，实验仪器设备老旧、方法落后，实验教学内容与科学研究、社会服务和实际生产严重脱钩；各个实验内容相互独立，缺乏连贯性和系统性，实验内容乏味、单调，不能充分调动学生学习的积极性和主动性，以致学生缺乏综合考虑实际问题的能力，制约了新型应用型和复合型人才的培养。

（二）教学手段单一

"土壤学实验"课程教学主要采取的是传统教学方法，即以教师为主导，由教师统一讲解实验的目的、方法、操作步骤、结果计算和注意事项等，学生根据统一的实验步骤进行操作，得出实验结果，撰写实验报告，最终教师按照实验报告评定成绩。此外，由于课时有限，"土壤学实验"课程的大部分实验前期准备工作(包括配置试剂、制备实验样品和调式相关实验仪器)、样品的预处理、实验设计均由教师或者实验员完成，学生往往是被动地按照实验指导书上的步骤即可完成实验，这剥夺了学生独立思考、独立设计和独立操作实验的机会，导致绝大部分学生只重视实验结果，缺乏从实验目的到实验结果的整体认识，不能完全理解实验方法的原理、结果在实际生产实践中的意义，制约了学生个性的发展、动手能力和创新能力的培养。

（三）考核方式单一

实验课程的考核是检验教学中学生是否能独立完成实验任务，能否将课程理论和实践教学相结合的客观评价。然而，长期以来，传统的"土壤学实验"课程由考勤出席、实验测定结果准确性、问题回答情况、实验报告的撰写规范等构成考核标准。总体而言，平时成绩占比小，且平时表现不能通过期末考试得以充分表现，这种和理论课相似的单一考核方式导致学生课上不积极主动参与实验，课后借用同组同学的实验结果完成实验报告。这种考核方式不能全面体现学生对实验课程的理解程度、实验技能的掌握程度以及综合解决问题的能力，不能充分产生实验教学应有的作用与效果。

（四）学生重视程度不够， 教学效果差

传统的实验教学往往更侧重实验技能的讲解和传授，忽略了其与理论课程教学的融合，

导致学生对课程学习目标定位不够明确，对学习内容和实验原理理解不够透彻，从而学生对实验教学环节往往不重视。同时，由于教学内容陈旧、实验器材短缺、灌输式教学方法、考核方式单一等，学生仅以完成实验任务为主要目标，未能充分认识到实验课程学习在理论课程学习中的重要性，从而导致教学效果不佳，严重阻碍了实验教学中学生学习的主动性、积极性、创新性和综合能力的发展。

二、"新农科"建设背景下"土壤学实验"课程改革途径探究

（一）加强理论与实践融合，激发学生学习主动性

高等农林院校是培养适应于现代农业发展的高质量人才的重要阵地，其中实践教学在人才培养中扮演着非常重要的角色。在"新农科"建设的改革中，进一步强调了理论和实践的融合，课程教学与实践教学相辅相成，理论课学习和实验课学习融合发展，以培养学生综合实践和创新能力。为此，我们首先需要同时从理论和实践层面阐明"土壤学实验"课程教学的重要性，加深学生对"土壤学实验"课程的重视程度，从而提高学生主动学习的积极性和激情。农业是支撑国民经济建设与发展的基础，而土壤则是农业的基础，任何植物的生长都必须依赖于土壤；然而，由于环境污染严重和生态退化等问题，导致土壤肥力退化、土壤质量下降等，这些问题已严重威胁我国粮食安全、农业绿色发展和生态环境安全。因此，我们需要在"土壤学实验"课程方法原理的讲述中，有机地将理论知识和思政元素（如保护耕地、生态红线、生态文明建设、绿水青山就是金山银山、乡村振兴、碳中和碳达峰等国家战略）紧密结合，激发学生主动学习的兴趣和激情，让学生真正体会到学以致用、理论和实践的结合以及"土壤学实验"课程的重要性，从而达到良好的教学效果[4~5]。同时，还能培养学生热爱土壤、珍惜耕地和保护环境的责任感和使命感，有利于实现"新农科"建设背景下服务于生态文明建设和乡村振兴等国家战略的知农爱农人才队伍建设。

（二）调整实验项目形式，充实教学内容

土壤学实验教学可以分为验证性、综合性、设计性和研究性实验，应结合不同学科学生的专业背景和培养方案，对实验内容有针对性地进行调整，缩减验证性实验的数量，通过合并产生或增加综合性实验和设计性实验，增设研究性实验，加深和巩固学生对理论知识的学习和理解，并提高学生的实验技能和综合解决问题的能力。土壤学实验教学内容还应与时代需求、国家战略和前沿研究紧密结合，拓展实验教学内容，增加创新性实验，将学科的新知识、前沿研究等融入其中。例如，土壤污染日益严重，其中重金属污染是土壤污染的主要类型，而重金属污染与人民的生活息息相关（如"镉大米"），所以在土壤学实验的教学中可以增加土壤重金属含量测定的实验，让学生充分了解土壤重金属含量和有效性对农产品质量安全的影响及其对人体健康的危害。同时，实验内容和实验教材还应与各专业学科技术发展同步，教学内容中应尽可能地包含该领域前沿的技术、仪器和设备等，加快学生对本学科新发展领域和前沿技术的熟悉和了解，从而极大地激发学生的学习兴趣并提升教学效果。

（三）丰富教学方法，提升教学效果

在教学中，要始终坚持以学生为主体的教学理念，采用提问式、启发式、讨论式等多种互动式的教学手段，充分调动学生的兴趣和积极性，提高学生的思考能力和解决问题的能力。此外，还应提倡参与式教学，鼓励学生参与到实验仪器设备的调试、校准和试剂的配制过程中，推进学生由被动学习向主动学习转变，培养学生的自主操作能力及创新实践能力。善用多媒体教学手段，可以将实验仪器及其使用操作方法、实验现象和实验结果等通过视频直观地展现在学生面前，有利于实验原理和实验方法的理解和接受，可以极大地

提高实验课程的教学质量和效率。

（四）注重过程考核，构建多元考评体系

课程考核是培养方式中的一个重要环节，科学、公正、合理的实验课程考核评价体系不仅能检验教学效果、反映学生对课程知识的掌握和应用情况，还有利于教学工作的创新。"土壤学实验"课程不仅是对理论的验证，更是要培养学生的动手能力以及发现问题、分析问题和解决问题的综合能力，因此，在"土壤学实验"课程考核时应注重过程性考核评价，弱化终结性考核评价[6]。此外，不同实验类型其培养目标不同，如演示性和验证性实验应主要考查学生对理论知识的掌握程度和实验操作能力，综合性实验主要考查学生综合分析能力，而设计性实验则主要考查学生自主创新能力和理论联系实际的能力。因此，应构建多元考评体系，不断优化实验课程考核方式，提高学生创新实践能力，从而适应"新农科"建设下多元化人才培养的要求。

三、结　语

"土壤学实验"课程是农林类相关专业理论课程学习的核心与基础课程，旨在加强学生对理论知识的巩固与应用，培养学生创新实践的综合能力。本文梳理了目前"土壤学实验"课程教学中存在的问题，探索"新农科"建设背景下"土壤学实验"课程进行教学改革途径，以学生为中心，通过加强理论与实践的融合、优化教学内容、丰富教学手段和构建多元考评体系等进行改革创新，提高学生对实验课程学习的参与度与重视度，提高学生创新实践能力，培养出适应"新农科"建设下的创新型、复合型、应用型、实用型、技能型的多元农林人才。

参考文献

[1]教育部办公厅.教育部办公厅关于推荐新农科研究与改革实践项目的通知[EB/OL].(2022-02-03) [2023-09-10].http://www.moe.gov.cn/srcsite/A08/moe_740/s3863/202002/t20200210_419697.html.

[2]安吉共识——中国新农科建设宣言[J].中国农业教育，2019，3(20)：105-106.

[3]习近平给全国涉农高校书记校长和专家代表回信[J].中国农业教育，2019，3(20)：43.

[4]魏俊岭，张亮亮，徐刚，等.土壤学实验课程思政体系构建与实践[J].安徽农业科学，2022，50(23)：253-255.

[5]刘家鹤，罗珠珠，蔡立群.高校土壤学实验课程思政教学改革探索[J].安徽农业科学，2022，50(23)：264-267.

[6]杨晓旭.基于科学教育专业实验课程改革的考核评价体系的研究[D].上海：上海师范大学，2014.

草原生态系统管理人才培养的
问题与建议

刘雅莉　　崔晓庆　　纪宝明

（北京林业大学草业与草原学院，北京　100083）

摘要：草原是中国面积最大的陆地生态系统，具有重要的生态功能和社会、经济、文化价值。在气候变化和人类活动双重影响下，我国90%的草原都发生过不同程度的退化。尽管在一系列国家生态工程支持下，草原恢复取得了一定成效，但保护形势整体上仍较为严峻，与习近平总书记强调的生态文明建设要求仍存在一定差距。在草原恢复工作中，常常陷入"恢复—破坏—恢复"的困境，其根本原因在于草原的科学管理尚未普及，核心在于缺乏草原管理人才。目前，我国在草原管理人才的培养体系和能力上还存在诸多不足，需要国家、地方政府、高校、企业等多方协作，在国家政策和财政支持下，加快草原管理学科建设，加强产教融合，以实践为桥梁，推动高校与地方政府和相关企业的合作，对接行业发展新需求，培养一批爱草原、用得上、留得住、干得好的草原管理人才，支撑广袤草原地区高质量发展。

关键词：草原；生态系统管理；人才培养；理论与实践；高质量发展

一、引　言

草原是我国面积最大的陆地生态系统，总面积约4亿hm²，占我国陆地面积的41%左右[1]，具有十分重要的生态功能和社会、经济、文化价值，包括水源涵养、水土保持、气候调节、碳固持、生物多样性保护、畜牧业发展、文化传承等[2-4]。草原生态系统为我国提供了45%的牛羊肉、49%的牛奶和75%的羊绒，也提供了纤维、燃料和饮用水源等。然而，草原大部分分布于我国西北干旱、半干旱地区及高寒地区，水资源短缺，生态系统脆弱，对气候变化和人类活动非常敏感。长期以来，人们对草原索取多、投入少，过度放牧现象突出，草原退化已成为我国面临的重大生态问题[5-7]，制约草原地区可持续发展[8]。2018年国务院机构改革中，草原监管职责从原农业部划转到国家林业和草原局，草原主体功能从生产转向生态，突显出草原生态文明建设的重要地位。在此背景下，北京林业大学设立了草业与草原学院，旨在加速草学学科建设，切实贯彻习近平总书记提出的"坚持山水林田湖草沙是一个生命共同体"新理念，支撑生态文明建设重大国家战略。

20世纪70年代开始，草原开发力度加大，过度放牧、滥垦、采矿挖沙、违规建旅游点、挖虫草等不合理人类活动，导致草原的大范围退化。21世纪以来，在一系列国家生态

作者简介：刘雅莉，北京市海淀区清华东路35号北京林业大学草业与草原学院，讲师，liuyali@ bjfu. edu. cn；
　　　　　崔晓庆，北京市海淀区清华东路35号北京林业大学草业与草原学院，讲师，cuixq111@ bjfu. edu. cn；
　　　　　纪宝明，北京市海淀区清华东路35号北京林业大学草业与草原学院，教授，baomingji@ bjfu. edu. cn。
资助项目：北京林业大学教育教学研究项目"基于理论与生态管理实践深度融合的《草地生态学》教学方案优化研究"（BJFU2023JY110）；
　　　　　北京林业大学新进教师科研启动基金项目"新疆重要草地生态系统服务功能间权衡关系研究"（BLX202272）。

建设工程的支持下，草原退化趋势得到初步遏制，但保护形势整体上仍较为严峻，与习近平总书记强调的生态文明建设要求仍存在一定差距。目前，已有大量比较成熟的草原恢复措施和方法，例如围栏封育、飞播种草、浅耕翻、免耕补播、划区轮牧、联户放牧等，但是区域上草原的科学管理尚未普及，常常陷入"恢复—破坏—再恢复"的困境，难以从根本上遏制草地退化、实现草原可持续管理。在纪念改革开放四十周年草原改革发展座谈会上，我国草业科学开创者任继周院士指出："历经40多年发展，我国草原工作成绩显著，但局部地区形势仍然严峻、草原生态系统依然脆弱、草原破碎化现象严重、生态补偿力度不够，在草原怎么建设、保护、利用方面还存在一些误区。"其中"怎么建设、保护、利用"正是草原生态系统管理的范畴，但是目前聚焦该领域的人才培养工作仍有诸多不足之处，亟须结合草原恢复技术和科学管理方法，立足草原生态保护恢复与草业协调发展，培养一批草原生态系统管理人才。

二、 草原管理人才培养现状与问题

（一）草原人才队伍现状

草原承担着生态保护和畜牧产品供给的双重任务，对维持生态系统稳定性和促进社会经济发展具有重要作用。草原系统人才队伍建设质量提升是草原高质量发展和推进生态文明建设的关键，然而当前我国草原人才总量不足，特别是高层次人才欠缺。从1962—2019年，我国草业技术和草业科学专业共有专科和本科毕业生2万余人，专业技术人员数量不足[9]。特别是在基层一线，专业人才更加缺乏，制约了当地草原事业的发展和生产方式的变革。同时，由于草原是我国面积最大的生态系统，以及不断增加的自然保护地和国家公园，当前人才队伍的总量和素质都难以满足现阶段草原事业的发展。

（二）草原管理人才培养不足

草原事业客观上属于基础产业，具有公益性、基础性、科研进展周期长等特点，在当前的人才市场竞争中缺乏优势。同时，我国草原主要分布在西北干旱、半干旱地区及高寒地区，包括内蒙古、青海、新疆、西藏等省（自治区），工作环境较艰苦，且林草行业职工的待遇普遍偏低，难以吸引和激励人才加入。行业的客观条件困扰着草原行业的发展，也是培养人才、激励人才、引进人才、留住人才的"瓶颈"。

全面推进草原建设、保护和利用，人才的重要性不言而喻，但是目前国内缺乏草原生态系统管理类的专业。从大方向来看，与草原相关的专业主要有两个，分别是草业科学和草坪科学与工程。其中，开设草业科学专业的本科院校有26所，开设草坪科学与工程专业的本科院校有3所，这两个专业中涉及的管理方向主要包括人工草坪的建植与管理、运动场草坪建造与管理，少有涉及天然草原管理。因此，从高校的专业设置来看，草原生态系统管理类人才培养还非常不足。

生态系统管理是一门交叉性较高的学科，是系统研究管理体系基本规律和一般方法、模式的学科。草原生态系统管理不仅包括监督管理过度放牧、滥垦、私采滥挖等问题，还包括生态系统功能的优化提升，是回答任继周院士强调的"怎么建设、保护、利用"的关键所在，具有极强的科学性，需要多学科交叉。例如，在草原生态系统功能优化提升中，涉及众多生产和生态功能，生产功能包括畜牧业、旅游业、牧草业等，生态功能包括水源涵养、水土保持、防风固沙、碳固持等，如何分配草原资源以获取最大效益，涉及生态学、土壤学、生物学、水文学、运筹学等多学科交叉，需要构建数学模型开展定量研究。这种对多学科交叉的需求，是草原管理人才培养面临的主要困境之一。

三、 草原管理人才培养建议

（一）宏观层面政策支持

草原生态系统管理离不开政府的政策和财政支撑。近年来，国家对草原学科建设和人才培养日趋重视，出台了一系列政策文件。习近平总书记提出"坚持山水林田湖草沙是一个生命共同体"，强调一体化保护和系统治理，突出草原在生态文明建设中的重要作用，为草学学科发展带来了新机遇。2021 年 3 月，国务院办公厅印发了《关于加强草原保护修复的若干意见》；教育部也加大了对草学专业设置的支持力度，在 2012 年将草学学科设置为一级学科，在农学门类中与作物学、林学、园艺学、畜牧学等并列，奠定了草学人才培养的基础。

草原生态系统管理涉及多学科交叉，对学生综合素质要求较高，尤其是数理方面的基础。然而，在就业过程中，农林渔牧行业的工资水平普遍偏低，2022 年人均工资仅有 5.38 万元/年，远远低于信息技术行业的 20.15 万元/年。数理基础较好的学生普遍倾向于计算机、软件开发等专业，产生了生源需求和工作待遇上的"倒挂"现象，阻碍了草原生态系统管理人才培养。因此，还需要进一步加强对该领域的政策和财政支持。具体可以从 4 个方面入手：①在地方政策层面上深化、细化草原生态文明建设，加大草原保护与管理宣传力度，加强公众对草原保护的参与度和认可度。②将草学相关专业纳入专项支持计划，鼓励学校和地方政府、企业合作，优化人才培养方案，在国家奖学金分配中也考虑适当向农林草专业为主的高校倾斜，着力提升学生生源质量。③通过国家财政补贴、草业相关企业税费减免、创业担保贷款等政策支持，提高草学相关专业毕业生薪资水平，鼓励扶持毕业生创办草业相关企业，吸引更多优秀学子投身草学。④在此基础上，增设草原生态系统管理专业或二级学科，为领域优秀人才培养奠定长远发展基础。只有不断增加人才的获得感、归属感、幸福感，进而吸引人才、留住人才、用好人才，实现人才培养与行业发展的共赢，才能从长远上保障人才培养工作的稳定发展。可喜的是，2022 年 11 月教育部办公厅、农业农村部办公厅等四部门《关于加快新农科建设推进高等农林教育创新发展的意见》中明确表示，将实施"入学有编、毕业有岗"改革试点，支持农林相关专业和院校的发展，为促进草原生态系统管理领域人才培养打下了扎实的基础。

（二）草原生态系统管理学科建设

目前，草学专业的核心课程主要包括草地生态学、草地培育学、草地植物病理学、草地灌溉与排水学、草地植物遗传育种学、草坪工程学、草地资源调查与规划等，已经部分涵盖了草原生态系统管理所需专业知识，具备建设草原生态系统管理学科的基本条件，但缺乏系统性培养计划。以北京林业大学草业与草原学院为例，目前开设有"草地生态学"（必修课）、"草地资源调查与规划"（必修课）、"草业经济管理学"（选修课）等课程，零散介绍了草原生态系统管理的相关知识，缺乏将草原作为生态—社会—经济复合系统的全面知识体系，在定量化研究方法（如数值模型、优化模型等）上也存在不足，难以支撑草原生态系统管理人才培养需求，亟待开展相关学科建设。

在国家宏观层面的政策支持下，草原生态系统管理学科建设还需要学校统筹学科定位和发展方向，学院制定发展规划，加强课程建设、实践教学和人才队伍培养等，具体的改革措施包括以下 3 个方面：①从学院层面推动相关教材、课程体系建设，将原有分散于各个课程的相关内容梳理并整合成为一个完整知识体系，包括基础理论、技术方法、数值模拟、优化模型、案例分析等，在此基础上编写系列教材。②从学校层面统筹学科发展方向，加强产教融合，与相关地方政府、企事业单位开展深度合作，包括实践交流、技术攻关等，完善协同育人机制。③草原生态系统管理涉及草业资源、草地恢复技术、生态功能评估、目标优化、政策制定等不同研究领域，需要在课程设置中深度整合现有师资，充分发挥不同学科教师的独特优势，形成一支特点鲜明、优势互补的师资力量，在未来师资建设中查漏补缺，建立一支领域全面、专业突出的高水平教师队伍。

（三）理论与实践紧密结合，充实野外实习内容

草学是一门应用性较强的科学，草原管理更不能是空中楼阁，需要脚踏实地，在学生培养过程中强调理论和实践的紧密结合。理论教育依赖于草原生态系统管理学科建设和发展，关键在于形成一套系统、深刻的知识体系与教学方案。实践教育除课堂的案例分析外，还需要大量的野外工作经验支撑。近年来，随着遥感技术和大数据分析的快速发展，大量学习和科研任务可以在室内完成，学生对野外工作的依赖和兴趣逐渐降低，甚至于产生排斥心理。然而，纸上得来终觉浅，绝知此事要躬行。生态系统管理更是如此，脱离实际的管理大多难以落地，成为一纸空文，甚至于越管越乱，阻碍草原可持续利用。因此，在学生培养方案制订中应加强野外实践培养环节，具体可以从草业与草原学院本科生野外大实习入手。目前的实习内容主要包括草原植物识别与分类、草地昆虫采集和标本制作、草产品加工、草地土壤剖面观测与分析、植物样方调查等，总体来说内容比较基础，根据今年本科生(草业 2020 届)的反馈结果，有学生指出实习内容不够饱满。基于此可以加入草原管理的野外实践，深入开展草原自然—经济—社会因素的系统调查。掌握典型草原地区资源禀赋、产业发展、牧民需求、风土人情、保护与恢复措施等，明确草原生态系统管理的迫切需求和难点(图 1)。在实践中加深对专业知识的理解及应用，加强理论与实践的有机结合，全面提升学生综合素质。在教学和考核中以

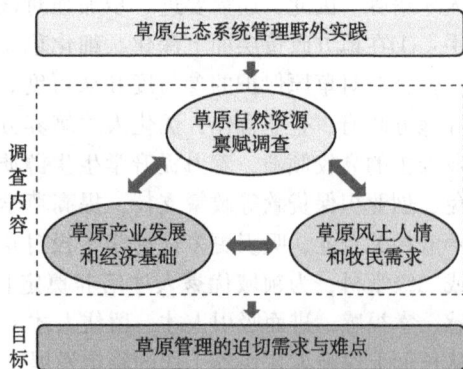

图 1 草原生态系统管理野外实践调查内容和目标

启发式的教学手段为主，注重过程考核评价，其中可采用身份互换的方式，如"假设你是牧民、企业人员或政府管理者，提出自身需求和管理办法"，充分调动学生的兴趣和积极性，引导学生从多角度去思考问题，提高其思维能力。在实施过程中加强与地方政府和企业的深度合作，对接草业发展新需求，培养一批用得上、干得好的应用型人才，拓宽毕业生就业渠道。

草原生态系统管理的教学实践也有助于弘扬草原文化。深入草原、切实感受大草原"天似穹庐，笼盖四野"的壮美景色，有助于学生了解草原、认识草原、热爱草原，加强其对草原生态文明建设重要性的深刻认识，坚定其"立志、立学、立草、立业"信念，树立草业人的认同感和自豪感，吸引其扎根草原生态系统管理研究。

四、结 语

我国草原面积大、贡献大、发展潜能大，在社会经济发展中做出巨大贡献的同时，也在可持续管理中面临着严峻挑战。本文回顾了我国草原的重要性以及其面临的主要问题，提出草原生态系统管理人才匮乏是制约广大草原地区高质量发展的重要因素之一。在此基础上，进一步分析了制约草原生态系统管理人才培养的关键原因，从宏观政策、学科建设、实践教育 3 个方面提出了该领域人才培养建议，以期服务广袤草原地区高质量发展的国家

战略需求。

参考文献

［1］KANG L, HAN X G, ZHANG Z B, et al. Grassland ecosystems in china: Review of current knowledge and research advancement［J］. Philosophical Transactions of the Royal Society B-Biological Sciences, 2007, 362 (1482): 997-1008.

［2］董世魁, 唐芳林, 平晓燕, 等. 新时代生态文明背景下中国草原分区与功能辨析［J］. 自然资源学报, 2022, 37(3): 568-581.

［3］白永飞, 赵玉金, 王扬, 等. 中国北方草地生态系统服务评估和功能区划助力生态安全屏障建设［J］. 中国科学院院刊, 2020, 36(6): 675-689.

［4］REN Y J, LU Y H, FU B J. Quantifying the impacts of grassland restoration on biodiversity and ecosystem services in china: A meta-analysis［J］. Ecological Engineering, 2016, 95: 542-550.

［5］GANG C, ZHOU W, CHEN Y, et al. Quantitative assessment of the contributions of climate change and human activities on global grassland degradation［J］. Environmental Earth Sciences, 2014, 72(11): 4273-4282.

［6］YI X S, LI G S, YIN Y Y. The impacts of grassland vegetation degradation on soil hydrological and ecological effects in the source region of the yellow river—a case study in junmuchang region of maqin country［J］. Procedia Environmental Sciences, 2012, 13: 967-981.

［7］许志信, 李永强. 草地退化对水土流失的影响［J］. 干旱区资源与环境, 2003, 17(1): 65-68.

［8］ZHANG Q, BUYANTUEV A, FANG X, et al. Ecology and sustainability of the inner mongolian grassland: Looking back and moving forward［J］. Landscape Ecology, 2020, 35(11): 2413-2432.

［9］图星哲. 新时代林草人才队伍建设问题初讨［J］. 国家林业局管理干部学院学报, 2019, 18(2): 51-53.

草学专业育种类课程思政教学体系建设的思考

——以"草地植物遗传育种学（双语）"为例

许立新 程 锦 韩烈保 尹淑霞 董世魁

（北京林业大学草业与草原学院，北京 100083）

摘要："草地植物遗传育种学（双语）"课程以北京林业大学思政教学改革项目为依托，进行了教学大纲和实验大纲的修订，同时对教学内容、教学方案进行了思政教学优化，为课程的思政教学体系建设提供了更广阔的空间。本文通过对本课程的思政教学目标、教学重点、教学方法、教学设计理念、教学评价和教师应具备的能力进行了综合总结，以期为同类课程的思政教学提供些许思路和参考。

关键词：草类植物育种；思政教学；草学；林业教育；草业教育

  高等草学教育对草业生产发展具有支撑性、先导性作用。随着生态环境保护日益受到重视，草学专业人才培养在"山水林田湖草沙"建设中的地位和作用也得到关注和认可。在此形势下，各农林院校在培养草学专业人才方面进行了大量探索和改革，但是由于多种原因，草学专业人才培养中还存在很多问题，最为突出和直接的表现是有相当数量的学生学习主动性不够，毕业生从事本行业发展的意愿和热情虽较过去呈现高涨态势，但与其他热门专业相比，总体从业意愿呈现"温和"，甚至"冷门"态势，这和目前草业行业发展亟须专业人才的现状形成了"矛盾"。这种矛盾固然反映了我国草业发展还不成熟等部分内在行业属性问题，但不可否认，某种程度上反映的是人才教育的问题，问题核心是教育导向引起的人才培养质量有待进一步提升。草学专业以及更为广泛的农林专业，在人才培养过程中，通常过分注重"专业教育"而忽略"情怀教育"。

  "课程思政"作为开展草学专业学生"情怀教育"的重要手段，是保证一流草学学科建设有效度的重要途径之一，也是培养更多知山知水、立草立业新型人才，贯彻乡村振兴战略，促进我国草产业自主创新、高质量发展的内在需求。"草类植物育种学（双语）"是草学专业的核心课程，它以现代遗传学为主要理论基础，并以观赏草、草坪草和牧草的科学育种实践不断补充、修整和发展，是一门较新的创造性的科学。以思政教学改革举措为依托，构建课程的思政教学模式，将遗传学基本理论和草类植物植物育种的基本原理、技术方法有机地融合起来，加强思政元素的整合和教学内容优化，使教学内容既具有鲜明的时代性和

作者简介： 许立新，北京市海淀区清华东路35号北京林业大学草业与草原学院，副教授，lixinxu@bjfu.edu.cn；
    程 锦，北京市海淀区清华东路35号北京林业大学草业与草原学院，实验师，864818388@qq.com；
    韩烈保，北京市海淀区清华东路35号北京林业大学草业与草原学院，教授，hanliebao@163.com；
    尹淑霞，北京市海淀区清华东路35号北京林业大学草业与草原学院，教授，yinsx369@bjfu.edu.cn；
    董世魁，北京市海淀区清华东路35号北京林业大学草业与草原学院，教授，dongshikui@sina.com。
资助项目： 北京林业大学研究生课程思政建设项目（KCSZ21013）；
    北京林业大学2020年课程思政教研教改专项课题（KCSZ296）；
    北京林业大学2021年教育教学研究重点项目（BJFU2021JYZD010）。

实用性，也为专业教学的开展提供了更广阔的空间。本文通过定位思政教学目标，梳理思政教学重点内容，多元化融合思政教学方法，创新教学评价，探索课程思政设计理念，明确教师素质提升方向等初步构建了草学专业育种类课程思政教学体系。

一、草类植物育种学的思政教学目标

思政教学的本质是知识传授、能力培养和价值塑造的有机融合，在"课程思政"的理念提出之前，广受师生好评的课堂往往能在潜移默化之间将能力培养、价值引领和学习激励的目标同时达成。从这个意义来看，很多高质量的教学课堂，经典的名师课堂，原本就已经堪称"思政教学"的优秀典型。思政教学需要在设计教学方案的时时刻刻、方方面面将能力培养、价值观塑造与知识技能传授三者有机融合。"草地植物遗传育种学（双语）"作为北京林业大学草学专业的核心课程，除了讲授草地植物育种的遗传学基础和育种基本理论方法，更重要的是培养个人综合能力和提升家国情怀素养（图1）。通过这门课的学习，力求培养学生具备从事草地植物育种工作的基本知识和技能，同时具备自主学习能力，创新能力和思辨能力，帮助学生树立正确的世界观、人生观、价值观和就业观。

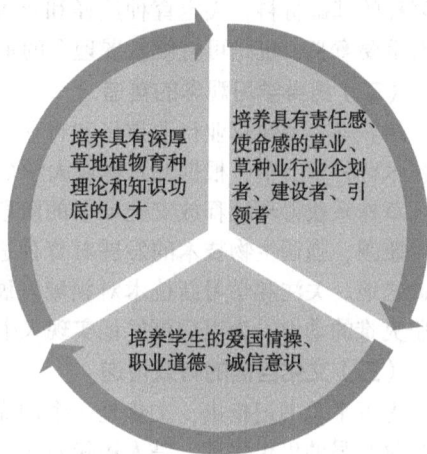

图1　草类植物育种课程的思政教学目标

二、课程思政教学重点

提炼专业课蕴含的文化基因和引领价值，深挖课程的思政教学元素，在润物细无声的知识学习中融入理想信念的培养和引领（图2）。课堂讲授中将专业知识和思政教育结合，既可以提高学生的学习兴趣，也可以培养学生正确的世界观、人生观、价值观。

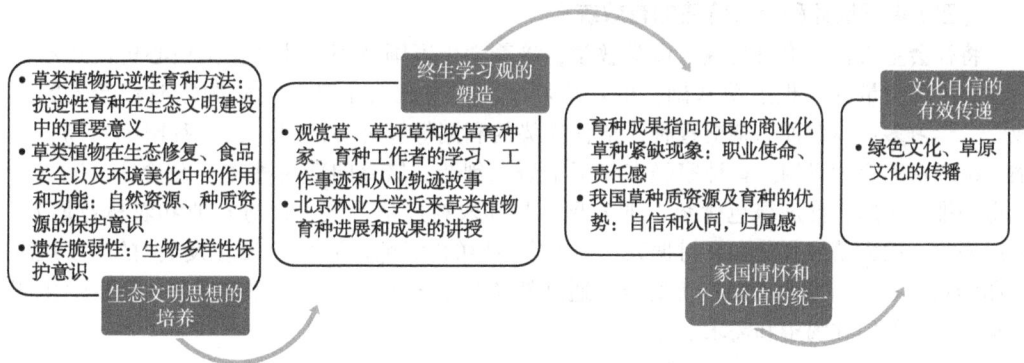

图2　草类植物育种课部分知识点和思政教学融合

（一）保护生态环境、建设生态文明思想的培养

人类面临资源约束、生态系统退化、气候变化等严峻形势，保护自然生态系统、维护人与自然之间形成的生命共同体具有非常重要的意义[1]。高等农林院校普遍面临培养生态文明建设者和行业亟须专业人才的任务，在专业课程的教学过程中，除了提升学生的专业素质，同时可以顺理成章地传递绿色理念和生态文明建设的重要思想，进而让学生思考如何有效地在生活工作中大力节约、集约利用资源，更好地践行低碳环保理念[2]。在育种课

程里，对于育种相关概念(育种目标、遗传脆弱性、种质资源等)的教学中，渗透式、渐进式地传递生态文明思想。强调提升牧草和草坪草的抗逆性在生态建设和绿色发展中不可替代的作用，讲述育种方法的同时，开展抗逆性育种和抗病虫育种的必要性解说。种质资源是育种的基础材料，决定育种途径和育种成效。保护、收集、评价种质资源不仅对育种工作有重要意义，也是可持续发展理念的重要体现。

(二)终身学习观念的塑造

培养学生关注草业行业市场和行业发展的习惯，形成自主学习、终身学习的能力。生物技术育种章节中，根据北京林业大学草坪研究所科研团队的育种经历，介绍 13 个转基因草坪草株系获得环境释放安全证书的阶段性成果，客观分析这些株系未能进入生产阶段的技术瓶颈，强调生物技术的发展对育种进程和成果的影响，指出专业知识在行业发展中的用武之地。关注和学习新技术对领域发展的影响，给学生树立终身学习的观念，激发学生攻坚克难的动力，为以后更好地实现人生价值和为社会服务奠定基础。

(三)文化自信的有效传递

习近平总书记指出，文化是一个国家、一个民族的灵魂。文化能够为国家和民族的进步提供坚强的思想保证，是人民锐意进取的强大的精神力量，因此，必须不断加强文化建设[3]。草地植物，作为我国生态绿化畜牧业发展重要的自然资源，承载自然资源文化、绿色文化、草原文化、民族文化等多种特色文化。专业课堂中的文化传递应该是一种无形的、潜移默化的思政教学形式，这样才能高效地把思想政治教学融入专业知识授课当中，互相作用，彼此提升和促进。在课程讲授中，从让学生认识到草类植物包括观赏草、草坪草、牧草、生态草的育种成果来看，我国和其他国家有差距。学生意识到这种差距的同时，也要认识到我国在育种领域方面具备的优势。我国草地植物种质资源丰富，冷季型草和暖季型草种质资源在我国都有分布，尤其是结缕草，已经有相当数量的国产草种，有的甚至出口至东南亚、美国等地。我国有丰富的草地植物特色基因知识产权，为生物技术育种奠定了重要的基础。需要注意的是，和学生的交流、互动无论是在课上还是在课下，对于异国文化方面都应理性看待，尊重他国文化，汲取精华。

(四)家国情怀和个人价值的有效统一

将社会主义核心价值观融入课堂教学，培养学生家国情怀。社会主义核心价值观不仅是凝聚中国力量的思想道德基础，更是培养全面建设社会主义现代化国家时代新人的灵魂[4]。学习多倍体育种、杂交育种、杂种优势的利用等育种方法时，引入我国毛白杨、水稻、结缕草等育种案例。育种家经多年艰辛研究创造、培育的新品种在生态治理、生产一线得到推广应用，推进绿色优势产业发展，带动农村经济发展，促进草业和农林业增效、农民增收，助力精准脱贫和乡村振兴，与国家倡导的"绿色发展""高质量发展"的新发展理念和"乡村振兴"等重大战略高度契合。通过教学激发学生的使命感和责任感，激发学生职业素养提升的内在渴望和需求。

三、 课程思政的教学方法

(一)课前、 课中、 课后全程育人模式

全程育人包括课前材料的准备，课中知识点导入与讲授以及课下作业和课余交流，三者互相渗透，大幅提升思政教学效果。课前学生阅读、预习材料的准备，可以以思想政治教育为主线，开展草业行业背景知识的讨论和课前阅读活动，如草种业面临的优良品种紧缺问题，育种家面临的机遇和挑战，引导学生对职业规划的深入思考以及对行业从事的使命感，立志肩负起行业和时代赋予的重任，树立爱国主义情怀。课前导入设计可根据国际，

国内的时事热点，选择具有草业行业发展代表性的优良示范材料(图片以及视频等)导入课程。例如以我国优势草种结缕草为主要建植草种的各类功能性草坪图片和视频，展示其在美化人居环境、提供游憩与运动场所的重要作用，通过这些思政元素，辅助引导学生更直观、积极地参与教学互动，激起学生情感共鸣，使其更深刻地学习专业知识和感受人文情怀，达到德育和美育的目标。

　　课余教学通过微信主题沟通群、一对一邮件交流，以及固定答疑时间、面对面办公室讨论等形式开展。学生可以畅所欲言和教师交流育种相关的主题并针对时事提问，主动找老师答疑。从教学效果来看，课余教学可以说是思政教育不能忽视的主战场，教师的言行举止，和学生互动传递的思想文化价值以及专业素养都是重要的育人环节(图1)。

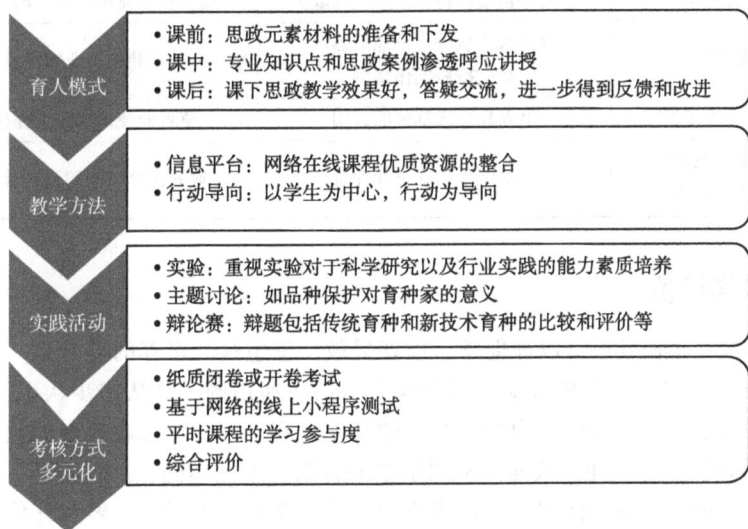

育人模式	• 课前：思政元素材料的准备和下发 • 课中：专业知识点和思政案例渗透呼应讲授 • 课后：课下思政教学效果好，答疑交流，进一步得到反馈和改进
教学方法	• 信息平台：网络在线课程优质资源的整合 • 行动导向：以学生为中心，行动为导向
实践活动	• 实验：重视实验对于科学研究以及行业实践的能力素质培养 • 主题讨论：如品种保护对育种家的意义 • 辩论赛：辩题包括传统育种和新技术育种的比较和评价等
考核方式 多元化	• 纸质闭卷或开卷考试 • 基于网络的线上小程序测试 • 平时课程的学习参与度 • 综合评价

图3　草类植物育种课思政教学思路和方法

（二）基于信息网络平台融合行动导向的教学方式

　　打造北京林业大学草地植物遗传育种学慕课资源，构建多元化教学情境，利用信息网络，引导学生自主学习。依托网络，适时采用小组合作教学，结合"伙伴式"教学，更加有利于课程思政教育观念的渗透。信息网络的本质是教学辅助工具，而行动导向是教学的实施方法，有助于调动学生的学习兴趣，提高学生的团结合作精神。构建小组合作主题教学，通过翻转课堂、模拟教学、角色扮演等形式，激发学生的学习能动性，提高课程思政融合效果。就教学实践来看，这一教学方式是最能发挥出学生创造性以及提升教学效果的环节。草业班级2017级、2018级学生通过小组网络学习整合背景资料，最终在课堂以角色扮演的形式展示"植物新品种保护实施过程中的科普与普法问题"，以模拟专家采访和播报新闻的方式分辨转基因育种网络谣言和总结育种成果对生态建设的作用，都达到了非常好的专业知识教学和思政教学效果。

（三）组织实践活动

　　教师利用课程实验和大学生创新创业项目，把思政教育渗透到实践教学活动中。课程实验核心聚焦课程重点教学内容，但可根据时事热点提供多个主题内容选项，学生自主选择，在选择的过程中，提高学生对时事热点、社会习惯的观察分析能力，锻炼与培养学生利用专业知识解读热点的语言表达和思辨能力，使学生的专业素质和思想道德素养不断提升。教师根据现有科研课题，设计思政为导向的大学生创新创业项目并鼓励学生参与。

（四）考核方式多元化

采用多样化的考核方式，将课堂参与，日常作业与实践教学及最终考试都纳入考核结果。考试形式包括纸质试卷考试，使用计算机进行的网络考试，使用手机微信版小程序进行考试等，将学生的学习参与度、实践活动以及主题讨论等综合反映到考核结果中。

表 1　实验内容和时事关联的思政教学

实验内容	时事与案例背景或前情	思政教学目标
草类植物耐旱性评价与鉴定	气候变化与草类植物抗逆性提升的必要性	体会节水减排管理绿色发展理念
草坪草遗传转化	草类植物遗传转化技术瓶颈攻关	提升攻坚克难自信，增强学习动力
草类植物杂交技术	育种家凌晨进行草地早熟禾杂交授粉操作案例	培养一丝不苟的敬业精神及爱国主义情怀
草品种审定流程模拟	世界杯草坪草种的选用	草种业使命感和责任感的建立
转基因 DREB1a 草地早熟禾环境释放申请模拟	转基因生物安全性评价	专业知识分析问题及思辨能力的培养

四、 教学评价

评价的目的在于促发展，以评促学、以评促教。思想政治素养的提升是一个循序渐进的过程，"课程思政"的育人成效应是逐渐深入、层次递进的，是从初步认识、情感认同、深刻理解，到落实行动，最后达到知行合一的变化过程。因此，思政教育的效果反映的是课程思政教育对学生的"增值"效能。不同学生的背景、个性不同，起点不同，因此课程思政育人效果的评价应尊重个体差异，体现学习起点，注重学习过程，客观评价不同学生学习过程中综合素养的"增值"情况，才能起到科学有效的评价效果，激励学生个性长期健康发展[5]。因此，要关注学生的学习效果，引导学生将思政元素落实到行动上，教学评价理应贯穿过程评价和增值评价的思想。

国务院 2020 年 10 月印发的《深化新时代教育评价改革总体方案》中明确提出应"强化过程评价，探索增值评价"。建议通过对学生 4 个方面的不同阶段的"过程和增值"双向评价。因此，在开展个性化的教学评价的同时，提出共性化的评价体系，衡量思政教学整体效果(图 4)，即学生对专业知识的学习效果、学习兴趣、学生的专业认知度和对国家发展理念的认知度等进行多维度全方位整体评价。

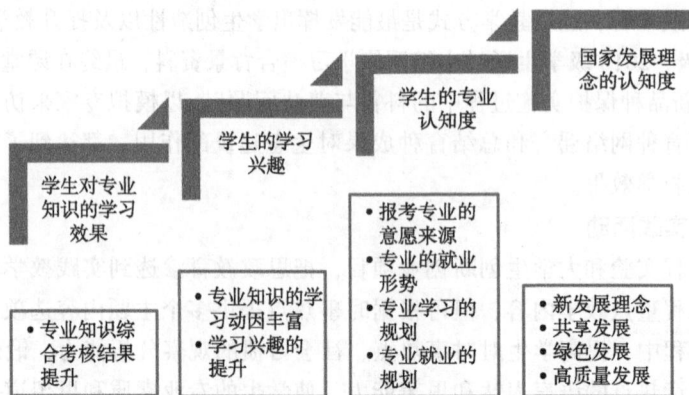

图 4　课程思政教学评价元素

五、 课程思政需要把握的教学设计理念

习近平总书记指出，思想政治工作从根本上说是做人的工作，必须围绕学生、关照学生、服务学生，不断提高学生思想水平、政治觉悟、道德品质、文化素养，让学生成为德才兼备、全面发展的人才。高校的课程思政建设要服务于学生的成长成才，坚持以学生为中心，强化教学设计，着眼于学生精神世界的健康成长。

课程思政的教学内容设计贴近学生、贴近学生的生活实际。根据时代的要求和学生的兴趣所在，精心设计课程思政的教学内容，实现隐性的德育内容显性化，提高教学内容的科学性和针对性，真正使教学内容吸引学生，助推学生思想道德修养和精神世界的提升。教学的话语表达要符合当代大学生的认知特点和接收规律。善于运用信息技术来展示教学内容，善于运用当代青年的交流话语体系来传递教学内容，增强教学效果和实现教学目标。要充分调动学生学习的自主性、扩大学生学习的选择权。采取多样化的教学方式开展课堂教学，构建线上线下相结合的混合式教学，引导学生通过问题链开展对教学内容的深入探究，使学生在自主探索真理的过程中，同步实现德行修养的自我完善。

六、 教师课程思政教学的能力要求

（一）思想理论水平高

提升思想政治修养，加强思想政治理论学习。明确思想政治教育对学生人生观和价值观的重要影响，坚持以社会主义核心价值观以及马克思主义思想对学生进行思想政治教育。教师只有具备高水平的思想政治理论基础，才能准确识别学生中的思想困惑并及时答疑和纠正错误思想苗头的发展。

（二）专业素质过硬

不断提升专业理论和知识水平，强化专业素质，具备将思想政治教育元素融入专业课程教学的能力。专业知识水平高，才能游刃有余挖掘课程中可进行思想政治教育的切入点，有效积累相关思想政治教育素材，并适时调整现有教学策略，将课程思政落到实处。

（三）文化素质过硬

综合文化素质高，注重通识文化的学习，为树立文自信奠定内核基础。随着中国特色社会主义伟大实践的深入推进和改革开放以来的理论与实践积累，我们已经到了构建中国话语体系的阶段。中国作为世界上具有重要影响的大国，在政治、经济、文化等众多领域都具有举足轻重的作用。我国"山水林田湖草沙"生态建设、保护工作中，草学专业领域，尤其是育种工作本身非常能够体现中国特色和本土化建设的内容。

（四）具备国际视野

具备国际视野，才能拥有强大的鉴别力和政治敏锐性。新时代条件下，世界范围内各种文化思潮交流、交融、交锋，意识形态领域的斗争愈加尖锐复杂，马克思主义指导思想愈加受到挑战。面对各种误导性言论以及虚假消息时，教师要保持思想的统一、信仰的坚定和信心的坚守，用广阔的国际视野审视和判断信息的"真"与"伪"，"糟粕"与"精华"，坚定保持内部团结，为促进人类命运共同体发展努力。

（五）关注大学生的生活世界和精神世界

教师应关注学生的心理特点和思想动态，重视学生的所思所想。对学生生活、就业、社会中的现实性问题能够产生持续的关注，及时发现和聚焦学生视角的问题热点，寻找其关注问题背后所隐藏的价值观，挖掘更深层次的根源问题和思维方式等。根据学生的思想

疑惑，以开放的心态，以及思想性和专业性相结合的观点加以通俗化回应，才能切实地提升专业课程教学的亲和力和针对性，帮助和引领学生成长成才(图5)。

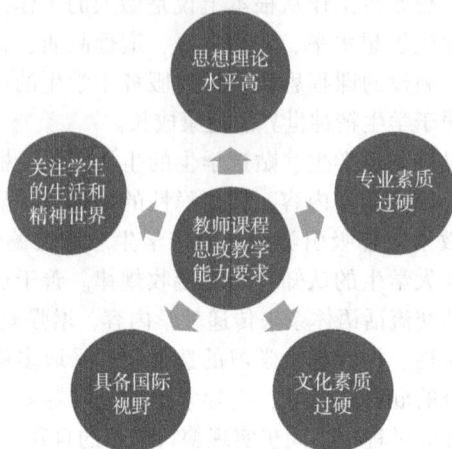

图5 教师思政教学的能力要求

七、 思政教学实践分析

根据图3思政教学评价元素设计，教学团队陆续对草业18、草业19-1班两个班级展开思政教学并在实践中不断完善思政教学体系。团队采用作业、小测试以及问卷调查的形式对学生在教学前后的专业知识、学习兴趣、相关领域职业规划以及国家发展理念认知度这4个维度进行了教学效果增值评价(表2)。

表2 增值评价结果和不同纬度下考核主题

维度	专业知识	学习兴趣	职业规划	国家发展理念认知度
考核主题	草业在国民经济和人民生活中的作用	本课的学习兴趣	职业规划完善程度	绿色发展、高质量发展理念的认同程度
	草坪草植物学基础	对我国草种业发展现状的关心和了解程度	就业领域方向	创新、协调、开放、共享发展理念的了解程度和认同程度
	草坪的功能	对专业其他相关课程的学习兴趣提升程度	深造专业方向	生物多样性和环境保护意识的树立
平均增值程度	18%	25%	27%	42%

综合分析结果显示，思政教学显著提升了学生在学习兴趣(25%)、职业规划(27%)和国家发展理念认同度(42%)的平均增值程度(表2)。草业18暂时未对未来职业进行具体规划的学生中，有68%的学生考虑在植物和草学领域继续深造；已经决定未来读研的学生中有35%的学生有愿意考虑在本专业继续深造；准备未来就业的学生，对从事本专业领域工作的兴趣和意愿得到不同程度的提升。此外，学生专业知识考核结果也有一定程度的提升。

八、 结 语

草业要发展，种业需先行[6]。育种类课程在草学专业课程教学体系中处于核心和关键地位，教师应深刻意识到课程的思政教学效果对于人才培养质量的重要作用，认真践行终生学习观念，时刻提升个人专业文化素质和思想理论水平，以学生为中心，设计和开展育种类课程的思政教学，不断提升教学质量。

参考文献

[1]李珊，金危危．价值澄清理论视域下涉农高校课程思政建设的路径探讨[J]．中国农业教育，2020，21（4）：40-44.

[2]袁野，郭旭莹，关诗雯，等．涉农高校思想政治理论课教学实效性提升路径探析[J]．高等农业教育，2020(5)：88-92.

[3]贾瑜．新时代自然资源文化融入思政教学的对策思考[J]．产业与科技论坛，2021，20(15)：111-112.

[4]张成凤，方建斌．"乡村振兴"战略视角下涉农高校大学生思想政治教育路径探析：基于西北农林科技大学学生思想政治教育状况的调研[J]．中国林业教育，2020，38(3)：28-33.

[5]胥炜，廖开兰．基于CIPP模式的高校课程思政评价探析[J]．重庆工商大学学报(社会科学版)，2024，41(1)：143-151.

[6]王加亭．草业要发展，种业需先行[J]．农产品市场，2021(17)：1.

生态文明背景下课程思政融入专业课程探析

——以"草原遥感技术与应用"课程为例

杨秀春

（北京林业大学草业与草原学院，北京　100083）

摘要：课程思政是一项长期性的任务，"草原遥感技术与应用"是草业科学专业研究生的选修课程，在培养草学人才中占有重要地位。课程思政教育新理念的提出，对该课程教学提出了更高的要求。本文按照"原理—技术—应用"的教学思路，在课程教学各个环节融入思政元素，在传授基础知识和培养专业技能的同时，引导学生将所学转化为内在的道德素养，激发学生的家国情怀，增强科学思维和创新精神，助力学生在社会需求中明确自身价值和社会定位，达到"润物细无声"的思政育人效果。

关键词：生态文明建设；课程思政；专业课程；草原遥感；遥感应用

草原是我国重要的陆地生态系统和自然资源，与森林湿地等共同构成绿色生态安全屏障的主体，是山水林田湖草沙生命共同体的重要组成。草原是边疆各族群众赖以生存的生产资料和生活家园，是我国重要的"水库""粮库""钱库"和"碳库"，在维护国家生态安全、食品安全、边疆稳定、民族团结和促进经济社会可持续发展、农牧民增收等方面具有基础性、战略性作用[1]。草原是生态文明建设的主战场，是践行国家"生态优先、绿色发展"理念的重要物质前提。党的十八大以来，习近平总书记从新时代自然资源管理的宏观视野提出了"山水林田湖草是生命共同体"的理念，"草"第一次被纳入生态文明建设，成为建设美丽中国的重要内容。生态文明建设是关系人民福祉、关乎民族未来的国之长远大计[2]，在生态文明背景下开展"草原遥感技术与应用"课程思想政治教育就显得非常必要而且迫切。习近平总书记提出"森林和草原对国家生态安全具有基础性、战略性作用，林草兴则生态兴"[1]。遥感技术作为掌握我国草情的重要手段，高度契合生态文明建设的国家需求。通过"草原遥感技术与应用"课程的教学，不仅可以增强学生对国家草情的认知和理解，而且有利于"使思政教育与专业教育同向同行，协同发展"，培养勇于探索、敢于创新、德才兼备、全面发展的新时期"草学+遥感科学"的复合型专业人才。

"草原遥感技术与应用"课程是草学专业研究生的专业选修课，本课程遵循研究生课程的建设要求，注重学生能力的培养，在教学过程中将知识学习和素质培养相结合，使学生认知、理解和掌握草原遥感的基本理论、关键技术与应用等知识。由于课程的重要性，教师应充分挖掘和提炼课程的思政元素，实现教书和育人双向结合与协同发展[3]，培养学生正确的世界观、人生观和价值观，增强学生的社会责任感和担当意识，完成立德树人的根本任务。

一、　坚持立德树人，　优化课程目标

根据课程思政要求，修改"草原遥感技术与应用"课程目标，在教学过程中，将知识目

作者简介：杨秀春，北京市海淀区清华东路35号北京林业大学草业与草原学院，教授，yangxiuchun@ bjfu. edu. cn。

资助项目：北京林业大学研究生课程建设项目"生态文明建设和智慧赋能背景下的'草原遥感技术与应用'课程思政建设"（KCSZ22003）。

标、能力目标和价值目标贯穿全过程。通过本课程的教学，使学生系统地掌握草原遥感技术的前沿进展、草原遥感基本原理、草原植被关键参数遥感监测、草原生态状况监测评价等内容。涉及我国草原资源和生态状况监测评价的众多研究方向，能达到了解国家草情、对标国家需求、具有创新能力和家国情怀的人才培养目标。

本课程的思政目标充分重视学生思想政治素质培养，坚持用马克思主义观点培养学生爱国、爱家和勇于担当的家国情怀，培养学生独立思考、持之以恒和团队协作精神，增强学生勇于质疑、善于发现问题、分析问题和解决问题的能力，培养创新开拓精神和严谨的科学态度，提高学生的科学思辨能力。具体课程思政融入教学的技术路线图1所示。

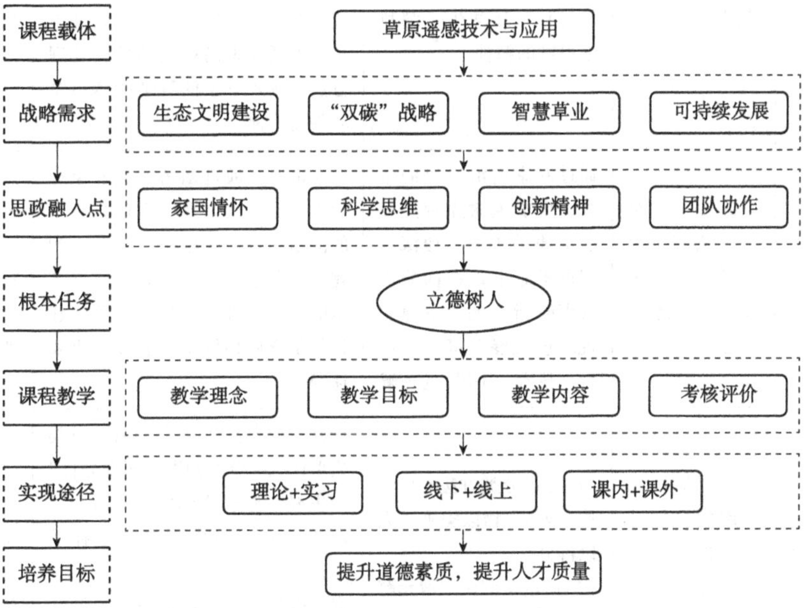

图1　课程思政融入"草原遥感技术与应用"课程教学的技术路线

二、 依托课程思政， 优化教学内容

"草原遥感技术与应用"课程以"原理—技术—应用"为主线构建课程体系，将课程设置为草原遥感基本原理、草原遥感关键技术、草原植被关键参数遥感监测、草原生态状况监测评价4个模块，按照层层渐进的原则设置草原遥感实践任务，并在任务中突出价值引领，将思想政治教育融入课程教学(表1)，实现课程教学的"全员、全方位和全过程"的育人。

表1　课程内容与思政融入教学设计表

章节	教学目标	思政映射与融入点	课程思政教学设计	预期成效
草原遥感发展历程	了解草原遥感的发展历史、现状、成就和问题	(1)通过草原遥监测成果加深对"遥感已成为生态文明建设中的常用科学手段"的认知和理解 (2)引入任继周院士、李小文院士等人的事迹，传播"小草大业""遥感梦"的时代使命情怀	(1)视频教学：通过视频观看利用国产卫星数据看中国的环境、看中国草原、看草原的动态变化，引导学生认识真实的中国草原，培养学生的爱国情怀 (2)案例教学：引入我国现代草业奠基人任继周院士、遥感大师"布鞋院士"李小文的事迹，增强学生对"草原人""遥感人"的大国梦的认识	激发学生吾爱吾国的爱国情怀，引发学生对社会主义核心价值观的认同

（续）

章节	教学目标	思政映射与融入点	课程思政教学设计	预期成效
草原遥感原理与预处理	理解草原遥感的基本原理，常用遥感数据源的下载和预处理方法	(1)介绍我国北斗导航卫星系统建设的原因和所起的作用 (2)讲授遥感数据预处理方法，通过多种方法实验对比，让学生了解科学思维的精神	(1)案例教学：引入北斗导航卫星系统建设的案例，通过了解美国GPS系统的停用导致我国重大影响后，国家花费巨资建立起我国独立自主的卫星导航系统，在国民经济中发挥了重要的作用 (2)上机实习：通过上机实践的方式，对比多种遥感数据预处理方法，不断探索高精度的数据处理方法，激发学生的科学探索思维和创新精神	激发爱国情怀，增强科学思维，不盲目崇拜权威
草原遥感建模技术	了解常用的草原生物量、植被覆盖度等关键参数建模方法	通过专家前沿讲座的形式，帮学生树立智慧赋能草原的理念。加深对习近平总书记在内蒙古视察时指出的"草原实现绿色发展关键要有平台、技术、手段"的理解	专家讲座：通过邀请行业专家进行大数据、人工智能等信息技术的前沿讲座，了解行业现状、问题以及前沿技术。随着大数据技术的应用，可以预见智慧草业建设将是突破传统草业瓶颈的重要途径	培养学生的自主学习能力和创新精神，引发学生对未来职业愿景的认同
草原遥感分类技术	理解草原遥感常用的监督分类、非监督分类、面向对象、深度学习等分类方法	(1)通过分类方法对比优选，理解"物以类聚、人以群分" (2)通过案例认知像元解混的未知科学探索的重要性	探究式教学：以"特征选择—分类模型优选—分类判别—精度分析"为主线，探索草地信息提取、草原类型分类等最优方法选择的途径 案例教学：通过放大对比不同空间分辨率的同一地物，说明如何在不同空间尺度下对应何种地物形态，如何正确揭示空间细节	增强学生明辨是非的能力，培养学生的科学探索精神
草原生物量遥感监测	了解草原生物量的概念、内涵和监测方法	加深对"遥感离不开地面"的理解，了解"地面调查研究"的重要性	通过草原生物量的不同遥感监测方法对比分析，选择最优模型进行反演	让学生深刻理解遥感不是空中楼阁，实践出真知
草原综合植被盖度遥感监测	了解草原综合植被盖度的概念、内涵和监测方法	通过案例理解草原综合植被盖度的由来，了解草原综合植被盖度是生态文明考核指标中来自草原行业的唯一指标	案例教学：在草原植被覆盖度遥感监测方法讲解的过程中，穿插草原综合植被盖度的由来，指出该指标具有重要生态意义，是"生态文明考核指标"，被纳入"绿色发展指标体系"	培养学生科学思维和创新精神
草原沙化遥感监测	讲授草原沙化分类和遥感信息提取的方法	通过案例讲解20世纪中期沙化如何监测的事情，随着遥感技术的发展，监测方法如何快速发展，体现技术创新的重要性	讨论式教学：通过视频了解我国草原存在的草原沙化现象，引发学生关于草原沙化如何监测的分组讨论和思考	培养学生的自豪感和自信心，激发学生的创新精神

（续）

章节	教学目标	思政映射与融入点	课程思政教学设计	预期成效
草原健康与退化评估	了解我国草原的健康和退化状况，以及如何评估草原的生态状况	增强学生对生态文明建设重要性的理解，以及开展"山水林田湖草沙系统综合治理"的意义	案例教学：照片和视频展示我国草原的生态现状，以及历史退化过程，了解生态文明建设的必要性 讨论式教学：分组讨论如何通过遥感监测评估草原健康和退化状况，如何保护修复草原等问题	引发学生对生态问题的紧迫感，增强社会责任感

三、 融入课程思政， 改进教学方法

通过深度挖掘"草原遥感技术与应用"课程中的思政元素，将其巧妙融入"课前准备—课堂教学—课后巩固—课外实践"的教学全过程，落实到教学大纲、教案课件和课程作业等各方面，增强专业课程的知识性、前沿性、时代性和价值引领性。授课时主要采用以下5种教学方法。

（一）案例教学法

通过案例使学生更易于理解所讲授的内容。例如，以三江源国家公园草原遥感监测为切入点，利用国产高分卫星、北斗系统、大疆无人机、大数据、人工智能等数据和关键技术，引导学生关注中国高分卫星遥感和大疆无人机遥感的发展实践。在传授专业知识和培养能力的同时，引导学生深入理解生态文明建设思想、树立绿水青山就是金山银山的理念。未来可以借助遥感专业技能进行国家公园自然资源本地调查、生态健康和退化等状况的评价，培养学生爱国情怀和创新精神，帮助学生塑造正确的世界观、人生观、价值观。

（二）探究式教学

在一个问题有多种方法解决的前提下，以草地遥感生物量监测为例，按照"特征选择—分类模型优选—分类判别—精度分析"的思路，采用多种建模方法进行生物量估算，并对其进行遥感反演和时空分析，让学生在不断探索之中，锻炼科学思维的意识和创新精神。此外，还有利于学生客观认识我国草原生产力的"家底"，在面对草原资源保护紧迫感的同时，也增强民族自豪感和自信心。

（三）讨论式教学

在草原遥感的发展历程章节时，引入我国现代草业奠基人任继周先生的事迹，在讲授草原的发展过程和成就过程中，穿插讲述遥感技术逐渐融入草原研究中的历史，例如自称"草人"的任继周先生对草业科学贡献卓著。适时组织学生就任继周先生思想发展和传承展开讨论，使学生认同社会主义核心价值观，坚定对中国特色社会主义的"四个自信"。

（四）讲座式教学

基于学生的研究兴趣和研究方向，邀请国内外同行专家为学生介绍遥感、大数据、人工智能等技术的研究前沿，开阔学生视野，启发学生的创新思维，提升学生的科研潜力，鼓励学生打牢学科功底，专注基础研究，敢于把"冷板凳"坐热，真正把论文写在中国大地上。

（五）混合式教学

在教学过程中，充分与草地遥感科研项目对接，根据研究内容，让学生分组自主拟定研究方法和技术路线，通过上机操作，利用主流遥感软件，分小组开展遥感数据预处理、

草原植被参数信息提取、建模和反演，最后采取 PPT 的形式汇报成果并集中讨论。学生通过实际参与项目研究过程，鼓励学生通过提出问题、分析问题和解决问题，来锻炼学生的创新能力。

四、 强化思政考核， 确保思政效果

（一）课程思政考核方式

课程思政教育必须注重教学效果，防止课程思政流于形式，因此，根据研究生课程考核要求来修订教学大纲，通过考核方式来保证课程思政的落实。"草原遥感技术与应用"课程体现知识传授、能力培养和价值引领三位一体的课程教学，努力改进传统教学中只关注学生考试成绩、作业成绩和课题笔记等教学效果的考核方法，根据思政教育要求，将爱国情怀、学习态度、道德品格、科学思维、创新能力、实践能力等指标纳入思政考核评价体系，通过课程教学，实现专业课程德育教育的价值引领，增强对知识、能力和思政效果的检验(表2)，以考核促进课程思政建设，落实课程思政"三全育人"的成效。其中，在平时考核中，重点检查课堂笔记是否有名言警句，"小草大业""遥感梦""行业发展重大事件"等案例所形成的对于学生世界观、人生观和价值观的影响，是否激发了学生的学习动力和科技报国情怀等文字信息；回答问题或小组讨论中重点考查学生的团队合作意识、沟通能力和创新精神；课后作业要求完成一篇关于"任继周思想"学习体会的小论文；期末考试在完成一篇研究论文的同时，还要以课程学习中"我的思政观"为题写一篇心得体会的小论文，包括在课程学习中对家国情怀、科学精神、生态文明、"双碳"战略、社会主义核心价值观等问题的理解和思考。

表 2 课程考核方案要点

类别	课程思政平时考核	课程思政期末考核
考核要求	对课程思政的理解，反映阶段性效果	对课程思政的掌握，反映最终效果
考核方式	①课堂考勤；②课堂笔记；③课程表现：回答问题，小组专题讨论；④课后作业	写一篇关于"我的思政观"的小论文
考核比例	总体平时成绩（50%）中的30%	期末成绩（50%）中的20%
考核评价	积极引导，互动反馈，加深理解	思政分析，总结经验和问题，改进方法

（二）课程思政融入效果

"草原遥感技术与应用"属于一门草学和遥感技术的交叉学科课程，涉及知识面广。通过课程思政的设计与融入，以思政培养为主线，以草原遥感技术的 4 个模块所要求的品德为统领。利用新颖的教学方法和教学内容，相对以往教学切实激发了学生的学习兴趣，使得学生能够认真听讲、动手实践、独立思索和分析。既提高了学生对草原遥感知识的理解，又增强了学生的实践能力，还培养了学生的家国情怀、团队合作精神和创新精神，以及实事求是、严谨科学的态度和进取精神。

五、结 语

在生态文明背景下，做好"草原遥感技术与应用"课程思政与专业课程的融合是实现铸魂育人的重要途径，这是身为教育工作者的社会责任和使命担当，促使教师不断挖掘课程中蕴含的思政元素，充分利用教学环节，创新性地设计融入思政的教学内容，将思政的理念输入给每位学生，达到教书和育人的协调统一，培养符合社会需求的德才兼备、全面发

展的新时期复合型专业人才。

参考文献

[1]习近平. 论坚持人与自然和谐共生[M]. 北京：中央文献出版社，2022.

[2]中共中央文献研究室编. 习近平关于社会主义生态文明建设论述摘编[M]. 北京：中央文献出版社，2017.

[3]新华社. 习近平在"全国高校思想政治工作会议"上的讲话："把思想政治工作贯穿教育教学全过程，开创我国高等教育事业发展新局面"[N/OL]. (2016-12-07)[2023-09-10]. http：//www.xinhuanet.com/politics/2016-12/10/c_1120090838.htm.

科教融合理念下草业科学专业实践教学改革探索

张 静 林长存 郭倩倩 平晓燕 纪宝明

（北京林业大学草业与草原学院，北京 100083）

摘要：实践教学是草业科学专业本科教学的重要组成部分，在培养新时期草业创新型专业人才过程中发挥着重要作用。作为世界一流大学的核心办学理念，科教融合是实现高校学生创新意识和创新能力培养的重要保障，也是践行北京林业大学"四位一体"本科人才培养新模式的重要一环。选取草业科学专业创新型实践教学项目建设案例，从改进教学理念、构建创新型教师团队、革新教学内容与方式、完善考核指标和评价机制等方面，连续3年系统开展了科教融合理念下草学类专业本科生创新能力培养模式的实践教学活动，为培养创新型新农人才提供借鉴和参考。

关键词：科教融合；实践教学；草业科学；人才培养

一、 研究背景

培养创新型人才，是新时代高等教育发展的需要，也是新农科建设和发展的需要，直接关系到国家、民族长远发展的大计。2022年11月，教育部等四部门联合出台《关于加快新农科建设推进高等农林教育创新发展的意见》，明确强调深入推动课程教学改革，"强化实践类课程建设，及时将农林科技发展前沿成果融入教学内容，着力培养学生的创新意识和创新能力"。在新农科建设背景下，强化并进一步创新实践教学是提高农林人才培养质量的有效途径，已成为当前教育教学改革的重点工作。草业科学是农学门类下的一级学科，属于基础应用型专业，也是一门新兴交叉学科。实践性教学是草业科学专业本科教育的重要组成部分，其教学质量的高低直接决定着新型草业人才的创新精神和实践能力，在草业科学专业人才过程中具有举足轻重的地位和作用[1]。

科教融合是世界一流大学办学的核心理念和普遍共识，也是提高高等教育质量和培养创新型人才的重要途径[2]。"科"与"教"被放在一起，最早可以追溯到19世纪德国教育家洪堡提出的"科研与教学相结合"理念，之后成为现代化大学办学理念的基础。我国科教融合理论则源于20世纪50年代，随着"科教兴国"战略的提出，科教融合理论进入新的发展期，已被越来越多的国内高水平院校推广和采用。科教融合的教学过程是以创新人才培养为前提，充分发挥课堂教学过程的学术性和科学研究过程的育人作用，使科研和教学在形式和内容上相互渗透、相互促进，提高高校教学质量，培养创新型人才。贯彻科教融合理

作者简介：张 静，北京市海淀区清华东路35号北京林业大学草业与草原学院，副教授，zhangjing_2019@bjfu.edu.cn；

林长存，北京市海淀区清华东路35号北京林业大学草业与草原学院，副教授，linchangcun@bjfu.edu.cn；

郭倩倩，北京市海淀区清华东路35号北京林业大学草业与草原学院，副教授，guoqianqian@bjfu.edu.cn；

平晓燕，北京市海淀区清华东路35号北京林业大学草业与草原学院，副教授，pingxy@bjfu.edu.cn；

纪宝明，北京市海淀区清华东路35号北京林业大学草业与草原学院，教授，baomingji@bjfu.edu.cn。

资助项目：北京林业大学教育教学改革重点项目"科教融合理念下草业科学专业实践教学改革研究"（BJFU2023JYZD034）。

念的重要切入点是实践类课程，采用教学与科研有机统一、相互融合的方式，能有效培养学生实践能力、动手能力、创新能力等[3-4]。因此，在科教融合理念下，如何创新高等院校实践类教学体系、改革并提升教学水平，充分发挥其培养创新型人才的关键作用，已成为当前推进中国高校"双一流"建设、支撑高校特色发展和优势学科建设、加快科技资源和科研成果向教育教学转化需要关注的重要问题。

草业科学是集生物学基础研究、草业生产应用和生态保护于一体，涉及农学、畜牧学、生态学等多个学科专业的综合性学科，也是一门实践性较强的应用学科，培养的学生不仅要掌握基础理论知识，还要具有很强的实践能力。因此，实践教学对培养学生的专业素养至关重要，也是学科教育的重中之重。目前，草牧业发达的国家对于草业科学高等教育十分注重实践教学。甘肃农业大学和内蒙古农业大学作为我国北方最早开展草业科学高等教育的主要高校，已初步建立了与草学理论教学并行且具有北方地域特色的实践教学模式。经过20多年的发展，草业科学专业在草种质创新、草地生态保护、草原碳汇提升等领域取得了丰硕的研究成果，一线教学工作者也部分探讨了草业科学专业实践教学模式的改革与探索[5-7]，但是鲜少提及科教融合模式在实际教学过程中的探索和实践。并且在实际教学过程中明显存在对科教融合的重视度不高、教学内容前沿性和研究性不足、教学方式简单机械化等问题。

本文作者结合近几年积累的实践类课程教学经验，选取草业科学专业创新型实践教学项目建设案例。围绕建设过程中改进教学理念、构建创新型教师团队、革新教学内容与方式、完善考核指标和评价机制等方面进行教学改革，探索了科教融合理念下开展实践类课程教学改革的方法和举措，以期为实践类课程建设、学生创新能力培养等提供理论参考和经验借鉴。

二、 草业科学专业实践教学科教融合的实施路径

从2020年秋季学期开始，本文作者依托承担的室内实验课"草学试验方法"和野外"专业综合实习"实践类教学工作，落实科教融合理念，开展了草学类专业本科生创新能力培养模式的教学改革与实践，具体措施如下。

（一）改进教学理念

自草业与草原学院成立后，本科人才培养方案不断修订并完善，实践教学比重不断增加，室内实验室和野外实习实践基地建设力度不断提升，同时具有较高学术水平和较强研究能力的中青年师资队伍也在不断壮大。尽管科研基础较强，但是受传统教育理念和高校职称评定的影响，大部分教师仍是把教学和科研活动分开进行，而且"重科研、轻教学"仍是一种普遍现象。另外，即使教师有意识地将科教融合模式应用到教学活动中，但是仍以最新知识点的讲解和灌输为主。在实践教学过程中，学生也只是简单机械地重复授课教师的示范步骤，仍是被动接受知识的过程，并不能有效发挥学习的主观能动性，导致学习兴趣不高、学习效果不理想，更是限制了创新意识和创新能力的培养。基于上述现状，授课教师在深入学习领会科教融合教育理念的同时，积极探索以问题为导向、以学生为中心的"寓教于研、寓研于学"的实践教学过程(图1)。一方面将前沿科技成果转变为优质教学资源用于课堂理论教学和实践教学，以科研成果丰富教学内容，激发学生对科学问题的兴趣，调动学生的学习主动性和积极性；

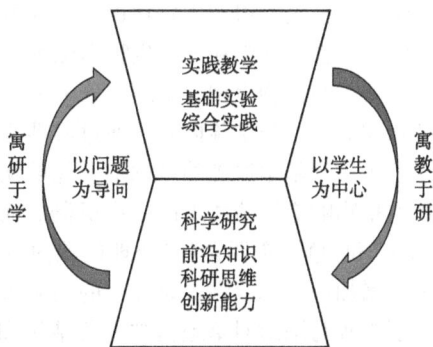

图1　科教融合理念下草业科学专业实践教学模式内涵

另一方面则是将科研活动作为实践教学的一种有效方式，以实际问题为导向，在基础实验的基础上同步设置创新性、开放性实践项目，引导学生主动开展科学探索，培养学生的问题意识和自主创新能力。最后，师生在教与学的过程中相互启发、发现问题，激发科研灵感，推动科学研究的进一步开展。

（二）构建创新型教师团队

培养创新型人才，关键在教师。草业科学是一门既古老又年轻的专业，也是一门新兴交叉性学科。授课教师结合学科特点和专业发展形势，积极组建跨学科、跨专业、跨领域的教学团队。目前团队成员由5人组成，其中教授1人，副教授4人，研究方向涵盖恢复生态学、植物生态学、微生物生态学、生物化学与分子生物学等领域，实现了宏观研究与微观研究的有机结合。在科研方面，教学团队成员均具有较强的科研能力和创新能力，先后承担国家和省部级科研项目30余项，并在国际知名期刊发表高质量研究性论文40余篇。在教学方面，团队教师均拥有丰富的教学经验，了解学科现状、不断学习新的教学理论，追踪学科/专业前沿，及时更新教学内容。教学手段先进，注重理论联系实际，重视实验和实践性教学，积极引导学生进行研究性学习和创新性实验，培养学生发现、分析和解决问题的兴趣和能力。目前，教学团队成员先后主持多项校级教学改革课题，获得校级及以上荣誉的优秀教改论文或优秀教案10余篇，其中3人在校级青年教师教学基本功比赛中（特色组和实践类）获得二等奖，教学改革与成果突出。通过组建这么一支教学水平高、科研能力突出的创新型教师团队，为积极推进科教融合育人理念、提升本科生创新能力培养质量和效果提供了强有力的保障。

（三）革新教学内容与教学方式

教学内容和教学方式是保证高校教育教学质量和人才培养质量的决定性因素和关键性指标。现有的草业科学实践教学课程中，绝大多数的教学内容仍局限于传统的基础操作方法训练或者验证性实验，缺乏综合性、设计性的实验或实习实践项目，更是鲜少涉及科学前沿的知识或技术方法。针对草业科学学科特点，为有效落实科教融合教学理念，教学团队认真修订教学大纲，在强化教学内容前沿性和创新性的基础上，逐步实施创新型的教学手段和方法，以学生为主体、辅以教师引导，师生共同探索，以提高实践教学质量。

1. 强化教学内容的前沿性和创新性

在教学内容方面着力强调实践内容的前沿性和创新性，有针对性地突出学科发展最新动态，引入学科前沿知识，引导学生关注当前草业科学发展新动态和新技术。在验证实验的基础上，以问题为导向，增设以科研项目研究为基础的综合性和设计性实验内容，充分激发学生的探索意识和创新意识。以室内实验课"草学试验方法"为例，授课教师结合草地生态学、植物生理学和分子生物学课程内容，围绕"草本植物对干旱胁迫的适应性"的前沿热点问题，在植物表型、生理、分子3个层次（表1），积极引导学生自主设计了由浅入深、环环相扣的一系列实验内容。通过实践操作，学生在熟悉并掌握草地植物形态学、生理学和分子生物学基本原理的基础上，能够从生理生态以及蛋白组等不同层面，多角度系统解析草本植物响应环境胁迫的内在机制。而在野外"专业综合实习"中，授课教师结合"草地生态学"和"草原资源学"专业理论课内容，在天然草地植被和土壤单项指标实习内容的基础上，增加一些综合性、设计性的实验项目。例如引导学生围绕放牧生态的热点问题，系统开展放牧与围封对草地植被群落结构和土壤物理特征的影响等内容的调查（图2），并且草地植被群落结构的调查就包含了室内实验课中植物功能性状相关指标的测定内容。总之，通过优化实践教学内容使其与当前科技发展相适应，能够培养锻炼学生将草学相关课程理论知识通过实践环节进行综合运用、研究创新，激发学生进行发散思维、探索创新的热情和潜力。

表1　"草学试验方法"室内实验教学内容

课程主题	草本植物对干旱胁迫的适应性		
教学模块	实验	实验内容	学时
模块一 草地植物功能性状	一	草本植物外形观察与生长指标测定	2
	二	草本植物叶片功能性状的测定	2
	三	草本植物根系功能性状的测定	4
模块二 草地植物逆境生理	四	植物细胞膜透性的测定	2
	五	植物组织中丙二醛含量的测定	2
	六	植物体内游离脯氨酸含量测定	2
	七	植物组织中超氧物歧化酶活性测定	2
	八	植物过氧化物酶活性测定	2
	九	叶绿体色素提取与含量测定	2
	十	糖类含量的测定、粗蛋白的提取与测定	4
模块三 草地植物分子生物学	十一	草地植物基因组DNA的制备及测定	4
	十二	植物总RNA的提取及测定	4
实验报告	草本植物抗旱性的综合评价		

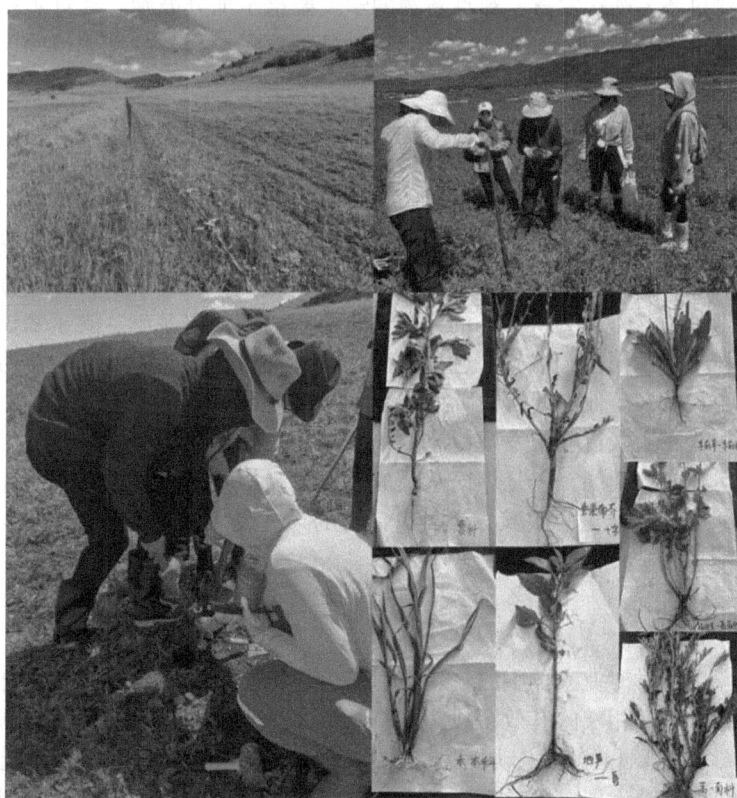

图2　草业科学"专业综合实习"野外实践

2. 实施创新型的教学手段和方法

在基本教学方法的基础上，改革、转变传统的机械化教学方式，积极采用以问题为导向、以学生为中心、实现以学生自我训练为主的创新型教学模式。首先，采用模块法将课程内容进行梳理，有针对性地调整教学方法。例如针对植物功能性状、抗逆性等基本概念和实验原理的教学，采用传统的课堂讲授方法，注重扩展素材来源，配合可视化的音影材料供学生参考学习，加强课堂的生动性和表现力。同时为了更好地调动学生的主观能动性并全身心投入实践环节，教师会提前安排课前预习，要求学生根据实践内容查找相关资料，尽可能掌握相关内容并拓宽知识面，做好课前准备。在实践操作环节，以学生为主体，老师为主导，教师在引导学生亲自参与实验设计、动手实践的同时，积极鼓励学生开阔思路，改进和尝试新的实验方法。在数据分析讨论环节，充分发挥研讨教学法和案例教学法的优势，师生针对实践过程、数据结果、疑难问题等进行充分互动，教师从中参与、观察和指导，并适时引入与实践内容相匹配的科研案例，引导学生进一步优化设计方案，完善知识体系，培养学生的问题意识和自主创新能力。

（四）完善考核指标和评价机制

科教融合理念下的教学考核应以提高学生的创新能力、问题解决能力、团队协作能力、实事求是的态度为主要目标，因此，对于实践类课程的考核需要更加注重对学生综合能力的考核，不单单以实践报告作为唯一的考核依据，尤其加强过程性评价在考评中的占比。综合草业科学专业实践课的特点，最终成绩包括过程性考核（60%）和实践报告（40%）两部分。过程性考核包括实践操作技能水平（25%）、教学互动（50%）和团队协作（25%），尤其是对于在课堂研讨环节踊跃发言、观点新颖的学生要给予加分鼓励。针对实践报告的考核主要包括 PPT 汇报（50%）和纸质报告（50%），教师针对实践报告的完成情况、数据分析情况和实践总结情况进行综合评价。

三、 教学效果与评价

经过近 3 年的探索和实践，以科教融合理念主导的草业科学专业实践教学效果显著，尤其在培养、提高学生的动手能力、实践能力、创新能力等方面效果突出，获得学生的普遍好评。在课程总结中，大部分学生认为学到了很多新知识、新技术，并且特别实用，对以后的"大创"项目、毕业设计等工作的开展奠定了很好的科研基础。除了知识层面，很多学生也认为开拓了学术视野，培养了自身科研创新意识与实践能力，更重要的是增强了团队协作意识，更加激发了他们继续钻研小草大业的兴趣和决心。值得一提的是，草业 2018 级王思雨同学正是在实践过程中发现由于植物根系生物性状测定标准不统一、实验难重复且同行研究不可比较等问题，于是该同学及时查阅文献，不断改进实验操作方法，最终整理出一份更加系统且标准化的实验方法，以论文的形式发表在《微生物组实验手册》上[8]，推动了植物功能性状实验标准化建设。

四、 结 语

新农科对草业科学专业大学生的创新能力培养提出了新的要求。科教融合是实现科研与教学相互促进、教学相长的有效手段，能有效提高学生问题分析能力和创新能力，激发学生参与实践教学的积极性和主动性，切实达到培养学生创新意识和实践能力的教学目的[9-10]。本文在科教融合理念下对草业科学专业实践类课程教学进行的初步改革与探索，将为相关农林院校推广科教融合模式、开展实践类课程教学改革、培养学生创新能力等提供借鉴与参考。

参考文献

[1]任继周.草业科学研究方法[M].北京：中国农业出版社，1998.

[2]孙菁.科教融合：创新人才培养的新路径[J].中国高等教育，2012(17)：32-34.

[3]王荣明，陈学慧，牛珩，等.科教融合理念下的创新人才培养[J].中国高等教育，2018(10)：49-51.

[4]周平，王琼，唐然，等.基于科教融合培养创新创业农学人才的探索与实践：以薯类人才培养为例[J].安徽农业科学，2020，48(19)：278-280.

[5]刘秦华，李俊龙，邵涛.草业科学专业本科实验实践教学改革探索：以饲草调制加工与利用方向创新性实验实践教学项目建设为例[J].教育教学论坛，2022(24)：67-70.

[6]晁跃辉，韩烈保.北京林业大学草业科学专业实践教学改革探索[J].草业科学，2016，33(11)：2360-2366.

[7]王建芳，曹让，呼天明，等.草业科学专业实验教学改革探讨[J].安徽农业科学，2021，49(16)：277-279.

[8]王思雨，魏涵，陈科宇，等.丛枝菌根真菌(AMF)孢子、菌丝密度及侵染率定量测定方法[J].DOI：10.21769/BIOPROTOC.2104253.

[9]白淑琴，哈斯巴根.科教融合教学模式与大学生创新创业实践能力培养[J].赤峰学院学报，2019，35(9)：161-162.

[10]闵学阳，魏臻武，常国斌，等.新农科背景下草业科学专业人才培养方案的修订：以扬州大学为例[J].教育与教学，2023(2)：120-123.